Confissões

"O livro é a porta que se abre para a realização do homem."

Jair Lot Vieira

JEAN-JACQUES ROUSSEAU

CONFISSÕES

Tradução
Livros I a X
Rachel de Queiroz
Livros XI e XII
José Benedicto Pinto

edipro

CONFISSÕES

JEAN-JACQUES ROUSSEAU

1ª Edição 2008

Supervisão editorial: *Jair Lot Vieira e Mariana Lot Vieira*
Coordenação editorial: *Júlia Carolina de Lucca*
Produção gráfica e editorial: *Alexandre Rudyard Benevides ME*
Tradução:
    Livros I a X de *Rachel de Queiroz*
    Livros XI e XII de *José Benedicto Pinto*
Capa: *Equipe Edipro*
Revisão: *José Benedicto Pinto e Júlia Carolina de Lucca*

Nº de Catálogo: 1373

Dados de Catalogação na Fonte (CIP) Internacional
(Câmara Brasileira do Livro, SP, Brasil)

Rousseau, Jean-Jacques, 1712-1778
    Confissões / Jean-Jacques Rousseau ; tradução livros I a X Rachel de Queiroz, livros XI e XII José Benedicto Pinto. -- Bauru, SP : EDIPRO, 2008.-- (Clássicos Edipro)

    Título original: Les confessions

    ISBN 978-85-7283-581-7

    1. Escritores franceses - Século 18 – Biografia 2. Rousseau, Jean-Jacques, 1712-1778 I. Título.

07-5987   CDD-848.092

Índices para catálogo sistemático:
1. Escritores franceses : Autobiografia : 848.092

edipro
edições profissionais ltda.

São Paulo: Fone (11) 3107-4788 – Fax (11) 3107-0061
Bauru: Fone (14) 3234-4121 – Fax (14) 3234-4122
edipro@edipro.com.br

SUMÁRIO

SOBRE O AUTOR – Jean-Jacques Rousseau: a intensa existência do filósofo da liberdade e da inquietude 7

CRONOLOGIA – A época de Rousseau 13

GUIA DE LEITURA 17

CONFISSÕES 27
    LIVRO PRIMEIRO (1712-1728) 29
    LIVRO SEGUNDO (1728-1731) 63
    LIVRO TERCEIRO (1728-1731) 101
    LIVRO QUARTO (1731-1732) 139
    LIVRO QUINTO (1732-1736) 177
    LIVRO SEXTO (1736) 219
    LIVRO SÉTIMO (1741) 259
    LIVRO OITAVO (1749) 321
    LIVRO NONO (1756) 367
    LIVRO DÉCIMO (1758) 443
    LIVRO DÉCIMO PRIMEIRO (1761) 491
    LIVRO DÉCIMO SEGUNDO (1762) 531

SOBRE O AUTOR

JEAN-JACQUES ROUSSEAU: A INTENSA EXISTÊNCIA DO FILÓSOFO DA LIBERDADE E DA INQUIETUDE

Veio ao mundo, Rousseau, em 28 de junho de 1712, em Genebra, Suíça. Nove dias depois morria Suzanne Bernard, sua mãe. Desde então principiava a existência crescentemente irrequieta e tumultuada de um dos espíritos mais percucientes e ávidos da história do pensamento francês.

A vida inteira de Rousseau foi uma demonstração vívida (se não febril) de quanto um homem de gênio pode, no seu pensar e agir, esquivar-se à estabilidade, ao acato, aos padrões e valores estabelecidos e dominantes e, enfim, a tudo a que se submetem os milhões de indivíduos comuns e inexpressivos que nascem e morrem ao longo dos séculos.

Seu pai, Isaac Rousseau, descendente de família huguenote, não era cidadão abastado, mas o honrado e solicitado ofício de relojoeiro permitia à pequena família (Jean-Jacques era o segundo filho) uma situação de relativo conforto.

A instrução do menino foi ministrada inicialmente pelo próprio pai, que encontrou um cérebro intensamente receptivo. Com menos de dez anos, o garoto já lia *As Vidas* de Plutarco.

Em 1722, em virtude de uma rixa com um concidadão, o sensato Isaac despediu-se de Genebra, deixando Jean-Jacques em Bossey com o pastor Lambercier.

De retorno a Genebra, com treze anos, Jean-Jacques, ao mesmo tempo em que aprendia os ofícios de escrivão e gravador, este último com o mestre Ducommun, lia sofregamente tudo que lhe vinha às mãos, tanto o emprestado quanto o que podia adquirir com seu modestíssimo salário.

Em 1728, já principia sua existência seminômade, romântica e aventureira e se dirige a Sabóia, onde conhece a Sra. de Warens, mulher elegante e de forte personalidade, que passará a supervisionar a vida daquele adolescente sedento de experiências, mas desprovido de suficientes recursos materiais. Contudo, em Turim, na Itália, para onde fora a pé a fim de abjurar a fé protestante de Calvino, ele conhece a Sra. Basile, sob a proteção de quem logra aumentar suas habilidades, aprendendo outros ofícios e, inclusive, os primeiros rudimentos musicais.

Novamente privado de recursos, emprega-se com outra senhora, Sra. de Vercellis. Após o falecimento desta e de um lamentável incidente, no qual se vê envolvido devido a um reles furto e à acusação injusta de sua parte, de uma cozinheira, eis Jean-Jacques desempregado mais uma vez.

Trabalhará, em seguida, como lacaio e secretário do Conde de Gouvon. Apaixonando-se pela filha do senhor; o emotivo e ansioso jovem experimenta a primeira decepção amorosa, o que o leva a abandonar o emprego e regressar a Sabóia e à esfera de influência da Sra. de Warens.

A prudente senhora insiste para que se firme numa profissão regular e definitiva, mas ele não a ouve. Ainda em 1728 (os eventos se sucedem tal qual avalanche em sua vida) tenta a carreira eclesiástica, mas o amor à música o faz desistir do seminário.

Ei-lo, pés na estrada, inveterado *vagabond*, irrompendo em Lyon, onde, para se sustentar, devota-se à compilação musical. Mas aí permanece apenas meses.

Entre 1729 e 1731, sem fixar-se, contempla de passagem Annecy, Chambéry, Lausanne e Paris.

Entretanto, sempre retorna, intermitentemente, tal como filho pródigo, ao aconchego da residência da Sra. de Warens, a quem ele se afeiçoara com carinho filial, mas de quem finalmente aceita ser amante.

Assim, de 1731 a 1740, ele irá alternar atividades em Sabóia, cuidando do cadastro e ministrando aulas de música. Realiza escapadas a Charmettes, próximo de Chambéry, onde lê, estuda e principia a escrever.

Em 1736, regressando de Genebra, onde recebera uma parca soma de sua herança, encontra a Sra. de Warens com outro amante, o que certamente não o transtorna e sequer o aborrece, tanto que ainda residirá com ela até 1740, quando se decide a instalar-se em Lyon.

Torna-se preceptor dos filhos do preboste geral do *Lionês*. J. B. de Mably. Embora essa experiência específica como educador não lhe irá agradar muito, aproveitará para fazer bons relacionamentos, inclusive com o cirurgião Parisot e Bordes, filósofo. Sente-se profundamente motivado a conhecer melhor Paris.

E, de fato, em 1742, vêmo-lo em Paris participando de um concurso musical da Academia de Ciências. Sem êxito. Ele insiste na música, prossegue lendo e escrevendo, estuda química e começa a escrever uma ópera, *Les Muses Galantes*. Não é mais um subalterno. Sua ocupação como preceptor em Lyon lhe abrira o caminho para Paris. Freqüentava os Dupin e os Francueil. Em 1743, torna-se secretário do embaixador francês em Veneza. Encanta-se com a música italiana e com a política.

Entretanto, em 1744, se desentende com o embaixador, abandona seu cargo e volta a Paris, onde será secretário dos Dupin. Uma nova paixão não correspondida lhe traz outro desapontamento amoroso, dessa vez com uma futura condessa. Conhece, então, Thérèse Levasseur, que será sua companheira, mas não uma paixão por toda a sua vida. Em 1746, Jean-Jacques é pai, mas encaminha a criança a um orfanato.

No ano seguinte, faz representar sua comédia *L'Engagement Téméraire*. Em 1749, conhece em Vincennes Diderot, aprisionado, e inicia sua colaboração à *Encyclopédie* com artigos de teor musical. Nesse mesmo ano se informa, ao ler o *Mercure de France*, sobre um concurso da Academia de Dijon em torno do tema intitulado: *Si les rétablissement des sciences a contribué à épurer les moeurs (Se o restabelecimento das ciências contribuiu para depurar os costumes)*.

Escreve, finalmente, um texto importante, denominado *Discours sur les Sciences et les Arts (Discurso sobre as Ciências e as Artes)*, que não é, contudo, um ensaio acadêmico, ortodoxo e técnico, mas quase um panfleto e um libelo contra a civilização européia.

A repercussão é imediata e avassaladora, ascendendo Jean-Jacques rapidamente ao patamar da fama.

Mas o infatigável genebrino continua sua atividade musical bem como de autor de teatro paralelamente, e, em 1752, faz representar *Le Devin du Village* na presença do rei. A *Comédie Française*, por sua vez, representa o *Narcisse*.

Em novembro do 1753, Rousseau faz um retiro em Saint-Germain e em mais uma oportunidade se ocupa de um tema proposto pela Academia de Dijon: *Quelle est l'origine de l'inégalité parmi les hommes et si elle est autorisée par la loi naturelle? (Qual a origem da desigualdade entre os homens e é ela autorizada pela lei natural?)*.

Em 1754, ele visita Genebra e volta ao protestantismo. Começa a trabalhar num tratado, ao qual deu o título de *Institutions Politiques* (do qual o *Do Contrato Social ou Princípios do Direito Político* será a primeira e única parte). Traduz Tácito.

Regressa a Paris no outono do mesmo ano.

Em 1755, é publicado o *Discours sur l'Inégalité*. Rousseau começa redigir o *Essai sur l'Origine des Langues (Ensaio Acerca da Origem das Línguas)* que jamais será completado. Nessa ocasião, é-lhe proposto um importante cargo de bibliotecário em Genebra, mas ele não o aceita.

Porém, o passar dos anos não arrefecia seu espírito itinerante, além do que a vida social parisiense, em lugar de atrai-lo, começava a desagradá-lo. Em 1756, ele se estabelece na Ermitage, junto à Sra. d'Épinay. É nesse período que principiam suas diferenças com Voltaire.

Seu relacionamento com a doce e fiel Thérèse prossegue a despeito da Sra. d'Épinay.

Corpo, mente e coração em regular agitação, ele se apaixona pela Sra. Houdetot e entra em conflito com a Sra. d'Épinay e Diderot. Neste mesmo ano de 1757, se instala em Montmorency.

No ano seguinte, vem à luz a *Lettre à d'Alembert sur les Spectacles*.

A *Nouvelle Héloïse* aparece em 1761 e se converte em sucesso, mas o preço desse êxito, como de resto, de todos os vindouros, será a animosidade e a perseguição dos poderosos, sobretudo das autoridades da Igreja. Nesse mesmo ano, ele termina o *Emílio*, e no trânsito do manuscrito dessa obra máxima (a qual punha em perigo toda a estrutura da educação tradicional) até o prelo, Rousseau temeu que pudesse cair nas mãos dos jesuítas.

Os próximos anos assistirão a uma seqüência de lançamentos de seus livros:

1762: O *Emílio* e *Do Contrato Social (ou Princípios do Direito Político);*

1763: *Carta a Monsenhor de Beaumont*;

1764: *Cartas Escritas da Montanha*.

Nesse período, Rousseau, sofrendo franca oposição das figuras políticas e clericais francesas e suíças, defende assiduamente suas doutrinas e redobra suas críticas aos valores e costumes vigentes sustentados pelo clero católico, a monarquia e a nobreza.

Em 1764, aceita a incumbência de redigir um projeto de Constituição para a Córsega. No ano que se segue, as hostilidades de seus inimigos assumem caráter ostensivo e persecutório, não se restringindo mais ao duelo intelectual no âmbito das idéias. Exemplares de sua *Lettres Écrites de la Montagne* são incineradas em La Haye e em Paris. Os representantes oficiais suíços fomentam rixas contra Rousseau. Finalmente, em setembro, sua casa em Môtiers é dilapidada, o que o obriga a deixá-la e refugiar-se na ilha de Saint-Pierre.

As coisas se complicam celeremente. No início de 1766, Rousseau é forçado a empreender uma verdadeira estratégia para escapar às constantes ameaças: deixa Paris em companhia do eminente filósofo inglês David Hume para encontrar, posteriormente, Thérèse, em Wootton.

Logo se desentende com Hume e, em maio de 1767, parte para Calais com Thérèse, refugiando-se com o Príncipe de Conti no fim de junho; oculta tanto a identidade quanto o caráter da relação com a companheira, chamando-se a si Jean-Joseph Renou e apresentando Thérèse como sua irmã.

Mas, se na adolescência e juventude, o intranquilo Jean-Jacques era um peregrino por gosto e fome de saber e de aventura, agora a vida lhe impunha razões mais palpáveis para transferir-se incessantemente de um lugar a outro, como se jamais, mesmo na velhice, pudesse fincar raízes e ter repouso.

Em 1768, ousa partir para Lyon. Visita o túmulo da inesquecível Sra. de Warens e, em agosto, se estabelece em Dauphiné, desposando finalmente a terna e leal companheira de tantas andanças. Passa a viver numa herdade em Bourgoin, onde retoma a redação de *Les Confessions*.

Por essa época, ocorre uma espécie de trégua quanto aos ataques dos quais já vinha sendo vítima há tanto tempo.

Em abril de 1770 ele visita Lyon e assiste a uma encenação do *Devin du Village (O Adivinho do Povoado)*. No outono, ruma para Paris e aí reencontra sua antiga profissão de copista de música.

De 1771 a 1773, Rousseau alterna o labor artesanal com o escrever dos *Dialogues de Rousseau Juge de Jean-Jacques* e das *Considérations sur le Gouvernement de Pologne*.

Em 1775, sua peça *Pygmalion* é representada na *Comédie Française* com estrondoso sucesso. No ano seguinte, o obstinado genebrino tenta, num gesto audacioso, depositar o manuscrito dos *Dialogues* sobre o altar mor de Notre Dame de Paris. Não logra tal façanha, mas o envia ao abade de Condillac. Em abril, o temerário pensador, criticado até por seus pares do pensamento libertário (Voltaire o tinha como radical, impulsivo, inconveniente e, por vezes, vulgar) e indiferente ao peso dos anos, põe-se a distribuir nas ruas de Paris um panfleto denominado *À tout français aimant encore la justice et la vérité (A todo francês ainda amante da justiça e da verdade)*. Começa a redigir seu canto do cisne, de título poético e nostalgicamente significativo: *Rêveries du Promeneur Solitaire (Devaneios do Andarilho Solitário)*.

O campeão da liberdade, da justiça e da natureza, novamente privado de recursos aceita, então, a hospitalidade do Marquês de Girardin em Ermenonville, onde se instala com Thérèse.

Em 2 de julho de 1778, depois de um passeio pelo parque, Rousseau é acometido por um mal-estar súbito e expira cerca de onze anos antes da primeira Assembléia Constituinte de França.

Em 11 de outubro de 1794, dois anos após a queda definitiva da monarquia faustosa e da nobreza parasita de França, seus restos mortais foram transladados para o *Panthéon*.

No *Discurso do 18 Floreal, ano II* (ou seja, em 1794) dele disse Robespierre – este que passou à história como o mandante sanguinário do período de Terror da Revolução, pois há muitos que pensam ser *revanchismo* a vingança dos revolucionários, como se os sentimentos cristãos da clemência e do perdão só coubessem a eles:

"Entre aqueles que no tempo de que falo se destacaram na carreira das letras e da filosofia, um homem, pela elevação de sua alma e pela grandeza de seu caráter, se revelou digno do ministério de preceptor do gênero humano. Atacou a tirania com franqueza; falou entusiasticamente da divindade, sua eloqüência viril e proba pintou com ditos flamejantes os encantos da virtude, defendendo esses dogmas consoladores que a razão concede a título de apoio ao coração humano. A pureza de sua doutrina, haurida na natureza e no ódio profundo ao vício, tanto quanto seu desprezo invencível pelos sofistas intrigantes que usurparam o nome de filósofos, atraíram para ele o ódio e a perseguição de seus rivais e de seus falsos amigos. Ah! Se ele tivesse sido testemunha desta Revolução da qual foi o precursor e que o conduziu ao Panthéon, quem pode duvidar de que sua alma generosa não teria abraçado com arrebatamento a causa da justiça e da igualdade!".

Edson Bini

CRONOLOGIA:
A ÉPOCA DE ROUSSEAU

1712 – Jean-Jacques Rousseau nasce em Genebra a 28 de junho.
1713 – Nasce Diderot.
1714 – É publicada a *Monadologia* de Leibniz.
1715 – Morre Luís XIV.
1716 – Publicação da *Lettre à l'Académie (Carta à Academia)* de Fénelon.
1716 – Law cria o Banco Geral.
1717 – Pedro, o Grande, visita Paris.
1721 – Abertura da primeira loja maçônica na França.
1721 – Publicação das *Lettres Persanes (Cartas Persas)* de Montesquieu.
1722 – Surgem o *Tratado da Harmonia* de Rameau e o *Cravo Bem Temperado* de J. S. Bach.
1724 – Nasce Immanuel Kant.
1727 – Morre Sir Isaac Newton.
1731 – Dispersão do *Club de l'Entresol* na França.
1734 – Publicação das *Considérations (Considerações)* de Montesquieu e das *Lettres Anglaises (Cartas Inglesas)* de Voltaire.

1739 – Publicados o *Treatise on Human Nature (Tratado sobre a Natureza Humana)* de Hume e o *Anti-Maquiavel* de Frederico II.

1744 – Nascem Lamarck e Herder.

1746 – Publicação do *Essai sur l'Origine des Connaissances (Ensaio Acerca da Origem dos Conhecimentos)* de Condillac.

1746 – Nasce Pestalozzi.

1747 – Benjamin Franklin descobre o princípio do pára-raios.

1748 – Publicação de *De l'Esprit des Lois (Do Espírito das Leis)* de Montesquieu.

1749 – Publicação da *Théorie de la Terre (Teoria da Terra)* de Buffon.

1749 – Nasce Goethe.

1751 – Publicação de *Le Siècle de Louis XIV (O Século de Luís XIV)* de Voltaire.

1751 – Início da publicação da *Encyclopédie*.

1754 – Publicação de *Pensées sur l'Interprétation de la Nature (Pensamentos acerca da Interpretação da Natureza)* de Diderot.

1755 – Morre Montesquieu.

1756 – Nasce W. A. Mozart.

1756 – Publicação do *Essai sur les Mœurs (Ensaio Sobre os Costumes)* de Voltaire.

1757 – Machaut e o Marquês d'Argenson caem em desgraça.

1758 – Publicação de *De Cælo et Inferno* de Emmanuel Swedenborg.

1759 – Publicação do *Candide* de Voltaire.

1759 – Condenação da *Encyclopédie*.

1759 – Nasce Robert Burns.

1760 – Benjamin Franklin inventa o pára-raios.

1762 – Publicação da *History of England (História da Inglaterra)* de Hume.

1762 – Início do reinado de Catarina II.

1762 – Nasce Fichte.

1762 – Publicação, em abril, de *Do Contrato Social ou Princípios do Direito Político*, de Rousseau.

1763 – Publicação de *Dei Delitti e dei Pene (Dos Delitos e das Penas)* de Cesare Beccaria.

1764 – Expulsão dos jesuítas da França.

1764 – Publicação do *Dictionnaire Philosophique (Dicionário Filosófico)* de Voltaire.

1764 – Início da manifestação pró-independência nas colônias inglesas da América do Norte.

1765 – Publicação de *Formation et Distribution des Richesses (Formação e Distribuição das Riquezas)* de Turgot.

1766 – Anexação da Lorena à França.

1767 – James Watt inventa a máquina a vapor.

1770 – Choiseul cai em desgraça.

1770 – Nascem Hegel e Hölderlin.

1770 – Cook explora as costas da Austrália.

1772 – Primeira divisão da Polônia.

1772 – Nascem David Ricardo, Fourier, Coleridge e Novalis.

1772 – Fim da publicação da *Encyclopédie*.

1774 – Morre Luís XV.

1774 – Surgem os primeiros trabalhos de Lavoisier.

1774 – Publicação do *Werther* de Goethe.

1774-1776 – Reformas de Turgot.

1775 – Publicação de *Histoire de Jenni ou le Sage et l'Athée (História de Jenni ou o Sábio e o Ateu)* de Voltaire.

1776 – Declaração da independência das colônias inglesas da América do Norte.

1776 – Publicação de *The Common Sense (O Senso Comum)* de Thomas Paine, de *Principes des Lois (Princípios das Leis)* de Mably e de *Research on the Nature and Causes of the Wealth of Nations (Investigação sobre a Natureza e Causas da Riqueza das Nações)* de Adam Smith.

1778 – Morrem Voltaire, em 10 de maio, e Rousseau, em 2 de julho.

1789-1791 – A Assembléia Constituinte é realizada na França.

1792 – Queda da monarquia.

1794 – Transferência das cinzas de Rousseau ao *Panthéon*.

GUIA DE LEITURA

LIVRO PRIMEIRO (jun/1712 – mar/1728)

Nascimento de Rousseau [28.6.1712] — Família de Rousseau — Morte de sua mãe — Infância — Seu amor pela leitura — Seu irmão foge de casa — Atribui sua paixão pela música a sua tia Suson — Seu pai é obrigado a deixar Genebra devido a uma disputa com um capitão francês [11.10.1722] — Rousseau é enviado a Bossey com seu primo para ser educado pelo ministro protestante Lambercier — Seu afeto pelo primo — A senhorita Lambercier — Curioso modo de castigar — Seus efeitos — Sensualidade precoce — O incidente dos pentes — Acusado de quebrá-los — Obstinação — Castigo severo — Reflexões — Anedota da nogueira e o aqueduto — Retorno a Genebra com seu primo [ago/1724] — Suas brincadeiras juvenis — Jovens amantes — A senhorita de Vulson — A senhorita Goton — Colocação com Sr. Masseron para aprender o ofício de notário — Despedido ignominiosamente — Aprendiz do Sr. de Ducommun, um gravador [abr/1725] — Brutalidade de seu mestre — Efeito — Incitado a roubar por um companheiro de trabalho — Os aspargos — As maçãs — Reflexões — Desprezo pelo dinheiro — O Sr. de Francueil — O incidente na Ópera — Gosto pela leitura renovado — Venda de roupas para pagar o empréstimo de livros — Negligência ao trabalho por causa da leitura — Esgotamento do estoque de livros de La Tribu — Efeito de tanta leitura sobre sua mente — Trancado fora da cidade com seus colegas aprendizes — Decisão de fugir de seu mestre [14.3.1728].

LIVRO SEGUNDO (mar/1728 – dez/1728)

Reflexão sobre sua situação — Vida errante — Chega a Confignon — Tratado amavelmente por Sr. de Pontverre, o cura — O caráter do Sr. de Pontverre — Ele aconselha Rousseau a renunciar à fé protestante — Chega a Annecy e vê pela primeira vez Madame de Warens [21.3.1728] — Como foi recebido — Madame de Warens — Sua história e caráter — O Sr. Sabran sugere que Rousseau entre no albergue para catecúmenos em Turim — Parte para Turim aos cuidados do Sr. e Sra. Sabran — Seguido por seu pai até Annecy — Reflexões sobre a conduta de seu pai — Descrição da viagem a Turim — Roubado por seus companheiros de viagem — Chega a Turim [12.4.1728] — O albergue para os catecúmenos e seus ocupantes — Meditações sobre a religião — Instrução no albergue — Discussões com os padres — A conduta do mouro [16.4.1728] — Ansiedade para deixar o albergue — Abjura publicamente a fé protestante [21.4.1728] — A cerimônia — Mandado embora do albergue com uma soma insignificante de dinheiro — Maneira independente de viver — Hospeda-se na pensão da esposa de um soldado — Procura obter emprego temporário em Turim como gravador — Sem sucesso — Encontra a Sra. Basile — Descrição da Senhora Basile — A paixão de Rousseau por ela — Interrupção — Deslealdade do balconista — Súbito retorno do Sr. Basile — Sua cólera — Rousseau é proibido de vir à casa — Entra a serviço da Condessa de Vercellis — Seu caráter, e de seus empregados — O Conde de la Roque — Os criados conspiram contra Rousseau — Morte da Condessa de Vercellis [19.12.1728] — Suas notáveis últimas palavras — O incidente da fita — Rousseau acusa falsamente uma criada de roubar a fita — Reflexões.

LIVRO TERCEIRO (dez/1728 – abr/1730)

Retorna ao antigo alojamento — Exibicionismo diante das meninas no poço — Perseguição — O homem com a espada — Sr. Gaime — A obrigação de Rousseau para com ele — O Vigário da Sabóia — Entra a serviço do Conde de Gouvon — Amável recepção e tratamento — A Srta. de Breil — O incidente à mesa do jantar; fier ou fiert? — O Abbé Gouvon age como tutor — Progresso — Dificuldades com o latim — O Rei é informado — Brilhantes perspectivas — Recebe uma visita — Liga-se ao Sr. Bâcle — Estranha decisão e conduta — Despedido ignominiosamente — A fonte de Heron — Retorna a pé a Annecy com Bâcle — Chegada a Annecy [jun/1729] — Separação de Bâcle — Recepção pela Sra. de Warens — Passa a residir na casa da Sra. de Warens — Os empregados da Sra. de Warens — Merceret — Claude Anet — Afeto pela Sra. de Warens — Vida e ocupações em Annecy — O Sr. d'Aubonne — Rousseau examinado por ele sem saber — Decisão desfavorável — Reflexões sobre si mesmo — Observação estúpida — O Sr. Gros — Estudos para o sacerdócio — Mais dificuldades com latim — O Abbé Gâtier — Sua falta de sorte — O Vigário da Sabóia — O Sr. Corvezi — A vingança do Sr. d'Aubonne — L'Amant de lui même — Fogo na casa dos Franciscanos [16.10.1729] — O milagre — Lettres de la Montagne — Resultado do estudo para o sacerdócio: "Não presta nem para ser um padre" — Gosto pela música — Admitido à casa do Sr. le Maître para aprender a arte — A vida na casa do maestro do coro — Venture de Villeneuve — O homem e seus feitos — Rousseau enche-se de admiração por ele — O maestro do coro deixa as autoridades da catedral em dificuldades durante o festival de Páscoa — Rousseau e o maestro do coro partem para Lyon [abr/1730] — A peça pregada ao Sr. Reydelet — O Sr. le Maître abandonado nas ruas de Lyon durante uma convulsão — Reflexões — Retorna a Annecy e descobre que a Sra. de Warens se foi para Paris.

LIVRO QUARTO (abr/1730 – out/1731)

A música do Sr. le Maître confiscada em Lyon — Vida em Annecy na ausência da Sra. de Warens — Aventura com as senhoritas de Graffenried e Galley: o Idílio das Cerejas [1º.7.1730] — O Sr. Simon — Aparência pessoal — Sua voz dupla — Ridícula asneira do camponês — Parte para Friburgo com Merceret [jul/1730] — Seu peculiar relacionamento durante a viagem — Visita seu pai — Perde-se — Bondade do estalajadeiro em Moudon — Estebelece-se como professor de música em Lausanne, sob o nome de Vaussore de Villeneuve — Compõe uma peça para um concerto — Execução — Fiasco — Sustento precário em Lausanne — Recordações da Sra. de Warens — Visita ao Lago de Genebra — Vévay — Devaneios — Viagem a Neuchâtel — Melhor sucesso no ensino de música [inverno 1730-1731] — Encontra-se com o Arquimandrita de Jerusalém em Boudry [abr/1731] — Entra a seu serviço como intérprete — Discursa no Senado de Berna — Visita ao Marquês de Bonac — Prisão — Os Três Rousseaus — Ocupação em Soleure — Vai a Paris para entrar a serviço do Coronel Godard [mai/1731] — Ambiciosas idéias durante a viagem — Primeiras impressões de Paris — Comportamento mesquinho do Coronel Godard — Versos satíricos — Deixa Paris à procura da Sra. de Warens — O camponês e o jantar — Chegada a Lyon [set/1731] — A Senhorita du Châtelet — Aventuras com um trabalhador e um clérigo — Desgosto com as pessoas de Lyon — Pobreza — Um encontro afortunado — o Sr. Rolichon — Viagem de Lyon para Chambéry — Cenas a caminho — Encontra-se novamente com a Sra. de Warens — Entra a serviço de Rei Victor Amadeus.

LIVRO QUINTO (1731/1737)

Residência em Chambéry — A diplomacia da Sra. de Warens em relação a sua pensão — Claude Anet: seu caráter e intimidade com Sra. de Warens — Trabalho no cadastro da terra — Vida em Chambéry — Guerra entre França e Áustria — Amor pelos franceses — Rameau — Tratado de Harmonia — O Padre Caton: suas realizações e seu triste fim — Deixa o cadastro para se tornar um professor de música [1732] — Descreve seus alunos — A Sra. Lard — Sua conduta em relação a Rousseau — A Condessa de Menthon — Seu comportamento rancoroso — A Sra. de Warens faz uma estranha proposta — Reflexões — Cumprimento da promessa — Reflexões adicionais sobre o caráter da Sra. de Warens — Pouco sucesso na esgrima e na dança — O Sr. Grossi, Médico Real — Anedotas — Morte de Claude Anet [mar/1734] — Observação mercenária de Rousseau — Extravagância da Sra. de Warens — Vai para Besançon ter lições de composição — Visita mais uma vez seu pai — Bagagem confiscada em Rousses — A razão — Retorno a Chambéry — Fim da guerra — O Conde de Lautrec — A ópera de Jephtha — Gauffecourt — O Sr. de Conzie — Voltaire — Desejo de perambular — Reflexões sobre a guerra civil — Morte de seu tio Bernard e seu primo — Os documentos relativos às fortificações de Genebra — Experimentos — Uma explosão [jun/1737] — Ferimentos e doença — Diversas paixões e inquietude — Saúde deteriorada — Residência no campo — Planos e arranjos — Les Charmettes.

LIVRO SEXTO (1737/1742)

Vida calma em Les Charmettes — Lembranças — A pervinca — A saúde piora ainda mais — Uma estranha doença — Os princípios religiosos da Sra. de Warens — Recuperação parcial — Retorno para Chambéry — O Sr. Salamon — Atraído para o estudo — Retorno a Les Charmettes — Amor pelos animais — Plano de estudo — Dificuldades — Rotina diária em Les Charmettes — Estudo de astronomia — Anedota: um sabá de feiticeiros — Teologia — Idéias estranhas — Dias felizes — Retorno a Genebra para reivindicar a fortuna deixada por sua mãe [jul/1737] — Reparte sua fortuna com a Sra. de Warens — Estuda anatomia — O resultado — Viagens para Montpellier para consultar um médico renomado [set/1737] — A festa de casamento — A Sra. de Larnage — Faz-se passar por um inglês — A Sra. de Larnage faz amor com Rousseau — Convidado a ir para Saint-Andiol — Deixa a Sra de Larnage — Visitas a Ponte du Gard — Impressões — O anfiteatro em Nîmes — Comparações — Hospeda-se na casa de um médico em Montpellier — Parte para Saint-Andiol para visitar a Sra. de Larnage, mas decide de repente retornar para a Sra. de Warens — Razões — Chega a Chambéry [fev/1738] — Recepção fria — Descobre-se suplantado pelo Sr. Vintzenried — O Sr. Vintzenried: seu caráter — Aflição por ser passado para trás — Aceita o posto de tutor das crianças do Sr. de Mably em Lyon [abr/1740] — Caráter de seus pupilos — O caso do vinho — Descobre que não se adapta ao papel de tutor e deixa o serviço do Sr. de Mably [mai/1741] — Retorna para a Sra. de Warens — Decepção — Extravagância do Sr. Vintzenried — Parte para Paris com seu sistema de notação musical [1741 ou 1742].

LIVRO SÉTIMO (1742/1749)

Reflexões sobre as *Confissões* — Passa em Lyon a caminho de Paris para visitar conhecidos — A Srta. Serre — A atração de Rousseau por ela — Chega a Paris — Apresentado à Academia de Ciências pelo Sr. de Réaumur — Lê seu projeto na Academia [22.8.1742] — Uma comissão é designada para examinar o sistema musical, e o declara "não novo" [8.9.1742] — A crítica de Rameau ao sistema — Dificuldades para conseguir publicar seu sistema — Fracasso de seu sistema de notação musical — Vida indolente em Paris — Aconselhado pelo Padre Castel a "experimentar as mulheres" — as Sras. Dupin, de Beuzenval, e de Broglie — Descrição de Sra. Dupin — Declara sua paixão a ela e é repelido — O Sr. de Francueil — Séria doença — Durante seu delírio concebe a idéia de compor uma ópera [mai/1743] — Convalescença — Compõe a ópera Les Muses Galantes — O Conde de Montaigu é nomeado embaixador em Veneza [jun/1743] — Rousseau se torna seu secretário e parte para Veneza [10.7.1743] — Pestilência em Messina — Quarentena em Gênova — Residência e experiências no lazaretto — Chega a Veneza [4.9.1743] — Deveres como secretário diplomático — Maldade do Sr. de Montaigu — O descuido do embaixador no cumprimento dos deveres de seu cargo — Rousseau desempenha os deveres de embaixador — Veronese, o ator — O Capitão Olivet e sua embarcação — Conduta descuidada

— A letra de câmbio — Presta um serviço à casa de Bourbon remetendo um despacho importante — Cólera do Sr. de Montaigu — Os empregados do embaixador — Domenico Vitali — Vitali conspira para obter a demissão de Rousseau — A conduta do Sr. de Montaigu para com Rousseau — Após violenta disputa com o embaixador, Rousseau deixa abruptamente seu serviço [6.8.1744] — As diversões de Veneza — Paixão pela música italiana — A música das scuole — As cantoras ocultas — Idéias elevadas de sua beleza — Desencanto — O caso com a Padoana — Janta com Capitão Olivet a bordo de seu navio — Zulietta — Sua descrição e conduta — O caso com Zulietta — A estranha conduta de Rousseau — "Desista das mulheres e estude matemática" — Resolve ir a Paris queixar-se da conduta do embaixador; parte para Paris [22.8.1744] — Interrompe sua viagem em Genebra e torna a ver seu pai — Truque sujo do Sr. de Montaigu com a bagagem — Chega a Paris [out/1744], mas não pode obter satisfações — O fim do Sr. de Montaigu — Conhece Ignacio Emmanuel de Altuna — Encontra se com Thérèse le Vasseur — Ela se torna sua amante [mar/1745] — Sua confissão — Conclusão de Les Muses Galantes [9.7.1745] — o Sr. e a Sra. de la Poplinière — Rude conduta de Rameau — A ópera é executada na casa do Sr. Bonneval, com os custos pagos pelo Rei [set/1745] — A aprovação do Duque de Richelieu — Fêtes em Versalhes — Rousseau recebe a incumbência de adaptar o drama de Voltaire, La Princesse de Navarre, posto em música por Rameau — Escreve a Voltaire sobre o assunto [dez/1745] — A carta de Voltaire em resposta — Ensaio do trabalho adaptado — Oposição a ele — Doente devido à decepção — Deslealdade de Rameau — O trabalho é executado e tem sucesso — Inimizade da Sra. de la Poplinière — Razões — Morte de seu pai [9.5.1747] — Gauffecourt ajuda-o a recuperar a parte da propriedade de sua mãe — Assediado pela família da Sra. le Vasseur — A conduta deles em relação a Thérèse — A comédia Narcisse aceita pelo teatro italiano, mas não encenada — Ensaio das Muses Galantes na ópera — Rousseau a retira — Decepção — Torna-se secretário da Sra. Dupin e do Sr. de Francueil [outono de 1746] — Escreve a comédia L'Engagement Téméraire [outono de 1747], e o poema *L'Allée de Sylvie* [outono de 1746] — Os freqüentadores da casa da Sra. Selle — Suas diversões e conversas sobre a Casa dos Enjeitados — Nascimento do primeiro filho de Rousseau [inverno de 1746] — Entregue à Casa dos Enjeitados — O segundo filho [1748] disposto da mesma forma — Conhece a Sra. d'Epinay [1747] — Sua família — A Condessa d'Houdetot [fev/1748] — Diderot — Roguin — O Abbé de Condillac — D'Alembert — Diderot e D'Alembert empreendem o *Dictionnaire Encyclopédique* — Prisão de Diderot [24.7.1749] — Causa disso — Rousseau escreve à Sra. de Pompadour pedindo sua libertação.

LIVRO OITAVO (1749/1756)

Conhece Grimm [20.8.1749] — Visita Diderot na prisão em Vincennes [out/1749] — Sua "iluminação" — Decide escrever um ensaio sobre o tema proposto pela Academia de Dijon: "O progresso das artes e ciências contribuiu mais para a corrupção ou para a purificação da moralidade?" — Sua maneira de trabalhar na composição — Seu término — Monta uma casa para morar com Thérèse e os pais dela [jan/1750] — Sua vida tranqüila — O caso de Klüpfel, Grimm e Rousseau com uma garota — Seu ensaio ganha o prêmio em Dijon [9.7.1750] — Efeitos — O autor defende sua conduta em relação a seus filhos [abr/1751] — Terceiro filho entregue à Casa dos Enjeitados [primavera de 1751] — Os dois seguintes dispostos da mesma forma — Deslealdade da Sra. le Vasseur — Consegue emprego na Caixa Geral de Finanças — Incapacidade para a posição — Séria doença — A causa de sua permanente má saúde — Desespera-se da vida — Reflexões — Sua "reforma": torna-se copista de música e abandona seu modo anterior de vida — Tem suas roupas finas roubadas pelo irmão de Thérèse — Seu ensaio é severamente criticado pelos defensores da literatura [9.10.1751] — O rei Stanislaus e Rousseau — Amarga inimizade do Sr. Bordes, de Lyon — Torna-se famoso, e é visitado por inúmeras pessoas — Recusa todos os presentes — Aborrecimentos domésticos — Paris se torna desagradável — Causas de sua insociabilidade exterior — Apresenta Grimm a seus amigos — O Abbé Raynal — Grimm e a Srta. Fel — O desdém dela — Grimm finge doença — O resultado — O Barão d'Holbach — O Sr. Duclos — A Sra. Marquesa de Créqui — O Sr. Saurin — O Sr. Mussard: sua estranha mania e fim doloroso — Compõe o Devin du Village [primavera-verão de 1752] — Sucesso da ópera — Disputa entre os Srs. de Cury e Duclos sobre ela — Viagens para Fontainebleau em uma carruagem real para assistir a sua execução — Incidente no café — Execução do Devin du Village perante o Rei [18.10.1752] — Seu sucesso estrondoso — Chamado ao castelo para ser apresentado ao Rei — Recusa a honra — Razões para essa estranha conduta — Diderot esforça-se para persuadi-lo a aceitar uma pensão do Rei, mas sem sucesso [21.10.1752] — Diderot e Grimm começam sua conspiração — O incidente da música inédita — Deslealdade do Barão d'Holbach — Acusado de plágio — Rivalidade entre os partidários dos estilos musicais francês e italiano — O *Flanco do Rei* e o *Flanco da Rainha* — Complô para assassinar Rousseau por sua *Carta sobre a Música Francesa* — Vergonhosa conduta da administração da Ópera — Exige a devolução de sua ópera, mas sem sucesso — O Barão d'Holbach o trata com grande brutalidade — Narcisse é executado anonimamente na Comédie Française [18.12.1752] — Fracasso — Confessa ser o autor da peça — O tema da *Origem da Desigualdade entre os Homens* é proposto pela Academia de Dijon [nov/1753] — Escreve um ensaio sobre o assunto — Dispensa os médicos e decide viver como lhe agrada — Viaja com Thérèse e Gauffecourt para Genebra [1°.6.1754] — Conduta infame de Gauffecourt — Vê novamente a Sra. de Warens — Sua decadência e angústia — Abjura a fé católica e retorna ao protestantismo em Genebra [1°.8.1754] — Razões — Retorna a Paris [out/1754] — Frieza dos genebrinos diante do *Discurso sobre a Desigualdade* — A Sra. d'Epinay lhe oferece a Ermitage — Voltaire se estabelece em Genebra [fev/1755] — Efeito disso em Rousseau — Morte da Sra. d'Holbach e da Sra. Francueil — Recebe a visita de Venture de Villeneuve — Condição mudada — Palissot procura obter favores do Rei da Polônia às custas de Rousseau — Castigo — Rousseau intercede por ele.

LIVRO NONO (1756/1757)

Passa a residir na Ermitage [9.4.1756] — A "clique dos holbachianos"; seu ridículo — Reflexões — Deliciado com a Ermitage — Planos para trabalhos futuros: As *Instituições Políticas*; *Seleções dos trabalhos do Abbé de Saint-Pierre*; *A Moral Sensitiva*; *Dicionário de Música* — Obrigado a fazer corte à Sra. d'Epinay — Inconveniência disso — Vida agradável na Ermitage — Reflexões sobre Thérèse — Buscando amizades compreensivas e intelectuais — Decide que sua forma de viver deve harmonizar-se com seus princípios — O efeito sobre si mesmo — Diderot e Grimm conspiram com a Sra. le Vasseur — Sua conduta — Estranha reticência por parte de Thérèse — Decepcionado com os escritos de Saint-Pierre — Plano das *Seleções* — Abandona o trabalho — Razões — Recordações de *Les Charmettes* — Reflete sobre sua condição — Resultado — A Sra. le Vasseur empenha seu crédito — Complôs da "clique holbachiana" — Doutrina de Voltaire — Rousseau lhe escreve — Resposta — Devaneios — Recebe a visita da Sra. d'Houdetot [jan/1757] — O acidente dela — Roubo das frutas do Sr. d'Epinay — Rousseau e o jardineiro — Entrega-se a idéias românticas — Esforça-se para acalmar a tempestade despertada pela *Encyclopédie* — Os dois partidos opostos unem-se contra ele — *Julie ou La Nouvelle Heloïse*, o resultado de suas idéias românticas — Estranho presente da Sra. d'Epinay — Diderot e o *Fils Naturel* — Outra visita da Sra. d'Houdetot — Sua aparência e realizações — Seu marido — Seu amante, Saint-Lambert — Concebe por ela a paixão mais extravagante [primavera-verão de 1757] — Declaração e desilusão — Ciúme de Sra. d'Epinay — Visita do Barão d'Holbach — Saint-Lambert é informado da conduta de Rousseau em relação a sua amante — Começa a suspeitar da Sra. d'Epinay — O esforço dela para subverter Thérèse — O "dia das cinco cartas" [jun/ago/ 1757] — Estranha carta da Sra. d'Epinay — Resposta — Segunda carta da Senhora d'Epinay — Resposta — Terceira carta da Sra. d'Epinay — Embaraço de Rousseau — Visita à Sra. d'Epinay — Sua efusiva recepção [set/1757] — O *Fils Naturel*: "Só os maus vivem sós" — Reprova a Diderot a falta de consideração [mar/1757] — Carta — Resposta — Explicações — Carta para a Sra. d'Epinay referindo-se sarcasticamente a Grimm — Explicações de frases na carta de Diderot — Visita Diderot — Cordial recepção — A opinião de Diderot sobre *Julie* — Visita o Barão d'Holbach — Retorno de Saint-Lambert — Seu comportamento em relação a Rousseau — Frieza da Sra. d'Houdetot — Devolve sua correspondência — Dúvidas quanto a sua habilidade musical — Dissipa essas dúvidas — Grimm chega a La Chevrette — suas intrigas com a Sra. d'Epinay — A arrogância de Grimm e premeditado desprezo — Comportamento hipócrita de Grimm — Grimm e Diderot esforçam-se para subverter Duclos — Decide renunciar à amizade de Grimm — Impedido pela Sra. d'Epinay — Visita Grimm — Recepção — A Sra. d'Epinay anuncia sua partida para Genebra — Razão secreta — Estranha carta de Diderot relativa ao dever de Rousseau para com a Sra. d'Epinay [out/1757] — Resposta — Decide abandonar a Ermitage — O conselho da Sra. d'Houdetot — Despede-se da Sra. d'Houdetot e da Sra. d'Epinay — Escreve a Grimm justificando sua ação — A conduta vaga de Grimm — Grimm renuncia à amizade de Rousseau — Cartas em resposta — Conduta traiçoeira de Grimm —

Carta à Sra. d'Epinay pedindo licença para permanecer na Ermitage — Recebe uma visita de Diderot [5.12.1757] — Resposta de Sra. d'Epinay pedindo-lhe que saia da Ermitage [10.12.1757] — Embaraço — Deixa a Ermitage e vai para Mont-Louis [15.12.1757] — Envia a Sra. le Vasseur para Paris — Carta para a Sra. d'Epinay.

LIVRO DÉCIMO (1758/1760)

Saúde precária — Carta da Sra. d'Epinay — A Sra. d'Epinay, Grimm e o Dr. Tronchin conspiram contra Rousseau em Genebra e Paris — Reflexões — Tempestuosa correspondência com a Sra. d'Houdetot — Escreve a Carta a D'Alembert sobre o teatro [mar/1758] — A Sra. D'Houdetot rompe relações com Rousseau [6.5.1758] — Generosa conduta de Saint-Lambert — Ataca Diderot — Severa carta de Saint-Lambert [10.10.1758] — Resposta indignada — Carta cortês do Sr. d'Epinay convidando-o para jantar — Aceita o convite — Cordial recepção [29.10.1758] — Efeito do jantar nos esquemas da "clique holbachiana" — Conhece o Sr. Marmontel — Inimizade — Exige mais uma vez a devolução do *Devin du Village* — Conclui a *Julie* – Começa uma vida calma em Mont-Louis — Conhecidos e descrições — O Sr. de Lamoignon de Malesherbes — Sua gentileza — A cópia de *Julie* da Sra. de Pompadour mutilada por medo de causar ofensa — Recebe a oferta de uma posição no Journal des Savants [nov/1759] — Razões para a recusa — Reclama das pequenas despesas ligadas às visitas — Perspectivas de lucros de seu trabalho literário — Abandona as *Instituições Políticas* e a *Moral Sensitiva* — Decide escrever suas *Confissões* — O Duque de Luxembourg e família estabelecem-se em Montmorency — a Sra. de Luxembourg deseja que Rousseau entre para a Academia Francesa — Visita do Duque de Luxembourg [abr/1759] — Convidado a residir no castelo durante a reforma de sua casa — Passa a residir no castelo [6.5.1759] — Satisfação — Lê *Julie* para a Sra. de Luxembourg — Estranha carta da Sra. de Luxembourg — Resposta — Altera a cópia de *Julie* da Sra. de Luxembourg — Retorna para sua casa em Mont-Louis [jul/1759] — A Marquesa de Verdelin — Sua família e caráter — A Sra. de Verdelin e Coindet — O Sr. de Silhouette — Carta de Rousseau para ele sobre os financistas — Resultado — Carta à Sra. de Luxembourg — Recusa-se a permitir que *Emílio* seja publicado na França — Repreendido por uma criança ao ler o *Emílio* [jul/1760] — Defende Diderot — Carta — O aborrecimento de Diderot — O Abbé Morellet escreve *A Visão* e é aprisionado na Bastilha — D'Alembert pede a Rousseau que obtenha sua libertação — Carta em resposta — Libertação de Morellet — Cartas — Descobre que Voltaire publicou sua carta sobre o terremoto de Lisboa — O Abbé Trublet — Carta a Voltaire — Visita do Príncipe de Conti [out/1760] — A Sra. de Boufflers — Rousseau subjuga sua paixão por ela.

LIVRO DÉCIMO PRIEMIRO (1761/1762)

Publicação de *Julie* — Seu estrondoso sucesso — Comparação entre os estilos de Richardson e Rousseau — Anedota — A *Paz Perpétua* — Ação desonesta do editor — Problemas familiares do Duque de Luxembourg — Começa a suspeitar do Abbé Boufflers — O Sr. de Choiseul — Amável oferta — Reflexões — Referência inapropriada ao Sr. de Choiseul no *Contrato Social* — O trabalho literário da Sra. de Boufflers — O Sr. Presidente Henault — A Sra. de Deffand — A Srta. de Lespinasse — Despeito do Marquês de Villeroy — Faz da Sra. de Luxembourg sua confidente — Fracassa em localizar o paradeiro de seus filhos na Casa dos Enjeitados — Arranjos para a publicação de *Emílio* — Conclui o Contrato Social [ago/1761] — Estranho incidente — *Ensaio sobre a Origem das Línguas* — Planos para aposentadoria — Bondade do editor Rey — Inexplicável demora na publicação de *Emílio* — Séria doença — Cartas estranhas — Suspeitas — Reflexões sobre a condição da França — A Guerra dos Sete Anos — Impressão do *Emílio* suspensa — Razões — Impressão do *Emílio* concluída — Seus papéis examinados privadamente — Tentativa de apreender seus trabalhos em Rouen — Operação cirúrgica para sua peculiar doença — Resultado — Decide aposentar-se após a publicação do *Emílio* — *Emílio* publicado — Sua recepção — Estranha conduta de seus amigos em referência a sua correspondência relativa ao *Emílio* — Cautelosas opiniões de seus amigos sobre o trabalho — Plágios do Sr. Balexsert, um genebrino — Começo da tempestade — Rumores alarmantes — Tranqüilidade de Rousseau — Interrogado sobre suas observações relativas ao Sr. de Choiseul — Aconselhado a partir para a Inglaterra — Hume — Mandado de prisão do autor de *Emílio* — Dúvidas — A tempestade irrompe — notícias de Paris no meio da noite — Preparativos apressados para a fuga [9.6.1762] — Desgostoso com a Inglaterra e com os ingleses — Despede-se de Thérèse — Parte para a Suíça — Reflexões e incidentes durante a viagem — Emoção ao entrar em Berna — Chega a Yverdun [14.6.1762].

LIVRO DÉCIMO SEGUNDO (1762/1765)

Reflexões — *Emílio* queimado publicamente em Genebra [19.6.1762], e um mandado expedido contra seu autor — Execrado por toda a Europa — Obrigado a deixar Yverdun — Dirige-se a Motiers [10.7.1762] e lá Thérèse junta-se a ele [20.7.1762] — Frieza de Thérèse — Razões — Escreve a Lord Keith pedindo sua proteção — Sua família e seu caráter — Bondade do Rei da Prússia — Escreve ao Rei da Prússia [jul/1762] — Adota o traje armênio [set/1762] — Abandona a literatura — Ocupações — O Sr. de Peyrou — Razões para não visitar Neuchâtel — Deseja ser admitido à Comunhão — Condições — O ministro, Sr. de Montmollin — Repreendido pela Sra. de Boufflers por ter comungado — Decreto de censura emitido pela Sorbonne [22.8.1762] — O Arcebispo de Paris escreve contra Rousseau [28.8.1762] — Organiza seus documentos e descobre que foram adulterados — Renuncia à cidadania de Genebra [mai/1763] — *Lettres Écrites de la Campagne*, de Tronchin [out/1763] — *Lettres écrites de la Montagne* — Visitantes misteriosos: Srs. de Montauban e Dastier — Nega a autoria de *De l'Homme de la Montagne* — Séguier de Saint-Brisson — O pretenso Barão de Sauttern — Morte do Duque de Luxembourg — O testamento do Duque de Luxembourg [18.5.1764] — Morte da Sra. de Warens [29.7.1762] —

Partida do Marechal Keith [abr/1763] — Má vontade do Abbé de Mably — Considera a redação de suas *Confissões* a causa de sua expulsão da Suíça — Edição completa de seu trabalhos — As *Lettres écrites de la Montagne* são publicadas — Excitação causada pela obra — A obra queimada publicamente em Paris [19.3.1765] — Aconselhado a não se apresentar à Comunhão — Tentativas de excomunhão — Montmollin, o ministro, incita as pessoas contra ele [set/1765] — Perseguição — Visita da Sra. de Verdelin e sua filha [1º a 3.9.1765] — Hume — *A Visão de Pedro da Montanha, chamado o Vidente* — Grosseira calúnia de Voltaire — A "Lapidação" de Motiers: a populaça ataca sua casa com pedras [6.9.1765] — Persuadido a deixar Motiers — Walpole — A ilha de Saint-Pierre [9.10.1765] — Descrição — Vida calma na ilha — Ocupações — Expulso da ilha [16.10.1765] — Ordenado a partir em vinte e quatro horas — Considera ir para a Córsega — A França e a Córsega — Decide partir para Berlim — Persuadido a ficar em Bienne — Severo tratamento pelas pessoas de Bienne — Deixa Bienne [29.10.1765] — Declaração final.

CONFISSÕES

LIVRO PRIMEIRO

(1712-1728)

Dou começo a uma empresa de que não há exemplos, e cuja execução não terá imitadores. Quero mostrar aos meus semelhantes um homem em toda a verdade da natureza; e serei eu esse homem. Eu só. Sinto meu coração e conheço os homens. Não sou feito como nenhum dos que já vi; e ouso crer que não sou feito como nenhum dos que existem. Se não sou melhor, sou, pelo menos, diferente. E só depois de me haver lido é que poderá alguém julgar se a natureza fez bem ou mal em quebrar a fôrma em que me moldou.

Soe quando quiser a trombeta do juízo final: virei, com este livro nas mãos, comparecer diante do soberano Juiz. Direi altivo: "Eis o que fiz, o que pensei, o que fui. Disse o bem e o mal com a mesma franqueza. Nada calei de mau, nada acrescentei de bom; e se me aconteceu usar algum ornato indiferente, não foi nunca para preencher um vácuo da minha falta de memória. Talvez tenha imaginado ser verdadeiro o que eu acreditava que o devesse ser, porém jamais o que eu soubesse ser falso. Mostrei-me tal qual era: desprezível e vil quando o fui; bom, generoso, sublime, quando o fui; desnudei meu íntimo, tal como tu próprio o viste, Ente Eterno. Reúne ao meu redor a turba inumerável dos meus semelhantes; que eles ouçam as minhas confissões, que gemam com as minhas indignidades, que corem com as minhas misérias. E que, por sua vez, cada um deles descubra seu coração aos pés do teu trono, com a mesma sinceridade; e, após, que um só deles te diga, se o ousar: Fui melhor que aquele homem".

Nasci em Genebra, em 1712,[1] filho de Isaac Rousseau, cidadão, e de Suzanne Bernard, cidadã. Quinze filhos repartindo entre si me-

---

1. Rousseau supunha ter nascido a 4 de julho de 1712, porque confundia a data do seu nascimento com a do batismo. Ele nasceu a 28 de junho de 1712. (N.T.)

díocres haveres reduziram a quase nada o quinhão de meu pai, que não teve para viver senão o seu ofício de relojoeiro, no qual era realmente muito hábil. Minha mãe, filha do ministro Bernard, era mais rica: tinha sabedoria, beleza e bondade. Não fora sem dificuldade que meu pai a conquistara. Seus amores começaram quase que com a vida deles; desde os oito ou nove anos, todas as tardes, passeavam juntos na Treille. Aos dez anos, já não se podiam deixar. A simpatia, a concordância das almas, fortalecera neles o sentimento que o hábito fizera nascer. Ambos ternos e sensíveis de nascimento, só esperavam o momento de encontrar o outro nas suas mesmas disposições; ou melhor, esse momento os esperava, e cada um deles lançou seu coração no primeiro que se abriu para o receber. E a sorte, que parecia contrariar essa paixão, só a fez animar. O jovem amante, não podendo obter a amada, consumia-se de dor; e ela o aconselhou que viajasse para esquecê-la. Debalde viajou, e voltou mais apaixonado do que nunca. E encontrou a amada mais terna e fiel. Depois dessa prova, nada mais restava senão amarem-se por toda a vida; e isso juraram, e o céu lhes abençoou o juramento.

Gabriel Bernard, irmão de minha mãe, apaixonou-se por uma irmã de meu pai; ela, porém, só consentiu em casar-se com o irmão caso ele permitisse que seu irmão lhe desposasse a irmã.

O amor tudo arranjou e fizeram-se, no mesmo dia, os dois casamentos. Assim, meu tio era o marido de minha tia, e seus filhos foram meus primos carnais. Ao fim de um ano, de um e de outro lado houve um nascimento; depois, foi preciso ainda nova separação.

Meu tio Bernard era engenheiro; foi servir ao Império, na Hungria, às ordens do príncipe Eugênio. Destacou-se no cerco e na batalha de Belgrado. Meu pai, depois do nascimento de meu único irmão, partiu para Constantinopla, onde o chamavam, e veio a ser relojoeiro do Serralho. Na ausência dele, a beleza de minha mãe, seu espírito, suas prendas[2] atraíram-lhe homenagens. O Sr. de la Closure, residente de França, foi o mais apressado em lhas prestar. E devia ser muito forte a paixão dele, porque, depois de trinta anos, ainda o vi se

---

2. Ela as tinha muito brilhantes para a sua posição, pois o pai, o ministro, que a adorava, cuidara muito da sua educação. Desenhava, cantava, acompanhando-se com teorba; tinha leituras, fazia versos passáveis. Eis um improviso feito por ela na ausência do irmão e do marido, durante um passeio com a cunhada e os filhos, em resposta a alguém que aludira ao assunto: *"Ces deux messieurs qui sont absents / Nous sont chers de bien des manières: / Ce sont nos amis, nos amants; / Ce sont nos maris et nos frères / Et les pères de ces enfants".* (Esses dois senhores ausentes / nos são caros por várias razões: / são nossos amigos e amantes; / são nossos maridos e nossos irmãos / e os pais de nossos filhos.)

enternecer ao falar dela. Minha mãe, para se defender, tinha mais do que virtude: amava ternamente o marido. Apressou-o a voltar: ele deixou tudo e veio. Eu fui o triste fruto dessa volta. Dez meses depois, nasci, franzino e doente. Custei a vida a minha mãe e o meu nascimento foi a primeira das minhas desgraças.

Não sei como meu pai suportou essa perda, mas sei que ele não se consolou nunca. Revia a mulher em mim, sem poder esquecer que fora eu que lha roubara; nunca me abraçou sem que eu sentisse nos seus suspiros, nos seus abraços convulsos, que uma amarga saudade misturava-se a suas carícias, que nem por isso eram menos ternas. Quando ele me dizia: "Jean-Jacques, falemos em tua mãe", eu retrucava: "Ah, meu pai, vamos então chorar"; e só essa palavra lhe arrancava lágrimas. "Ah, dizia ele, devolve-ma, consola-me, enche o vácuo que ela deixou na minha alma. Amar-te-ia eu tanto se não fosses apenas meu filho?" Quarenta anos depois de a haver perdido morreu nos braços de uma segunda mulher, mas com o nome da primeira na boca e a sua imagem no fundo do coração.

Foram esses os autores dos meus dias. De todos os dons com que o céu os aquinhoou, só me deixaram foi um coração sensível: e isso, entretanto, que fez a felicidade deles, fez todas as desventuras da minha vida.

Nasci quase moribundo. Pouca esperança tinham de me salvar. Trazia o germe de um incômodo[3] que os anos aumentaram e que agora só me dá tréguas para me fazer sofrer cruelmente de outra maneira. Uma irmã de meu pai, moça amável e boa, tanto cuidado tomou comigo que me salvou. No momento em que escrevo isto, ela ainda vive, tratando, aos oitenta anos de idade, de um marido mais moço do que ela, mas gasto pela bebida. Tia querida,[4] perdôo-lhe o ter-me feito viver, e aflijo-me por não poder, no fim dos seus dias, pagar-lhe os ternos cuidados que lhe devi no começo dos meus. Tenho ainda viva, sã e robusta minha ama Jacqueline. As mãos que, ao nascer, me abriram os olhos, me podem fechá-los, ao morrer.

Senti antes de pensar: é a sorte comum da humanidade. Mas eu sofri mais que qualquer outro. Ignoro o que fiz até aos cinco ou seis anos. Não sei como aprendi a ler; lembro-me apenas das minhas

---

3. Era uma retenção de urina quase contínua, produzida por um defeito de conformação da bexiga. (N.T.)
4. Chamava-se essa tia Madame Gonceru. Em março de 1767, Rousseau lhe marcou sobre seus rendimentos uma renda de cem libras, e, mesmo nas suas piores crises, sempre a pagou com uma exatidão religiosa. (N.E. francês)

primeiras leituras e do efeito que me fizeram: é o tempo de onde marco, sem interrupção, a consciência de mim mesmo. Minha mãe deixara uns romances, e, depois da ceia, meu pai e eu os íamos ler. De começo cogitava-se apenas de me exercitar na leitura por meio de livros divertidos, mas logo o meu interesse se tornou tão vivo, que líamos ambos sem tréguas e passávamos a noite nessa ocupação. Só a podíamos largar ao fim do volume. Meu pai, às vezes, ouvindo as matinas das andorinhas, dizia envergonhado: "Vamo-nos deitar. Sou mais criança do que tu.".

Graças a esse perigoso método, depressa adquiri não só uma grande facilidade de ler e compreender, como também uma compreensão das paixões única em minha idade. Ainda não tinha nenhuma noção das coisas, e já todos os sentimentos me eram conhecidos. Nada concebera ainda e já sentira tudo. Essas emoções confusas, que eu sentia uma sobre outra, não alteraram a razão que eu ainda não tinha, mas me forjaram uma outra têmpera diferente, e me deram da vida humana noções bizarras e romanescas de que a experiência e a reflexão nunca me puderam curar.

(1719-1723) – Os romances acabaram com o verão de 1719. No inverno seguinte, a coisa foi outra. Esgotada a biblioteca de minha mãe, recorremos aos livros que nos couberam da biblioteca do pai dela. Felizmente eram bons livros; e não poderia ser de outra forma, porque essa biblioteca fora formada por um ministro de verdade, por um sábio, mesmo porque essa era a moda de então, porém homem de gosto e de espírito. A *"História da Igreja e do Império"*, por Le Sueur; os *"Discursos sobre a História Universal"*, de Bossuet; os *"Homens Ilustres"*, de Plutarco; a *"História de Veneza"*, por Nani; as *"Metamorfoses"*, de Ovídio; os *"Mundos"*, de Fontenelle; os *"Diálogos dos Mortos"*, e alguns tomos de Molière foram transportados para o gabinete de meu pai e eu os li diariamente durante o trabalho dele. Adquiri um gosto raro e talvez único, nessa idade. Sobretudo Plutarco tornou-se a minha leitura favorita. O prazer que eu tinha em o ler sem cessar curou-me um pouco dos romances; e depressa eu preferia Agísilaus, Brutos e Aristídes, a Orondate, Artamênio e Juba. Dessas interessantes leituras, das conversas que elas produziam entre mim e meu pai, formou-se esse meu espírito livre e republicano, esse caráter indomável e altivo que não suporta jugo nem servidão, que me atormentou durante toda a vida e nas situações menos próprias a lhe dar vazão. Entretido continuamente com Roma e Atenas, vivendo, por assim dizer, com os seus grandes homens, filho eu próprio de uma

república e filho de um pai cuja mais forte paixão era o amor da pátria, inflamava-me ao exemplo dele; supunha-me grego ou romano; tornava-me a personagem cuja vida lia; a história dos lances de coragem e intrepidez que me impressionavam punha-me os olhos brilhantes e a voz forte. Um dia em que eu contava, à mesa, a aventura de Scévola, assustaram-se ao me verem estender a mão para um esquentador para mimar a ação do outro.

Tinha um irmão sete anos mais velho do que eu, que aprendia o ofício de meu pai. A afeição extremada que tinham por mim fazia com que o esquecessem um pouco, o que não aprovo. A educação dele se ressentiu dessa negligência. E ele tomou o caminho da libertinagem, mesmo antes da idade de ser um libertino de verdade. Puseram-no na casa de outro mestre, de onde ele fugiu, como fizera da casa paterna. Eu quase nunca o via; mal posso dizer que o conheci. Nunca deixei, porém, de o estimar ternamente, e ele me queria tanto quanto é possível a um canalha querer a alguém. Lembro-me de uma vez em que meu pai o açoitava rudemente e com cólera, e eu me lancei entre os dois, abraçando-o estreitamente. Cobri-o assim com meu corpo, recebendo as pancadas que lhe cabiam; e de tal forma teimei nessa atitude que meu pai o perdoou, desarmado talvez por meus gritos e lágrimas, ou para não me maltratar mais que ao outro. Por fim, meu irmão piorou tanto que fugiu e desapareceu completamente. Algum tempo depois, soube-se que ele estava na Alemanha. Não escreveu uma única vez. Nunca mais tivemos notícias suas desde esse tempo, e foi assim que me tornei filho único.

Se esse rapaz foi educado descuidadamente, assim não aconteceu com o irmão; e os filhos de rei não podem ser criados com mais zelo do que o fui eu nos meus primeiros anos, idolatrado por todos que me cercavam, e sempre, o que é mais raro, tratado como filho querido, mas nunca como filho mimado. Nunca, até minha saída da casa paterna, deixaram-me uma vez que fosse correr as ruas só com os outros meninos; nunca tiveram que reprimir em mim, ou me satisfazerem, nenhum desses extravagantes caprichos que se imputam à natureza e que nascem unicamente da educação. Eu tinha os defeitos da idade: tagarela, guloso, mentiroso às vezes. Roubei frutos, bombons, gulodices; mas nunca senti prazer em fazer o mal, estragos, atormentar os outros, maltratar pobres animais. Lembro-me, entretanto, de ter uma vez urinado na panela de uma de nossas vizinhas, Sra. Clot, que tinha ido a um sermão. E confesso que ainda hoje essa lembrança me faz rir, porque a Sra. Clot, boa criatura no fundo, era a velha mais rabugenta que conheci na minha vida. Eis a curta e verídica história de todos os meus malfeitos infantis.

E como me tornaria mau, se só tinha sob a vista exemplos de doçura, e ao redor de mim as melhores criaturas do mundo? Meu pai, minha tia, minha ama, meus parentes, nossos amigos, nossos vizinhos, todos que me cercavam não me obedeciam, é verdade, mas me amavam; e eu, igualmente os amava. Meus caprichos eram tão pouco excitados e tão pouco contrariados que não me ocorria tê-los. Posso afirmar que, até minha escravização a um professor, nunca soube o que era uma fantasia. Afora o tempo que passava junto a meu pai, lendo ou escrevendo, ou quando passeava com a ama, ficava sempre junto de minha tia, vendo-a bordar, ouvindo-a cantar, sentado em frente ou ao lado dela. E me sentia feliz. A jovialidade dela, a meiguice, o rosto agradável deixaram-me impressões tão fortes que ainda hoje vejo seu ar, seu olhar, sua atitude; lembro-me ainda das suas frases carinhosas; poderia dizer como andava vestida e penteada, sem esquecer os dois cachos que, segundo a moda de então, os cabelos lhe faziam na testa.

Estou convencido de que lhe devo o gosto, ou melhor, a paixão pela música, que só se desenvolveu em mim muito tempo depois. Sabia uma prodigiosa quantidade de árias e canções que cantava com um fio de voz muito suave. A serenidade de alma dessa excelente moça afastava dela, e de tudo que a cercava, a melancolia e a tristeza. Tal era a atração que sobre mim exercia o seu canto que não só muitas das suas cantigas me ficaram na memória, como, hoje que a perdi, tendo-as esquecido quase todas desde a infância, à medida que envelheço as vou recordando com um encanto que não sei exprimir.

Quem diria que, velho extravagante, roído de cuidados e mágoas, surpreendo-me às vezes a chorar como um menino cantarolando essas cantigas com voz já cansada e trêmula? Há sobretudo uma de que recordo inteiro o som; mas a segunda metade das palavras recusa-se constantemente aos meus esforços de a recordar, embora confusamente ainda me lembrem as rimas. Eis o começo e tudo o que posso recordar do resto:

> *Tircis não ouso / ouvir-te a flauta / sob o olmo / porque na aldeia / já se murmura.*
>
> *(...) / (...) se comprometer / (...) um pastor / e sempre o espinho está junto à rosa.*[5]

Procuro onde está o encanto enternecedor que meu coração descobre nessa canção; é um capricho que não entendo; mas é-me im-

---

5. *Um coração se expõe / a se comprometer / com um pastor / e sempre o espinho está junto à rosa.* (N.E. francês)

possível cantá-la até o fim sem me ver parar pelas lágrimas. Já projetei cem vezes escrever a Paris para procurar o resto das palavras, caso alguém as conheça ainda. Mas tenho quase a certeza de que o prazer que tenho em recordar essa ária perder-se-ia em parte se eu tivesse a prova de que outras, além da minha pobre Suson, a cantaram.

Foram essas as primeiras afeições do início da minha vida. Assim começou a se formar ou se mostrar em mim esse coração ao mesmo tempo tão orgulhoso e terno, esse caráter efeminado e, entretanto, indomável, que flutuando sempre entre a fraqueza e a coragem, entre a moleza e a virtude, pôs-me até o fim em contradição comigo próprio, e fez com que o gozo e a abstinência, o prazer e a sabedoria me tenham igualmente escapado.

A continuidade dessa educação foi interrompida por um acidente cujas conseqüências influíram no resto da minha vida. Meu pai teve um conflito com um Sr. Gautier, capitão na França e aparentado no Conselho. Esse Gautier, insolente e covarde, deitou sangue pelo nariz, e, para se vingar, acusou meu pai de ter pegado na espada dentro da cidade. Meu pai, que queriam prender, obstinou-se em reclamar que, de acordo com a lei, o acusador merecia tanto a prisão quanto ele; e não o conseguindo, preferiu sair de Genebra, expatriar-se para o resto da vida, a ceder em um assunto em que a honra e a liberdade lhe pareciam comprometidas.

Fiquei sob a tutela do meu tio Bernard, empregado então nas fortificações de Genebra. Sua filha mais velha morrera, mas restava-lhe um filho da mesma idade que eu. E nos internaram a ambos na casa do ministro Lambercier, para, com o latim, adquirirmos todo o montão de inutilidades que o acompanham com o nome de educação.

Dois anos de aldeia abrandaram um pouco a minha aspereza romana e me reconduziram ao estado de criança. Em Genebra, onde nada me impunham, eu gostava de estudar, de ler; era quase que o meu único divertimento; em Bossey, o trabalho me fez gostar dos brinquedos que me serviam de recreio. O campo era para mim tão inédito que não me podia impedir de o gozar. Tomei por ele um amor tão forte que nunca mais se pôde extinguir. A lembrança dos dias felizes que lá passei me fez, em todas as idades, ter saudades da permanência lá e dos seus prazeres, e até mesmo de quem me levou para lá. O Sr. Lambercier era um homem razoável, que, sem descurar da nossa instrução, não nos sobrecarregava com deveres excessivos. E a prova de que ele obtinha bons resultados é que, apesar de toda a minha aversão a qualquer constrangimento, nunca recordei com desagrado as minhas horas de estudo, e que, se lá não aprendi muito, o que aprendi o fiz sem sofrimento e nunca mais o esqueci.

A simplicidade dessa vida campestre fez-me um bem de preço inestimável, abrindo-me o coração à amizade. Até então, eu só conhecera sentimentos elevados, mas imaginários. O hábito de viver juntos, placidamente, ligou-me ternamente ao meu primo Bernard. Dentro de pouco tempo já o estimava mais afetuosamente que ao meu irmão, e esse afeto nunca mais se apagou. Era um rapagão delgado e esguio, tão meigo de espírito quão fraco de corpo, que não abusava demais da predileção que em casa tinham por ele, como filho do meu tutor. Nossos trabalhos, nossos brinquedos, nossos gostos eram os mesmos; vivíamos sós, éramos da mesma idade, ambos tínhamos necessidade de um camarada; separar-nos era, de um certo modo, nos aniquilar. Embora poucas oportunidades tivéssemos de o demonstrar, nossa ligação um com o outro era extrema; e não só não podíamos viver separados um único instante, mas nem sequer imaginávamos que isso nos pudesse acontecer. Ambos tínhamos o espírito fácil de ceder aos carinhos, complacentes quando não nos queriam constranger, e sempre estávamos de acordo. Se, graças aos que nos governavam, ele tinha, aos olhos deles, algum ascendente sobre mim, eu recuperava esse ascendente quando estávamos sós e o equilíbrio se restabelecia. No estudo, eu lhe soprava a lição quando ele hesitava; quando o meu tema estava feito, ajudava-o a fazer o dele; e nos nossos brinquedos meu gosto mais ativo era sempre o guia. Nossos caracteres se ajustavam tão bem, em suma, e a nossa amizade era tão sincera que, durante cinco anos em que fomos quase inseparáveis, tanto em Bossey como em Genebra, brigamos muito, confesso-o, mas nunca foi preciso que nos separassem, nunca nenhuma das nossas brigas durou mais de um quarto de hora, e nunca nenhum de nós fez do outro o menor enredo. Essas observações são talvez pueris, mas delas se tira um exemplo talvez único desde que existem crianças.

O meu modo de viver em Bossey me fez tanto bem que só lhe faltou durar mais tempo para me fixar absolutamente o caráter, cujo lastro era constituído por sentimentos ternos, afetuosos, serenos. Creio que nunca um indivíduo da nossa espécie foi por natureza menos vaidoso do que eu. Elevava-me em impulsos sublimes, mas recaía logo na minha languidez. O meu desejo mais forte era ser querido por todos que me cercavam. Era meigo; meu primo também o era; todos os que nos governavam o eram igualmente. Durante dois anos inteiros nunca fui testemunha nem vítima de um sentimento violento. Tudo me alimentava no coração as disposições dadas pela natureza.

E eu nada conhecia de mais encantador que ver o mundo inteiro satisfeito comigo e com tudo o mais. Hei de me lembrar sempre que, no templo, respondendo ao catecismo, nada me perturbava mais, quando me acontecia hesitar, do que ver no rosto da Srta. Lambercier sinais de inquietação e de pena. Isso me afligia mais que a vergonha de errar em público, que, aliás, me afeta extremamente; porque, embora sensível aos louvores, sempre o fui muito mais à vergonha, e posso afirmar, aqui, que o receio das repreensões da Srta. Lambercier me aterrorizava menos que o receio de fazê-la sofrer.

Ela, entretanto, como o irmão, não faltava ao dever da severidade. Como, porém, essa severidade, quase sempre justa, nunca era violenta, eu me afligia, mas não me amuava nunca. Ficava mais desgostoso de desagradar que de ser punido, e os sinais de descontentamento me eram mais penosos do que a penalidade. É embaraçante explicar-me melhor, mas é preciso. Como se mudaria o sistema de educar a juventude, se se vissem os efeitos longínquos desse método que se emprega sempre indistintamente e às vezes indiscretamente! A grande lição que se pode tirar de um exemplo tão comum quanto funesto fez-me decidir a apresentá-lo.

Como a Srta. Lambercier tinha por nós uma afeição de mãe, tinha de mãe também a autoridade; autoridade que ia até a nos punir como a filhos quando o merecíamos. Por muito tempo ela se atinha à ameaça, e essa ameaça de um novo castigo parecia-me assustadora; depois da execução, porém, eu achava o castigo muito melhor que a espera, e o que é mais esquisito, esse castigo me afeiçoava ainda mais à pessoa que mo infligira. E carecia mesmo de toda a sinceridade dessa afeição e de toda a minha natural cordura para me impedir de procurar a repetição do mesmo tratamento, merecendo-o; porque eu encontrara no sofrimento, na própria vergonha, um misto de sensualidade que me deixava mais desejo que medo de novamente a receber das mesmas mãos. É verdade que, como se misturava a isso um certo instinto precoce do sexo, o mesmo castigo recebido do irmão dela não me pareceria tão agradável. Mas, com o temperamento dele, essa substituição não era de temer. E se eu me abstinha de merecer a correção, era unicamente no receio de mortificar a Srta. Lambercier; porque, tão forte é em mim o domínio da meiguice, mesmo essa meiguice que nasce dos sentidos, que ela sempre faz lei no meu coração.

Essa reincidência, que eu afastava sem medo, sucedeu sem ser por culpa minha, isto é, involuntariamente; e eu a aproveitava, se o posso dizer, de consciência tranquila. Mas essa segunda vez foi também a última, porque a Srta. Lambercier, tendo naturalmente percebido que o castigo não servia aos seus fins, renunciou a aplicá-lo, alegando que se fatigava muito. Tínhamos até então dormido no quarto dela, e, no inverno, até mesmo em sua cama. Dois dias depois passamos a dormir em um outro quarto e, desde então, tive a honra de ser tratado por ela como um rapaz.

Quem acreditaria que esses açoites, recebidos por um menino de oito anos, das mãos de uma mulher de trinta, decidiriam dos meus gostos, dos meus desejos, das minhas paixões, de mim, durante o resto da vida, e isso no sentido inverso do que precisamente se deveria esperar? No próprio instante em que meus sentidos foram despertados, os desejos me tomaram de tal forma o corpo que, limitados ao que conheciam, não cuidaram em procurar outras satisfações. Com o sangue queimando de sensualidade, desde quase o meu nascimento, conservei-me puro de toda mancha até a idade em que os temperamentos mais frios e mais tardios se desenvolvem. Durante muito tempo atormentado sem saber porquê, devorava as criaturas belas com olhos ardentes; a imaginação mas recordava sem cessar, mas unicamente para as utilizar a minha moda, fazendo-as proceder como a Srta. Lambercier.

Mesmo depois da idade núbil, esse gosto absurdo, sempre persistente e levado até à depravação, até à loucura, conservou-me os costumes honestos que pareceria me dever roubar. Se houve educação casta e modesta, foi essa que recebi. Minhas três tias eram não só criaturas de conduta exemplar, mas de uma reserva que há muito as mulheres não conhecem mais. Meu pai, dado aos prazeres, mas galante à moda antiga, nunca disse, mesmo diante das mulheres que mais desejasse, uma frase sequer que fizesse corar uma virgem. E nunca se levou mais longe que na minha família o respeito devido às crianças. Na casa do Sr. Lambercier não era menor o cuidado a esse respeito, onde expulsaram uma ótima empregada apenas por ter dito diante de nós uma expressão mais crua. Não só, até a minha adolescência, nunca tive, da união dos sexos, senão uma noção confusa, como nunca essa idéia confusa me apareceu sem ser sob figura odiosa e repugnante. Tinha pelas mulheres perdidas um horror que nunca se apagou; não posso ver um libertino sem desprezo ou mesmo sem horror. Minha aversão pelo deboche ia tão longe que indo uma vez ao pequeno Sacconex por um caminho fundo vi de ambos os lados covas no chão, onde, me disseram, os vadios vinham copular. E o que eu vira nas cadelas vinha ao espírito pensando nos outros, e o nojo me dominava a essa evocação.

Esses preconceitos de educação, próprios para retardar as primeiras explosões de um temperamento combustível, foram auxiliados, como já o disse, pela diversão que tomaram em mim os primeiros sinais de sensualidade. Imaginando apenas o que já sentira, apesar das incômodas efervescências do sangue, só sabia levar meus desejos às voluptuosidades que me eram conhecidas, sem ir nunca a que se me tinha tornado odiosa, e que, sem que eu o suspeitasse, estava tão próxima da outra. Nas minhas tolas fantasias, nos meus furores eróticos e nos atos extravagantes a que eles às vezes me arrastavam, eu utilizava imaginariamente os recursos do outro sexo, mas sem pensar nunca que ele fosse apropriado a outro uso além do que eu ardia por empregar.

E assim, tendo um temperamento ardentíssimo, lascivíssimo, precocíssimo, não só passei a idade da puberdade sem desejos e sem conhecer outros prazeres dos sentidos afora os de que a Srta. Lambercier inocentemente me dera a idéia, como depois, quando o decorrer dos anos me fez homem, foi ainda o que me devia perder que me conservou.

Meus antigos desejos de criança, em vez de desaparecerem, por tal forma se associaram aos outros que até hoje não os posso afastar dos desejos que os sentidos me despertam. E essa loucura, junto a minha natural timidez, fez-me sempre muito pouco ousado junto às mulheres, não podia dizer tudo nem fazer tudo, uma vez que o prazer, para o qual o outro não era mais que um final, não poderia ser usurpado por quem o desejava, nem adivinhado por quem o poderia conceder. Passei assim a vida a desejar e a me conter junto às criaturas que mais amei. Não ousando nunca confessar meus gostos, fazia-os derivar com aproximações que mos lembrassem. Ajoelhar-me aos pés de uma amante imperiosa, obedecer-lhe às ordens, ter perdões a lhe implorar, eram para mim os melhores prazeres; e quanto mais a viva imaginação me inflamava o sangue, mais tinha eu o ar de um amante apavorado. Vê-se bem que essa maneira de conceber o amor não traz consigo rápidos progressos, e não é muito perigosa para a virtude das que dele são objeto.

Possuí, pois, muito pouco, mas não deixei de gozar muito a minha maneira, isto é, por imaginação. E eis como os meus sentidos, de acordo com o meu temperamento tímido e o meu espírito romanesco, me conservaram sentimentos puros e costumes honestos por intermédio das próprias preferências que, com um pouco mais de audácia, ter-me-iam mergulhado nas mais brutais voluptuosidades.

Dei o primeiro e mais penoso passo no labirinto obscuro e pantanoso de minhas confissões. O que custa mais a dizer não é o crime, é o ridículo e o vergonhoso. De agora em diante, estou seguro de mim: depois do que ousei dizer, nada mais me fará calar. Pode-se calcular o que me custaram semelhantes confissões, pensando-se que, durante todo o decorrer de minha vida – arrastado muitas vezes junto às mulheres que amei pelos furores de uma paixão que me roubava a faculdade de ver, de ouvir, com os sentidos perdidos e presa de um tremor convulso em todo o corpo, nunca lhes usei declarar minha loucura, implorar-lhes, mesmo na familiaridade mais íntima, o único favor que faltava aos outros. Isso só uma única vez me aconteceu, na infância, com uma menina de minha idade; e mesmo assim foi ela quem fez a primeira proposta.

E, remontando por essa forma aos primeiros traços do meu ente sensível, encontro elementos que, parecendo às vezes incompatíveis, uniram-se, entretanto, para produzir com força um efeito uniforme e simples. E outros encontro que, iguais na aparência, formaram, com o concurso de algumas circunstâncias, combinações tão diferentes que eu nunca imaginaria que eles tivessem alguma ligação entre si. Quem, por exemplo, acreditaria que os mais vigorosos recursos da minha alma foram temperados na mesma fonte onde se originaram a luxúria e a voluptuosidade que me correram no sangue? Sem abandonar o assunto de que estou falando, veremos que ele produzirá uma impressão bem diferente.

Um dia, eu estudava a lição só, no quarto contíguo à cozinha. A criada pusera os pentes da Srta. Lambercier a secar na chapa. Quando os veio buscar, notou que um estava com os dentes quebrados. Quem responsabilizar pelo estrago? Ninguém, afora eu, entrara no quarto. Interrogaram-me, e neguei ter pegado no pente. O senhor e a senhorita Lambercier reuniram-se, exortaram-me, apertaram-me, ameaçaram-me. Continuei teimando, porém a convicção deles era muito forte, e passou por cima dos meus protestos, ainda que fosse a primeira vez que me vissem mentir com tanta audácia. Tomaram a coisa a sério, como o merecia. A maldade, a mentira, a teimosia, pareciam igualmente dignas de punição. Mas, dessa vez, não foi a Srta. Lambercier que me castigou. Escreveram ao meu tio Bernard, que acorreu. Meu pobre primo estava também acusado de um delito não menos grave, e nos uniram na mesma execução, que foi terrível. Quando, procurando no próprio mal um remédio, quiseram amortecer para sempre meus sentidos depravados, não poderiam ter agido mais acertadamente. E assim deixaram-me também em paz por muito tempo.

Não me puderam arrancar a confissão que pretendiam. Repreendido diversas vezes, e posto na mais horrorosa situação, fui inabalável. Tivesse eu sofrido a morte, não cederia. E foi mister que a força cedesse à diabólica teimosia de uma criança, pois foi assim que chamaram minha firmeza. Saí enfim dessa prova, despedaçado, mas triunfante.

Passaram já cinqüenta anos sobre essa aventura, e não posso mais ter medo de outra vez ser punido por esse fato; pois bem, declaro à face do céu que estava inocente, que não quebrei nem toquei no pente, que não me aproximei da chapa, que nem sequer pensei nisso. Ninguém me pergunte como aconteceu esse estrago; ignoro-o e não o posso compreender. O que sei com toda certeza é que eu estava inocente.

Imagine-se um caráter tímido e dócil na vida ordinária, porém ardente, orgulhoso, indomável, nas paixões; um menino governado sempre pela voz da razão, tratado sempre com doçura, eqüidade, complacência, que não tinha sequer idéia da injustiça, e que, pela primeira vez sofre uma injustiça tão terrível da parte, precisamente, das pessoas que ele mais respeita: que reviravolta de idéias! Que desordem de sentimentos! Que confusão no seu cérebro, no coração, em todo o seu pequenino ser inteligente e moral! Digo que se imagine tudo isso, se for possível; quanto a mim, sinto-me incapaz de discernir, de acompanhar o mínimo detalhe do que se passou em mim, então.

Eu ainda não tinha razão bastante para sentir quanto as aparências me condenavam, e para me pôr no lugar dos outros. Ficava no meu lugar. E o que eu sentia era o rigor de um castigo assustador por um crime que eu não cometera. A dor do corpo, viva embora, me foi pouco sensível. Eu sentira só indignação, raiva, desespero. Meu primo, em um caso semelhante, sendo punido por uma falta involuntária como por um crime premeditado, enfureceu-se ao meu exemplo e nós ficamos, por assim dizer, em uníssono. Ambos na mesma cama, nos abraçamos em convulsivos transportes, sufocamo-nos; e quando os nossos jovens corações, um pouco aliviados, puderam desabafar a cólera, erguemo-nos do leito e gritamos cem vezes, com todas as forças: *"Carnifex! Carnifex! Carnifex!"*.[6]

Ao escrever isso, sinto que meu pulso se eleva ainda; terei sempre presentes esses momentos, ainda que viva cem mil anos. Esse primeiro sentimento da violência e da injustiça ficou-me tão profun-

---

6. Carniceiro! (N.E.)

damente gravado na alma que todas as idéias que com ele se relacionam me despertam a primeira emoção; e esse sentimento relativo a mim, na sua origem, tomou por si próprio uma tal consistência e de tal modo se desligou de qualquer interesse pessoal que meu coração se inflama ao espetáculo ou à narração de qualquer ação injusta, qualquer que seja o objeto ou o lugar onde se cometa, como se o seu efeito recaísse sobre mim. Quando leio as crueldades de um tirano feroz, ou as sutis atrocidades de algum padre velhaco, correria de boa vontade a apunhalar esses miseráveis, tivesse embora que morrer cem vezes. Já me tenho ensopado de suor, perseguindo a correr ou a pedradas um galo, uma vaca, um cão, um animal qualquer que vejo atormentando outro unicamente porque se sente o mais forte. Pode esse impulso me ser natural, e creio mesmo que o é; mas a lembrança profunda da primeira injustiça que sofri ligou-se durante muito tempo e muito profundamente a ele para o não ter reforçado muito.

Foi esse o final da serenidade da minha vida infantil. Desde esse instante, deixei de gozar uma felicidade pura, e sinto ainda hoje que param aí as lembranças dos encantos da minha infância. Ficamos ainda alguns meses em Bossey. Ficamos lá tal como descrevem o primeiro homem: no paraíso terrestre, ainda, mas já sem dele gozar. Era na aparência a mesma situação, mas na realidade tudo era diferente.

O afeto, o respeito, a intimidade, a confiança não mais ligavam os alunos aos mestres; não os olhávamos mais como a deuses que nos liam o coração; envergonhávamo-nos menos de proceder mal e tínhamos mais medo de ser acusados. Começamos a nos esconder, a birrar, a mentir. Todos os vícios da idade nos corrompiam a inocência e nos afeavam os brinquedos. O próprio campo perdeu aos nossos olhos a atração da doçura e da simplicidade que sobe ao coração: parecia-nos deserto e sombrio, cobrira-se como que de um véu que escondia-lhe as belezas.

Deixamos de cultivar nossos jardinzinhos, as ervas, as flores. Não nos punhamos mais a arranhar levemente a terra, e a gritar de alegria, descobrindo o germe do grão que semeáramos. Aborrecemo-nos dessa vida; desgostaram-se de nós. Meu tio nos retirou e nos separamos do senhor e da senhorita Lambercier, fartos uns dos outros, e com poucas saudades.

Quase trinta anos passaram depois de minha saída de Bossey sem que me ocorressem as lembranças agradáveis de lá, em recordações mais ou menos ligadas. Mas, depois que atravessei a idade madura e declino para a velhice, sinto que essas mesmas recordações renascem enquanto outras se apagam e se gravam em minha memória com traços cuja força e cujo encanto aumentam dia-a-dia. Como se, sentindo que a vida se escapa, eu a procurasse agarrar pelo princípio. Os menores acontecimentos desse tempo me agradam, simplesmente porque são desse tempo. Lembro-me de todas as circunstâncias de lugar, de tempo, de hora. Vejo a ama ou o criado andando no quarto, uma andorinha entrando pela janela, uma mosca me pousar na mão enquanto eu dizia a lição. Vejo todo o arranjo do quarto em que vivíamos: à direita o gabinete do Sr. Lambercier, uma estampa representando todos os papas, um barômetro, um grande calendário, e os medronheiros que, de um jardim muito alto, no qual a casa se enterrava por trás, vinham sombrear a janela e às vezes se metiam por dentro. Sei bem que o leitor não tem grande necessidade de saber tudo isso; eu é que a tenho de o dizer. E que pena eu não ousar lhe contar as pequeninas histórias dessa idade feliz, que hoje ainda, quando as recordo, me fazem estremecer de deleite! Cinco ou seis, principalmente... Entremos, porém, em um acordo. Perdôo-lhes cinco; mas quero uma, só uma, uma vez que me deixem contá-la longamente, o mais longamente que me seja possível, para me prolongar o prazer.

Se eu não procurasse apenas o nosso prazer, poderia escolher a do traseiro da Srta. Lambercier que, em uma cambalhota infeliz, na beira do prado, foi inteiramente exposto à hora da passagem do Rei da Sardenha. Mas a história da nogueira do terraço é mais divertida para mim, que fui o ator e não espectador da cambalhota. E confesso que nada achei para rir em um acidente que, embora cômico, me alarmou por amor de uma criatura que eu queria como a uma mãe, ou talvez mais.

E vós, leitores curiosos da história da nogueira do terraço, ouvi a horrível tragédia, e impedi-vos de estremecer, se o puderdes!

Existia, fora da porta do pátio, um terraço à esquerda de quem entra, no qual freqüentemente nos íamos assentar às tardes, mas onde não havia sombra. Para tê-la, o Sr. Lambercier mandou plantar uma nogueira. Fez-se com solenidade a plantação da árvore: os dois pensionistas foram os padrinhos e, enquanto enchiam o buraco, segurávamos a árvore com ambas as mãos, entoando canções de triunfo. Fizeram, para a regar, uma espécie de bacia em torno do pé. Espectadores diários dessa rega, eu e meu primo nos convencemos da idéia naturalíssima de que é mais bonito plantar uma árvore no terraço do que uma bandeira em uma brecha, e resolvemos conquistar essa glória, sem a partilhar com ninguém.

Fomos, para esse fim, cortar um galho de um jovem salgueiro, e o plantamos no terraço, a oito ou dez pés da augusta nogueira. Não nos esquecemos também de fazer uma cova em torno da nossa árvore; a dificuldade era achar com que a encher. Porque a água vinha de muito longe e não nos permitiam correr para ir buscá-la. E, entretanto, carecíamos absolutamente dela para o salgueiro. Empregamos durante alguns dias todas as espécies de astúcias para a obter; e tivemos tão bom resultado que o vimos grelar e crescerem folhinhas, cujo crescimento medíamos de hora em hora, persuadidos de que, embora ele não passasse um pé da terra, não tardaria a nos dar sombra.

Uma vez que a árvore nos ocupava completamente, tornava-nos incapazes de qualquer aplicação, de qualquer estudo, porque estávamos quase em delírio, traziam-nos com mais rigor do que antes; e vimos o instante fatal em que a água nos iria faltar, e nos desolamos à espera de ver nossa árvore morrer de seca. Enfim, a necessidade, mãe da indústria, sugeriu-nos uma invenção para garantir o salgueiro e a nós de uma morte certa: era construir sob a terra um rego que secretamente levaria ao salgueiro parte da água destinada à nogueira. Entretanto, apesar de executada com ardor, a empresa não deu logo resultados. Havíamos feito tão mal a inclinação que a água não correu. A terra desmoronou e entupiu o rego. A entrada se encheu de caliça. Desmantelara-se tudo. Mas nada nos desanimava: "*Labor omitia vincit improbus*". Aprofundamos o nosso fosso, para fazer a água correr. Cortamos fundos de caixotes em tabuazinhas estreitas, que postas umas a galgo e outras em ângulo sobre elas formaram um canal triangular para o conduto. Pusemos à entrada varinhas formando uma espécie de grade ou ralo, que coavam o lodo e as pedras sem impedir a passagem da água. Cobrimos cuidadosamente a obra com terra bem batida; e no dia em que estava tudo feito, nos transes da esperança e do receio, esperamos a hora da rega. Depois de séculos de espera, veio a hora, afinal; como de costume, o Sr. Lambercier veio assistir ao trabalho. E ficamos ambos atrás dele, para lhe escondermos a árvore, à qual ele felizmente dava as costas.

Logo que derramaram o primeiro balde de água, vimo-lo correr para o nosso fosso. À vista disso, abandonou-nos a prudência, e pusemo-nos a soltar gritos de alegria que fizeram o Sr. Lambercier voltar-se: o que foi pena, porque ele estava satisfeitíssimo em ver como era boa a terra da nogueira, e como absorvia a água. Espantado por ver a água se repartir entre duas covas, gritou também, espiou, pediu rapidamente uma enxada, cavou, fez saltar dois ou três pedaços das nossas tábuas, e gritando a plenos pulmões "um aqueduto! um aqueduto!" vibrava em tudo impiedosas pancadas que nos iam ferir em

cheio o coração. Em um segundo, as tábuas, o rego, a cova, o salgueiro, foi tudo destruído, espatifado, sem que, nessa terrível expedição, ele tivesse dito outra palavra além da exclamação que repetia sem cessar, quebrando tudo: "Um aqueduto! Um aqueduto!".
Era de crer que a aventura acabasse mal para os arquitetos. Mas foi engano: tudo acabou ali: o Sr. Lambercier não nos disse uma palavra de censura, não nos fez cara feia, não falou mais nisso. E mesmo, pouco depois o ouvimos, junto à irmã, rindo às gargalhadas, porque o riso do Sr. Lambercier se ouvia de longe; e o que é mais espantoso é que, passado o primeiro susto, não nos afligimos muito. Plantamos mais além outra árvore, e recordávamos sempre a catástrofe da primeira, repetindo com ênfase: "um aqueduto! um aqueduto!". Até então, eu só tivera acessos de orgulho por intervalos quando encarnava Brutus ou Aristídes; esse foi o meu primeiro movimento decisivo de vaidade.

Poder construir com minhas mãos um aqueduto, pôr uma varinha em concorrência com uma árvore grande, parecia-me o grau supremo da glória. Julgava que fazer isso aos dez anos era maior do que ser César aos trinta.

A lembrança da nogueira, e essa historieta que a ela se liga, ficou-me tão bem gravada ou recordada que, na minha última viagem a Genebra, em 1754, um dos meus mais agradáveis projetos era ir a Bossey, rever os monumentos dos brinquedos da minha meninice, ver sobretudo o querido castanheiro, que já então deveria ter mais do que um terço de século. Mas fui tão continuamente importunado, tão pouco senhor de mim próprio, que não arranjei um instante para satisfazer o desejo.

Há poucas probabilidades que essa ocasião renasça: entretanto, não perdi nem o desejo nem a esperança. E tenho quase a certeza de que, revendo esses lugares queridos, e lá encontrando o meu querido castanheiro de outrora, hei de o regar com minhas lágrimas.

Voltando a Genebra, passei ainda dois ou três meses na casa de meu tio aguardando o que fariam de mim. Ele, como destinava o filho para gênio, mandou-o aprender desenho e ensinava-lhe os *Elementos* de Euclídes. Aprendi tudo isso como ouvinte e tomei muito gosto, principalmente pelo desenho. Nesse ínterim, deliberavam se me fariam procurador, relojoeiro ou ministro. Eu preferiria ser ministro, porque achava bonito pregar. Mas os pequenos rendimentos da herança de minha mãe, repartidos entre mim e meu irmão, não bastavam para me custear os estudos. E como a idade ainda não me tornava premente essa escolha, fiquei na casa do tio, esperando, perdendo o tempo, e sem deixar de pagar, como era justo, uma mesada elevada.

Meu tio, dado aos prazeres, como meu pai, não sabia, como ele, se escravizar aos deveres, e pouco cuidava de nós. Mas minha tia era um pouco beata, e preferia cantar salmos a nos cuidar da educação. E nos deixavam em liberdade quase completa, da qual, aliás, nunca abusávamos.

Inseparáveis sempre, bastávamo-nos um ao outro. E não nos tentando a camaradagem com os malandrins da nossa idade, não adquirimos nenhum desses costumes libertinos que a ociosidade inspira. Erro mesmo em nos dizer ociosos, porque nunca na vida o fomos menos. E a felicidade era que todas as brincadeiras que sucessivamente nos apaixonavam nos prendiam em casa, sem que fôssemos sequer tentados a descer à rua. Fazíamos gaiolas, flautas, papagaios, tambores, casas, *équiffles*,[7] aríetes. Estragávamos os instrumentos do bom velho nosso avô para fazer relógios, a seu exemplo. Tínhamos sobretudo uma preferência decidida por garatujar papel, desenhar, esfregar, colorir, fazer um estrago de cores. Veio a Genebra um charlatão italiano chamado Gamba-Corta. Fomos vê-lo uma vez, e não mais quisemos ir lá. Tinha ele marionetes; pois nós fizemos marionetes. As marionetes dele representavam comédias; pois nós também fizemos comédias para as nossas. Por falta de prática, imitávamos guturalmente a fala de Polichinelo para representar essas encantadoras comédias que os pobres dos nossos bons pais tinham a paciência de ver e ouvir. Mas tendo meu tio Bernard lido um dia em família um belo sermão da sua lavra, pusemo-nos desde então a compor sermões. Confesso que não são muito interessantes esses detalhes. Mas mostram até que ponto nossa primeira educação devia ter sido bem dirigida, para que, senhores quase do nosso tempo em anos ainda tão curtos, fôssemos tão pouco tentados a abusar. Tínhamos tão pequena necessidade de arranjar camaradas que os abandonávamos à primeira ocasião. Quando passeávamos, olhávamos ao passar, sem interesse, os brinquedos dos outros, sem pensar sequer em tomar parte neles. A amizade por tal forma nos enchia os corações, que nos bastava estarmos juntos para que os brinquedos mais simples nos deliciassem.

Tanto nos viam inseparáveis, que repararam nisso; tanto mais que meu primo era muito alto e eu muito pequeno, e fazíamos um par

---

7. Palavra usada em Genebra para designar o que os colegiais na França chamam uma *cannonière* (canhoneira). (N.T.)

muito ajustado. Seu vulto comprido e afilado, sua carinha de batata cozida, seu ar débil, o andar descuidado, excitavam os outros meninos a zombar dele. Apelidaram-no, no dialeto da região, de "Barná Bredanna",[8] e sempre que saíamos só ouvíamos "Barná Bredanna" em torno de nós. Ele suportava isso mais tranqüilamente do que eu. Eu me zangava, queria brigar: era o que os canalinhas queriam. Dei pancada, apanhei. Meu primo me ajudava como podia, mas era fraco e um murro o derrubava. Eu ficava então furioso, mas, por mais bofetões que desse, não era a mim que odiavam, mas a "Barná Bredanna". E de tal forma ampliei a questão com minha briguenta cólera, que já não ousávamos sair senão nas horas de aula, com medo das vaias e do acompanhamento dos colegiais.

Eis-me defensor de agravos. Para ser um paladino completo só me faltava uma dama. E tive duas. De tempos em tempos eu ia visitar meu pai em Nyon, cidadezinha da província de Vaud, onde ele se estabelecera. Meu pai era muito estimado, e o filho usufruía dessas afeições. Nas pequenas temporadas que eu lá passava, disputavam-se todos a me fazer festas. Sobretudo uma tal Sra. de Vulson me fazia mil mimos; e para completar a filha dela me escolheu para namorado. Compreende-se o que deva ser um namorado de onze anos para uma moça de vinte e dois. Mas essas marotas todas são tão espertas em arrumar na frente as bonecas pequenas para esconder as grandes, ou em arremedar um brinquedo que elas sabem tornar tão atraente! Eu, que não via desproporções entre nós, tomei a coisa a sério. Entreguei-me de todo o coração, ou melhor, com a cabeça toda, porque só na cabeça é que eu estava enamorado, embora o estivesse até à loucura, e os meus transportes, minhas agitações, meus furores, provocassem cenas de matar de riso.

Conheço duas espécies de amor, muito diferentes, muito reais, que nada têm de comum, embora ambos muito fortes, e ambos diferentes da terna amizade. O decorrer todo da minha vida foi partilhado por esses dois amores de natureza diferente, e já os senti mesmo a ambos de uma vez. Porque, por exemplo, eu me apoderava da Srta. Vulson tão pública e tiranicamente que não podia sequer suportar que um homem se aproximasse dela. Tinha com uma pequenina, a Srta. Goton, uns encontros muito rápidos, mas muito animados, nos quais ela se prestava a fazer de professora, e era tudo. Mas esse tudo, que com efeito era "tudo" para mim, parecia-me a suprema felicidade. E conhecendo já o valor do segredo, embora eu só o soubesse usar

---

8. Termo de gíria de sentido ofensivo e jocoso. (N.E.)

como criança, pagava na mesma moeda à Srta. Vulson, sem que ela o suspeitasse, o cuidado que ela tinha em me esconder os seus outros amores. Mas, com grande mágoa minha, foi o meu segredo conhecido, talvez menos bem guardado por parte da minha pequena professora, porque não tardaram a nos separar.

Era na verdade uma criatura singular, essa pequenina Srta. Goton. Sem ser bonita, tinha um rosto difícil de esquecer, rosto que ainda recordo, e talvez demais para um velho louco. Sobretudo seus olhos não eram da sua idade, nem o talhe, nem o porte. Tinha um ar imponente e altivo, muito apropriado ao papel que eu lhe dera, e que provocara a lembrança dele entre nós. Mas o que ela tinha de mais bizarro era um misto de audácia e de reserva, difícil de imaginar-se. Tomava comigo as maiores liberdades, sem permitir nunca que eu as tomasse; tratava-me como a uma criança, o que me fazia pensar que ela já não o era, ou então que ela ainda o era tanto que só via um brinquedo no perigo a que se expunha.

Dedicava-me inteiramente a cada uma das duas, e tão perfeitamente que, estando com uma delas, nunca me acontecia recordar a outra. Mas, afinal, nada havia de semelhante no que elas me faziam sentir. Teria passado a vida inteira junto à Srta. Vulson sem pensar em abandoná-la. Mas ao me aproximar dela, minha alegria era tranqüila e chegava à comoção. Amava-a sobretudo no meio de muita gente. As brincadeiras, as troças, os próprios ciúmes me atraíam, me interessavam. A preferência que ela me dava sobre os rivais grandes, que ela fingia maltratar, fazia-me triunfar com orgulho. Atormentava-me, mas eu amava esses tormentos. Os aplausos, os encorajamentos, os risos, me entusiasmavam, me animavam. Tinha arrebatamentos, tiradas, vivia transportado de amor nessas reuniões. Só com ela ficaria talvez constrangido, frio, talvez aborrecido. Entretanto, interessava-me por ela ternamente. Sofria quando a via doente, daria minha saúde para vê-la curada. E note-se que eu sabia, muito bem, por experiência própria, o que eram a saúde e a doença. Se, ausente dela, a recordava, tinha saudade. Junto a ela, suas carícias me eram doces ao coração, não aos sentidos. Usufruía impunemente a sua intimidade. Minha imaginação não me pedia senão o que ela me dava. E, entretanto, eu não suportaria vê-la fazer o mesmo a outros. Amava-a como um irmão, mas era ciumento como um amante.

Com a Srta. Goton, eu seria ciumento como um turco, como um louco, como um tigre, se imaginasse apenas que ela poderia conceder a um outro o que me concedia, porque isso era uma graça que carecia pedir de joelhos. Aproximava-me da Srta. Vulson com um vivo prazer, mas sem perturbação; enquanto, apenas olhando para a Srta. Goton, nada mais via, e os meus sentidos todos se revolucionavam. Com a primeira, era íntimo sem ter intimidades; diante da segunda, ao contrário, ficava tão trêmulo quanto agitado, mesmo nas maiores intimidades. Creio que se ficasse muito tempo junto a ela não poderia viver, sufocado pelas palpitações. Temia igualmente desagradá-las. Mas, com uma, era mais complacente; com a outra, obediente. Por nada no mundo desejaria zangar Srta. Vulson; mas se Srta. Goton me ordenasse lançar-me às chamas, creio que obedeceria imediatamente.

Meus amores, ou melhor, meus encontros com esta última duraram pouco, felizmente para ela e para mim. E embora as minhas relações com Srta. Vulson não oferecessem o mesmo perigo, não deixaram também de provocar a sua catástrofe, depois de um tempo mais ou menos longo. O fim de tudo isso deveria ter uns ares um pouco romanescos, e oferecerem margem a exclamações. Embora minhas relações com Srta. Vulson fossem menos intensas, eram talvez mais profundas. Não se faziam sem lágrimas as nossas separações, e era singular o vazio esmagador em que eu me sentia depois de havê-la deixado. Só podia falar nela, só pensar nela. Minhas saudades eram verdadeiras e profundas. Mas creio que no fundo essas heróicas saudades não eram todas por ela, e que os divertimentos de que ela era o centro tinham nela uma boa parte. Para temperar as dores da ausência, escrevíamo-nos cartas tão patéticas que rachariam rochedos. Enfim, por glória minha, ela não suportou mais e me veio visitar em Genebra. Diante disso, a cabeça não me poderia deixar de virar: fiquei bêbedo e louco os dois dias que ela lá passou. Quando partiu, quis me lançar na água atrás dela, e durante muito tempo atroei os ares com gritos. Oito dias depois, ela me mandou bombons e umas luvas, o que eu acharia encantador se não houvesse sabido que ela se casara, e que essa viagem, que me parecera feita em minha honra, era para comprar o vestido de noiva. Jurei, na minha nobre cólera, nunca mais rever a pérfida, não concebendo para ela pior punição. E entretanto ela não morreu. Porque, vinte anos depois, em uma das visitas a meu pai, ao passearmos no lago, perguntei-lhe quem eram as senhoras que se viam em um barco próximo ao nosso. "Quê!", disse meu pai sorrindo, "o coração não te diz? São os teus antigos amores; é a Sra. Cristin, Srta. Vulson...". Estremeci a esse nome quase esquecido; mas disse aos bateleiros que mudassem de direção, porque achava que não valia a pena ser perjuro, renovando uma querela de vinte anos com uma mulher de quarenta, embora me fosse fácil tirar então minha vingança.

(1723-1728) – Perdeu-se assim em tolices o tempo mais precioso da minha infância antes que eu decidisse o meu destino. Depois de longas deliberações para me seguirem as disposições naturais, decidiram afinal o que eu menos queria, e me puseram na casa do Sr. Masseron, tabelião da cidade, para com ele aprender, como dizia o Sr. Bernard, o útil ofício de *grapignan*. Esse apelido me desagradava soberanamente. A esperança de ganhar gordos cobres por um meio ignóbil me lisonjeava pouco o temperamento altivo. O trabalho me parecia tedioso, insuportável; e a assiduidade, a sujeição, me acabaram de desgostar, e nunca entrei no cartório sem um horror que dia-a-dia aumentava. Por sua vez, o Sr. Masseron, mal satisfeito comigo, tratava-me com desprezo, censurando a todo instante a minha preguiça, minha tolice, repetindo-me todos os dias que meu tio lhe assegurara "que eu sabia", "que eu sabia", enquanto na realidade eu não sabia nada; que ele prometera-lhe um belo rapaz e não lhe dera mais que um asno. Fui enfim, graças à minha inépcia, ignominiosamente demitido do cartório, e os escreventes do Sr. Masseron declararam que eu só servia para manejar a lima.

Determinada assim minha vocação, fui posto como aprendiz, não em um relojoeiro, mas em um gravador. Os desprezos do cartório me haviam humilhado muito e obedeci sem murmurar. O Sr. Ducommun, o mestre, um rapaz violento e abrutalhado, conseguiu em pouquíssimo tempo me empanar todo o brilho da infância, embrutecer meu caráter amante e vivaz, e me reduzir, tanto pelo espírito como pela fortuna, a minha verdadeira posição de aprendiz. Meu latim, minhas antiguidades, minha história, tudo foi durante muito tempo esquecido, e eu já nem me lembrava mais que no mundo houvera romanos. Meu pai, quando o ia ver, não achava mais em mim o seu ídolo. Eu já não era para as senhoras o galante Jean-Jacques. E eu próprio sentia tão bem que o senhor e a senhora Lambercier não mais reconheceriam em mim o seu aluno, que tive vergonha de lhes aparecer e nunca mais os revi. Os gostos mais vis, a mais baixa canalhice substituíram meus amáveis divertimentos sem me deixarem mais deles a menor lembrança. Era de crer que, a par de educação tão honesta, eu tivesse na realidade uma grande tendência para degenerar, porque isso fez-se rapidamente, sem o menor trabalho. E nunca um César tão precoce se tornou mais rapidamente um Laridon.

O ofício, em si, não me desagradava. Eu tinha um gosto pronunciado pelo desenho, e o manejo do buril me agradava muito; e como o talento do gravador para relojoaria era muito limitado, eu tinha esperança de atingir a perfeição. Teria talvez chegado a isso se a brutalidade do mestre e os maus tratos excessivos não me desgostassem do trabalho. Furtava-lhe o tempo, para o empregar em ocupações do mesmo gênero, mas que tinham para mim o atrativo da liberdade. Gravava medalhas que nos iam servir, a mim e aos camaradas, como ordens de cavalaria. O mestre me surpreendeu nesse trabalho de contrabando e me esmagou com pancadas dizendo que eu praticava para moedeiro falso, porque as medalhas tinham as armas da república. Em vão jurei que não tinha idéia nenhuma do que fosse moeda falsa e muito pouca de verdadeira: eu sabia melhor como se faziam os azes romanos do que as nossas moedas de três soldos.

A tirania do mestre acabou por me tornar insuportável um trabalho de que eu gostaria, e por me ensinar vícios que eu odiaria, como a mentira, a vagabundagem e o roubo. Jamais tive quem me ensinasse tão bem a diferença que existe entre a dependência filial e a escravidão servil do que a lembrança das mudanças que essa época produziu em mim. De natureza tímida e envergonhada, nunca estive tão longe de um defeito quanto o estava do descaramento. Mas eu gozara uma liberdade honesta que, restringida até então apenas por certos graus, desapareceu de repente. Eu fora ousado na casa de meu pai, livre na casa do Sr. Lambercier e discreto na casa de meu tio; tornei-me medroso na casa do mestre, e fiquei desde então um menino perdido. Acostumado, no modo de viver, a uma igualdade absoluta com os meus superiores, a não conhecer um prazer que não me estivesse ao alcance, a não ver uma gulodice na qual eu não tivesse uma parte, a não ter um desejo sem o manifestar, e, em suma, a trazer para os lábios todos os impulsos do coração, imagine-se agora o que me tornaria em uma casa em que não ousava abrir a boca, em que devia sair da mesa no começo da refeição, e sair da sala logo que nada mais tinha a fazer; onde, incessantemente encadeado ao trabalho, só via objetos de prazeres para os outros e de privações para mim; em que o espetáculo da liberdade do mestre e dos companheiros me aumentava o peso da sujeição; onde, na discussão sobre coisas que eu sabia mais que os outros, não ousava abrir a boca; onde, enfim, tudo o que eu via era para o meu coração motivo de ambição, unicamente porque eu vivia privado de tudo. Adeus segurança, alegria, frases felizes que muitas vezes me faziam escapar ao castigo de faltas. Não posso recordar sem rir que uma vez, na casa de meu pai, tendo sido condenado, por qualquer travessura, a me ir deitar sem cear, ao passar pela cozinha com meu triste pedaço de pão, espiei e cheirei o assado que girava no espeto. Estavam todos junto ao fogo, eu tinha, ao passar, que lhes dar boa noite. Quando acabei a roda, mirando com o canto do olho o assado com tão bom aspecto e cheirando tanto, não me pude abster de lhe fazer também uma reverência e lhe dizer em tom lamentoso: "Adeus, assado!".

Acharam tão divertido esse repente ingênuo que me deixaram cear. Talvez na casa do mestre a frase tivesse a mesma felicidade. Mas o certo é que ela não me ocorreria, nem eu ousaria dizê-la.

Eis como aprendi a desejar em silêncio, a me esconder, a dissimular, a mentir, afinal, fantasia que até então não me chegara, e da qual não me pude depois curar direito. A ambição e a impotência levam sempre a isso. Eis porque todos os lacaios são velhacos e porque todos os aprendizes o devem ser; mas em um estado igual e tranqüilo, em que tudo que vejam lhes esteja ao alcance, estes últimos perdem, ao crescer, essa vergonhosa tendência. Não tendo tido as mesmas vantagens, não pude tirar resultados idênticos.

São quase sempre os primeiros sentimentos mal dirigidos que fazem com que as crianças dêem os primeiros passos para o mal. Apesar das privações e das tentações contínuas, passei mais de um ano na casa do meu mestre sem me resolver a roubar nada, mesmo coisas para comer. Meu primeiro furto foi por uma questão de condescendência; mas abriu a porta a outros que não tinham fim tão louvável.

Havia, na casa do mestre, um companheiro de nome Verrat, cuja casa, na vizinhança, tinha um jardim muito afastado que produzia belíssimos aspargos. E a Verrat, que nunca tinha dinheiro, deu-lhe vontade de roubar à mãe os primeiros aspargos da estação e vendê-los para arranjar alguns bons almoços. E como não era ágil, e não queria se expor a si próprio, escolheu-me para a expedição. Depois de alguns agrados preliminares, que me venceram, porque não lhes conhecia o fito, fez-me a proposta como sendo uma idéia que lhe viera de repente. Discuti muito; ele insistiu. Nunca pude resistir a agrados e me rendi. E ia, todos os dias, colher os belos aspargos. Levava-os para o Molard, onde alguma boa mulher via que eu os acabava de roubar e mo dizia, para os obter mais baratos. No meu susto, recebia o que ela me queria dar, que levava correndo para Verrat. E o produto se transformava imediatamente em um almoço, de que eu era o fornecedor, e que ele partilhava com outro camarada; porque eu, contentíssimo em ganhar algumas migalhas, não provava sequer do vinho deles.

Esse arranjinho durou muitos dias sem que me ocorresse roubar o ladrão, e multar Verrat no produto dos aspargos. Executava a malandragem com a maior fidelidade; e meu único motivo era agradar a quem me ordenara a proeza. E entretanto, se fosse apanhado, quanta pancada, quantas injúrias, quanto tratamento cruel não sofreria, enquanto o miserável, desmentindo-me, seria acreditado; e eu seria punido duplamente, por o ter ousado culpar, considerando que ele era oficial e eu não passava de um aprendiz! E eis como em qualquer situação o culpado forte se salva às custas do inocente fraco.

Assim, aprendi que roubar não era tão terrível quanto o supusera. E depressa tirei tão bom partido da minha ciência que nada do que eu desejasse ficava em segurança ao meu alcance.

Não era absolutamente mal alimentado na casa do mestre, e a sobriedade nunca me custaria se não a visse tão mal observada por ele. O costume de fazer sair da mesa os rapazes, quando se servem as coisas que mais o tentam, parece-me especialmente destinado a os tornar tão gulosos quanto velhacos. Em pouco tempo, tornei-me uma coisa e outra. E de ordinário vivia assim muito bem, embora vivesse muito mal quando era apanhado.

Uma lembrança que me faz estremecer e rir é a de uma caça a maçãs, que me custou caro. Eram elas guardadas no fundo de uma despensa, que recebia luz da cozinha através de uma gelosia alta. Um dia em que estava só em casa, subi à janela para olhar no jardim das Hespérides o fruto precioso de que não me podia aproximar. Fui buscar o espeto para ver se o poderia atingir: era muito curto. Aumentei-o com outro espeto pequeno que servia para caça miúda, porque meu mestre gostava de caça. Diversas vezes tentei sem êxito. Enfim, verifiquei com transporte que picara uma maçã. Puxei de manso, e já a maçã tocava a janela: ia pegá-la. – Quem exprimirá minha dor? A maçã era grande demais e não podia passar pelo buraco. Que invenções não concebi para a tirar! Arranjei uns suportes para manter firme o espeto, uma faca bem comprida para cortar a maçã, uma lata para a receber. Com tempo e trabalho consegui cortá-la em duas, esperando depois tirar as bandas de uma em uma; assim, porém, que se separaram, caíram ambas dentro da despensa. Ah, leitor compassivo, partilha a minha aflição!

Não perdi a coragem, mas perdera muito tempo. Temia ser apanhado e deixei para o dia seguinte uma tentativa mais feliz; voltei ao trabalho tão tranqüilo como se nada houvesse feito, sem pensar nas duas indiscretas testemunhas que, na despensa, deporiam contra mim.

No dia seguinte, achando ocasião propícia, tentei nova experiência. Subi nos meus cavaletes, estendi o espeto, segurei-o bem. E ia enfiá-lo... Desgraçadamente o dragão não dormia: abriu-se de repente a porta da despensa, apareceu-me o mestre, cruzou os braços, olhou-me, disse: "Coragem!...". A pena me cai das mãos.

À força de padecer maus tratos, depressa me tornei menos sensível. Parecia-me que as pancadas eram uma espécie de compensação dos roubos, que me dava o direito de continuar. Em vez de olhar para trás e ver a punição, olhava para frente e via a vingança. Julgava que me baterem como a um malandro era me autorizarem a sê-lo. Achava que roubar e apanhar eram coisas idênticas, e constituíam uma espécie de estatuto, e que, preenchendo a parte que esse estatuto me exigia, podia deixar ao mestre o cuidado da outra. E com essa convicção, pus-me a roubar mais tranqüilamente que antes.

Pensava eu: "Que acontecerá no fim? Hão de me bater. Não faz mal, fui feito para isso!".

Gosto de comer, embora não seja esfomeado: sou sensual e não glutão. Muitos outros prazeres me fazem esquecer os da mesa. Só me tenho ocupado da boca quando o coração está ocioso; e isso me aconteceu tão poucas vezes na vida que quase não tive tempo de pensar em bons bocados. E por isso não limitei nos comestíveis as gatunagens, e as estendi a tudo que me tentava. E se não me tornei um ladrão completo, foi porque nunca o dinheiro me seduziu muito. Junto ao gabinete comum, meu mestre tinha um gabinete à parte, fechado à chave. Achei um modo de abrir a porta e fechá-la depois, sem ser notado. Lá, pus em obra seus utensílios melhores, seus melhores desenhos, os moldes, tudo que me fazia inveja e de que ele timbrava em me privar. No fundo, esses roubos eram muito inocentes, pois que só eram cometidos para servirem ao próprio serviço dele; mas eu me sentia transportado de alegria quando tinha essas bagatelas em meu poder. Pensava que, roubando-lhe as produções, roubava-lhe também o talento. E ele tinha nas caixas aparas de ouro e prata, pequenas jóias, moedas de valor, dinheiro. Quando eu tinha quatro ou cinco soldos no bolso, era muito; e entretanto, longe de tocar em nada disso, não me lembro sequer de lhes ter lançado um olhar de cobiça. Olhava tudo mais com medo do que com prazer. Creio mesmo que esse horror a roubar dinheiro e ao que o roubo produz vinha-me em grande parte da educação que recebera. Trazia-me isso idéias secretas de infâmia, de prisão, de castigo, de patíbulo, que me faziam tremer quando chegava a tentação. Em vez disso, minhas proezas só tinham o aspecto de traquinadas, e na realidade não eram mais do que isso. E a pior conseqüência que me poderiam trazer era um pito severo do mestre e eu, de antemão, me preparava para isso.

Mas, digo-o uma vez ainda, eu nada cobiçava nem mesmo com a força suficiente para ter de me abster: nenhuma tentação tinha a vencer. Uma única folha de papel de desenho me tentava mais do que o dinheiro que pagaria uma resma. Essa esquisitice prende-se a uma das singularidades do meu caráter. E tem tamanha influência na minha conduta que preciso explicá-la. Tenho paixões ardentíssimas, que quando me agitam, nada me iguala em impetuosidade; não conheço então nem moderação, nem respeito, nem medo, nem compostura; sou cínico, insolente, violento, intrépido; não há vergonha que me faça parar, nem perigo que me assuste; afora o único objeto que me ocupa, o universo nada vale para mim. Tudo isso, porém, só dura um instante, e o instante que se segue me lança no aniquilamento.

Vede-me calmo: sou a própria indolência, a própria timidez. Tudo me amedronta, tudo me desgosta; uma mosca voando me faz medo; uma palavra a dizer, um gesto me assustam a preguiça; o medo e a vergonha por tal forma me subjugam que já quis me poder eclipsar aos olhos de todos os mortais. Se é preciso agir, não sei o que fazer, se é preciso falar, não sei o que dizer, se me olham, fico constrangido. Quando me apaixono, encontro muitas vezes o que dizer; porém nas conversas, ordinárias, nada, nada encontro. E me são insuportáveis apenas por me sentir obrigado a falar.

Acrescente-se a isso que algumas das minhas predileções não são por coisas que se compram. Sinto necessidade de prazeres puros, e o dinheiro tudo envenena. Gosto, por exemplo, dos prazeres da mesa: mas, como não posso suportar o constrangimento dos grandes grupos, nem a crápula dos cabarés, só os posso gozar com um amigo, porque, sozinho, não me seria possível. Minha imaginação se ocuparia então com outras coisas e eu não desfrutaria o sabor dos petiscos. Se meu sangue inflamado me pede mulheres, o coração comovido me exige, além disso, amor. Mulheres, pagas em dinheiro, perdem para mim todo o encanto; duvido mesmo se seria capaz de ter prazer com elas. E assim acontece com todos os prazeres ao meu alcance: se não são gratuitos, acho-os insípidos. Gosto apenas dos bens que não são de ninguém, mas do primeiro que os souber aproveitar.

Nunca o dinheiro me pareceu uma coisa tão preciosa quanto o consideram, ou pior, acho-o até muito incômodo: não serve para nada em si mesmo, e é preciso transformá-lo para o aproveitar; é preciso comprar, regatear, ser enganado, muitas vezes pagar bem, ser mal servido. Se desejo uma coisa de boa qualidade, com meu dinheiro tenho a certeza de a ter má. Compro caro um ovo fresco, e está goro; uma fruta bonita, e está verde; uma mulher, e está estragada. Gosto do bom vinho, mas onde o achar? Em um mercador de vinhos? Assim o faço, e ele me envenena. Quero a todo o custo ser bem servido! Quantos cuidados e embaraços! Ter amigos, correspondentes, dar recados, escrever, ir, vir, e esperar; e freqüentemente, ao cabo de tudo, ser ainda enganado. Quanto sofrimento com o meu dinheiro! Temo-o mais do que gosto do bom vinho.

Durante o aprendizado, e depois, mil vezes saí no intuito de comprar uma gulodice. Aproximava-me da loja do pasteleiro, via as mulheres ao balcão, e pensava logo em vê-las rir e zombar do pequeno guloso. Passava diante de uma casa de frutas, espiava com o canto do olho as lindas pêras, tentava-me o perfume delas; dois ou três rapazes próximos me olhavam; um homem que me conhece está à frente da loja dele, de longe vejo vir vindo uma moça; não é a empregada de casa? A vista curta me faz ver mil ilusões. Tomo todos que passam por gente do meu conhecimento, em toda parte me intimido, qualquer obstáculo me retém; e o desejo cresce-me com a vergonha, e volto para casa feito um bobo, devorado de vontade, tendo no bolso com que a satisfazer e não ousando comprar nada.

Cairíamos nos detalhes mais insípidos, se seguíssemos no emprego, feito por mim ou por outrem, do dinheiro a mim pertencente, o embaraço, a vergonha, a repugnância, os inconvenientes, os escrúpulos de toda qualidade que senti sempre. À medida que, avançando na minha vida, o leitor for tomando conhecimento do meu temperamento, sentirá tudo isso, sem carecer de eu lho dizer.

Compreendido isso, compreender-se-ão sem trabalho as minhas pretensas contradições: a de aliar uma avareza quase sórdida ao maior desprezo pelo dinheiro. É ele para mim um meio tão cômodo que não me lembro sequer de desejar o que não tenho; e quando o tenho, guardo-o muito tempo sem gastar, porque não o sei empregar ao meu gosto; apresente-se porém uma ocasião cômoda e agradável, e eu a aproveito tão bem que minha bolsa se esvazia antes que eu o perceba. Ademais, não procurem em mim o cacoete dos avaros, que é despender em ostentações; ao contrário, gasto em segredo e para o meu prazer. Em vez de fazer gala em gastar, escondo-me. E sinto tão bem que o dinheiro não se fez para mim, que tenho quase vergonha de o possuir e mais ainda de utilizá-lo. Tenho a certeza de que, se eu tivesse algum dia rendas suficientes para viver comodamente, nunca seria tentado a ser avaro. Gastaria todo o rendimento sem cuidar de o aumentar. Minha situação precária, porém, me traz sempre assustado. Adoro a liberdade, odeio o constrangimento, o sofrimento, a sujeição. Enquanto dura o dinheiro que tenho na bolsa, está minha independência assegurada; fico dispensado de quebrar a cabeça para arranjar mais, necessidade que sempre me fez horror, e é no pavor de o ver se acabar que o poupo. O dinheiro que se possui é o instrumento da liberdade; o que se gasta é o veículo da escravidão. Eis porque amealho muito e não cobiço nada.

Meu desinteresse não passa portanto de preguiça: o prazer de não ter paga o esforço de adquirir. E minha dissipação também não é mais que preguiça. Porque quando aparece a oportunidade de gastar agradavelmente, ninguém melhor do que eu a aproveita. O dinheiro me tenta menos do que as coisas, porque entre o dinheiro e a posse desejada há sempre um intermediário; enquanto entre a própria coisa e o seu gozo não há nada. Vejo uma coisa, sou tentado; se apenas vejo o meio de a adquirir, não tenho tentação. Tenho pois sido ladrão, e ainda o sou, algumas vezes, de bagatelas que me tentam e que prefiro tomar a pedir. Mas, grande ou pequeno, não me lembro de ter nunca roubado um vintém a ninguém. Uma única vez, ainda não há quinze anos, roubei sete libras e dois soldos. A aventura merece ser contada, porque há nela um impagável concurso de cinismo e tolice, em que eu dificilmente acreditaria se se tratasse de outra pessoa.

Era em Paris. Pelas cinco horas, passeávamos no Palais Royal o Sr. de Francueil e eu. Ele puxou o relógio, olhou-o, disse: "Vamos à Ópera.". Concordei, fomos. Ele comprou os bilhetes de platéia, deu-me um, e passou na frente com o dele; segui-o, ele entrou. Entrando atrás dele, topei com a porta cheia de gente, olhei, vi todo o mundo em pé. E pensei que poderia muito bem perder-me nessa turba, ou, pelo menos, fazer supor ao Sr. de Francueil que me perdera. Saí, recebi a contrasenha, recebi depois o dinheiro e fui embora, sem pensar que apenas eu atingisse a porta todo o mundo se teria sentado e o Sr. de Francueil veria então claramente que eu lá não estava mais.

E noto o fato, porque nada está mais afastado do meu jeito do que ele, para mostrar que há momentos de uma espécie de delírio, em que não se deve julgar os homens pelas ações que praticam. Não era precisamente roubar esse dinheiro: era roubar o uso dele. Mas quanto menos fosse um roubo, mais era uma infâmia.

Nunca acabaria essas minúcias, se quisesse seguir todas as vias pelas quais, durante o meu aprendizado, passei da sublimidade do heroísmo à baixeza de um rufião. Entretanto, adquirindo os vícios da minha situação, foi-me impossível adquirir-lhe os gostos. Aborrecia-me com as diversões dos camaradas, e quando o tédio maior me desgostava do trabalho, aborrecia-me de todo. E isso me devolveu o gosto da leitura, que eu havia muito perdera. E essas leituras, feitas durante o trabalho, tornaram-se em um novo crime que me atraiu novos castigos. E esse amor aos livros, irritado pela proibição, tornou-se paixão, depois furor. A Tribo, famosa alugadora de livros, fornecia-los de toda qualidade. Bons ou maus, passava tudo. Eu não escolhia, lia tudo com uma avidez uniforme. Lia na oficina, lia quando dava recados, lia na rouparia, e lá me esquecia horas inteiras. A cabeça me rodava de tanta leitura, e nada fazia senão ler. O mestre espionava, me surpreendia, me batia, tomava-me os livros. Quantos volumes foram rasgados, jogados às janelas! Quantas obras ficaram desinteiradas na Tribo! E quando eu não tinha mais com que pagar, dava as camisas, as gravatas, meus trapos todos. E levava-lhe regularmente os meus três soldos semanais de gratificação.

Eis, afinal, dir-me-ão, o dinheiro tornado necessário. Mas foi então, justamente, que a leitura me furtou a qualquer atividade. Inteiramente entregue a minha nova paixão, só me ocupava em ler e não roubava mais. É esta, ainda, uma das minhas contradições características. Em meio de determinado modo de viver, um nada me distrai, me modifica, me prende, apaixona-me enfim; e fica então tudo o mais esquecido, e só penso no novo objeto do meu interesse. Batia-me o coração na impaciência de folhear o novo livro que trazia no bolso; abria-o assim que me via só, e não pensava mais em remexer no gabinete do mestre. Custa-me mesmo crer que eu roubasse, tivesse embora paixões mais dispendiosas que ler. Limitado ao momento atual, não me ocorria preparar-me para o futuro. A Tribo me fiava. Os adiantamentos eram pequenos. E quando eu apanhava o livro, em nada mais pensava. O dinheiro que naturalmente me vinha do mesmo modo passava às mãos da Tribo; e quando ela cobrava com urgência, eu só tinha à mão os meus objetos de uso. Roubar adiantadamente seria muita previdência, e roubar para pagar não era sequer uma tentação.

À custa de brigas, pancadas, leituras escondidas e mal escolhidas, tornei-me taciturno e selvagem. Começou minha cabeça a se alterar, e passei a viver como um lobisomem. Entretanto, se o gosto não me preservou dos livros monótonos e maçadores, a felicidade me livrou dos livros obscenos e licenciosos; não que a Tribo, mulher para tudo, sem nenhum escrúpulo, evitasse mos emprestar. Mas, para os valorizar, ela se referia a eles com um ar de mistério que me obrigava precisamente a os recusar, tanto por nojo como por vergonha. E o acaso ajudou tão bem o meu temperamento pudico que eu tinha mais de trinta anos quando fui passar os olhos sobre alguns desses perigosos livros, que uma bela senhora acha pouco cômodos, porque só se pode lê-los de primeira mão.

Em menos de um ano esgotei a lojinha da Tribo, e vi-me então nas folgas cruelmente desocupado. Curado dos prazeres de criança e de vagabundo pelo amor da leitura, ou mesmo pela própria leitura que, embora sem escolha e muitas vezes má, arrastava-me, entretanto, a sentimentos mais nobres do que eu adquirira na minha situação de vida, enojado de tudo que me estava ao alcance, e sentindo que estava muito longe de mim tudo o que me poderia tentar, não via nada possível que me pudesse lisonjear o coração. Meus sentidos, comovidos, havia tempo, pediam-me satisfações de que eu nem sequer poderia imaginar o objeto. Estava eu assim tão longe do mundo real como se não possuísse sexo. E já sensível e púbere, pensava algumas vezes nas minhas loucuras, mas nada mais via além delas. Nessa situação estranha, minha imaginação inquieta adquiriu um costume que me salvou de mim próprio e acalmou-me a sensibilidade nascente; foi nutrir-me das situações que me haviam interessado nas leituras, lembrá-las, variá-las, combiná-las, apropriar-me delas de tal modo que me tornasse um dos personagens que imaginava, que me visse sempre, segundo meu gosto, nas mais agradáveis posições, enfim, que a condição fictícia em que eu me travestira me fizesse esquecer a vida real que me descontentava tanto. Esse gosto pelas coisas imaginárias e essa facilidade de as imaginar acabaram de me desgostar de tudo que me cercava, e determinaram esse amor à solidão que me ficou desde esse tempo, para sempre. Muitas vezes, haveremos de ver mais adiante as estranhas conseqüências dessa aparente predisposição para misantropia e taciturnidade, e que, realmente, não passa de um coração muito afetuoso, muito amante, muito terno, que, na impossibilidade de encontrar realidades que se lhe assemelhem, é forçado a se alimentar de ficções. No momento, basta-me ter determinado a origem de uma inclinação que me modificou todas as paixões, e que, contendo-as por elas próprias, tornou-me preguiçoso de agir por ser muito ardente ao desejar.

Cheguei assim aos dezesseis anos, inquieto, descontente de mim e de tudo, sem gosto pela minha situação, sem os prazeres da minha idade, devorado por desejos cujo objetivo ignorava, chorando sem motivo para lágrimas, suspirando sem saber porquê, enfim, acariciando ternamente minhas quimeras já que nada mais via ao meu redor que as equivalesse. Nos domingos, depois da prédica, meus camaradas me vinham procurar para folgar com eles. E de bom grado eu fugiria, se o pudesse. Mas, uma vez metido nos brinquedos, era eu o mais ardente e o que ia mais longe, tão difícil de animar quanto de conter. Foi essa, aliás, a minha disposição constante. Nos passeios fora da cidade ia sempre à frente sem pensar na volta, a menos que outros não pensassem nela por mim. E fui surpreendido duas vezes: fecharam-se as portas antes que eu pudesse voltar. Imagine-se como fui recebido pela primeira vez. E, na segunda, prometeram-me uma tal recepção para a terceira, que resolvi não me arriscar mais. E, entretanto, aconteceu essa terceira vez tão temida. Minha vigilância falhou por culpa de um maldito capitão, chamado Sr. Minutoli, que fechava a porta da qual era guarda meia hora antes das outras. Eu voltava com dois camaradas. A meia légua da cidade, ouvi o toque de recolher, e encurtei o passo; ouvi soar o tambor e corri com quantas pernas tinha; cheguei sem fôlego, banhado de suor; batia-me o coração, e via de longe os soldados formados. Gritei com voz sufocada. Era muito tarde. A vinte passos do posto de guarda vi levantar-se a primeira ponte. Estremeci ao ver no ar essas pontes terríveis, sinistro e fatal augúrio da sorte inevitável que começava para mim nesse instante.

No primeiro arrebatamento da dor joguei-me ao chão e mordi a terra. Meus camaradas, rindo da desgraça deles, tomaram logo um partido. Tomei também o meu, mas de maneira diferente. Ali mesmo jurei não voltar nunca mais à casa do mestre; e, no dia seguinte, quando, à hora da descoberta, eles entraram na cidade, disse-lhes adeus para sempre, pedindo-lhes apenas que prevenissem meu primo Bernard da resolução que eu tomara e do lugar em que ele poderia me ver ainda uma vez.

Com a minha entrada para o aprendizado, vivendo mais separado dele, via-o menos. Entretanto, durante algum tempo, encontrávamo-nos aos domingos. Insensivelmente, porém, fomos cada um tomando os seus hábitos e nos víamos mais raramente. Tenho a convicção de que a mãe dele contribuiu muito para isso. Ele era um rapaz de cima.[9]

Eu, mesquinho aprendiz, não passava de um menino de Saint Gervais. Já não havia igualdade entre nós, apesar do nascimento. E dar-se comigo era rebaixar-se. As relações, entretanto, não se acabaram de todo entre nós. E como ele era um rapaz de boa natureza, deixou-se algumas vezes guiar pelo coração, apesar dos conselhos da mãe. Ciente da minha resolução, ele acorreu, não para me dissuadir dela ou para a partilhar, mas para me amenizar a fuga com alguns presentes. Porque meus próprios recursos não me poderiam levar muito longe. Deu-me entre outras coisas uma espadinha, de que eu tinha grande desejo, e que carreguei até Turim, onde a necessidade

---

9. A parte alta de Genebra, é o bairro aristocrático. (N.E. francês)

me obrigou a me desfazer dela; passei-a, como se diz, através do corpo. Depois, quanto mais refleti no modo como ele se comportou comigo nessa situação crítica, tanto mais me persuadi de que ele obedecia a sugestões da mãe dele, ou talvez do pai. Porque não seria possível que ele próprio não fizesse nenhum esforço para me fazer ficar, ou não me tentasse seguir. Porém nada. Ele, em vez de me desanimar, animava-me à fuga. Depois, quando me viu bem resolvido, deixou-me sem muitas lágrimas. Nunca nos escrevemos nem nos revimos. E é pena; ele era um caráter essencialmente bom, e nós fôramos feitos para nos estimar um ao outro.

    Antes de me abandonar à fatalidade do destino que me coube, permitam-me voltar os olhos para o outro destino que naturalmente me esperaria se eu houvesse caído nas mãos do outro mestre. Nada convinha mais a meu temperamento, nem seria mais próprio a me tornar feliz, do que a situação tranqüila e obscura de um bom artesão, sobretudo em certas classes, como é em Genebra a dos gravadores. Essa posição, bastante lucrativa para me dar uma subsistência fácil, mas incapaz de me render uma fortuna, ter-me-ia limitado à ambição para o resto dos meus dias, e deixando vagares honestos para satisfazer gostos moderados, ter-me-ia contido na minha esfera sem me oferecer nenhum meio de sair dela. Com uma imaginação rica bastante para enfeitar de quimeras todas as situações, poderosa bastante para me transportar à vontade de uma posição a outra, importava-me pouco a em que eu estivesse, na realidade. Por mais longe que estivesse o meu castelo no ar, nada me custava estabelecer-me nele. E disso segue-se que a situação mais modesta, a que me desse menos trabalho e cuidados, a que me deixasse o espírito mais livre, seria a que melhor me haveria de convir, e era precisamente a minha. No seio da minha religião, da minha pátria, da minha família, dos meus amigos, eu teria passado uma vida plácida e suave, tal como a pedia o meu caráter, na uniformidade de um trabalho que me agradasse, e de uma sociedade segundo o meu coração. Teria sido bom cristão, bom cidadão, bom pai de família, bom amigo, bom operário, bom homem em todas as coisas. Teria amado a minha posição, tê-la-ia talvez honrado. E depois de passar uma vida obscura e simples, porém igual e suave, morreria calmamente no meio dos meus. Logo esquecido, sem dúvida, teriam saudades de mim, pelo menos enquanto durasse minha lembrança.

    Em vez disso... Que quadro vou pintar! Ah, não antecipemos as misérias da minha vida. Sempre ocuparei demais o leitor com esses tristes assuntos.

LIVRO SEGUNDO

(1728-1731)

Tanto me pareceu triste o momento em que o pavor me aconselhou a fuga, quanto encantador aquele em que a executei. Criança ainda, deixar meu país, meus parentes, meus pontos de apoio, meus recursos; deixar o aprendizado em meio, sem haver aprendido bastante do ofício para poder viver; entregar-me aos horrores da miséria sem meio algum de sair dela; na idade da fraqueza e da inocência, expor-me a todas as tentações do vício e do desespero; procurar ao longe os males, os erros, as armadilhas, a escravidão e a morte, sob um jugo muito mais inflexível do que aquele que eu não pudera suportar; eis o que eu ia fazer. Eis a perspectiva que eu tinha de encarar. Como era diferente a que eu imaginava! A independência que supunha ter adquirido era o único sentimento que me afetava. Livre e senhor de mim mesmo, pensava tudo poder fazer, tudo atingir. Só tinha que me atirar para voar nos ares. Entrava com segurança no vasto espaço do mundo, que ia encher com meu mérito. A cada passo encontraria festins, tesouros, aventuras, amigos prontos a me servir, amantes esforçando-se por me agradar; mostrando-me, iria ocupar o universo, não talvez o universo inteiro; dispensava-o de algum modo, não me era preciso tanto. Uma sociedade encantadora me bastaria, sem que eu me preocupasse mais com o resto.

Minha moderação assinalava-me uma esfera estreita, mas deliciosamente escolhida, onde eu estava certo de que reinaria. Um único castelo limitava-me a ambição. Como favorito do senhor e da senhora, amante da senhorita, amigo do irmão e protetor dos vizinhos, ficaria satisfeito. Não carecia de mais. Esperando esse modesto futuro, errei alguns dias ao redor da cidade, hospedando-me em casa de camponeses conhecidos, que me recebiam todos com uma bondade que os citadinos não empregariam. Acolhiam-me, aboletavam-me, sustentavam-me tão simplesmente como se nenhum mérito tivessem nisso. Não se poderia dizer que faziam uma esmola; não punham no gesto bastante ar de superioridade.

À força de viajar e de correr o mundo, fui dar em Confignon, terra de Sabóia, a duas léguas de Genebra. O nome do cura de lá era Sr. de Pontverre. Impressionou-me muito esse nome, famoso na história da república. Fiquei curiosíssimo de ver como eram feitos os descendentes dos gentis-homens da "Colher".[10] Fui ver o Sr. de Pontverre, que me recebeu bem, me falou da heresia de Genebra, da autoridade da Santa Madre Igreja, e deu-me jantar. Achei pouco que responder a argumentos que acabavam assim e considerei que curas em cuja casa se jantava tão bem valiam tanto quanto os nossos ministros. Por mais gentil-homem que fosse o Sr. de Pontverre, eu era mais sábio do que ele. Mas estava longe de ser tão bom teólogo quanto era bom conviva. E o vinho de Frangi, que me pareceu delicioso, argumentou tão vitoriosamente pelo cura, que eu teria corado se fechasse a boca a tão bom anfitrião. Cedi, pois, ou pelo menos, não resisti de cara. Quem visse as cautelas de que eu usava, havia de me supor falso. Ter-se-ia enganado. Porque o que é certo é que eu era apenas honesto. A lisonja, ou melhor, a condescendência, nem sempre é um vício. É mais freqüentemente uma virtude, principalmente nos jovens. A bondade com que um homem nos trata nos liga a ele: e não é para zombar que se fazem concessões, é para não entristecê-lo, para não lhe pagar o bem com o mal. Que interesse teria o Sr. de Pontverre em me acolher, em me tratar bem, em me

---

10. Sem Jacob Spon, o nome de Pontverre, tão famoso na história da república, seria apenas conhecido pela tradição, nos arredores de Genebra, como o de um chefe de partido. E o mesmo aconteceria com os "Gentis-homens da Colher", inteiramente esquecidos hoje. "Era, segundo a narração de Spon, uma confraria instituída em 1527, em um castelo do país de Vaud, onde alguns gentis-homens, tomando sopa com colheres de madeira, gabavam-se de que fariam o mesmo com a gente de Genebra, que *comeriam de colher*. E cada um, como sinal, pendurou a sua ao pescoço. Escolheram como capitão a Francisco de Pontverre, senhor de Terny, bravo e intrépido guerreiro. Esses gentis-homens, vassalos todos do Duque de Sabóia, eram inimigos da cidade de Genebra, à qual fizeram uma infinidade de males, arruinando os campos e maltratando os condutores de víveres. Na noite de 25 de março de 1529 (chamada depois 'Noite das escadas'), eles, em número de setecentos a oitocentos, conceberam o projeto de escalar a cidade, mas fracassaram na empresa. Em 1530, renovaram-na sem êxito, embora estivessem protegidos pelo arcebispo. No mesmo ano os castelos deles foram queimados. Desde essa época não se falou mais nos 'Gentis-homens da Colher'. Pontverre, o seu capitão, entrando em Genebra a 2 de janeiro de 1529, foi reconhecido, perseguido, e se escondeu em um hospital, sob uma cama. Forçado a sair para defender-se, mataram-no". Ver *História de Genebra*, edição de 1730. (N.T.)

querer convencer? Nenhum outro interesse senão o meu próprio. Meu jovem coração reconhecia isso, e estava tocado pelo reconhecimento e o respeito ao bom padre. Eu sentia a minha superioridade e não o queria esmagar com ela, como preço da hospitalidade. Não havia nenhum motivo hipócrita para esse procedimento. Eu não pensava em mudar de religião. E muito longe de me familiarizar depressa com essa idéia, encarava-a com um horror tal que me devia afastar dela por muito tempo. Queria apenas não magoar os que me desejavam orientar nesse caminho. Queria cultivar-lhes a bondade, e deixar-lhes esperança de êxito, parecendo-lhes menos armado do que na realidade o era. Minha falta nesse terreno assemelhava-se à galanteria das mulheres honestas que às vezes, para atingir certos fins, sabem, sem nada permitir nem prometer, fazer esperar mais que o que elas querem dar.

A razão, a piedade, o amor da ordem exigiam, seguramente, em vez de me estimularem à loucura, que eu me afastasse da perdição para que eu corria, devolvendo-me à família. Isso é o que faria ou procuraria fazer um homem realmente virtuoso. Mas, embora o Sr. de Pontverre fosse um bom homem, não era seguramente um homem virtuoso. Ao contrário, era um beato que não conhecia outra virtude senão adorar as imagens e rezar o rosário. Uma espécie de missionário que nada encontra de melhor, para o bem da fé, que fazer libelos contra os ministros de Genebra. Em vez de cuidar em me fazer tornar para casa, aproveitou o desejo que eu tinha de me afastar de lá para me pôr em condições de nunca mais voltar, mesmo quando a vontade me viesse. Todo o mundo veria que eu iria morrer de miséria ou me tornar um vagabundo. Mas não era isso que ele via: via apenas uma alma roubada à heresia e devolvida à Igreja. Homem de bem ou vagabundo, que importava isso se eu fosse à missa?

Aliás, não se deve supor que esse modo de crer seja peculiar aos católicos. É de todas as religiões dogmáticas em que o essencial não é fazer, mas crer.

"Deus o chama", dizia-me o Sr. de Pontverre. "Vá a Annecy. Lá você encontrará uma senhora boa e caridosa, a quem os benefícios do rei põem em condições de tirar os outros dos erros de onde ela própria saiu." Tratava-se da Sra. de Warens, recém-convertida, que os padres obrigavam a partilhar com os canalhas que mercadejavam com a fé uma pensão de dois mil francos que lhe dava o rei da Sardenha. Humilhava-me muito precisar de uma boa senhora muito caridosa. Gostava muito de que me dessem o de que carecia, mas não que me fizessem caridade. E uma beata não tinha para mim muita atração. Apesar disso, impelido pelo Sr. de Pontverre, ameaçado pela fome, satisfeito por fazer uma viagem e por ter um fim a atingir, resolvi-me, embora com sacrifício, e parti para Annecy. Poderia lá chegar francamente em um dia. Mas não me apressei, e gastei três dias. Não podia ver um castelo à direita ou à esquerda sem ir nele procurar a aventura de que eu tinha a certeza que me esperava. Não ousava entrar no castelo nem bater à porta, porque era muito tímido. Mas sob a janela que parecia mais propícia punha-me a cantar, muito surpreso, depois de longamente ter perdido o fôlego, de não ver aparecerem as senhoritas atraídas pela beleza da minha voz ou pelo sal das minhas canções. Porque eu sabia canções lindíssimas, aprendidas com os camaradas e cantava admiravelmente.

    Cheguei enfim. Vi a Sra. de Warens. Essa época de minha vida decidiu do meu caráter. Não me posso resolver a contá-la rapidamente. Estava no meio do meu décimo sexto ano. Sem ser o que se chama um lindo rapaz, era elegante, na minha pequena estatura. Tinha um bonito pé, perna elegante, o ar negligente, a fisionomia animada, a boca pequena, sobrancelhas e cabelos pretos, olhos pequenos e talvez mesmo fundos, mas que lançavam com força o fogo em que meu sangue se esbraseava. Infelizmente, eu ignorava tudo isso, e só me aconteceu na vida pensar no meu aspecto quando não era mais tempo de tirar partido dele. E eu tinha assim, com a timidez da idade, a timidez de uma natureza muito amante, perturbada sempre pelo temor de desagradar. Aliás, por mais brilhante que eu tivesse o espírito, não tendo nunca visto o mundo, carecia totalmente de maneiras. E os meus conhecimentos, ao invés de me suprirem essa deficiência, só serviam para ma fazer mais sensível, mostrando-me como era grande.

    Receando, pois, que uma aproximação não me fosse favorável, procurei obter vantagens por outro lado e escrevi uma linda carta em estilo oratório, na qual, alinhavando frases de livros com locuções de aprendiz, gastei toda a minha eloqüência para agradar à Sra. de Warens. Pus junto a minha a carta do Sr. de Pontverre, e parti para essa terrível audiência. Não encontrei a Sra. de Warens. Disseram-me que ela saíra para a igreja. Era o domingo de Ramos do ano de 1728. Corri para a seguir. Vi-a, alcancei-a, falei-lhe... Devo me recordar do lugar; muitas vezes, depois, o banhei de lágrimas e o cobri de beijos. Quem me dera poder cercar de uma balaustrada de ouro esse bem-aventurado lugar! Quem me dera levar-lhe todas as homenagens da terra! Quem gosta de honrar os monumentos da salvação dos homens, só se deve aproximar desse lugar de joelhos.

Era uma passagem atrás de sua casa, entre um regato, à direita, que a separava do jardim, e um muro do pátio à esquerda, levando por uma portinha à igreja dos franciscanos. Prestes a entrar nessa porta, a Sra. de Warens voltou-se ao me ouvir a voz. Como fiquei eu, ao vê-la! Eu imaginava uma velha beata cheia de rugas, porque, na minha opinião, a boa senhora do Sr. de Pontverre não poderia ser outra coisa. E vi um rosto cumulado de graças, lindos olhos cheios de meiguice, uma pele deslumbrante, o contorno de um colo encantador. Nada escapou ao rápido olhar do jovem prosélito; porque imediatamente eu me tornei seu prosélito, certo de que uma religião pregada por tais missionárias não poderia deixar de levar ao paraíso.

Sorrindo, ela tomou a carta que lhe apresentei com mão trêmula, abriu-a, deu uma olhadela à carta do Sr. de Pontverre, voltou à minha, que leu toda e releria talvez se um lacaio não a advertisse de que chegara a hora de entrar. "Eh, meu filho", disse ela em um tom que me fez estremecer, "tão moço ainda, correndo o mundo! Na verdade, é uma pena.". Depois, sem esperar resposta, ajuntou: "Vá me esperar em casa. Diga que lhe dêem almoço. Depois da missa conversaremos.".

Louise-Éléonore de Warens era descendente dos La Tour de Pil, nobre e antiga família de Vevai, cidade do país de Vaud. Muito moça, casara com o Sr. de Warens, da casa de Loys, filho mais velho do Sr. de Villardin, de Lausanne. Esse casamento não produzira filhos e não foi feliz. Levada por algum desgosto doméstico, aproveitou o tempo em que o rei Victor Amadeu estava em Evian, para atravessar o lago e se vir lançar aos pés desse príncipe, abandonando desse modo o marido, a família e o seu país, em um desatino muito parecido com o meu, e que ela teve muito tempo para chorar. O rei, que gostava de se mostrar católico zeloso, tomou-a sob sua proteção, deu-lhe uma pensão de quinhentas libras do Piemonte, o que era muito para um príncipe tão pouco pródigo; mas vendo por essa proteção que o supunham enamorado, enviou-a para Annecy escoltada por um destacamento de guardas. Lá, sob a direção de Michel-Gabriel de Bernex, bispo titular de Genebra, ela abjurou no convento da Visitação.

Quando cheguei, fazia sete anos que ela estava lá. Tinha vinte e oito anos, pois nascera com o século. Era uma dessas belezas que se conservam, porque está mais na fisionomia do que nas feições. E a beleza dela estava ainda no seu primeiro esplendor. Tinha um ar caricioso e terno, um olhar muito meigo, um sorriso angélico, uma boca do tamanho da minha, cabelos acinzentados de uma beleza pouco comum, que ela penteava negligentemente, dando-lhe um aspecto muito picante. De pequena estatura, baixinha mesmo, encorpada de talhe, embora sem deformidade. Mas era impossível encontrar mais linda cara, mais lindo colo, mais lindas mãos e mais lindos braços.

Tivera uma educação muito irregular. Como eu, perdera a mãe ao nascer. E recebendo indiferentemente as instruções como elas se apresentavam, aprendera um pouco com a governante, um pouco com o pai, um pouco com os mestres, e muito com os amantes, principalmente com um Sr. de Tavel que, tendo gosto e conhecimentos, ornou com eles a sua amada. Mas tantos gêneros diferentes prejudicaram uns aos outros, e a pouca ordem em que ela os arranjou impediu que os diferentes estudos atingissem a justeza natural do seu espírito. Assim, embora tivesse princípios de física e de filosofia, não deixou de ter o gosto que seu pai já tinha por medicina empírica e alquimia. E fabricava elixires, bálsamos, magistérios, e pretendia possuir segredos. Os charlatães, aproveitando-lhe a fraqueza, tomaram conta dela, obsedaram-na, arruinaram-na e lhe consumiram, no meio dos fornos e das drogas, o espírito, o talento e os encantos com os quais ela poderia constituir as delícias das melhores sociedades.

Mas se os vis canalhas abusaram da sua educação mal dirigida para lhe obscurecer as luzes da razão, seu excelente coração resistiu à prova e conservou-se sempre o mesmo. Seu caráter amante e meigo, sua sensibilidade aos infortúnios, sua inesgotável bondade, seu gênio alegre, aberto e franco nunca se alteraram. E mesmo nas proximidades da velhice, no seio da indigência, dos males, de diversas calamidades, a serenidade da sua bela alma conservou-lhe até ao fim da vida a alegria dos melhores dias.

Seus erros emanavam de um fundo de atividade inesgotável, que sem cessar buscava ocupação. E não eram intrigas de mulher que ele desejava, eram empresas a fazer e a dirigir. Nascera para os grandes empreendimentos. No seu lugar, a Sra. de Longueville não seria mais do que uma mexeriqueira. No lugar da Sra. de Longueville, ela governaria um Estado. Seus talentos foram inaproveitados. E o que lhe faria a glória em uma situação mais elevada fez-lhe a perda na situação em que viveu.

Aumentava as proporções das coisas que lhe estavam ao alcance e via sempre aumentado o seu objetivo. E isso fazia com que, empregando meios mais proporcionados a suas forças, fracassasse por culpa dos outros. E falhando-lhe o projeto, ela se arruinava onde outros quase nada perderiam. Esse amor aos negócios, que lhe fez tanto mal, fez-lhe pelo menos um grande benefício no seu asilo monástico, impedindo-a de lá se fixar pelo resto da vida, como se vira tentada a fazer. A vida uniforme e simples das religiosas e a sua tagarelice de parlatório não poderiam lisonjear um espírito sempre em movimento, que, imaginando todos os dias novos sistemas, carecia de liberdade para os aplicar. O excelente bispo de Bernex parecia-se, em muitos pontos, com Francisco de Sales, embora tivesse menos espírito. E a Sra. de Warens, que ele chamava de filha, que se assemelhava em muitas coisas à Sra. Chantal, teria podido se assemelhar, também, a ela no retiro, se seus gostos não a houvessem afastado da ociosidade do convento. E não foi por falta de zelo que essa amável mulher não se entregou às miudezas da devoção que deveriam convir a uma recém-convertida que vivia sob a direção de um prelado. Qualquer que fosse o motivo da sua mudança de religião, ela era sincera na nova crença que abraçara. Poderia arrepender-se do pecado, mas nunca desejar voltar a ele. E não só morreu como boa católica como viveu de boa fé como tal. E ouso afirmar, eu que julgo lhe ter lido no fundo da alma, que era unicamente por horror à afetação que ela não se mostrava beata em público. Era de uma piedade muito sólida para afetar devoção. Mas não é aqui o lugar para me estender sobre esses princípios. Terei outras oportunidades de falar nisso.

Quem negar a simpatia das almas, explique, se puder, porque, desde a primeira entrevista, desde o primeiro olhar, a Sra. de Warens me inspirou não só a mais viva dedicação como também uma confiança perfeita que nunca se desmentiu. Suponhamos que o que senti por ela foi verdadeiramente amor, o que parecerá duvidoso a quem seguir a história das nossas relações. E como essa paixão foi acompanhada desde o nascedouro pelos sentimentos que ela menos costuma inspirar, a paz de coração, a calma, a serenidade, a segurança, a confiança? Como, ao me aproximar pela primeira vez de uma mulher amável, polida, fascinante, de uma senhora de condição superior à minha, como eu jamais me aproximara de outra semelhante, de quem dependia o meu destino, pelo maior ou menor interesse que ela por ele tomasse; como, dizia eu, tudo isso me deixou na ocasião tão livre, tão à vontade, como se eu estivesse absolutamente certo de lhe agradar? Como não ter nenhum momento de timidez, de embaraço, de acanhamento? Naturalmente acanhado, descontrolado, não tendo nunca visto gente do mundo, como, desde o primeiro dia, desde o primeiro instante, usei para com ela os modos fáceis, a linguagem terna, o tom familiar que eu usaria dez anos mais tarde, quando a maior intimidade o tornara natural? Existe amor, não digo sem desejos, que eu os tinha, mas sem inquietação, sem ciúme? Não se quer, ao menos, saber de quem amamos se se é amado? Foi uma pergunta que tantas vezes me veio ao espírito, durante a vida toda, quanto a de saber se eu próprio me amava. E ela nunca foi mais curiosa do que eu. Houve na certa algo de singular nos meus sentimentos por essa mulher encantadora, e no que se segue, encontraremos muitas esquisitices que não esperaríamos.

Discutiu-se o que eu deveria fazer. E para conversarmos mais à vontade, ela me reteve para jantar. Foi a primeira refeição da minha vida em que me faltou o apetite, e a criada de quarto que nos servia disse que era o primeiro viajante da minha idade e da minha qualidade a quem ela o tinha visto faltar. Esse reparo, que não me prejudicou no espírito da patroa, caiu um pouco em cheio sobre um gordo aldeão que jantava conosco e que devorava sozinho um honesto jantar para seis pessoas. Quanto a mim, era presa de um encantamento que não me permitia comer. Meu coração se alimentava de um sentimento inteiramente novo que me ocupava todo o ser. E não me deixava espírito para nenhuma outra função.

A Sra. de Warens quis saber os detalhes da minha pequena história. E, para os contar, eu soube achar de novo todo o antigo fogo que perdera na casa do mestre. E quanto mais eu interessava em meu favor essa alma excelente, mais ela lamentava a sorte a que eu me ia expor. Sua terna compaixão lhe transparecia no jeito, no olhar, nos gestos. Não ousava me exortar a voltar para Genebra. Na sua posição, seria um crime de lesa-catolicidade, e ela não ignorava quanto era vigiada e como suas palavras eram pesadas. Mas falava-me de um modo tão comovedor da afeição de meu pai, que se via bem que aprovaria se eu o fosse consolar. Não imaginava quanto, sem o saber, pleiteava contra si própria. Além de minha resolução já estar tomada, como creio que já o disse, quanto mais a achava eloqüente, persuasiva, quanto mais seus discursos me chegavam ao coração, menos eu me podia resolver a me afastar dela. Sentia que voltar a Genebra seria pôr entre nós uma barreira quase intransponível, a menos que tornasse ao que já fizera; e melhor valia, pois, ficar onde estava, de uma vez. Fiquei, pois. A Sra. de Warens, vendo inúteis seus esforços, não os levou até se comprometer. Mas disse-me com um olhar de comiseração: "Pobre pequeno, deve ir aonde Deus te chama. Mas quando cresceres hás de te lembrar de mim.". E creio que nem ela própria pensava que essa predição tão cruelmente se cumpriria.

Mas a dificuldade subsistia sempre. Como, tão moço que eu era, subsistir fora do meu país? Em meio apenas da aprendizagem, estava ainda muito longe de saber o ofício. E mesmo que o soubesse, não me poderia servir dele para viver na Sabóia, região muito pobre para sustentar artes. O labrego que jantava por nós, forçado a fazer uma pausa para descansar a mandíbula, soltou um palpite que dizia emanar do céu, e que, a julgar pelas conseqüências que teve, deveria com certeza provir do lado oposto. Era que eu fosse para Turim, onde, em um asilo mantido para instrução de catecúmenos, me seria suprida a vida temporal e a espiritual, até que encontrasse acolhida na igreja, graças à caridade das boas alunas que me destinassem um lugar que me fosse conveniente. "Quanto às despesas de viagem, Sua Grandeza, o Senhor Arcebispo não deixará de caridosamente as suprir, se a senhora lhe propuser essa santa obra. E a senhora baronesa, que é tão caridosa", disse ele inclinando-se sobre o prato, "decerto também se apressará em contribuir.".

Todas essas caridades pareciam-me muito duras. Sentia o coração fechado e não dizia nada. E a Sra. de Warens, sem receber o projeto com o mesmo ardor com que era apresentado, contentou-se em responder que cada um de nós deve contribuir para o bem conforme as suas posses, e que ela falaria nisso ao Senhor Bispo. Mas o diabo do homem, temendo que ela não falasse ao gosto dele, e que tinha o seu interessezinho no negócio, correu a prevenir aos esmoleres e de tal modo convenceu os padres que, quando a Sra. de Warens, que temia por mim a viagem, quis falar nisso ao Bispo, viu que o negócio estava feito e que lhe davam o dinheiro para o meu pequeno viático. Ela não ousou insistir para me fazer ficar. Eu me aproximava de uma idade em que uma mulher honesta não pode querer, decentemente, reter junto a si um rapaz.

Estando assim determinada a viagem pelos que tomavam interesse por mim, tive de me submeter, o que fiz, aliás sem muita repugnância. Embora Turim fosse mais longe que Genebra, eu pensava que, sendo a capital, ela teria com Annecy relações mais estreitas que uma cidade estrangeira em Estado e em religião. E depois, partindo para obedecer à Sra. de Warens, parecia-me que ia viver sempre sob sua direção; era mais do que viver na sua vizinhança. E, enfim, a idéia de uma grande viagem me acariciava a mania ambulatória, que já começava a se declarar. Parecia-me bom atravessar as montanhas, na minha idade, e me elevar acima de meus camaradas em toda a altura dos Alpes. Correr mundo é um apelo ao qual um genebrino não resiste nunca. Dei, pois, meu consentimento. Meu labrego deveria partir com a mulher dentro em dois dias. Fui-lhe confiado e recomendado. Minha bolsa foi-lhe entregue, reforçada pela Sra. de Warens, que em segredo ainda me deu a mais um pequeno pecúlio, ao qual juntou amplas instruções, e partimos na quarta-feira santa.

No dia seguinte a minha partida de Annecy, meu pai lá chegou, rastejando-me com um tal Sr. Rival, relojoeiro como ele, homem de espírito, belo espírito mesmo, que fazia versos melhores que os de La Motte e falava quase melhor do que ele. E ainda mais, perfeito homem de bem, mas cuja literatura deslocada não conseguiu mais do que fazer comediante a um dos seus filhos.

Esses senhores viram a Sra. de Warens e contentaram-se em chorar com ela a minha sorte, em vez de me seguirem e me apanharem, como facilmente o teriam podido fazer, uma vez que viajavam a cavalo e eu, a pé. A mesma coisa acontecera com meu tio Bernard. Veio até Confignon. E de lá, sabendo que eu estava em Annecy, voltou para Genebra. Parecia que meus parentes conspiravam com a minha estrela para me entregarem ao destino que me esperava. Meu irmão se perdera por uma indiferença semelhante, e se perdera tão bem que nunca mais se soube no que ele se tornou.

Meu pai não era apenas um homem de honra, era homem de uma probidade segura, tinha uma dessas almas fortes que as grandes virtudes engendram, e além disso era muito bom pai, sobretudo para mim. Gostava de mim sinceramente. Mas gostava também dos seus prazeres, e outras preferências também lhe haviam amortecido a afeição paternal depois que eu vivia longe dele. Casara-se de novo em Nyon. E embora a mulher não estivesse mais em idade de me dar irmãos, tinha pais, e isso constituía uma outra família, outros interesses, um novo lar, que tornava minha lembrança muito menos freqüente. Meu pai envelhecia e não tinha nenhum bem para lhe amparar a velhice. Meu irmão e eu tínhamos uma pequena herança de minha mãe, cujos rendimentos deveriam pertencer a meu pai durante o nosso afastamento. Essa idéia não lhe apareceu diretamente e não o impediu de cumprir o dever; mas agiu em surdina sem que ele próprio o percebesse, e diminuía às vezes o seu zelo em nos procurar, que sem isso talvez o levasse mais longe. Eis porque, segundo creio, vindo no meu encalço até Annecy, não me seguiu a Chambéry, onde estava moralmente certo de me encontrar. Eis porque também, depois de minha fuga, indo eu freqüentes vezes vê-lo, recebia dele carinhos de pai, mas sempre poucos esforços para me prender.

Esse procedimento de meu pai, de quem eu conhecia tão bem a ternura e as virtudes, levou-me a fazer reflexões sobre mim mesmo que não contribuíram pouco para me manter o coração sadio. Tirei daí esta grande máxima de moral, a única talvez em uso na prática, de evitar as situações que põem nossos deveres em conflito com os nossos interesses e que nos mostram o nosso benefício nos males de outrem: porque por mais sincero que seja o nosso amor à virtude, cedo ou tarde se enfraquece sem se perceber, e nos tornamos injustos e maus de fato, sem havermos deixado de ser justos e bons na alma.

Essa máxima, fortemente impressa no fundo de meu coração, e posta em prática, um pouco tarde, em toda a minha conduta, é uma das que me deram um aspecto dos mais esquisitos e loucos em público, e sobretudo entre os meus conhecidos. Acusaram-me de querer ser original e proceder diferente dos outros. Na verdade, eu não pensava em proceder nem como eles, nem diferentemente deles. Desejava sinceramente proceder direito. Fugia com todas as minhas forças às situações que me facultassem interesses contrários aos interesses de um outro homem e me fizessem, por conseguinte, ter um desejo secreto, embora involuntário, de fazer mal a esse homem.

Faz dois anos que Milorde Marechal me quis incluir no seu testamento. E me opus a isso com todas as forças. Fiz-lhe notar que não desejava, por nada no mundo, estar incluído no testamento de quem quer que fosse, e ainda menos no dele. Ele se rendeu. Agora quer me dar uma pensão vitalícia e não me oponho. Dirão que ganho com a troca. Talvez. Mas o meu benfeitor é meu pai! Se eu tiver a desgraça de lhe sobreviver, sei que ao perdê-lo perderei tudo, e nada terei a ganhar.

Eis, a meu ver, a boa filosofia, a única verdadeiramente adequada ao coração humano. Cada dia me compenetro mais da sua profunda solidez, e já a apresentei de diversos modos em todos os meus últimos escritos. Mas o público, que é frívolo, nunca a soube notar.

Se eu sobreviver a esta empresa o bastante para iniciar uma outra, proponho-me a dar na continuação do *Emílio*, um exemplo tão encantador e tão convincente dessa mesma máxima, que o meu leitor será forçado a atentar nela. Mas são reflexões demais para um viajante. É tempo de retomar o caminho.

Fi-lo mais agradavelmente do que esperava, e o meu labrego não foi tão enfadonho quanto parecia. Era um homem entre duas idades, usando em cauda os cabelos negros grisalhos, um ar de granadeiro, a voz forte, muito alegre, andando bem, comendo melhor, e que exercia toda espécie de profissões, à falta de saber alguma. Creio que se propusera a estabelecer em Annecy não sei que espécie de manufatura. A Sra. de Warens não deixara de se interessar pelo projeto e era para o fazer aprovar pelo ministro que ele empreendia, bem custeado, a viagem para Turim. O nosso homem tinha o talento de intrigar, metendo-se sempre com os padres, mostrando-se ansioso por servi-los. Aprendera na escola deles uma certa gíria devota que usava sem cessar, gabando-se de ser um grande pregador. Sabia mesmo uma passagem latina da Bíblia. E era como se soubesse mil, porque a repetia mil vezes por dia. Em suma, carecendo raramente de dinheiro quando o sabia existir na bolsa dos outros, porém, mais esperto que velhaco, proferindo os seus sermões afetados com um tom de catequista, parecia-se com Pedro, o Eremita, pregando a cruzada de sabre ao lado.

A Sra. Sabran, mulher dele, era uma boa mulher, mais calma de dia do que de noite. E como eu dormia sempre no quarto deles, suas bulhentas insônias me acordavam freqüentemente, e me teriam acordado mais ainda se lhes adivinhasse o motivo. Mas eu nem sequer o imaginava, porque o assunto era de uma tolice tal que deixava só à natureza a tarefa da minha instrução.

Caminhava, pois, alegremente com meu devoto guia e a sua buliçosa esposa. Nenhum acidente perturbou a viagem. Eu estava, de corpo e espírito, na situação em que mais feliz me sentira, desde o começo dos meus dias. Jovem, vigoroso, sadio, cheio de segurança, de confiança em mim e nos outros, estava nesse curto, mas precioso momento da vida, em que sua plenitude expansiva nos prolonga o ser, por assim dizer, a todas as sensações, e embeleza a nossos olhos a natureza inteira com o encanto da nossa existência. Minha doce inquietação tinha um objeto que a tornava menos errante e me fixava a imaginação. Eu me considerava como a obra, o discípulo, o amigo, quase o amante da Sra. de Warens. As coisas amáveis que ela me dissera, as pequenas carícias que me fizera, o interesse tão afetuoso que tomara por mim, os olhares encantadores que me pareciam cheios de amor, porque mo inspiravam, tudo isso me sustentava as idéias durante a caminhada, e me faziam sonhar deliciosamente. Nenhum receio, nenhuma dúvida sobre minha sorte perturbavam esses sonhos. Mandar-me a Turim era, a meu ver, comprometer-se a me fazer viver lá, a lá me colocar convenientemente. Não tinha mais cuidados sobre mim: outros se haviam encarregado disso.

E eu caminhava, pois, rapidamente, aliviado desse peso. Os desejos de jovem, a encantadora esperança, os projetos brilhantes me enchiam a alma. Todos os objetos que via me pareciam garantias da felicidade próxima. Nas casas, imaginava festas rústicas; nos prados, loucos prazeres; ao longo das águas, banhos, passeios, pesca; sobre as árvores, frutos deliciosos; à sombra delas, voluptuosas entrevistas;

nas montanhas, vasilhas de leite e creme, uma encantadora ociosidade, a simplicidade, a paz, o prazer de andar sem saber para onde. Enfim, nada me passava pelos olhos sem levar ao coração algum alegre atrativo. A grandeza, a variedade, a beleza real do espetáculo tornavam-me esse atrativo digno da razão. E a própria vaidade lá tinha a sua pontinha. Ir tão jovem à Itália, ter visto já tantas terras, seguir a pista de Aníbal através das montanhas, parecia-me glória acima da minha idade. Acrescentem-se a isso boas e freqüentes paradas, um grande apetite, tendo com que o contentar. Porque, na verdade, não valia a pena me privar dele, pois junto ao jantar do Sr. Sabran o meu não aparecia quase.

Não me lembro de ter tido no decorrer de toda a vida um intervalo mais completamente isento de cuidados e sofrimento que esses sete ou oito dias decorridos na viagem. Viagem que o passo da Sra. de Sabran, pelo qual tínhamos que regular o nosso, transformou em um longo passeio. Essa lembrança deixou-me um pronunciado amor por tudo que a ela se ligue, especialmente pelas montanhas e pelas viagens a pé. Só viajei a pé nos meus dias felizes, e sempre com delícias. Depressa os deveres, os negócios, uma bagagem a conduzir forçaram-me a proceder como um cavalheiro e a usar veículos. Os tormentosos cuidados, os embaraços, os incômodos subiram neles comigo. E, desde então, ao contrário dos tempos em que eu só sentia o prazer de andar, sofria apenas a necessidade de chegar.

Procurei muito tempo em Paris dois camaradas que tivessem gostos iguais aos meus e que quisessem consagrar cinqüenta luíses e um ano de vida a fazermos juntos a volta da Itália, a pé, sem nenhuma equipagem afora um moço que levasse conosco um saco de noite. Muita gente se apresentou, aparentemente encantados com esse projeto, mas no fundo estavam todos interessados por um castelo na Espanha, sobre o qual se conversa, mas sem se querer, na realidade, o executar. Lembro-me de que falando desse projeto, com paixão, a Diderot e a Grimm, transmiti-lhes o meu entusiasmo. Pensei estar com o negócio feito. E afinal tudo se reduziu a um projeto de viagem por escrito, no qual Grimm só achou engraçado fazer Diderot executar uma porção de impiedades e de me meter na inquisição no seu lugar.

Meu desgosto de chegar tão depressa em Turim foi compensado pelo prazer de ver uma grande cidade, e pela esperança de lá fazer em breve uma figura digna de mim, porque já então me subiam à cabeça os vapores da ambição. Já me olhava como infinitamente acima da minha antiga condição de aprendiz. E estava bem longe de imaginar que dentro em pouco iria ficar muito abaixo.

Antes de ir mais longe, devo ao leitor minhas escusas ou minha justificação por tantas minúcias em que entrei ou em que ainda entrarei, e que nada têm de interessante aos seus olhos.

Na tarefa que empreendi de me mostrar todo em público, é preciso que nada de mim fique obscuro ou escondido. É preciso que, incessantemente, me coloque sob os seus olhos. Que ele me siga em todos os meus desvarios do coração, em todos os recantos da vida. Que não me perca de vista um só instante, sob pena de, ao encontrar na história a menor lacuna, o menor vazio, dizer: "Que fez ele nesse tempo?" e me acuse de não ter querido dizer tudo. Dou, por minhas narrações, muitos pretextos à malignidade dos homens, e não lhos quero dar pelo meu silêncio.

Acabara-se o meu pequeno pecúlio. Eu falara nele, e minha indiscrição não foi inútil aos meus guias. A Sra. Sabran encontrou meios de me extorquir até um laço de fita prateada que a Sra. de Warens me dera para a minha espada, coisa que eu lamentei mais que todo o resto. A própria espada ficaria nas mãos deles se eu me tivesse obstinado menos. Tinham me sustentado fielmente em caminho, mas não me haviam deixado nada. Cheguei a Turim sem roupas, sem dinheiro, sem roupa branca, e deixando aos cuidados exclusivos do meu mérito a fortuna que lá iria fazer.

Tinha cartas, e entreguei-as. E fui levado imediatamente ao asilo dos catecúmenos para ser instruído na religião ao preço da qual me vendiam a subsistência. Ao entrar, vi uma enorme porta de varões de ferro, que logo que passei me fecharam aos calcanhares com duas voltas de chave. Esse começo me pareceu mais imponente do que agradável, e principiou a me dar o que pensar, quando me fizeram entrar em uma grande sala. Vi por único móvel, no fundo da sala, um altar de madeira encimado por um grande crucifixo, e em redor dele quatro ou cinco cadeiras, que pareciam envernizadas, mas que reluziam apenas à força de serem usadas e esfregadas. Nessa sala de assembléia estavam quatro ou cinco horrorosos bandidos, meus camaradas de instrução, que mais pareciam arqueiros do diabo do que aspirantes a filhos de Deus. Dois desses patifes eram esclavônios, que se diziam judeus ou mouros, e que, como me confessaram, passavam a vida a percorrer a Espanha e a Itália, abraçando o cristianismo e se fazendo batizar em todo lugar em que o produto compensasse.

Abriram uma outra porta de ferro que dividia em dois um grande balcão que dava para o pátio. Por essa porta entraram nossas irmãs catecúmenas, que, como nós, se iam regenerar, não pelo batismo, mas por uma abjuração solene. Eram na certa as maiores sujidades e as mais ordinárias rameiras que já contaminaram o rebanho do Senhor. Uma única me pareceu bonita e bem interessante. Era mais ou menos da minha idade, talvez um ano ou dois a mais. Tinha uns olhos gaiatos, que por vezes encontraram os meus. Isso me inspirou um certo desejo de travar conhecimento com ela; mas durante os dois meses que ela ainda passou nessa casa, onde já estava havia três meses, foi-me absolutamente impossível aproximar-me dela, tanto ela era recomendada a nossa velha carcereira e obsedada pelo santo missionário que trabalhava pela sua conversão com mais zelo do que diligência. Era preciso que ela fosse extremamente estúpida, embora não o parecesse, porque nunca uma instrução foi tão longa. O santo homem não a achava nunca em estado de abjurar. Ela, porém, se aborreceu da clausura e disse que, cristã ou não, queria sair. E foi preciso pegar-lhe na palavra, enquanto ela ainda consentia em o ser, com medo que amuasse e não o quisesse mais.

A pequena comunidade foi reunida em honra do recém-vindo. Fizeram-nos uma rápida exortação. A mim, para me comprometer a corresponder à graça que Deus me fazia; aos outros, para os convidar a me concederem suas orações e a me edificarem com o seu exemplo. Depois do que, foram as nossas virgens repostas nos claustros, tive tempo de admirar à vontade a prisão em que me encontrava.

No dia seguinte de novo nos reuniram para a instrução; e foi então que, pela primeira vez, comecei a refletir no passo que ia dar e nas circunstâncias que me tinham levado a isso.

Disse, repito, e talvez repetirei ainda, uma coisa de que cada dia me compenetro mais: é que nunca uma criança recebeu educação mais razoável e sadia do que eu. Nascido em uma família cujos costumes a faziam se diferenciar do povo, só recebi dos meus pais lições de sabedoria e exemplos de honra. Meu pai, embora dado aos prazeres, tinha não só uma probidade indiscutível, mas muita religião. Homem galante no mundo, e cristão no íntimo, cedo me inspirara os sentimentos de que estava penetrado.

Das minhas três tias, todas sérias e virtuosas, as duas mais velhas eram devotas, e a terceira, moça cheia de graça, de espírito e de senso, o era talvez mais que elas, embora com menos ostentação. Do seio dessa família estimável, passei para a casa do Sr. Lambercier que, embora homem da Igreja e pregador, era crente na vida privada e fazia quase tanto bem quanto dizia. Ele e a irmã cultivaram, com ensinamentos meigos e judiciosos, os princípios de piedade que me encontraram no coração. Essas santas criaturas usaram para esse fim meios tão adequados, tão discretos, tão razoáveis, que em vez de me aborrecer nos sermões, nunca saí de lá sem ter sido interessado intimamente, e sem tomar resoluções de bem viver, que raramente deixava de cumprir. Na casa de minha tia Bernard, a devoção me aborrecia um pouco mais, porque faziam dela um ofício. E na casa do mestre, quase não pensava mais nisso, sem, entretanto, pensar diferentemente. Não encontrei rapazes que me pervertessem. Tornei-me malandro, mas não libertino.

Tinha eu, pois, na religião tudo o que pode ter um menino da minha idade. Tinha-o talvez mais – por que encobrir meu pensamento? Minha infância não foi a de um menino qualquer. Sempre senti e pensei como um homem.

Só ao crescer entrei na classe ordinária; ao nascer, saí dela. Hão de rir-se por me apresentar modestamente como um prodígio. Seja, mas depois de rirem bastante, que encontrem um menino que aos seis anos os romances prendam, interessem, transportem a ponto de o fazerem chorar ardentes lágrimas. Então considerarei ridícula minha vaidade, e concordarei em que não tenho razão.

Assim, quando eu disse que não se deve falar em religião às crianças, se se quer que elas um dia a tenham – que elas são incapazes de conceber Deus, mesmo a nossa maneira –, tirei essa convicção das minhas observações e não da minha própria experiência, porque sabia que ela nada significava para os outros.

Procurai outro Jean-Jacques Rousseau de seis anos, falai-lhes de Deus aos sete, e vos garanto que não correreis nenhum risco.

Todos sentem, creio eu, que para uma criança, ou mesmo para um homem, ter religião é seguir aquela em que se nasceu.

Às vezes tira-se-lhe uma parte. Poucas vezes se aumenta. A fé dogmática é um produto da educação. Além desse princípio comum que me prendia ao culto dos meus pais, eu tinha aversão ao catolicismo, peculiar em nossa cidade, que no-lo fazia considerar como a uma horrenda idolatria, e onde nos pintavam o clero com as mais negras cores. Esse sentimento casava-se tão bem comigo que eu nunca entrevia o interior de uma igreja, ou encontrava um padre de sobrepeliz, ou ouvia as campainhas de uma procissão sem ter um estremecimento de terror ou de susto; é verdade que, nas cidades, depressa perdi esse susto. Mas, muitas vezes, ele me dominou nas paróquias do campo, mais semelhantes às igrejas em que eu o sentira as primeiras vezes. É verdade que essa impressão era singularmente contrastada pelos agrados que os padres dos arredores de Genebra proporcionam de bom grado aos meninos da cidade. Ao mesmo tempo em que me fazia medo a campainha do viático, o sino da missa e das vésperas me recordava um almoço, uma merenda, manteiga fresca, frutos, laticínios. O bom jantar do Sr. de Pontverre produzira também um grande efeito. E desse modo eu me atrapalhara completamente sobre isso tudo. Só tendo encarado o papismo através das suas ligações com divertimentos e gulodices, habituara-me sem esforço à idéia de nele entrar. Mas a de ingressar solenemente só se me apresentara na hipótese de uma fuga e em um futuro muito remoto.

Mas já no momento em que eu estava não havia meios de voltar atrás. E eu via, com o mais vivo horror, a espécie do compromisso que assumira e a sua inevitável conseqüência. Os futuros neófitos que me cercavam não eram feitos para me ampararem a coragem com o exemplo deles. E eu não podia negar a mim mesmo que a santa obra que ia executar não passava de ação de um bandido. Tão moço embora, compreendi que qualquer que fosse a verdadeira religião, eu ia vender a minha, e que, embora escolhesse acertadamente, iria, no fundo do coração, mentir ao Espírito Santo e merecer o desprezo dos homens. Quanto mais pensava nisso, mais me indignava contra mim mesmo. E gemia contra a sorte que me arrastava a isso, como se essa sorte não fosse obra minha. Houve momentos em que essas reflexões se tornaram tão fortes que, se por um momento eu encontrasse a porta aberta, teria certamente fugido. Mas não me foi possível fugir, e a resolução não me dominou completamente.

Eram muitos os desejos secretos que a combatiam, e não poderiam deixar de vencer. Ademais, a obstinação do desígnio firmado de não voltar a Genebra, a vergonha, a própria dificuldade de novamente atravessar as montanhas, o embaraço de me ver longe de minha terra, sem amigos, sem recursos, tudo isso concorria para me fazer olhar para os remorsos da minha consciência, como para um arrependimento tardio.

Eu fingia reprovar o que fizera para desculpar o que ia fazer.

Agravando os erros do passado, olhava o futuro como uma conseqüência necessária. Não dizia a mim mesmo: "Nada até agora está feito, ainda podes ficar inocente se quiseres". Porém dizia: "Chora o crime de que te tornaste culpado, e do qual te puseste na necessidade de levar a cabo".

Com efeito, que extraordinária fortaleza de alma não seria preciso a minha idade para revogar tudo o que já prometera ou deixara esperar, para romper as cadeias que me haviam dado, para declarar com intrepidez que queria ficar na religião dos meus pais, arriscando-me a tudo que pudesse acontecer? Esse vigor não era para a minha idade e é pouco provável que desse um resultado feliz. As coisas estavam muito adiantadas para que quisessem aceitar um desmentido. E quanto maior fosse minha resistência, mais, de um modo ou de outro, teriam considerado um dever vencê-la.

O sofisma que me perdeu é o mesmo em que cai a maioria dos homens que se queixam de carecer de força, quando já é tarde demais para a empregar. A virtude só nos é difícil por culpa nossa. Se procurássemos sempre ser prudentes, raramente teríamos necessidade de ser virtuosos.

Mas as tendências fáceis de vencer arrastam-nos facilmente. Cedemos a insignificantes tentações cujo perigo desprezamos. Caímos insensivelmente em situações perigosas, de que nos teríamos podido facilmente livrar, mas das quais não podemos sair sem esforços heróicos que nos assustam. Caímos afinal no abismo, dizendo a Deus: "Por que me fizeste tão fraco?". Malgrado nosso, porém, ele assim responde a nossa consciência: "Fiz-te muito fraco para sair do abismo, porque te fizera forte bastante para não caíres nele.".

Não resolvera precisamente a me tornar católico, mas, vendo o prazo ainda distante, tomei tempo para me acostumar com a idéia, à espera, eu o imaginava, de qualquer acontecimento inesperado que me viesse tirar de apuros. Para ganhar tempo, resolvi fazer a mais bela defesa que me fosse possível. Minha vaidade depressa me dispensou de pensar na minha resolução; e desde que percebi que embaraçava, às vezes, os que me queriam instruir, não mais careci de procurar arrasá-los completamente. Empreguei, mesmo, nessa empresa, um zelo bem ridículo. Porque, enquanto eles se esforçavam comigo, eu me procurava esforçar com eles. Acreditava piamente que bastava só convencê-los para os tornar protestantes.

Não encontraram, pois, em mim todas as facilidades que esperavam, nem na questão de luzes nem na questão da vontade. Geralmente, os protestantes são mais instruídos que os católicos. E assim deve ser. Porque a doutrina de uns exige a discussão e a de outros, a submissão. O católico deve adotar a decisão que lhe dão. O protestante tem de aprender a se decidir.

Sabiam disso. Mas não esperavam nem da minha condição, nem da minha idade, grandes dificuldades para criaturas já práticas. Eu, aliás, não fizera ainda a primeira comunhão nem recebera as instruções que a ela se referem. Sabiam disso, mas não sabiam que, em compensação, eu fora bem instruído na casa do Sr. Lambercier, e, mais, que eu tinha a meu serviço uma fonte de abastecimento que era muito incômoda a esses senhores, constituída pela *História da*

Igreja e do Império, que eu aprendera quase de cor na casa de meu pai, que quase esquecera depois, mas que me ocorreu toda quando a discussão se acendeu.

Um velho padre, pequeno mas muito venerável, fez-nos em comum a primeira conferência. Para meus camaradas essa conferência era antes um catecismo do que uma controvérsia, e ele tinha mais trabalho em os instruir do que em lhes resolver as objeções. Comigo, porém, não foi a mesma coisa. Quando chegou minha vez, fi-lo parar a propósito de tudo. E não o dispensei de nenhuma das dificuldades em que o pude meter. Isso tornou muito longa a conferência e muito aborrecida para os assistentes. Meu velho padre falava muito, excitava-se, batia a campainha, e tirava-se da dificuldade, dizendo que não entendia muito bem o francês. No dia seguinte, com medo de que minhas indiscretas objeções escandalizassem meus camaradas, puseram-me separado em outro compartimento com outro padre, mais jovem, orador, isto é, cheio de frases longas, e mais satisfeito consigo do que nunca o foi nenhum doutor. Não me deixei entretanto intimidar muito pelo seu aspecto imponente. E sentindo que, no final de contas, eu desempenhava o meu papel, comecei a lhe responder com bastante segurança, e a o atalhar de um lado ou do outro da melhor forma que podia. Ele pensou me derrubar com Santo Agostinho, São Gregório e outros Padres, mas verificou, com incrível surpresa, que eu manejava esses padres todos com quase tanta facilidade quanto ele. Não que eu já os tivesse lido, nem talvez ele também. Mas eu lhes guardara muitas passagens, tiradas do meu "Le Soeur" ["A Irmã"]. E logo que ele me citava um, sem lhe disputar a citação, eu lhe respondia com uma outra do mesmo Padre, o que sempre o embaraçava muito. Entretanto, ao fim, ele saiu vencedor, por duas razões: a primeira, é porque ele era o mais forte e que, sentindo-me, por assim dizer, a sua mercê, eu via muito bem, por mais jovem que fosse, que não devia levá-lo a cabo. Já eu vira muito bem que o padrezinho velho não tomara muita amizade por minha erudição nem por mim. E a outra razão é que o padre moço fizera estudos e eu não os fizera. Isso fazia com que ele empregasse, no seu modo de argumentar, um método que eu não poderia seguir, e que, logo que ele se sentia premido por uma objeção imprevista, deixava-a para o dia seguinte, dizendo que eu abandonava o assunto do momento. Chegava às vezes a rejeitar todas as minhas citações, dizendo que eram falsas. E oferecendo-se para ir procurar o livro, desafiava-me a encontrá-las. Sentia que não se arriscava a muito e que, na minha erudição de empréstimo, eu era muito pouco prático em manusear livros, e muito mofino latinista para procurar em um grosso volume uma passagem, mesmo estando certo de ela estar no livro. Chego a suspeitar que ele usava a infidelidade de que acusava os ministros, inventando, muitas vezes, trechos para se salvar de uma objeção que o incomodava.

Enquanto duravam essas discussões sobre ninharias, e se passavam os dias discutindo, resmungando preces e fazendo canalhices, aconteceu-me uma suja e repugnante aventura, que quase resultou muito mal para mim.

Não existe alma tão vil nem coração tão bárbaro que não seja suscetível a alguma forma de afeição. Um desses dois bandidos que se diziam mouros tomou-me amizade. Aproximava-se espontaneamente de mim, conversava comigo na sua algaravia franca, prestava-me pequenos obséquios, partilhava comigo algumas vezes a sua ração à mesa, e, sobretudo, dava-me beijos com um ardor que muitas vezes me era incômodo. Por mais susto que naturalmente me inspirassem aquela cara de *pão-de-forno*, ornada por uma longa cicatriz, e aquele olhar incendiado que mais parecia furioso que terno, suportava esses beijos, dizendo a mim mesmo: "O pobre homem concebeu uma amizade muito forte por mim. Seria mal feito se eu o repelisse". Ele passou gradualmente a modos mais livres, e me dizia às vezes coisas singulares, que me faziam crer que a cabeça dele se transtornara. Uma noite, veio dormir comigo. Eu me opus, dizendo que a cama era muito pequena. Ele me implorou para ir para a dele. Recusei de novo, porque esse miserável era tão imundo e fedia tanto a tabaco mascado que me dava engulhos.

No dia seguinte, muito cedo, estávamos os dois sós na sala de assembléia. Ele recomeçou as carícias, mas com movimentos tão violentos que me causaram medo. E quis, enfim, passar gradualmente a intimidades mais chocantes, e a me forçar, agarrando-me a mão, a fazer o mesmo. Soltei-me impetuosamente, dando um grito e saltando para trás, mas sem dar sinais de indignação nem de cólera, porque não tinha a mínima idéia do que se tratava. E exprimi minha surpresa e meu nojo com tanta energia que ele me largou; porém, enquanto se compunha, vi partir em direção à chaminé e cair ao chão um jato de uma coisa viscosa e brancacenta, que me provocou náuseas. Atirei-me ao balcão mais comovido, mais perturbado, mais assustado, mesmo, do que nunca o estivera na vida, e prestes a vomitar.

Não podia compreender o que tinha esse infeliz. Supus estivesse atingido por uma terrível doença, ou por algum frenesi ainda mais terrível. E realmente não conheço nada mais repugnante de ver-se, por alguém que esteja de sangue frio, do que essa obscena e suja atitude, e a cara horrorosa, inflamada pela mais brutal concupiscência. Nunca vi outro homem em estado igual. Mas se junto às mulheres também ficamos assim, é preciso que elas estejam com os olhos muito fascinados para não serem tomadas pelo horror.

Não demorei em ir contar a todo o mundo o que me acabava de acontecer. Nossa velha intendente mandou-me calar. Mas eu vira que a história a afetara muito, e ouvia-a resmungar: *"Can maladet! brutta bestia!"* E como eu não compreendia porque devia calar-me, continuei com a história, apesar da proibição. Tanto tagarelei que no dia seguinte, bem cedo, um dos administradores me veio passar uma reprimenda forte, acusando-me de comprometer a honra de uma casa santa, e de fazer barulho demais para mal tão pouco.

Prolongou a censura explicando-me muitas coisas que eu ignorava, mas que ele não acreditava estar ensinando-me, convencido de que eu me defendera, sabendo o que queriam de mim, embora não o consentisse. Disse-me gravemente que se tratava de uma coisa proibida, como a *luxúria*; porém que, afinal, a intenção não era ofensiva para a pessoa de quem era objeto, e que não havia motivo para tanta irritação só por nos terem achado amável. E disse-me, sem rodeios, que ele próprio, quando jovem, gozara das mesmas honras, e que tendo sido surpreendido em um momento em que não se podia defender, não achava a coisa tão cruel assim. Levou a impudência até se utilizar dos próprios termos. E imaginando que o motivo do meu terror era o medo da dor, disse-me que esse medo era vão, e que não havia motivo para nada temer.

Eu ouvia esse infame com um espanto crescente, porque ele não falava para si próprio. Parecia que só me instruía para meu bem. Suas palavras pareciam tão simples, que não procurava sequer estar a sós comigo. Estava junto a nós um eclesiástico que também não se espantava mais que ele. Esse ar natural me impressionou tanto que fiquei convicto de se tratar de um costume admitido no mundo, do qual eu não tivera mais cedo oportunidade de me aperceber. E isso fez com que eu o ouvisse sem cólera, mas não sem nojo. A imagem do que me acontecera, e sobretudo do que vira, ficara-me tão fortemente impressa na memória que ao recordá-la ainda sentia náuseas. E sem eu saber porquê, a aversão pela coisa se estendeu ao apologista. E não pude me dominar o suficiente para que ele não notasse o péssimo efeito das suas lições. Lançou-me uns olhos pouco amigos, e desde então não me poupou mais nada que me pudesse tornar desagradável a estada no hospício. E o conseguiu tão bem que eu só vi um caminho para sair de lá: apressei-me tanto de tomá-lo quanto antes esforçara-me por afastá-lo.

Essa aventura preveniu-me, para o futuro, contra os avanços dos pederastas. E só o aspecto das criaturas que o pareciam ser, lembrando-me o ar e os gestos do horrendo mouro, inspiravam-me sempre tanto horror que me era difícil escondê-lo. E, pelo contrário, as mulheres ganharam muito no meu espírito, com a comparação. Parecia-me que, como reparação às ofensas do meu sexo, devia-lhes todas as homenagens pessoais e os mais ternos sentimentos; e o mais feio estupor tornava-se, aos meus olhos, uma mulher adorável, só pela recordação do falso africano.

Quanto a ele, não sei o que lhe disseram. E exceto a senhora Lorenza, ninguém o olhou com piores olhos que dantes. Entretanto, não se aproximou mais de mim, nem me falou mais. Oito dias depois, foi batizado com grande cerimônia, vestido de branco da cabeça aos pés, para representar a candura da sua alma regenerada. No dia seguinte, saiu do asilo e nunca mais o vi.

Chegou minha vez um mês depois, porque foi preciso todo esse tempo para dar aos meus diretores as honras de uma conversão difícil.

Fizeram-me passar em revista todos os dogmas para triunfarem sobre a minha nova docilidade.

Enfim, suficientemente instruído e suficientemente posto à disposição dos meus mestres, fui levado processionalmente à Igreja de S. João, para fazer lá uma abjuração solene e receber os acessórios do batismo, embora não me batizassem realmente. Como, porém, são quase as mesmas cerimônias, isso serve para convencer o povo de que os protestantes não são cristãos. Eu estava revestido de uma espécie de veste cinzenta, enfeitada de alamares brancos, própria para essas ocasiões. Adiante e atrás de mim, dois homens batiam com uma chave em uma bacia de cobre, onde os fiéis punham esmolas em conformidade com a sua devoção ou com o interesse que tinham pelo recém-convertido. Em suma, nada do fausto católico foi omitido, para tornar a solenidade mais edificante para o público e mais humilhante para mim. Só me faltou o hábito branco, que me teria sido muito útil, e que não me foi dado como ao mouro, porque eu não tinha a honra de ser judeu.

E não foi tudo: foi preciso depois ir à inquisição receber a absolvição pelo crime de heresia, e voltar ao seio da Igreja através da mesma cerimônia à qual Henrique IV foi submetido pelo seu embaixador. O aspecto e a maneira do reverendíssimo padre inquisidor não eram feitos para dissipar o terror secreto que me tomara ao entrar nessa casa. Depois de muitas perguntas sobre minha fé, meu estado, minha família, perguntou-me inesperadamente se minha mãe estava no inferno. O medo me conteve o primeiro movimento de indignação. Contentei-me com responder que eu esperava que ela não estivesse lá, e que Deus a poderia ter esclarecido na hora derradeira. O monge calou-se, mas fez uma careta que absolutamente não me pareceu sinal de aprovação.

Findo tudo isso, pensei que me iam dar um emprego de acordo com minhas esperanças. Mas me puseram à porta com pouco mais de vinte francos miúdos – o produto da minha coleta. Recomendaram-me que vivesse como bom cristão, e que fosse fiel à graça. Não me desejaram boa fortuna, fecharam a porta sobre mim, e tudo desapareceu.

Eclipsaram-se, assim, em um momento, todas as minhas grandes esperanças. E da interesseira tentativa só me ficaria a lembrança de ter sido, ao mesmo tempo, apóstata e falso. E é fácil imaginar que súbita revolução se fez nas minhas idéias quando me vira rolar do alto dos meus brilhantes projetos de fortuna à mais completa miséria, quando, depois de ter, pela manhã, deliberado sobre a escolha do palácio que iria habitar, vi-me à noite reduzido a dormir na rua. Hão de imaginar que comecei por me entregar a um desespero ainda mais cruel, porque o remorso pelos meus crimes era agravado pela convicção de que essa desgraça era obra minha. Mas assim não foi. Acabava de estar preso durante dois meses, pela primeira vez na minha vida. O primeiro sentimento que me tomou foi o da liberdade recobrada. De novo senhor de mim próprio, depois de uma longa escravidão, via-me em uma grande cidade de abundantes recursos, cheia de gente qualificada que não deixaria de me acolher, assim que me conhecesse, em vista dos meus talentos e mérito. E tinha a mais todo o tempo para esperar, e no bolso vinte francos que me pareciam um tesouro inesgotável. Poderia dispor dele à vontade, sem prestar contas a ninguém. Era a primeira vez em que me via tão rico. E em vez de me entregar ao desânimo e às lágrimas, o que fiz foi mudar de esperanças, e o amor próprio nada sofreu com isso. Nunca senti tanta confiança e segurança. Supunha que minha fortuna já estava feita, e achava muito bonito só a mim próprio dever obrigações.

A primeira coisa que fiz foi satisfazer a curiosidade percorrendo a cidade toda, embora talvez só fizesse isso para executar um ato em gozo da minha liberdade. Fui ver subir a guarda. Os instrumentos militares me agradavam muito. Fui ver as procissões. Gostava do cantochão dos padres. Fui ver o palácio do rei. Aproximei-me com receio, mas vendo entrar outras pessoas, acompanhei-as, e me deixaram entrar. Talvez eu devesse essa graça ao pacotinho que tinha debaixo do braço.

Pelo que quer que fosse, fiquei com uma excelente opinião de mim mesmo, vendo-me nesse palácio. Olhava-me já quase como a um habitante dele. Enfim, de tanto ir e vir, cansei-me. Tinha fome, fazia calor. Entrei em uma leiteria. Serviram-me *giuncá*, coalhada. E com duas fatias desse excelente pão do Piemonte, que prefiro a qualquer outro, por cinco ou seis soldos tive um dos melhores jantares da minha vida.

Era preciso procurar um pouso. E como eu já sabia falar piemontês o bastante para me fazer entender, não me foi difícil achar um abrigo, e tive a prudência de o escolher mais de acordo com a minha bolsa do que com o meu gosto. Indicaram-me na rua do Pó uma mulher que alojava a um soldo por noite os criados fora de serviço. Achei na casa dela um catre desocupado e lá fiquei. Ela era jovem e casada de pouco, embora já tivesse cinco ou seis filhos. Dormimos todos no mesmo quarto, a mãe, os filhos, os hóspedes. E enquanto estive na casa dela essa situação não se modificou. No final de contas, era uma boa mulher, que praguejava como um carroceiro, sempre descomposta e despenteada, obsequiosa, que me tomou amizade e que me foi mesmo útil.

Passei muitos dias entregando-me apenas ao prazer da independência e da curiosidade. Andava vagando dentro e fora da cidade, esquadrinhando, visitando tudo que me parecia curioso e novo; e tudo o era para um rapaz saído do nicho, que nunca vira uma capital. Era sobretudo muito pontual em fazer a minha corte, e assistia todos os dias à missa do rei. Achava lindo ver-me na mesma capela com esse príncipe e sua corte. Mas a minha paixão pela música, que se começava a declarar, era mais responsável pela minha assiduidade do que a pompa da corte, que, depressa vista e sempre a mesma, não impressiona muito tempo. O rei da Sardenha tinha então a melhor sinfonia da Europa. Somis, Desjardins, os Bezuzzi brilhavam nela alternativamente. Não era preciso tanto para atrair um rapaz que o som do menor instrumento, conquanto estivesse afinado, transportava de prazer. De resto, eu só tinha pela magnificência que me feria os olhos uma admiração estúpida e sem cobiça. A única coisa que me interessava em todo o esplendor da corte era verificar se não haveria nela alguma jovem princesa que me merecesse as homenagens e com a qual eu pudesse arquitetar um romance.

Estive a pique de começar um em uma situação menos brilhante, mas que, se eu o tivesse levado a cabo, ter-me-ia proporcionado prazeres muito mais deliciosos.

Embora eu vivesse com muita economia, minha bolsa insensivelmente se esgotava. E afinal, essa economia era menos o efeito da prudência do que de uma simplicidade de gosto que até hoje o costume nas grandes mesas ainda não alterou. Não conhecia então e ainda hoje não conheço melhor iguaria que uma refeição rústica. Com laticínios, ovos, queijo, pão fresco e vinho passável, pode-se ter certeza de sempre me regalar. Meu bom apetite completará a lista, quando um mordomo e lacaios em redor de mim não mo tirarem com a sua importuna presença. Com seis ou sete soldos de despesa, eu fazia nesse tempo refeições muito melhores do que as de depois, de seis ou sete francos. E era sóbrio, então, porque não fora ainda tentado a não o ser. E digo mal quando chamo a isso sobriedade: porque eu punha nela a maior sensualidade possível. Minhas pêras, minha *giuncá*, meu queijo, minhas fatias e alguns copos de um vinho espesso de Montferrat, intercalado em goladas, faziam de mim o mais feliz dos gastrônomos. Com tudo isso, entretanto, chega-se a ver o fim de vinte libras. E era o que eu percebia dia-a-dia, cada vez mais sensivelmente. E apesar da inconseqüência da idade, minha inquietação quanto ao futuro depressa se transformou em pavor. De todos os meus castelos no ar, só me ficou o desejo de procurar uma ocupação que me desse para viver. E mesmo isso não era fácil de realizar. Pensei no meu antigo ofício. Mas não o conhecia o suficiente para trabalhar em casa de um mestre, e os próprios mestres não abundavam em Turim. E, esperando coisa melhor, tomei o partido de me oferecer de porta em porta para gravar um algarismo ou armas nas baixelas, esperando tentar a freguesia pelo preço barato e pondo-me à disposição dela. Não foi muito feliz o expediente. Recebi recusas em quase toda parte. E o que consegui fazer foi tão pouco que mal ganhei para algumas refeições. Um dia, entretanto, passando muito cedo na "Contrà Nova", vi, através dos vidros de uma caixa registradora, uma jovem vendedora, de tão bom aspecto e com um ar tão atraente, que, apesar da minha timidez junto às senhoras, não hesitei em entrar e em lhe oferecer o meu pequeno talento. Ela não me mandou embora, fez-me sentar, contar-lhe a minha pobre história, lamentou-me, disse-me que tivesse coragem, e que os bons cristãos não me abandonariam. Depois, enquanto mandara buscar em um ourives próximo os utensílios de que eu dissera precisar, subiu à cozinha e me trouxe ela própria um almoço. Pareceu-me de bom augúrio esse começo, que não se desmentiu depois. Ela se mostrou satisfeita com o meu pequeno trabalho, e ainda mais com minhas lábias, quando fiquei um pouco mais seguro de mim. Porque ela era luzida e enfeitada, e, apesar do ar gracioso, esse brilho me intimidara. Entretanto, a sua acolhida cheia de bondade, seu tom compassivo, os modos meigos, depressa me puseram à vontade. E embora fosse italiana, e bonita demais para não ser um pouco faceira, eu era tão modesto e tão tímido, que era difícil que chegássemos depressa a um entendimento. Não nos deram tempo de acabar a aventura. Lembro-me com encanto dos curtos momentos que passei ao pé dela. E posso dizer que gozei então nas suas primícias os mais doces e os mais puros prazeres do amor.

Era uma morena extremamente picante, mas a bondade natural pintada no rosto tornava-lhe tocante a vivacidade. Chamava-se Sra. Basile. O marido, mais velho do que ela e sofrivelmente ciumento, deixava-a, durante as viagens, sob a guarda de um caixeiro desenxabido demais para ser sedutor e que não deixava de alimentar pretensões por conta própria, que só apareciam quase através do seu mau humor. Implicou comigo, embora eu gostasse de o ouvir à flauta, a qual ele tocava muito bem. E parecia que, para o atormentar, ela gostava de me acarinhar na presença dele; e embora essa espécie de vingança me fosse agradável, sê-lo-ia muito mais se estivéssemos eu e ela a sós. Ela porém não levava a vingança até esse ponto, ou, pelo menos, não a levava da mesma maneira. Ou porque me julgasse muito moço, ou porque não soubesse tomar a iniciativa, ou porque quisesse seriamente proceder bem, tinha então uma espécie de reserva que não era uma repulsa, mas que me intimidava sem que eu soubesse porquê. Embora eu não sentisse por ela esse respeito tão terno quanto verdadeiro que tinha para com a Sra. de Warens, sentia mais receio e muito menos familiaridade. Ficava embaraçado, trêmulo. Não ousava olhá-la, não ousava respirar junto dela; e entretanto temia mais que a morte afastar-me. Devorava com um olhar ávido tudo que podia ver sem ser percebido, as flores do vestido dela, a ponta do seu lindo pé, o intervalo de um braço firme e branco que aparecia entre a luva e o punho, e o outro intervalo que surgia, às vezes, entre o decote e o lenço. Cada objeto aumentava a impressão dos outros. E à força de olhar o que eu podia ver, e mesmo um pouco além, meus olhos se perturbavam, o peito se oprimia, a respiração, de instante a instante mais embaraçada, dava-me muito trabalho para governar e tudo o que eu podia fazer era soltar, sem rumor, suspiros muito incômodos no silêncio em que quase sempre nos mantínhamos.

A Sra. Basile, felizmente ocupada com o seu bordado, não percebia nada, pelo que me parecia. Entretanto, às vezes eu via, talvez por uma espécie de simpatia, o seu fichu se erguer com mais freqüência. Esse perigoso espetáculo acabava de me perder. E quando eu estava próximo a ceder ao transporte, ela me dirigia uma palavra tranqüila, que me punha imediatamente na posse de mim mesmo.

Muitas vezes a vi só, desse modo, sem que nunca uma palavra, um gesto, mesmo um olhar mais expressivo, marcasse entre nós a menor conivência. E essa situação, tormentosa para mim, punha-me em delícias, e na simplicidade do meu coração eu mal imaginava porque vivia tão atormentado. E me parecia que esses pequenos colóquios não desagradavam também a ela; pelo menos ela tornava as oportunidades muito freqüentes. Cuidado seguramente muito gratuito da parte dela, dado ao emprego que ela delas fazia e o que me deixava fazer.

Um dia, aborrecida com as tolas conversas do caixeiro, ela subiu à saia e eu, dos fundos da loja em que estava, apressei-me em acabar minha pequena tarefa e a segui. O quarto estava entreaberto e entrei sem ser percebido. Ela bordava junto à janela, de frente para o lado oposto ao da porta. Não me podia ver entrar, nem me ouvir, por causa do barulho que faziam os veículos na rua. Sempre se vestia bem, e, nesse dia, o arranjo de seu vestuário era mais que faceiro. Em uma atitude graciosa, a cabeça inclinada deixava ver a brancura do pescoço. Os cabelos, erguidos com elegância, estavam enfeitados de flores. Reinava em toda a pessoa dela um encanto que tive tempo de contemplar, e que me pôs fora de mim. Ajoelhei-me à entrada do quarto, estendendo para ela os braços em um movimento apaixonado, certo de que ela não me poderia ouvir e pensando que não me poderia ver. Porém, na chaminé, havia um espelho que me traiu. Não sei qual o efeito que fez sobre ela esse meu transporte. Mas, voltando a meio a cabeça, com um simples movimento do dedo, mostrou-me a meada caída a seus pés. Estremecer, soltar um grito, lançar-me ao lugar que ela me marcara, foram para mim um só gesto. Mas o que mal se acreditará é que nesse estado nada mais ousei, nem lhe dizer uma única palavra, nem erguer os olhos para ela, nem sequer lhe tocar, ou, em uma atitude tão constrangida como estava, apoiar-me um instante nos seus joelhos.

Fiquei mudo, imóvel. Mas não decerto tranqüilo. Tudo em mim significava agitação, alegria, reconhecimento, desejos ardentes e incertos no seu objetivo e contidos pelo medo de desagradar, medo que o meu jovem coração não conseguia destruir.

Ela não parecia mais tranqüila nem menos tímida do que eu. Perturbada por me ver ali, interdita por ter-me atraído, e começando a sentir as conseqüências de um sinal feito, sem dúvida, irrefletidamente, não me acolheu nem me repeliu. Não tirou os olhos do bordado, e procurou proceder como se não me visse aos seus pés. Toda a minha ingenuidade não me impediu, porém, de ver que ela compartilhava do meu embaraço, talvez dos meus desejos, e que se sentia presa por uma vergonha semelhante à minha, sem que isso me desse forças para a vencer. Os cinco ou seis anos que ela tinha a mais do que eu deviam, a meu ver, pôr do seu lado toda a iniciativa. E eu pensava que se ela nada fazia para me excitar a ousadia era porque não queria que eu ousasse. Ainda hoje, mesmo, creio que eu pensava com justeza. Ela, decerto, tinha bastante espírito para ver que um noviço como eu tinha necessidade não só de ser animado, como de ser instruído.

Não sei como teria terminado essa cena viva e muda, nem quanto tempo eu ficaria imóvel nessa posição ridícula e deliciosa, se não fôramos interrompidos. No mais forte da minha agitação, ouvi abrir-se a porta da cozinha, que dava para a sala em que estávamos, e a Sra. Basile, alarmada, disse-me vivamente com a voz e com o gesto: "Levante-se, lá vem Rosina!". Levantando-me às pressas, segurei a mão que ela me estendeu, apliquei nela dois beijos ardentes. E, ao dar o segundo, senti essa mão encantadora apertar-me ligeiramente os lábios. Nunca tive em minha vida momento mais doce. Porém a ocasião que perdi nunca mais voltou, e ficaram nisso os nossos jovens amores.

Talvez por isso mesmo é que a imagem dessa adorável mulher me ficou impressa no fundo do coração em traços tão encantadores. Aumentou mesmo de beleza, à medida que conheci melhor o mundo e as mulheres. Por pouca que fosse a experiência dela, teria procedido de outro modo se quisesse animar um rapazinho. Porém, se o seu coração era fraco, era também honesto. Ela cedeu involuntariamente à inclinação que a arrastou. Segundo todas as aparências, era a sua primeira infidelidade, e dar-me-ia mais trabalho vencer o seu pudor do que o meu. Sem chegar a isso, provei ao seu lado doçuras inexprimíveis. Nada do que a posse das mulheres me fez sentir pode valer os dois minutos que passei aos seus pés, sem ousar sequer tocar-lhe o vestido. Não, não há prazeres semelhantes aos que nos pode dar uma mulher honesta que se ama. Tudo, junto dela, representa um favor. Um pequeno gesto com o dedo, a mão ligeiramente apertada contra minha boca, foram os únicos favores que recebi da Sra. Basile, e a lembrança de favores tão diminutos ainda me comove quando os recordo.

Nos dois dias seguintes, por mais que eu espreitasse a oportunidade de um novo colóquio, foi-me impossível conseguir um só momento, e não percebi da parte dela nenhum cuidado para o arranjar. Teve mesmo uma atitude se não mais fria, pelo menos mais reservada que de costume. E creio que ela me evitava os olhares com medo de não poder governar os seus. O maldito caixeiro esteve mais desolante do que nunca. Tornou-se mesmo implicante e chocarreiro, disse-me que eu faria caminho junto às senhoras. Tremi de ter cometido alguma indiscrição. E olhando-me como estando já de combinação com ela, quis cobrir de mistério um afeto que ainda não tinha nenhuma necessidade disso. Por isso, tornei-me mais circunspecto em aproveitar as ocasiões de o satisfazer. E, à força de querer ocasiões seguras, não consegui nenhuma.

Eis ainda outra loucura romanesca de que nunca me pude curar e que, junto a minha timidez natural, desmentiu muito as predições do caixeiro. Eu amava com muita sinceridade, com muita perfeição, ouso dizê-lo, para poder calmamente ser feliz. Nunca houve paixões ao mesmo tempo mais vivas e mais puras do que as minhas. Nunca houve amor mais terno, mais sincero, mais desinteressado. Seria capaz de sacrificar mil vezes a vida pela pessoa que eu amasse. Sua reputação era-me mais querida que a minha vida, e nunca, nem em troca dos maiores prazeres, seria capaz de comprometer um momento o seu repouso. E isso me fazia empregar tantas cautelas, tanto segredo, tanta precaução nas minhas empresas amorosas que nenhuma vingou. Meu pouco êxito junto às mulheres proveio sempre de as amar demais.

Voltando ao flautista Egisto, o que ele tinha de singular era que, quanto mais insuportável o traidor se tornava, parecia justamente tornar-se mais condescendente. Desde o primeiro dia em que se afeiçoara a mim, a patroa dele pensou em me utilizar na loja. Eu sabia aritmética sofrivelmente. E ela lhe propôs ensinar-me a tomar conta dos livros. Mas meu carrasco recebeu muito mal a proposta, receando talvez ser suplantado.

Assim, além do buril, todo o meu trabalho consistia em transcrever algumas contas e memorandos, em acertar alguns livros e traduzir para o francês algumas cartas comerciais em italiano. De repente, o homem resolveu voltar atrás e tornou a fazer a proposta que recusara, dizendo que me queria ensinar escrituração em partidas dobradas. Propunha-me a oferecer meus serviços ao Sr. Basile, quando voltasse. Mas havia no seu tom, no seu ar, não sei que de falso, de maligno, de irônico, que não me inspirava confiança. A Sra. Basile, sem esperar resposta, disse-lhe secamente que eu lhe ficava muito grato pela proposta, que ela esperava que a fortuna me favorecesse afinal os méritos, e que seria realmente uma pena que, com tanto espírito, eu não viesse a ser mais do que um caixeiro.

Muitas vezes ela me dissera que me queria apresentar a algum conhecimento útil. Pensava com muita prudência, porque sentia que já era tempo de eu me desligar dela. Quinta-feira, tínhamos feito nossas mútuas declarações. No domingo, ela ofereceu um jantar a que eu compareci, e onde estava também um dominicano de bom aspecto a quem ela me apresentou. O monge me tratou afetuosissimamente, felicitou-me pela conversão, e falou-me sobre muitos tópicos da minha história, o que me provou que alguém lha contara minuciosamente. Depois, dando-me duas pancadinhas no rosto com as costas da mão, disse-me que procedesse bem, que tivesse coragem, que o fosse visitar, que a sós conversaríamos mais à vontade. Pela consideração que todos tinham com ele, vi que se tratava de um homem de posição e, pelo tom paternal que ele empregava com a Sra. Basile, vi que era o seu confessor. Lembro-me bem que a sua decente familiaridade era mesclada de sinais de estima e mesmo de respeito por sua penitente, o que então me impressionou menos do que me impressionaria hoje. Se eu tivesse então mais inteligência, como não ficaria comovido por ter sensibilizado uma mulher que o seu confessor respeitava!

A mesa não era bastante grande para o número de pessoas que éramos. E foi preciso uma mesa pequena, onde fiquei em agradável colóquio com o senhor caixeiro. Nada perdi com isso, quanto às atenções e aos bons petiscos. Muitos pratos que foram enviados para a mesinha não iam absolutamente na intenção dele. Tudo, até aí, ia bem. As mulheres estavam muito alegres, os homens muito galantes. A Sra. Basile fazia as honras com uma encantadora graça. No meio do jantar, ouvimos parar à porta uma cadeirinha. Subiu alguém. Era o Sr. Basile. Vejo-o como se ele entrasse agora, de casaca escarlate com botões de ouro, cor a que tomei aversão desde esse tempo. Era um homem alto e bonito, vestindo-se muito bem. Entrou com rumor, com o ar de quem surpreende um flagrante, embora lá só estivessem amigos. A mulher lhe saltou ao pescoço, tomou-lhe as mãos, fez-lhe mil carinhos que ele recebeu sem corresponder. Saudou os convidados, deram-lhe talher, pôs-se a comer. Mal tinha começado a falar da viagem, quando, pondo os olhos na mesinha, perguntou em um tom severo quem era o rapazinho que ali via. A Sra. Basile disse-lhe tudo, ingenuamente. Ele perguntou se eu dormia em casa. Disseram-lhe que não. "Por que não?", respondeu grosseiramente. "Já que ele aqui passa os dias, pode muito bem ficar à noite.". O monge tomou a palavra. E, depois de um elogio grave e verídico feito à Sra. Basile, fez o meu em poucas palavras. E acrescentou que, longe de censurar a piedosa caridade da mulher, ele deveria apressar-se em compartilhá-la, uma vez que nada ultrapassara os limites da discrição. O marido respondeu em um tom aborrecido, que tentava encobrir, contido pela presença do frade, mas que bastou para me fazer sentir que recebera instruções a meu respeito, e que o caixeiro me servira ao seu modo.

Mal saímos da mesa, veio ele, triunfante, a mandado do seu burguês, dizer-me da sua parte que lhe saísse de casa naquele mesmo instante, e que nunca mais na vida pusesse lá os pés. E acrescentou ao recado tudo o que o pudesse tornar mais insultante e cruel. Saí sem nada dizer, mas de coração magoado, menos por ter de deixar essa amável mulher do que por a deixar presa da brutalidade do marido. Decerto que ele tinha razão em não querer que ela lhe fosse infiel. Mas, embora honesta e de boa família, ela era italiana, o que quer dizer sensível e vingativa. Parece-me que ele errou ao empregar com ela meios que seriam mais próprios para atrair que para afastar os males que receava.

Foi esse o resultado da minha primeira aventura. Uma vez ou outra tentei passar pela rua para ao menos rever aquela de quem meu coração tinha incessantes saudades. Mas, em lugar dela, vi apenas o marido e o vigilante caixeiro que, ao me avistar, fez-me, com a vara da loja, um gesto muito mais expressivo do que atraente. Vendo-me tão bem espiado, perdi a coragem e não passei mais. Quis ir ao menos ver o protetor que ela me arranjara. Infelizmente, não sabia o nome dele. Inutilmente muitas vezes rondei o convento para ver se o encontrava. Afinal, outros acontecimentos arrancaram-me as saudades da Sra. Basile, e dentro em pouco tempo esqueci-a tão bem que não me sentia nem mesmo atraído pelas mulheres bonitas, continuando tão noviço e tão simples quanto antes.

As suas liberalidades, entretanto, me haviam melhorado um pouco o mesquinho guarda-roupas, embora muito modestamente, com a precaução de uma mulher prudente que olhava mais para o asseio que para os ornatos, e que apenas me queria impedir de sofrer, e não me fazer brilhar. O casaco, que eu trouxera de Genebra, ainda estava muito usável. Ela acrescentou a isso apenas um chapéu e alguma roupa branca. Eu não tinha punhos. Ela não mos quis dar, embora eu os desejasse muito. Contentou-se em me pôr em condições de estar sempre limpo, e foi esse um cuidado de que eu não careci que me recomendassem enquanto lhe apareci.

Poucos dias depois da minha catástrofe, a minha hospedeira, que, como já disse, me tomara amizade, disse-me que talvez me arranjasse um lugar, e que uma senhora de posição me queria ver. Bastou essa palavra para que eu me supusesse já nas mais altas cavalarias: porque eu sempre voltava a isso. Essa aventura, porém, não foi tão brilhante quanto a imaginei. Fui à casa dessa senhora com o criado que lhe falara em mim. Ela me interrogou, me examinou. Não lhe desagradei. E entrei imediatamente ao seu serviço, não na qualidade de favorito, mas na de lacaio. Vestiram-me com a libré da casa. A única distinção foi que os outros usavam agulhetas e que não mas deram. E como não havia galões na libré, eu ficava vestido quase como um burguês. E eis o desenlace inesperado a que afinal chegaram todas as minhas grandes esperanças.

A senhora condessa de Vercellis, na casa de quem entrei, era viúva e sem filhos. O marido era piemontês. Ela, sempre a supus saboiana, pois não acreditava que uma piemontesa falasse o francês com uma pronúncia tão pura. Mulher de meia idade, de feições nobres, espírito cultivado, gostava da literatura francesa e a conhecia. Escrevia muito, e sempre em francês. Suas cartas tinham a maneira e quase que a graça das da Sra. de Sevigné; algumas mesmo se poderiam confundir. Meu principal emprego, e que não me desagradava, era escrever o que ela ditava, pois um câncer do seio que a fazia sofrer muito não a deixava escrever de mão própria.

A Sra. de Vercellis tinha, não só muito espírito, mas uma alma elevada e forte. Acompanhei sua última doença. Vi-a sofrer e morrer sem deixar transparecer um único momento de fraqueza, sem fazer o menor esforço para se constranger, sem sair do seu papel de mulher, e sem pensar que nisso houvesse "filosofia", palavra que ainda não estava em moda e que, creio, ela talvez não conhecesse, no sentido que tem hoje em dia. Essa força de caráter ia às vezes quase à secura. Sempre me pareceu pouco sensível para outras pessoas além de si própria. E, quando fazia bem aos infelizes, era mais para praticar o bem em si do que por uma verdadeira comiseração. Tive algumas provas dessa insensibilidade durante os três meses que passei ao pé dela. Era natural que se afeiçoasse a um rapaz de algumas esperanças, que lhe estava constantemente sob os olhos, e que, sentindo-se morrer, se lembrasse de que ele careceria de socorros e apoio. E, entretanto, ou por não me ter julgado digno de uma atenção particular, ou porque as criaturas que a obsedavam não lhe permitissem que pensasse em outras pessoas que não elas, nada fez por mim.

Lembro-me entretanto muito bem de que demonstrou alguma curiosidade em me conhecer. Interrogava-me às vezes. E gostava que eu lhe mostrasse as cartas que escrevia à Sra. de Warens e que lhe prestasse contas dos meus sentimentos. Ela, porém, não soube avir com acerto para os obter, nunca me mostrando nada dos seus.

Meu coração gostava de se expandir, mas só quando sentia que o fazia em outro coração. Interrogações secas e frias, sem nenhum sinal de aprovação, nem de censura a minhas respostas, não me inspiravam nenhuma confiança. Quando nada me significava que minha tagarelice agradava ou desagradava, ficava sempre receoso, e procurava menos mostrar o que pensava do que dizer algo que me pudesse prejudicar. Notei depois que essa maneira seca de interrogar as pessoas, para as conhecer, é um sestro muito comum às mulheres que se consideram de espírito. Pensam que, não deixando transparecer seus sentimentos, conseguirão melhor penetrar os dos outros. E não vêem que, com isso, tiram o estímulo para qualquer confidência. Um homem que é interrogado, só por isso começa logo a se pôr em guarda, e se imagina que, sem que tenham por ele um verdadeiro interesse, querem apenas vê-lo tagarelar, mente, ou cala-se, ou redobra de atenção sobre si mesmo, e prefere passar por tolo a servir de joguete à curiosidade alheia. Enfim, para ler no coração dos outros, é sempre um mau processo mostrar-se que se esconde o próprio coração.

A Sra. de Vercellis nunca me disse uma palavra que me fizesse sentir afeição, piedade, benevolência. Interrogava-me friamente, e eu respondia com reserva. Minhas respostas eram tão tímidas que ela as deve ter julgado servis e se aborreceu. Por fim, não me interrogava mais, e só me falava em questões de serviço. E, quanto a isso, considerava-me abaixo do que eu valia e do que ela me fizera; e à força de só ver em mim um lacaio, impedia-me de parecer outra coisa.

Creio que desde então já me ressentia do maligno jogo dos interesses escondidos, que me perseguiu a vida inteira e que me deu uma aversão, muito natural, pela ordem aparente que os produz. Como a Sra. de Vercellis não tinha filhos, era seu herdeiro um sobrinho, o conde de La Roque, que lhe fazia assiduamente a corte. Além disso, seus principais criados, que a viam chegar ao fim, não se descuidavam, e ela via tanta gente solícita junto a si que lhe seria difícil lembrar-se de mim. Dirigia a casa um Sr. Lorenzi, esperto sujeito, cuja mulher, mais esperta ainda, por tal forma se insinuara nas boas graças da patroa que vivia lá mais na posição de amiga do que na de empregada. Pusera-lhe como criada de quarto uma sobrinha sua, a Srta. Pontal, outra espertinha que afetava ares de dama de honor e que ajudava tão bem a tia a dominar a patroa que esta só via pelos olhos dela e só agia pelas suas mãos. Não tive a felicidade de agradar a essas três pessoas. Obedecia-lhes, mas não as servia. Não imaginava que além do serviço da nossa patroa eu devesse ser ainda o criado dos seus criados. Aliás, eu era para eles uma personagem de algum modo inquietante. Viam bem que eu não estava no meu lugar. E temiam que a senhora também o visse, e que o que ela fizesse para me repor no lugar devido lhes prejudicasse os seus quinhões. Porque essa espécie de criaturas, ávidas demais para serem justas, olham a todos os legados feitos a outrem como roubados ao que lhes é devido. Reuniram-se, pois, para me afastar dos olhos da senhora. Ela gostava de escrever cartas. No estado em que estava, servia-lhe de divertimento. Eles a dissuadiram, fizeram com que o médico lho proibisse, persuadindo-a de que isso a fatigava. A pretexto de que eu não entendia do serviço, punham ao lado dela dois labregos, carregadores de cadeirinha. Enfim, procederam de tal forma que, quando ela fez o testamento, fazia oito dias que eu não lhe entrava no quarto. É verdade que depois disso voltei a entrar lá como dantes. Fui mesmo mais assíduo do que os outros, porque as dores da pobre mulher me dilaceravam. A firmeza com que ela as suportava fazia-a aos meus olhos mais respeitável e querida. E muitas vezes, no quarto, derramei lágrimas sinceras, sem que ninguém as percebesse.

Perdêmo-la, enfim. Vi-a expirar. Sua vida fora a de uma mulher de espírito e de senso. Sua morte foi de um justo. Posso dizer que ela me fez amar a religião católica pela serenidade de alma com que lhe cumpria os deveres, sem negligência e sem afetação. Era naturalmente séria; mas no fim da doença adquiriu uma alegria muito igual para ser simulada, e que não era mais do que um contrapeso dado pela própria razão contra a tristeza do seu estado. Só se acamou nos derradeiros dias, e não deixou de conversar placidamente com todos. Por fim, quando já não falava, e, nos combates da agonia, soltou uma grande ventosidade, disse voltando-se: "Bem! Mulher que peida ainda não está morta.". Foram as últimas palavras que pronunciou.

Tinha ela legado um ano de ordenado à criadagem, mas como eu não era considerado como tal, nada tive. O conde de La Roque, entretanto, deu-me trinta libras e me deixou a roupa nova que o Sr. Lorenzi me quis tomar. Prometeu mesmo obter-me um lugar e me permitiu que o fosse visitar. Lá fui, duas ou três vezes, sem lhe poder falar. Eu era fácil de ser escorraçado, e nunca mais lá voltei. Breve há de ver-se que fiz mal.

Porque não acabei ainda tudo que tinha a dizer sobre a minha estada na casa da Sra. de Vercellis! É que embora a minha situação aparente permanecesse a mesma, não saí dessa casa como lá entrara. Carregava comigo as longas lembranças de um crime e o peso insuportável dos remorsos, que, depois de quarenta anos, minha consciência ainda sente, e cujo amargo sentimento, em vez de enfraquecer, irrita-se à medida que envelheço. Quem pensaria que o mal feito de uma criança poderia ter conseqüências tão cruéis? É por causa dessas conseqüências mais que prováveis que o meu coração nunca se poderá conformar. Fiz talvez cair no opróbrio e na miséria uma rapariga amável, honesta, estimável, que valia decerto muito mais do que eu.

É muito difícil que a dissolução de um lar não acarrete um pouco de confusão na casa, e que não se percam muitas coisas. Entretanto, tal foi a fidelidade dos criados e a vigilância do casal Lorenzi que nada faltou no inventário. Apenas a Srta. Pontal perdeu uma fita cor de rosa e prata já velha. Muitas outras coisas melhores estavam ao meu alcance. E apenas essa fita me tentou, roubei-a, e como eu quase não a escondia, depressa a acharam. Procuraram saber onde a encontrara. Perturbei-me, balbuciei, e disse afinal, corando, que fora Marion que ma dera. Marion era uma jovem *maurienoise* que a Sra. de Vercellis empregara como cozinheira quando despedira a antiga, porque, deixando de oferecer jantares, precisava mais de caldos do que de iguarias finas. Marion não só era bonita, mas tinha uma frescura de cor que só se vê nas montanhas, e principalmente um ar de modéstia e meiguice que fazia com que ninguém a pudesse ver sem a estimar. E além disso, boa rapariga, séria, de uma fidelidade a toda prova. Foi o que surpreendeu quando a denunciei. Não tinham mais confiança em mim do que nela e acharam que era importante verificar qual dos dois fora o ladrão. Chamaram-na. A reunião era grande, incluindo o conde de La Roque. Ela chegou e mostraram-lhe a fita. Culpei-a cinicamente. Ela ficou interdita, calou-se, lançou-me um olhar que teria desarmado os demônios, e ao qual meu bárbaro coração resistiu. Por fim, negou com segurança, mas sem exaltação, apostrofou-me, exortou-me a voltar a mim, a não desonrar uma moça inocente que não me fizera mal. E eu, com uma impudência infernal, confirmei minha declaração, e afirmei-lhe na cara que ela me dera a fita. A pobre pequena pôs-se a chorar e só me disse estas palavras: "Ah! Rousseau! E eu pensava que você fosse uma boa criatura! Você está me desgraçando: mas eu não queria estar no seu lugar.". E continuou a se defender com tanta simplicidade quanto firmeza, mas sem se permitir a menor invectiva. Essa moderação, comparada ao meu tom decidido, foi a sua perda. Não era natural que se supusesse de um lado uma audácia tão diabólica e do outro uma doçura tão angélica. Não mostraram que se decidiam por nenhum, mas os preconceitos estavam ao meu lado. Na confusão em que se estava, não tiveram tempo de aprofundar a coisa. E o conde de La Roque, despedindo-nos a ambos, contentou-se em dizer que a consciência do culpado vingaria suficientemente o inocente. Não foi vã a sua predição. E nem um dia deixou de cumprir-se.

Ignoro qual o fim dessa vítima da minha calúnia. Mas não há probabilidades de que tenha encontrado facilidade para se colocar. Arrastava uma acusação crudelíssima, sob diversos aspectos, sobre a sua honra. O roubo era uma bagatela, mas afinal de contas era um roubo, e o que é pior, destinado a seduzir um rapazinho. E, por fim, a mentira e a obstinação nada deixavam a esperar de uma criatura que reunia tantos vícios. Não encaro a miséria e o abandono como o maior perigo a que eu a tenha exposto. Quem sabe, na idade dela, onde a levou o desânimo da inocência envilecida? E se é insuportável o remorso de a ter tornado infeliz, imagine-se agora que não será o remorso de a ter tornado pior do que eu!

Essa cruel lembrança ainda me perturba tanto que chego a ver nas minhas insônias a pobre rapariga vir censurar meu crime como se ele fora cometido ontem. Enquanto vivi tranqüilo, ela me atormentou menos. Mas, em meio de uma vida tormentosa, rouba-me a mais suave consolação que têm os inocentes perseguidos. Faz-se sentir muito bem o que eu disse não sei em que livro, que o remorso adormece durante um destino próspero e se azeda na adversidade. Entretanto, nunca pude depositar essa confissão no coração de um amigo. Nem a maior intimidade me permitiu dizê-lo nunca a ninguém, nem sequer a Sra. de Warens. Tudo que pude fazer foi confessar que tinha a me culpar uma ação atroz, mas nunca disse em que ela consistira. Até hoje, pois, esse peso me sobrecarregou sem alívio a consciência. E posso dizer que o desejo de me livrar dele de algum modo muito contribui para a resolução que tomei de escrever minhas confissões.

Procedi exatamente como acabei de contar, e ninguém naturalmente irá pensar que procurei atenuar aqui a negrura do meu crime. Mas eu não preencheria o fim deste livro se não expusesse ao mesmo tempo as minhas disposições interiores, e se temesse me escusar contando o que é verídico. Nunca a maldade esteve mais longe de mim do que nesse cruel momento. E quando culpei essa moça, é bizarro mas é verdadeiro, a causa foi minha amizade por ela. Ela me estava presente ao pensamento. Desculpei-me com a primeira coisa que me ocorreu. Acusei-a de ter feito o que eu desejava fazer, de me ter dado a fita, porque minha intenção era lha dar. Quando a vi aparecer depois, meu coração partiu-se, mas a presença de tanta gente foi mais forte que meu arrependimento. Temia pouco a punição, apenas temia a vergonha; temi-a porém mais que a morte, mais que ao crime, mais que a tudo no mundo. Desejaria me enterrar, me abafar no centro da terra. E a vergonha invencível superou tudo, só a vergonha motivou minha impudência. E quanto mais criminoso me tornava, mais o pavor de o confessar me tornava intrépido. Só via o horror de ser desmascarado, ser apontado em público, como ladrão, mentiroso, caluniador. Uma perturbação universal me tirou outro qualquer sentimento. Se me tivessem deixado voltar a mim mesmo, teria infalivelmente confessado tudo. Se o Sr. de La Roque me tivesse chamado de parte e me dissesse: "Não perca essa pobre rapariga. Se você é culpado, confesse-mo", tenho certeza de que me teria lançado imediatamente aos pés dele. Mas só me fizeram intimidar, quando me deveriam encorajar. E ainda se deve atentar na idade; eu mal saía da infância, ou melhor, ainda estava nela. E, na mocidade, as verdadeiras atrocidades são ainda mais criminosas do que na idade madura. Mas o que é apenas fraqueza é muito menos cruel, e a minha falta não foi senão fraqueza. E é por isso que a lembrança dela me aflige, menos pelo mal em si, do que pelo mal que pôde causar. Trouxe-me mesmo o benefício de me garantir para o resto da vida contra todos os atos que tendessem ao crime, graças à terrível impressão que me ficou do único crime que cometi. E creio que minha aversão à mentira provém principalmente do desgosto de ser culpado de uma inverdade tão negra. Se, como o ouso acreditar, é esse um crime que poderá ser expiado, ele o será por tantas desgraças que me têm cumulado o fim da vida, por quarenta anos de seriedade e honra em situações difíceis. E a pobre Marion encontrou nesse mundo tantos vingadores que, por maior que fosse minha ofensa para com ela, receio que essa culpa pese muito pouco hoje sobre mim. Eis o que eu tinha a dizer sobre esse ponto. E que me seja permitido nunca mais voltar a ele.

LIVRO TERCEIRO

(1728-1731)

Ao sair da casa da Sra. de Vercellis, mais ou menos como lá entrara, voltei à casa da minha hospedeira e lá fiquei cinco ou seis semanas, durante as quais a saúde, a mocidade e a ociosidade me tornaram o temperamento muito importuno. Vivia inquieto, distraído, sonhador. Chorava, suspirava, desejava uma felicidade de que não tinha idéia, e da qual entretanto sentia a falta. Não se pode descrever esse estado; e poucos homens o podem imaginar porque quase todos previnem essa plenitude de vida, ao mesmo tempo atormentadora e deliciosa, que, na embriaguez do desejo, dá um antegozo do prazer. O sangue incendiado enchia-me constantemente o cérebro de mulheres e prostitutas, principalmente. Mas, não lhe conhecendo o verdadeiro emprego, ocupava-as em imaginação segundo as minhas bizarras fantasias, sem nada fazer mais. E essas idéias me punham os sentidos em uma atividade muito incômoda e da qual, por felicidade, elas não me ensinavam a me libertar. Daria a vida para encontrar, por um quarto de hora, uma Srta. Goton. Mas tinham passado os tempos em que os brinquedos da infância vinham por si, naturalmente. A vergonha, companheira da consciência do mal, viera com os anos. E aumentara a minha natural timidez a ponto de a tornar invencível. E nunca, nem nesse tempo, nem depois, cheguei a fazer uma proposta lasciva sem que aquela a quem eu a fizera não me houvesse de algum modo constrangido a isso por seus adiantamentos, muito embora eu soubesse que tal pessoa não era escrupulosa, e estivesse quase certo de que seria atendido.

Minha agitação cresceu a tal ponto que, não podendo satisfazer meus desejos, atiçava-os pelas mais extravagantes manobras. Ia procurar as aléias sombrias, os recantos escondidos em que eu me pudesse exibir de longe às pessoas do outro sexo, no estado em que eu quereria estar junto delas. E o que elas viam não era a coisa obscena, e nem eu pensava nisso; era a coisa ridícula. Não se pode descrever o prazer idiota que eu tinha em me exibir aos olhos delas. Só me ficava faltando um passo para obter o desejado tratamento, e não duvido que alguma mais resoluta mo tivesse concedido, ao passar, se eu tivesse a audácia de esperar. E essa loucura teve uma catástrofe, muito cômica, mas pouco divertida para mim.

Um dia fui-me pôr ao fundo de um pátio no qual havia um poço, onde as moças da casa vinham sempre apanhar água. Nesse fundo, havia uma pequena descida que por várias comunicações levava ao solo. Sondei na obscuridade esses corredores subterrâneos e, achando-os longos e escuros, pensei que não acabassem mais e que, se fosse visto e surpreendido, lá encontraria um refúgio seguro. Nessa confiança, ofereci às moças que vinham ao poço um espetáculo mais risível que sedutor. As mais sérias fingiram nada ver. As outras se acharam insultadas e fizeram barulho. Fugi pela minha retirada. Ouvi uma voz de homem, com o que não contara, e que me alarmou. Internei-me pelos subterrâneos com risco de me perder; e o barulho, as vozes, a voz do homem me seguiam sempre. Contara com a escuridão e vi luz. Tremi, aprofundei-me ainda mais. Uma parede me barrou a passagem e, não podendo ir mais longe, tive de esperar minha sorte. Em um segundo, fui alcançado e agarrado por um homem grande, de grandes bigodes, grande chapéu, grande sabre, escoltado por quatro ou cinco velhas armadas, todas com um cabo de vassoura, no meio das quais vi a marotinha que me denunciara e que sem dúvida me queria ver o rosto.

O homem do sabre, segurando-me o braço, perguntou-me rudemente o que eu fazia ali. É de imaginar que minha resposta não estava pronta. E entretanto me arranjei; esforçando-me nesse momento crítico, tirei da cabeça um expediente romanesco que deu resultados. Disse-lhe, em um tom suplicante, que se compadecesse de minha idade e da minha situação. Que eu era um estrangeiro de elevado nascimento que sofria de alterações mentais. Que fugira da casa paterna porque me queriam encarcerar. Que eu estaria perdido se ele me denunciasse. Mas, que se ele me deixasse ir embora, um dia talvez eu lhe pudesse pagar esse favor. Contra toda expectativa, minha história e meu aspecto fizeram efeito. O homem terrível se comoveu. E, depois de uma repreensão rápida, deixou-me brandamente ir embora, sem perguntar mais nada. Pelo jeito com que a moça e as velhas me viram ir embora, vi que o homem que eu tanto temera me fora muito útil, e que se elas estivessem sós não me teriam largado tão facilmente. Ouvia-as murmurar não sei o quê, a que dei pouca importância. Porque, desde que o homem e o sabre não se envolvessem, eu estava certo, ligeiro e vigoroso como era, de me livrar delas e dos seus paus.

Alguns dias depois, passando por uma rua, com um jovem padre, meu vizinho, dei de cara com o homem do sabre. Reconheceu-me, e me arremedou em ar de troça: "Sou um príncipe, sou um príncipe, e eu sou um *coïon*.[11] Mas Sua Alteza que lá não volte.". Nada acrescentou e me afastei de cabeça baixa, agradecendo de coração a discrição dele. Creio que as malditas das velhas o tinham envergonhado pela sua credulidade. Seja como for, e por mais piemontês que ele fosse, era um bom homem e nunca o recordo sem um impulso de reconhecimento. Porque a história era tão divertida que, só pelo desejo de fazer rir, qualquer outro, no lugar dele, teria me desmoralizado. E essa aventura, embora sem ter tido as conseqüências que eu poderia recear, me aquietou durante muito tempo.

A temporada que passei na casa da Sra. de Vercellis me proporcionara algumas relações, que eu mantive, na esperança de que me pudessem ser úteis. Entre outras pessoas, ia visitar um padre saboiano chamado Gaime, preceptor dos filhos do conde de Mellarède. Era jovem, ainda pouco desenvolvido, mas cheio de bom senso, de probidade e de luzes, e um dos homens mais honestos que conheci. Não me serviu em nada quanto à finalidade para que o procurei. Não tinha bastante crédito para me colocar, mas encontrei junto a ele vantagens mais preciosas, que me têm prestado serviço durante a vida inteira: lições de sã moral e máximas da razão pura. Na ordem sucessiva das minhas idéias e preferências eu sempre estivera ou muito alto ou muito embaixo. Aquiles ou Térsites, às vezes herói, às vezes bandido. O padre Gaime deu-se ao trabalho de me colocar no meu lugar, e de me mostrar a mim mesmo, sem me poupar e nem me desencorajar. Falou-me muito honrosamente da minha índole e dos meus talentos. Mas acrescentou que via nascerem os obstáculos que me impediriam de os aproveitar. De modo que, na opinião dele, eles me serviriam menos como degraus para atingir a fortuna do que como recursos para a substituir. Pintou-me um quadro verídico da vida humana, da qual eu só tinha idéias falsas. Mostrou-me como, mesmo com um destino adverso, o homem sensato pode sempre aproximar-se da felicidade e correr a favor do vento para a alcançar; e como não há verdadeira felicidade sem sabedoria, e como a sabedoria é indis-

---

11. Pobre diabo (gíria). (N.E.)

pensável a todas as situações. Amorteceu muito a minha admiração pela grandeza, provando-me que os que dominam os outros não são nem mais sábios nem mais felizes do que eles. Disse-me uma coisa que me volta sempre à memória: é que, se cada homem pudesse ler no coração dos outros, haveria mais pessoas que quereriam descer do que pessoas que quisessem subir. Essa reflexão, cuja veracidade impressiona e que não tem nada de excessiva, serviu-me muito no decorrer da vida para me fazer ficar placidamente no meu lugar. Deu-me as primeiras noções justas da honestidade que o meu gênio empolado só apanhara nos excessos. Fez-me sentir que o entusiasmo pelas ações sublimes era pouco usado pela sociedade. Que quem se atira para muito alto arrisca-se às quedas. Que a continuidade dos pequenos deveres sempre bem desempenhados não pedia menos esforços do que as ações heróicas; e que os primeiros aproveitavam mais a honra e a felicidade. Que valia infinitamente mais gozar sempre da estima dos homens do que ter às vezes a sua admiração.

E para estabelecer os deveres do homem carecia antes remontar aos seus princípios. Aliás, o passo que eu acabara de dar, e cuja conseqüência era a minha atual situação, levava-nos a falar em religião.

Compreende-se logo que o honesto padre Gaime é, pelo menos e em grande parte, o original do vigário saboiano. Apenas, como a prudência o obrigava a falar com mais reservas, explicava-se menos abertamente em certos tópicos. Porém, no mais, nas máximas, nos sentimentos, nas opiniões e até o conselho que me deu de voltar à pátria, é o mesmo que eu depois apresentei ao público. E assim, sem me estender sobre suas palavras de que todos podem ver a substância, direi que as suas lições, sábias, mas sem efeito a princípio, deitaram-me no coração um germe de virtude e de religião que não morreu mais e que só esperou, para frutificar, os cuidados de outra mão mais querida.

Embora fosse pouco sólida a minha conversão, eu não deixava de estar comovido. E, em vez de me aborrecer com as conversas do padre, estimava-as por causa da clareza, da simplicidade, e sobretudo por causa de um certo interesse de coração de que eu sentia que estavam cheias. Gosto das almas amantes e sempre me prendi às pessoas menos pelo bem que me tenham feito do que pelo bem que me desejaram; e sobre isso meu tato quase nunca se engana. E, por isso, afeiçoei-me verdadeiramente ao padre Gaime. Era, por assim dizer, seu segundo discípulo. E a ele devi, nesse próprio instante, desviar-me da vertente do vício a que a ociosidade me arrastava.

Um dia em que eu estava longe de o esperar, me vieram procurar da parte do conde de La Roque. De tanto ir a sua casa e não lhe poder falar, aborreci-me e lá não fui mais. Pensei que me esquecera ou que ficara com má impressão de mim. Enganava-me. Ele testemunhara o prazer com que eu cumpria meus deveres junto à tia. Dissera-lhe mesmo isso, no que me falou quando menos eu o esperava. Recebeu-me bem e me disse, sem me iludir com promessas vagas, que procurara me colocar. Que o conseguira, que me proporcionava oportunidade de vir a ser alguma coisa e que cabia a mim fazer o resto. Que a casa em que me faria entrar era poderosa e considerada, e que, para subir, eu não carecia de outros protetores. E que, embora a princípio, me tratassem como simples criado, como eu o fora antes, poderia estar certo de que me julgariam por meus sentimentos e por minha conduta que estavam acima dessa condição e que estavam dispostos a não me abandonarem lá.

O fim dessas palavras desmentiu cruelmente as brilhantes esperanças que o começo delas me dera. "Quê? Sempre lacaio?", disse-me com um despeito amargo que a confiança depressa afastou. Sentia-me muito pouco feito para essa situação para temer que me deixassem nela.

Levou-me à casa do conde de Gouvon, primeiro escudeiro da rainha e chefe da ilustre casa de Solar. E o ar de dignidade desse velho respeitável tornou-me mais comovedora a afabilidade da sua acolhida. Interrogou-me com interesse e eu lhe respondi com sinceridade. Disse ao conde de La Roque que eu tinha uma fisionomia agradável, que prometia espírito, e que lhe parecia que eu com efeito não carecia disso; mas que isso não era tudo, e que era preciso ver o resto. Depois, voltando-se para mim, disse-me: "Meu filho, em quase todas as coisas os começos são rudes. E os seus, entretanto, não o serão muito. Proceda bem e procure aqui agradar a todos. Eis, por enquanto, o seu único emprego. E, de resto, tenha coragem. Há quem queira cuidar de você.". Imediatamente passou para os aposentos da marquesa de Breil, sua nora, apresentou-me a ela, depois ao abade Gouvon, seu filho. Esse início me pareceu de bom augúrio. Já conhecia bem o ofício para saber que não se procede assim na recepção de um lacaio, e com efeito não me trataram como tal. Comia na mesa de serviço, mas não me mandaram usar libré. E quando o conde Favria, um jovem estróina, me quis fazer subir atrás do seu carro, o avô proibiu que eu subisse atrás de qualquer carro, ou que seguisse alguém fora de casa. Entretanto, servia à mesa, e fazia mais ou menos o serviço de um lacaio. Mas fazia-o de um certo modo livremente, sem ser agregado nominalmente a ninguém. Afora algumas cartas que me ditavam e as figuras que o conde Favria me fazia recortar, era quase senhor do meu tempo durante o dia todo. E essa prova, da qual não me apercebia, era decerto perigosíssima. Não era mesmo nem muito humana; porque aquela grande ociosidade me poderia fazer adquirir vícios que não teria sem isso.

Foi porém o que felizmente não aconteceu. As lições do padre Gaime me tinham impressionado o coração, e eu tomara tanto gosto por elas que fugi algumas vezes para as ir mais uma vez ouvir. Creio que os que me viam sair assim furtivamente não adivinhariam para onde eu ia. E não pode haver nada mais sensato do que as opiniões que ele deu sobre minha conduta. Meus primeiros tempos foram admiráveis. Era de uma assiduidade, de uma atenção, de um zelo que encantavam a todos. O padre Gaime prudentemente me advertira que moderasse esse primeiro fervor, com receio de que ele se relaxasse e que o notassem. "Seu começo", disse-me ele, "será a regra do que lhe exigirão. Trate de conseguir um meio de fazer mais depois, mas nunca de fazer menos.".

Como quase que não tinham examinado meus pequenos talentos, e que só me atribuíam os que me dera a natureza, não parecia, a despeito do que me dissera o conde Gouvon, que pensassem em me aproveitar. Apareceram negócios nesse meio tempo e eu fui quase esquecido. O marquês de Breil, filho do conde de Gouvon, era então embaixador em Viena. E sobrevieram na corte agitações que se fizeram sentir na família, e esteve-se lá, durante algumas semanas, em uma agitação que quase não deixou tempo a que pensassem em mim. Entretanto, até então, eu me relaxara muito pouco. Uma coisa que me fez bem e mal, afastando-me de qualquer dissipação exterior, mas me tornando um pouco distraído dos meus deveres.

A Srta. de Breil era uma mocinha mais ou menos da minha idade, bem feita, muito bonita, com cabelos muito pretos e, embora fosse morena, tinha no rosto esse ar de meiguice peculiar às loiras e ao qual meu coração nunca pôde resistir. O traje da corte, tão favorável às pessoas jovens, fazia-lhe sobressair o lindo talhe, desembaraçava-lhe o peito e os ombros, e tornava-lhe a pele mais resplendente graças ao luto usado então pela corte. Hão de dizer que um criado não deve perceber essas coisas. Sem dúvida eu procedia mal. Mas apesar disso eu o percebia e, mesmo assim, não era o único. O mordomo e os criados de quarto falavam às vezes, à mesa, nas graças dela, e com uma grosseria que me fazia sofrer cruelmente. Mas não fiquei com a cabeça tão completamente virada que chegasse a me apaixonar inteiramente. Não esquecia absolutamente o que era. Conhecia o meu lugar e os meus próprios desejos não se emancipavam. Gostava de ver a Srta. de Breil, de lhe ouvir algumas palavras que demonstrassem espírito, sensatez, honestidade. Minha ambição, limitada ao prazer de a servir, não ultrapassava os meus direitos. Na mesa, ficava atento à oportunidade de os fazer valer. Se o lacaio dela abandonava-lhe por um momento a cadeira, no mesmo instante eu me aboletava lá. Quando não, ficava em frente dela, e procurava lhe ver nos olhos o que ela iria pedir, espiava o momento de lhe trocar o prato. Que não teria eu feito para que ela se dignasse ordenar alguma coisa, olhar-me, dizer uma única palavra! Mas não. Eu sofria a mortificação de não ser coisa alguma para ela. Ela não percebia sequer que eu estava ali. Uma vez, entretanto, tendo-me o irmão – que às vezes me dirigia a palavra, na mesa – dito qualquer coisa desagradável, dei-lhe uma resposta tão fina e tão bem arranjada que ela notou e dirigiu os olhos para mim. Esse olhar, que foi curto, não deixou de me transportar. No dia seguinte, apresentou-se ocasião de obter um segundo, e a aproveitei. Davam nesse dia um grande jantar, no qual, com grande espanto, vi pela primeira vez o mordomo servir de espada ao lado e chapéu na cabeça. Vieram a falar, por acaso, na divisa da casa de Solar, que estava com as armas nas tapeçarias: *"Tel fiert qui ne tue pas"*. Como em geral os piemonteses não são peritos no francês, alguém achou que a divisa tinha um erro de ortografia, e disse que não se punha o *t* na palavra *fiert*.

O velho conde de Gouvon ia responder. Olhou-me, porém, viu que eu sorria sem ousar dizer nada. E mandou-me falar. Eu disse então que não julgava que o *t* fosse demais. Que *fiert* era um velho vocábulo francês que não provém da palavra *fier*, *ferus*, mas do verbo *ferit*, *fere*. E que, assim, a divisa não me parecia significar: *"Tal ameaça"*, porém: *"tal fere e não mata"*. Todos me olhavam e olhavam-se sem nada dizer. Nunca se viu no mundo tamanho espanto. Mas o que mais me lisonjeou foi ver claramente no rosto da Srta. de Breil um ar de satisfação. E essa criatura tão desdenhosa dignou-se lançar-me um segundo olhar que valia pelo menos o primeiro. Depois, mudando o olhar para o avô, parecia esperar com uma espécie de impaciência o louvor que ele me devia, e que com efeito me fez tão completo e com um ar tão satisfeito que a mesa toda se apressou em lhe fazer coro. Foi curto esse instante, mas delicioso sob todos os aspectos. Foi um desses raríssimos instantes que repõem as coisas na sua ordem natural, e vingam o mérito envilecido pelos ultrajes da fortuna. Alguns minutos depois, a Srta. de Breil, levantando expressamente os olhos para mim, pediu-me, em um tom de voz tímido e afável, que lhe enchesse o copo. Imagina-se bem que não a fiz esperar. Ao aproximar-me, porém, fui tomado por um tremor tal que, depois de encher o copo, derramei uma porção de água no prato e mesmo sobre ela. Estouvadamente, o irmão me perguntou porque eu tremia tanto. Essa pergunta não contribuiu para me acalmar, e a Srta. de Breil corou até ao branco dos olhos.

    Foi o fim do romance. E é de se notar, como no caso da Sra. Basile e em toda a continuação da minha vida, que não sou feliz na conclusão de meus amores. Agarrei-me inutilmente à antecâmara da Sra. Breil. Mas não tive da parte da moça nenhuma prova de atenção. Entrava e saía sem me olhar, e eu mal ousava levantar os olhos para ela. Era mesmo tão tolo e tão desajeitado, que um dia em que ela, ao passar, deixou cair uma luva, em lugar de me lançar sobre essa luva que eu quisera cobrir de beijos, não ousei sair do meu lugar, e deixei apanhar a luva por um brutalhão de um criado que eu quereria esmagar. Para me acabar de intimidar, descobri que eu não tinha a felicidade de agradar à Sra. de Breil. Não só não me ordenava nada, mas não aceitava nenhum serviço meu. E por duas vezes, encontrando-me na antecâmara, perguntou-me em um tom muito seco se eu não tinha nada a fazer. Foi-me preciso renunciar a essa querida antecâmara. A princípio, tive saudades. Mas apareceram distrações e depressa não pensava mais nisso.

    Tive de me consolar dos desdéns da Sra. de Breil com as bondades do seu sogro, que se apercebeu por fim de que eu vivia. Na noite do jantar de que falei, teve comigo uma conversa de cerca de meia hora, durante a qual me pareceu satisfeito e com que eu fiquei encantado. Esse bom velho, embora fosse um homem de espírito, era-o menos do que a Sra. de Vercellis, mas tinha mais entranhas, e fui feliz com ele. Disse-me que me ligasse ao seu filho, o padre Gouvon, que me tomara afeição. Que essa afeição me poderia ser útil, se eu a soubesse aproveitar, e soubesse adquirir o que eu precisava para chegar a ser o homem que pretendiam fazer de mim. Logo na manhã do dia seguinte, voei à casa do padre. Não me recebeu como a um criado. Fez-me sentar ao canto do fogão e, interrogando-me com a maior brandura, depressa viu que minha educação, começada em tantas coisas, não fora concluída em nada. E achando sobretudo que eu sabia pouco latim, propôs-se a me ensinar mais um pouco. Combinamos que todas as manhãs eu iria à casa dele, e comecei logo no dia seguinte. E desse modo, por uma das singularidades que sempre se encontram no curso da minha vida, simultaneamente acima e abaixo da minha situação, era discípulo e criado na mesma casa e, na minha servidão, tinha entretanto um preceptor de tal nascimento que só o poderia ser de filhos de reis.

O Sr. padre Gouvon era um filho mais moço destinado pela família ao episcopado, e por essa razão levara os estudos mais longe do que é comum aos jovens de alta condição. Mandaram-no à Universidade de Sienna, onde ficou muitos anos e de onde ele trouxera uma dose muito forte de cruscantismo[12] para vir ser em Turim mais ou menos o que era em Paris o padre Dangeau. A falta de gosto pela teologia o lançara nas belas letras, o que é muito comum na Itália àqueles que se dedicam à prelatura. Lera os poetas, fazia sofríveis versos latinos e italianos. Tinha, em uma palavra, o gosto de que eu carecia para formar o meu e pôr alguma seleção na mixórdia com que eu atulhara a cabeça. Mas, ou porque minha tagarelice o tivesse iludido sobre o meu saber, ou porque ele não pudesse suportar o aborrecimento do latim elementar, pôs-me logo muito adiantado. Mal acabara de me fazer traduzir algumas fábulas de Fedro, pôs-me em Virgílio, de quem eu conhecia quase nada.

Como se há de ver depois, eu estava destinado a estar sempre reaprendendo o latim e a não o saber nunca. Estudava entretanto com muito gosto, e o Sr. Padre me prestava sua assistência com uma bondade que ainda hoje recordo comovido. Passava ele grande parte da manhã, tanto para minha instrução como para serviço dele. Não seu serviço pessoal, porque ele nunca aceitou que eu lhe prestasse nenhum, mas para escrever o que ele ditava e fazer cópias. E a minha função de secretário me foi mais útil que a de estudante. Não só aprendi o italiano puro, mas tomei gosto por literatura e adquiri algum discernimento sobre livros que não se encontrariam na Tribo, o que muito me serviu depois, quando me pus a trabalhar só.

Foi esse o tempo da minha vida em que, sem projetos romanescos, pude mais razoavelmente me entregar à esperança de vir a ser alguma coisa. O padre Gouvon, satisfeitíssimo comigo, dizia-o a todo o mundo. E o pai dele tomara-se por mim de uma afeição tão singular que o conde Favria me disse que ele falara de mim ao rei. A própria Sra. de Breil deixara de ter para comigo o seu ar de desprezo. Tornei-me, enfim, uma espécie de favorito da casa, com grande ciúme dos outros criados, que, vendo-me ter as honras de ser aluno do filho do senhor, sentiam bem que não deveria permanecer muito tempo seu igual.

Pelo que pude julgar por palavras apanhadas ao acaso sobre o que tinham a meu respeito, palavras sobre as quais, só mais tarde, refleti, parece-me que a casa de Solar, querendo entrar pela carreira

---

12. *Cruscantismo* por *purismo*, por causa da Academia "della Crusca". (N.E. francês)

diplomática, e talvez abrir de longe a do ministério, gostaria de formar com antecipação alguém com mérito e talento que, dependendo unicamente dela, pudesse depois obter confiança e servi-la utilmente. Esse projeto do conde de Gouvon era nobre, judicioso, magnânimo e verdadeiramente digno de um grande senhor previdente e benfeitor. Mas, além de eu não o ver então em toda a sua extensão, era muito sensato para a minha cabeça e requeria uma sujeição por demais longa. Minha louca ambição só procurava a fortuna através das aventuras. E, não vendo mulheres em nada disso, esse modo de vencer na vida me parecia lento, penoso e triste, quando o que eu deveria pensar era que esse meio era tanto mais honroso e seguro justamente porque as mulheres não se envolviam nele; que a espécie de mérito que elas protegem não tem certamente o valor que me atribuíam.

Tudo ia às mil maravilhas. Eu conseguira obter, quase arrancar, a estima de todos. Estavam acabadas as provas. E, em casa, geralmente me olhavam como a um rapaz de grandes esperanças, que não estava no devido lugar, mas que todos esperavam vê-lo atingir. Meu lugar, porém, não era o que me indicavam os homens, e eu deveria chegar a ele por caminhos muito diferentes. Aludo a um desses traços característicos que me são peculiares, e que basta apresentar ao leitor sem lhes acrescentar nenhuma reflexão.

Embora houvesse em Turim muitos recém-convertidos da minha espécie, eu não gostava deles e não quis nunca ver nenhum. Vira, porém, alguns conterrâneos de Genebra que não eram neocatólicos, e entre outros, um tal Sr. Mussard, apelidado o *Torce-Guela*, pintor miniaturista, e aparentado meu. Esse Mussard descobriu que eu morava na casa do conde de Gouvon e me veio visitar com um patrício, chamado Bâcle, de quem eu fora camarada durante a aprendizagem. Era um rapaz divertido, esse Bâcle, muito alegre, cheio de repentes pândegos que a idade dele tornava agradáveis. E eis-me de repente apaixonado por Bâcle, mas apaixonado a ponto de não o poder largar. Dentro em breve, ele deveria partir para Genebra. Que perda que eu iria sofrer! Senti bem como seria grande essa perda. E para aproveitar ao menos o tempo de que ainda dispunha, não o larguei mais, ou, melhor, foi ele que não me largou. Porque eu não estava com a cabeça tão transtornada a ponto de sair de casa e ir passar o dia com ele sem folga. Depressa viram, porém, que ele me obsedava inteiramente, e interceptaram-lhe a porta. E eu me exaltei tanto que, não vendo nada afora o meu amigo Bâcle, não fui mais aos aposentos do padre, nem aos do conde, e não me viram mais na casa. Passaram-me repreensões a que não dei ouvidos. Ameaçaram-me de me despedir. E essa ameaça foi minha perda, porque me fez entrever que seria possível que Bâcle não viajasse só. E desde então não enxerguei mais outro prazer, outra sorte, outra felicidade senão a de fazer aquela viagem. E só via nisso a inefável felicidade da viagem, com o acréscimo de que entreveria a Sra. de Warens, embora ainda a uma imensa distância. Na volta a Genebra é que eu não pensava. Os montes, os bosques, os prados, os regatos, as aldeias, deviam se suceder infinitamente, sempre com novos encantos. Esse bendito percurso parecia-me que iria me absorver a vida inteira. Recordava com delícias quanto essa viagem me parecera encantadora na vinda. Que deveria ser então, quando ao atrativo da independência se somava o de caminhar com um camarada da minha idade, com os mesmos gostos que eu, de bom humor, sem constrangimentos, sem deveres, sem incômodos, sem obrigação de ir ou ficar senão ao nosso capricho! Seria preciso ser louco para sacrificar semelhante felicidade a projetos de ambição de execução lenta, difícil, incerta, e que, supondo que um dia se realizassem, não valeriam, em todo seu brilho, um quarto de hora de verdadeiro prazer na mocidade.

Dominado por essa sábia fantasia, tão bem me arranjei que consegui que afinal me despedissem, e na verdade não o consegui sem trabalho.

Uma noite, ao entrar em casa, o mordomo me comunicou a demissão da parte do Sr. conde. Era justamente o que eu queria. Porque compreendendo, malgrado meu, a extravagância do meu procedimento, acrescentava a ele, para me justificar, a ingratidão e a injustiça, supondo que assim tirava a razão aos outros e justificava a meus olhos uma resolução que, nesse caso, seria imposta pela necessidade. Da parte do conde Favria disseram-me que lhe fosse falar no dia seguinte pela manhã, antes da minha partida. E como viram que, com a cabeça virada como estava, eu era capaz de lá não ir, o mordomo deixou para me dar depois dessa visita algum dinheiro que me haviam destinado, e que, com certeza, eu ganhara muito mal, pois não sendo considerado como um criado, não me haviam marcado ordenado.

O conde Favria, apesar de jovem e desmiolado, disse-me nessa ocasião as coisas mais sensatas, e eu quase ousaria dizer as mais ternas, tal foi a maneira tocante e lisonjeira pela qual me expôs os cuidados de seu tio e as intenções de seu avô. Enfim, depois de me ter posto vivamente ante os olhos tudo o que eu sacrificava para correr em busca da minha perdição, ofereceu-me fazer minhas pazes, exigindo como condição única que eu não visse mais esse pequeno infeliz que me seduzira.

Era tão evidente que ele não dizia isso de si próprio que, apesar da minha estúpida cegueira, compreendi toda a bondade do meu velho senhor e comovi-me. Mas essa querida viagem estava por demais incrustada na minha imaginação para que coisa alguma lhe pudesse abalar o encanto. Estava absolutamente fora de mim. Empertiguei-me, endureci-me, fiz-me de forte, e respondi arrogantemente que, já que me haviam despedido, eu aceitava a demissão, não era mais tempo de voltar atrás e, acontecesse o que me acontecesse na vida, eu estava firmemente resolvido a nunca ser despedido duas vezes da mesma casa. O rapaz então, justamente irritado, deu-me os nomes que eu merecia, pôs-me fora do quarto pelos ombros e me fechou a porta nos calcanhares. E saí triunfante, como se acabasse de obter a maior das vitórias. E, com medo de ter que sustentar um segundo combate, tive a indignidade de sair sem agradecer ao padre Gouvon as bondades que me dispensara.

Para compreender até que ponto ia nesse momento o meu delírio, é preciso conhecer até onde meu coração está sujeito a se abrasar pelas menores coisas, e com que força ele mergulha na imaginação o objeto que o seduz, por mais vão que seja às vezes esse objeto. Os planos mais bizarros, mais infantis, mais loucos vêm acariciar minha idéia favorita e me mostrar como é razoável eu me entregar a ela. Quem acreditaria que, já com mais de dezenove anos, eu pudesse edificar, sobre um frasco vazio, toda a substância dos meus dias futuros? Ouçamos.

Algumas semanas antes, o padre Gouvon me presenteara de uma *Fontaine de Héron* muito bonita[13] e que muito me entusiasmou. De tanto fazer funcionar a fonte e falar na nossa viagem, pensamos, o prudente Bâcle e eu, que uma poderia muito bem servir à outra e a prolongar. Foi esse o princípio sobre o qual construímos o edifício da nossa fortuna. Em cada cidade reuniríamos os camponeses em torno da nossa fonte, e as refeições e os bons petiscos nos deveriam chegar com enorme abundância, porque estávamos convencidos de que os víveres nada custam aos que os colhem, e que, quando eles não abastecem os passantes, é por pura má vontade.

Só imaginávamos por toda parte festins e bodas, contando, apenas, com o ar dos pulmões, a água da nossa fonte, ela nos sustentaria no Piemonte, na Sabóia, na França, no mundo inteiro. Fazíamos projetos de viagem que não acabavam mais, e dirigíamos nosso itine-

---

13. Fonte de Hieron, assim chamada em honra do seu inventor, Hieron de Alexandria; posteriormente aperfeiçoada por Nieuveutit. (N.E.)

rário em primeiro lugar para o norte, mais pelo prazer de atravessar os Alpes do que pela suposta necessidade de pararmos afinal em algum lugar.

(1731-1732) – Foi esse o plano, de acordo com o qual me pus em campo, abandonando sem saudades meu protetor, meu preceptor, meus estudos, minhas esperanças e a espera de uma fortuna quase segura, para começar a vida de um vagabundo legítimo. Adeus capital, adeus corte, ambição, vaidade, amor, belas moças e todas as grandes aventuras cuja esperança me haviam arrastado no ano anterior. Parti com a minha fonte e o meu amigo Bâcle, com a bolsa mal recheada, mas com o coração saturado de alegria e só pensando em gozar essa felicidade passageira à qual eu limitara de súbito todos os meus brilhantes projetos.

E fiz entretanto essa extravagante viagem quase tão agradavelmente quanto o esperava, não exatamente do mesmo modo, porque, embora a nossa fonte divertisse por alguns momentos nos albergues a hospedeira e as criadas, não se deixava por isso de ter que pagar ao sair. Mas isso quase não nos perturbava, e só pensávamos em tirar partido seriamente desse recurso quando nos faltasse o dinheiro. Um acidente nos poupou o trabalho: a fonte se quebrou perto de Bramant. E não foi sem tempo, porque embora não o ousássemos dizer, já nos aborrecêramos dela. E essa desgraça nos tornou mais alegres do que antes, e rimos muito da nossa falta de siso, por termos esquecido que as roupas e os sapatos se estragariam, e pensarmos que os renovaríamos graças à fonte. E continuamos a viagem tão alegremente quanto a começáramos, mas caminhando um pouco mais depressa para a meta, porque a algibeira quase exausta nos impunha a necessidade de chegar.

Em Chambéry, pus-me a cismar, não sobre a tolice que fizera, que nunca houve homem que desse por liquidado o passado tão bem e tão depressa quanto eu; mas pensando na acolhida que me esperava na casa da Sra. de Warens, porque eu encarava a sua casa exatamente como a casa paterna. Eu lhe escrevera participando-lhe o meu ingresso na casa do conde de Gouvon. Ela sabia em que posição eu lá estava. E ao me felicitar, dera-me sábios conselhos sobre o modo pelo qual eu deveria corresponder às bondades que tinham para comigo. Ela encarava minha fortuna como já segura, e eu a destruíra por minha culpa, unicamente. Que diria ao me ver chegar? Não me veio ao espírito a idéia de que me fechasse a porta. Mas temia o sofrimento que lhe iria trazer, para mim mais duro que a miséria. Resolvi suportar tudo em silêncio e tudo fazer para a pacificar.

No universo só via a ela. E viver no seu desagrado era-me coisa impossível.

O que mais me inquietava era o meu companheiro de viagem, com quem eu não a queria sobrecarregar, e de quem eu temia não me poder desembaraçar facilmente. E preparei essa separação vivendo muito friamente com ele o derradeiro dia de marcha. E o malandro me compreendeu; era mais louco que tolo. Supus que ele se magoara com a minha inconstância. Mas errei, porque o meu amigo Bâcle não se magoava com coisa alguma. Mal tínhamos posto o pé na cidade, ao entrarmos em Annecy, disse-me ele: "Eis-te em tua casa!". Abraçou-me, disse-me adeus, deu reviravolta e desapareceu. Nunca mais ouvi falar nele. Nosso conhecimento e nossa amizade duraram cerca de seis semanas, porém suas conseqüências durarão tanto quanto eu.

Como me batia o coração ao me aproximar da casa da Sra. de Warens! As pernas me tremiam sob o corpo; os olhos se cobriam com um véu, nada enxergava, nada via, não reconheceria ninguém. Vi-me constrangido a parar diversas vezes para respirar e voltar a mim. Seria o receio de não arranjar os recursos de que carecia que me perturbava assim? Será que, na idade em que eu estava, o medo de morrer de fome pôde produzir semelhantes alarmes? Não, não. Digo com igual verdade e firmeza: nunca, em tempo nenhum da minha vida, o interesse ou a indigência tiveram o poder de me desabafar ou oprimir o coração. No decorrer de uma vida desigual e memorável pelas suas vicissitudes, muitas vezes sem asilo e sem pão, sempre olhei com os mesmos olhos a opulência e a miséria. No máximo, poderia mendigar ou roubar como um qualquer, mas nunca me atormentar por estar reduzido a isso. Poucos homens gemeram tanto quanto eu, poucos têm derramado tanto pranto durante a vida. Mas jamais a pobreza ou o medo de cair nela me fizeram soltar um suspiro ou derramar uma lágrima. Minha alma, com relação à fortuna, só conheceu verdadeiros males e verdadeiros bens no que não dependia dela. E foi justamente quando nada me faltava à subsistência que me senti o mais desgraçado dos mortais.

Mal apareci ante os olhos da Sra. de Warens, o seu ar me tranqüilizou. Estremeci ao primeiro som da sua voz. Precipitei-me aos seus pés, e colei a boca a suas mãos, nos transportes da mais viva alegria. Ignoro se ela tivera alguma notícia da minha viagem. Mas no seu rosto vi pouca surpresa e nenhuma mágoa. "Pobre pequeno", disse-me ela carinhosamente, "eis-te aqui de novo? Eu sabia muito bem que eras muito criança para essa viagem. E fico satisfeita que ela não tenha resultado tão mal quanto receei". Fez-me depois contar minha história, que não foi longa, que contei fielmente, suprimindo entretanto alguns trechos, aliás sem me poupar nem me escusar.

Tratou-se da minha dormida. Ela consultou a criada de quarto, e eu não ousava respirar durante essa deliberação. Mas quando ouvi que dormiria em casa, mal pude me conter; e vi levarem o meu embrulho para o quarto que me estava destinado, quase como Saint Preux[14] viu reporem sua cadeira na casa da Sra. de Wolmar. E tive a mais o prazer de saber que esse favor não seria passageiro. E em um momento em que me supunham atento a outra coisa, ouvi-a dizer: "Podem dizer o que quiserem, mas já que a Providência mo enviou, estou decidida a não o abandonar".

Eis-me, pois, afinal estabelecido na casa dela. Entretanto, esse estabelecimento não foi ainda o que me serviu para datar os dias felizes da minha vida, mas serviu para os preparar. Porque, embora essa sensibilidade do coração que nos faz verdadeiramente gozar seja obra da natureza e talvez um produto da organização, carece de situações que a desenvolvam. Sem essas causas ocasionais, um homem muito sensível nada sentirá, e pode morrer sem ter conhecido seu eu. Assim mais ou menos fora eu até então, e assim poderia ter sido, se não tivesse nunca conhecido a Sra. de Warens ou se, mesmo que a conhecesse, não tivesse vivido muito tempo junto dela para contrair o doce hábito dos sentimentos afetuosos que ela me inspirou. Ousarei dizer que quem sente apenas o amor não sente o que há de mais suave na vida. Conheço um outro sentimento, talvez menos impetuoso, mas mil vezes mais delicioso, que às vezes vem junto ao amor, mas em geral sempre vem sem ele. Esse sentimento não é a amizade só. É mais voluptuoso, mais terno. Não creio que ele possa agir entre pessoas do mesmo sexo. Eu, pelo menos, soube ser amigo como poucos homens o têm sido, e nunca o senti em relação a nenhum dos meus amigos. Isso não é muito claro, mas há de ficá-lo depois. Os sentimentos só se descrevem bem pelos seus efeitos.

A Sra. de Warens morava em uma casa velha, mas bastante grande para ter uma bela peça de reserva, da qual fez o seu quarto de honra, e onde me alojou. Esse quarto era por cima da passagem em que já falei, onde se dera a nossa primeira entrevista. E além do regato e dos jardins, descobria-se o campo. E para o jovem morador esse aspecto não era indiferente. Desde Bossey, era a primeira vez que eu tinha vegetação em frente a minha janela. Mascarado sempre

---

14. Um dos personagens principais de *Nova Heloísa*, de Rousseau, também citado por vários outros escritores. (N.E.)

por paredes, só tinha sob os olhos os tetos ou o cinzento das ruas. Como essa novidade me foi sensível e doce! Aumentou em muito as minhas disposições para o enternecimento. Transformava essa paisagem encantadora em mais um dos benefícios da minha querida senhora. Parecia-me que ela a pusera expressamente para mim. Punha-me sossegadamente junto a ela. Vi-a em toda parte, entre as flores e as verduras. Confundiam-se aos meus olhos os seus encantos e os da primavera. Meu coração, até então comprimido, achava-se mais ao largo nesse espaço, e os meus suspiros se exalavam mais livremente no meio desses vergeis.

Não encontrei, na casa da Sra. de Warens, as magnificências que vira em Turim. Mas encontrava lá o asseio, a decência, e uma abundância patriarcal, à qual o fausto nunca se alia. Era pequena a sua baixela de prata, nenhuma a de porcelana, não havia caça na cozinha, nem vinhos estrangeiros na adega. Uma e outra, porém, estavam bem providas para o serviço de todos, e em xícaras de faiança ela oferecia um café excelente. Quem a viesse visitar era convidado a jantar a sua mesa, ou, pelo menos, em sua casa. E nunca um operário, mensageiro ou passante, saiu de lá sem comer ou beber. A criadagem era composta por uma criada de quarto friburguesa muito bonita, chamada Merceret, por um criado da sua terra chamado Cláudio Anet, de quem trataremos depois, uma cozinheira e dois carregadores de cadeirinha para quando ela saía em visitas, o que raramente fazia. Era muita coisa para duas mil libras de renda. Porém, o seu pequeno rendimento, bem ordenado, bastaria para tudo isso, em uma região em que a terra é muito boa e o dinheiro muito raro. Infelizmente, a economia nunca foi a sua virtude favorita. Endividava-se, pagava, o dinheiro ia e vinha e tudo marchava.

A maneira pela qual estava montada a casa era precisamente a que eu escolheria. E pode-se imaginar como a aproveitei com prazer. O que me agradava menos era precisar passar muito tempo à mesa. Ela suportava mal o primeiro cheiro da sopa e das iguarias; o cheiro a fazia quase cair desmaiada, e essa repugnância demorava muito tempo. Melhorava pouco a pouco, conversava e quase não comia. Só ao fim de meia hora é que experimentava o primeiro bocado. Eu jantaria três vezes nesse intervalo. E minha refeição tinha acabado muito antes que ela começasse a sua. Eu recomeçava para acompanhá-la, e comia assim por dois e não me dava mal. Enfim, eu me entregava tanto ao doce sentimento de bem-estar que me tomava junto a ela que esse bem-estar de que eu gozava não era interrompido por nenhuma inquietação sobre os meios de o manter.

E como eu não estava ainda intimamente a par dos seus negócios, supunha que ela poderia viver sempre no mesmo pé. Sempre encontrei, depois, as mesmas regalias na sua casa. Mas, conhecendo-lhe melhor a situação real, não as gozava tão tranqüilamente. A previdência sempre me estragou os prazeres. Mas sempre enxerguei o futuro em pura perda: nunca o pude evitar.

Desde o primeiro dia, estabeleceu-se entre nós a mais doce familiaridade, no mesmo grau em que continuou por todo o resto da vida. "Pequeno" era o meu nome, o dela era "Mamãe". E continuamos sempre Pequeno e Mamãe, mesmo quando o número dos anos quase apagara a diferença que havia entre nós. Acho que esses dois nomes exprimem maravilhosamente o nosso tom, a nossa simplicidade de modos, e sobretudo a relação dos nossos corações. Ela foi para mim a mais terna das mães, que nunca procurou seu próprio prazer, mas sempre o meu bem. E se os sentidos entraram na minha afeição, não era para modificar a natureza dessa afeição, mas apenas para a tornar mais requintada, para me embriagar com o encanto de ter uma mamãe moça e bonita a quem me era delicioso acariciar. Digo acariciar, ao pé da letra, porque ela nunca pensou em me furtar os beijos nem as mais ternas carícias maternais, e nunca entrou no meu coração abusar delas. Hão de dizer que, entretanto, viemos a ter relações de outra espécie. Concordo. Mas é preciso esperar, porque não posso dizer tudo de uma vez.

O olhar da nossa primeira entrevista foi o único momento verdadeiramente apaixonado que ela me fez sentir. E mesmo esse momento foi obra da surpresa. Meus olhares indiscretos nunca andaram lhe esmiuçando o xale, embora umas redondezas mal escondidas, nesse ponto, bem o pudessem atrair. Não tinha nem arrebatamentos, nem desejos ao pé dela. Ficava em uma maravilhosa calma, gozando sem saber o quê. Teria passado assim minha vida e mesmo a eternidade, sem me aborrecer. Ela foi a única pessoa que não me fez sentir esse esgotamento da conversa que me transforma em um suplício o dever de a sustentar. Nossas palestras eram menos uma conversa do que uma tagarelice infindável que, para acabar, seria preciso que a interrompessem. Longe de considerar como uma obrigação ter de falar, seria antes preciso que me fizessem calar. De tanto meditar nos seus projetos, ela, às vezes, caía no sonho. E eu a deixava sonhar, calavame, contemplava-a, e era o mais feliz dos homens. E tinha um tique singular. Sem pretender os favores do *tête-à-tête*, procurava-o sem cessar, e gozava dele com uma paixão que degenerava em furor quando os importunos me vinham perturbar. Logo que chegava alguém, homem ou mulher, não importava, eu saía resmungando, sem poder suportar ficar como um terceiro junto dela. Ia contar os minutos na antecâmara, amaldiçoando mil vezes esses malditos visitantes, e não podendo conceber que eles tivessem tanta coisa a dizer, eu que tinha muito mais.

Quando não a via é que sentia toda a força da minha afeição por ela. Quando a via, ficava apenas contente; mas, na ausência dela, minha inquietação chegava a ser dolorosa. A necessidade de viver com ela dava-me impulsos de enternecimento que muitas vezes iam até às lágrimas. Sempre me hei de lembrar que em um dia de grande festa, quando ela estava nas vésperas, fui passear fora da cidade, com o coração cheio da sua imagem e do desejo ardente de passar meus dias junto dela. Tinha senso bastante para ver quanto isso era impossível no momento, e que seria curta essa felicidade que eu gozava tão bem. E isso dava a minha meditação uma tristeza que entretanto nada tinha de sombria, e que uma lisonjeira esperança temperava. O som dos sinos, que sempre me afetou singularmente, o canto dos pássaros, a beleza do dia, o encanto da paisagem, as casas campestres esparsas, onde eu fazia, em imaginação, a nossa morada comum, tudo isso me feria com uma impressão tão viva, terna, triste e tocante que ainda hoje me vejo como em êxtase transportado a esse feliz tempo e a essa feliz temporada, em que meu coração, possuindo toda felicidade que lhe poderia agradar, gozava-a com deslumbramentos inexprimíveis sem pensar sequer na voluptuosidade dos sentidos. Não recordo ter nunca me lançado ao futuro com mais força e ilusão do que o fiz então. E o que mais me impressionou, ao recordar esse sonho, é que, quando ele se realizou, encontrei tudo exatamente como o havia imaginado. Se alguma vez o sonho de um homem acordado teve o ar de uma visão profética, foi seguramente esse. Só fui decepcionado pela sua imaginária duração. Porque os dias, os anos, a vida inteira se deveriam passar em uma inalterável tranqüilidade. E na realidade tudo isso só durou um instante. Ai de mim! Minha felicidade mais duradoura foi em sonho. Sua realização foi quase só o instante que se segue ao despertar.

Não acabaria mais se entrasse nas minúcias de todas as loucuras que a lembrança dessa querida mamãe me fazia praticar quando não estava sob suas vistas. Quantas vezes beijei minha cama, pensando que ela dormira ali; as cortinas, todos os móveis do quarto, que eram dela, que sua linda mão tocara; no próprio soalho, prosternava-me, pensando que ela andara sobre ele! Algumas vezes, mesmo em sua presença, escapavam-me coisas que só o mais violento dos amores poderia inspirar. Na mesa, um dia, no momento em que ela punha o alimento na boca, gritei que estava vendo nele um cabelo. Ela repôs o bocado no prato, e eu o tomei avidamente e o engoli. Em uma palavra, de mim ao mais apaixonado dos amantes só havia uma única diferença, mas inconcebível à razão.

Eu voltara da Itália, não absolutamente do mesmo modo como que para lá fora, mas como talvez ninguém volta, para a minha idade. Trouxera de lá não a inocência, mas a virgindade. Sentira o progresso dos anos. Meu temperamento inquieto declarara-se, enfim, e sua primeira erupção, muito involuntária, dera-me, sobre minha saúde, alarmas que pintam melhor que qualquer outra coisa a inocência em que eu vivera até então. Logo tranqüilizado, aprendi esse perigoso suplemento que engana a natureza e entrega os rapazes da minha índole a muitas desordens, a expensas de sua saúde, do seu vigor e, algumas vezes, da vida. Esse vício, que a timidez e a vergonha acham tão cômodo, tem os maiores atrativos para as imaginações vivas. Dispõem, por assim dizer, de todo o sexo, ao seu gosto, e utilizam nos seus prazeres a beldade que as tenta, sem necessidade de haverem obtido confissões de amor. Seduzido por essa funesta vantagem, trabalhei para destruir a boa constituição que a natureza criara em mim, e a quem eu dera tempo de se formar bem. Acrescentem agora essa disposição ao local da minha presente situação. Hospedado em casa de uma linda mulher, acariciando-lhe a imagem no fundo do coração, vendo-a incessantemente durante o dia, cercado, à noite, por objetos que a recordavam, dormindo em uma cama onde eu sabia que ela dormira. Quantos estimulantes! Um leitor que os imagina, olha-me já como a um semimorto. Pois ao contrário, o que me devia perder foi precisamente o que me salvou, pelo menos por um certo tempo. Embriagado pelo encanto de viver ao lado dela, pelo desejo ardente de passar assim meus dias, ausente ou presente, via sempre nela uma mãe muito terna, uma irmã querida, uma amiga deliciosa e nada mais. Via-a sempre assim, sempre a mesma, e só via a ela. Sua imagem, sempre presente ao meu coração, não deixava lugar lá para nenhuma outra. Era para mim a única mulher que existia no mundo. E a doçura extrema dos sentimentos que me inspirava, não deixando aos meus sentidos o tempo de despertar para outros sentimentos, garantia-me dela e de todo o seu sexo. Em uma palavra, procedia bem porque a amava. E sobre esses informes que reproduzo mal, quem puder que diga de que espécie era a minha afeição por ela. Quanto a mim, o que posso dizer é que se já agora parece muito extraordinária, no que se irá seguir é que o parecerá ainda mais.

Passava meu tempo da forma mais deliciosa que há no mundo, ocupado com as coisas que mais me agradavam. Eram projetos a redigir, memórias a passar a limpo, receitas a transcrever. Eram ervas a escolher, drogas a pisar, alambiques a governar. Através disso tudo, vinham as ondas de passantes, de mendigos, de visitas de toda espécie. Era preciso às vezes conversar com um soldado, um boticário, um cônego, uma dama formosa, um irmão leigo. Eu me enfadava, resmungava, praguejava, mandava ao diabo toda essa maldita corte. E a ela, a quem tudo era pretexto para alegria, meus furores a faziam rir até às lágrimas. E o que a fazia rir ainda mais era ver-me mais enfurecido porque não podia conter a minha própria vontade de rir. Eram encantadores esses pequenos intervalos em que eu tinha o prazer de rosnar. E se, durante a querela, aparecia um novo importuno, ela o sabia aproveitar na brincadeira, prolongando maliciosamente a visita, e lançando-me olhares pelos quais eu lhe teria batido com gosto. Ela precisava se esforçar para não rebentar em gargalhadas ao me ver, constrangido e freado pela educação, lançar-lhe olhares de possesso, enquanto no fundo do coração, e mesmo a despeito de mim próprio, eu achava tudo aquilo muito cômico.

 Isso tudo, sem que fosse um divertimento em si, divertia-me, entretanto, porque constituía uma maneira de ser que eu achava encantadora. Nada do que se fazia em torno de mim, nada do que me levavam a fazer estava de acordo com os meus gostos, mas tudo estava de acordo com meu coração. Creio que eu teria chegado a gostar da medicina se a minha repugnância por ela não houvesse proporcionado as cenas malucas que constantemente nos divertiam. Foi talvez a primeira vez que tal arte produziu semelhante efeito. Eu pretendia conhecer só pelo cheiro um livro de medicina, e o que é engraçado é que raramente me enganava. A Sra. de Warens me fazia provar as mais detestáveis drogas. Inutilmente eu tentava fugir ou defender-me; apesar da minha resistência, das minhas horríveis caretas, apesar de mim e dos meus dentes, quando eu via seus lindos dedos lambuzados se aproximarem de minha boca, tinha de acabar por a abrir e sugar. Quando todo o seu ranchinho estava reunido na mesma sala, a nos ver correr e gritar no meio de gargalhadas, era de pensar que representávamos alguma farsa e não que fazíamos um opiato ou um elixir.

 Entretanto, meu tempo todo não se passava nessas brincadeiras. Eu tinha achado alguns livros no quarto que ocupava: o *Espectador*, Puffendorf, Saint Evremond, a *Henriade*. E embora eu não tivesse mais o meu antigo furor de leitura, lia por desfastio um pouco disso tudo. Sobretudo o *Espectador* me agradou muito e me fez bem. O padre Gouvon me ensinara a ler com menos avidez e com mais reflexão. Habituei-me a atentar na elocução, nas construções elegantes. Aperfeiçoei-me em distinguir o francês puro dos dialetos provincianos.

Fui, por exemplo, corrigido de um erro de ortografia, que todos os de Genebra cometem, por esses dois versos da *Henriade*:

Soit qu'un ancien respect pour le sang de leurs maîtres
Parlât encore pour lui dans le coeur de ces traîtres.[15]

Essa palavra *parlât*, que me impressionou, ensinou-me que é preciso um *t* na terceira pessoa do subjuntivo, ao contrário do que eu escrevia e pronunciava antes, *parla*, como se fosse o perfeito do indicativo.

Conversava algumas vezes com mamãe sobre minhas leituras. Lia, às vezes, junto dela. Tinha nisso um grande prazer, e esforçava-me para ler bem, o que também me foi útil. Atrás eu disse que ela tinha o espírito cultivado: estava ele então em toda a sua flor. Muitos literatos esforçavam-se por lhe serem agradáveis, e tinham-na ensinado a julgar as obras de valor. Tinha ela, se o posso dizer, o gosto um pouco protestante. Falava somente de Bayle, dava enorme valor a Saint Evremond, que já morrera há muito na França. Isso, porém, não a impedia de conhecer a boa literatura e de falar muito bem. Fora educada em sociedades escolhidas, e tendo ido ainda moça para a Sabóia, perdera, no convívio encantador da nobreza do país, esse tom amaneirado da região do Vaud, em que as mulheres consideram belo o espírito mundano e só sabem falar por epigramas.

Embora ela só houvesse visto a corte de passagem, lançara-lhe um rápido olhar que fora o bastante para a ficar conhecendo. Conservou sempre amigos nela, e apesar dos secretos ciúmes, apesar dos comentários que suas dívidas e sua conduta suscitavam, nunca perdeu a pensão. Tinha a experiência do mundo e o espírito de reflexão que ensina a aproveitar essa experiência. Era esse o assunto predileto das suas conversas e, dadas as minhas quiméricas opiniões, a espécie de instrução de que eu tinha mais necessidade. Líamos La Bruyère juntos; agradava-lhe mais do que La Rochefoucauld, livro triste e desolante, principalmente para os jovens, que não gostam de ver o homem tal qual é. Quando ela pregava moral, perdia-se, às vezes, nos espaços; mas beijando-lhe de tempo em tempo a boca ou as mãos, eu tinha paciência, e as suas demoras não me aborreciam.

Era uma vida doce demais para poder durar. Eu o sentia, e a inquietação de a ver acabar era a única coisa que me perturbava a felicidade.

---

15. "Seja apenas antigo respeito pelo sangue de seus mestres (senhores) / Fale ainda para si no coração desses traidores." (N.E.)

Porque mesmo malucando, mamãe me estudava, me observava, me interrogava e construía à força, para a minha felicidade, projetos que eu dispensaria muito bem. Felizmente, não bastava para isso conhecer minhas inclinações, minhas preferências, meus pequenos talentos. Era preciso encontrar ou fazer nascerem as ocasiões de tirar partido disso, o que não era negócio para um dia. Os próprios preconceitos que a pobre mulher concebera acerca do meu mérito recuavam o momento de o aproveitar, tornando-lhe mais difícil a escolha dos meios. Enfim, tudo marchava de acordo com os meus desejos, graças à boa opinião que tinha de mim; foi preciso, porém, rebatê-la, e então adeus tranqüilidade. Um dos seus parentes, chamado Sr. d'Aubonne, veio visitá-la. Era um homem de muito espírito, intrigante, com um gênio de projetos como ela, mas que não se arruinava, era uma espécie de aventureiro. Acabava de propor ao cardeal Fleury um plano de loteria muito complicado, que não fora aceito. Ia-o propor à corte de Turim, onde foi adotado e posto em execução. Demorou algum tempo em Annecy e apaixonou-se pela senhora Intendenta, que era uma senhora muito amável, muito do meu agrado, e a única que eu via com satisfação em casa de mamãe. O Sr. d'Aubonne me viu, sua prima falou-lhe de mim. E ele se encarregou de me examinar, de ver para que eu dava e, se achasse que eu tinha o estofo necessário, de me procurar um lugar.

A Sra. de Warens mandou-me à casa dele duas ou três manhãs seguidas a pretexto de algum recado, e sem me prevenir de nada. Ele se arranjou bem para me fazer conversar, familiarizou-se comigo, pôs-me à vontade tanto quanto era possível, falou-me de ninharias e de toda espécie de assuntos, tudo sem parecer me observar, sem a menor afetação, como se, agradando-se de mim, quisesse conversar sem constrangimento. Fiquei encantado com ele. O resultado das suas observações foi que, apesar do que o prometiam meu exterior e minha fisionomia, eu era, senão absolutamente inepto, pelo menos um rapaz de pouco espírito, sem idéias, quase sem aquisições, em uma palavra muito limitado em todos os sentidos, e que a honra de me tornar algum dia vigário de aldeia era a maior a que eu poderia aspirar. Foi essa a informação que ele prestou de mim a Sra. de Warens. Foi essa a segunda ou a terceira vez em que fui julgado assim. Mas não foi a última, e a sentença do Sr. Masseron foi muitas vezes confirmada.

A causa desses julgamentos liga-se muito a meu caráter para não ter aqui necessidade de explicação. Porque, em consciência, sente-se bem que eu não poderia sinceramente subscrever essas opiniões, e com toda imparcialidade possível, qualquer que seja o julgamento dos Srs. Masseron, d'Aubonne e muitos outros, eu não lhes poderia aceitar a palavra.

Duas coisas quase inaliáveis uniam-se em mim, sem que eu pudesse conceber de que maneira: um temperamento muito ardente, paixões vivas, impetuosas, e idéias lentas a nascer, embaraçadas e que só se apresentam com atraso. Dir-se-ia que meu coração e meu espírito não pertencem ao mesmo indivíduo. O sentimento, mais rápido que o raio, enche-me a alma; mas em vez de me aclarar, queima-me e me deslumbra. Sinto tudo e nada vejo. Fico arrebatado, mas estúpido. É preciso que esteja de sangue frio para pensar. O que há de espantoso é que entretanto eu tenho um tato muito seguro, penetração, finura, mesmo, conquanto que me esperem. Com calma, faço excelentes improvisos, mas de repente nunca fiz nem disse nada que valesse a pena. Seria um excelente conversador pelo correio, como dizem que os espanhóis jogam xadrez. Quando li o trecho de um duque de Sabóia, que se voltou, em caminho, para gritar: "Às suas goelas, mercador de Paris!", disse a mim mesmo: "Eis como sou!".

E não é só na conversa que tenho essa lentidão em pensar, junto à vivacidade de sentir; sinto-a mesmo só e quando trabalho. As idéias me vêm à cabeça com a mais incrível dificuldade; e nela circulam surdamente, lá fermentam, até me excitarem, me aquecerem, e darem palpitações. E no meio dessa emoção toda, nada vejo claramente, nem saberia escrever uma palavra; é preciso que espere. Insensivelmente, acalma-se esse grande movimento, o caos se ordena, cada coisa se vem pôr no seu lugar, mas lentamente, e depois de uma longa e confusa agitação. Nunca vistes a ópera, na Itália? Nas mudanças de cena reinam nesses grandes teatros uma desordem desagradável, que dura muito tempo. As decorações ficam todas misturadas, vê-se em toda parte um repuxar que incomoda, supõe-se que vai tudo abaixo. Aos poucos, entretanto, tudo se arranja, nada falta, e fica-se surpreso de ver suceder a esse longo tumulto um espetáculo encantador.

É essa mais ou menos a manobra que se faz no meu cérebro, quando quero escrever. Se eu soubesse esperar primeiro, e depois mostrar na sua beleza as coisas que assim se pintaram, poucos autores me teriam ultrapassado.

Vem daí a grande dificuldade que encontro em escrever. Meus manuscritos, cheios de rasuras, borrados, riscados, indecifráveis, atestam o trabalho que me custaram. Não há nenhum deles que não me tenha sido necessário transcrever quatro ou cinco vezes antes de o entregar à imprensa. Nunca pude fazer nada com a pena na mão, em frente a minha banca e ao papel. É nos passeios, no meio dos rochedos e dos bosques, é à noite na cama e durante as insônias que escrevo, no cérebro. E pode-se imaginar com que lentidão, sobretudo para um homem inteiramente desprovido de memória verbal, que durante a vida inteira não pôde guardar seis versos de cor.

Há alguns de meus períodos que virei e revirei na cabeça durante cinco ou seis noites antes que estivessem em estado de ser postos no papel. Disso resulta que tenho mais êxito nas obras que requerem trabalho do que nas que precisam ser feitas com uma certa rapidez, como as cartas, gênero a que nunca me pude adaptar, e que quando me ocupa me põe em suplícios. Não escrevo carta nenhuma, sobre o menor assunto, que não me custe horas de fadiga, ou se quero escrever logo o que me ocorre, não sei começar nem acabar. Uma carta minha é uma longa e confusa verbiagem; e quando a lêem, mal a entendem.

Não só me é penoso reproduzir as idéias, como me é penoso recebê-las. Estudei os homens e me suponho muito bom observador. Entretanto, só sei ver o que vejo. Só vejo bem o que recordo, e não tenho espírito nas minhas lembranças. De tudo que se diz, de tudo que se faz, de tudo que se passa na minha presença, nada sinto, nada penetro. O traço exterior é só o que me impressiona. Porém, depois tudo volta: recordo o lugar, o tempo, o tom, o olhar, o gesto, a circunstância. Nada me escapa. Então, sobre o que se fez ou se disse, descubro o que se pensou. E é raro que me engane.

Se, só comigo mesmo, sou tão pouco senhor de mim, imagine-se o que devo ser em uma palestra em que, para falar a propósito, é preciso que se pense em mil coisas de improviso. Só a idéia de tantas convenções, de que estou certo que esqueci pelo menos uma, basta para me intimidar. Nem compreendo mesmo como se ousa falar em uma roda. Porque, a cada palavra, é preciso passar-se em revista todas as pessoas que estão ali. É preciso conhecer seus caracteres todos, saber-lhes as histórias, para se estar certo de que não se ofende a ninguém. Quanto a isso, os que vivem no mundo gozam de uma enorme vantagem: sabendo muito bem o que se deve calar, estão mais seguros do que dizem. E ainda assim, escapam-lhes tantas inépcias! Imagine-se agora quem cai das nuvens em uma roda: é-lhes quase impossível falar impunemente um minuto. Nos colóquios a dois, há também um inconveniente que ainda acho pior: a necessidade de estar sempre falando. Quando nos falam, é preciso responder, e se não nos dizem uma palavra é preciso sustentar a conversa. Só esse insuportável constrangimento bastaria para me aborrecer da sociedade. Não conheço mais terrível incômodo do que a obrigação de falar de improviso e constantemente. Não sei se isso se origina na minha mortal aversão a qualquer sujeição; mas é bastante que seja absolutamente indispensável que eu fale para que diga infalivelmente uma tolice.

E o que há de mais fatal é que em vez de saber calar-me quando nada tenho a dizer, procuro pagar a dívida o mais depressa possível e fico com o furor de querer falar. Apresso-me em balbuciar rapidamente palavras sem idéias, muito feliz quando elas nada significam. Querendo vencer ou esconder minha inépcia, raramente deixo de exibi-la. Entre mil exemplos que poderia citar, escolho um, que não data da minha juventude, mas de um tempo em que, já tendo vivido vários anos no mundo, eu teria adquirido desenvoltura e elegância, se a coisa fosse possível. Uma noite, eu estava entre duas grandes damas e um homem que posso nomear, o Sr. duque de Gontaut. Não havia ninguém mais na sala, e eu me esforçava para dar algumas palavras – sabe Deus quais! – em uma conversa entre quatro pessoas, três das quais não tinham decerto necessidade do meu suplemento. A dona da casa mandou vir um opiato que ela tomava duas vezes por dia, para o estômago. A outra senhora, vendo-a fazer uma careta, disse-lhe, rindo: Será o opiato do Sr. Tronchin? Não o creio, respondeu a primeira no mesmo tom. "Creio que ele não vale muito mais", acrescentou galantemente o espirituoso Rousseau. Todos ficaram interditos. Não escapou a menor palavra nem o menor sorriso, e imediatamente a conversa tomou outro rumo. Tratando-se de outra pessoa, a asneira poderia ser apenas divertida. Mas dirigida a uma mulher por demais amável para não fazer falar um pouco de si, e que decerto eu não tinha desejo de ofender, era terrível. E creio que às duas testemunhas, o homem e a senhora, custou-lhes muito não rebentar de riso. Eis os ditos de espírito que me escapam quando quero falar sem ter o que dizer. Esquecerei dificilmente esse que acabo de citar, porque além de ele ser memorável, por si próprio, tenho para mim que teve conseqüências que recordo com demasiada freqüência.

Creio que demonstrei suficientemente porque motivo, sem ser um tolo, passei a sê-lo, entretanto, mesmo perante as pessoas que poderiam julgar bem. E tanto pior, porque minha fisionomia e os meus olhos prometem coisa melhor e essa expectativa frustrada torna minha estupidez mais chocante. Esse outro caso, que uma ocasião particular fez nascer, não será inútil ao que se vai seguir. Contém a chave de muitas coisas extraordinárias que me viram fazer e que atribuíram a um temperamento selvagem que eu não tenho. Gostaria da sociedade como qualquer outro se não estivesse certo de me mostrar nela, não só com desvantagem, mas inteiramente diferente do que sou. A escolha que fiz de escrever e me esconder é precisamente a que me convém. Com a minha presença, nunca teriam sabido o que valho, nem o suporiam talvez. Foi o que aconteceu com a Sra. Dupin, embora fosse ela uma mulher de espírito, e embora eu tenha vivido muitos anos na sua casa. Muitas vezes ela própria mo disse, depois desses tempos. Aliás, tudo isso está sujeito a exceções; voltarei ao assunto depois.

Fixada assim a medida dos meus talentos, e designado o estado que me convinha, não se tratou mais, na segunda vez, senão de preencher minha vocação.

A dificuldade estava em que eu não fizera estudos, e não sabia de latim nem o bastante para ser clérigo. A Sra. de Warens pensou em me mandar instruir por algum tempo no seminário. Falou nisso ao superior. Era um lazarista chamado reverendo Gros, um bom homenzinho, meio zarolho, encanecido, o lazarista mais espirituoso e menos pedante que já conheci. O que, na verdade, não é dizer muito.

Vinha ele algumas vezes à casa de mamãe, que o acolhia, o acarinhava mesmo, e até o mandava às vezes amarrar-lhe as fitas da cintura, tarefa que ele aceitava com gosto. E enquanto ele procurava fazer o laço, ela corria pela sala de um lado a outro, fazia isto e aquilo. Puxado pela faixa, o senhor superior seguia-a resmungando, dizendo a todo instante: "Mas Madame, aquiete-se.". Era um espetáculo muito pitoresco.

O padre Gros prestou-se de bom grado ao projeto de mamãe. Contentou-se com uma pensão muito módica e encarregou-se da minha instrução. Só faltava o consentimento do bispo, que não só concordou como quis ser ele que pagasse a mesada. E permitiu que eu usasse roupas leigas até que se pudesse verificar se a experiência teria êxito.

Que mudança! Mas tive de me submeter. Ia ao seminário como se fosse a um suplício. Que casa triste é um seminário, sobretudo para quem sai da casa de uma mulher deliciosa! Levava um único livro, que pedira a mamãe que me emprestasse, e que me foi um grande recurso. Imagine-se que livro seria: um livro de música. Entre as prendas que ela cultivara, a música não fora esquecida. Tinha boa voz, cantava medianamente e tocava um pouco de cravo. E tivera a paciência de me dar algumas lições de canto. Foi preciso começar de muito atrás porque eu mal sabia a música dos nossos salmos. Oito ou dez lições de mulher, muito interrompidas, longe de me porem em condição de solfejar, só me ensinaram uma quarta parte dos sinais musicais. Tinha eu, entretanto, uma tal paixão por essa arte que quis tentar aprender só. O livro que levava não era sequer dos mais fáceis: eram as cantatas de Clérambault. Imagine-se qual não foi minha aplicação e minha obstinação quando eu contar que, sem conhecer transposição nem quantidade, consegui decifrar e cantar sem erros o primeiro recitativo e a primeira ária de *Alfeu e Aretusa*! É verdade que essa ária é escandida com tanta precisão que basta recitar os versos com o seu compasso para os pôr no compasso da ária.

Havia no seminário um maldito lazarista que me tomou a sua conta e que me fez tomar horror ao latim que me queria ensinar. Tinha os cabelos lisos, oleosos e pretos, cara de biscoito, uma voz de búfalo, o olhar de coruja e cerdas de javali em vez do barba. O sorriso era sardônico e os seus membros se moviam como os braços de um manequim. Esqueci-lhe o odioso nome, mas a cara horrorosa e açucarada guardo-a muito bem! Custa-me recordá-la sem estremecer. Parece que o vejo ainda nos corredores, apontando graciosamente com o sujo barrete quadrado, indicando-me a entrada da sala, mais horrorosa para mim que um calabouço. Imagine-se o contraste que representava semelhante mestre para o discípulo de um padre da corte!

Se eu ficasse dois meses à mercê desse monstro, tenho a certeza de que minha cabeça não resistiria. Mas o bom padre Gros que me via andar triste, sem comer, emagrecendo, adivinhou o motivo da minha mágoa, o que não era difícil. Tirou-me das garras da fera e, por um contraste ainda mais sensível, entregou-me ao mais brando dos homens: era um jovem padre de Faucigny, na Sabóia, chamado Gâtier, que cursava o seminário e que por condescendência para com o padre Gros, e creio que por humanidade, concordou em roubar aos seus estudos o tempo que gastava dirigindo os meus. Nunca vi fisionomia mais comovedora que a do padre Gâtier. Era louro e a barba pendia para o ruivo. E tinha o aspecto comum à gente da sua província, que sob uma fisionomia pesada escondem todos muito espírito. Mas o que se notava vivamente nele era uma alma sensível, afetuosa, amante. Tinha nos seus grandes olhos azuis um misto de doçura, de ternura e tristeza. Pelo olhar, pelo tom desse pobre rapaz, dir-se-ia que ele previa o destino, e que sentia que nascera para ser infeliz.

O caráter não lhe desmentia a fisionomia; cheio de paciência e boa vontade, parecia mais estudar comigo do que ensinar-me. Não precisava de tanto para fazer com que eu o amasse. Seu predecessor tornara isso muito fácil. E entretanto, apesar do tempo que ele gastava comigo, apesar da nossa mútua boa vontade, e embora ele se desempenhasse muito bem, eu pouco me adiantei, estudando muito. É singular que, com bastante compreensão, embora, nunca aprendi nada com professores, exceto meu pai e o Sr. Lambercier. O pouco que sei aprendi-o só, como veremos depois. Meu espírito, que se impacienta com qualquer espécie de jugo, não se pode sujeitar à lei do momento. O próprio medo de não aprender me impede de estar atento. Com receio de impacientar quem me fala, finjo que compreendo, a pessoa segue adiante e eu não compreendo nada. Meu espírito quer caminhar ao seu modo e não se pode submeter ao modo de outrem.

Veio o tempo das ordenações e o padre Gâtier voltou como diácono para a sua província. Levou minhas saudades, minha afeição e meu reconhecimento. Fiz em sua intenção votos que não foram cumpridos, da mesma forma que o não foram os que fiz por mim mesmo. Soube, anos depois, que, sendo vigário em uma paróquia, tornou mãe a uma moça, a única que, apesar do seu terno coração, conseguiu apaixoná-lo. Foi um horroroso escândalo, em uma diocese governada com muito rigor. Em boa regra, os padres só devem fazer filhos nas mulheres casadas. E por ter faltado a essa lei de conveniência, foi ele preso, difamado, expulso. Não sei se pôde depois endireitar a vida; porém, a lembrança da sua desgraça, que me ficou gravada profundamente no coração, surgiu-me quando escrevi o *Emílio*.

E reunindo o padre Gâtier com o padre Gaime, fiz com esses dois dignos clérigos o original do vigário saboiano. E lisonjeio-me de não ter a cópia desonrado os modelos.

Enquanto eu estava no seminário, o Sr. d'Aubonne foi obrigado a deixar Annecy. O intendente resolveu levar a mal que ele fosse amante da mulher. Era fazer como o cão do jardineiro; porque, embora a Sra. Corvezi fosse amável, ele vivia muito mal com ela. Seus gostos ultramontanos a tornavam inútil, e ele a tratava tão brutalmente que se pensou em uma separação. O Sr. Corvezi era um homem mau, negro como uma toupeira, velhaco como uma coruja, e que à força de vexações acabou por se fazer expulsar a si próprio. Dizem que os provençais se vingam dos seus inimigos com canções; o Sr. d'Aubonne vingou-se do seu com uma comédia. E enviou a peça à Sra. de Warens, que ma mostrou. Agradou-me e fez-me nascer a fantasia de também fazer uma para verificar se eu era tão tolo quanto o autor o decidira. Mas só em Chambéry executei esse projeto, escrevendo o "Amante de si próprio". E, pois, quando eu disse no prefácio dessa peça que a escrevera aos dezoito anos, neguei alguns anos.

É mais ou menos a esse tempo que se prende um acontecimento pouco importante em si mesmo, mas que teve conseqüências para mim e que fez rumor no mundo, quando eu já o esquecera. Tinha todas as semanas a permissão de sair uma vez. E não é preciso dizer o emprego que eu dava a essa saída. Um domingo em que estava em casa de mamãe, o fogo irrompeu num pavimento de cordoeiros, pegado à casa ocupada por ela. Esse pavimento, onde estava o forno, era cheio até ao teto de faxinas secas. Tudo ficou carbonizado num instante. E a casa, em grande perigo, coberta pelas chamas que o vento trazia. Foi preciso correr a transportar os móveis para o jardim, que era defronte a minhas antigas janelas e além do regato de que já falei. Eu estava tão perturbado que lançava indiferentemente pela janela tudo que me caía nas mãos, até um grande morteiro de pedra que em outra ocasião me custaria levantar. Estava prestes a jogar até um grande espelho se alguém não me houvesse impedido. O bom do bispo, que nessa manhã viera visitar mamãe, também não ficou ocioso: levou-a para o jardim, onde se pôs a rezar com ela e com todos que lá estavam. De modo que, chegando algum tempo depois, encontrei todos de joelhos, e me pus como os outros. Durante a prece do santo homem, o vento mudou, mas tão repentinamente e tão a propósito que as chamas que cobriam a casa e já entravam pela parede foram levadas para o outro lado do pátio, e a casa nada sofreu. Dois anos depois, morrendo Monsenhor de Berneux, os antoninos, seus antigos confrades, começaram a recolher as peças que poderiam servir a sua beatificação. A pedido do padre Boudet, reuni a essas peças um atestado do fato que acabo de contar, no que fiz bem. Mas no que fiz mal foi em dar esse fato como um autêntico milagre. Vi o bispo em oração, e durante a oração vi o vento mudar muitíssimo a propósito. Eis o que posso dizer e certificar. Mas que uma dessas coisas fosse a causa da outra era o que não podia atestar, porque não o poderia saber. Entretanto, tanto quanto o posso recordar, sinceramente católico então, eu estava de boa-fé. O amor pelo maravilhoso, tão natural ao coração humano, minha veneração por esse virtuoso prelado, o secreto orgulho de ter também eu próprio contribuído para o milagre, ajudaram a me seduzir. E o que há de certo é que, se esse milagre foi o efeito de ardentes preces, eu poderia muito bem atribuir a mim uma parte dele.

 Mais de trinta anos depois, quando publiquei as "Cartas da Montanha", o Sr. Fréron, não sei como, desenterrou esse certificado e o utilizou nas suas folhas. É preciso confessar que a descoberta foi feliz, e que a oportunidade me pareceu no momento muito divertida.

 Eu estava destinado a ser a sobra de todas as carreiras. Porque embora o padre Gâtier tivesse relatado os meus progressos do modo menos desfavorável que lhe foi possível, via-se que eles não eram proporcionais ao meu trabalho, o que não era animador para continuar os estudos. E, assim, o superior e o bispo me rejeitaram e me devolveram à Sra. de Warens como um sujeito que não servia nem para ser padre; aliás um bom rapaz, diziam, sem nenhum vício. O que fez com que, apesar de tantos preconceitos deprimentes, ela não me abandonasse.

Trouxe para a casa dela, em triunfo, o livro de música do qual tirara tão bons resultados. A ária de Alfeu e Aretusa fora quase tudo que eu aprendera no seminário. E o meu gosto evidente por essa arte fê-la pensar em me fazer musicista. A ocasião era oportuna. Pelo menos uma vez por semana tocava-se na casa dela e o mestre de música da catedral, que dirigia esses pequenos concertos, vinha freqüentemente vê-la. Era um parisiense, de nome Le Maître, bom compositor, muito vivo, muito alegre, muito bem feito, de pouco espírito, mas ótimo homem, em suma. Mamãe me fez conhecê-lo. Liguei-me a ele, e não lhe desagradei. Para encurtar, entrei na escola do coro e lá passei o inverno, muito agradavelmente, aliás, porque a escola era a vinte passos da casa de mamãe; em um momento íamos lá, e muitas vezes lá ceávamos juntos.

É fácil de compreender que a vida da escola de canto, sempre alegre e ruidosa, agradava-me muito mais do que a vida do seminário com os padres de São Lázaro. E essa vida, entretanto, embora fosse mais livre, não era menos igual e regular. Eu era feito para amar a independência e nunca abusar dela. Durante seis meses não saí uma única vez, senão para ir à casa de mamãe ou à igreja, e nem tive tentações. Foi esse um dos intervalos em que vivi em maior calma, e que recordo com o maior prazer. Em diversas situações em que me encontrei durante a vida, algumas ficaram marcadas por um tal sentimento de bem-estar, que, ao recordá-las, ainda sinto o tempo, os lugares, as pessoas, mas todos os objetos circundantes, a temperatura do ar, seu cheiro, sua cor, uma certa impressão local que só lá se faz sentir e cuja viva lembrança de novo me arrebata. Por exemplo, tudo que se ensaiava na escola, tudo que se cantava no coro, tudo que lá se fazia, o belo e nobre hábito dos cônegos, as casulas dos padres, as mitras dos chantres, a cara dos músicos, um velho carpinteiro manco que tocava contra-baixo, um padrezinho louro que tocava violino, o farrapo de sotaina que, depois de ter tirado a espada, o Mestre vestia sobre a roupa leiga, e a linda sobrepeliz fina com que lhe cobria os buracos para ir ao coro. O orgulho com que eu, segurando a minha flautazinha de bico, ia me aboletar na tribuna da orquestra para um trechozinho de música que o Mestre fizera expressamente para mim. O bom jantar que depois nos esperava, e o bom apetite que tínhamos. Esse conjunto de coisas, vivamente delineado, encantou-me cem vezes a memória, tanto ou mais quanto o fez a realidade. Conservei sempre uma afeição terna por uma certa ária do *Conditor alme siderum*,[16] em jâmbico, porque na madrugada de um domingo de Advento a ouvi da cama, cantada na escada exterior da catedral, conforme um rito dessa igreja. A Srta. Merceret, criada de quarto de mamãe, sabia um pouco de música; e não esquecerei mais um motete, *Afferte*,[17] que o Sr. Le Maître me fez cantar com ela, e que a patroa ouviu com tanto prazer. Enfim, todos, até Perrina, a criada, tão boa rapariga e que os meninos do coro atormentavam tanto, tudo, nesse tempo de felicidade e inocência, vem freqüentemente me encantar e entristecer.

Já havia um ano que eu vivia em Annecy sem merecer a menor censura; todos viviam satisfeitos comigo. Desde a partida de Turim que não fazia tolices, e não fiz nenhuma enquanto estive sob os olhos de mamãe. Ela me dirigia, e sempre me dirigia bem. Minha afeição por ela tornara-se a minha única paixão. E o que prova que não era uma paixão louca era que meu coração me formava a razão. É verdade que esse sentimento único, absorvendo-me por assim dizer todas as faculdades, tirava-me toda capacidade de aprender qualquer coisa, mesmo música, embora eu empregasse nisso os maiores esforços. Mas não havia culpa minha: eu punha naquilo toda a minha boa vontade, toda assiduidade. Vivia distraído, sonhador, suspirando. Que poderia eu fazer? Nada que dependesse de mim faltava aos meus progressos. Mas para que eu fizesse novas loucuras só me faltava um motivo que mas inspirasse. Esse motivo se apresentou: o acaso arranjou as coisas, e, como se verá depois, minha má cabeça o aproveitou.

Uma noite do mês de fevereiro em que fazia muito frio, estávamos todos juntos ao fogo quando ouvimos bater à porta da rua. Perrina tomou a lanterna, desceu, abriu. Um rapaz entrou com ela, subiu, apresentou-se com um ar altivo, fez ao Sr. Le Maître um cumprimento curto bem torneado, apresentando-se como um músico francês cujo mau estado financeiro obrigava a exercer funções humildes para poder viver. Ao ouvir a expressão *músico francês*, o coração do bom Sr. Le Maître estremeceu, porque ele amava apaixonadamente o seu país e a sua arte. Acolheu o jovem, ofereceu-lhe pouso, de que ele parecia ter grande necessidade e que aceitou sem muita cerimônia. Eu o examinava enquanto ele se aquecia e palrava esperando o jan-

---

16. *Criador da boa constelação*. (N.E.)
17. *Anunciemos*. (N.E.)

tar. Era de baixa estatura mas de quadratura larga. Tinha no talhe não sei quê de contrafeito, sem nenhuma deformação particular. Era por assim dizer um corcunda de ombros chatos, mas creio que ele manquejava um pouco. Vestia uma casaca preta mais usada que velha, uma camisa muito fina e muito suja, lindos punhos de labirinto, polainas das quais em uma só lhe caberiam as duas pernas, e para se garantir da neve um chapeuzinho de carregar debaixo do braço. Nesse cômico equipamento possuía, entretanto, algo de nobre que a sua atitude não desmentia. Tinha, na fisionomia, finura e cordialidade. Falava bem e facilmente, mas com muito pouca modéstia. Tudo o designava como um jovem libertino que recebera educação, e que não andava esfarrapado como um vagabundo mas como um louco. Disse-nos que se chamava Venture de Villeneuve, que vinha de Paris, que se perdera no caminho. E, um pouco esquecido do papel de musicista, acrescentou que ia a Grenoble, a ver um parente que tinha no parlamento.

    Falou-se em música durante a ceia, e ele falou bem. Conhecia todos os grandes virtuoses, todas as obras célebres, todos os atores, todas as atrizes, todas as belas mulheres, todos os grãos-mestres. Parecia estar a par de tudo que se dizia. Mas, mal se tratava de um assunto, ele embrulhava a conversa com alguma pilhéria que fazia rir e esquecer o que se havia dito. Estávamos num sábado; no dia seguinte haveria música na catedral. O Sr. Le Maître propôs-lhe cantar lá; "com muito gosto"; pergunta-lhe qual é a sua voz; "a haute-contre",[18] e fala em outra coisa. Antes de irem para a igreja, ofereceram-lhe sua parte a rever. Ele nem a olhou. E essa fanfarronada surpreendeu Le Maître. "Você vai ver", disse-me ele ao ouvido, "que ele não sabe uma só nota de música". "Receio-o muito", respondi. E o segui, muito inquieto. E, quando se começou, o coração me batia com uma força terrível, porque eu me interessava muito por ele.

    Depressa me tranqüilizei. Ele cantou os dois trechos com toda a precisão e gosto imagináveis e, o que é mais, com uma voz belíssima. Poucas vezes tenho tido mais agradável surpresa. Depois da missa recebeu cumprimentos infindáveis dos cônegos e músicos, a que ele respondia pilheriando, mas sempre com muita graça. O Sr. Le Maître abraçou-o de todo coração. Eu fiz o mesmo. E vi que me sentia bem com isso, e a ele parecia dar prazer.

    Tenho a certeza de que hão de convir que, depois de me ter apaixonado por Bâcle, que não passava dum vagabundo, poderia me

---

18. *Contralto.* (N.E.)

apaixonar pelo Sr. Venture, que era educado, que tinha talento, espírito, hábitos sociais, e que poderia passar por um amável libertino. Foi também o que me aconteceu e, creio eu, o que aconteceria a qualquer outro rapaz, no meu lugar, e com mais facilidade se ele tivesse um melhor tato para sentir o mérito, e um gosto melhor para a ele se prender. Porque, sem contradita, Venture tinha mérito, e tinha sobretudo um merecimento muito raro na sua idade – o de não se apressar em mostrar que o tinha. É verdade que ele se gabava de muitas cousas que não sabia. Mas das que sabia, e que eram muitas, não dizia nada: esperava a oportunidade de as mostrar; utilizava-as então sem pressa, e isso fazia o melhor efeito. E como ele parava depois de cada coisa sem falar no mais, nunca se sabia quando ele mostrara tudo. Divertido, alegre, inesgotável, sedutor na conversa, sorrindo sempre sem rir nunca, dizia no tom mais elegante as coisas mais grosseiras, e as fazia passar. Mesmo as mulheres mais modestas se admiravam do que suportavam dele. Por mais que sentissem que deviam zangar-se, não tinham coragem. Só lhe faltavam mulheres perdidas, e eu não creio que ele fosse feito para ter aventuras amorosas, mas fora feito para dar uma alegria extraordinária à sociedade das pessoas que as tivessem. E era difícil que, com tantos talentos agradáveis, numa região em que esses talentos eram conhecidos e apreciados, ele ficasse muito tempo limitado à esfera dos músicos.

Meu interesse pelo Sr. Venture, mais razoável no motivo, foi menos extravagante nos efeitos, embora mais vivo e mais duradouro do que o que me inspirara Bâcle. Gostava de o ver, de o ouvir. Tudo que ele fazia me parecia encantador. Tudo que dizia me parecia um oráculo. Mas meu apaixonamento não ia até a não me poder separar dele. Tinha na vizinhança um bom preservativo contra esses excessos. E, aliás, julgando as suas máximas ótimas para ele, sentia que elas não haviam sido feitas para o meu uso. Eu precisava de uma certa espécie de voluptuosidade, de que não tinha idéia, e de que não ousava sequer falar, certo de que zombariam de mim. E procurava, entretanto, ligar a afeição por Venture com a que me dominava. Falava dele à mamãe com exagero. Le Maître fazia-lhe elogios, e ela consentiu que lho trouxessem. Porém, não deu resultados a entrevista. Ele a achou pedante. Ela o achou libertino. E, alarmando-se por me ver em tão má companhia, proibiu-me, não só que o trouxesse de novo, como me pintou em cores tão fortes os perigos que eu corria com esse rapaz que tive mais circunspecção ao me aproximar dele. E, para felicidade dos meus costumes e da minha cabeça, depressa nos vimos separados.

O Sr. Le Maître tinha as predileções de um artista: gostava do vinho. Entretanto, na mesa, era sóbrio. Mas, trabalhando, no gabinete, precisava de beber. E a criada dele o sabia tão bem que, assim que ele preparava o papel para compor e pegava no violoncelo, a garrafa e o copo chegavam instantes depois, e a garrafa se renovava de momento em momento. Sem nunca estar completamente bêbedo, estava quase sempre bebido; e na verdade era pena, porque ele era um rapaz essencialmente bom, e tão alegre que mamãe só o chamava de "*gato novo*". Infelizmente, ele amava o seu talento, trabalhava muito e bebia tanto quanto trabalhava. E isso acabou por produzir maus efeitos na sua saúde e no seu bom humor, de jeito que ele ficava muitas vezes sombrio e fácil de se ofender. Incapaz de uma grosseria, incapaz de ser mau com ninguém, nunca disse uma má palavra, nem mesmo a um dos meninos do coro. Mas era preciso também não cair em falta com ele, o que era justo. O mal era que ele tinha pouco espírito, não discernia o tom e os caracteres, e muitas vezes se espinhava por nada.

    O antigo capítulo de Genebra, onde outrora tantos príncipes e bispos se honravam de entrar, perdera no exílio o antigo esplendor, mas conservava o orgulho. Para poder ser admitido nele, era preciso sempre ser gentil-homem, ou doutor da Sorbonne. E se há um orgulho perdoável, depois do que se tira do mérito pessoal, é o que se tira do nascimento. Aliás, todos os padres que têm leigos ao seu serviço os tratam com bastante altivez. E era assim que os cônegos tratavam o pobre Sr. Le Maître. Sobretudo o chantre, o padre chamado de Sr. Vidonne, que era aliás um homem distinto, mas muito enfatuado com a sua nobreza, não tinha para com ele as considerações que o seu talento merecia. E ele não recebia de bom grado esses desdéns. Nesse ano, tiveram um desentendimento mais grave, em um jantar de regra que o bispo oferecia aos cônegos, e para o qual Le Maître era sempre convidado. O chantre lhe fez qualquer desfeita, e disse-lhe não sei quê palavra dura que ele não pôde digerir.

    Imediatamente tomou a resolução de fugir na noite imediata e ninguém pôde convencê-lo do contrário, embora a Sra. de Warens, de quem ele se foi despedir, nada poupasse para o apaziguar. Ele não pôde renunciar ao prazer de se vingar dos seus tiranos, deixando-os embaraçados com as festas da Páscoa, tempo em que mais necessitavam dele. Porém, o que o embaraçou foi a sua música, que ele queria carregar, o que não era fácil: enchia uma caixa muito grande e bastante pesada, que não se poderia levar debaixo do braço.

    Mamãe fez o que eu teria feito e que ainda hoje faria no seu lugar. Depois de muitos esforços inúteis para fazê-lo ficar, vendo-o resolvido a partir de qualquer maneira, tomou o partido de o ajudar em tudo que dependesse dela. Ouso dizer que ela o devia. Le Maître, por assim dizer, consagrara-se ao seu serviço. Fosse no que concernia a sua arte, ou no que concernia aos seus cuidados, ele estava inteiramente a suas ordens, e o agrado com que as cumpria dava a sua complacência um novo valor. Ela não fazia mais do que devolver a um amigo, em uma ocasião essencial, o que ele fizera por ela em pequenas porções durante três ou quatro anos. Ela, porém, tinha uma alma que, para cumprir esses deveres, não precisava pensar que fossem deveres. Mandou-me chamar, disse-me que seguisse o Sr. Le Maître pelo menos até Lyon, e que ficasse com ele pelo menos todo tempo em que tivesse necessidade de mim. Confessou-me depois que o desejo de me afastar do Sr. Venture contribuíra muito para essa resolução. Consultou Cláudio Anet, seu fiel criado, sobre o transporte da caixa. E ele foi de opinião que em vez de alugar um animal de frete, que infalivelmente nos descobriria, seria melhor, quando anoitecesse, levar em braços a caixa até uma certa distância, e alugar então, em alguma aldeia, um burro que a levasse até Seyssel, onde, já em terras de França, nada mais teríamos que arriscar. Foi a opinião seguida. Partimos na mesma noite às sete horas; e mamãe, a pretexto de me pagar as despesas, aumentou a magra bolsa do pobre "*gato novo*" com um acréscimo que não foi inútil. Cláudio Anet, o jardineiro e eu carregamos como pudemos a caixa até a primeira aldeia, onde um burro nos substituiu, e na mesma noite chegamos a Seyssel.

 Creio já ter feito notar que há tempos em que sou tão pouco semelhante a mim mesmo que me tomariam por um outro homem, de caráter inteiramente oposto. Vamos ver um exemplo. O padre Reydelet, cura de Seyssel, era cônego de S. Pedro, por conseqüência conhecido do Sr. Le Maître, e um dos homens de quem ele mais deveria se esconder. Minha opinião foi que, pelo contrário, devíamos apresentar-nos a ele e lhe pedir pousada sob qualquer pretexto, como se estivéssemos ali com consentimento do *Chapitre*.[19] O Sr. Le Maître aprovou essa idéia que lhe tornava a vingança em uma chocarrice divertida. Fomos, pois, cinicamente à casa do cônego Reydelet, que nos recebeu muito bem. Le Maître disse que ia a Bellay, a pedido do bispo, dirigir a música na festa da Páscoa; que ele contava demorar poucos dias; e eu, apoiado por essa mentira, preguei cem outras, tão naturais, que o Sr. Reydelet me achou um lindo rapaz, tomou-me amizade e me fez mil agrados. Fomos bem regalados, bem agasalhados. O cônego Reydelet não sabia onde nos pôr. E nos separamos

---

19. *Capítulo:* como era chamada a reunião normal, assembléia, dos cônegos. (N.E.)

como os melhores amigos do mundo, com promessa de demorar mais na volta. Foi com dificuldade que esperamos ficar sós para desatarmos em gargalhadas. E confesso que hoje ainda rio ao pensar nisso, porque não se poderia imaginar brincadeira mais bem sustentada e mais feliz. E nos teria divertido todo o caminho se Le Maître, que não deixava de beber e de fazer loucuras, não tivesse duas ou três vezes tido um ataque a que era sujeito e que parecia muito com epilepsia. Isso me punha em assombrosos embaraços, de que eu pensava em me libertar logo que pudesse.

Fomos a Bellay, passar a festa da Páscoa, como o havíamos dito ao padre Reydelet. E embora não nos esperassem, fomos recebidos pelo mestre de música e acolhidos por todos com grande prazer. Le Maître recebia a consideração devida a sua arte, e a merecia. O mestre de música de Bellay honrou-o com as suas melhores obras, e procurou obter o aplauso de tão bom juiz. Porque, além de Le Maître ser bom conhecedor, era justo, não era invejoso nem adulador. Era superior a todos esses mestres de música de província, e eles tão bem o sentiam, que o olhavam menos como confrade do que como chefe.

Depois de termos agradavelmente passado quatro ou cinco dias em Bellay, partimos e continuamos a viagem sem nenhum outro acidente afora esses que acabo de contar. Chegados a Lyon, fomos nos hospedar em Notre Dame de Pitié. E esperando pela caixa de músicas, que, graças a uma outra mentira, havíamos embarcado em Rhône aos cuidados do nosso bom patrão, Sr. Reydelet, o Sr. Le Maître foi visitar seus conhecidos, entre outros o padre Coton, franciscano, de quem falaremos depois, e o abade Dortan, conde de Lyon. Ambos o receberam bem. Mas o traíram, como veremos depois; a felicidade dele esgotara-se junto ao padre Reydelet.

Dois dias depois de termos chegado a Lyon, ao passarmos por uma ruela próxima ao nosso albergue, Le Maître foi assaltado por um dos seus ataques, e que, de tão violento, fiquei tomado de pavor. Gritei, pedi socorro, dei o nome do albergue, e supliquei que o levassem lá. Depois, enquanto juntava gente e se apressavam todos em torno de um homem caído sem sentidos e no meio da rua, foi abandonado pelo único amigo com quem poderia contar. Aproveitei o momento em que ninguém me notava; virei a esquina e desapareci. Graças ao céu, acabei essa terceira e penosa confissão. Se ainda me restassem muitas semelhantes a fazer, abandonaria o trabalho que comecei.

De tudo que disse aqui ficaram alguns traços nos lugares em que vivi. Mas o que irei dizer no livro seguinte é quase completamente ignorado. Foram as maiores extravagâncias da minha vida, e é sorte que não tenham acabado mal. Mas minha cabeça, afinada pelo tom de um instrumento estranho, estava fora do seu diapasão; voltou a ele por si própria; e então, acabaram-se as loucuras, ou, pelo menos, fi-las mais de acordo com a minha índole. Essa época da juventude é a de que tenho mais confusas recordações. Quase nada se passou nessa época de muito interessante para meu coração, de modo a gravar vivazmente a lembrança, e é difícil que em tantas idas e vindas, em tantas mudanças sucessivas, eu não faça algumas transposições de tempo e de lugar.

Escrevo absolutamente de memória, sem documentos, sem material que me ajude a recordar. Há na minha vida acontecimentos que me estão tão presentes como se acabassem de acontecer; mas há lacunas e vácuos que só posso preencher com o auxílio de histórias tão confusas quanto a lembrança que delas me ficou. Já cometi, pois, erros, algumas vezes, e ainda os poderei cometer a respeito de ninharias, até ao tempo em que tenha informações mais seguras sobre minha pessoa. Mas no que verdadeiramente importa ao assunto, tenho a certeza de que sou exato e fiel como sempre procurarei ser. E é com o que poderemos contar.

Logo que deixei o Sr. Le Maître, tomei minha resolução e voltei para Annecy. A causa e o mistério da nossa partida me tinham dado um grande interesse quanto à segurança da nossa retirada; e esse interesse, ocupando-me todo, distraíra-me durante alguns dias do interesse que me chamava para trás. Porém, desde que a segurança me deixou mais tranqüilo, o sentimento dominante retomou seu lugar. Nada me lisonjeava, nada me tentava. Não desejava nada senão rever mamãe. A ternura e veracidade da minha afeição por ela tinham desenraizado do meu coração todos os projetos imaginários, todas as loucuras da ambição. Não via outra felicidade senão viver junto dela, e não dava um passo sem sentir que me afastava dessa felicidade. Voltei, pois, assim que me foi possível. Minha volta foi tão rápida e meu espírito vinha tão distraído que, embora eu recorde com tanto prazer todas as minhas outras viagens, não tenho a menor lembrança dessa. De nada me lembro a não ser da partida de Lyon e de minha chegada em Annecy.

Imagine-se se essa última época me poderia sair da memória! Ao chegar, não encontrei mais a Sra. de Warens; fora embora para Paris.

Nunca soube bem o segredo dessa viagem. Tenho a certeza de que ela mo teria dito se eu o houvesse exigido. Mas nunca houve homem menos curioso do que eu dos segredos dos seus amigos; meu coração, preocupado inteiramente com o presente, preenche com ele toda a sua capacidade, todo o seu espaço e, afora os prazeres passados que constituem então minhas únicas alegrias, não fica vazio um recanto para o que não existe mais. Tudo o que supus entrever no pouco que ela me disse é que, com a revolução causada em Turim pela abdicação do rei da Sardenha, receou ser esquecida e quis, graças às intrigas do Sr. d'Aubonne, procurar as mesmas vantagens na corte de França, onde muitas vezes me disse que as preferiria, porque a infinidade dos grandes negócios contribuía para que não se fosse tão desagradavelmente fiscalizado. Se isso é verdade, é bem de admirar que à volta não lhe tenham feito má cara, e que ela tenha continuado a gozar da pensão sem sofrer nenhuma interrupção. Muita gente supôs que fora encarregada de alguma missão secreta, da parte do bispo, que talvez então tivesse negócios na corte de França e onde ele próprio foi obrigado a ir, ou da parte de alguém ainda mais poderoso, que lhe soube preparar uma volta feliz. Se isso for verdade, o que é certo é que a embaixatriz não seria mal escolhida, e que, jovem e bela ainda, tinha todos os talentos necessários para se sair bem de uma negociação.

LIVRO QUARTO

(1731-1732)

Chego e não a encontro. Imagine-se minha surpresa e minha dor! Foi então que comecei a sentir o desgosto de ter tão covardemente abandonado o Sr. Le Maître. E senti-o ainda mais vivo quando soube da desgraça que lhe acontecera. A caixa de música que continha toda a sua fortuna, essa preciosa caixa, salva com tantas fadigas, fora tomada ao chegar a Lyon graças aos cuidados do conde Dortan a quem o *Chapitre* escrevera para prevenir desse rapto furtivo. Le Maître em vão reclamara o que lhe pertencia, o que era seu ganha pão, o trabalho de toda a sua vida. A propriedade dessa caixa era, pelo menos, um assunto de litígio; mas nada houve. O negócio foi resolvido logo pela lei do mais forte e o pobre Le Maître perdeu assim todo o fruto de seus talentos, a obra da sua juventude, e o recurso da sua velhice.

Nada faltou ao golpe que recebi para o tornar esmagador. Mas eu estava em uma idade em que as grandes dores têm pouca extensão, e depressa arranjei consolo. Esperava ter, dentro em pouco, novas da Sra. de Warens, embora não lhe soubesse o endereço, e ela ignorasse que eu estava de volta. E quanto a minha deserção, tudo bem contado, não a considerava tão culpada. Eu fora útil ao Sr. Le Maître em sua fuga; era o único serviço que dependia de mim. Se eu houvesse ficado com ele na França, não o teria curado da sua moléstia, não lhe teria salvo a caixa, só lhe poderia ter duplicado as despesas sem servir para nada. Eis como então eu via as coisas: hoje as vejo de outra forma. Uma ação má não é logo que acaba de ser feita que nos atormenta; é quando muito tempo depois a gente a recorda, porque a lembrança não se extingue.

A única atitude que eu poderia tomar para ter notícias de mamãe era esperar. Porque, aonde ir procurá-la em Paris, e com o que fazer a viagem? Nenhum lugar era mais seguro que Annecy para saber cedo ou tarde onde ela estava. Lá fiquei, pois, mas procedi muito mal. Não fui visitar o bispo que me protegera e que ainda me protegia; não tinha mais minha senhora ao meu lado, e temia as repreensões pela nossa fuga. Fui ainda menos ao seminário: o padre Gros lá não estava mais. Não vi ninguém conhecido; entretanto, teria gostado de ir visitar a senhora intendente, mas nunca o ousei. E fiz pior do que isso: encontrei Venture, em quem, apesar do meu entusiasmo, não tinha sequer pensado desde a minha partida. Achei-o brilhante e festejado por toda Annecy. As senhoras o disputavam, e esse êxito acabou de me virar a cabeça. Só enxerguei então o Sr. Venture, e ele quase me fez esquecer a Sra. de Warens. Para mais à vontade aproveitar as suas lições, propus-lhe que compartilhasse comigo a sua morada; ele concordou. Estava hospedado na casa de um sapateiro, alegre e engraçado sujeito que, no seu *patois*,[20] só chamava a mulher de porcalhona, nome que ela muito merecia. Tinha com ela brigas que Venture procurava prolongar, simulando fazer o contrário. Dizia-lhe, em um tom frio e no seu sotaque provençal, palavras que faziam o maior efeito. Eram cenas de se morrer de rir. Assim se passavam as manhãs, sem que se notasse; às duas ou três horas comíamos um bocado. Venture ia para as suas amizades, onde ceava. E eu ia passear só, meditando no seu grande mérito, admirando, cobiçando os seus raros talentos e maldizendo minha perversa estréia que não me chamava para essa vida feliz. Ah! como eu me conhecia mal! A minha estrela seria mil vezes mais encantadora se eu não fosse tão tolo e se tivesse sabido aproveitá-la melhor.

A Sra. de Warens levava consigo apenas Anet. Deixara Merceret, sua criada de quarto, de quem já falei; e encontrei-a ainda ocupando o apartamento da patroa. Merceret era uma moça um pouco mais velha do que eu, que sem ser bonita era muito agradável. Uma boa friburguesa sem malícia, em quem nunca vi outro defeito senão o de ser às vezes um pouco amuada com a patroa. Muitas vezes a fui visitar. Era uma amizade antiga, e a sua presença me fazia recordar outra mais querida que ma fazia amar. Tinha muitas amigas, entre elas uma Srta. Giraud, de Genebra, que por mal de meus pecados me tomara amizade. Reclamava sempre de Merceret que me levasse à casa dela, e eu me deixava levar porque gostava muito de Merceret, e porque lá havia outras moças que via com muito prazer. Quanto

---

20. Jargão, linguagem própria. (N.E.)

à Srta. Giraud, que me fazia toda espécie de dengues, nada se pode aumentar à aversão que eu tinha por ela. Quando ela me aproximava do rosto o seu focinho seco e negro, enlambuzado de tabaco da Espanha, custava-me deixar de escarrar nele. Mas eu tinha paciência; e afora isso, gostava muito de estar no meio dessas moças todas. E, ou para agradar à Srta. Giraud, ou mesmo por minha causa, todas se disputavam em me agradar. Eu só via naquilo amizade. Pensei depois que só dependera de mim tirar maiores vantagens; mas eu não o percebia, nem pensava nisso.

Aliás, costureiras, vendedoras, criadas de quarto, não me tentavam. Gostava de senhoritas. Cada um pode ter os seus caprichos; e esse foi sempre o meu, pois nesse ponto não penso como Horácio.[21] E entretanto não é a vaidade pelo estado ou pela posição que me atrai. É uma pele mais conservada, ornatos mais graciosos, um ar de delicadeza e asseio em toda a pessoa, mais bom gosto no modo de se mostrar e de se exprimir, um vestido mais fino e mais bem feito, um sapato menor, fitas, rendas, cabelos mais bem penteados. Preferiria uma que tivesse tudo isso, embora fosse menos bonita. Eu próprio considero essa preferência muito ridícula, mas apesar disso meu coração a mantém. Pois bem, até essa vantagem se apresentava, e só de mim dependia aproveitá-la. Como gosto de cair, de tempos em tempos, sobre os momentos agradáveis da minha juventude! Foram-me tão doces! Foram tão curtos, tão raros e gozei-os tão barato! Ah! só a lembrança deles traz-me ao coração uma volúpia puríssima de que eu preciso para me reanimar a coragem e sustentar o tédio do resto dos anos.

Um dia, a madrugada me pareceu tão bonita que, vestindo-me às pressas, corri ao campo para ver erguer-se o sol. Gozava esse prazer em todo o seu encanto; era a semana depois de S. João. A terra, em veste de gala, cobria-se de arbustos e flores. Os rouxinóis, quase na ponta dos ramos, parece que se divertiam em os reforçar. E todos os pássaros, despedindo-se da primavera em um concerto, cantavam o nascimento de um belo dia de verão, de um desses lindos dias que não se vêem mais na minha idade, e que nunca foram vistos na terra triste em que hoje moro.[22]

Afastara-me insensivelmente da cidade, o calor aumentava, e eu passeava sob as sombras de um valezinho, ao longo de um regato. E ouvi atrás de mim passos de cavalo e vozes de mulheres que pareciam

---

21. Horácio, Liv. I, Sat. II. (N.E. francês)
22. Em Wooton, Staffordshire. (N.E. francês)

embaraçadas, que nem por isso riam com menos gosto. Voltei-me; chamaram-me pelo nome. Aproximei-me e encontrei duas moças do meu conhecimento, Srta. de Granffenried e Srta. Galley, que, como não eram excelentes amazonas, não sabiam como obrigar os cavalos a atravessarem o regato. A Srta. de Granffenried era uma jovem bernense muito amável, que, por ter sido posta fora de sua terra por alguma loucura da idade, imitara a Sra. de Warens, em cuja casa algumas vezes a vi. E não tendo entretanto uma pensão, como a outra, considerara-se muito feliz em ir morar com a Srta. Galley, que, tendo-lhe tomado amizade, conseguira que sua mãe lha desse como dama de companhia até que a pudesse colocar de alguma maneira. A Srta. Galley, mais nova um ano que ela, era mais bonita ainda. Tinha não sei quê de mais delicado, de mais fino. Era ao mesmo tempo muito criança e muito bem formada – a melhor fase das "mocinhas". Queriam-se ternamente, e o bom caráter de ambas contribuía para que fosse duradoura essa amizade, se algum amante não a viesse perturbar. Disseram-me que iam a Toune, velho castelo que pertencia à Srta. de Galley; e imploraram minha ajuda para lhes fazer andar os cavalos, já que elas sós não o conseguiam. Tentei chicotear os cavalos. Mas elas temiam por mim os coices e por elas os saltos. Tive que recorrer a um outro expediente. Tomei pela brida o cavalo da Srta. Galley, e o puxei através do riacho, com água no meio da perna; o outro cavalo seguiu sem dificuldade. Feito isso, decidi-me a cumprimentar as senhoritas e a ir-me embora como um palerma. Elas segredaram entre si algumas palavras, e a Srta. de Granffenried dirigiu-se a mim: "Não, não nos escapa assim. O senhor se molhou por nossa causa, e temos em consciência o dever de o fazer enxugar. Tenha a bondade de vir conosco; fica como nosso prisioneiro.". O coração me batia, e eu olhava para a Srta. de Galley, mas ela riu da minha cara assustada: "Sim, sim, prisioneiro de guerra! Suba à garupa do cavalo dela, queremos dar conta do senhor.". "Mas, senhorita, eu não tenho a honra de conhecer a senhora sua mãe. Que diria ela ao me ver chegar?". "A mãe dela não está em Toune", disse a Srta. de Granffenried, "estamos sós. Voltaremos esta noite e o senhor voltará conosco."

O efeito da eletricidade não é mais rápido do que o foram sobre mim essas palavras. Pulando sobre o cavalo da Srta. Granffenried, eu tremia de alegria. E quando precisei abraçá-la para me segurar, o coração me batia com tanta força que ela o percebeu; disse-me que o dela também batia, com medo de cair. Na posição em que estávamos, era quase um convite a verificar o fato, mas não o ousei. E, durante todo o percurso, meus braços lhe serviram de cinto, muito apertado, na verdade, mas sem mudar de lugar um momento. Qualquer mulher que ler isso me esbofeteará de boa vontade, e terá razão.

A alegria da viagem, o palrar das moças atiçaram de tal maneira a minha tagarelice que até à noite, enquanto estivemos juntos, não calamos um instante sequer. Elas me tinham posto tão à vontade que minha língua falava tanto quanto os olhos, embora não dissesse as mesmas coisas. Apenas em um momento ou em outro, quando eu me via só com uma das duas, a conversa se embaraçava um pouco. Mas, depressa, a ausente voltava, sem nos deixar tempo de esclarecer o embaraço.

Chegados a Toune, logo que me enxuguei, almoçamos. Depois foi preciso proceder à importante questão de preparar o jantar. As duas senhoritas, enquanto cozinhavam, beijavam de vez em quando os filhos da caseira; e o pobre moço de cozinha ficava a olhar, roendo o freio. Tinham vindo provisões da cidade, e tinha-se com que fazer um bom jantar, sobretudo de gulodices. Porém, infelizmente, tinha-se esquecido o vinho. Não era de admirar esse esquecimento da parte de moças que quase não bebiam. Mas eu me aborreci, porque contara com esse recurso para me tornar mais ousado. E elas também se aborreceram, talvez pela mesma razão, não sei ao certo. A alegria delas, viva e encantadora, era a própria inocência; e aliás que teria eu feito entre elas ambas? Mandaram procurar vinho em todas as cercanias; mas não se achou, de tal forma os camponeses do cantão são sóbrios e pobres. E, quando elas me vieram dizer a pena que sentiam pela falta do vinho, eu lhes disse que não careciam de vinho para me embriagar. Foi a única galanteria que lhes ousei dizer durante o dia todo; mas creio que as marotas viam muito bem que essa galanteria era uma verdade.

Jantamos na cozinha da caseira, as duas amigas sentadas nos bancos ao comprido da grande mesa, e o hóspede no meio delas, em um banco de três pés. Que jantar! Que lembrança cheia de encantos! Como, podendo-se com tão pouco custo gozar prazeres tão puros e verdadeiros, procuram-se outros! Nunca nenhuma ceia dos restaurantes de Paris pôde chegar aos pés dessa refeição, e não o digo só quanto à brincadeira e à doce alegria, mas quanto à sensualidade.

Depois do jantar fizemos uma economia: em vez de tomarmos o café que nos sobrara do almoço, guardamo-lo para o tomar com creme e doce que elas tinham trazido, e para mantermos o apetite em forma, fomos ao pomar acabar a sobremesa com cerejas. Trepei à árvore, e jogava-lhes as frutas em pencas, cujos caroços elas me lançavam através dos ramos. Uma vez, a Srta. Galley, avançando a cabeça e estendendo o avental, apresentou-se de tão bom jeito e eu visei tão bem que lhe deixei cair uma penca bem em cima do colo. Riu-se muito. E eu dizia a mim só: "Por que meus lábios não são essas cerejas! Como eu os lançaria satisfeito!".

Passou-se assim o dia, a doidejar com a maior liberdade, e sempre com a maior decência. Nenhuma só palavra equívoca, nem uma única brincadeira ousada. E essa decência não a impúnhamos, vinha por si só, e nós tomávamos o tom que o coração nos dava. Em suma, minha modéstia – outros dirão, minha tolice – foi tal que a maior intimidade que me escapou foi beijar uma única vez a mão da Srta. de Galley. É verdade que a circunstância dava valor a esse ligeiro favor. Estávamos a sós, eu respirava com embaraço e de olhos baixos. E minha boca, em vez de encontrar palavras, acertou de se colar à mão dela; e só depois do beijo foi que ela a retirou docemente, olhando-me sem irritação. Não sei o que eu lhe teria podido dizer. A outra entrou, e pareceu-me feia nesse momento.

Elas se lembraram afinal de que não deviam esperar a noite para entrar na cidade. Só nos restava o tempo justo para chegar ainda com dia, e apressamo-nos em partir arrumando-nos como na vinda. Se eu o ousasse, teria modificado essa ordem, porque o olhar da Srta. Galley me comovera vivamente o coração. Mas nada ousei dizer, e não cabia a ela propor a troca. Ao caminharmos, dizíamos que o dia fizera mal em acabar. Mas em vez de nos queixarmos porque ele fora curto, achamos que descobríramos o segredo de o fazermos longo, graças a todos os divertimentos com que o soubéramos encher.

Deixei-as mais ou menos no mesmo lugar em que elas me haviam apanhado. Com que tristeza nos separamos! Com que prazer combinamos nos rever! Doze horas passadas juntos nos valiam por séculos de familiaridade. A doce lembrança desse dia nada custava a essas moças amáveis; e a terna união que reinava entre nós valia pelos mais vivos prazeres e não poderia subsistir com eles. Éramos amigos sem mistério e sem acanhamento e queríamos nos estimar sempre assim; a inocência tem a sua volúpia, que vale bem a outra, porque não tem intervalos e age continuamente. Quanto a mim, sei que a memória de tão lindo dia me comove mais, me encanta mais, me fala mais ao coração do que certos prazeres que gozei na vida. Não sei o que eu queria dessas duas encantadoras pessoas, mas ambas me interessavam muito. Não digo que, se eu fosse senhor da situação, repartisse meu coração entre ambas: sentia uma certa preferência. E qualquer que fosse, parecia-me que se as deixasse, não poderia viver sem uma e sem outra. Quem me diria que nunca mais as haveria de ver, e que ali acabariam os nossos efêmeros amores? Os que lerem isso não deixarão de rir de minhas aventuras galantes, quando vêem que, depois de muitas preliminares, as mais avançadas acabam em um beijo na mão. Ó meus leitores! Não vos enganeis. Talvez eu tenha tido mais prazeres nos meus amores que acabavam por essa mão beijada do que os tivestes vós nos vossos amores que começavam pelo menos por isso.

Venture, que na véspera se deitara muito tarde, entrou pouco depois de mim. Dessa vez não o vi com o mesmo prazer que de ordinário, e evitei dizer-lhe como tinha passado o dia. As moças tinham falado dele com muito pouca estima, e mostraram-se descontentes por me saberem em tão ruins mãos, e isso o prejudicou no meu espírito. Aliás, tudo que me distraía delas só me poderia ser desagradável. Ele, entretanto, depressa me fez voltar a si e a mim, falando-me na minha situação, que era muito crítica para poder durar. Porque embora eu gastasse muito pouco, meus pequenos recursos acabavam de se esgotar; eu estava sem vintém. Notícia nenhuma de mamãe. Não sabia o que fazer, e sentia um cruel aperto de coração no pensar no amigo da Srta. Galley reduzido a pedir esmolas.

Venture disse-me que falara de mim ao *juge-mage*[23] e que me queria levar a jantar lá no dia seguinte. Que era um homem que me poderia prestar serviços por intermédio dos seus amigos. E aliás era uma boa amizade a fazer, um homem de espírito e de letras, de um convívio muito agradável, que tinha talento e que os apreciava. Misturava as coisas sérias com as coisas mais frívolas, e mostrou-me uma linda cópia vinda de Paris, tirada de uma ópera de Mouret que se representava então.

Essa cópia agradara tanto ao Sr. Simon (era esse o nome do *juge-mage*) que ele queria fazer outra em resposta, com a mesma música; dissera a Venture que fizesse também uma; e este teve a loucura de me obrigar a fazer uma terceira, a fim, disse ele, de que se vissem as cópias chegarem ao dia seguinte como as andas do "Romance cômico".

À noite, sem poder dormir, fiz como pude a minha cópia; e, por serem os primeiros versos que eu fazia, estavam passáveis, melhores mesmo, ou pelo menos feitos com mais gosto do que se fossem feitos na véspera, quando o assunto era uma situação muito terna, à

---

23. Magistrado (Direito antigo). (N.T.)

qual meu coração estava inteiramente entregue. No dia seguinte, mostrei a cópia a Venture que a pôs no bolso sem me dizer se fizera a sua. Fomos jantar na casa do Sr. Simon, que nos recebeu bem; a conversa foi agradável, e não o poderia deixar de ser entre dois homens de espírito, cultivados pela leitura. Quanto a mim, fazia o meu papel, escutava e calava. Nem um nem outro falou da cópia. Eu também não falei, e nunca mais, que eu o saiba, falou-se da que eu fizera.

O Sr. Simon ficou satisfeito. Foi pouco mais, ou pouco menos, a única coisa que ele viu de mim nessa visita. Ele já me vira muitas vezes na casa da Sra. de Warens, sem reparar muito em mim. É, pois, depois desse jantar que posso marcar nossas relações, que para nada me serviram, relativamente aos fins que me levaram a procurá-lo, mas de que logo tirei outros lucros que me fazem recordar com prazer sua memória.

Farei mal se não falar do seu exterior que, dada a sua qualidade de magistrado e o belo espírito que ele se prezava de ter, ninguém imaginaria, se eu nada dissesse. O Sr. *juge-mage*[24] Simon não teria talvez "dois pés"[25] de altura. As pernas, direitas, finas, e mesmo muito compridas, o teriam feito crescer se fossem verticais. Mas eram enviesadas, como as de um compasso muito aberto. E o corpo dele era não só curto, mas estreito, e em todos os sentidos de uma pequenez inconcebível. Quando estava nu, deveria parecer um gafanhoto. A cabeça, de tamanho natural, com um rosto bem formado, o ar nobre, olhos muito bonitos, parecia uma cabeça postiça que se houvesse posto sobre um coto mutilado. Ele poderia dispensar-se de gastar dinheiro em trajos, porque bastaria a peruca para o vestir perfeitamente da cabeça aos pés.

Tinha duas vozes muito diferentes, que se entremeavam ininterruptamente na conversa, em um contraste a princípio muito divertido, porém depressa desagradável. Uma era grave e sonora; era, se o ouso dizer, a voz da cabeça. A outra, clara, aguda, penetrante, era a voz do corpo. Quando ele se preocupava, falava com cuidado, regulava o fôlego, conseguia falar sempre na sua voz grossa; mas logo que se animasse um pouco, e que um interesse mais vivo se apresentasse, sua voz tornava-se como um assovio em uma chave, e dava-lhe o maior trabalho do mundo voltar ao tom baixo.

---

24. Juiz-mago, com carisma especial. (N.E.)
25. *Pé:* unidade de comprimento do sistema anglo-saxão, correspondente a 12 polegadas e equivalente, no sistema métrico decimal, a aproximadamente 30,48 cm. Expressão jocosa que significa "baixinho", "meio metro", "tampinha". (N.E.)

Embora com o aspecto que acabo de pintar, e que não está exagerado, o Sr. Simon era galante, grande contador de anedotas, e levava até à faceirice o cuidado com o seu arranjo. E como ele procurava sempre parecer bem, dava de preferência suas audiências pela manhã, no leito; porque quando se via sobre o travesseiro uma bonita cabeça, ninguém imaginaria que ali estava tudo. E isso, às vezes, dava margens a cenas que, tenho a certeza, toda Annecy recorda ainda.

Um dia em que ele esperava os solicitadores nesse leito, ou melhor, sobre esse leito, com um belo toucado de noite bem fino e bem branco, ornado com dois grandes tufos de fitas cor de rosa, chegou um camponês, bateu à porta. A criada saíra. O Sr. *juge-mage*, ouvindo bater mais forte, gritou:

"Entre!" e, como isso foi dito com um tom forte, saiu na voz aguda. O homem entrou; procurou de onde vinha essa voz de mulher, e vendo na cama uma touca, um laço, procurou sair, fazendo grandes escusas à senhora. O Sr. Simon zangou-se e gritou com a voz ainda mais fina. O camponês, confirmado na sua idéia e supondo-se insultado, injuriou-o, disse-lhe que tinha toda a aparência de uma meretriz, e que o Sr. *juge-mage* não dava bons exemplos em sua casa.

O *juge-mage* furioso, sem outra arma senão o urinol, ia jogá-lo à cabeça do pobre homem, quando a governanta chegou.

Esse anãozinho, tão desgracioso de corpo por obra da natureza, fora compensado do lado do espírito. Tinha-o naturalmente agradável e tomara cuidado em o cultivar. Mas não amava a sua profissão, embora fosse bom jurisconsulto, segundo o diziam. Dera-se às belas letras e tirara resultado. Adquirira, sobretudo, essa superfície brilhante, essa flor que ameniza a convivência, mesmo com as mulheres. Sabia de cor toda a coleção dos *ana*[26] e congêneres; e tinha a arte de os fazer valer, contando com interesse, com mistério, como uma anedota da véspera, que se passara há sessenta anos. Sabia música e cantava agradavelmente com a voz de homem; enfim, tinha prendas bonitas demais para um magistrado. De tanto lisonjear as senhoras de Annecy, ficara na moda, entre elas; viviam com ele atrás como um macaquinho. E ele pretendia mesmo ter tido as suas aventuras, o que as divertia muito. Uma certa Sra. d'Epagny dizia que, para ele, o maior dos favores era beijar uma mulher nos joelhos.

Como ele conhecesse bons livros e neles falasse de boa mente, sua conversa era não só divertida, como instrutiva. Quando, de-

---

26. Coleção de anedotas e ditos espirituosos. (N.T.)

pois, tomei gosto pelos estudos, cultivei sua amizade e dei-me muito bem. De Chamberry, onde eu estava então, ia-o visitar freqüentemente. Ele louvava, admirava minha emulação, dava-me boas opiniões para minhas leituras, que eu aproveitei muito. Infelizmente, nesse corpo tão frágil morava uma alma muito sensível. Alguns anos depois, houve não sei que mau negócio que o entristeceu, e ele morreu disso. Foi pena. Era indiscutivelmente um bom homenzinho, de quem a gente começava por rir, mas que findava por estimar. E embora sua vida fosse pouco ligada à minha, como dele recebi muitas lições úteis, creio que posso, em agradecimento, consagrar-lhe uma pequena lembrança.

Logo que me vi livre, corri à rua da Srta. de Galley, esperando ver entrar ou sair alguém, ou pelo menos abrir-se alguma janela. Nada. Não apareceu um gato sequer, e durante todo o tempo em que lá estive a casa permaneceu fechada como se fosse desabitada. A rua era pequena e deserta, e um homem se fazia notar. De tempo em tempo passava alguém, entrava ou saía na vizinhança. Eu estava embaraçadíssimo. Parecia-me que adivinhavam porque eu estava ali, e essa idéia me supliciava, porque sempre sacrifiquei meus prazeres à honra e ao repouso das pessoas que me eram queridas.

Enfim, cansado de fazer de amante espanhol sem ter guitarra, tomei o partido de escrever à Srta. de Granffenried. Eu preferiria escrever a sua amiga; mas não o ousei, e achei que devia começar por ela, a quem eu devia o conhecimento da outra, e com quem estava mais familiarizado. Feita a carta, fui levá-la à Srta. Giraud, como tínhamos combinado ao nos separar. Foram elas que sugeriram esse expediente. A Srta. Giraud era costureira e, como às vezes trabalhava na casa da Sra. Galley, tinha entrada livre lá. E entretanto a mensageira não me pareceu muito bem escolhida. Mas tive medo de, se começasse a pôr dificuldades a respeito dela, que não me indicassem outra. E além disso, não saberia dizer se ela não quereria trabalhar por conta própria. Sentia-me humilhado em pensar que ela ousasse supor que, para mim, era do mesmo sexo que aquelas senhoritas. Em suma, preferi essa intermediária a nenhuma, e corri o risco.

À primeira palavra, a Giraud me adivinhou; não era difícil. Se uma carta para levar para moças não se traísse por si própria, bastaria para me trair meu ar tolo e embaraçado. É de imaginar que esse recado não lhe desse muito prazer; mas recebeu-o e o executou fielmente. No dia seguinte de manhã, corri à casa dela e recebi a resposta. Como me apressei em sair para a ler e beijar à vontade! Nem há necessidade de dizer isso; e o que há mais necessidade de contar é a iniciativa da Srta. Giraud, que demonstrou muito mais delicadeza e discrição do que eu esperava dela. Tenho bastante bom senso para ver que com seus trinta e sete anos, os olhos de lebre, o nariz troncho, a voz azeda e a pele negra não teria vantagens contra duas moças cheias de encantos e em todo o resplendor da formosura, não quis nem as trair nem as servir e preferiu perder-me a nos servir.

(1732) – Já fazia algum tempo que a Merceret pensava em voltar para Friburgo porque não recebia nenhuma notícia da patroa; acabou se decidindo. E fez mais. Deu a entender que precisava de alguém que a acompanhasse até a casa de seu pai, e propus-me ir. A pequena Merceret, a quem eu não desagradava, achou a idéia muito boa. E no mesmo dia falaram-me do negócio como de coisa decidida; e como eu não achava desagradável esse modo de dispor de mim, concordei, encarando essa viagem como a uma questão de oito dias no máximo. A Giraud, que não pensava assim, arranjou tudo. Foi-me preciso confessar o meu estado financeiro. Remediaram-no. A Merceret me sustentaria, e para compensar por um lado o que ela gastaria por outro, decidiu, por proposta minha, que mandaria na frente a sua pequena bagagem, e que iríamos a pé, em pequenas jornadas. E assim foi feito.

Aborrece-me ter de falar de tantas pequenas apaixonadas por mim. Mas como não tenho motivos para ficar vaidoso do modo como me aproveitei desses amores, creio que posso dizer a verdade sem escrúpulos. E embora a Merceret fosse mais jovem e menos acanhada que a Giraud, nunca me fez provocações tão visíveis; mas imitava-me os tons, o sotaque, repetia-me as palavras, tinha para comigo atenções que eu deveria ter para com ela e, como era muito medrosa, tomava sempre cuidado em que dormíssemos no mesmo quarto, intimidade que raramente se limita a isso entre um rapaz de vinte anos e uma moça de vinte e cinco.

E dessa vez, entretanto, se limitou a isso. Foi tal a minha simplicidade que, embora a Merceret não fosse desagradável, nunca me ocorreu, durante a viagem toda, não digo a menor tentação galante, mas a mínima idéia que a isso se ligasse. E mesmo que essa idéia me ocorresse, eu era muito tolo para a aproveitar. Não imaginava como uma moça e um rapaz poderiam dormir juntos; supunha que seriam precisos séculos para preparar esse terrível arranjo. Se a pobre Merceret, quando me pagava as despesas, esperava qualquer compensação, foi lograda; e chegamos a Friburgo exatamente como saíramos de Annecy.

Ao passar por Genebra, não fui visitar ninguém, mas quase desmaiei quando passei pelas pontes. Nunca vi os muros dessa bem-aventurada cidade, nunca nela entrei sem sentir um desfalecimento de coração que provinha de um excesso de enternecimento. Enquanto a nobre imagem da liberdade me elevava a alma, as imagens da igualdade, da união, da doçura de costumes me comoviam até às lágrimas e me inspiravam uma aguda tristeza por ter perdido todos esses bens. Em que erro estava eu, mas como era ele natural! Creio ver tudo isso em minha pátria, porque a trago no coração.

Era preciso passar em Nyon. Passar sem ver o meu bom pai! Se eu tivesse tido essa coragem, morreria de desgosto. Deixei a Merceret na hospedaria e fui visitá-lo com todo o risco. Ah, como fiz mal em ter receios! A alma dele abriu-se para mim com os sentimentos paternais de que estava cheia. Quantas lágrimas derramamos ao nos abraçar! Primeiro ele pensou que eu estava de volta. Contei-lhe minha história, dei-lhe parte de minha resolução. Fracamente ele me tentou dissuadir. Fez-me ver os perigos a que me expunha, disse-me que as menores loucuras eram as melhores. E afinal não teve sequer a tentação de me obrigar a ficar. E acho que nisso teve razão; porém a verdade é que ele não fez para me recuperar tudo que poderia ter feito, talvez porque julgasse que depois do passo que eu dera não deveria voltar, ou talvez porque se visse embaraçado, sem saber o que fizesse de mim na idade em que eu já estava. Soube depois que ele tivera da minha companheira de viagem uma opinião muito injusta e muito afastada da verdade, mas afinal de contas muito natural. Minha madrasta, uma boa mulher, um pouco untuosa, fingiu que me queria reter para a ceia. Não fiquei, mas disse-lhe que à volta contava demorar com eles algum tempo, que lhes deixava como depósito o meu pacotinho de viagem que viera pelo navio, e que me estava sobrecarregando. Parti no dia seguinte cedinho, muito satisfeito por ter visto meu pai e por ter ousado cumprir meu dever.

Chegamos felizmente em Friburgo. No fim da viagem, diminuíram um pouco as atenções da Srta. Merceret. Depois da chegada, ela só me demonstrou frieza; e o pai dela, que não nadava na opulência, não me fez também grande acolhida. Fui me hospedar no albergue. No dia seguinte fui visitá-los e me ofereceram jantar, que aceitei. Separamo-nos sem lágrimas. Voltei a minha baiúca, e parti dois dias depois da chegada, sem saber muito bem para onde me dirigir.

Eis aqui uma circunstância de minha vida em que a Providência me ofereceu precisamente o de que eu precisava para ver meus dias decorrerem felizes. A Merceret era uma ótima moça, que não era brilhante, não era bonita, mas também não era feia. Pouco viva, muito razoável, com alguns pequeninos amuos que passavam quando chorava, e que nunca tinham conseqüências tormentosas. Tinha por mim uma verdadeira preferência. Tê-la-ia desposado sem trabalho, e poderia seguir o ofício do seu pai. Meu amor pela música me teria feito amar a profissão. Ter-me-ia estabelecido em Friburgo, cidadezinha sem beleza, mas habitada por boa gente. Perderia, sem dúvida, grandes prazeres, mas teria vivido em paz até minha hora derradeira; e devo saber melhor do que ninguém que não haveria motivos para hesitar ante essa troca.

Voltei, não para Lyon, mas para Lausanne. Queria me fartar da vista desse lindo lago que de lá se vê na sua maior extensão. A maioria dos outros motivos que me determinaram a essa resolução não eram mais sólidos. Intenções longínquas muito raramente têm força bastante para me fazerem agir. A incerteza do futuro sempre me fez encarar os projetos de longa execução como engodos. Entrego-me à esperança como qualquer outro, se nada me custar alimentá-la; mas se é preciso ter trabalho com ela, desisto. O mínimo prazer que me está ao alcance tenta-me mais que as alegrias do paraíso. Entretanto, excetuo o prazer a que se deve seguir o sofrimento; esse não me tenta, porque eu só gosto dos gozos puros, e nunca os temos quando sabemos que o arrependimento os deve acompanhar.

Eu tinha grande necessidade de chegar a um lugar qualquer, e o mais próximo seria o melhor; porque perdera-me no caminho e cheguei à noite em Moudon, onde gastei o pouquinho que me restava, fora dez *kreutzers*,[27] que se foram embora no jantar do dia seguinte. Ao chegar à noite em uma aldeola próxima a Lausanne, entrei em um albergue sem um vintém para pagar a dormida e sem saber o que faria. Tinha muita fome. Fiz boa cara, pedi ceia, como se tivesse com que pagar. Fui-me deitar sem pensar em nada, dormi tranqüilamente. De manhã, depois de almoçar, fiz as contas com o hoteleiro; e pelos sete *batz*[28] em que importava minha despesa, quis-lhe deixar minha jaqueta como penhor. O excelente homem recusou a oferta e disse-me que, graças ao céu, nunca tinha despido ninguém, que o não queria começar por amor de sete *batz*, que eu guardasse a jaqueta, que lhe pagaria quando o pudesse. Fiquei comovido com a bondade dele, porém menos do que o deveria. Não demorei em lhe mandar o dinheiro e os meus agradecimentos, por um portador seguro. Mas

---

27. *Kreutzer*: moeda alemã, com o valor mais ou menos de 4 cêntimos franceses. (N.T.)
28. *Batz*: moeda suíça ou alemã, que vale cerca de 15 cêntimos franceses. (N.T.)

quando, quinze anos depois, passei por Lausanne, de volta da Itália, tive verdadeira pena de ter esquecido o nome do albergue e o do dono. Teria ido vê-lo; e seria para mim um verdadeiro prazer recordar-lhe a boa obra, e provar-lhe que não fora mal empregada. Obséquios sem dúvida mais importantes, mas prestados com mais ostentação, não me pareciam mais dignos de reconhecimento do que a humanidade simples e sem exibição desse homem de bem.

Ao me aproximar de Lausanne comecei a pensar na triste situação em que me encontrava, nos meios de sair dela sem ir mostrar minha miséria a minha madrasta. E nessa peregrinagem pedestre, comparava-me ao meu amigo Venture ao chegar a Annecy. E me encasquetei tanto nessa idéia que, sem pensar que carecia da gentileza dele e dos seus talentos, meti na cabeça representar em Lausanne o papel do pequeno Venture, ensinar música, que eu não sabia, e dizer que era de Paris, onde nunca tinha estado. Em conseqüência desse belo projeto, como não existia lá escola de coro onde eu pudesse servir de vigário, e como eu próprio não pensasse em ir meter-me com gente de arte, comecei por me informar de alguma pequena hospedaria, onde se pudesse estar bem e a bom preço. Indicaram-me um tal Perrotet, que recebia hóspedes. Aconteceu que esse Perrotet era o homem melhor do mundo e me recebeu muito bem. Contei-lhe as minhas mentirazinhas como as pudera arranjar. Ele pro-meteu falar de mim e tratar de me procurar alunos, e disse-me que só me pediria dinheiro depois que eu o houvesse ganhado. A pensão era de cinco escudos brancos, o que era pouco em si, mas para mim era muito. Ele me aconselhou que a princípio gastasse apenas meia pensão, que consistia em uma boa sopa e nada mais no jantar; mas a ceia, à noite, era completa. Concordei. O pobre Perrotet me fez todos esses adiantamentos com a melhor boa vontade do mundo, e nada poupou para me ser útil.

Por que será que tendo encontrado tantas pessoas boas na minha mocidade encontro tão poucas agora na minha idade avançada? A raça delas estará esgotada? Não, mas a ordem em que sou obrigado a procurá-las hoje não é a mesma em que as procurava então. Entre o povo, em que as grandes paixões só se fazem sentir por intervalos, os sentimentos naturais se fazem ouvir mais freqüentemente. Nas situações mais elevadas ficam inteiramente abafados e, sob a máscara do sentimento, só a vaidade e o interesse falam.

De Lausanne escrevi a meu pai, que me enviou meu embrulho, e mandou-me dizer excelentes coisas, que eu deveria ter aproveitado melhor. Já fiz notar que sofro de momentos de inconcebível delírio, em que não sou eu próprio. Eis aqui um dos mais característicos. Para se ver a que ponto eu estava então de cabeça virada, até que ponto eu me tinha por assim dizer *venturizado*, basta ver quantas extravagâncias eu acumulava de uma só vez.

Fazia-me de mestre de canto sem saber decifrar uma ária; porque mesmo que os seis meses que eu passara na casa de Le Maître me tivessem aproveitado, não bastariam. É verdade que eu aprendera com um mestre: era o bastante para aprender mal. Parisiense de Genebra e católico em um país protestante, achei que devia mudar de nome como de religião e de pátria. Aproximava-me o mais que me era possível do meu grande modelo. Chamava-se ele Venture de Villeneuve e eu fiz o anagrama com o nome de Rousseau no de Vaussore, e me fiquei chamando Vaussore de Villeneuve. Venture conhecia composição, embora não o dissesse a ninguém; e eu, que a não sabia, gabava-me a todo mundo de a conhecer, e sem ser capaz de anotar o menor "vaudeville",[29] apresentava-me como compositor. E não é tudo: tendo sido apresentado ao Sr. de Treytorens, professor de direito, que gostava da música e dava concertos em casa, quis lhe dar uma amostra do meu talento, e pus-me a compor uma peça para um concerto seu, com tanta desfaçatez como se fosse realmente capaz de o fazer. Tive a constância de trabalhar durante quinze dias nessa bela obra, de a passar a limpo, tirar as partes, e distribuí-las com tanta segurança como se fosse uma obra-prima de harmonia. E, enfim, o que custara a crer é que, para coroar dignamente essa sublime produção, pus-lhe no fim um lindo minueto que corria as ruas, e que todo mundo talvez ainda recorde, com esta letra que outrora foi muito conhecida:

"Quel caprice!

Quelle injustice!

Quoi! Ta Clarisse

Trahirait tes feux! etc."[30]

Venture me ensinara essa ária no rabecão, com uma letra infame, graças à qual a decorei. Pus, pois, no fim da composição esse minueto e o seu rabecão, e, suprimindo-lhe a letra, apresentava-o como meu, tão resolutamente como se me dirigisse aos habitantes da lua.

---

29. Comédia entremeada de canções, modinha, cantiga popular. (N.E.)
30. *Que capricho / Que injustiça! / Tua Clarisse / Trair teu amor!* (N.T.)

Reuniram-se para executar minha peça. Expliquei a cada um o gênero do movimento, o gosto da execução, o retorno das partes. Combinaram-se todos durante cinco minutos que para mim foram cinco séculos. Enfim, tudo já pronto, bati com um belo rolo de papel, sobre o meu púlpito magistral, as cinco ou seis pancadas de "atenção"! Fez-se silêncio. Pus-me gravemente a marcar o compasso; começaram... Não, desde que existem óperas francesas, nunca se ouviu no mundo um *charivari*[31] igual. E o que quer que tivessem pensado do meu pretenso talento, o efeito foi pior do que tudo que se poderia esperar. Os músicos sufocavam de riso; os ouvintes regalavam os olhos e desejariam poder fechar as orelhas, mas não havia meio. Os sinfonistas, meus carrascos, que se queriam divertir, faziam um barulho de furar o tímpano a um *quinze-vingt*.[32] Eu tive a força de desempenhar o meu papel até o fim, é verdade que suando em bagas, mas preso pela vergonha, sem ousar fugir e deixar tudo ali. E para meu consolo, ouvia em redor de mim os assistentes cochicharem uns aos outros, ou mesmo aos meus ouvidos: "Não tem nada de suportável", ou "Que música endiabrada!", ou outro, "Que demônio de sabá!" Pobre Jean-Jacques, nesse momento cruel, nunca esperarias que um dia, diante do rei de França e toda sua corte, teus sons excitariam murmúrios de surpresa e de aplauso, e que em todos os lugares a tua volta as mais amáveis mulheres diriam à meia voz: "Que sons deliciosos! Que música encantadora! Todos esses cantos sobem ao coração!".

Mas o que fez rir a todos foi o minueto. Mal começaram a tocá-lo, ouvi rebentarem gargalhadas de todos os lados. Todos me felicitaram pelo meu lindo gosto pelo canto. Afirmaram-me que esse minueto me faria notório; e que eu merecia que me cantassem a música por toda parte. Não tenho necessidade de descrever minha angústia nem de confessar que muito a merecia.

No dia seguinte, um dos sinfonistas, chamado Lutold, me veio visitar e foi tão bom que não me felicitou pelo meu êxito. O profundo sentimento de minha tolice, a vergonha, a mágoa, o desespero pela situação a que ficara reduzido e a impossibilidade de manter fechado o meu coração nos seus grandes desgostos fizeram com que me abrisse com ele. Dei largas às lágrimas; e em lugar de me contentar em lhe confessar minha ignorância disse-lhe tudo, pedindo segredo que ele prometeu e que guardou como se supõe. Logo no mesmo

---

31. Confusão, algazarra, desordem. (N.E.)
32. *Quinze-vingts:* hospital fundado por S. Luís, em Paris, destinado a abrigar trezentos cegos. Aqui refere-se a um pensionista desse hospital. (N.T.)

dia, toda Lausanne soube quem eu era; e, o que é notável, ninguém me fez má cara, nem mesmo o bom Perrotet, que não deixou por isso de me alojar e sustentar.

Eu vivia, mas muito tristemente. As conseqüências de uma tal estréia não me fizeram em Lausanne uma estada muito agradável. Os alunos não se apresentavam em massa: nem uma única aluna e ninguém da cidade. Tive no máximo dois ou três grandes Teutches, tão estúpidos quanto eu era ignorante, que me aborreciam mortalmente e que, nas minhas mãos, não se tornaram grandes músicos. Fui chamado a uma única casa, onde uma serpentezinha de moça deu-se ao prazer de me mostrar uma porção de músicas, das quais não pude ler uma só nota, e que ela teve a malícia de cantar depois à frente do professor para lhe mostrar como se executava aquilo. Eu estava tão pouco em condições de ler uma ária à primeira vista que, nesse brilhante concerto em que falei, não me foi possível, um momento sequer, acompanhar a execução para saber se se tocava bem o que eu tinha sob os olhos e que eu próprio compusera.

No meio de tantas humilhações, tinha consolos suavíssimos nas notícias que de tempos em tempos recebia das minhas duas encantadoras amigas. Sempre achei no outro sexo uma grande virtude consoladora; e nada há que suavize tanto minhas desgraças e minhas aflições como sentir que uma amável criatura toma interesse por elas. Entretanto, pouco depois, cessou essa correspondência e nunca mais foi renovada; por minha culpa, porém. Ao mudar de lugar, deixei de lhes mandar meu endereço; e forçado pela necessidade a pensar continuamente em mim mesmo, breve as esqueci completamente.

Já faz bastante tempo que não falo de minha pobre mamãe; mas quem pensar que eu a esquecera também engana-se redondamente. Não deixava de pensar nela, de desejar encontrá-la, não só pela necessidade de subsistência, mas também pelo desejo do meu coração. Minha afeição por ela, por mais terna, por mais viva que fosse, não me impedia de amar a outras; não era, porém, da mesma maneira. Todas deviam igualmente a minha ternura aos seus encantos; mas essa ternura prendia-se unicamente a isso, e não lhes sobreviveria. Enquanto mamãe poderia tornar-se velha e feia sem que eu deixasse de a amar ternamente. Meu coração transmitira plenamente a sua pessoa a homenagem que a princípio rendera a sua beleza; e qualquer que fosse a mudança por que ela passasse, dado que ela fosse sempre ela própria, meus sentimentos não se poderiam mudar. Sei bem que lhe devia gratidão; mas na verdade não me lembrava disso. Fizesse-me ela benefícios, ou não os fizesse, para mim era sempre o mesmo. Não a estimava nem por dever, nem por interesse, nem por conveniência. Amava-a porque nascera para a amar. Quando me apaixonava por uma outra, confesso que isso me distraía e que pensava menos nela; mas, quando pensava, era com o mesmo prazer de sempre, e nunca, apaixonado ou não, pude pensar nela sem sentir que não poderia haver para mim verdadeira felicidade enquanto estivéssemos separados.

Sem notícias suas havia tanto tempo, não pensei, porém, que se tivesse perdido de todo ou que ela me pudesse esquecer. Dizia a mim mesmo: "Cedo ou tarde ela saberá que estou errante e me dará algum sinal de vida. Tenho a certeza de que a encontrarei.". E enquanto esperava, era para mim uma grande doçura habitar seu país, passar pelas ruas em que ela passara, à frente das casas em que ela estivera. E tudo isso por conjectura, porque uma das minhas ineptas esquisitices era não ousar me informar dela nem lhe pronunciar o nome sem a mais absoluta necessidade. Parecia-me que, pronunciando-lhe o nome, diria tudo que ele me inspirava, que minha boca revelaria o segredo do meu coração, que de qualquer maneira a comprometeria. Creio mesmo que misturava-se a isso um certo pavor de que falassem mal dela. Haviam falado muito do passo que ela dera, e um pouco da sua conduta. E com medo que não dissessem o que eu queria ouvir, gostava mais que não dissessem nada.

Como os alunos não me ocupavam muito, e a sua cidade natal era apenas a quatro léguas de Lausanne, dei lá um passeio de dois ou três dias, durante os quais a mais doce emoção não me abandonou um momento. O aspecto do lago de Genebra e de suas margens admiráveis sempre teve para mim um atrativo particular que eu não saberia explicar, e que não se prende só à beleza do espetáculo, mas a não sei quê de mais interessante que me impressiona e me enternece. Sempre que me aproximo do país de Vaud, sinto uma impressão composta da Sra. de Warens que lá nasceu, de meu pai que lá vivia, da Srta. Vulson que teve as primícias do meu coração, de muitas viagens divertidas que fiz na infância e, pelo que me parece, de alguma coisa ainda mais secreta e mais forte que tudo isso. Quando o ardente desejo dessa vida feliz e suave que me fugira e para a qual eu nasci me vem inflamar a imaginação, é sempre no país de Vaud, perto do lago, nos campos encantadores, que ela se fixa. É-me preciso absolutamente um prado à borda desse lago e não de um outro. E é-me preciso um amigo fiel, uma mulher amável, uma vaca e um bote. Não gozarei de felicidade perfeita, na terra, enquanto não possuir isso tudo. Rio-me da simplicidade com que eu ia muitas vezes a esse país unicamente para procurar essa felicidade imaginária. E ficava inteiramente surpreendido ao ver que os habitantes, sobretudo as mulheres, eram de um caráter inteiramente diverso do que eu imaginara. Como isso me parecia disparatado! A região e o povo que a habitava não me pareceram nunca feitos um para o outro.

Nessa viagem a Vevay, acompanhando aquelas lindas margens, entregava-me à mais doce melancolia; meu coração atirava-se com ardor a mil felicidades inocentes; enternecia-me, suspirava e chorava como uma criança. Quantas vezes parava para poder chorar à vontade, sentado em uma grande pedra, e divertia-me em ver minhas lágrimas caírem na água!

Em Vevay, hospedei-me na *"Clef"*; e durante os dois dias que lá passei sem ver ninguém tomei por essa cidade um amor que me acompanhou em todas as minhas viagens, e que me fez estabelecer lá os heróis do meu romance. E digo com prazer às pessoas de gosto e de sensibilidade: "Ide a Vevay, visitai o local, examinai os sítios, passeai no lago e dizei-me se a natureza não fez esse país para uma Júlia, para uma Clara, para um Saint-Preux?[33] Mas não os procureis". Volto à minha história.

Como eu era católico e me apresentava como tal, seguia sem mistério e sem escrúpulos o culto que abraçara. Aos domingos, quando o dia era bonito, ia à missa em Assens, a duas léguas de Lausanne. Fazia ordinariamente essa caminhada com outros católicos, sobretudo com um recamador parisiense, cujo nome esqueci. Não era um parisiense como eu, mas um verídico parisiense de Paris, um arquiparisiense do bom Deus, bondoso como um *champenois*.[34] Amava tanto o seu país que nunca quis duvidar de que eu fosse de lá, com medo de perder essa ocasião de falar nele. O Sr. de Crouzas, tenente do bailiado, tinha também um jardineiro de Paris, mas menos complacente, e que considerava comprometida a honra de seu país se alguém ousava inculcar-se como francês sem ter essa honra. Interrogava-me com ares de um homem certo de me apanhar em falta, e depois sorria malignamente. Perguntou-me uma vez o que havia de notável no Mercado Novo. Desarrazoei, como se pode crer. Hoje, depois de ter passado vinte anos em Paris, devo conhecer bem a cidade; e se entretanto me fizessem agora essa pergunta, não ficaria menos embaraçado para responder. E poder-se-ia concluir por esse embaraço que nunca estive em Paris; e, pois, mesmo diante da verdade, a gente se arrisca a se fundar em princípios enganadores.

---

33. Santo corajoso. (N.E.)
34. *Champanhes:* aquele natural da região de Champagne-Ardenne. (N.T.)

Não sei dizer quanto tempo demorei em Lausanne. Não tenho dessa cidade lembranças muito fortes. Sei apenas que, não conseguindo viver lá, fui a Neuchatel, onde passei o inverno. Fui mais feliz nessa última cidade. Tive alunos e ganhei com que pagar ao meu bom amigo Perrotet que fielmente me havia mandado minha pequena bagagem, embora ainda eu lhe devesse bastante dinheiro.

Insensivelmente ia aprendendo música enquanto ensinava. Minha vida era muito suave; um homem razoável se contentaria com ela, mas meu coração inquieto pedia-me outras coisas. Nos domingos e dias em que estava livre, ia correr os campos e as florestas dos arredores, errando sempre, sonhando, suspirando, e quando me acontecia sair da cidade só voltava lá de noite. Um dia em que eu estava em Boudry, entrei para jantar em um albergue e vi lá um homem de grande barba, com vestes roxas à moda grega, um boné forrado, a equipagem e o ar muito nobre, e que fazia esforços para se fazer compreender. Falava só um dialeto quase indecifrável, mas mais parecido com o italiano do que com qualquer outra língua. Eu entendia quase tudo o que ele dizia e era o único. Ele só se podia entender com o hospedeiro e com o pessoal da terra por meio de sinais. Disse-lhe algumas palavras em italiano que ele compreendeu perfeitamente. Levantou-se e veio me abraçar com entusiasmo. Fizemos imediatamente amizade e desde então fiquei lhe servindo de intérprete. O jantar dele era bom, o meu era menos que medíocre. Convidou-me a partilhar o seu e eu fiz poucas cerimônias. Bebendo e trocando línguas, acabamos por nos familiarizar; e, quando o jantar acabou, já éramos inseparáveis. Contou-me ele que era prelado grego e arquimandrita de Jerusalém, e que se encarregara de fazer uma subscrição em prol do restabelecimento do Santo Sepulcro. Mostrou-me belas patentes da Czarina e do Imperador; e tinha muitas de outros soberanos. Estava muito satisfeito com o que apurara até então; porém, na Alemanha sofrera incríveis trabalhos, porque não sabia uma palavra de alemão, de latim, nem de francês, e via-se reduzido ao grego, ao turco, e à língua franca, como únicos recursos, o que não lhe servia de muito nos países por onde andava. Propôs-me que o acompanhasse para lhe servir de secretário e de intérprete.

Apesar da minha casaca roxa, recém-comprada e que não se enquadrava mal com o meu novo posto, eu tinha o ar tão pouco próspero que ele não me achou difícil de convencer e não se enganou. Depressa chegamos a um acordo; eu não pedia nada e ele prometia muito. Sem caução, sem segurança, sem conhecê-lo, entreguei-me a ele, e no dia seguinte partia para Jerusalém.

Começamos a *tournée* pelo cantão de Friburgo, em que ele não fez muita coisa. A dignidade episcopal não lhe permitia proceder como um mendigo e esmolar aos particulares. Apresentamos a sua requisição ao senado, que lhe deu uma pequena quantia. Fomos então a Berna. Hospedamo-nos no Faucon, uma boa hospedaria, então, e onde encontramos boa companhia. A mesa era farta e bem servida. Fazia muito tempo que eu comia mal; tinha grande necessidade de me refazer, e, tendo ocasião, aproveitei-me. O próprio Monsenhor Arquimandrita era um bom companheiro que gostava muito de ir à mesa, alegre, bom conversador com os que o entendiam, sem carecer de certos conhecimentos, e aplicava sua erudição grega com muito propósito. Um dia, ao quebrar nozes, cortou o dedo em um grande talho. E ao ver sair o sangue com abundância, mostrou o dedo aos presentes, dizendo, rindo:

"*Mirate, signori, questo è sangue pelasgo.*"[35]

Em Berna, minhas funções não foram inúteis, e não me saí tão mal quanto o receara. Era muito mais desenvolto e mais bem falante do que o seria em meu próprio benefício. As coisas não se passaram tão simplesmente quanto em Friburgo; foram precisas longas e freqüentes conferências com os maiorais do Estado e o exame dos títulos não foi questão de um dia.

Enfim, quando tudo estava em regra, foi admitido a uma audiência do senado. Entrei com ele como intérprete, e mandaram-me falar. Era o que eu menos esperava, pois não me ocorrera que, depois de ter tão longamente conferenciado com os membros do senado, precisava falar à corporação como se não houvesse dito nada. Imagine-se o meu embaraço! Para um homem tão acanhado, falar não só em público, mas diante do senado de Berna, a lhes falar de improviso, sem um único minuto para me preparar, não era o bastante para me aterrar? Nem sequer me intimidei. Expus sucinta e claramente a missão do arquimandrita. Louvei a piedade dos príncipes que haviam contribuído para a coleta que já fora feita. E, procurando estimular Suas Excelências, disse que menos não se poderia esperar da sua costumeira munificência. E depois, procurando provar que essa obra era boa para todos os cristãos, sem distinção de seita, terminei prometendo a bênção do céu aos que a ela se associassem. Não direi que meu discurso fez efeito, mas é certo que o apreciaram, e que, ao

---

35. *Olhem, senhores, isto é sangue pelasgo* (de luta, lutador, valente). *Pelasgo* é o nome primitivo dado ao povo pré-helênico, que teria ocupado o território da Grécia antes do século XI a.C., e notável pela valentia e espírito de luta. É o mesmo que *pelasgico*. (N.E.)

sair, o arquimandrita recebeu um presente apreciável e mais muitos cumprimentos pelo espírito que demonstrara o secretário, cumprimentos que eu tive o agradável dever de traduzir, embora o não fizesse ao pé da letra. Foi essa a única vez na minha vida em que falei em público e diante de um soberano, e a única vez, talvez, em que falei à vontade e bem. Quanta diferença nas disposições do mesmo homem! Há uns três anos, fui a Yverdun visitar meu velho amigo Roguin, e recebi uma deputação que me viera agradecer alguns livros que eu mandara para a biblioteca da cidade. Os suíços são muito discursadores, e esses cavalheiros discursaram. Senti-me obrigado a responder, mas de tal forma me embaracei na resposta, embrulhei tanto as coisas, que parei de repente e fiz com que zombassem de mim. Embora fosse naturalmente tímido, fui às vezes ousado, na mocidade, mas nunca na idade avançada. Quanto mais vi o mundo, menos pude entendê-lo.

Saindo de Berna, fomos a Soleure. Porque era desígnio do arquimandrita retomar o caminho da Alemanha, voltar de lá pela Hungria ou pela Polônia, o que era um itinerário imenso. Porém, como o caminho fazia com que sua bolsa mais crescesse do que se esvaziasse, ele pouco temia as voltas. Quanto a mim, que me comprazia quase tanto em andar a cavalo quanto a pé, não desejaria coisa melhor do que viajar assim toda a vida. Estava, porém, escrito que não iria tão longe.

Ao chegar a Soleure, a primeira coisa que fizemos foi ir saudar o Sr. embaixador da França. Infelizmente, para o meu bispo, esse embaixador era o marquês de Bonac, que fora embaixador junto à Sublime Porta,[36] e devia estar a par de tudo que se referisse ao Santo Sepulcro. O arquimandrita teve uma audiência de um quarto de hora, a que não fui admitido porque o embaixador entendia a língua franca e falava o italiano pelo menos tão bem quanto eu. À saída do meu grego, propus-me a segui-lo, mas me retiveram, e chegou então minha vez. Tendo-me apresentado como parisiense, estava, desse modo, sob a jurisdição de Sua Excelência. Perguntou-me ele quem eu era, exortou-me a lhe dizer a verdade. E prometi lha dizer se ele me concedesse uma audiência particular, que me foi concedida. O embaixador levou-me ao seu gabinete, cuja porta fechou; e ajoelhando-me aos seus pés, cumpri minha palavra. Mesmo que nada houvesse prometido, não teria dito menos, porque uma necessidade de expansão me põe sempre o coração na boca. E depois de me ter confessa-

---

36. Jerusalém. (N.E.)

do ao músico Lutold, não tinha motivo para fazer mistérios com o Marquês de Bonac. Ficou tão satisfeito com a minha história e com a sinceridade com que vira que eu a contara que me tomou pela mão, entrou nos aposentos da senhora Embaixatriz e apresentou-me a ela fazendo um resumo da minha narração. A Sra. de Bonac me acudiu com bondade e disse que não me deviam deixar ir embora com o monge grego. Resolveram que eu ficaria no hotel, esperando que vissem o que poderiam fazer de mim. Eu quis ir me despedir do pobre arquimandrita, a quem me afeiçoara, mas não mo permitiram. Mandaram-lhe dizer que me haviam retido, e um quarto de hora depois recebi o meu pequeno saco de viagem. O Sr. de La Martinière, secretário da Embaixada, ficou de um certo modo encarregado da minha pessoa. E, ao me levar ao quarto que me era destinado, disse-me: "Este quarto, ao tempo do conde de Luc, foi ocupado por um homem célebre que tinha o mesmo nome que o senhor. E só ao senhor compete substituí-lo por todos os modos e fazer com que digam um dia: 'Rousseau primeiro e Rousseau segundo'.". Essa similitude, que eu aliás não esperava, a esse tempo, teria lisonjeado menos a minha ambição se eu pudesse prever o preço com que mais tarde a pagaria.

O que me dissera o Sr. de La Martinière deu-me curiosidade. Li as obras daquele que ocupara o quarto; e, convencido com o cumprimento que me haviam feito, supondo ter vocação para a poesia, fiz como ensaio uma cantata em louvor da Sra. de Bonac. Mas essa vocação não se agüentou. Tenho feito, de tempos em tempos, versos medíocres. É um ótimo exercício para as inversões elegantes e para aprender melhor a escrever em prosa. Mas nunca encontrei na poesia francesa bastante atrativo para a ela me entregar inteiramente.

O Sr. de La Martinière quis ver o meu estilo, e me pediu por escrito a mesma narração que eu fizera ao embaixador. Escrevi-lhe uma longa carta; soube depois que essa carta fora conservada pelo Sr. Marianne, que já era, havia muito tempo, adido ao Sr. de Bonac e que depois sucedeu ao Sr. de La Martinière, sendo embaixador, então, o Sr. de Courteilles. Pedi ao Sr. de Malesherbes que me procurasse obter uma cópia dessa carta. Se eu a obtiver, por intermédio dele ou de outrem, hão de encontrá-la no apêndice que acompanhará minhas *Confissões*.

A experiência que eu ia começando a ter me moderava aos poucos os projetos romanescos. E, como prova, não só não me apaixonei pela Sra. de Bonac, como senti logo que não poderia avançar muito na casa do marido dela. O Sr. de La Martinière, ocupando o lugar, e o Sr. de Marianne por assim dizer em sobrevivência só me deixavam esperar, como a melhor sorte, um emprego de subsecretário, que não me seduzia infinitamente. E foi por isso que, quando me consultaram sobre o que eu quereria fazer, mostrei muito desejo de ir a Paris. O Sr. Embaixador aprovou essa idéia que pelo menos facultava-lhe desembaraçar-se de mim. O Sr. de Merveilleux, secretário e intérprete da embaixada, disse que o Sr. Godard, coronel suíço a serviço da França, procurava uma pessoa para por junto ao seu sobrinho que começava o serviço militar muito jovem, e pensou que eu lhe poderia convir. E foi minha partida resolvida com esse pretexto aceito às pressas. E eu que via uma viagem por fazer, tendo Paris por destino, fiquei de coração radiante. Deram-me algumas cartas, cem francos para a viagem, acompanhados de muitos bons conselhos, e parti.

Gastei nessa viagem uns quinze dias, que posso contar entre os mais felizes da minha vida. Era jovem, sadio, tinha bastante dinheiro, muitas esperanças, viajava a pé e viajava só. Quem ainda não se familiarizou com o meu temperamento há de se admirar de me ver computar semelhante vantagem. Minhas doces quimeras me acompanhavam e nunca houve imaginação ardente que concebesse nenhuma tão magnífica. Quando me ofereciam um lugar vago em um veículo, ou alguém se aproximava de mim na estrada, agastava-me por ver derrubada a fortuna cujo edifício eu construía ao caminhar. Dessa vez minhas idéias eram marciais. Ia-me aproximar de um militar e transformar-me, eu próprio, em um militar; porque tinham conseguido que eu começasse como cadete. Já me imaginava em trajes de oficial, com um lindo penacho branco. O coração se me inflamava a essa nobre idéia. Eu tinha algumas tinturas de geometria e fortificações; tinha um tio engenheiro. Era, de algum modo, filho da bala. A vista curta constituía-me um certo obstáculo, que não me embaraçava, porém. E eu contava, à força de sangue frio e intrepidez, suprir esse pequeno defeito. Já lera que o marechal Schomberg tinha a vista muito curta. Por que não a teria também o marechal Rousseau? E essas loucuras de tal modo me entusiasmavam, que eu já não via senão tropas, trincheiras, baluartes, baterias e eu, no meio do fogo e da fumaça, dando ordens tranqüilamente, de luneta na mão. E entretanto, quando passava pelos campos agradáveis, via os bosquetes e os regatos, e essas comovedoras visões me faziam suspirar de saudade. No meio da minha glória, sentia que meu coração não fora feito para tanto estrépito; e logo, sem saber como, via-me de novo por entre minhas pastorais, renunciando para sempre aos trabalhos de Marte.

Como, logo à chegada, Paris me desmentiu a imagem com que eu a imaginara! A decoração exterior que eu vira em Turim, a beleza das ruas, a simetria e o alinhamento das casas, faziam-me procurar em Paris outras coisas mais. Eu imaginara uma cidade tão bonita quanto grande, com o aspecto majestoso, onde se vissem, apenas, ruas soberbas, palácios de mármore e ouro. Entrando pelo bairro de Saint Marceau, só vi ruelas sujas e mal cheirosas, feias casas negras, o ar da sujeira, da pobreza, dos mendigos, dos carroceiros, regateiras, mercadoras de ervas e chapéus velhos. Tudo isso me impressionou tanto no primeiro momento que nem tudo que vi mais tarde em Paris de real magnificência pôde destruir essa primeira impressão, e sempre me ficou uma secreta repugnância pela moradia nessa capital. E posso dizer que durante todo o tempo em que lá vivi, depois disso, foi sempre ocupado em procurar obter recursos que me facultassem viver afastado de lá. Eis o fruto de uma imaginação muito ativa, que exagera mais que a exageração dos homens, e vê sempre mais longe do que ouve. Tinham-me gabado tanto Paris, que eu a imaginava como a antiga Babilônia; e se eu houvesse visto a própria Babilônia, talvez tivesse de modificar muito o retrato, que lhe imaginei. O mesmo me aconteceu com a Ópera, onde me apressei em ir no dia seguinte ao da chegada. O mesmo me aconteceu depois com Versailles. E, ainda depois, vendo o mar; e a mesma coisa me acontecerá vendo espetáculos que me tenham anunciado muito. Porque é impossível aos homens e difícil à própria natureza ultrapassar em riqueza a minha imaginação.

Pelo modo como fui recebido por todos para quem trazia cartas, julguei que estava com a fortuna garantida. O Sr. de Surbeck, a quem eu era mais recomendado, reformado do exército, vivendo retirado em Bagneux, foi quem me fez menos agrados; fui visitá-lo diversas vezes e ele nunca me ofereceu um copo de água. Fui mais bem recebido pela Sra. de Merveilleux, cunhada do intérprete, e pelo seu sobrinho, oficial das guardas. Não só mãe e filho me receberam bem, como me convidaram a sua mesa, à qual me sentei muitas vezes durante minha estada em Paris. A Sra. de Merveilleux parece-me ter sido bonita. Seus cabelos eram de uma linda cor preta, e faziam cachos na testa, à velha moda. Restava-lhe o que não desaparece com os encantos, um espírito muito agradável. Creio que ela apreciou o meu, e fez o que pôde para me ser útil; mas ninguém a ajudou e depressa fiquei desiludido de todo esse grande interesse que haviam demonstrado por mim. É preciso, entretanto, ser justo com os franceses: eles não se desmancham em protestos tanto quanto se diz, e os que os fazem são quase sempre sinceros. Mas têm uma maneira de parecerem interessados com a gente que engana mais do que palavras. Os grandes cumprimentos dos suíços só se podem fazer crer aos tolos; e as maneiras dos franceses são mais sedutoras justamente porque são mais simples. Parece que eles não dizem o que querem fazer, para nos surpreenderem agradavelmente. Direi mais: não são falsos nas suas demonstrações. São naturalmente oficiosos, humanos, benévolos, e mesmo, digam o que disserem, mais sinceros que os de qualquer outra nação. Mas são levianos e inconstantes. Sentem, com efeito, o sentimento que testemunham, porém esse sentimento vai embora como veio. Enquanto nos falam estão todos conosco; logo que não nos veêm, esquecem-nos. Nada é permanente em seus corações; tudo neles é obra do momento.

Fui, pois, muito lisonjeado e pouco servido. Esse coronel Godard, para cujo sobrinho me tinham enviado, não passava de um mau velhote avarento, que, embora todo recheado de ouro e vendo minha miséria, não me quis para nada. Pretendia que eu fosse junto ao seu sobrinho antes uma espécie de lacaio sem ordenado do que um verdadeiro preceptor. Continuamente ao lado dele, e por isso dispensado do serviço militar, tinha eu de viver com o soldo de cadete, isto é, de soldado, e mal me consentia ele em dar o uniforme; porque quereria que eu me contentasse com o do regimento. A Sra. de Merveilleux, indignada com as propostas dele, impediu-me de as aceitar, e seu filho foi da mesma opinião. Procurou-se outra coisa e não se encontrou nada. E eu já começava a me afligir, porque os cem francos com que fizera a viagem já não me poderiam levar muito longe. Felizmente ainda me chegou, da parte do Sr. embaixador, uma pequena remessa que me serviu muito. E creio que ele não me teria abandonado se eu tivesse mais paciência. Mas consumir-me, esperar, solicitar, são-me coisas impossíveis. Aborreci-me, não apareci mais, e acabou-se tudo. Eu não esquecera minha pobre mamãe; mas como encontrá-la? Onde procurá-la? A Sra. de Merveilleux, que conhecia minha história, ajudou-me nessa busca, e inutilmente, muito tempo. Enfim, me informou que a Sra. de Warens fora embora já fazia mais de dois meses, mas que ninguém sabia se fora para a Sabóia ou para Turim, e que algumas pessoas diziam que voltara à Suíça. Não precisei de mais para me resolver a segui-la, certo de que fosse qual fosse o lugar em que estivesse, era-me muito mais fácil encontrá-la na província do que em Paris.

Antes de partir, exerci o meu novo talento poético em uma carta ao coronel Godard, em que zombava dele o melhor que podia. Mostrei o rascunho à Sra. de Merveilleux, que em vez de me censurar como o deveria, riu muito dos meus sarcasmos; o filho dela também riu, pois, segundo suponho, não gostava nada do Sr. Godard, que, é preciso confessar, não era nada amável. Senti-me tentado a mandar os versos, e eles me animaram. Fiz um pacote com o endereço dele, e como então não havia em Paris correio urbano, pu-lo no bolso e ao passar em Auxerre o remeti. Ainda hoje rio às vezes, quando imagino as caretas que ele terá feito ao ler o panegírico, em que era pintada feição por feição. Começava assim:

> Tu croyois, vieux penard, qu'ne folle manie
> D'élever ton neveu m'inspireroit l'envie.[37]

Essa obrinha, na verdade mal feita, mas que não carecia de sal, e anunciava talento para a sátira, foi entretanto o único escrito satírico que me saiu da pena. Tenho o coração muito pouco odiento para me prevalecer desse talento. Mas creio que, à vista de algumas polêmicas escritas em minha defesa de tempos em tempos, se eu fosse de humor brigão, meus agressores raramente veriam as risadas do seu lado.

A coisa que mais lamento, nos trechos de minha vida de que perdi a lembrança, é não ter escrito diários das minhas viagens. Nunca pensei tanto, vivi tanto, existi tanto, fui tanto eu próprio, se o posso dizer, como nessas viagens que fiz só e a pé. O andar a pé tem algo que me anima e aviva as idéias. Quase que não posso pensar quando estou imóvel. É preciso que o meu corpo se mexa para que meu espírito se movimente. A vista do campo, a sucessão dos aspectos agradáveis, o ar livre, o grande apetite, a boa saúde que adquiro a caminhar, a liberdade dos albergues, o afastamento de tudo que me faz sentir minha dependência, de tudo que me recorda minha situação, tudo isso me desembaraça a alma, me dá uma maior audácia de pensar, põe-me de um certo modo dentro da imensidade dos seres para os combinar, escolhê-los, apropriá-los a minha vontade, sem incômodos e sem receios. Disponho, como senhor, da natureza inteira. Meu coração, errando de coisa em coisa, une-se, identifica-se ao que o agrada, cerca-se de imagens encantadoras, embriaga-se com sentimentos deliciosos. Se, para os fixar, divirto-me em descrevê-los em mim mesmo, que vigor de pincel, que beleza de colorido, que energia de expressão lhes sei dar! Dizem que há disso nos meus livros escritos no declínio dos anos. Ah! Se tivessem visto os da minha primeira juventude, feitos durante as viagens, os que compus e que nunca escrevi! Por que, direis vós, não os escrever? E eu respondo: "Com que fim furtar-me ao encanto do prazer atual para ir dizer aos outros públicos e à terra inteira, enquanto eu vogava no

---

37. "Supunhas, velho gamenho, que uma estulta mania / Me inspirara o desejo de educar teu sobrinho..." (N.T.)

céu? E ademais, tinha eu comigo papel, penas? Se eu fosse cogitar disso tudo, nada me viria. Não poderia prever que ia ter idéias. Elas vêm quando lhes apraz e não quando me apraz. Elas não vêm, ou o que sinto?" Que me importavam os leitores, uns vêm em multidão, e me esmagam com o seu número e a sua força. Dez volumes por dia não bastariam. De onde tirar o tempo para as escrever? Ao chegar, eu só pensava em jantar bem. Ao partir, só cuidava de bem caminhar. Sentia que um paraíso novo me esperava à porta, e só cuidava em ir encontrá-lo.

Nunca senti tudo isso tão bem quanto na volta de que falo. Ao ir para Paris, limitava-me às idéias relativas ao que lá iria fazer. Lançava-me à carreira em que ia entrar, percorria-a com muita glória; mas essa carreira não era a que meu coração desejava, e os reais prejudicavam os entes imaginários. O coronel Godard e o sobrinho faziam má figura junto a um herói como eu. Graças ao céu, eu agora estava livre desses obstáculos; podia à vontade mergulhar no país da quimera, porque só isso me restava à frente. E me enfronhava tão bem por ele que muitas vezes me perdi realmente no caminho, e teria me aborrecido de andar mais na reta, porque, sentindo que em Lyon de novo recairia na terra, desejava nunca mais chegar lá.

Um dia entre outros, em que resolvi voltar no caminho para ver de perto um lugar que me pareceu admirável, agradei-me tanto dele e dei tantas voltas que acabei me perdendo realmente. Depois de muitas horas de caminhada inútil, cansado e morrendo de fome, entrei na casa de um camponês, a qual não tinha boa aparência, mas que era a única que eu via nos arredores. Pensava que ali era como em Genebra ou na Suíça, em que todos os habitantes arranjados estão em estado de exercer a hospitalidade. Pedi a esse que me fornecesse um jantar, mediante paga. Ofereceu-me leite com nata e um grosso pão de centeio, dizendo-me que era tudo o que tinha. Bebi o leite deliciosamente e comi o pão com palha e tudo; mas isso não era bastante restaurador para um homem morto de casaço. O camponês, que me examinava, inteirou-se da verdade da minha história à vista do meu apetite.

Logo depois de me dizer que via bem que eu era um rapaz honesto[38] que não estava ali para vendê-lo, abriu um pequeno cômodo ao lado da cozinha, desceu, e veio um momento depois com um bom pão de trigo, um presunto que, apesar de eu já ter comido, era muito

---

38. Aparentemente eu ainda não tinha, então, a fisionomia que depois me deram nos meus retratos.

apetitoso, e uma garrafa de vinho, cujo aspecto me alegrou mais que o resto. Acrescente-se a isso uma omelete bem grossa, e fiz um tal jantar como nunca um caminhante o fez. Quando chegou a hora de pagar, voltaram-lhe a inquietação e os receios. Não quis meu dinheiro, repeliu-o com uma extraordinária perturbação, e o engraçado é que eu não podia imaginar de que tinha ele medo. Enfim, disse, tremendo, essas terríveis palavras: "cobrador" e "rato de adega". Fez-me compreender que escondia o vinho por causa das *aides*,[39] que escondia o pão por causa da *taille*,[40] e que seria um homem perdido se descobrissem que ele não morria de fome. Tudo que me disse a esse respeito, e de que eu não tinha a menor idéia, fez-me uma impressão que nunca se apagará. Foi esse o germe desse ódio inextinguível que depois se desenvolveu no meu coração contra as vexações que sofre o desgraçado povo e contra os seus opressores. Esse homem, embora arranjado, não ousava comer o pão que ganhara com o suor do seu rosto, e só poderia evitar a ruína mostrando passar a mesma miséria que reinava ao redor dele. Saí da sua casa tão indignado quanto comovido, deplorando a sorte dessas lindas regiões a que a natureza só prodigalizou seus dons para fazer dela presa dos bárbaros publicanos.

 É esta a única recordação precisa que me ficou de tudo que me aconteceu durante essa viagem. Lembro-me também, ainda, de que ao me aproximar de Lyon, senti-me tentado a prolongar o caminho para ir ver as margens do Lignon; porque entre os romances que lera com meu pai, o *Astrée*[41] não fora esquecido, e era ele que mais freqüentemente eu recordava. Perguntei pelo caminho de Forez. E, ao conversar com a hoteleira, ela me disse que era uma região de recursos para os operários, que havia lá muitas forjas, que lá se trabalhava muito bem em ferro. Esse elogio fez calar de súbito toda a minha curiosidade romanesca, e não pensei mais em ir procurar as Dianas e os Silvanos entre um povo de ferreiros. A boa mulher que assim me procurara animar, naturalmente me tomara por serralheiro.

 Eu, porém, não ia a Lyon sem um desígnio. Ao chegar, fui visitar nas Chasottes a Srta. du Châtelet, amiga da Sra. de Warens, e para a qual me tinham dado uma carta quando eu viera com o Sr. Le Maître;

---

39. Imposto que se cobrava do povo para ajudar a custear as despesas do Estado, sob a antiga monarquia. (N.T.)
40. Imposto que pesava antigamente, na França, sobre a plebe. (N.T.)
41. Célebre romance pastoral, de Honoré d'Urfé. A cena se passa às margens do Lignon, ribeiro de Forez, que o autor celebrizou. Essa obra exerceu grande influência na literatura francesa. (N.T.)

era portanto um conhecimento já feito. A Srta. du Châtelet me informou de que realmente sua amiga passara por Lyon, mas que ignorava se fora até o Piemonte, e que ela própria, ao partir, ignorava se não ficaria na Sabóia. Que, se eu quisesse, ela lhe escreveria para ter notícias; que a melhor coisa que eu faria era esperar em Lyon. Aceitei a idéia, mas não ousei dizer a Srta. du Châtelet que tinha pressa da resposta, e que minha pobre bolsa esgotada não me deixava em condições de esperar muito tempo. O que me impedia de falar não fora ela me ter recebido mal; ao contrário, agradara-me muito, tratara-me em um pé de igualdade que me tirava a coragem de lhe deixar ver minha situação e de descer do papel de amigo ao de um infeliz mendigo.

Parece-me que vejo claramente as conseqüências de tudo que marquei neste livro. Entretanto, creio que recordo uma outra viagem a Lyon, de que não posso marcar o tempo, e na qual me vi muito apertado. Uma pequena anedota, muito difícil de contar, nunca permitirá que a esqueça. Uma noite eu estava sentado em Bellecour, depois de uma magra ceia, pensando nos meios de me sair da complicação, quando um homem de boné veio sentar-se ao meu lado. O homem tinha o ar desses operários de seda que se chamam em Lyon de tafetazeiros. Dirigiu-me a palavra, respondi-lhe, e mal tínhamos conversado um quarto de hora quando ele, com o mesmo sangue frio e sem mudar de tom, propôs-me irmo-nos divertir juntos. Esperei que me explicasse qual era esse divertimento. E ele, sem dizer mais nada, pôs-se a me dar o exemplo do que era. Nós quase nos tocávamos, mas a noite estava tão escura que me impedia de ver para que exercício ele se preparava. Nada ele queria de mim; pelo menos, nada me anunciava essa intenção, e o lugar não a teria favorecido. Ele só queria, como o dissera, divertir-se, e que também eu me divertisse, cada um para seu lado. E isso lhe parecia tão simples que não lhe ocorreu que eu não encarasse a coisa do mesmo modo. Fiquei tão assombrado com esse despudor que, sem responder, levantei-me precipitadamente e pus-me a correr com quantas pernas tinha, supondo que o miserável me vinha nos calcanhares. Estava tão perturbado que, em vez de me dirigir para o meu albergue pela rua Saint-Dominique, corri para os lados do cais e só parei do lado de lá da ponte de madeira, tão trêmulo como se acabasse de cometer um crime. Eu era vítima do mesmo vício, mas essa lembrança me curou por muito tempo.

Nessa viagem tive uma outra aventura mais ou menos do mesmo gênero, porém que me pôs em perigo maior. Sentindo que minhas reservas se acabavam, comecei a lhe economizar os magros restos.

Principiei a comer menos freqüentemente no albergue, e deixei de todo de lá comer, porque, por cinco ou seis soldos, em uma taverna, comia tão bem quanto lá por vinte e cinco. Sem comer mais lá, não sabia como fazer para ir dormir – não que eu devesse muito – mas por vergonha de ocupar um quarto sem dar nada a ganhar à hospedeira. A estação estava bonita. Um dia em que fazia calor, determinei-me a passar a noite na praça. E já me aboletara em um banco quando passou um padre e, vendo-me assim deitado, perguntou se eu não tinha abrigo. Confessei-lhe meu caso e ele se mostrou comovido; assentou-se ao meu lado, conversamos. Falava agradavelmente, e, com o que disse, fez com que eu concebesse sobre ele a melhor opinião deste mundo. Quando me viu bem disposto, disse que não estava instalado com largueza, que dispunha de um único quarto, mas que decerto não me deixaria dormir na praça; que era tarde para se procurar um pouso, e que me oferecia por essa noite a metade da sua cama. Aceitei a oferta, esperando logo fazer um amigo que fosse útil. Fomos. Ele acendeu o isqueiro, e o quarto, embora pequenino, me pareceu limpo. Fez-me as suas honras delicadamente, tirou de um frasco de vidro cerejas na aguardente; cada um de nós comeu duas e nos fomos deitar.

    O padre tinha os mesmos gostos que o judeu do asilo, mas não os manifestou tão brutalmente. Talvez porque, sabendo que eu poderia ser ouvido, receou obrigar-me a me defender, ou talvez porque realmente estivesse menos firme no seu desígnio, não ousou propor abertamente a execução e procurou me dispor sem me assustar. Mais instruído que da primeira vez, compreendi logo o que ele queria e estremeci. Sem saber em que casa e em mãos de quem eu estava, temi, se fizesse barulho, ter de pagá-lo com a vida. Fingi que não compreendia o que ele desejava; mas mostrando-me muito importunado com as suas carícias e muito decidido a não permitir que se adiantassem mais, procedi com tanto jeito que ele teve de se conter. Falei-lhe então com toda doçura e toda firmeza de que fui capaz. E parecendo que não suspeitava de nada, desculpei-me da inquietação que lhe mostrara contando-lhe a minha antiga aventura, e em termos tão cheios de nojo e horror que, creio, ele próprio sentiu repugnância e desistiu do seu sujo desejo. Passamos tranqüilamente o resto da noite; ele me disse mesmo muitas coisas muito boas, muito sensatas. Não era decerto um homem sem méritos, embora fosse um grande rufião.

    No dia seguinte, o padre, que não parecia descontente, falou no almoço, e pediu a uma das bonitas filhas da hospedeira que o trouxesse. Ela disse que não tinha tempo. Ele se dirigiu à irmã que não se dignou responder. Esperamos sempre e nada de almoço. Fomos enfim ao quarto dessas senhoritas, que não receberam o padre com um ar muito afetuoso; menos me pude eu lisonjear com a sua acolhida. A mais velha, voltando-se, apoiou o tacão pontudo por cima do meu pé, onde um calo muito doloroso me obrigara a cortar o sapato. A outra veio bruscamente tirar de detrás de mim uma cadeira na qual eu estava prestes a me sentar. A mãe delas, jogando água pela janela, aspergiu-me a cara. Em qualquer lugar em que eu me pusesse, me faziam sair para procurar qualquer coisa. Nunca na vida me vira em uma dança assim. Via nos olhares delas, insultantes e zombeteiros, um furor escondido que eu tinha a estupidez de não compreender. Embasbacado, estupefato, quase a supô-las todas endemoninhadas, comecei a me assustar seriamente, quando o padre, que fingia nada ver nem compreender, e vendo muito bem que não havia almoço nenhum a esperar, tomou a resolução de sair e apressei-me a segui-lo, muito satisfeito por escapar às três fúrias. Enquanto caminhávamos, ele propôs irmos almoçar no café. Mas embora estivesse com muita fome, não aceitei a oferta, na qual ele não insistiu muito mais, e nos separamos no terceiro ou quarto canto de rua: eu, encantado de perder de vista tudo que pertencesse àquela maldita casa; e ele muito satisfeito, segundo penso, em me ver afastado dela para não me ser fácil reconhecê-la. Como nunca, em Paris nem em nenhuma outra cidade, aconteceu-me aventura semelhante a essas duas, ficou-me de Lyon uma lembrança pouco favorável, e sempre olhei essa cidade como aquela onde reina, na Europa, a maior corrupção.

    A lembrança dos extremos a que me vi reduzido também não contribuiu mais para ma recordar agradavelmente. Se eu fosse como outras pessoas, e tivesse o talento de pedir emprestado ou me endividar no albergue, teria me arranjado menos mal. Mas nisso, minha inaptidão igualava-se a minha repugnância. E para que se imagine até que ponto vão uma e outra, basta saber que tendo passado quase toda minha vida no desconforto, muitas vezes quase sem ter pão, nunca me aconteceu que um credor me cobrasse uma dívida sem que eu lhe pagasse no mesmo instante. Nunca soube fazer dívidas escandalosas e sempre preferi sofrer do que dever.

    Certamente era sofrer ver-se reduzido a passar as noites na rua, e isso muitas vezes me aconteceu em Lyon. Preferia empregar alguns soldos que me restavam para pagar comida a dormida, porque, afinal de contas, eu me arriscava menos a morrer de sono do que de fome. E o que é admirável é que nessa cruel situação não me sentia nem inquieto nem triste. Não tinha o menor cuidado com o futuro e esperava as respostas que a Srta. du Châtelet deveria receber, dormindo à luz das estrelas, estirado por terra ou em cima de um banco, tão tranqüilamente como se estivesse em um leito de rosas. Lembro-me mesmo de ter passado uma noite deliciosa fora da cidade, em um caminho que costeava o Rhône ou o Saône, não me lembro mais qual dos dois era. Jardins suspensos em terraços bordejavam o caminho do lado oposto. Fizera muito calor nesse dia e a noite estava encantadora. O orvalho umedecia a relva emurchecida; não havia vento, a noite era tranqüila, o ar estava fresco sem ser frio. O sol, depois do crepúsculo, deixara no céu vapores vermelhos cujos reflexos faziam a água cor-de-rosa. As árvores dos terraços estavam carregadas de rouxinóis que respondiam uns aos outros. Eu passeava em uma espécie de êxtase, entregando o coração e os sentidos ao gozo disso tudo, e suspirando apenas com uma certa mágoa de os gozar só. Absorvido na doce cisma, prolonguei pela noite adentro o passeio, sem me aperceber de que estava cansado. Por fim, me apercebi. E me deitei, voluptuosamente, no batente de uma espécie de nicho ou porta falsa cavada na parede do terraço. O dossel da cama era formado pela copa das árvores. Um rouxinol estava precisamente sobre mim e adormeci ouvindo-o cantar. Meu sono foi suave e o despertar ainda o foi mais. Era já dia claro, e meus olhos, ao se abrirem, viram a água, a verdura, uma paisagem admirável. Levantei-me, sacudi-me; a fome me tomou e caminhei para a cidade, resolvido a gastar em um bom almoço a moeda de seis *blancs* que ainda me restava. Estava de tão bom humor que caminhei cantando ao longo de todo o caminho. Lembro-me mesmo que cantava uma cantata de Batistin, intitulada os "Banhos de Thoméry", que eu sabia de cor. Bendito seja o bom Batistin e sua boa cantata que me valeram um almoço melhor do que eu esperava, e um jantar ainda melhor, com o qual eu não contara absolutamente! No melhor da canção e da caminhada, ouvi que vinha alguém atrás de mim: voltei-me e vi um antonino[42] que me seguia e que parecia ouvir-me com prazer. Ele se aproximou, saudou-me, perguntou-me se eu sabia música. E eu respondi "um pouco", para dar a entender que muito. Continuou a me fazer perguntas e eu lhe contei parte da minha história. Perguntou-me se eu nunca havia copiado música. "Muitas vezes", respondi. E era verdade, porque minha melhor maneira de aprender era copiar. "Muito bem!" disse ele, "venha comigo. Poderei dar-lhe ocupação por alguns dias durante os quais nada lhe faltará, uma vez que você consinta em não sair do quarto". Aquiesci de bom grado e acompanhei-o.

---

42. Os *antoninos* eram uma comunidade de monges secularizados, que usavam a Cruz de Malta por terem outrora os seus bens pertencidos a essa ordem. (N.E.)

Chamava-se Sr. Rolichon esse antonino, gostava de música, sabia-a, e cantava em pequenos concertos que fazia com os amigos. Nada havia nisso que não fosse inocente e honesto; mas esse gosto aparentemente degenerava em furor, que ele era obrigado a esconder em parte. Levou-me a um quartinho onde fiquei e onde encontrei muita música copiada por ele. Deu-me outras para copiar, especialmente a cantata que eu cantara e que ele próprio deveria cantar dentro de poucos dias. Lá passei quatro ou cinco dias a copiar durante todo tempo em que não estava a comer, porque em toda minha vida nunca me vi tão faminto nem tão bem alimentado. Ele próprio trazia minha refeição da cozinha deles, que deveria ser muito boa, se o seu trivial era o que vinha para mim. Nunca, em dias que vivi, tive tanto prazer em comer. E é preciso confessar também que esses regalos me vinham muito a propósito, porque eu estava seco como uma vara. Trabalhava quase com tanto gosto como comia, o que não é dizer pouco. É verdade que eu não era tão correto quanto diligente. Alguns dias depois, encontrei na rua o padre Rolichon, que me disse que minhas partes tinham tornado a música impossível de executar; de tal forma estavam cheias de omissões, de duplicações e de transposições. É preciso confessar que eu escolhera o ofício para que era menos dotado. Não que minhas notas fossem feias e eu não copiasse com muita clareza. Mas o aborrecimento do trabalho comprido me dá tão grandes distrações que passo mais tempo a raspar que a copiar, e, se não presto maior atenção no cotejo das partes, elas fazem sempre falhar a execução. Fiz, pois, muito mal querendo fazer bem, e, por querer andar depressa, andei torto. Isso não impediu que o padre Rolichon me tratasse bem até ao fim e que me desse, à saída, um escudo que eu não merecera bem, e que acabou por me equilibrar. Porque poucos dias depois recebi notícias de mamãe, que estava em Chambéry, e dinheiro para ir encontrá-la, o que fiz com entusiasmo. Desde muito que minhas finanças estavam muito curtas, mas nunca a ponto de me obrigarem a jejuar. Marco essa época com o coração sensibilizado aos carinhos da Providência. Foi a derradeira vez na vida em que senti a miséria e a fome.

Fiquei em Lyon ainda sete ou oito dias para esperar as encomendas que mamãe fizera a Srta. du Châtelet, que durante esse tempo vi mais assiduamente do que antes, tendo o prazer de falar com ela sobre a sua amiga, sem estar mais distraído pelas cruéis complicações da minha situação, que eu me via obrigado a esconder. A Srta. du Châtelet não era nem moça nem bonita; mas não lhe faltava graça. Era afetuosa e familiar e o seu espírito dava valor a essa familiaridade. Tinha esse amor à moral observadora que nos leva a estudar os homens. E foi através dela, em primeira mão, que me veio também esse gosto. Ela gostava dos romances de Le Sage, particularmente do *Gil Blas*; falou-me nele, emprestou-mo, e o li com prazer; mas eu ainda não estava suficientemente amadurecido para essa espécie de leituras; o que queria eram romances de grandes sentimentos. Passava assim meu tempo, às grades da Srta. du Châtelet, com tanto prazer quanto aproveitamento, porque é incontestável que as palestras interessantes e sensatas de uma mulher de mérito são mais próprias para formar um rapaz do que toda a pedantesca filosofia dos livros. E entabulei, nas Chasottes, relações com outros pensionistas e suas amigas, entre eles com uma mocinha de catorze anos, a Srta. Serre, a quem não dei então grande atenção, mas por quem me apaixonei oito ou nove anos depois, pois era uma moça encantadora.

Preocupado com a esperança de rever em breve minha querida mamãe, dei um pouco de tréguas às quimeras, e a felicidade real que me aguardava impedia-me de procurar em visões outras felicidades. E não só a encontrei de novo, como encontrei junto dela e por meio dela uma situação muito agradável: dizia ela que me arranjara uma ocupação que, esperava, me haveria de convir e não me afastaria dela. Cansei-me em conjecturar o que poderia ser esse emprego, e realmente precisaria adivinhar para imaginar certo. Eu tinha bastante dinheiro para fazer comodamente a jornada. A Srta. du Châtelet quis que eu alugasse um cavalo, com o que não pude concordar, e tive razão: teria perdido o prazer da última viagem a pé que fiz em minha vida. Porque não posso dar o nome de viagens às excursões que muitas vezes fiz à vizinhança enquanto morei em Motiers.

É uma coisa muito singular a minha imaginação só voar agradavelmente quando o meu estado é o menos agradável possível e, ao contrário, ficar menos risonho quando tudo ri ao meu redor. Minha má cabeça não se pode submeter às coisas. Não sabe embelezar: quer criar. Os objetos reais se pintam nela mais ou menos como o são; ela só sabe enfeitar objetos imaginários. Se quero pintar a primavera, é preciso que se esteja no inverno; se quero descrever uma bela paisagem, é preciso que esteja entre quatro paredes; e já disse cem vezes que, se eu algum dia estiver na Bastilha, farei lá a pintura da liberdade. Ao partir de Lyon, só via um futuro agradável. Estava tão alegre e tinha tanta razão em o estar quanto tivera em não o estar ao sair de Paris. Entretanto não tive, nessa última viagem, os sonhos deliciosos que me haviam acompanhado na outra. Sentia sereno o coração, e era tudo. Aproximava-me enternecidamente da amiga excelente que ia rever. Sentia de antemão, mas sem embriaguez, o prazer de viver ao lado dela: sempre o esperara, era como se nada de novo me acontecesse.

Inquietava-me com o que ia fazer, como se isso fosse muito inquietante. Minhas idéias eram plácidas e amenas e não celestes e arrebatadoras. Os objetos me feriam o olhar, prestava atenção à paisagem, notava as árvores, as casas, os regatos; refletia nas encruzilhadas, com medo de me perder e não me perdia. Em suma, já não estava no empireu; estava ou onde estava, ou onde andava, nunca mais longe.

Quando conto minhas viagens, procedo como quando as fazia; não sei chegar. O coração me batia de alegria ao me aproximar de minha querida mamãe, e eu não andava mais depressa. Gosto de caminhar à vontade, de parar quando quero. A vida ambulante é que me devia caber. Caminhar a pé, com o tempo bom, em uma bela região, sem pressa, e ter no fim do caminho um objetivo agradável, eis, entre todos os modos de viver, o que me parece mais agradável. Ademais, já se sabe o que eu entendo por uma bela região. Nunca nenhum país plano, por mais bonito que fosse, pareceu bonito aos meus olhos. Tenho necessidade de torrentes, de rochedos, de bosques negros, de montanhas, de caminhos tenebrosos, que subam e desçam, precipícios aos lados que me façam muito medo. Tive esse prazer e o aproveitei em todo o seu encanto, ao me aproximar de Chambéry. Não longe de uma montanha cortada que chamam o Passo da Escada, abaixo de um grande caminho talhado na rocha, em um local chamado Chailes, corre e ferve em horrendos buracos um riachinho que parece ter empregado milhares de séculos para os cavar. Bordejaram o caminho com um parapeito para prevenir desastres; e isso me permitia contemplar o fundo do abismo e sentir vertigens ao meu bel-prazer, porque o que me encanta nos lugares escarpados é eles me fazerem girar a cabeça. Gosto muito de sentir a cabeça rodar quando estou em segurança. Bem apoiado no parapeito, avanço a cara para frente, e fico horas inteiras, entrevendo de vez em vez essa espuma e essa água azul cujos mugidos ouço através dos gritos dos corvos e das aves de rapina que voam de rocha em rocha e de moitiço em moitiço a cem toesas acima de mim. Nos lugares em que o declive era bastante a pique e a vegetação era bastante rala para dar passagem a um calhau, eu ia buscar mais longe as pedras maiores que podia carregar e as arrumava em pilha, no parapeito; depois, lançando-as uma atrás da outra, deleitava-me em vê-las rolar, saltar e voar em mil estampidos antes de atingirem o fundo do precipício.

Mais próximo de Chambéry, gozei de um espetáculo semelhante em sentido inverso. O caminho passa junto à mais linda cascata que vi em minha vida. A montanha é de tal forma escarpada que a água se despenca a pique, e cai em um arco tão largo que se pode passar entre a cascata e a rocha sem se molhar, às vezes; mas se não se toma bastante cuidado, fica-se completamente ensopado, como eu fiquei, porque, por causa da extrema altura, a água se divide e cai em poeira, e, quando a gente se aproxima um pouco dessa nuvem, não percebe logo que está se molhando, mas em um instante se fica ensopado.

Cheguei afinal; revi-a. Não estava só. O intendente geral estava lá no momento em que cheguei. Sem me falar, ela me tomou a mão e me apresentou a ele com essa graça que lhe abria todos os corações. "Ei-lo, senhor, esse pobre rapaz; digne-se de protegê-lo todo tempo em que o merecer e sei que não me preocuparei mais com ele em todo o resto da sua vida."

Depois disse, dirigindo-se a mim: "Meu filho, você está a serviço do rei; agradeça ao senhor intendente que lhe dá o sustento a ganhar.". Eu arregalava os olhos sem dizer nada, sem saber direito o que imaginar; e pouco faltou para que a nascente ambição não me virasse a cabeça e eu não me imaginasse logo um pequeno intendente. Nesse começo, minha fortuna calhou ser menos brilhante do que eu imaginara. Mas para hoje, era bastante para viver, e era muito para mim. Eis do que se tratava.

O rei Victor Amadeu, considerando que graças à sorte das guerras precedentes e à posição do antigo patrimônio dos seus pais este qualquer dia lhe escaparia, só pensava em esgotá-lo. Havia poucos anos que, tendo resolvido pôr também a nobreza nessa empresa, mandou fazer um cadastro geral em todo o país, a fim de que, tornando real a imposição, pudesse reparti-la com mais eqüidade. Esse trabalho, começado pelo pai, só foi terminado pelo filho.[43] Duzentos ou trezentos homens, agrimensores que chamavam geômetras e escrivães que chamavam secretários, foram empregados nesse trabalho, e fora entre os últimos que mamãe me fizera inscrever. E o emprego, sem ser lucrativo, dava para se viver largamente nessa região. O mal estava em que o emprego era só por um certo tempo, mas me permitia esperar e procurar. E era por prevenção que ela procurava me arranjar com o intendente uma proteção particular que me permitisse passar a um emprego mais sólido quando acabasse o tempo daquele em que eu estava.

---

43. Foi no reinado do filho dele, Carlos Emanuel, que Rousseau foi por um certo tempo empregado. Victor Amadeu abdicara a coroa em 30 de setembro de 1730. Morreu em 31 de outubro de 1733. (N.E. francês)

Entrei em funções poucos dias depois de minha chegada. Não havia nada de difícil no trabalho e depressa fiquei a par de tudo. E foi assim que, depois de quatro ou cinco anos de viagens, de loucuras e sofrimentos desde que saíra de Genebra comecei pela primeira vez a ganhar com honra o meu pão.

Esses longos detalhes da minha juventude parecerão muito pueris, e isso me aborrece. Embora tenha nascido homem, a certos respeitos fui criança muito tempo, e ainda o sou em muita coisa. Mas não prometi oferecer ao público um grande personagem: prometi me retratar tal qual sou e, para que me conheçam na idade avançada, é preciso que me tenham conhecido bem na juventude. E como, em geral, os objetos me impressionam menos que as lembranças, e todas as minhas idéias são em imagens, os primeiros traços que se me gravaram na cabeça lá ficaram, e os que se imprimiram depois, antes se combinarem com eles do que os apagarem. Há uma certa sucessão de afeições e de idéias que modificam as que as seguem, e que é preciso conhecer para julgar bem. E me esforço em desenvolver bem as primeiras partes para que se sinta bem o encadeamento dos efeitos. Quereria poder de algum modo tornar minha alma transparente aos olhos do leitor; e por isso procuro mostrá-la sob todos os pontos de vista, esclarecê-la em todos os dias, proceder de modo que não haja um movimento que ele não perceba, enfim, de jeito que ele possa julgar por si próprio o princípio que o produz.

Se eu me encarregasse do resultado e lhe dissesse: "É assim o meu caráter", ele poderia supor, se não que o engano, pelo menos que me engano. Mas relatando-lhe com minúcias tudo que me aconteceu, tudo que fiz, tudo que pensei, tudo que senti, não o posso induzir em erro, a menos que o queira. E ainda mesmo que o queira, não o conseguirei facilmente por esse modo. A ele cabe reunir esses elementos e determinar o ser que os compõe: o resultado deve ser obra sua. E se ele então se enganar, fica todo o erro por sua conta. E para esse fim não basta apenas que minhas narrações sejam fiéis; é preciso que sejam exatas. Não cabe a mim julgar da importância desses fatos: devo contá-los todos e deixar-lhe o cuidado de escolher. É ao que me apliquei até agora com toda a minha coragem, e não o relaxarei depois. Mas as lembranças da idade madura são sempre menos vivazes que as da primeira mocidade. E comecei por tirar destas o melhor partido que me foi possível. Se as outras me chegarem com a mesma força, talvez alguns leitores pacientes se aborreçam, mas não ficarei descontente com o meu trabalho. Só uma coisa tenho a temer nessa empreitada: não é dizer demais ou dizer mentiras, mas não dizer tudo ou calar verdades.

LIVRO QUINTO

(1732-1736)

Foi, creio, em 1732 que cheguei a Chambéry, como acabei de dizer, e comecei no emprego de funcionário do cadastro para o serviço do rei. Tinha vinte anos feitos, perto dos vinte e um. Quanto a espírito, estava muito adiantado para a minha idade, mas quanto a juízo não o estava quase, e tinha muita necessidade das mãos em que tinha caído para aprender a me dirigir. Porque esses anos de experiência quase não me tinham curado das minhas visões romanescas; e apesar de todos os males que sofrera, conhecia tão pouco os homens e o mundo como se não houvesse adquirido essas instruções.

Dormia em casa, isto é, na casa de mamãe. Não encontrei, porém, o mesmo meu quarto antigo de Annecy. Não tinha mais jardim, nem regato, nem paisagem. A casa em que ela morava era sombria e triste, e o meu quarto era o mais sombrio e mais triste da casa. Uma parede como vista, um beco fechado como rua, pouco ar, pouca luz, pouco espaço, grilos, ratos, tábuas podres; tudo isto não constituía uma morada agradável. Eu estava, porém, na casa dela, junto dela. E estando sem cessar ou no emprego, ou na sala, pouco me apercebia da feiúra do meu quarto. Não tinha quase tempo de pensar nele. Pareceria esquisito que ela se fixasse em Chambéry expressamente para morar em uma casa tão feia; e isso foi uma mostra de sua habilidade, que eu não quero calar. Ela ia para Turim com repugnância, sentindo muito bem que depois das recentes revoluções, e na agitação em que se estava ainda na corte, o momento não era próprio a se apresentar; e os seus negócios, entretanto, lhe exigiam aparecesse, e ela temia ser esquecida ou mal servida. Sobretudo sabia que o conde de Saint Laurent, intendente geral das finanças, não a apoiava. Havia em Chambéry uma casa velha, mal construída, em uma tão má colocação que sempre vivia desabitada. Ela a alugou e lá se estabeleceu. E isso lhe deu mais resultado do que uma viagem. A pensão não foi suprimida, e desde então o conde de Saint Laurent foi sempre um dos seus amigos.

Encontrei a casa montada como outrora e o fiel Cláudio Anet sempre a acompanhando. Era ele, como suponho já o ter dito, um camponês de Moutru que, na meninice, catava ervas no Jura para fazer o chá da Suíça, e que ela tomara a seu serviço por causa das suas drogas, achando cômodo ter como lacaio um herborista. E ele se apaixonou de tal forma pelo estudo das plantas, e ela favoreceu tanto essa predileção, que ele se tornou um verdadeiro botânico que, se não morresse tão moço, teria feito, nessa ciência, um nome igual ao que merecia entre os homens de bem. E como era sério, quase grave, e eu era mais moço que ele, tornou-se para mim uma espécie de preceptor que me salvou de muitas loucuras. Porque ele se impunha, e eu não me podia distrair na sua presença. Impunha-se mesmo à patroa, que lhe conhecia o grande equilíbrio, sua correção, sua inviolável dedicação, e que lha pagava bem. Cláudio Anet era, sem contradição, um homem raro, o único mesmo que vi da sua espécie. Lento, sereno, refletido, circunspecto no modo de proceder, frio de maneiras, lacônico e sentencioso na conversa, era, nas suas paixões, de uma impetuosidade que não deixava aparecer nunca, mas que o devorava interiormente, que só o levou a fazer uma única tolice, terrível, porém: envenenou-se. Essa cena trágica deu-se pouco depois da minha chegada e serviu para me dar a conhecer a intimidade que esse rapaz tinha com a patroa. E se ela própria não o tivesse dito, eu nunca o teria imaginado. Se a dedicação, o zelo e a fidelidade podem merecer uma tal recompensa, o certo é que ela lhe era devida, o que prova que ele era digno dela. E nunca abusou. Raramente tinham disputas, que sempre acabavam bem. Houve uma, entretanto, que acabou mal; na sua cólera, a patroa disse uma palavra ultrajante que ele não pôde engolir. E consultou apenas o seu desespero: tinha na mão um vidro de láudano, bebeu-o, e foi-se deitar tranqüilamente, esperando não acordar nunca. Felizmente a Sra. de Warens, inquieta, também agitada, errando pela casa, encontrou o frasco vazio e adivinhou o resto. Voando em socorro dele, deu gritos que me atraíram. Ela me confessou tudo, implorou minha assistência e com muito trabalho conseguiu fazê-lo vomitar o ópio. Testemunha dessa cena, admirava-me da minha tolice de não ter nunca suspeitado as relações que ela me revelara. Mas Cláudio Anet era tão discreto que os mais perspicazes também se enganariam. A reconciliação foi tal que eu próprio me comovi profundamente, e desde esse tempo, juntando o respeito à estima que já lhe tinha, tornei-me, de um certo modo, seu discípulo, e não me dei mal.

Entretanto, não foi sem sofrimento que tomei conhecimento de que alguém podia viver junto dela em intimidade maior do que eu. Nunca pensara mesmo em desejar esse lugar para mim, mas era-me duro vê-lo preenchido por outro, o que era muito natural. Entretanto, em lugar de tomar aversão a quem mo furtara, sentia que realmente se estendia até ele a afeição que eu lhe tinha. Desejava acima de tudo que ela fosse feliz, e desde que, para o ser, ela carecia dele, eu ficava satisfeito em vê-lo também feliz. Quanto a ele, estava inteiramente de acordo com os pontos de vista de sua senhora, e tomou sincera amizade pelo amigo que ela escolhera. Sem usar sobre mim a autoridade que a sua posição lhe conferia, tomou naturalmente a que seu juízo lhe dava sobre o meu. Vivíamos assim em uma união que nos tornava felizes a todos, e que só a morte pôde destruir. Uma das provas da excelência do caráter dessa mulher encantadora é que todos que a amavam se estimavam entre si. O ciúme, a própria rivalidade, cediam ao sentimento dominante que ela inspirava, e nunca vi nenhum dos que a cercavam se quererem mal um ao outro. Que os que me lêem suspendam por um momento a leitura ante esse elogio; e se, pensando nele, encontram uma outra mulher de quem possam dizer a mesma coisa, liguem-se a ela, em nome do sossego da sua vida, nem que ela seja a última das cantineiras.

Começa aqui, de minha chegada a Chambéry até minha partida para Paris em 1741, um intervalo de oito ou nove anos, durante o qual poucos acontecimentos terei a contar, porque minha vida foi então tão simples quanto suave, e essa uniformidade era precisamente a coisa de que eu carecia para acabar de formar o caráter que as contínuas perturbações tinham impedido de se fixar. Foi durante esse precioso intervalo que minha educação, misturada e sem continuidade, tomou consistência e me fez o que nunca mais deixei de ser, através das tempestades que me esperavam. Foi insensível e lento esse progresso, carregado de poucos acontecimentos memoráveis. Merece, porém, ser seguido e desenvolvido.

No começo, eu só me preocupava com o emprego; o trabalho da repartição não me deixava pensar em mais nada. O pouco tempo que tinha livre passava-o junto de minha boa mamãe, e, carecendo de tempo mesmo para ler, a fantasia não se apoderava de mim. Mas quando o trabalho, transformado em uma espécie de rotina, me ocupou menos o espírito, ele voltou a sua inquietação. A leitura tornou a me ser necessária, e como esse gosto me irritasse sempre pela dificuldade que eu encontrava em satisfazê-lo, transformar-se-ia em uma paixão como me acontecera quando eu era aprendiz, se outros interesses diferentes não me distraíssem dele.

Embora as nossas operações não carecessem de uma aritmética muito transcendente, a que era necessária bastava para, muitas vezes, me embaraçar. E, para vencer essa dificuldade, comprei livros de aritmética e aprendi bem, porque aprendi só. A aritmética prática vai muito mais longe do que se pensa quando se quer dar dela a precisão exata. Há operações de um comprimento extremo, no meio das quais vi muitas vezes geômetras se perderem. A reflexão reunida à prática clareia as idéias, e encontram-se então métodos abreviados cuja invenção lisonjeia o amor próprio, cuja exatidão satisfaz o espírito e transforma em um prazer um trabalho que é por si ingrato. Mergulhei nele de tal arte que já não havia problema solúvel só pelos números que me embaraçasse, e hoje, que tudo quanto sei se me vai apagando da memória, essa aquisição ainda se mantém em parte, depois de trinta anos de interrupção. Há poucos dias, em uma viagem que fiz a Davenport, assisti, na casa do meu hospedeiro, a uma lição de aritmética dos filhos dele, e resolvi sem erros, com um prazer incrível, uma operação das mais complexas. Parecia-me, ao escrever os algarismos, que ainda estava em Chambéry, nos meus dias felizes. Era voltar de longe sobre minhas pegadas. A pintura dos mapas dos nossos geômetras me dera também gosto pelo desenho. Comprei tintas e pus-me a pintar flores e paisagens. É pena que eu não tivesse talento para essa arte, porque gosto tinha muito. No meio dos meus lápis e pincéis teria passado um mês inteiro sem sair. E como essa ocupação me prendia muito, viram-se obrigados a me arrancar dela. Acontece assim com todas as coisas que de início me interessam; crescem, transformam-se em paixão e depressa nada mais vejo no mundo afora o divertimento que me interessa. A idade não me corrigiu esse defeito, nem mesmo o diminuiu; e mesmo agora, enquanto escrevo isto, estou como um velho maluco, apaixonado por um outro estudo inútil, de que não entendo nada, e que as próprias pessoas que o começaram na juventude, ao chegarem à idade em que estou, vêem-se forçadas a abandonar.

    Naquele tempo é que seria a vez dele. A ocasião era bela, e eu tive alguma tentação de a aproveitar. A satisfação que eu via nos olhos de Anet, quando vinha carregado de plantas novas, quase me levou, umas duas ou três vezes, a herborizar com ele. Tenho quase que a certeza de que, se eu tivesse ido uma única vez, a paixão me teria dominado, e talvez hoje eu fosse um grande botânico; porque não conheço nenhum estudo no mundo que, como o das plantas, melhor se associe a minhas predileções naturais, e a vida que há dez anos levo no campo não é mais do que uma herborização contínua, na verdade sem objetivo e sem progresso. Mas nesse tempo eu não tinha nenhuma idéia de botânica, e tinha por ela uma espécie de desprezo, ou mesmo de repugnância; olhava-a como a um estudo de boticário. Mamãe, que a apreciava, não lhe dava ela própria outra utilidade; procurava apenas as plantas úteis para as aplicar a suas drogas. Assim, a botânica, a química e a anatomia, confundidas no meu espírito sob o nome de medicina, só serviam para me fornecer durante o dia todo sarcasmos brincalhões e a me atrair tapas de tempos em tempos. E, ademais, uma tendência diferente, e muito contrária à botânica, crescia em mim gradualmente, e depressa absorveu as outras todas. Refiro-me à música. É mister, na verdade, que eu tenha nascido para essa arte, pois que comecei a gostar dela desde a infância e foi a única que amei constantemente durante a vida toda. E o que é de admirar é que uma arte para a qual eu nascera foi, entretanto, a que mais me custou a aprender, e com êxitos tão lentos, que, depois de uma prática da vida inteira, nunca consegui com segurança cantar tudo de livro aberto. E o que mais me tornava agradável esse estudo é que eu podia fazê-lo com mamãe. Tínhamos gostos muito diversos, e a música era para nós um ponto de contato que eu gostava de utilizar. Ela não se recusava; eu estava a esse tempo tão adiantado quanto ela. Em duas ou três vezes decifrávamos uma ária. Às vezes, vendo-a atenta junto a um forno, dizia-lhe eu: "Mamãe, olhe aqui um duo lindo, que me faz sentir o cheiro de empireuma em suas drogas.". "Ah, juro-te", dizia ela, "que se fazes com que eu as queime, obrigo-te a bebê-las.". E assim mesmo, arengando, arrastava-a ao cravo; lá nos esquecíamos, e o extrato de zimbro ou de absinto se calcinava; ela me esfregava o rosto com eles, e tudo isso era delicioso.

 Vê-se que, embora com pouco tempo de sobra, eu tinha muito em que o empregar. E, entretanto, chegou-me mais outra diversão que ficou valendo mais que todas as outras.

 Morávamos em um buraco tão abafado que muitas vezes tínhamos necessidade de ir tomar a fresca ao ar livre. Anet convenceu mamãe a alugar, em um subúrbio, um jardim para nele cultivar plantas. Pertencia ao jardim uma casinhola muito bonitinha, que mobiliamos muito de acordo: pusemos lá uma cama. Freqüentemente íamos jantar lá, e eu lá dormia algumas vezes. Insensivelmente, apaixonei-me por esse refúgio. Levei para lá alguns livros, muitas gravuras; e passava grande parte do meu tempo em enfeitá-lo e preparar alguma surpresa agradável para mamãe quando lá fosse a passeio. Deixava-a para me ir ocupar com ela, para pensar nela com mais prazer: outro capricho que não desculpo nem explico, mas que confesso porque era de fato assim. Lembro-me de que uma vez a Sra. de Luxembourg falou-me a rir de um homem que deixava sua amante para lhe escrever. E eu lhe disse que poderia ser como esse homem, e poderia mesmo acrescentar que já algumas vezes o fora. Entretanto, nunca senti junto de mamãe a necessidade de me afastar dela para a amar melhor; porque a sós com ela estava tão à vontade quanto se estivesse só, e isso nunca me aconteceu com mais pessoa alguma, homem ou mulher, fosse qual fosse a afeição que eu por eles tivesse. Mas ela freqüentemente estava cercada de gente que não me agradava, e o despeito me expulsava para o meu asilo, onde eu a tinha como queria, sem medo que os importunos nos seguissem até lá.

Enquanto partilhado assim pelo trabalho, o prazer e a instrução, eu vivia no mais suave repouso; a Europa não estava tão tranqüila. A França e o imperador acabavam de declarar guerra entre si.[44] O rei da Sardenha entrara na luta, e o exército francês metia-se pelo Piemonte para entrar no Milanês. Passou uma coluna por Chambéry, e, entre outros, o regimento de Champagne, do qual era coronel o Sr. duque de La Trimouille, a quem fui apresentado, que me prometeu muitas coisas, e que, decerto, nunca mais pensou em mim. Nosso jardinzinho estava precisamente no alto do bairro pelo qual entravam as tropas, de modo que me saciava do prazer de vê-las passar, e me apaixonei pelo resultado dessa guerra como se ela me interessasse muito. Até então não cuidara nunca de me interessar pelos negócios públicos; e pela primeira vez me pus a ler as gazetas, mas com tal parcialidade pela França que o coração me pulava de alegria pelas suas menores vantagens e os seus reveses me afligiam como se caíssem sobre mim. Se essa loucura houvesse sido passageira, não me dignaria falar nela. Mas, sem nenhuma razão, enraizou-se por tal forma em meu coração que, quando mais tarde, em Paris, apresentei-me como o antidéspota e republicano firme, sentia a despeito de mim mesmo uma predileção secreta por essa mesma nação que eu considerava servil e por esse governo que eu procurava atacar. E o que era mais divertido é que, envergonhando-me de uma inclinação tão contrária a minhas máximas, não ousava confessá-la a ninguém, troçava dos franceses pelas derrotas que sofriam, enquanto o coração me sangrava mais a mim do que a eles. Eu sou, decerto, a única pessoa que, vivendo em uma nação que a trata bem e que ela adora, acostuma-se a simular que a desdenha. E, afinal, essa inclinação se mostrou tão desinteressada de minha parte, tão forte, tão constante,

---

44. Outubro 1733. (N.E. francês)

tão invencível, que mesmo depois de minha saída do reino, depois que o governo, os magistrados, os escritores, porfiaram em se desencadear contra mim, depois que se tornou bonito cobrir de injustiças e de ultrajes, não me pude curar de minha loucura. Amo-os malgrado meu, embora me maltratem.

Durante muito tempo procurei a razão dessa parcialidade, e só a pude encontrar na ocasião que a vi nascer. Uma tendência crescente para a literatura me prendia aos livros franceses, aos autores desses livros e ao país desses autores. No próprio instante em que o exército francês desfilava a minha vista, eu lia os grandes capitães de Brantôme. Estava com a cabeça cheia dos Clissons, dos Bayard, dos Lautrec, dos Coligny, dos Montmorency, dos La Trimouille, e me afeiçoava aos seus descendentes como aos herdeiros dos seus méritos e da sua coragem. Em cada regimento que passava, eu supunha rever esses famosos bandos negros que outrora tantas expedições tinham feito ao Piemonte. Em suma, aplicava ao que via as idéias que adquiria nos livros; minhas contínuas leituras, provenientes sempre da mesma nação, nutriam minha afeição para com ela e me engendraram, afinal, uma paixão cega que nada pôde vencer. Depois, em minhas viagens, tive oportunidade de notar que essa impressão não me era particular, e que agindo mais ou menos em todos os países sobre a parte do povo que gosta da leitura, contrabalançava o ódio geral que inspira o aspecto pábulo dos franceses. Mais do que os homens, os romances lhes conquistam as mulheres de todos os países; suas obras-primas dramáticas afeiçoam a juventude ao seu teatro. A celebridade do teatro de Paris atrai para lá multidões de estrangeiros que voltam entusiasmados. Enfim, o bom gosto excelente da sua literatura lhe submete todos os espíritos que o têm. E depois da guerra tão infeliz de que acabam de sair, tenho visto os escritores e filósofos sustentarem a glória do nome francês que os seus guerreiros enublaram.

Eu era, pois, um francês ardente e isso me fez boateiro. Ia com a turba dos papalvos esperar a chegada dos correios; e, mais tolo que o asno da fábula, muito me inquietava para saber de qual senhor teria a honra de sofrer o jugo. Porque pretendiam então que pertenceríamos à França e que se faria da Sabóia uma troca com o Milanês. É preciso, entretanto, convir que eu tinha alguns motivos de receio. Porque se essa guerra resultasse mal para os aliados, a pensão de mamãe correria um grande risco. Mas eu me sentia cheio de confiança em meus bons amigos. E afinal, apesar da surpresa do Sr. De Broglie, essa confiança não foi em vão, graças ao rei da Sardenha em quem eu não pensara.

Enquanto guerreavam na Itália, cantava-se na França. As óperas de Rameau começavam a fazer ruído, e reergueram suas obras teóricas cuja obscuridade deixava-as ao alcance de poucas pessoas apenas. Ouvi, por acaso, falar do seu "Tratado de harmonia"; mas era tão longo, tão difuso, tão mal organizado, que senti que seria preciso muito tempo para estudá-lo e entendê-lo. Suspendia a aplicação e recreava os olhos com a música. As cantatas de Bernier, nas quais me exercitava, não me saíam do espírito. Decorei quatro ou cinco, entre outras a dos "Amores dormentes", que nunca mais vi desde esse tempo, e que ainda sei quase toda, como também *"O Amor picado por uma abelha"*, linda cantata de Clírambault que aprendi mais ou menos nesse tempo.

Para completar, chegou de Val-d'Aoste um jovem organista, o padre Palais, bom músico, bom sujeito, e que acompanhava muito bem no cravo. Travei amizade com ele, e depressa ficamos inseparáveis. Fora discípulo de um monge italiano, grande organista. Falava-me dos seus princípios e eu os comparava com os de meu Rameau; enchi a cabeça de acompanhamentos, de acordes, de harmonias. Foi preciso habituar o ouvido a isso tudo. Propus a mamãe um pequeno concerto todos os meses; ela concordou, e fiquei tão obcecado por esse concerto que dia e noite não me ocupava com outra coisa. E realmente ocupava-me muito: reunir a música, os concertantes, os instrumentos, tirar as partes, etc. Mamãe cantava; o padre Caton, de quem já falei e de quem falarei ainda, cantava também; um mestre de dança, chamado Roche, e um filho tocavam violino. Canavas, músico piemontês, que trabalhava no cadastro e depois se casou em Paris, tocava violoncelo. O padre Palais acompanhava no cravo. E eu tinha a honra de reger a música, sem esquecer o bastão do regente. Pode-se imaginar como isso tudo era bonito! Não chegava a ser igual à casa do Sr. de Treytorens, mas pouco faltava.

O pequeno concerto da Sra. de Warens, recém-convertida que vivia, diziam, da caridade do rei, fazia murmurar a camarilha beata; era porém um divertimento agradável para muita gente honesta. Não se pode adivinhar quem eu ponho à frente dessa gente honesta, em tal ocasião: um frade, mas um frade que era um homem de mérito, amável mesmo, cujos infortúnios mais tarde me comoveram profundamente, e cuja memória, ligada aos meus dias felizes, ainda hoje me é querida. Trata-se do frei Caton, franciscano, que junto ao conde Dortan mandara tomar, em Lyon, as músicas do "pobre gatinho"; o que não é, aliás, o mais belo rasgo da sua vida. Era bacharel da Sorbonne; vivera muito tempo em Paris, na alta sociedade, muito familiar sobretudo do marquês de Antremont, então embaixador da Sardenha.

Era um homem alto, bem feito, o rosto cheio, os olhos à flor do rosto, cabelos que faziam cachos naturais ao lado da testa. Tinha o aspecto ao mesmo tempo modesto e nobre, apresentando-se simplesmente e bem, sem a aparência hipócrita ou atrevida dos frades, nem a atitude cavalheiresca de um homem da moda que, sem corar da sua veste, honra-se a si mesmo e sente-se sempre no seu lugar entre as pessoas de bem. Embora frei Caton não tivesse muitos estudos para um doutor, tinha-os muitos para um homem de sociedade. E como não se apressava em exibir conhecimentos, mostrava-os sempre tão a propósito que os realçava mais. Como tinha vivido muito em sociedades elegantes, estimava mais os talentos agradáveis do que um sólido saber. Tinha espírito, fazia versos, falava bem, cantava melhor, tinha uma linda voz, tocava órgão e cravo. Não precisava de tanto para ser disputado, e era. Mas isso não o fazia negligenciar os deveres da sua condição, pois conseguiu, a despeito de concorrentes invejosos, ser eleito conselheiro da comunidade, na sua província, ou, como se diz, um dos grandes elos da ordem.

Frei Caton conheceu mamãe na casa do marquês d'Antremont. Tinha ouvido falar dos nossos concertos e queria tomar parte neles. Tomou parte, e os tornou mais brilhantes. Depressa nos ligamos pelo nosso comum amor à música que tanto em um como no outro era uma paixão muito forte, com a diferença de que ele era realmente um grande músico e eu não passava de um borra-botas. Com Canavas e o padre Palais, íamos fazer música no quarto dele, e algumas vezes no órgão, nos dias de festa. Freqüentemente jantávamos a sua mesa. Porque o que ainda havia para admirar nele, um frade, é que era generoso, magnífico e sensual sem grosseria. No dia dos nossos concertos jantava na casa de mamãe. Essas ceias eram muito alegres, muito agradáveis; havia liberdade de linguagem, cantavam-se duos. Eu me sentia à vontade, tinha espírito, boas respostas; frei Caton era encantador; mamãe era adorável; o padre Palais, com a sua fala de boi, era o alvo das troças. Doces momentos de louca mocidade, há quanto tempo fostes embora!

Como não terei mais que falar do frei padre Caton, acabo aqui a sua triste história. Os outros frades, invejosos, ou melhor, furiosos por verem nele um mérito, uma elegância de costumes que estava muito longe da crápula monástica, começaram a odiá-lo, porque ele não era tão odioso quanto eles próprios. Os chefes se ligaram contra ele, amotinaram a fradalhada, invejosa da sua posição, que antes não ousava olhá-lo. Fizeram-lhe mil afrontas, destituíram-no, tiraram-lhe o quarto, que ele mobiliara tanto com gosto como com simplicidade. Relegaram-no não sei para onde, em suma, cumularam-no esses miseráveis de tantos ultrajes que a alma dele, honesta e justamente altiva, não pôde resistir; depois de ter feito as delícias das mais amáveis sociedades, morreu de dor sobre uma sórdida enxerga, no fundo de alguma cela ou masmorra, relembrado, chorado por todas as pessoas honestas que o haviam conhecido e que só lhe tinham visto um defeito: o de ser frade.

    Com esse modo de vida, de tal maneira procedi que dentro em pouco tempo, inteiramente absorvido pela música, vi-me incapaz de pensar em outra coisa. Só ia ao emprego de má vontade. O peso e a assiduidade do trabalho eram-me um suplício insuportável e cheguei a querer abandonar o emprego para me dedicar inteiramente à música. É de imaginar que essa loucura não passou sem oposição. Deixar um lugar honesto e com ordenado fixo para correr atrás de alunos incertos, era uma resolução incerta demais para agradar a mamãe. Mesmo imaginando que meus futuros progressos fossem tão grandes quanto eu os imaginava, era limitar muito modestamente minhas ambições, reduzir-me a vida inteira à condição de músico. Ela, que só sonhava magníficos projetos, e que não fazia de mim exatamente o mesmo juízo que o Sr. d'Aubonne, via com mágoa que eu me preocupava seriamente com uma habilidade que ela considerava tão frívola, e me repetia sempre este provérbio de província, um pouco menos justo em Paris: "quem bem canta e bem dança tem ofício que pouco avança". Por outro lado, via-me arrastado por uma tendência irresistível. Minha paixão pela música transformava-se em furor, e era de recear que, ressentindo-se o meu trabalho das minhas distrações, dessem-me uma demissão que seria muito melhor que eu próprio solicitasse. Eu lhe mostrava ainda que esse emprego não duraria mais muito tempo, que eu precisava ter um meio de vida, e que era mais acertado acabar de adquirir praticamente uma profissão de que eu gostava e que ela me escolhera do que ficar à mercê de proteções, ou fazer novas tentativas que poderiam dar maus resultados e ficar, passada a idade de aprender, sem capacidade de ganhar o pão. Enfim, arranquei-lhe o consentimento mais à força de importunações e carinhos do que graças a razões que a convencessem. Imediatamente corri a agradecer altivamente ao Sr. Coccelli, diretor geral do cadastro, como se estivesse fazendo um ato dos mais heróicos; e abandonei voluntariamente o emprego, sem motivo, sem razão, sem pretexto, com igual ou maior alegria do que tivera ao assumi-lo, não fazia ainda dois anos.

    Esse gesto, por mais louco que fosse, atraiu-me em Chambéry uma espécie de consideração que me foi útil. Uns me supunham com recursos que eu não tinha. Outros, vendo-me inteiramente dedicado à música, avaliavam o meu talento pelo meu sacrifício e imaginavam que, com tamanha paixão pela arte, eu deveria ter um talento superior. Em terra de cego quem tem um olho é rei; e eu passava por ser um bom maestro, porque lá só os havia ruins. Ademais, como eu tinha um certo gosto pelo canto e sendo, de algum modo, favorecido pela minha idade e aspecto, depressa tive mais alunos do que carecia para ganhar o equivalente ao meu ordenado de secretário.

É certo, por sorte minha, que não se pode passar mais rapidamente de um extremo ao outro. No cadastro, trabalhando oito horas por dia na mais tediosa das ocupações, com gente ainda mais tediosa, trancado em um triste escritório mal cheiroso do hálito e do suor de todos aqueles labregos, a maioria mal penteados e muito sujos, eu me sentia, às vezes, sufocado até à vertigem pela atenção, pelo mau cheiro, pelo constrangimento e pelo tédio. Em vez disso tudo, eis-me de repente lançado na alta sociedade, recebido, procurado pelas melhores famílias. Em toda parte uma acolhida amável, carinhosa, um ar festivo; senhoritas amáveis me esperavam, me recebiam com deferência. E eu só avistava coisas encantadoras, só aspirava o cheiro de rosa e flor de laranjeira; cantava-se, conversava-se, ria-se, brincava-se. E eu saía de uma casa para fazer em outra a mesma coisa. Hão de concordar em que, com benefícios iguais, não se poderia hesitar na escolha. E fiquei tão satisfeito com a minha que nunca me arrependi dela; e mesmo nesse momento, em que peso minha vida na balança da razão e me sinto liberto dos motivos pouco criteriosos que me arrastaram, não me arrependo.

Foi essa, talvez, a única vez em que, dando ouvidos aos meus desejos, não me vi depois ludibriado. A acolhida fácil, o espírito amigável, o bom humor constante dos moradores daquela terra tornaram-me agradável o convívio social. E o gosto que então tomei por ele provou-me muito bem que se eu não gosto de viver entre os homens é menos por culpa minha do que deles.

É pena que os saboianos não sejam ricos, ou melhor, seria pena talvez que eles o fossem. Porque, tais como são, são o melhor e mais sociável dos povos que conheço. Se no mundo existe uma cidadezinha onde se goze a doçura de viver em um meio agradável e sincero, Chambéry é ela. A nobreza provinciana que lá se reúne só possui o que é necessário para viver bem. Não tem o bastante para ostentar. E, já que não se pode entregar à ambição, segue, por necessidade, o conselho de Cinéias. Dedica a juventude à vida militar e vem depois envelhecer calmamente em casa. A razão e a honra presidem a essa escolha. As mulheres são formosas, e poderiam não o ser: têm tudo que pode fazer valer a beleza, ou mesmo supri-la. É singular que levado por minha profissão a ver muitas moças, não me lembro de ter visto nunca, em Chambéry, uma única que não fosse bonita. Talvez digam que eu estava predisposto a julgá-las assim; é possível que tenham razão; mas eu não precisava contribuir para isso. Na verdade, não posso recordar sem prazer as minhas jovens alunas. Que pena eu não poder, nomeando aqui as mais amáveis, recordá-las de verdade, e a mim com elas na idade feliz em que estávamos e nos momentos dulcíssimos e inocentes que junto delas passei! A primeira foi a Srta. de Mellarède, minha vizinha, irmã da aluna do Sr. Gaime. Era uma morena muito viva, de uma vivacidade carinhosa, cheia de graça e sem estouvamento. Era um pouquinho magra, como são a maioria das mocinhas da idade dela; mas os olhos brilhantes, a cintura fina, o conjunto atraente não precisavam de gordura para agradar. Ia à casa dela pela manhã, e encontrava-a sempre em *deshabillé*,[45] penteada apenas com os cabelos negligentemente apanhados, enfeitados com alguma flor que punha a minha chegada e que a minha saída tirava para se pentear. É a coisa que mais receio no mundo, uma moça em *deshabillé*; havia de temê-la cem vezes menos se estivesse enfeitada.

A Srta. de Menthon, a cuja casa eu ia à tarde, sempre me aparecia bem vestida e fazia-me uma impressão igualmente suave, mas diferente. Tinha os cabelos de um louro acinzentado, era pequenina e muito tímida, uma voz muito clara, afinada e harmoniosa, mas que não ousava se desenvolver. Tinha no seio a cicatriz de uma queimadura de água fervente que um fichu de seda verde não escondia completamente. E essa marca me atraía às vezes a atenção, que por fim já não era pela cicatriz. A Srta. de Chales, outra das minhas vizinhas, era uma moça feita: alta, bem feita, gorda, fora muito bonita. Já não era uma criatura digna de ser lembrada pela graça, pelo constante bom humor, pela bondade natural. A irmã dela, a Sra. de Charly, a mais linda mulher de Chambéry, não estudava música, mas fazia-a ensinar à filha, muito criança ainda, porém, cuja beleza em botão prometia igualar-se à da mãe se infelizmente não fosse um pouco ruiva. Na Visitação eu tinha uma aluna, uma mocinha francesa, cujo nome esqueci, mas que merece um lugar na lista das minhas preferências. Ela se adaptara à fala lenta e arrastada das freiras, e nesse tom arrastado dizia coisas ousadas que não pareciam estar de acordo com sua atitude. E ela aliás era preguiçosa, não gostava de se dar ao trabalho de mostrar o espírito que tinha, o que não era um favor

---

45. Desalinhada, de roupão, a vontade, dessarrumada. (N.E.)

que concedesse a todo o mundo. Só depois de um mês de aulas e de preguiça foi que ela entendeu de utilizar esse expediente para me tornar mais assíduo, porque nunca consegui sê-lo. Gostava das minhas aulas quando estava nelas, mas não gostava de ir para elas nem que o horário me governasse; em tudo o constrangimento e a sujeição me são insuportáveis. Creio que me fariam odiar o próprio prazer. Dizem que entre os maometanos, ao pino do dia, um homem passa pelas ruas para ordenar aos maridos que cumpram os seus deveres com as esposas: eu seria um mau turco nessas ocasiões.

Tinha também algumas alunas na burguesia, e, entre outras, uma que foi o motivo de uma mudança de relações de que tenho de falar, já que devo contar tudo. Era filha de um merceeiro, chamava-se Srta. Lard; um modelo perfeito de estátua grega e que eu citaria como a mais linda moça que vi, se houvesse alguma autêntica beleza sem vida nem alma. A indolência, a frieza, a insensibilidade iam nela até uma altura incrível. Era igualmente impossível agradar-lhe ou aborrecê-la. E tenho a convicção de que se se ousasse com ela algum atrevimento, ela o consentiria não por prazer, mas por estupidez. A mãe dela, que não queria correr o risco, não a abandonava um instante. Mandando-a aprender a cantar, arranjando-lhe um professor jovem, fazia tudo o que podia para a despertar; porém, não conseguia nada. Enquanto o professor aborrecia a moça, a mãe aborrecia o professor, o que não poderia resultar bem. A Sra. Lard somava sua vivacidade natural com toda a de que a filha carecia. Era uma carinha esperta, enfeitada, marcada de bexigas. Tinha uns olhinhos muito ardentes, avermelhados porque sempre estavam doentes. Todas as manhãs, ao chegar lá, achava preparado o meu café com manteiga. E a mãe não deixava de me receber com um beijo bem aplicado na boca e que, por curiosidade, eu tinha desejo de retribuir à filha, para ver como ela o receberia. E afinal, tudo isso se fazia tão simplesmente, e tão sem conseqüências que, quando o Sr. Lard estava presente, as brincadeiras e os beijos eram os mesmos. Era um ótimo sujeito, o verdadeiro pai de sua filha, que a mulher não enganava porque não era necessário.

Eu me prestava a esses carinhos todos com a minha estupidez ordinária, recebendo-os simplesmente como provas de boa amizade. Entretanto, às vezes me sentia importunado, porque a esperta Sra. Lard não deixava de ser exigente. E se durante o dia eu passava diante da loja sem parar, havia barulho na certa. Quando tinha pressa, era-me preciso dar uma volta por outra rua, sabendo bem que sair da casa dela não era tão fácil quanto entrar.

A Sra. Lard ocupava-se muito comigo para que eu não me ocupasse um pouco com ela. Suas atenções me comoviam muito. Falava delas à mamãe como de uma coisa sem mistério; e, mesmo havendo mistério, não deixaria por isso de falar, porque não me seria possível lhe guardar segredo do que quer que fosse. Meu coração vivia aberto diante dela como diante de Deus. E ela não recebeu o fato com a mesma simplicidade que eu. Viu ousadias, onde eu apenas vira amizade. E pensou que a Sra. Lard, tendo tomado como ponto de honra me deixar menos tolo do que me encontrara, conseguiria de um modo ou de outro fazer-se entender. E além de não ser justo outra mulher encarregar-se da instrução do seu discípulo, ela tinha outros motivos mais dignos de si para me garantir das armadilhas a que me expunham a idade e a profissão. Nesse mesmo tempo me armaram outro alçapão de qualidade mais perigosa, a que escapei, mas que lhe fez sentir que os perigos que sem cessar me ameaçavam tornavam necessários todos os preservativos que ela me pudesse trazer.

A senhora condessa de Menthon, mãe de uma das minhas alunas, era uma mulher de muito espírito e passava por não ter menos maldade. Apontavam-na como causa de muitas intrigas, e, entre outras, uma que fora fatal à casa de Antremont. Mamãe tinha com ela suficiente intimidade para lhe conhecer o caráter: porque, tendo interessado alguém por quem a Sra. de Menthon tinha pretensões, ficou perante ela sobrecarregada com o crime dessa preferência, embora não a tivesse procurado nem aceito. E a Sra. de Menthon desde então procurou pregar à rival várias peças, das quais nenhuma deu resultado. Contarei uma das mais cômicas como amostra. Estavam elas juntas no campo, com vários gentis-homens da vizinhança, e entre outros o aspirante em questão. A Sra. de Menthon dissera um dia a esses cavalheiros que a Sra. de Warens não passava de uma preciosa. Que não tinha gosto algum e que se vestia mal, cobrindo o colo como uma burguesa. "Quanto a esse último tópico", disse o cavalheiro espirituoso, "ela tem razão: sei que tem um ratão impresso no seio, tão parecido que dir-se-ia que ele corre". O ódio, como o amor, nos tornam crédulos. A Sra. de Menthon resolveu-se a utilizar essa descoberta. E um dia em que mamãe jogava com o ingrato favorito da dama, esta se aproximou, por detrás da rival, e derrubando-lhe a meio a cadeira, tirou-lhe habilmente o xale. Mas, em vez do ratão, o cavalheiro viu apenas um objeto muito diferente, que não era mais fácil de esquecer que de ver, o que não convinha muito à dama.

Eu não era criatura digna de interessar a Sra. de Menthon, que só queria pessoas brilhantes para o seu círculo. E entretanto ela atentou em mim, não pela cara, de que certamente não cuidava, mas pelo espírito que me atribuíam e que me poderia tornar útil aos seus prazeres. Tinha uma especial predileção pela sátira; gostava de fazer versos e canções sobre criaturas que não lhe agradavam. Se houvesse encontrado em mim bastante talento para a ajudar a fazer versos e bastante complacência para os escrever, nós ambos depressa teríamos posto Chambéry de pernas para o ar. Iriam procurar a fonte dos libelos. E a Sra. de Menthon se livraria da responsabilidade sacrificando-me, e eu iria talvez para a cadeia pelo resto da minha vida para aprender a não fazer de Febo com as senhoras.

Felizmente, nada disso aconteceu. A Sra. de Menthon convidou-me para jantar duas ou três vezes, para me fazer conversar, e achou que eu não passava de um tolo. Eu próprio o sentia, e me lamentava, invejando o talento do meu amigo Venture, quando antes deveria agradecer a minha tolice os perigos de que me livrava. Para a Sra. de Menthon, continuei sendo o mestre de canto de sua filha e mais nada. Porém, vivi tranqüilo e sempre estimado em Chambéry. E isso era melhor do que ser um belo espírito para ela e uma serpente para todo o resto do país.

Fosse como fosse, mamãe viu que para me arrancar aos perigos da mocidade era preciso me tratar como homem; e foi o que ela fez, mas do modo mais original que até hoje uma mulher empregou em ocasião idêntica. Via-a com o aspecto mais grave e com conversas mais moralizantes do que de hábito. À alegria amalucada com que ela entremeava outrora as lições, sucedeu de repente um tom sempre austero, que não era nem íntimo nem severo, mas que parecia preparar uma explicação. Depois de ter, inutilmente, procurado em mim mesmo o motivo dessa mudança, perguntei-lhe a razão; era o que ela esperava.

Propôs-me um passeio ao jardinzinho no dia seguinte. Lá fomos de manhã. Ela tomara suas medidas para que nos deixassem a sós o dia inteiro. E empregou esse tempo preparando-me para os favores que me queria proporcionar, não como uma outra mulher, por meio de manobras e provocações, mas por conversas cheias de sentimento e de juízo, feitas mais para me instruir do que para me seduzir, e que falavam mais ao coração do que aos sentidos. Entretanto, embora as palavras que ela me dissesse fossem excelentes e úteis, embora fossem elas apenas frias e tristes, não lhe dei a atenção que mereciam e não as gravei na memória, como o teria feito em um outro tempo qualquer. O modo de principiar, esse ar de preparativo, me deram alguma inquietação. Enquanto ela falava, abstrato e distraído malgrado meu, ocupava-me menos com o que ela dizia do que com o ponto a que ela pretendia chegar. E logo que o compreendi, o que não me foi fácil, a novidade dessa idéia que, desde que eu vivia com ela não me ocorrera nunca, preocupou-me inteiramente e não me deixou capaz de pensar no que ela dizia. Pensava nela e não a escutava.

    Querer que os rapazes prestem atenção ao que se lhes vai dizer, mostrando-lhes um objeto muito interessante para eles, é um contra-senso muito comum aos professores e que eu próprio não evitei no meu *Emílio*. O rapaz, impressionado pelo objeto que lhe mostramos, preocupa-se inteiramente com ele, e salta de pés juntos sobre os discursos preliminares, procurando atingir logo a meta para a qual o levamos com excessivo vagar, na sua opinião. Quando o desejarmos atento, não nos devemos deixar penetrar adiantadamente. Foi no que mamãe errou. Por uma singularidade que emanava do seu espírito sistemático, tomou a precaução inteiramente inútil de impor suas condições. Porque logo que lhes compreendi o preço, não as ouvia sequer e me apressava em concordar com tudo. E duvido que, em caso semelhante, haja na terra inteira um homem bastante franco ou bastante corajoso para ousar regatear, e uma única mulher que possa perdoar esse regateio. E como conseqüência dessa esquisitice a que aludi, ela pôs nesse acordo as mais graves formalidades, e deu-me oito dias para pensar; falsamente lhe assegurei que não precisava desse prazo. Porque, para cúmulo de singularidade, fiquei muito satisfeito por ter à frente esses oito dias, de tal modo me chocara o inédito dessas idéias, e tal era o desarranjo que me haviam trazido às idéias velhas que precisava de tempo para as arranjar.

    Talvez imaginem que esses oito dias duraram oito séculos. E, ao contrário, eu quisera que com efeito eles durassem tanto. Não sei como descrever o estado em que me encontrava, cheio de um pavor mesclado de impaciência, temendo o que desejava, e isso até a ponto de procurar no pensamento algum meio honesto de evitar ser feliz. Imagine-se meu temperamento ardente e lascivo, meu sangue inflamado, meu coração embriagado de amor, meu vigor, minha saúde, minha idade; e, nesse estado, espicaçado pela sede de mulheres, nunca me tinha aproximado de nenhuma; e a imaginação, a necessidade, a vaidade, a curiosidade, reuniam-se para me devorar com o desejo ardente de ser homem e de o parecer. E sobretudo acrescente-se, porque isto precisa ser lembrado, que minha viva e forte afeição por ela, em vez de se ter amortecido, aumentara dia-a-dia. Que só junto dela eu me sentia bem; que se dela me afastava era para nela pensar; que vivia com o coração cheio, não só de suas bondades, não só de seu caráter amável, mas de seu sexo, do seu rosto, da sua pessoa, dela, em suma, por todos os respeitos porque ela me devia ser querida. E que não se imagine, pelos dez ou doze anos que ela poderia ter a mais sobre mim, que estivesse envelhecida ou parecesse sê-lo. Desde cinco ou seis anos atrás, quando eu sentira tão doces transportes ao conhecê-la, mudara muito pouco, e não me parecia ter mudado nada. Era sempre encantadora para mim, e ainda o era para todo o mundo. Apenas sua cintura engrossara um pouco. Mas eram os mesmos olhos, a mesma pele, os mesmos lindos cabelos loiros, a mesma alegria, tudo, até a mesma voz argentina da mocidade que fizera tanta impressão sobre mim, a tal ponto que ainda hoje não posso ouvir sem comoção uma vozinha de moça.

Naturalmente, o que eu deveria recear, ao aguardar a posse de criatura tão querida, era antecipá-la, não poder governar os desejos e a imaginação, ficando senhor de mim mesmo. Havemos de ver que mais tarde, já em idade avançada, apenas a idéia de alguns ligeiros favores que eu esperava da mulher amada era o bastante para me incendiar o sangue a tal ponto que me era impossível fazer impunemente o trajeto que me separava dela. Como, porque prodígio, na flor da juventude, tive tão pouca ansiedade pelo primeiro gozo? Como pude ver se aproximar a hora com mais tristeza do que prazer? Como, em lugar das delícias que me deveriam embriagar, senti quase que repugnância e temor? Não há dúvidas de que se eu houvesse podido me furtar decentemente a minha felicidade, tê-lo-ia feito de todo coração. Prometi muita coisa esquisita na história da minha afeição pela Sra. de Warens. Eis, pois, uma que decerto ninguém esperava.

O leitor, que já está revoltado, imagina que, possuída já por outro homem, ela se degradava aos meus olhos se repartindo, e que um sentimento de desestima atenuava os que ela me inspirara. Enganase. É verdade que essa partilha me inspirava uma mágoa cruel não só por uma delicadeza muito natural, como também porque, com efeito, eu a considerava pouco digna dela e de mim. Mas os meus sentimentos por ela não se alteravam absolutamente e posso jurar que nunca a amei tanto como quando desejava tão pouco possuí-la. Conhecia muito o seu coração casto e o seu temperamento de gelo para poder supor um momento que o prazer dos sentidos tivesse alguma parte nesse abandono dela própria. Estava inteiramente certo de que só o cuidado de me arrancar a perigos que de outra forma eram quase inevitáveis, e de me conservar inteiramente dedicado a mim e aos meus deveres, levava-a a infringir um dever que ela não encarava com os mesmos olhos que as outras mulheres, como o provarei depois. Eu a lamentava e me lamentava. Quisera poder dizer: "Não, mamãe, não é preciso; respondo-lhe por mim mesmo sem isso". Mas não o ousava, primeiro porque não era uma coisa que se dissesse, e depois porque, no fundo, sentia que isso não era verdade, e com efeito só existia uma única mulher que me poderia garantir das outras mulheres e me por à prova das tentações. Sem desejar possuí-la, estava bem certo de que ela me tiraria o desejo de possuir outras; e olhava como a uma desgraça tudo que me pudesse distrair dela.

O longo hábito de vivermos juntos e vivermos inocentemente, longe de enfraquecer meus sentimentos por ela, os reforçara, mas ao mesmo tempo lhes dera outro caráter que os tornava mais afetuosos, talvez mais ternos, porém menos sensuais. De tanto a chamar mamãe, de tanto usar com ela da familiaridade de um filho, acostumara-me a olhá-la como tal. Creio que essa era a causa verdadeira da minha pouca pressa em possuí-la, embora ela me fosse tão querida. Lembro-me bem de que os meus primeiros sentimentos, sem serem tão fortes, eram mais voluptuosos. Em Annecy, eu andava embriagado. Em Chambéry, já não o estava mais. Amava-a sempre tão apaixonadamente quanto era possível. Mas amava-a mais por ela e menos por mim, ou, pelo menos, junto dela procurava mais a felicidade do que o prazer. Era para mim mais do que uma irmã, mais que mãe, mais que uma amiga, mais mesmo que uma amante: e era por isso que não era uma amante. Em suma, amava-a demais para a desejar: eis o que era mais claro nas minhas idéias.

E esse dia, mais temido que desejado, chegou afinal. Prometi tudo e não menti. Meu coração confirmava seus compromissos sem desejar a paga. E entretanto a recebi. Vi-me pela primeira vez entre os braços de uma mulher, e de uma mulher que adorava. Fui feliz? Não, apenas provei o prazer. Não sei que invencível tristeza lhe envenenava o encanto. Parecia-me cometer um incesto. Duas vezes, apertando-a com ardor nos meus braços, inundei-lhe o colo de lágrimas. Quanto a ela, não estava triste nem excitada; era carinhosa e tranqüila. Como era pouco sensual e não buscava a volúpia, não lhe gozou as delícias nem lhe sentiu os remorsos.

Repito: todas as faltas dela provieram dos seus erros e nunca das suas paixões. Era de boa origem, de coração puro, amava as coisas honestas, suas inclinações eram corretas e virtuosas, seus gostos eram delicados. Fora feita para uma elegância de costumes a que sempre aspirou e que se não seguiu nunca foi porque em lugar de atender ao coração, que a guiaria bem, escutava a cabeça, que a guiava mal. Quando falsos princípios a transviavam, seus sentimentos verdadeiros os desmentiam sempre. Infelizmente, porém, ela tinha pretensões à filosofia, e a moral que fez para si estragou a que o coração lhe ditava.

O Sr. de Tavel, seu primeiro amante, foi o seu professor de filosofia, e os princípios que lhe impôs foram os de que necessitava para seduzi-la. Vendo-a presa ao marido, aos seus deveres, sempre fria, ajuizada e inatacável pelos sentidos, atacou-a pelos sofismas e conseguiu lhe fazer ver os deveres a que se ligara com a verborragia do catecismo, feita unicamente para divertir crianças; a união dos sexos como o ato mais indiferente em si; a fidelidade conjugal como uma aparência obrigatória cuja única moralidade visava à opinião pública; a tranqüilidade dos maridos como a única regra do dever das mulheres; de modo que as infidelidades ignoradas, nulas para aqueles que ofendiam, o eram também para a consciência; enfim, persuadiu-a de que a coisa em si mesma não era nada, que só adquiria existência pelo escândalo, e que toda mulher que parecia honesta era-o, com efeito, apenas por parecer. Foi assim que o desgraçado conseguiu seus fins, corrompendo a razão de uma criança cujo coração não conseguira corromper. E foi punido pelo mais devorador ciúme, convencido de que ela o tratava como ele lhe ensinara a tratar o marido. Não sei se se enganava. O ministro Perret passou por ser seu sucessor. O que sei é que o temperamento frio dessa mulher jovem, que a poderia preservar desse sistema, foi o que depois a impediu de renunciar a ele. Não podia conceber que dessem tanta importância ao que, para ela, tinha tão pouca. E nunca honrou com o nome de virtude uma abstinência que tão pouco lhe custava.

Não abusou nunca, pois, desses falsos sistemas, em benefício de si própria; mas abusou por amor de outros, e isso por uma máxima igualmente falsa, porém mais de acordo com a bondade do seu coração. Sempre acreditou que nada ligava tanto um homem a uma mulher quanto a posse, e embora tivesse pelos amigos apenas amizade, essa amizade era tão terna que utilizava todos os meios que lhe estavam ao alcance para os afeiçoar mais fortemente. E o que há de extraordinário é que ela o conseguiu com quase todos. Era realmente tão amável, que quanto maior fosse a intimidade em que com ela se vivesse, mais motivos se encontravam para a amar. Uma outra coisa digna de nota é que, depois da sua primeira fraqueza, ela quase que só concedeu seus favores a infelizes; os homens de lustre social perderam todo seu tempo ao cortejá-la; era preciso porém que um homem que ela começasse por lamentar fosse bem pouco amável para não conseguir que findasse amando-o. E quando fazia escolhas pouco dignas de si, muito longe de ser levada por baixas inclinações, que nunca se aproximaram do seu nobre coração, fazia-o unicamente devido ao seu caráter muito generoso, muito humano, muito compassivo, que ela nem sempre sabia governar com bastante discernimento.

Se alguns princípios falsos a transviaram, quantos princípios admiráveis tinha ela, dos quais nunca se separou! Por quantas virtudes não compensava suas fraquezas, se se pode dar esse nome a erros em que os sentidos não tinham a menor parte! Esse mesmo homem que em um ponto a enganou, instruiu-a excelentemente em mil outros; e como suas paixões, que não eram ardentes, permitiam-lhe seguir sempre suas luzes, tudo marchava bem quando os sofismas não a transviavam. Mesmo nas suas faltas, seus motivos eram louváveis. Podia fazer o mal por engano, mas nunca poderia desejar alguma coisa má. Tinha horror à duplicidade, à mentira. Era justa, eqüitativa, humana, desinteressada, fiel à palavra dada, aos amigos, aos deveres que reconhecia como tais, incapaz de vingança e de ódio, sem conceber sequer que existisse algum mérito em perdoar. Em suma, para voltar ao que ela tinha de menos desculpável: sem dar aos seus favores o valor que eles mereciam, nunca fez com eles um comércio vil. Prodigalizava-o mas não os vendia, embora eternamente precisasse de expedientes para viver. E ouso dizer que se Sócrates pôde estimar Aspásia, teria respeitado a Sra. de Warens.

Sei de antemão que, atribuindo-lhe um caráter sensível e um temperamento frio, serei acusado de contradição, como de ordinário me acusam, e com as mesmas razões. Talvez a natureza tenha errado e é possível que essa combinação não deveria ter sido feita; apenas sei que ela existiu. Todos os que conheceram a Sra. de Warens, dos quais ainda existe um grande número, puderam constatar que ela era assim. Ouso mesmo acrescentar que ela apenas conheceu no mundo um único prazer: foi fazê-lo sentir àqueles que amava. Fica entretanto permitido a cada um argumentar nesse ponto de acordo com o seu gosto, e provar doutoralmente que não é verdade. Minha tarefa é dizer a verdade e não fazer com que nela acreditem.

Soube pouco a pouco o que acabo de contar nas conversas que se seguiram a nossa união, conversas que, só elas, a tornavam deliciosa.

E ela tinha razão em imaginar que a sua complacência me seria útil: tirei dela grandes vantagens para a minha instrução. Até então, só me falava em mim como a uma criança. Começou a me tratar como homem, falando-me de si. Tudo que me dizia era para mim tão interessante, sentia-me tão comovido que, dobrando-me sobre mim mesmo, aplicava em meu proveito as suas confidências, como nunca o fizera com as suas lições. Quando se sente verdadeiramente que um coração alheio se abre, o nosso coração se abre para lhe receber as expansões. E nunca nenhuma moral pedagógica equivalerá à conversa afetuosa e terna de uma mulher por quem se tem afeição.

A intimidade em que vivíamos permitiu-lhe ficar me conhecendo melhor do que antes, e ela achou que, apesar do meu ar acanhado, eu valeria o trabalho de ser cultivado para o mundo e que, se eu subisse algum dia a uma certa altura, ficaria em condições de fazer meu caminho. Com essas idéias, dedicou-se não só a procurar formar meu raciocínio, como também o meu exterior, minhas maneiras, a me tornar tão amável quanto estimável. E se é verdade que se pode aliar à virtude o êxito na vida social, o que por mim não creio, pelo menos estou certo de que para isso há apenas um caminho: o que ela tomou e que me queria ensinar. Porque a Sra. de Warens conhecia os homens e sabia superiormente a arte de tratar com eles sem mentira e sem imprudência, sem os enganar e sem os aborrecer. Mas essa arte estava muito mais no seu caráter do que nas suas lições; sabia melhor pô-la em prática do que ensiná-la e, no mundo inteiro, eu era o homem menos apropriado para aprendê-la. E assim, tudo que ela fez nesse sentido foi quase que trabalho perdido, como também o cuidado que teve em me dar mestres de dança e de armas. Embora fosse ágil, bem torneado, nunca consegui aprender um minueto. Por causa dos calos, habituara-me de tal forma a andar nos calcanhares que Roche nunca conseguiu tirar-me o costume. E nunca pude saltar agilmente o menor fosso. Na sala de armas ainda foi pior. Depois de três meses de estudo ainda me encostava à parede, incapaz de assaltar, e nunca tive o pulso bastante dócil, ou o braço bastante firme para poder segurar o florete quando aprazia ao mestre fazê-lo saltar. Acrescente-se que eu tinha um mortal aborrecimento por esse exercício e pelo mestre que mo procurava ensinar. Nunca pude conceber que alguém pudesse se orgulhar da arte de matar um homem. O mestre, para por ao meu alcance o seu vasto gênio, só se exprimia por comparações tiradas da música, que ele aliás ignorava. Via analogias espantosas entre um bote de terça ou de quarta e os intervalos musicais do mesmo nome. Quando queria fazer uma finta, dizia-me que tivesse cuidado com os sustenidos, porque antigamente os sustenidos se chamavam fintas. Quando me fazia saltar da mão o florete, dizia zombando que fora uma *pausa*. Enfim, em vida minha, nunca vi mais insuportável pedante do que esse pobre homem, com o seu penacho e o seu *plastrom*.[46]

---

46. *Plastrão, peitilho:* proteção que os esgrimistas usavam nos exercícios. (N.E.)

Fiz, pois, muito pouco progresso nos estudos que logo abandonei por puro aborrecimento. Mas progredi muito mais em uma arte mais útil, a de viver satisfeito com a minha sorte, de não desejar outra mais brilhante, para a qual começava a compreender que não nascera. Inteiramente entregue ao desejo de fazer mamãe feliz, preferia sempre estar ao seu lado. E quando precisava me afastar para andar na cidade, começava a me enjoar das aulas, apesar da minha paixão pela música.

Ignoro se Cláudio Anet percebeu a nossa intimidade. Quero crer que ela não lhe foi escondida. Era um rapaz muito perspicaz, mas muito discreto, que nunca falava contra o seu pensamento, mas que também não o dizia todo. Sem me fazer a menor cara de que estava ciente, pelo seu procedimento mostrava que estava; e esse procedimento não emanava decerto de baixeza de alma. Porém, tendo-se apropriado dos princípios da patroa, não poderia desaprovar que ela agisse coerentemente. Embora fosse da mesma idade que ela, era tão amadurecido e tão grave que nos olhava quase que como a duas crianças dignas de indulgência, e nós ambos o olhávamos como a um homem respeitável por cuja estima deveríamos zelar. Só depois que ela lhe foi infiel foi que conheci quanto era presa a ele. E como sabia que eu só pensava, só sentia, só respirava por ela, mostrava-me quanto o queria, a fim de que eu igualmente o estimasse; e acentuava mais sua estima por ele que sua afeição, porque era esse o sentimento que mais plenamente eu poderia partilhar. Quantas vezes ela nos comoveu, nos fez abraçarmo-nos entre lágrimas, dizendo-nos que ambos éramos indispensáveis a sua felicidade! E que as mulheres que lerem isso não sorriam maliciosamente. Com o temperamento que tinha, essa necessidade não era equívoca: era unicamente uma necessidade de coração.

E assim se estabeleceu entre nós uma sociedade sem exemplo talvez na terra inteira. Todos os nossos desejos, os nossos cuidados, os nossos corações eram em comum. Nada passava além desse pequeno círculo. Tornou-se tão grande o hábito de vivermos juntos e de vivermos exclusivamente para isso que, se nas refeições faltava um dos três ou chegava um quarto, ficava tudo atrapalhado. E apesar das nossas ligações particulares, os colóquios a dois nos eram menos doces que a reunião. E o que fazia com que, entre nós, não houvesse constrangimento, era uma grande confiança recíproca, e o que evitava o tédio era que vivíamos todos muito ocupados. Mamãe, sempre projetando e sempre agindo, quase nunca nos deixava ociosos, e tínhamos cada um por seu lado muito com que preencher o tempo. Na minha opinião, a ociosidade não é um flagelo social menor do que a solidão. Nada diminui tanto o espírito, nada engendra tantas ninharias perniciosas, intrigas, aborrecimentos, mentiras do que viverem pessoas eternamente fechadas umas defronte das outras em uma sala, reduzidas, como único ofício, à necessidade de tagarelar constantemente. Quando estão todos ocupados, só se fala quando se tem alguma coisa a dizer. Mas quando não se tem nada a fazer, é preciso a todo transe falar constantemente. E, de todos os inconvenientes, é esse o mais incômodo e o mais perigoso. Ouso mesmo ir mais longe, e afirmo que para tornar uma reunião verdadeiramente agradável é preciso não só que cada um faça alguma coisa, porém alguma coisa que peça um pouco de atenção. Fazer malha não é fazer nada. E dá tanto trabalho distrair uma mulher que faz malha quanto uma outra que está de braços cruzados. Quando ela borda, porém, a coisa é diferente; está bastante ocupada para preencher os intervalos de silêncio. Como é chocante, e ridículo, ver durante esse tempo uma dúzia de malandros se levantar, sentar-se, ir, vir, piruetar sobre os tacões, revirar duzentas vezes os bibelôs da lareira, e fatigar o bestunto para sustentar um inextinguível fluxo de palavras! Que bela ocupação! Gente como essa, por mais que faça, estará sempre à carga de outrem ou de si mesma. Quando eu estava em Moitiers, ia fazer *lacet*[47] na casa de minhas vizinhas. E, se voltar a freqüentar a sociedade, trarei sempre um bilboquê no bolso, para brincar com ele o dia todo a fim de me dispensar de falar quando não tiver o que dizer. Se todos fizessem o mesmo, os homens se tornariam menos maus, seu convívio se tornaria mais seguro e, creio, mais agradável. Enfim, riam se quiserem os gaiatos, mas eu sustento que a única moral ao alcance do século atual é a moral do bilboquê.

E ademais, quase não nos deixavam o trabalho de evitar o tédio por nós mesmos. Os importunos que afluíam nos entediavam tanto, que não nos sobrava mais tédio quando estávamos sós. A minha antiga impaciência com eles não diminuíra, e a diferença única era que, agora, eu tinha menos tempo para me entregar a eles. A pobre mamãe não perdera ainda a sua antiga fantasia de empreendimentos e sistemas. Ao contrário, quanto mais prementes se tornavam as necessidades domésticas, mais, para as satisfazer, entregava-se ela às visões. Quanto menos recursos atuais tinha, mais os forjava para o futuro. O decorrer dos anos só lhe fazia aumentar a mania. E à medida que perdia o gosto pelos prazeres do mundo e da juventude, substituía-os pelo dos segredos e projetos. A casa não se esvaziava de charlatães, de fabricantes, de empreiteiros de toda espécie que,

---

47. *Zig-zag:* tipo de bordado. (N.E.)

distribuindo a fortuna por milhões, acabavam por precisar de um escudo. Nenhum saía com os bolsos vazios da casa dela, e uma das coisas que me espantavam é que ela pudesse suprir tanto tempo a tantas despesas sem esgotar a fonte e sem cansar os credores.

O projeto que mais a ocupava, no tempo de que falo, e que não era o mais disparatado que ela concebeu, era estabelecer em Chambéry um jardim real de plantas, com um demonstrador contratado, e de antemão se compreende para quem se destinava o lugar. A posição da cidade no meio dos Alpes era muito favorável, e mamãe, que facilitava sempre um projeto com outro, acrescentava ao primeiro uma escola de farmácia, que na verdade parecia muito útil em um lugar tão pobre, onde os boticários são quase os únicos médicos. A aposentadoria do *proto-médecin*[48] Grossi, que foi viver em Chambéry depois da morte do rei Victor, pareceu-lhe que lhe favorecia essa idéia, ou talvez a sugeriu. Fosse como fosse, ela se pôs a cortejar Grossi, que entretanto não era cortejável; era o mais cáustico e mais grosseiro cavalheiro que conheci. Julgue-se dele pelos dois ou três fatos que citarei como amostra.

Estava ele um dia em conferência com outros médicos e, entre estes, um que haviam chamado de Annecy e que era o médico habitual do doente. E esse rapaz, embora fosse pouco adiantado para um médico, ousou não ser da opinião do *proto-médecin*. Este, como única resposta, perguntou-lhe quando ia embora, por onde passaria, e que veículo empregaria. O outro, depois de satisfazer as perguntas, perguntou-lhe por sua vez se o poderia servir em alguma coisa. "Nada, nada", disse Grossi, "quero apenas assistir a sua passagem de uma janela, para ter o prazer de ver um burro a cavalo". Era tão avaro quanto rico e grosseiro. Um dos seus amigos quis um dia tomar-lhe dinheiro emprestado, com boas garantias. "Meu amigo", disse-lhe ele, apertando-lhe um braço e rangendo os dentes, "se São Pedro descesse do céu para me pedir emprestadas dez pistolas e desse a Trindade como fiadora, não lhe emprestaria nada". Um dia, convidado a jantar na casa do conde Picon, governador da Sabóia e muito devoto, chegou antes da hora. Sua Eminência, ocupado em rezar o rosário, convidou-o a compartilhar da devoção. Sem saber o que responder, fez uma careta horrorosa e pôs-se de joelhos. Mas apenas recitou duas Ave Marias, não se pôde mais conter, levantou-se subitamente, tomou a bengala e foi embora sem dizer palavra. O conde Picon cor-

---

48. Paramédico ou prático em medicina ou farmacêutico, como havia também o farmacêutico-prático. (N.E.)

reu-lhe no encalço, gritando: "Senhor Grossi, senhor Grossi! Fique, olhe que terá ao jantar uma excelente *bartavela*[49] no espeto!" "Senhor conde", respondeu Grossi voltando-se, "não ficaria nem que me desse um anjo assado". Eis quem era o *proto-médecin* Grossi, que mamãe propôs-se a domesticar e o conseguiu. E embora vivesse extremamente ocupado, ele se habituou a aparecer sempre na casa dela, tomou amizade a Anet, apreciando-lhe os conhecimentos e, o que se não poderia esperar de tal urso, primava em tratá-lo com consideração para apagar as lembranças do passado. Porque, embora Anet não vivesse como um criado, sabia-se que ele o fora. E só a autoridade e o exemplo do *proto-médecin* poderiam dar-lhe a consideração que de outra maneira lhe negariam. Com uma casaca preta, uma peruca bem penteada, um aspecto grave e decente, um procedimento prudente e circunspecto, conhecimentos muito extensos em matéria médica e em botânica e com o favor do chefe da faculdade, Cláudio Anet poderia razoavelmente esperar preencher com aplausos as funções de demonstrador real das plantas, se o estabelecimento em projeto se realizasse. E na verdade, Grossi gostara do plano, adotara-o, e só esperava, para o propor na corte, o momento em que a paz permitisse se pensar em coisas úteis, e deixasse disponível algum dinheiro para as custear.

Esse projeto, porém, cuja execução provavelmente me arrastaria à botânica, para a qual me parece que eu nascera, falhou por causa de um desses golpes inesperados que derrubam os desígnios mais bem combinados. Eu estava destinado a me tornar, gradualmente, um exemplo de todas as misérias humanas. Dir-se-ia que a Providência, que me chamava para essas grandes provações, afastava com a sua mão tudo que me pudesse impedir de a elas chegar. Em uma jornada que Anet fez ao alto das montanhas para procurar o *génépi*, planta rara que só cresce nos Alpes e da qual o Sr. Grossi carecia, o pobre rapaz se escaldou de tal forma que apanhou uma pleurisia, da qual nem o *génipi* o salvou, embora digam que ele é o específico dessa doença. E apesar de toda a arte de Grossi, que era na verdade um homem hábil, apesar dos nossos infinitos cuidados, morreu em nossas mãos no quinto dia, depois da mais cruel agonia, durante a qual não teve outras exortações senão as minhas. E lhas prodigalizei com impulsos de dor e de zelo que, se ele estava em estado de me ouvir, lhe deviam servir de algum consolo. Eis como perdi o amigo mais firme que tive em toda a minha vida. Homem estimável e raro, em quem a natureza substituía a educação, que, como servo, soube

---

49. Perdiz grega. (N.T.)

ter todas as virtudes dos grandes homens, e a quem talvez só faltou, para se mostrar como tal ao mundo inteiro, posição e estado.

No dia seguinte, eu falava dele a mamãe com viva e sincera aflição e tive, de repente, no meio da conversa, o pensamento vil e indigno de que lhe herdaria as roupas, sobretudo uma linda casaca preta que me caíra no goto. Pensava-o e por conseqüência o disse; porque, junto dela, era o mesmo que estar só. E nada lhe fez sentir melhor a perda que sofrera do que essa covarde e odiosa palavra; pois as principais qualidades do nosso morto eram o desinteresse e a nobreza. A pobre mulher, sem nada responder, virou-se para o outro lado e pôs-se a chorar. Queridas e preciosas lágrimas! Foram ouvidas e correram todas no meu coração; e lavaram nele até os últimos sinais de um sentimento baixo e desonesto. E nunca mais nele entrou desde esse tempo.

Essa perda causou à mamãe tanta dor como prejuízo. Depois disso, seus negócios não deixaram mais de decair. Anet era um rapaz correto e metódico que punha ordem na casa de sua senhora. Temiam a vigilância dele e o desperdício era menor. Ela própria lhe temia as censuras, e se continha mais nas dissipações. Porque ela não se contentava com a sua afeição; queria lhe conservar a estima, e temia as justas observações que às vezes ele lhe ousava fazer, dizendo-lhe que ela desperdiçava os bens alheios tanto como os próprios. Eu pensava como ele, e o dizia, aliás. Mas não tinha sobre ela o mesmo ascendente, e os meus conselhos não se impunham como os seus. Quando ele deixou de existir, senti-me obrigado a lhe tomar o lugar, para o qual não tinha aptidão nem gosto. Substitui-o mal. Era pouco cuidadoso e muito tímido. Reprovando a sós comigo, deixava que tudo andasse como andava. E ademais, obtive a mesma confiança, mas não a mesma autoridade. Via a desordem, sofria ao vê-lo, lamentava-me, e não era ouvido. Era muito moço e muito estouvado para ter o direito de ter juízo. E quando me queria fazer de censor, mamãe me dava uns tapas de brinquedo, me chamava de Mentorzinho, e me forçava a tomar o papel que me cabia.

A profunda convicção da bancarrota a que a lançariam necessariamente suas desmedidas despesas fez-me uma fortíssima impressão, principalmente porque ao me tornar *inspetor* da casa verifiquei por mim mesmo a desigualdade da balança entre o dever e o haver. Data desse tempo a tendência para a avareza que desde então comecei a sentir. Nunca fui loucamente pródigo senão por crises; mas até então nunca me preocupara com ter pouco ou muito dinheiro. Comecei a atentar nesse ponto e a cuidar do meu dinheiro. Tornei-me mesquinho por um motivo muito nobre: porque na verdade só pensava em economizar alguns recursos para mamãe utilizar quando chegasse a catástrofe que eu previa. Temia que os credores lhe tomassem a pensão, que esta fosse suprimida de todo. E imaginava, com minha visão estreita, que meu mesquinho pé de meia lhe seria um grande socorro. Mas para o constituir, e sobretudo para o conservar, precisava me esconder dela. Porque, em um momento em que ela se valia de expedientes, não convinha que soubesse da existência do meu dinheirinho. Andei, pois, procurando aqui e ali pequenos esconderijos onde metia um ou outro *luís*,[50] contando aumentar incessantemente essas economias até o momento de as depor aos seus pés. Mas era tão desastrado na escolha dos esconderijos que ela dava com eles sempre, carregava com o ouro que eu escondera, e punha mais outras moedas. Eu vinha muito envergonhado trazer para a bolsa comum meu pequeno tesouro, e nunca ela deixava de o utilizar em meu benefício, em roupas ou móveis, uma espada de prata, um relógio, ou outra coisa semelhante.

 Convencido de que não me adiantava acumular, o que seria para ela um mesquinho recurso, compreendi afinal que só o que poderia fazer contra a desgraça que receava era me pôr em condições de suprir a sua subsistência quando, ao deixar de prover à minha, ela visse que o pão lhe faltava. Infelizmente, aliando os projetos a minhas preferências, teimava loucamente em procurar fortuna na música. Sentindo que me nasciam idéias e cânticos na cabeça, acreditei logo que as poderia aproveitar, que ia me tornar um homem célebre, um Orfeu moderno, cujas músicas deveriam lhe atrair todo o ouro do Peru. Como eu já lia música passavelmente, tinha de tratar de aprender composição. A dificuldade era encontrar quem me ensinasse. Porque só com o Rameau não esperava consegui-lo por mim mesmo, e desde a partida do Sr. Le Maître não havia na Sabóia ninguém que entendesse de harmonia.

 Vamos ver ainda uma vez uma das inconseqüências de que minha vida está cheia, e que muitas vezes me tem feito marchar contra meus desígnios, embora eu pensasse ir ao encontro deles. Venture me falara muito do padre Blanchard, seu mestre de composição, homem de mérito e de grande talento, que era então mestre de música da catedral de Besançon e que agora está na capela de Versalhes. Meti na cabeça ir a Besançon tomar lições do padre Blanchard. E essa idéia me parecia tão razoável que consegui fazer com que ma-

---

50. Antiga moeda francesa de ouro. (N.E.)

mãe também a considerasse assim. Ei-la trabalhando no meu pequeno enxoval, e sempre com a profusão que lhe era habitual em tudo. Assim, sempre com o projeto de prevenir uma bancarrota e reparar no futuro a obra da dissipação, comecei naquele mesmo instante a fazê-la ter uma despesa de oitocentos francos. Acelerava-lhe a ruína para me pôr em condições de lha remediar.

Por mais louco que fosse esse procedimento, a ilusão era completa de minha parte e mesmo da dela. Estávamos ambos persuadidos, eu, de que trabalharia utilmente para ela, e ela, de que eu trabalharia utilmente para mim.

Esperava encontrar Venture em Annecy e pedir-lhe uma carta para o padre Blanchard. Ele não estava mais lá. Tive de me contentar em levar, como única informação, uma missa em quatro partes, composição dele e por ele escrita, que me deixara. Com essa recomendação, fui a Besançon, passando por Genebra, onde visitei meus parentes, e por Lyon, onde fui ver meu pai, que me recebeu, como de costume, e se encarregou de me fazer enviar minha mala, que vinha depois de mim, pois que eu viajava a cavalo. Cheguei a Besançon.

O padre Blanchard me recebeu bem, prometendo-me suas lições e me ofereceu seus serviços. Estávamos prestes a começar quando soube por uma carta de meu pai que minha mala fora presa e confiscada em Rousses, repartição da França na fronteira com a Suíça. Assustado com essa notícia, empreguei as relações que já fizera em Besançon para indagar a razão desse confisco. Porque, certo de não trazer contrabandos, não podia imaginar sobre que pretexto o tinham fundamentado. Soube-o afinal. E vale a pena dizê-lo, porque é um fato curioso.

Vivia em Chambéry um velho lionês, muito bom sujeito, de nome Duvivier, que trabalhara no *visa*[51] durante a regência e que, à falta de emprego, viera trabalhar no cadastro. Vivera na sociedade, tinha prendas, alguns conhecimentos, delicadeza, polidez. Sabia música. E graças a esse ponto de contato tínhamos nos feito amigos, naquele meio de ursos mal lambidos em que vivíamos. Tinha ele, em Paris, amigos que lhe mandavam contar esses pequenos nadas, essas novidades efêmeras, que correm ninguém sabe porquê, que morrem sem se saber como, sem que ninguém pense mais nelas quando deixam de ser comentadas. E como às vezes eu o levava a jantar na casa de mamãe, ele de algum modo me cortejava e, para se tornar

---

51. *Vistos:* espécie de consulado encarregado dos vistos de entrada de um para outro país. (N.E.)

agradável, procurava me fazer apreciar esses mexericos, pelos quais tive sempre tal repugnância que nunca me aconteceu ler nenhum sozinho. Desgraçadamente, um desses malditos papéis me ficara no bolso do casaco de uma roupa nova que eu vestira duas ou três vezes. Esse papel era uma paródia, jansenista e bem tola, da bela cena do *Mithridate* de Racine. Não li sequer dez versos e a deixei no bolso, esquecida. Foi isso que motivou o confisco da bagagem. Os fiscais, no cabeçalho do inventário da mala, introduziram uma ata magnífica, na qual, supondo que o escrito vinha de Genebra para ser impresso e distribuído na França, estendiam-se em invectivas contra os inimigos de Deus e da Igreja, e em elogios a sua piedosa vigilância, que pudera obstar à execução desse projeto infernal. E sem dúvida acharam que minhas camisas também fediam à heresia, porque, em virtude do terrível papel, foi tudo confiscado, sem que nunca mais eu tivesse notícias da minha bagagem. E os agentes do campo a que eu me devia dirigir exigiam tantas instruções, tantas informações, tantos certificados e memórias que me perdi mil vezes nesse labirinto e me vi constrangido a abandonar tudo. Tenho muita pena de não ter conservado a ata da repartição de Rousses. Era uma peça que figuraria com distinção entre as que irão acompanhar este escrito.

Essa perda me obrigou a voltar imediatamente a Chambéry sem ter estudado nada com o padre Blanchard. E vendo que a infelicidade me perseguia, infalivelmente, todos os empreendimentos, resolvi ligar-me unicamente à mamãe, compartilhar-lhe a sorte e não me preocupar com um futuro contra o qual nada poderia fazer. Ela me recebeu como se eu lhe trouxesse tesouros, me recompôs pouco a pouco o guarda-roupas, e o desastre, tão grande para nós ambos, mal acabou de acontecer, foi esquecido.

Embora esse desastre me tivesse esfriado um pouco os projetos de música, não deixei de estudar sempre o meu Rameau. E, à custa de esforços, consegui, por fim, entendê-lo e fazer algumas tentativas de composição, cujo êxito me animou. O conde de Bellegarde, filho do marquês de Antremont, voltara de Dresde depois da morte do rei Augusto. Seu irmão, o conde de Nangis, tocava violino, e a irmã deles, a senhora condessa de La Tour, cantava um pouco. Isso tudo pôs a música em moda em Chambéry; criaram uma espécie de concerto público, do qual, a princípio, me quiseram dar a direção. Depressa, porém, viram que ela ultrapassava minhas forças e se arranjaram de outra forma. Mas eu não deixava de concorrer com alguns trechos de minha autoria, entre outros uma cantata que agradou muito. Não era uma peça bem feita, mas era cheia de cantos novos e de coisas de efeito que não esperavam de mim. Essa gente não podia acreditar que, lendo música tão mal, eu estivesse em condições de compor passavelmente, e não duvidaram de que eu me tivesse aproveitado do trabalho alheio. Para verificar a coisa, uma manhã o Sr. de Nangis me veio procurar com uma cantata de Clérambault que ele transpusera, dizia, para comodidade da voz, e à qual era preciso fazer uma outra baixa, pois a transposição tornava a de Clérambault impraticável no instrumento. Respondi que era um trabalho considerável, que não poderia ser feito imediatamente. Ele pensou que eu procurava um pretexto e me exigiu que fizesse ao menos o baixo do recitativo. Fi-lo, pois, sem dúvida mal, porque para fazer qualquer coisa bem feita preciso de liberdade e de estar à vontade. Mas fi-lo pelo menos de acordo com as regras. E como ele estava presente, não pôde duvidar que eu soubesse os elementos de composição. Assim, não perdi minhas alunas, mas esmoreci um pouco a respeito de música vendo que faziam um concerto e me dispensavam.

Foi mais ou menos por esse tempo que, feita a paz, o exército francês voltou a atravessar as montanhas. Muitos oficiais vieram visitar mamãe, e entre outros o conde de Lautrec, coronel do regimento de Orleans, depois plenipotenciário em Genebra, e afinal marechal de França, a quem ela me apresentou. Pelo que lhe disse, pareceu se interessar muito por mim. Prometeu-lhe muitas coisas, das quais só se lembrou no seu último ano de vida, quando eu já não precisava dele. O jovem marquês de Sennecterre, cujo pai era embaixador em Turim, também passou por esse tempo em Chambéry. Jantou na casa da Sra. de Menthon; eu também lá jantava nesse dia. Depois do jantar, falou-se em música, que ele conhecia muito bem. A ópera *Jephté*[52] estava então em voga, ele falou nela e mandaram-na trazer. Fez-me estremecer propondo-me que executássemos ambos essa ópera, e, abrindo o livro, caiu sobre esse célebre trecho de dois coros:

"*A terra, o inferno, o próprio céu,*

todos tremem diante do Senhor."

Disse-me: "Quantas partes quer fazer? Eu farei estas seis aqui". Eu ainda não estava habituado a essa petulância francesa, e embora já tivesse algumas vezes lido partituras, não compreendia como poderia o mesmo homem fazer seis partes a um só tempo, ou mesmo duas. Nada me custou mais no exercício da música do que saltar rapidamente de uma parte para a outra, ter os olhos a um tempo só em toda uma partitura. E, pelo modo como me saí da dificuldade, o Sr. de Senecterre naturalmente desconfiou de que eu não sabia mú-

---

52. Tragédia lírica do abade Pellegrin com música de Monteclaire. (N.E. francês)

sica. Foi talvez para verificar essa dúvida que me deu para anotar uma canção que ele queria deixar à Srta. de Menthon. Não me pude recusar. Ele cantou a canção e eu a escrevi sem o fazer repetir muito. Leu-a depois e achou, como era verdade, que a canção estava anotada muito corretamente. Ele vira o meu embaraço, tomou a peito fazer valer esse meu pequeno êxito. Era entretanto uma coisa muito simples; porque na verdade eu sabia música muito bem. Só me faltava essa vivacidade do primeiro golpe de vista que nunca tive em nada e que só se adquire na música com uma prática consumada.

Fosse como fosse, sensibilizei-me com o cuidado que ele tomou em apagar no espírito dos outros e no meu a pequena vergonha por que eu passara. E, doze ou quinze anos depois, encontrando-me com ele em diversos salões de Paris, várias vezes me senti tentado a lhe recordar essa passagem e mostrar-lhe que guardara a lembrança dela. Mas ele perdera a vista, então. E receei avivar-lhe a mágoa lembrando-lhe o uso que ele naquele tempo soubera dar aos olhos, e calei-me.

Chego à ocasião que começa a ligar minha existência passada com a presente. Algumas amizades desse tempo, prolongadas até hoje, se me tornaram preciosas. Muitas vezes me fizeram ter saudades dessa feliz obscuridade na qual os que se diziam meus amigos o eram e me estimavam por mim mesmo, por pura afeição, e não pela vaidade de terem relações com um homem conhecido, ou pelo desejo secreto de terem assim mais oportunidade de o prejudicar. É desse tempo que data meu primeiro conhecimento com meu amigo Gauffecourt, que sempre continuou como tal, apesar dos esforços que fizeram para mo roubar. Ah, ficou para sempre! Não. Acabo de perdê-lo. Mas ele só me deixou de querer quando deixou de viver, e nossa amizade só acabou com ele. O Sr. Gauffecourt era um dos homens mais amáveis que já existiram. Era impossível conhecê-lo sem o estimar, e viver com ele sem se lhe afeiçoar completamente. Nunca vi em vida minha fisionomia mais franca, mais carinhosa, que tivesse mais serenidade, que mostrasse mais sentimento e mais espírito, que inspirasse mais confiança. Por mais reservado que se fosse, não se poderia fugir, desde o primeiro encontro, a ter com ele uma intimidade igual à de vinte anos de convivência. E eu, que tinha tanta dificuldade em ficar à vontade com caras novas, fiquei à vontade com ele desde o primeiro instante. Seu tom, sua fala, suas frases lhe acompanhavam perfeitamente a fisionomia. Tinha o som da voz claro, bem timbrado, e uma bela voz de baixo, abafada e mordente, que enchia o ouvido e ressoava no coração. É impossível encontrar-se alguém com uma alegria mais igual e mais amena, graças mais verdadeiras e mais simples, talentos mais agradáveis e cultivados com mais gosto. Acrescente-se a isso um coração amante, que se afeiçoava um pouco demais a todo o mundo, um caráter serviçal e sem escolher a quem, servindo aos amigos com zelo, ou por outra parte, fazendo-se amigo das pessoas a quem poderia ser útil, e sabendo cuidar muito bem dos seus próprios negócios enquanto se ocupava calorosamente dos negócios dos outros. Gauffecourt era filho de um simples relojoeiro, e fora também relojoeiro ele próprio. Mas seu físico e seu mérito o chamavam para outras esferas onde não tardou a entrar. Travou relações com o Sr. de La Closure, residente da França em Genebra, que lhe tomou amizade, e lhe arranjou em Paris outras amizades que lhe foram úteis, graças às quais conseguiu o fornecimento dos sais do Valais, que lhe trouxe vinte mil libras de renda. Do lado dos homens, sua fortuna se limitou a isso. Mas quanto a mulheres, apenas tinha o trabalho de escolher, e fez o que quis. E o que é mais raro e mais honroso para ele foi que, embora tendo relações em todas as esferas sociais, sempre foi querido por todos, procurado por todo o mundo, sem nunca ter sido odiado ou invejado por ninguém. E creio que morreu sem ter tido na vida um único inimigo. Homem feliz! Ia todos os anos aos banhos de Aix, onde se reúne a boa sociedade dos países vizinhos. Ligado com toda a nobreza da Sabóia, ia de Aix a Chambéry visitar o conde de Bellegarde e o seu pai, o marquês de Antremont, na casa de quem mamãe o conheceu e onde mo fez conhecer. Esse conhecimento, que parecia não resultar em nada, e que foi interrompido durante muitos anos, renovou-se em ocasião que mencionarei, e transformou-se em uma verdadeira amizade. É o bastante para me autorizar a falar em um amigo com quem fui tão intimamente ligado; mas mesmo que eu não tivesse por sua memória nenhum interesse pessoal, era um homem tão amável e de uma tão feliz natureza, que, para honra da espécie humana, sua lembrança é digna de ser conservada.

E esse homem encantador, como todos os outros, tinha, entretanto, defeitos, como poderemos ver depois. Mas não os teria, talvez, se fosse menos amável. E, para ser tão interessante quanto o era, era preciso que tivesse alguma coisa a se lhe perdoar.

Há uma outra relação desse tempo que não se extinguiu e que me enche ainda da esperança de felicidade temporal, que tão dificilmente morre no coração do homem. O Sr. de Conzié, gentil-homem saboiano, então muito moço e delicado, teve a fantasia de aprender música, ou melhor, de travar conhecimento com quem a ensinava. Com espírito e gosto pelas boas relações, o Sr. de Conzié tinha uma doçura de caráter que o tornava muito estimável e a mim era muito fácil estimar pessoas assim. Depressa fizemos amizade.[53] O germe da literatura e da filosofia, que me começava a fermentar na cabeça, e que só carecia de um pouco de cultura e de emulação para se desenvolver completamente, encontrou-as nele. O Sr. de Conzié tinha pouco jeito para música; e foi um benefício para mim. As horas de aula se passavam em coisas muito diferentes de solfejo. Almoçávamos, conversávamos, líamos algumas novidades, e nem uma palavra de música. A correspondência de Voltaire com o príncipe real da Prússia fazia rumor, então. E nós falávamos freqüentemente desses dois homens célebres dos quais um, subindo ao trono pouco depois, já se anunciava o que se iria mostrar depois; e o outro, tão desacreditado então quanto é admirado hoje, fazia-nos lamentar sinceramente a desgraça que o parecia perseguir, e que tão freqüentemente é o apanágio dos grandes talentos. O príncipe da Prússia não fora feliz na juventude; e Voltaire parecia feito para o não ser nunca.

O interesse que tomávamos por ambos estendia-se a tudo que a eles se referisse. Não nos escapava nada do que Voltaire escrevia. E o gosto que tomei por essas leituras me inspirou o desejo de aprender a escrever com elegância e de procurar imitar o belo colorido desse escritor que me encantava. Algum tempo depois, apareceram as "Cartas Filosóficas". E, embora não sejam decerto a sua maior obra, foi a que mais me induziu ao estudo, e essa tendência em esboço nunca mais se extinguiu.

Mas não chegara ainda o momento de me entregar a ela completamente. Tinha ainda um pouco de desejo ambulatório, de ir e vir, que antes se limitara do que se extinguira, e que a vida na casa da Sra. de Warens, muito ruidosa para meu caráter solitário, alimentava. Aqueles bandos de desconhecidos que diariamente lhe chegavam de toda parte, e a persuasão em que estava de que cada um só desejava enganá-la ao seu modo, transformavam minha moradia lá em um verdadeiro tormento. Depois que eu sucedera a Cláudio Anet na confiança dela, seguia mais de perto o estado dos seus negócios, e via, neles, um declínio que me assombrava. Cem vezes eu a repreendera, pedira, assustara, conjurara, e tudo inutilmente. Lançara-me aos seus pés, mostrara-lhe a catástrofe que a ameaçava, exortara-a vivamente a reformar suas despesas, a começar por mim; a sofrer um pouco, enquanto ainda estava moça, em vez de, multiplicando sempre as dívidas e os credores, expor a velhice a vexames e à miséria.

---

53. Depois o revi e o encontrei totalmente transformado. Que grande mágico é o Sr. de Conzié! Nenhum dos meus antigos conhecidos escapou a essa metamorfose.

Sensível à sinceridade do meu zelo, ela se enternecia comigo e me prometia as coisas mais lindas do mundo. Mas, chegasse um mordedor, e imediatamente era tudo esquecido. Depois de ter mil provas da inutilidade das minhas repreensões, que me restava fazer senão desviar os olhos do mal que não podia evitar? Afastava-me da casa cuja porta não podia guardar. Fazia pequenas viagens a Nyon, a Genebra, a Lyon, as quais, atordoando-me a tristeza, ao mesmo tempo a aumentavam, dadas as despesas que eu fazia. Posso jurar que teria sofrido com alegria todas as crises, se mamãe aproveitasse esses desperdícios. Mas certo de que aquilo de que eu me privasse ia para as mãos de malandros, abusava da facilidade para repartir com eles e, como o cão que vem do açougue, carregava o meu bocado do pedaço que não pudera salvar.

Não me faltavam pretextos para essas viagens todas. E mamãe sozinha me forneceria o mais, pois em toda parte tinha relações, negócios, recados a enviar a alguém muito seguro. Ela não queria outra coisa senão me mandar e eu nada mais queria senão ir: e isso não poderia deixar de me arranjar uma vida muito ambulante. Essas viagens me proporcionaram a oportunidade de alguns bons conhecimentos que depois me foram agradáveis ou úteis. Entre outros, em Lyon, com o Sr. Perrichon, que lamento não ter cultivado mais, dadas as bondades que teve para comigo; e com o bom Parisot, de quem falarei oportunamente. Em Grenoble, conheci a Sra. de Deybens e a senhora presidente Bardonanche, mulher de muito espírito e que me tomaria amizade se eu a pudesse visitar mais amiúde.

Em Genebra, conheci o Sr. de La Closure, residente da França, que me falava sempre de minha mãe, de quem, apesar da morte e do tempo, seu coração não se pudera desligar. Os dois Barillot, cujo pai, que me chamava de neto, era de um amabilíssimo convívio, e um dos homens mais dignos que já conheci. Durante as perturbações da república, esses dois cidadãos se lançaram nos dois partidos contrários. O filho, no da burguesia e o pai, no dos magistrados. E quando pegaram em armas, em 1737, vi, pois estava em Genebra, saírem pai e filho da mesma casa, armados, um para subir ao Hotel de Ville, o outro para se dirigir ao seu bairro, certos de que duas horas depois se encontrariam, com risco de se entrematarem. Esse horrível espetáculo me fez tal impressão que jurei nunca mais me envolver em uma guerra civil, nunca procurar sustentar pelas armas a liberdade, nem a de minha pessoa nem a de minha confissão, se reentrasse algum dia nos meus direitos de cidadão. E posso testemunhar que cumpri esse juramento em uma ocasião delicada. E pelo menos se há de ver, creio eu, que essa moderação teve algum valor. Mas eu ainda não estava, porém, nessa primeira fermentação de patriotismo que no meu coração excitou o aspecto de Genebra em armas. Pode-se julgar quão longe eu o estava, por um fato muito grave que me esqueci de citar na ocasião devida e que não pode ser omitido.

Já havia alguns anos, meu tio Bernard fora para a Carolina, construir a cidade de Charlestown, cujo plano foi seu; pouco depois morreu. Meu pobre primo morrera também a serviço do rei da Prússia, e minha tia perdeu assim, quase ao mesmo tempo, o filho e o marido. Essas perdas lhe renovaram um pouco a amizade pelo parente mais próximo que lhe restava, e que era eu. Quando ia a Genebra, hospedava-me em sua casa e divertia-me em rebuscar e folhear os livros e papéis que meu tio deixara. Encontrei lá muitas peças curiosas e cartas de cuja existência decerto ninguém suspeitaria. Minha tia, que fazia pouco caso dessa papelada, ter-me-ia deixado carregar tudo, se eu o quisesse. Contentei-me com dois ou três livros, comentados pela mão do meu avô Bernard, o ministro, e entre outras as *Obras Póstumas* de Rohault, cujas margens, cheias de excelentes escólios, me fizeram ficar gostando das matemáticas. Esse livro ficou entre os da Sra. de Warens. E sempre tive pena de o não ter conservado. Acrescentei a esses livros cinco ou seis memórias manuscritas, e um único impresso, do famoso Micheli Ducret, homem de muito talento, sábio, esclarecido, mas muito turbulento, tratado crudelissimamente pelos magistrados de Genebra, e morto recentemente na fortaleza de Arberg, onde estava preso havia muitos anos, por se ter, dizem, envolvido na conspiração de Berne.

Essa memória era uma crítica muito judiciosa do grande e ridículo plano de fortificação que se executou, em parte, em Genebra, com grandes zombarias dos entendidos do ofício, que não conheciam os fins secretos do Conselho na execução desse magnífico empreendimento. O Sr. Micheli, tendo sido excluído da câmara das fortificações por ter censurado o plano, supôs, como membro que era dos Duzentos, e mesmo como cidadão, que poderia expor amplamente sua opinião. E foi o que fez nessa memória, que teve a imprudência de mandar imprimir, mas não publicar, porque só tirou o número de exemplares que enviou aos Duzentos, e que foram todos interceptados no correio, por ordem do pequeno Conselho. Encontrei essa memória entre os papéis do meu tio, junto com a resposta que ele fora encarregado de dar, e as carreguei, ambas, comigo. Eu fizera essa viagem pouco depois da minha saída do cadastro, e tinha ficado com algumas ligações com o chefe de lá, o advogado Cocceli. Algum tempo depois, o chefe da aduana lembrou-se de me fazer padrinho de um filho e deu-me a Sra. Cocceli como comadre. A honraria me deu volta ao miolo. E, orgulhoso do parentesco espiritual com Sr. advogado, procurei mostrar-me importante, para ficar à altura de tal glória.

E nessa idéia achei que o melhor que poderia fazer seria mostrar-lhe a memória impressa do Sr. Micheli, que na verdade era uma peça rara, para lhe provar que minha gente era notável em Genebra, conhecedora dos segredos de Estado. Entretanto, por uma meia reserva que não sei como justifique, não lhe mostrei a resposta de meu tio à memória; talvez porque ela era manuscrita, e para o Sr. advogado só tinha valia a letra de fôrma. Ele, entretanto, compreendeu o valor do escrito que eu tive a tolice de lhe confiar, que nunca mais consegui rever nem reaver; e, convencido da inutilidade dos meus esforços, arranjei uma desculpa para o caso e transformei o roubo em um presente. Não duvido um instante de que ele não tenha utilizado, na corte de Turim, essa peça mais curiosa entretanto do que útil, e que não tenha procurado se reembolsar do dinheiro que devera ter despendido para a adquirir. Felizmente, de todas as contingências futuras, uma das menos prováveis é que o rei da Sardenha cerque Genebra. Mas como a coisa não é impossível, terei sempre que me censurar pela tola vaidade de ter mostrado os maiores defeitos da praça de Genebra ao seu mais velho inimigo.

Assim, passei dois ou três anos entre a música, o magistério, os projetos e as viagens, flutuando incessantemente entre uma coisa e outra, procurando me fixar, sem saber no que, e entretanto arrastado gradualmente para o estudo, avistando-me com literatos, ouvindo falar em literatura, metendo-me às vezes em falar eu próprio, e assimilando mais a gíria dos livros do que o seu conteúdo. Nas minhas viagens a Genebra ia, de tempos em tempos, visitar de passagem o meu bom e velho amigo Sr. Simon, que fomentava muito a minha emulação nascente com novidades fresquíssimas da república das letras, tiradas de Baillet ou de Colomiés. Em Chambéry, via também muito um dominicano, professor de física, bom sujeito, cujo nome esqueci, e que fazia freqüentemente pequenas experiências que me divertiam muito. A exemplo dele, eu tentei fazer tinta simpática. Para esse fim, depois de ter enchido uma garrafa acima do meio de cal viva, ouro pimenta e água, sacudia-a bem. A efervescência começou imediatamente e com muita violência. Corri à garrafa para a destampar, mas não cheguei a tempo: espocou-me no rosto como uma bomba. Engoli o ouro pimenta e a cal. Quase morri. Fiquei cego durante seis semanas. E aprendi assim a não me meter mais com a física experimental sem lhe conhecer os elementos.

Essa aventura sucedeu muito importunamente para a minha saúde, que, desde algum tempo, se alterava sensivelmente. Não sabia porquê, sendo de boa constituição e não praticando nenhum excesso, definhava a olhos vistos. Tinha uma boa quadratura, o peito largo, onde os pulmões deviam se sentir à vontade, e sentia entretanto o fôlego curto, oprimido, suspirava involuntariamente, tinha palpitações, escarrava sangue, sobrevinha-me uma febre lenta, de que nunca me livrei completamente. Como se pode cair nesse estado à flor da idade, sem ter nenhuma víscera viciada, sem nada ter feito para destruir a saúde?

A espada gasta a bainha, dizem por aí. Eis o meu caso. Minhas paixões me fizeram viver e minhas paixões me mataram. Que paixões?, hão de perguntar. Nada, as coisas mais pueris do mundo, mas que me afetavam como se se tratasse da posse de Helena ou de um trono do universo. Primeiro as mulheres. Quando possuí uma, meus sentidos ficaram calmos, mas o coração não o ficou nunca. As necessidades do amor me devoraram no meio do gozo. Tinha uma terna mãe, uma amiga querida; mas necessitava de uma amante. Imaginava-a, no lugar da outra, dava-lhe mil formas para me enganar a mim mesmo. Se eu visse que tinha mamãe entre os braços, quando a tinha, meus braços não seriam menos vivos, mas os desejos se me extinguiriam. Soluçaria de ternura, mas não gozaria. Gozar! Isso se fez para o homem? Ah! Se uma única vez na vida eu houvesse gozado plenamente as delícias do amor, não creio que a minha fraca existência as suportasse: morreria ali.

Eu ardia, pois, de amor indefinido. E é assim talvez que ele se esgota mais. Vivia inquieto, atormentado com o péssimo estado dos negócios de minha pobre mamãe, com a sua imprudência contínua que não poderia deixar de, em pouco tempo, arrastá-la a uma ruína total. Minha cruel imaginação, que se antecipa sempre às desgraças, mostrava-me essa com todos os seus excessos e todas as suas conseqüências. Via-me de antemão separado daquela a quem consagrara minha vida, vida que, sem ela, não poderia gozar. Eis como vivia minha alma, sempre agitada. Os desejos e os temores me devoravam alternadamente.

A música era para mim uma outra paixão menos ardente, mas não menos consumidora, dado o ardor com que me entregava a ela, e me dedicava ao estudo teimoso dos livros obscuros do Rameau, a minha invencível obstinação em querer sobrecarregar com eles a memória, que sempre se recusou, com os contínuos exercícios, com as compilações imensas que acumulava, passando muitas vezes noites inteiras a copiar. E para que me deter em coisas permanentes, quando todas as loucuras que me passavam pela cabeça inconstante, os prazeres fugitivos de um único dia, uma viagem, um concerto, um passeio a fazer, um romance a ler, uma comédia a assistir, tudo por menos premeditado que fosse, nos meus prazeres, transformava-se para mim em paixão violenta cuja ridícula impetuosidade me era um verdadeiro tormento?

A história das desgraças imaginárias de Cleveland, que eu lia com furor e interrompia sempre, me atormentou muito mais do que as minhas desgraças.

Havia um genebrino, chamado Bagueret, que fora empregado na corte de Pedro, o Grande, na Rússia. Era um dos piores homens e o mais louco que conheci. Vivia com projetos mais loucos que ele, que faziam os milhões choverem a quem os zeros não custavam nada. Esse homem viera a Chambéry por causa de não sei que processo no Senado e apoderou-se de mamãe, como era de esperar, graças aos tesouros de zeros que lhe prodigalizou generosamente, carregando-lhe de um em um os seus pobres escudos. Eu não o suportava, e ele o via, o que não é difícil comigo. E não havia espécie de baixeza que ele não empregasse para me adular. Lembrou-se de me propor aprender a jogar o xadrez que ele sabia um pouco. E eu o comecei, quase contra a vontade. E depois de aprender menos mal a marcha do jogo, meu progresso foi tão rápido que no fim da primeira sessão devolvi-lhe a torre que ele me dera ao começo. E não foi preciso mais: fiquei logo obcecado pelo xadrez. Comprei um tabuleiro e comprei um Calabrois. Tranquei-me no quarto e passei dias e noites querendo aprender de cor todas as partidas, metê-las na cabeça por bem ou por mal, e jogar sozinho, sem tréguas e sem fim. Depois de dois ou três meses desse lindo trabalho e de um esforço inimaginável, fui ao café, magro, amarelo, quase estonteado. Entrei, joguei com o Sr. Bagueret e ele me bateu uma vez, duas, vinte vezes. Tantas combinações se tinham misturado na minha cabeça, e minha imaginação se tinha por tal forma amortecido que eu só via uma nuvem diante de mim. E a mesma coisa me acontecia todas as vezes que com o livro de Philidor ou com o de Stamma procurava me exercitar estudando partidas. Depois de me esgotar de fadiga, via que estava mais fraco que antes. E afinal, mesmo que eu abandonasse o xadrez, ou que perdesse o fôlego jogando, não progredi um passo desde essa primeira partida, e sempre me encontrei no mesmo ponto em que estava quando a acabei. Mesmo que eu me exercitasse durante milhares de séculos, acabaria por poder dar a torre a Bagueret, e nada mais. Que tempo bem empregado!, talvez digam. E não gastei nisso pouco tempo. Só dei por finda essa primeira tentativa quando não tive mais forças para a continuar. Quando aparecia, ao sair do quarto, tinha o ar de um desenterrado, e se continuasse com o mesmo regime não ficaria desenterrado muito tempo. Hão de convir que, sobretudo na ardência da mocidade, é difícil que semelhante cabeça possa deixar o corpo gozar de saúde.

E a alteração da saúde atuou sobre meu temperamento, e moderou-me o ardor das fantasias. Sentindo-me enfraquecer, deixei-me estar mais tranqüilo e perdi um pouco o furor das viagens. Mais sedentário, fui tomado, não de tédio, mas de melancolia. As fumaças sucederam às paixões; a languidez tornou-se tristeza. Chorava e suspirava a propósito de nada. Sentia que a vida se escapava sem que eu a tivesse provado. E gemia ante o estado em que deixaria a pobre mamãe, e ante o estado em que a via prestes a cair. E posso dizer que deixá-la, e deixá-la em más condições, era a minha única mágoa. Enfim, caí doente de verdade. Ela me tratou como nunca uma mãe tratou um filho. E isso lhe fez bem a ela própria, porque a distraiu dos projetos e afastou os projetadores. Como me seria suave a morte se chegasse então! Se tinha gozado pouco os bens da terra, não lhe teria sentido as desgraças. Minha alma serena poderia partir sem o sentimento cruel da injustiça dos homens que envenena a vida e a morte. Teria a consolação de sobreviver na melhor metade de mim mesmo; mal seria morrer. Sem as inquietações que me assaltavam sobre o destino dela, morreria como se dormisse; e essas mesmas inquietações tinham um objetivo afetuoso e terno que lhes temperava o amargor. Dizia-lhe: "Faço-a depositária de todo o meu ser. Faça com que ele seja feliz.". Duas ou três vezes, quando estava pior, aconteceu-me levantar-me à noite e arrastar-me ao seu quarto para lhe dar conselhos sobre sua conduta, conselhos que reputo ajuizados e sensatos, porém nos quais o interesse que eu tinha pela sorte dela aparecia mais que outra qualquer coisa. Como se as lágrimas fossem meu sustento e meu remédio, fortificava-me com as que derramava junto dela, com ela, sentado na sua cama, tomando-lhe as mãos entre as minhas. As horas corriam durante essas conversas noturnas, e eu voltava em melhor estado do que fora; calmo e satisfeito com as promessas que ela me fizera, com as esperanças que me dera, e dormia com a paz no coração e resignação com a Providência. Praza a Deus que depois de tantos motivos de odiar a vida, depois de tantas tempestades que agitaram a minha, e ma transformaram em um fardo, a morte que a deva terminar seja tão pouco cruel quanto o teria sido nesse momento!

À custa de cuidados, de vigilância e incríveis trabalhos, ela me salvou. É verdade que só ela me poderia salvar. Tenho pouca fé na medicina dos médicos, mas tenho muita na dos verdadeiros amigos. As coisas de que depende a nossa felicidade se fazem muito melhor do que quaisquer outras.

Se há na vida um sentimento delicioso, é o que temos ao sermos entregues um ao outro. Nossa mútua afeição não aumentou, porque não seria possível; mas adquiriu não sei o quê de mais íntimo, de mais comovedor na sua grande simplicidade. Tornei-me completamente obra sua, completamente seu filho, mais do que se ela fosse minha verdadeira mãe. Começamos, sem o pensar, a não nos separarmos mais um do outro, a de algum modo pôr nossa existência em comum. E sentindo que reciprocamente éramos um para o outro não só necessários, mas suficientes, acostumamo-nos a não pensar em nada que nos fosse estranho, e a limitar inteiramente nossa felicidade e nossos desejos a essa posse mútua, e talvez única entre os humanos, que não era, como já o disse, a do amor, mas uma posse mais essencial que, sem se prender aos sentidos, ao sexo, à idade, ao rosto, prendia-se a tudo o que se é em si, e ao que só se pode perder deixando de existir.

Por que razão essa crise preciosa não trouxe a felicidade para o resto dos seus dias e dos meus? Não foi por minha culpa, é o meu consolador testemunho. Também não foi por ela, pelo menos por vontade sua. Estava escrito que depressa a sua invencível natureza a dominaria de novo. Porém esse fatal retorno não se fez subitamente. Graças ao céu, houve um intervalo: curto e precioso intervalo, que não se acabou por culpa minha, e do qual não me posso censurar ter aproveitado mal!

Embora curado da doença, não recuperava o vigor. O peito não estava curado. Ficara sempre um resto de febre que me deixava ainda fraco. Só desejava terminar meus dias junto daquela que me era querida, mantê-la nas suas boas resoluções, fazê-la sentir em que consistia o encanto de uma vida feliz, torná-la venturosa, tanto quanto dependesse de mim. Mas via, sentia mesmo, que em uma casa triste e sombria uma contínua solidão a dois tornar-se-ia por fim triste também. O remédio disso apresentou-se por si mesmo. Mamãe me mandara tomar leite e quis que eu o tomasse no campo. Concordei, desde que ela fosse comigo. Não foi preciso mais para a resolver: tratou-se apenas da escolha do lugar. O jardim do subúrbio não era propriamente campo. Cercado de casas e de outros jardins, não tinha os atrativos de um retiro campestre. Aliás, depois da morte de Anet, tínhamos deixado esse jardim por razões de economia, não tínhamos mais quem quisesse cuidar de plantas lá, e outros interesses fizeram com que tivéssemos pouca saudade dele.

Aproveitando, pois, o aborrecimento em que ela estava da cidade, propus-lhe que a abandonássemos de todo, e nos estabelecêssemos em um retiro agradável, em alguma casinha bem isolada para afastar os importunos. Ela o teria feito, e essa resolução, que os nossos anjos bons sugeriam, ter-nos-ia garantido, decerto, dias felizes e tranqüilos até o momento em que nos separasse a morte. Mas não era essa a situação para que fôramos feitos.

Depois de ter vivido na abundância, mamãe precisaria primeiro passar por todos os sofrimentos da indigência para ter menos saudades. E eu, por um acúmulo de males de toda espécie, deveria algum dia servir de exemplo a alguém que, inspirado unicamente pelo amor ao bem público e à justiça, ouse, fortalecido só pela sua inocência, dizer abertamente a verdade aos homens, sem se amparar em grupelhos, sem constituir partidos para o proteger.

Um infeliz temor a reteve. Não ousou deixar a sua feia casa com medo de aborrecer o proprietário. "Teu projeto de retiro é encantador, e muito do meu agrado. Mas lá no campo é preciso viver. Deixando minha prisão arrisco-me a perder o pão. E quando nada mais tivermos no campo, precisaremos voltar para a cidade. E para termos menos necessidade de ir e vir é melhor que não a abandonemos. Paguemos uma pequena pensão ao conde de Saint Laurent para que ele me deixe a minha. Procuremos um lugar bastante longe da cidade para vivermos em paz e perto bastante para virmos cá sempre que for preciso." E assim se fez. Depois de procurarmos um pouco, nos fixamos nas Charmettes, uma terra do Sr. de Conzié, nas portas de Chambéry, mas retirada e solitária como se estivéssemos a cem léguas de lá; entre dois outeiros bastante elevados e um pequeno vale de norte a sul, por onde corre um regato entre calhaus e árvores. Ao longo do vale, a meia encosta, estão esparsas algumas casas, muito agradáveis para quem goste de um pouso um pouco selvagem e retirado. Depois de experimentarmos duas ou três dessas casas, escolhemos afinal a mais bonita, que pertencia a um gentil-homem que estava de serviço, Sr. Noiret. A casa era habitável. Na frente tinha um jardim em terraço, uma vinha atrás, atrás também um pomar, defronte um bosquezinho de castanheiros e uma fonte bem perto. Mais acima, na montanha, prados para sustentar os rebanhos. Enfim, tudo o de que precisávamos para o pequeno arranjo campestre que lá queríamos estabelecer. Tanto quanto posso recordar de tempos e datas, tomamos posse de lá nos fins do verão de 1736. Fiquei entusiasmado no primeiro dia em que dormimos lá. "Oh, mamãe!", disse eu à querida amiga, abraçando-a e inundando-a de lágrimas de ternura e alegria, "esta estada é de felicidade e inocência. Se não as encontrarmos aqui, um com o outro, não as procuraremos mais em parte alguma".[54]

---

54. A casa que Rousseau ocupou com a Sra. de Warens nas Charmettes traz a seguinte inscrição, que Hérault de Séchelles ali mandou afixar em 1792, quando era comissário da conveção no departamento de Monte-Branco:

"*Réduit par Jean-Jacques habité / Tu me rappelles son génie, / Sa solitude, sa fierté, / Et ses malheurs et sa folie, / A la gloire, à la vérité / Il osa consacrer sa vie, / Et fut toujours persécuté / Ou par lui-même, ou par l'envie.*"

"*Refúgio em que habitou JeanJacques, / Fazes-me recordar seu gênio, / Sua solidão, sua altivez, / Suas infelicidades e suas paixões. / À glória e à verdade / Ousou ele consagrar a vida, / E sempre foi perseguido / Ou por si mesmo ou pela inveja.*" (N.E. francês)

LIVRO SEXTO

(1736)

Hoc erat in votis: modus agri non ita magnus,
Hortus ubi, et tecto vicinus jugis aquae fons,
Et paulum silvae super his foret...[55]

E não posso acrescentar:

Auctius atque
Di melius facere.[56]

Mas não importa, nem eu precisava de mais, não precisava nem da propriedade, porque me era bastante o usufruto. Já faz muito tempo que digo e sinto que o proprietário e o possuidor são muitas vezes pessoas diferentes, mesmo deixando de aludir a maridos e amantes.

Começa aqui a curta felicidade da minha vida. Aqui aparecem os plácidos mas rápidos momentos que me deram o direito de dizer que vivi. Momentos preciosos e saudosos! Ah! recomeçai para mim vosso decorrer delicioso, e, se é possível, correi mais lentamente na minha lembrança do que o fizestes realmente na vossa fugitiva sucessão! Como farei para prolongar ao meu gosto esta narração tão comovedora e tão simples, para redizer sempre as mesmas coisas, e não aborrecer os leitores repetindo-lhes que eu próprio não me aborrecia recomeçando-as incessantemente? Se ao menos tudo consistisse em fatos, em palavras, poderia descrevê-los de algum modo. Mas como dizer o que não foi dito, nem pensado sequer, mas saboreado, sentido, sem que eu possa nomear outro objeto de minha ventura senão

---

55. "Eis tudo que eu desejava: um pedaço de terra, um jardim, uma fonte de água viva junto de casa e um pequeno bosque a mais." Horácio, Liv. II, sat. VII. (N.T.)
56. "Os deuses ultrapassaram meus desejos." *Ibid.* (N.T.)

esse próprio sentimento? Levantava-me com o sol, e era feliz. Passeava, e era feliz. Via mamãe e era feliz. Deixava-a, e era feliz. Percorria os bosques, os outeiros, errava pelos vales, lia, espreguiçava, trabalhava no jardim, colhia frutos, ajudava em casa, e a felicidade me seguia em toda parte; não estava em nenhuma parte assinalável, estava toda em mim mesmo, e não me podia deixar um só instante.

Nada do que me aconteceu nessa época querida, nada do que fiz, disse e pensei durante todo o tempo em que ela durou, nada me escapou da memória. Os tempos que a precedem e que a seguem, recordo-os por intervalos; lembro-os desigual e confusamente. Mas esse, lembro completo, como se durasse ainda. A imaginação, que na juventude sempre me marchava à frente, e agora retrograda, compensa com essas doces lembranças a esperança que perdi para sempre. Nada mais vejo no futuro que me possa tentar. E só as recordações do passado é que me podem satisfazer, e as lembranças tão vivas dessa época de que falo me fazem feliz a despeito de meus males.

Darei, dessas lembranças, um único exemplo que servirá como amostra da sua força e veracidade. No primeiro dia em que fomos dormir nas Charmettes, mamãe ia de cadeirinha e eu a acompanhava a pé. O caminho era íngrime. Ela era pesada, e temendo fatigar os carregadores, quis descer na metade do caminho para fazer o resto a pé. Caminhando, viu na cerca uma coisa azul e me disse: "Olha uma pervinca ainda em flor!". Eu nunca vira pervincas, e me abaixei para a examinar, porque tenho a vista muito curta para enxergar, em pé, as plantas que estão no chão. Lancei um olhar a essa, e se passaram quase trinta anos sem que eu visse ou reparasse em uma pervinca. Em 1764, fui a Cressier com meu amigo Du Peyrou e subimos a um monte em cujo cimo há um lindo trecho plano a que chamam com razão Bela-Vista. Comecei então a herborizar um pouco. Ao subir, e olhando por entre as moitas, soltei um grito: "Ah, uma pervinca!" e com efeito era mesmo. Du Peyrou notou o meu entusiasmo, mas ignorava-lhe a razão. Há de compreendê-la, espero-o, quando um dia ler isto. Pela impressão que me fez coisa tão pequena, o leitor pode calcular o que foi capaz de me fazer tudo o mais que se liga à mesma época.

O ar do campo, entretanto, não me fez voltar à saúde primitiva. Estava fraco e fiquei ainda mais. Não pude suportar o leite, e precisei deixar de o tomar. Era moda então a água como remédio para tudo. E comecei a usar água, mas tão abusivamente que quase ela me cura, não da doença, mas da vida. De manhã, quando me levantava, ia à fonte com um enorme copo, e bebia sucessivamente, enquanto passeava, cerca de duas garrafas de água. Abandonei de todo o vinho nas refeições. A água era um pouco áspera e difícil de engolir como o são quase todas as águas de montanha. Em suma, procedi de tal forma que, em menos de dois meses, destruí totalmente o estômago, que até então era muito sadio. Sem digerir mais, compreendi que não podia esperar mais me curar. Nesse mesmo tempo, me aconteceu um acidente tão singular em si mesmo e em suas conseqüências, que elas só desaparecerão comigo.

Uma manhã em que não estava pior que de costume, ao armar uma mesinha, senti no corpo uma revolução súbita e quase inconcebível. Só a poderia comparar a uma tempestade que se elevou no meu sangue e ganhou, de repente, todos os membros. As artérias começaram a bater com grande força, de modo que eu não só lhes sentia a pancada como a ouvia, sobretudo a das carótidas. Um grande rumor nos ouvidos juntou-se a isso. E era um rumor triplo e quádruplo: um zumbido grave e surdo, um murmúrio mais claro como de água corrente, um assobio agudo e a pancada de que acabo de falar, cujas batidas poderia facilmente contar sem carecer tatear o pulso ou o corpo. E era tão grande esse rumor interno que me tirou a agudeza de ouvido que eu tinha antes; não me tornou completamente surdo, porém de ouças duras, e assim fiquei desde esse tempo.

Pode-se imaginar minha surpresa e meu susto. Imaginei-me morto. Meti-me na cama, o médico foi chamado; contei-lhe meu caso tremendo e considerando-o sem remédio. E creio que o médico pensou o mesmo. Mas desempenhou o seu ofício. Disse longos arrazoados que não compreendi. Depois, em conseqüência da sublime teoria, começou *in anima vili* a cura experimental que lhe aprouve tentar. Era tão penosa, tão repugnante, e operava tão pouco, que depressa me cansei. E, ao fim de algumas semanas, vendo que não estava melhor nem pior, deixei o leito e retomei a vida de costume, com meu batimento de artérias e com os zumbidos, que, desde esse tempo, quero dizer mais de trinta anos, nunca mais me largaram um minuto.

Eu fora até então um grande dorminhoco. E a privação total de sono, que se juntou a todos aqueles sintomas, e que constantemente os acompanhou até hoje, acabou de me convencer que me restava pouco tempo para viver. Essa persuasão me afastou durante muito tempo o cuidado de me curar. Já que não podia prolongar a vida, resolvi tirar do pouco que me restava o melhor partido possível. E, por um singular favor, a natureza, em um estado tão funesto, me eximia das dores que deveria me trazer. O barulho me incomodava, mas não me fazia sofrer. Vinha acompanhado apenas pela insônia habitual de todas as noites, e por fôlego curto, que não chegava a ser asma, e que só se fazia sentir quando eu corria ou fazia um esforço.

E esse acidente, que me deveria matar o corpo, só me matou as paixões. E bendigo por ele os céus, graças ao feliz efeito que me produziu na alma. Posso muito bem dizer que só comecei a viver quando me considerei um homem morto. Dando o verdadeiro valor às coisas que ia abandonar, comecei a me interessar por preocupações mais nobres, como por antecipações ao que deveria fazer em breve e que até agora negligenciara. Fantasiara sempre uma religião ao meu modo, mas não ficara nunca inteiramente sem religião. E me custou menos voltar a essa preocupação, tão triste para tantas pessoas, mas tão suave para quem faz dela um motivo de consolo e esperança. E nessa ocasião mamãe me foi mais útil do que o teriam sido quaisquer teólogos.

Ela, que sistematizava tudo, não o poderia deixar de fazer com a religião. E essa sistematização era feita com idéias muito disparatadas, umas sãs, outras loucas, sentimentos relativos ao seu caráter, e preconceitos que provinham da sua educação. Em geral, os crentes criam em um deus igual a eles próprios. Os bons o fazem bom, os maus o fazem mau. Os beatos, odientos e biliosos, só enxergam o inferno porque querem danar o mundo inteiro. As almas amantes e meigas quase não acreditam nele. E um dos espantos de que nunca me curei foi ver o bom Fénelon falar nele no *Telêmaco* como se acreditasse de verdade. Mas espero que ele mentia, então. Porque, por mais verídico que se seja, é preciso que se minta algumas vezes quando se é bispo. Mamãe não mentia comigo. E aquela alma sem fel, que não poderia imaginar um deus vingativo e sempre furioso, só via clemência e misericórdia onde os beatos só vêem injustiça e punição. Ela dizia sempre que não havia justiça em Deus ser justo conosco, porque, já que não nos dera o bastante para o sermos também, era-nos pedir mais do que nos dera. E o que era bizarro é que, sem acreditar no inferno, ela cria no purgatório. Isso porque não sabia o que fazer das almas dos maus, pois não os podia condenar nem os reunir aos bons até que se tornassem bons também. E é preciso confessar que, neste mundo como no outro, os maus sempre são muito incômodos.

Outra esquisitice. Sabe-se que toda a doutrina da redenção e do pecado original fica destruída por esse sistema, que a base do cristianismo vulgar abalou-se por causa dele, e que pelo menos o catolicismo não pode subsistir. Mamãe, entretanto, era boa católica, ou pelo menos pretendia sê-lo, e é certo que o pretendia de boa fé. Parecia-lhe que lhe explicavam muito literalmente e muito energicamente a Escritura. Tudo que se lê lá dos suplícios eternos parecia-lhe cominatório ou figurado. A morte de Jesus Cristo parecia-lhe um exemplo de caridade verdadeiramente divina para ensinar aos homens a amar a Deus e a amarem-se entre si. Em suma, fiel à religião que abraçara, admitia sinceramente toda a profissão de fé. Mas quando se discutia cada artigo, via-se que ela, ao mesmo tempo em que se submetia à Igreja, acreditava neles de modo muito diverso. Tinha, além disso, uma simplicidade de coração, uma franqueza mais eloqüente que argumentos sutis, e que freqüentemente embaraçavam até seu confessor, porque ela não lhe escondia nada. "Sou boa católica", dizia-lhe ela, "e quero sê-lo sempre. Admito com todas as forças da minha alma as decisões da santa madre Igreja. Não sou senhora de minha fé, mas o sou de minha vontade. Submeto-a sem reservas e quero acreditar em tudo. Que me pode o senhor pedir a mais?".

Mesmo que não houvesse moral cristã, creio que ela a seguiria, tanto se adaptava bem ao seu caráter. Fazia tudo que lhe era ordenado. Mas o faria do mesmo modo se não lhe fosse ordenado. Nas coisas indiferentes gostava de obedecer. E se não lhe fosse permitido, prescrito mesmo, comer carne, ela comeria peixe entre ela e Deus, sem que para isso houvesse qualquer razão de prudência. Toda essa moral, porém, estava subordinada aos princípios do Sr. de Tavel, ou melhor, ela pretendia não ver entre ambos nenhuma contradição.

Dormiria com vinte homens, todas as noites, em plena paz de consciência, sem ter mesmo mais escrúpulos do que desejos. Sei que, nesse ponto, muitas beatas não são mais escrupulosas. Mas a diferença é que são seduzidas por suas paixões e ela o era por seus sofismas. Nas palestras mais comovidas, ouso mesmo dizer, mais edificantes, ela cairia nesse assunto sem mudar de ar nem de tom, sem se imaginar em contradição consigo mesma. Chegaria mesmo a interrompê-la para o ato, e depois a continuaria com a mesma serenidade de antes; de tal modo estava convencida de que tudo isso não passava de uma simples máxima de política social, da qual qualquer pessoa sensata poderia fazer a interpretação, a aplicação, a exceção, segundo o espírito da coisa, sem o mínimo risco de ofender a Deus. Embora eu não fosse decerto da sua opinião nesse ponto de vista, confesso que não ousava combatê-lo, com vergonha do pouco galante papel que me seria preciso representar para tal fim. Procurei, com insistência, estabelecer a regra para os outros, procurando me excetuar. Mas, além de o seu temperamento prevenir o abuso dos princípios, sei que ela não era mulher para trocas, e que reclamar uma exceção para mim seria deixar-lhe para todos que lhe agradassem. Aliás, conto aqui essas inconseqüências dela, entre outras coisas, porque tiveram pouca influência na sua conduta e a esse tempo não tiveram nenhuma. Mas prometi expor fielmente os seus princípios e quero cumprir a promessa. Voltemos a mim.

    Encontrando nela todas as máximas de que carecia para garantir minha alma contra os terrores da morte e suas conseqüências, mergulhava com confiança nessa fonte de tranqüilidade. Afeiçoava-me à mamãe mais do que nunca. Queria transportar para ela toda a vida que sentia prestes a me abandonar. Desse redobramento de afeição por ela, da persuasão de que me restava pouco tempo para viver, da profunda segurança sobre minha sorte vindoura, resultou um estado habitual de muita calma, sensual mesmo, pois amortecia todas as paixões que levam muito além nossos receios e esperanças, e me deixava gozar sem inquietação nem incômodo os poucos dias que me restavam. E uma coisa contribuía ainda para os tornar mais agradáveis: era o cuidado de desenvolver o gosto dela pelo campo e por todos os prazeres que eu já lhe podia proporcionar. Fazendo-a querer bem ao jardim, à capoeira, aos pombos, às vacas, eu próprio me afeiçoava a isso tudo. E esses pequenos afazeres que me preenchiam os dias, sem me perturbarem a tranqüilidade, valeram-me mais que o leite e todos os remédios para a conservação da minha pobre máquina, e mesmo restabelecê-la na medida do possível.

    A vindima, a colheita das frutas, divertiram-nos o resto desse ano, e nos prenderam cada vez mais à vida rústica, no meio da boa gente de que vivíamos cercados. Vimos com grande mágoa chegar o inverno, e voltamos à cidade como se fôssemos para um exílio. Principalmente eu, que duvidando rever a primavera, supunha me despedir para sempre das Charmettes. Não saí de lá sem beijar a terra e as árvores, e sem me voltar várias vezes ao me afastar. Deixara, já havia tempo, minhas alunas, perdera o gosto pelos divertimentos e pela sociedade da cidade, e não via mais ninguém, exceto mamãe e o Sr. Salomon, que se tornou depois o meu médico e dela. Homem honesto, homem de espírito, grande cartesiano, que falava muito bem do sistema do mundo e cujas palestras agradáveis e instrutivas me serviram mais que todas as suas receitas. Nunca pude suportar esse tolo e inepto recheio das conversas ordinárias; porém, as conversas úteis e sólidas sempre me agradaram muito, e nunca fugi delas. Tomei muito gosto à palestra do Dr. Salomon. Parecia-me que me antecipava com ele nesses altos conhecimentos que minha alma iria adquirir quando perdesse os seus entraves. E essa predileção que eu tinha por ele prolongou-se aos assuntos de que tratava, e comecei a procurar os livros que me poderiam ajudar a compreendê-lo melhor. Os que mesclavam devoção e ciência eram os que mais me convinham. E eram particularmente os do Oratório e os de Port-Royal. E pus-me a lê-los, ou melhor, a devorá-los. Caiu-me nas mãos um livro do Padre Lamy intitulado "Palestras sobre as ciências". Era uma espécie de introdução ao conhecimento dos livros que tratam do assunto. Li-o e reli-o cem vezes. Resolvi fazer dele o meu guia. Enfim, senti-me arrastado pouco a pouco ao estudo por uma força irresistível, apesar do meu estado, ou devido ao meu estado. E encarando cada dia como o meu último dia, estudava com tanto ardor como se devesse viver sempre. Dir-se-ia que isso me fazia mal. E creio que me fazia bem, não só à alma como ao corpo. Porque essa aplicação pela qual me apaixonei se tornou tão deliciosa, que não pensando mais em males, eles me afetavam muito menos. É verdade, entretanto, que nada me trouxe um alívio real. Mas como não sofria dores fortes, acostumei-me a estar doente, a não dormir, a pensar em lugar de agir, e enfim a olhar o deperecimento sucessivo e lento da minha máquina como um progresso inevitável a que só a morte poria fim.

    E não só essa opinião me desligou de todos os vãos cuidados da vida como me livrou da importunação dos remédios aos quais me tinham submetido até então malgrado meu. Salomon, convencido de que suas drogas não me poderiam salvar, livrou-me de as engolir e contentava-se em divertir a dor de minha pobre mamãe com algumas receitas indiferentes que consolam o espírito do doente e mantêm o crédito do médico. Deixei o regime severo. Voltei a tomar vinho, a viver a vida de um homem sadio na medida das minhas forças, sóbrio em tudo, mas não me abstendo de nada. Cheguei mesmo a sair, e voltei a visitar os conhecidos, sobretudo o Sr. de Conzié, cujo convívio me agradava muito. Enfim, ou porque me parecesse bonito estudar até a minha última hora, ou porque um resto de esperança de viver se me escondesse no fundo do coração, a espera da morte, longe de diminuir meu amor ao estudo, parecia animá-lo. E eu me apressava em reunir um pouco de conhecimentos para o outro mundo, como se supusesse só ir possuir lá o que já levasse daqui. Tomei afeição pela loja de um livreiro chamado Bouchard, aonde iam alguns homens de letras. E como estava próxima a primavera que eu não pensara rever, sorti-me de alguns livros para as Charmettes, no caso de ter a felicidade de voltar para lá.

    Tive essa felicidade e aproveitei-a o melhor que pude. É inexprimível a alegria com que vi os primeiros rebentos. Rever a primavera era para mim ressuscitar em um paraíso. Mal a neve começou a derreter, abandonamos a nossa masmorra e corremos às Charmettes para termos as primícias do rouxinol. Desde então não pensei mais em morrer. E realmente é singular que eu nunca tenha estado muito doente no campo. Tenho sofrido muitas vezes no campo, mas nunca estive acamado. E muitas vezes digo, quando me vejo pior que de costume: "Quando me virem prestes a morrer, levem-me à sombra de um carvalho, e prometo que voltarei de lá.".

Embora fraco, retomei minhas funções campestres, mas de modo proporcional a minhas forças. Tive uma grande mágoa em não poder jardinar sozinho. Mas quando dava seis enxadadas, sentia-me sem fôlego, o suor me corria, e não podia mais. Quando estava abaixado, as pancadas das artérias redobravam e o sangue me subia à cabeça com tanta força que era preciso me endireitar depressa. Constrangido a me limitar a trabalhos menos fatigantes, tomei conta do pombal e me interessei tanto que freqüentemente passava lá muitas horas sem me aborrecer um momento. O pombo é muito tímido e difícil de domesticar. Entretanto, consegui inspirar tanta confiança aos meus que eles me seguiam por toda parte, e se deixavam pegar quando eu queria. Não podia aparecer no jardim nem no pátio sem ter logo dois ou três nos braços, na cabeça. E afinal, apesar do prazer que me dava, esse cortejo se tornou tão incômodo que fui obrigado a pôr fim à familiaridade deles. Sempre tive um singular prazer em domesticar animais, sobretudo os que são tímidos e selvagens. Achava encantador inspirar-lhes uma confiança que nunca iludi. Queria que me amassem em liberdade.

Já disse que trouxera livros. E tinha-os utilizado de modo menos propício a me instruir que a me sobrecarregar. A idéia que eu tinha das coisas persuadia-me de que para ler um livro com resultado era preciso ter todos os conhecimentos que o livro supunha, muito longe de pensar que quase sempre o próprio autor não os tinha, e que os bebia em outros livros à medida que ia precisando deles. Com essa louca preocupação, via-me obrigado a parar a todo instante, a correr incessantemente de um livro a outro. E muitas vezes, antes de chegar à décima página do livro que estava lendo, precisava esgotar bibliotecas. No entanto obstinei-me tanto nesse extravagante método, que com ele perdi um tempo infinito, e quase que embrulhei a cabeça a ponto de nada ver nem nada mais saber. Felizmente, notei que marchava por um caminho errado que me levava a um imenso labirinto, de onde saí antes de estar inteiramente perdido.

Por menos gosto real que se tenha pelas ciências, a primeira coisa que se sente, ao nos entregarmos a elas, é a ligação que faz com que elas se atraiam, se ajudem, se esclareçam mutuamente, e que uma não possa dispensar a outra. Embora o espírito humano não possa suprir a todas, e precise sempre escolher uma como principal, se não tem nenhuma noção das outras, dentro mesmo da escolhida, depressa se sente na obscuridade. Senti que o que eu empreendera era útil e bom em si mesmo, e que só precisava mudar de método. Tomando primeiro a enciclopédia, dividi-a em ramos. Vi que era preciso fazer justamente o contrário: tomar cada uma em separado, prossegui-las cada uma por sua vez até o ponto em que se encontrassem. Voltei assim à síntese ordinária, mas voltei como homem que sabe o que faz. A meditação me fazia as vezes dos conhecimentos e uma reflexão muito natural ajudava-me a me guiar bem. Vivesse ou morresse, não tinha tempo a perder. Não saber nada aos vinte e cinco anos e querer aprender tudo é propor-se a gastar muito tempo. Sem saber em que tempo a sorte ou a morte poderiam me estancar o zelo, quis de qualquer forma adquirir idéias de todas as coisas tanto para sondar minhas disposições naturais como para julgar por mim mesmo o que melhor merecia ser cultivado.

E na execução desse plano, encontrei outra vantagem na qual não pensava, a de utilizar o tempo. É preciso que eu não tenha mesmo nascido para o estudo, porque uma longa aplicação me fatiga a tal ponto que me é impossível me ocupar meia hora seguida com o mesmo assunto, sobretudo se acompanho idéias de outrem; porque com as minhas já me tenho conseguido ocupar mais tempo, e com êxito. Quando sigo durante algumas páginas um autor que é preciso ler com aplicação, meu espírito o abandona e perde-se nas nuvens. Se me obstino, canso-me inutilmente, vêm-me tonturas e não vejo mais nada. Mas quando assuntos diversos se sucedem, mesmo sem interrupção, e uns me descansam dos outros, sem precisar de pausas, sigo-os facilmente. Aproveitei essa observação no meu plano de estudos, e de tal forma os misturei que me ocupava com ele o dia inteiro e não me fatigava nunca. É verdade que os cuidados campestres e domésticos me eram uma diversão muito útil. Mas no meu crescente fervor, combinava meios de arranjar tempo para estudar, e me ocupar simultaneamente de ambas as coisas, sem pensar em que, com isso, alguma andasse pior.

Ao narrar tantas pequenas minúcias que me deleitam e que exasperam o leitor, ponho uma discrição de que ele não se aperceberia se eu não tivesse o cuidado de o advertir. Aqui, por exemplo, lembro-me com delícias de todas as tentativas que fiz para distribuir meu tempo de modo que reunisse, o mais possível, o útil ao agradável. E posso dizer que esse tempo que passei no campo, e sempre doente, foi, em minha vida toda, o que me proporcionou menos ociosidade e menos tédio. Dois ou três meses se passaram assim, a tatear as inclinações do meu espírito, e a gozar, na mais linda estação do ano e em um lugar que a tornava um conto de fadas, o encanto da vida cujo preço eu sentia bem, o encanto de um convívio tão livre quanto suave, se se pode chamar de convívio a uma união tão perfeita, e o encanto dos belos conhecimentos que eu pretendia adquirir. Porque, para mim, era como se já os possuísse. Ou antes, era melhor ainda, porque o prazer de aprender contribuía muito para a minha felicidade.

É preciso passar por alto essas tentativas, que eram alegrias para mim, mas que eram muito simples para poderem ser explicadas. E ainda mais, a verdadeira felicidade não se descreve; sente-se, e sente-se tanto melhor quanto menos se pode descrever, porque ela não resulta de um conjunto de fatos, mas de um estado permanente. Repito-me muito, mas me repetiria ainda mais se dissesse a mesma coisa todas as vezes que ela me vem ao espírito. Enfim, quando minha vida se arranjou e começou a correr uniformemente, eis qual foi a sua distribuição:

Levantava-me de manhã com o sol. Subia para um pomar vizinho por um lindo caminho que ficava acima da vinha e seguia a sebe até Chambéry. Lá, enquanto passeava, fazia minhas orações, que não consistiam em um vão balbuciar, mas em uma sincera elevação do coração ao autor dessa amável natureza, cujas belezas me estavam sob os olhos. Jamais gostei de orar em um quarto. Parece-me que as paredes e todas as pequenas obras do homem se interpõem entre mim e Deus. Gosto de contemplá-lo nas suas obras enquanto meu coração se eleva até ele. Posso dizer que minhas orações eram puras e por isso dignas de serem escutadas. Para mim, e para aquela de quem meus votos não se separavam nunca, pedia apenas uma vida inocente e tranqüila, isenta do vício, da dor, das necessidades penosas, a morte dos justos e a sorte deles no futuro. Aliás, esse ato se passava mais em contemplação e admiração do que em pedidos. Porque eu sabia que, junto ao dispensador de todos os bens, o meio de obter os que nos são necessários é antes merecê-los do que pedi-los. Retornava do passeio dando uma grande volta, ocupado em considerar com curiosidade e volutuosidade as coisas rústicas de que estava cercado, as únicas de cuja vista o coração e o olhar não se fatigam nunca.

Olhava de longe se já estava aberto o quarto de mamãe. E quando via sua janela aberta, estremecia de alegria e voltava correndo. Se estava fechada, voltava ao jardim esperando que ela acordasse, divertindo-me em recordar o que aprendera na véspera, ou em jardinar. A janela se abria, e eu ia abraçá-la na cama, muitas vezes ainda meio adormecida, e esse abraço, tão inocente e terno, tirava da sua própria inocência um encanto que nunca seria capaz de tirar da volúpia dos sentidos.

Em geral, almoçávamos café com leite. Era a parte do dia em que estávamos mais tranqüilos, durante a qual conversávamos mais à vontade. E essas palestras, muito longas, em geral, me deram um gosto muito pronunciado pelos almoços. E prefiro o costume da Inglaterra e da Suíça, onde o almoço é uma verdadeira refeição que reúne todo o mundo, ao da França, onde cada um almoça só, no seu quarto, ou mais freqüentemente não almoça. Depois de uma ou duas horas de conversa, ia para os meus livros até o jantar. Começava por qualquer livro de filosofia, como a "Lógica" de Port Royal, o "Ensaio" de Locke, Malebranche, Leibnitz, Descartes, etc. Depressa me apercebi de que esses autores viviam em perpétua contradição entre si, e concebi o quimérico projeto de os pôr de acordo, projeto que me fatigou muito e me tomou muito tempo. Quebrava a cabeça e não adiantava um ponto. Enfim, renunciando a mais esse método, empreguei outro infinitamente melhor, ao qual atribuo tudo quanto posso ter progredido, apesar da minha falta de capacidade; porque é certo que nunca tive muita queda para o estudo. Ao ler cada autor, resolvi adotar e ler todas as suas idéias sem lhes misturar as minhas nem as de outrem e sem nunca discutir com ele. Disse comigo: comecemos por formar um armazém de idéias, verdadeiras ou falsas, mas claras, esperando que minha cabeça fique bem provida delas para poder então comparar e escolher. Esse método não deixa de ter inconvenientes, eu o sei, mas deu resultados quanto ao desígnio de me instruir. No fim de alguns anos, passados a pensar exatamente somente com idéias de outros, sem refletir, por assim dizer, e quase sem raciocinar, vi-me de posse de um grande fundo de aquisições para me bastar a mim mesmo, e pensar sem socorro de outrem. E quando as viagens e os negócios me tiraram os meios de consultar livros, divertia-me em recordar e comparar o que lera, em pesar cada coisa na balança da razão, e às vezes em julgar meus mestres. E não creio que por ter começado tarde a utilizar minha faculdade de julgar, ela perdesse o vigor. E quando publiquei minhas idéias pessoais, ninguém me acusou de ser um discípulo servil e de jurar *"in verbo magistri".*

Daí passei à geometria elementar; porque nunca pude ir mais longe, obstinando-me em vencer minha pouca memória, repetindo cem vezes o caminho andado e recomeçando incessantemente o mesmo itinerário. Não gostava da geometria de Euclides, que procura antes o encadeamento das demonstrações do que a ligação das idéias. Preferia a Geometria do Padre Lamy, que se tornou desde então um dos meus autores favoritos, cujas obras ainda releio com prazer. Seguiu-se a álgebra, e foi sempre o padre Lamy que tomei como guia. Quando fiquei mais adiantado, adotei a "Ciência do Cálculo" do P. Reynaud; depois sua "Análise demonstrada" que só fiz folhear. Nunca fui mais longe, para sentir a ligação da álgebra e da geometria. Não gostava desse jeito de operar sem ver o que fazia. Parecia-me que resolver um problema de geometria por meio de equações era como tocar uma ária rodando uma manivela. A primeira vez que concluí pelo cálculo que o quadrado de um binômio compunha-se do quadrado de cada uma das suas partes e do produto duplo de uma pela outra, apesar da correção da minha multiplicação, só quis acreditar depois de ter desenhado a figura. Isso não queria dizer que eu não tivesse um grande gosto pela álgebra quando só considerava as quantidades abstratas. Mas aplicando-a à extensão, queria ver a operação em linhas. De outro modo, não compreendia nada.

    Depois veio o latim. Era o mais penoso dos meus estudos, e no qual nunca fiz grandes progressos. Tentei primeiro o método latino do Port-Royal, mas sem resultado. Aqueles versos ostrogodos me faziam mal ao coração e não me podiam entrar pelos ouvidos. Perdia-me naquela multidão de regras, e aprendendo a última esquecia de todo a que a precedera. Para um homem sem memória, não é um estudo de vocábulos o que lhe convém. E era justamente para forçar minha memória a adquirir capacidade que eu me obstinava nele. Afinal, foi preciso abandoná-lo. Já entendia bastante de construção para poder ler um autor fácil com o auxílio do dicionário. Segui esse sistema e dei-me bem com ele. Apliquei-me à tradução, não escrita, mas mental, e à custa de tempo e de exercício consegui chegar a ler correntemente os autores latinos, mas nunca a falar e a escrever a língua. E isso me tem acarretado muitos embaraços quando, sem saber como, me vejo metido entre literatos. Um outro inconveniente, conseqüente a esse modo de aprender, é que eu nunca aprendi prosódia, e ainda menos as regras da versificação. Entretanto, como desejava sentir a harmonia da língua em verso e prosa, fiz muitos esforços para o conseguir. Estou, porém, convicto de que sem mestre isso é quase impossível. Aprendi a composição do mais fácil de todos os versos, o hexâmetro, tive a paciência de escandir quase todo o Virgílio e marcar nele o metro e as quantidades. Mais tarde, quando eu estava em dúvida se uma sílaba era longa ou breve, era ao meu Virgílio que ia consultar. Compreende-se que isso me levava a cometer muitos erros dadas as alterações permitidas pelas regras de versificação. Mas se há vantagens em estudar sozinho, há também grandes inconvenientes, e sobretudo um trabalho incrível. Sei disso melhor que ninguém.

Antes do meio-dia abandonava os livros. E se o jantar ainda não estava pronto, ia visitar os pombos meus amigos, ou jardinar, esperando a hora. Quando ouvia chamarem, corria muito satisfeito e com muito apetite; porque, é uma coisa ainda a notar, por mais doente que eu esteja, nunca me falta o apetite. Jantávamos muito agradavelmente, conversando sobre negócios, eu esperando que mamãe pudesse comer. Duas ou três vezes na semana, quando o tempo estava bonito, íamos para trás da casa, tomar café em um caramanchão fresco e folhudo que eu guarnecera de lúpulo, e que nos agradava muito durante o calor. Passávamos lá uma horinha, a visitar nossas flores, nossos legumes, conversando sobre a nossa vida, o que nos fazia apreciar melhor a doçura do momento. No fim do jardim, eu tinha uma outra família: eram as abelhas. Nunca, e sempre levando mamãe comigo, deixava de visitá-las. Interessava-me muito pelo trabalho delas, divertia-me infinitamente em vê-las voltar da caçada, com as patinhas às vezes tão carregadas que mal podiam andar. Nos primeiros dias, a curiosidade me tornou indiscreto e elas me picaram uma ou duas vezes. Mas logo fizemos tão boa amizade que me deixavam chegar tão próximo quanto eu quisesse, por mais cheias que estivessem as colméias, prestes a soltarem os enxames, que às vezes me cercavam, me pousavam nas mãos, no rosto, sem que nenhuma delas me picasse. Todos os animais cismam com o homem e têm razão. Mas logo que se certificam de que não lhes queremos fazer mal, sua confiança fica logo tão grande, que é preciso ser mais que bárbaro para a ludibriar.

Voltava aos meus livros. Mas os trabalhos à tarde mereciam antes o nome de recreio e divertimento do que ocupação e estudo. Nunca pude suportar a aplicação do gabinete depois do jantar e, em geral, durante o calor do dia todo o trabalho me é penoso. Trabalhava, entretanto, mas sem esforço, e quase sem regra, em ler sem estudar. A coisa que eu mais exatamente seguia era a geografia e a história. E como isso não requeria contenção do espírito, fiz tanto progresso quanto o permitiu a minha pouca memória. Quis estudar o P. Petau, e mergulhei nas trevas da cronologia. Mas desgostava-me a parte crítica que não tem fundo nem margem, e dedicava-me de preferência à medida exata do tempo e à medida dos corpos celestes. Teria mesmo tomado gosto pela astronomia se possuísse instrumentos. Mas tinha de me contentar com alguns elementos aprendidos nos livros, e com algumas observações grosseiras feitas com um óculo de alcance, apenas para conhecer a situação geral do céu. Porque minha vista curta não me permite distinguir claramente os astros a olho nu. E, a esse respeito, lembro-me de uma aventura cuja recordação muitas vezes me fez rir. Eu comprara um planisfério celeste para estudar as constelações. Pusera o planisfério em um caixilho. E, nas noites em que o céu estava sereno, ia para o jardim, punha o "chassis" sobre quatro estacas da minha altura, com o planisfério voltado para cima; e, para o clarear, sem que o vento me apagasse a luz, punha-a no chão, dentro de um balde, entre as quatro estacas, e depois, olhando alternativamente o planisfério com os olhos e o céu com a luneta, adestrava-me em conhecer as estrelas e discernir as constelações. Creio que já disse que o jardim do Sr. Noiret era em um terraço. Do caminho, via-se tudo que nele se fazia. Uma noite, uns camponeses, passando bastante tarde, viram-me em uma equipagem grotesca, ocupado em minha operação. A luz dava no meu planisfério, e eles não lhe viam a fonte, porque a lamparina estava escondida pelo balde, e aquelas quatro estacas, aquele grande papel riscado de figuras, o quadro e o jogo da luneta, que eles viam ir e vir, davam a esse objeto um ar de feitiçaria que os assombrou. Minha vestimenta não era própria para os tranqüilizar. Um enorme chapéu sobre o boné e um *pet-en-l'air*[57] acolchoado, de mamãe, que ela me obrigara a vestir, faziam, aos olhos deles, a figura de um feiticeiro de verdade. E como estava perto da meia-noite, não duvidaram que fosse aquilo o começo do *sabá*. Sem vontade de ver mais, fugiram assustadíssimos, acordaram os vizinhos para lhes contarem a visagem, e a história correu tão depressa que de manhã todo o mundo sabia que o sabá se realizava na casa do Sr. Noiret. Não sei o que afinal teria produzido esse boato, se um dos camponeses, testemunha da minha conjuração, não tivesse no mesmo dia levado a queixa a dois jesuítas que nos vieram visitar, e que, antes de saberem do que se tratava, procuraram tranqüilizá-los. Contaram a história; eu lhes disse a causa e muito rimos. Entretanto, ficou resolvido, por temor de uma reincidência, que eu observasse sem luz e consultasse o planisfério em casa. Os que leram, nas minhas *"Cartas da Montanha",* minha mágica de Veneza tenho certeza de que julgaram que eu tinha de há muito uma grande vocação para feiticeiro.

Essa era minha vida nas Charmettes quando eu não estava entretido com alguns cuidados campestres. Porque eles tinham sempre a preferência, e era no que eu excedia minhas forças, trabalhando como um labrego. É verdade que, nesse terreno, minha grande fra-

---

57. Casaco curto. (N.E.)

queza só me deixava um mérito, o da boa vontade. E além disso, eu queria fazer dois trabalhos ao mesmo tempo, não fazendo bem, afinal, nenhum dos dois. Metera na cabeça que haveria por força de ter memória. E teimava em querer decorar muita coisa. Para isso, sempre tinha comigo algum livro que, com um incrível sacrifício, estudava e recordava trabalhando. Não sei como, afinal, a teimosia nesse inútil e contínuo esforço não me tornou estúpido. Aprendi e reaprendi talvez vinte vezes as Éclogas de Virgílio e hoje não sei delas uma palavra. Perdi ou desemparelhei uma porção de livros, graças ao hábito de sempre os carregar comigo, no pombal, no jardim, no pomar, na vinha. Ocupado com outra coisa, punha meu livro ao pé de uma árvore ou da cerca. Esquecia-me de o apanhar, e muitas vezes, depois de quinze dias, encontrava-o apodrecido ou roído de formigas ou caracóis. Esse ardor de aprender tornou-se uma mania que me trazia como idiotizado, ocupado como vivia em repetir sempre alguma coisa entre dentes.

Os escritos de Port-Royal e do Oratório, que eram os que eu lia mais freqüentemente, tinham-me tornado meio jansenista, e apesar de toda a minha confiança a dura teologia deles me assustava algumas vezes. O terror do inferno, que até então eu pouco tivera, perturbava pouco a pouco a minha segurança; e se mamãe não me tranqüilizasse a alma, essa aterrorizante doutrina teria por fim me apavorado. Meu confessor, que era também o dela, contribuía por sua parte a me manter em equilíbrio. Era o P. Hemet, jesuíta, bom e santo velho, cuja memória hei de venerar sempre. Embora jesuíta, tinha a simplicidade de uma criança. E sua moral, menos relaxada que branda, era precisamente a de que eu precisava para contrabalançar as tristes impressões do jansenismo. Esse bom velho e o seu companheiro, P. Coppier, vinham muitas vezes nos visitar nas Charmettes, embora o caminho fosse rude e muito longo para gente da idade deles. E essas visitas me faziam muito bem: que Deus lhas pague a suas almas! Porque a esse tempo já eram eles muito velhos para que ainda hoje os suponha com vida.

Eu também ia visitá-los em Chambéry. Familiarizei-me pouco a pouco com a casa deles. A biblioteca estava ao meu dispor. E a lembrança desse tempo feliz ligar-se-á aos jesuítas, a ponto de me fazer amar uns pelos outros. E embora a doutrina deles sempre me tenha parecido perigosa, nunca pude encontrar em mim poder para os odiar sinceramente.

Desejaria saber se nos corações dos outros homens passam-se puerilidades iguais às que se passam no meu. No meio dos meus estudos e vivendo a vida mais inocente que é possível, e apesar de tudo que me pudessem dizer, o medo do inferno ainda me agitava muitas vezes. Perguntava-me: "Em que estado estou? Se eu morrer agora mesmo serei condenado?". Segundo os jansenistas o caso não tinha dúvidas, mas segundo minha consciência, parecia-me que não. Sempre receoso, e flutuando nessa cruel incerteza, para sair dela, teria recorrido aos mais risíveis expedientes, expedientes que me teriam feito mandar um homem para o hospício se o visse fazer o mesmo que eu fazia. Um dia, pensando nesse triste assunto, adestrava-me maquinalmente em jogar pedras nos troncos de árvores, e isso com minha habilidade habitual, isto é, sem quase tocar em nenhum. No meio desse belo exercício, lembrei-me de utilizá-lo como uma espécie de prognóstico para acalmar a inquietação. Disse comigo: "Vou jogar esta pedra na árvore defronte: se bater nela, é sinal de que me salvo; se falhar, é sinal de que estou condenado". Ao dizer isso, joguei a pedra com a mão trêmula e com um horrível bater de coração, mas com tanta felicidade que foi bater bem no meio da árvore; o que na verdade não era difícil, porque eu tivera o cuidado de escolher um tronco bem grosso e bem próximo. Depois disso, não duvidei mais da minha salvação. Não sei, a recordar esse fato, se devo rir ou lamentar-me. Vós, grandes homens, que rides, felicitai-vos. Mas não insulteis minha miséria, porque eu juro que a sinto demais.

 Afinal de contas essas perturbações, esses alarmas, que são talvez inseparáveis da devoção, não eram um estado permanente. Comumente, eu vivia muito calmo, e a impressão que me fazia a lembrança de uma morte próxima era menos triste do que uma languidez calma, que tinha mesmo suas doçuras. Acabo de encontrar entre velhos papéis uma exortação que eu fazia a mim mesmo, onde me felicitava por morrer em uma idade em que se tem bastante coragem de encarar a morte, sem ter sofrido, durante a vida, grandes males de corpo nem de espírito. Quanta razão eu tinha! Um pressentimento me fazia temer viver para sofrer. Parecia-me que adivinhava a sorte que esperava meus dias de velhice. Nunca estive tão próximo da sabedoria quanto nessa época feliz. Sem grandes remorsos sobre o passado, liberto dos cuidados do futuro, o sentimento que constantemente me dominava a alma era gozar o presente. As pessoas devotas têm ordinariamente uma sensualidadezinha muito viva que as faz saborear com delícias os prazeres inocentes que lhes são permitidos. Os mundanos fazem disso um crime, não sei porquê, ou antes, sei muito bem: é que invejam aos outros o gozo dos prazeres de que perderam o gosto. Mas eu tinha esse gosto, e achava encantador satisfazê-lo em segurança de consciência. Meu coração, ainda novo, entregava-se a tudo com um prazer de criança, ou, se ouso dizê-lo, com uma volutuosidade de anjo, porque na verdade esses serenos gozos têm a placidez das delícias do paraíso. Jantares na grama, em Montagnole, ceias ao ar livre, colheita de frutos, vindimas, noitadas em conversas com os camponeses, tudo isso constituía festas para nós, festas que mamãe compartilhava com tanto prazer quanto eu. E os passeios solitários tinham um encanto ainda maior, porque o coração se expandia com mais liberdade.

Entre muitos, demos um passeio que marcou época na minha memória, um dia de São Luís, onomástico de mamãe. Partimos juntos e sós de manhã cedo, depois da missa que um carmelita nos viera dizer, ao romper do dia, na capela contígua à casa. Eu propusera que percorrêssemos a encosta oposta à em que estávamos, e que não visitáramos ainda. Tínhamos mandado as provisões adiante, porque o passeio deveria durar o dia inteiro. Mamãe, embora um pouco rechonchuda e gorda, não caminhava mal. E íamos de colina em colina e de bosque em bosque, às vezes ao sol e às vezes à sombra, descansando de vez em vez, esquecendo-nos do mundo horas inteiras. Conversando sobre nós, sobre nossa união, sobre a doçura da nossa sorte, e fazendo pela sua duração votos que não foram realizados. Tudo parecia conspirar para a felicidade desse passeio. Fazia pouco que chovera; não havia poeira e os riachos corriam. Um ventinho fresco agitava as folhas, o ar estava puro, o horizonte, sem nuvens. Reinava serenidade no céu e nos nossos corações. O jantar, fizemo-lo em casa de um camponês, e partilhado com a família dele que nos abençoava de todo coração. São tão boa gente, aqueles pobres saboianos! Depois do jantar, ganhamos a sombra debaixo das grandes árvores, onde, enquanto eu procurava galhinhos secos para fazer o café, mamãe se divertia em herborizar entre as moitas. E nas flores do ramo que eu colhera em caminho, ela me fez notar na sua estrutura mil coisas curiosas, que muito me interessaram, e que me deveriam incentivar o gosto pela botânica; mas o momento não chegara ainda e eu estava distraído por outros estudos. Uma idéia que me veio tirou-nos das flores e das plantas. O estado de espírito em que me encontrava, tudo o que havíamos dito e feito naquele dia, todos os objetos que me haviam impressionado, me lembraram o sonho que eu tivera em Annecy sete ou oito anos antes, ao qual me referi na sua ocasião.[58] As coincidências eram tão flagrantes que, ao recordá-las, comovi-me até as lágrimas. Em um transporte enterneci-

---

58. Ver Livro terceiro. (N.E. francês)

do, beijei a amiga querida: "Mamãe, mamãe", disse-lhe com paixão, "este dia me foi prometido há longo tempo, e nada mais desejo além dele. Graças a você, minha felicidade chegou ao auge. Oxalá ela não decline nunca! Possa ela durar tanto tempo quanto eu a possa gozar! E só acabe comigo.".

Decorreram assim meus dias felizes, tanto mais felizes que, sem perceber nada que os pudesse perturbar, eu só podia encarar o fim deles junto com o meu próprio fim. Isso não quer dizer que a fonte dos meus cuidados estivesse completamente extinta. Mas via-a tomar uma outra direção, que eu guiava o melhor que podia para objetivos úteis, a fim de que trouxesse consigo o remédio. Mamãe gostava naturalmente do campo, e esse amor não se atenuava em mim. Pouco a pouco ela tomou gosto pelos trabalhos campestres. Gostava de fazer valer as terras. E tinha sobre isso conhecimentos que utilizava com prazer. E sem se satisfazer com o que dependia da casa em que morava, alugava às vezes um campo, às vezes um prado. Em suma, desviando para a agricultura sua capacidade de trabalho, em vez de ficar em casa ociosa, encaminhava-se para depressa se tornar uma grande agricultora. Eu não gostava de vê-la trabalhar assim, e me opunha o tanto que podia, certo de que ela seria sempre enganada, e que sua natureza liberal e pródiga fa-la-ia sempre ter despesas maiores que o produto. Entretanto, consolava-me um pouco, pensando que esse produto não seria inteiramente nulo, e ajuda-la-ia a viver. De todos os empreendimentos em que ela se poderia meter, parecia-me esse o menos ruinoso e, sem encará-lo como um meio de lucro, encarava-o como uma ocupação contínua que a garantiria dos maus negócios e dos espertalhões. E, nessa idéia, eu ardia por recuperar toda a força e saúde de que carecia para cuidar dos seus negócios, para ser o feitor dos seus trabalhadores e o seu primeiro trabalhador. E, naturalmente, o exercício que isso me obrigava a fazer, arrancando-me freqüentemente aos livros e distraindo-me do meu estado, contribuía para melhorá-lo.

(1737-1741) – No inverno seguinte, Barillot, que voltava da Itália, trouxe-me alguns livros, entre outros o *Bontempi* e a *Cartella per Musica* do P. Banchieri, que me incutiram o gosto pela história da música e pelas pesquisas teóricas dessa bela arte. Barillot ficou conosco algum tempo. E como eu já era maior, havia alguns meses, combinou-se que na primavera seguinte iria a Genebra, reclamar a herança legítima de minha mãe, ou pelo menos a parte que me cabia, caso se soubesse o que fora feito de meu irmão. E executou-se isso como

fora combinado. Fui a Genebra e, por sua vez, meu pai também. Havia já muito tempo, ele lá ia sem que o incomodassem, embora ainda não estivesse livre do decreto. Mas como lhe estimavam a coragem e lhe respeitavam a probidade, fingiram esquecer a questão, e os magistrados, ocupados com o grande projeto que irrompeu pouco depois,[59] não queriam assustar antes do tempo a burguesia, lembrando-lhe desastradamente a sua antiga parcialidade.

Receei que me pusessem empecilhos por causa da minha mudança de religião. Mas as leis de Genebra são, a esse respeito, menos duras que as de Berne, onde quem muda de religião perde não só seu estado como também seus bens. Os meus não foram pois disputados, mas, não sei como, achavam-se reduzidos a muito pouca coisa. Embora fosse mais ou menos certo que meu irmão morrera, não se tinha a prova jurídica. Faltavam-me títulos suficientes para lhe reclamar a parte, e deixei-a sem pena, para ajudar meu pai a viver, e ele gozou dela até morrer. Assim que se cumpriram as formalidades da justiça e eu recebi meu dinheiro, gastei alguma coisa em livros, e voei a depositar o resto aos pés de mamãe. O coração me batia de alegria, em caminho, e o momento em que pus esse dinheiro entre as suas mãos me foi mil vezes mais agradável do que o momento em que o tive nas minhas. E ela o recebeu com aquela simplicidade das belas almas, que fazendo essas coisas sem esforço vêm-nas sem admiração. Esse dinheiro foi quase todo empregado comigo, e isso com uma igual simplicidade. E esse emprego teria sido exatamente o mesmo se ele tivesse outra proveniência.

Minha saúde, entretanto, não se restabelecia; ao contrário, eu definhava a olhos vistos. Estava pálido como um morto e magro como um esqueleto. As pancadas das artérias eram terríveis, as palpitações, mais freqüentes. Sentia-me continuamente opresso, e minha fraqueza afinal cresceu tanto que eu mal podia me mover. Não podia apressar o passo sem me sufocar, não podia me abaixar sem ter vertigens, não podia erguer o menor peso. Estava reduzido à inação, o máximo tormento para um homem que se movimentava como eu. É verdade que muito nervosismo se misturava a isso tudo. O nervoso é a doença das pessoas felizes e era a minha: as lágrimas que eu derramava sempre sem razão de chorar, os sustos ao rumor de uma folha ou de um pássaro, a desigualdade de humor na calma da mais doce das vidas, tudo isso marcava esse tédio de bem-estar que, por assim dizer, faz a sensibilidade extravasar. Somos tão poucos feitos

---

59. A pacificação de Genebra, agitada então por lutas intestinas. (N.E. francês)

para sermos felizes neste mundo que é mister, necessariamente, que a alma ou o corpo sofram quando não sofrem os dois juntos, e que o bom estado de um faça quase sempre mal ao outro. Quando eu poderia gozar deliciosamente a vida, minha máquina em decadência não o permitia, sem que se pudesse dizer onde a causa do mal residia. Mais tarde, apesar do declínio da idade, e de males muito reais e muito graves, meu corpo parece que recobrou as forças para melhor sentir as desgraças, e agora, que escrevo isto, enfermo e quase sexagenário, atacado por dores de toda espécie, sinto que, para sofrer, tenho mais vigor e mais vida do que os tinha para gozar na flor da idade e no seio da verdadeira ventura.

Para completar, querendo introduzir um pouco de fisiologia nas minhas leituras, pus-me a estudar anatomia. E passando revista à quantidade de jogos e peças que constituem a minha máquina, esperava vê-la arrebentar-se vinte vezes por dia; em vez de me admirar de me ver moribundo, admirava-me de ainda poder viver, e não lia a descrição de uma doença de que não supusesse sofrer. Tenho certeza de que, se não estivesse doente, havia de adoecer graças a esse fatal estudo. Vendo em cada doença os sintomas da minha, supunha sofrer de todas. E adquiri, além de todas as demais, uma outra ainda mais cruel, de que eu me supunha livre; a fantasia de me curar. É uma doença difícil de evitar quando se põe a ler livros de medicina. À força de procurar, de refletir, de comparar, cheguei a imaginar que a base do meu mal era um pólipo no coração. E o próprio Salomão se impressionaria com essa idéia. Razoavelmente, eu deveria partir dessa opinião para me conformar na minha resolução precedente. E, no entanto, não foi assim que procedi. Empreguei todos os recursos do meu espírito em procurar os meios de curar um pólipo do coração, resolvido a realizar essa cura miraculosa. Em uma viagem que Anet fizera a Montpellier, para ver o jardim das plantas e o demonstrador, Sr. Sauvages, disseram-lhe que um Sr. Fizes curara-se de um pólipo desses. Mamãe lembrou-se disso e me falou. Não foi preciso mais para me inspirar o desejo de consultar o Sr. Fizes. A esperança de sarar me fez achar forças e coragem para empreender a viagem. O dinheiro vindo de Genebra me forneceu os meios. Mamãe, longe de me desviar, me animava, e afinal parti para Montpellier.

Eu não necessitava ir tão longe para encontrar o médico de que precisava. Como o cavalo me fatigava muito, tomei uma liteira em Grenoble. Em Moirands, cinco ou seis outras liteiras vinham em fila depois de mim. Era mesmo uma aventura de liteiras. A maioria delas fazia parte do cortejo de uma recém-casada, a Sra. du Colombier. Com ela vinha uma outra mulher, a Sra. de Larnage, menos moça e menos bonita que a Sra. du Colombier, mas não menos amável, e que em Romans, onde esta última parou, deveria prosseguir caminho até ao burgo de Saint-Andiol, perto de Pont-Saint-Esprit. Dada a minha conhecida timidez, subentende-se que eu não travei logo conhecimento com essas mulheres elegantes, e com a comitiva que as cercava; mas por fim, seguindo a mesma estrada, dormindo nos mesmos albergues, sob pena de passar por um lobisomem, forçado a me apresentar à mesma mesa, esse conhecimento teve afinal de se estabelecer. E se travou mais cedo do que eu o quisera. Porque toda aquela barulhada não convinha a um doente, principalmente a um doente do meu humor. Mas a curiosidade torna as marotas das mulheres tão insinuantes que, para poderem conhecer um homem, elas começam por lhe virar a cabeça. Assim aconteceu comigo. A Sra. du Colombier, muito cercada por seus jovens azucrinadores, não tinha quase tempo de me seduzir, e aliás não valeria a pena, porque íamos nos separar. Mas a Sra. de Larnage, menos procurada, tinha provisões a fazer no caminho. E adeus, pobre Jean-Jacques, ou melhor, adeus febre, nervoso, pólipo. Tudo foi embora diante dela, exceto certas palpitações de que não me quis curar. O mau estado da minha saúde foi o primeiro assunto das nossas conversas. Via-se que eu estava doente, sabia-se que eu ia a Montpellier, e é de crer que meu aspecto e minhas maneiras não traíssem um libertino, porque foi claro depois que não me tinham suspeitado de ir para lá farrear. Embora a doença não seja para um homem grande recomendação junto a senhoras, tornou-me, entretanto, interessante para aquelas. Pela manhã, mandavam saber notícias minhas e convidar-me a tomar chocolate com elas; informavam-se como eu passara a noite. Uma noite, segundo o meu louvável hábito de falar sem pensar, respondi que não sabia. Essa resposta as fez supor que eu estava louco. Examinaram-me mais e esse exame não me prejudicou. Ouvi uma vez a Sra. du Colombier dizer à amiga: "Falta-lhe trato social, mas é amável.". Essas palavras me tranqüilizaram e fizeram com que eu me tornasse amável de verdade.

 Ao nos familiarizarmos, era preciso que falássemos de nós, que disséssemos de onde vínhamos, quem éramos. E isso me embaraçava um pouco. Porque eu sentia muito bem que entre gente alegre e mulheres galantes a palavra "recém-convertido" me iria matar. Não sei por que bizarria entendi de me fazer passar por inglês. Dei-me como jacobita e tomaram-me como tal. Chamei-me Dudding, e me chamaram Sr. Dudding. Um maldito marquês de Torignan que estava lá, tão doente quanto eu, velho, e ainda por cima de muito mau humor, entendeu de travar conversa com o Sr. Dudding. Falou-me do rei

Jaime, do pretendente, da antiga corte de Saint Germain. Eu estava sobre espinhos. Só sabia de tudo isso o pouco que lera do conde Hamilton e nos jornais. Entretanto, fiz desse pouco tão bom uso que me tirei do aperto. Fui feliz porque não se lembraram de me fazer perguntas sobre a língua inglesa, de que eu não sabia uma única palavra.

A companhia toda dera-se bem e via com pena o momento da separação. Fazíamos jornadas de lesmas. Chegamos num domingo a Saint-Marcellin. A Sra. de Larnage quis ir à missa e eu fui com ela. Isso quase me estraga a história. Comportei-me como de hábito, e, vendo minha atitude modesta e recolhida, ela me supôs beato, e concebeu a meu respeito a pior opinião deste mundo, como dois dias depois me confessou. Foi-me preciso depois muita galanteria para afastar essa má impressão; ou antes, a Sra. de Larnage, como mulher experiente que não se dava vencida facilmente, quis correr o risco de se adiantar para ver como eu me comportava. Fez tantas e tais coisas, que em vez de ficar presumido da minha figura, imaginei que ela zombasse de mim. Convencido disso, não houve tolice que eu não fizesse. Era pior que o marquês do "Legs". A Sra. de Larnage manteve-se firme, fez-me tantas provocações e disse-me coisas tão ternas que um homem muito menos tolo teria trabalhado em tomar aquilo a sério. Quanto mais ela o fazia, mais me confirmava na minha idéia, e o que mais me atormentava é que, por meu lado, eu me apaixonava de verdade. Dizia a mim mesmo e dizia-lhe suspirando: "Ah! Que pena não ser isto tudo verdade! Eu seria o mais feliz dos homens.". Creio que minha simplicidade de noviço só fez irritar-lhe a fantasia; e ela não quis ter o desmentido.

Tínhamos deixado, em Romans, a Sra. du Colombier e sua comitiva. Continuamos mais lentamente o caminho agradabilissimamente, a Sra. de Larnage, o marquês de Torignan e eu. O marquês, embora doente e rabugento, era um bom sujeito, que não gostava, porém, de comer seu pão junto à fumaça do assado. A Sra. de Larnage escondia-lhe tão pouco a preferência que tinha por mim, que ele a percebeu primeiro do que eu. E os seus malignos sarcasmos me deveriam ter dado ao menos a confiança que eu não ousava tomar com os favores da dama, se por um pensamento de que só eu sou capaz, não tivesse imaginado que eles se tinham combinado para troçarem de mim. Essa idéia idiota acabou de me virar a cabeça, e me fez desempenhar um papel tolo, em uma rituação em que, como meu coração estava sinceramente interessado, teria podido desempenhar um papel dos mais brilhantes.

Não compreendo como a Sra. de Larnage não se aborreceu com a minha bobice e como não me despediu com o máximo desprezo. Mas era uma mulher de espírito, que sabia conhecer as pessoas, e via bem que havia mais tolice que frieza no meu procedimento.

Conseguiu afinal fazer-se entender e não foi sem trabalho. Em Valence, tínhamos parado para o jantar e, segundo o nosso louvável costume, lá ficamos, passando o resto do dia. Estávamos alojados fora da cidade, em Saint Jacques. Hei de me lembrar sempre daquele albergue, como do quarto que a Sra. de Larnage ocupava. Depois do jantar, ela quis passear. Sabia que o marquês não nos podia acompanhar; e era o meio de arranjar um momento a sós do qual resolvera tirar partido. Porque não havia mais tempo a perder, tinha-se que aproveitá-lo todo. Passeamos em torno da cidade, ao longo dos fossos. Lá recomecei a longa história das minhas queixas, às quais ela respondeu em um tom tão terno, apertando-me às vezes contra o coração o braço que segurava, que era preciso uma estupidez como a minha para me impedir de verificar que ela falava a sério. E o impagável é que eu próprio estava excessivamente comovido. Já disse que ela era amável: o amor a tornava encantadora. Dava-lhe todo o brilho da primeira juventude e ela manobrava suas provocações com tanta arte que teria seduzido um homem à prova de fogo. Eu estava, pois, muito pouco à vontade e sempre a pique de me libertar. Mas o medo de ofender ou desagradar, o pavor ainda maior de ser corrido, assobiado, expulso, de fornecer uma história à mesa, de ser cumprimentado pelas minhas aventuras pelo impiedoso marquês, me continham a ponto de ficar indignado comigo mesmo pela minha estúpida vergonha, e por não poder vencê-la. Sentia-me em um suplício. Abandonara minhas conversas de Celadon, das quais sentia todo o ridículo em tão bonito caminho. Sem saber que atitude tomar nem o que dizer, calava-me. Tinha o ar de amuado, em suma, fazia o possível para atrair sobre mim o tratamento que tanto receava. Felizmente, a Sra. de Larnage tomou uma resolução mais humana. Interrompeu bruscamente o silêncio, passando-me o braço em redor do pescoço, e logo sua boca sobre a minha falou mais claro para me tirar do erro. A crise não se poderia manifestar mais a propósito. Tornei-me amável. Era tempo. Ela me dera essa confiança, cuja falta sempre me impediu de seguir meus impulsos, de ser eu mesmo. Fui-o então. Nunca meus olhos, meus sentidos, meu coração, minha boca, falaram tão bem, nunca reparei tão plenamente meus erros. E se essa pequena conquista custou algum trabalho à Sra. de Larnage, quero crer que ela não o lamentou.

Viva eu cem anos, não recordarei sem prazer essa mulher encantadora. Digo encantadora, embora ela não fosse bonita nem moça. Mas como não era nem feia nem velha, nada tinha no aspecto que impedisse que o seu espírito e suas graças fizessem todo o seu efeito. Ao contrário das outras mulheres, o que ela tinha de menos moço era o rosto; creio que a pintura o estragara. Tinha suas razões para ser fácil: era o meio de que dispunha para se fazer valer em todo seu preço. Podia-se vê-la sem a amar, mas não se poderia possuí-la sem a adorar. E isso prova, parece-me, que não era sempre tão pródiga dos seus favores quanto o foi comigo. Fora tomada por um desejo muito pronto e muito vivo para ser desculpável, mas para o qual o coração contribuía pelo menos tanto quanto os sentidos. E durante o curto e delicioso tempo que passei com dela, tive razões para crer, pela prudência forçada que me impunha que, embora sensual e voluptuosa, punha minha saúde acima de seus prazeres.

Nosso entendimento não escapou ao marquês. E ele não me poupou mais: ao contrário, chamava-me com a mesma insistência de apaixonado transido, de mártir dos rigores da sua dama. Nunca lhe escapou uma palavra, um olhar, um sorriso, que me fizesse suspeitar que ele nos adivinhara; e eu suporia que o tínhamos enganado, se a Sra. de Larnage, que enxergava mais do que eu, não me dissesse que ele não estava enganado, mas que era um homem galante. E, com efeito, não poderia haver atenções mais honestas nem modos mais delicados que os comuns, mesmo pra comigo, salvo as brincadeiras principalmente depois do meu triunfo. Talvez me creditasse as honras deste e supunha que eu fosse menos tolo do que o aparentava. Enganava-se, como viram. Mas aproveitei-lhe o erro. É verdade que então os gracejos estavam a meu favor, deixava-me crivar, de bom grado e bem satisfeito, por seus epigramas, aos quais, algumas vezes, dava respostas, às vezes, até bem felizes, muito orgulhoso por mostrar-me, junto a Sra. de Larnage, à altura do espírito que ela me havia atribuído. Já não era o mesmo homem.

Estávamos em uma região e em uma estação de boa mesa; em toda parte comíamos bem, graças aos bons cuidados do marquês. Dispensaria, entretanto, que ele os estendesse aos nossos quartos. Porém, ele mandava sempre o lacaio arranjá-los. E, ou por ordem do patrão, ou da sua própria cabeça, o patife o alojava sempre ao lado da Sra. de Larnage e punha-me no outro lado da casa. Mas isso quase não me embaraçava, e nossas entrevistas eram até mais picantes. Essa vida deliciosa durou quatro ou cinco dias, durante os quais me embriaguei com as mais doces volúpias. Gozei-as puras, vivas, sem nenhuma mistura de sofrimento. Foram as primeiras e as únicas que eu gozei assim, e posso dizer que devo à Sra. de Larnage não morrer sem ter conhecido o prazer.

Se o que eu sentia por ela não era precisamente o amor, era pelo menos uma retribuição tão terna pelo amor que ela me testemunhava, uma sensualidade tão ardente no prazer, e uma intimidade tão doce nas conversas, que tinha todo o encanto da paixão sem lhe ter o delírio, que dá volta à cabeça e faz com que não se saiba gozar. Só uma vez na vida senti o verdadeiro amor, e não foi junto a ela. Ameia, não como já amara e como amava Sra. de Warens; mas era por isso mesmo que a possuía cem vezes melhor. Com mamãe, o meu prazer era sempre acompanhado por um sentimento de tristeza, por um secreto aperto no coração, que eu não vencia sem esforço. Em lugar de me felicitar por a possuir, censurava-me por aviltá-la. Com a Sra. de Larnage, ao contrário, orgulhoso de me sentir homem e me sentir feliz, entregava-me aos sentidos com alegria, com confiança. Partilhava a sensação que despertava nela. Estava bastante senhor de mim para contemplar com a mesma proporção de vaidade que de volúpia o meu triunfo, e tirar disso motivos para duplicá-lo.

Não me lembro mais do lugar em que nos deixou o marquês, que era daquela região. Sei que nos vimos sós antes de chegarmos a Montélimar, e desde então a Sra. de Larnage pôs na minha liteira a sua criada de quarto e eu me aboletei na dela. Posso garantir que, desse modo, o caminho não nos aborrecia; e havia de me ser muito difícil contar como era feita a região que percorríamos. Em Montélimar, ela teve negócios que a prenderam por três dias, durante os quais, entretanto, só me deixou por um quarto de hora para uma visita que lhe atraiu desoladoras importunações e convites que ela teve o cuidado de não aceitar. Pretextou incômodos que nos impediram de passear juntos diariamente na mais linda região e sob o mais lindo céu do mundo. Oh! Aqueles três dias! Muitas vezes devo ter saudades deles! Nunca voltaram nenhuns semelhantes.

Amores de viagem não são feitos para durar. Foi preciso que nos separássemos, e confesso que estava em tempo; não que eu estivesse farto ou prestes a me fartar; cada dia mais me prendia a ela. Mas, apesar de toda a discrição da dama, restava-me somente boa vontade... Compensamos as saudades com projetos de reunião. Decidimos que, já que esse regime me fazia bem, eu iria passar o inverno no burgo de Saint-Andiol, sob a direção da Sra. de Larnage. Eu deveria ficar em Montpellier apenas cinco ou seis semanas, para lhe deixar o tempo de preparar as coisas, de modo a prevenir complicações. Deu-me amplas instruções sobre o que eu deveria fazer, sobre o que deveria dizer, sobre o modo por que me deveria comportar. Enquanto esperávamos, deveríamos nos corresponder. Ela me falou muito e seriamente nos cuidados que eu deveria ter com minha saúde, exortou-me a consultar pessoas hábeis, a ser atento a tudo que elas me prescrevessem, e se encarregou, por mais severas que fossem as prescrições, de mas fazer executar enquanto eu estivesse junto dela.

Creio que falava sinceramente, porque gostava de mim. Deu-me mil provas mais seguras do que favores. Pela minha bagagem, viu que eu não nadava na opulência. E embora ela própria não fosse rica, quis, na nossa separação, forçar-me a partilhar sua bolsa, que trazia bem cheia de Grenoble. Custou-me muito escusar-me. Deixei-a, afinal, com o coração cheio dela e, deixando-lhe, parece-me, uma verdadeira afeição por mim.

Acabei a jornada recomeçando-a na lembrança, e muito satisfeito por estar em uma boa liteira onde poderia sonhar mais à vontade nos prazeres que gozara e nos que me estavam prometidos. Só pensava no burgo de Saint-Andiol e na vida deliciosa que lá me esperava. Só enxergava a Sra. de Larnage e o que a cercava. O resto do universo nada era para mim. A própria mamãe estava esquecida. Ocupava-me em combinar na cabeça todos os pormenores em que tinha falado a Sra. de Larnage, para poder imaginar sua casa, sua vizinhança, suas relações, tudo do seu modo de viver. Tinha uma filha da qual muitas vezes me falara como mãe idólatra. Tinha quinze anos a filha, era viva, encantadora e de caráter amável. Haviam me prometido que ela me iria acarinhar, e eu não esquecia essa promessa, muito curioso por saber como a Srta. de Larnage trataria o amante da sua mamãe. Foram esses os assuntos dos meus devaneios de Port-Saint Esprit até Remoulin. Tinham me dito que fosse ver a ponte do Gard. Não faltei. Depois de um jantar de excelentes figos, tomei um guia e fui ver a ponte do Gard. Era a primeira obra dos romanos que eu via. Esperava ver um monumento digno das mãos que o haviam construído. E, afinal, o objeto ultrapassou minha expectativa; foi a única vez na minha vida. Só aos romanos competia produzirem semelhante efeito. O aspecto dessa obra simples e nobre impressionou-me principalmente porque está no meio de um deserto em que o silêncio e a solidão tornam o monumento mais impressionante e a admiração mais viva, porque essa pretensa ponte não era mais que um aqueduto. E fica-se pensando qual a força que transportara aquelas enormes pedras para tão longe de qualquer caminho, reunira os braços de tantos milhares de homens, em um lugar onde não mora homem nenhum. Percorri os três andares desse soberbo edifício, que o respeito quase me impedia de calcar aos pés. O rumor de meus passos sob aquelas imensas arcadas fazia-me pensar que ouvia as vozes dos que as haviam construído. Perdia-me como um inseto naquela imensidade. Sentia, ao me ver diminuir, qualquer coisa que se elevava na minha alma. E dizia suspirando: "Porque não nasci romano!". Fiquei muitas horas em uma contemplação deslumbrada. Voltei distraído e cismador, e essa cisma não foi favorável à Sra. de Larnage. Ela cuidara muito em me premunir contra as moças de Montpellier, mas não contra as da ponte do Gard. A gente nunca se lembra de tudo.

Em Nimes, fui ver as Arenas. É uma obra muito mais deslumbrante que a ponte do Gard, porém que me fez muito menos impressão, talvez porque minha admiração se esgotara com o primeiro monumento, talvez porque a situação do outro, no meio de uma cidade, fosse menos própria para a despertar. O vasto e soberbo circo é cercado de casinhas sórdidas, e outras casinholas mais pequenas e mais sórdidas ainda enchem a arena, de forma que o conjunto produz um efeito disparatado e confuso, em que a pena e a indignação sufocam o prazer e a surpresa.

Vi depois o circo de Verona, muito menor e menos bonito que o de Nimes, mas mantido e conservado com toda a decência e asseio possíveis, e que por isso mesmo me deu uma impressão mais forte e mais agradável. Os franceses não têm cuidado com coisa alguma nem respeitam monumento algum. São muito ardentes para empreender tudo, mas nada sabem acabar nem conservar.

Estava de tal forma mudado, e minha sensualidade posta em exercício despertara a tal ponto que parei um dia em Pont-de-Lunel para cear com a gente alegre que encontrasse. Esse cabaré, o mais estimado da Europa, merecia a sua reputação. Os que o administravam tinham sabido aproveitar sua feliz situação, mantendo-o abundantemente provido e com escolha. Era realmente uma coisa curiosa encontrar, em uma casa só e isolada no meio do campo, uma mesa sortida de peixe do mar e de água doce, excelente caça, vinhos finos, servidos com esse cuidado e atenção que só se vêem em casa dos grandes e dos ricos, e isso tudo mediante os vossos trinta e cinco soldos. Mas o Pont-de-Lunel não se manteve muito tempo nesse pé, e à força de gastar sua reputação perdeu-a, afinal, de todo.

Esquecera, no caminho, que estava doente, e fui lembrar-me em Montpellier. Meus nervos se tinham curado, mas todos os outros males permaneciam. E embora o hábito me tornasse menos sensível a eles, eram bastantes para fazer que se supusesse morto alguém que fosse subitamente atacado por eles. Na verdade, eram menos dolorosos que assustadores, faziam sofrer mais o espírito do que o corpo, cuja destruição pareciam anunciar. E isso fazia que, distraído por paixões vivas, eu não pensasse no meu estado. Mas como ele não era imaginário, sentia-o, logo que me acalmava. Pensei, pois, seriamente nos conselhos da Sra. de Larnage e na finalidade de minha viagem. Fui consultar os práticos mais ilustres, sobretudo o Sr. Fizes, e por uma superabundância de precaução hospedei-me na casa de um médico. Era um irlandês, chamado Fitz-Moris, que dava pensão a um grande número de estudantes de medicina. E, o que era cômodo para um doente que lá se hospedasse, o Sr. Fitz-Moris, além de se contentar com uma mensalidade muito honesta para o sustento, nada cobrava por seus cuidados como médico. Encarregou-se da execução das receitas do Sr. Fizes, e de zelar por minha saúde. Desempenhou-se muito bem desse dever quanto ao regime: ninguém indigestava naquela pensão; e conquanto eu não seja muito sensível a essas coisas, os motivos de comparação estavam tão próximos que eu, às vezes, não podia deixar de constatar que o Sr. de Torignan era muito melhor despenseiro do que o Sr. Fitz-Moris. Entretanto, como também não se morria de fome, e toda aquela juventude era muito alegre, aquele modo de viver me fez realmente bem, e me impediu de recair na minha languidez. Passava a manhã a tomar drogas, sobretudo não sei que águas, creio que águas de Vals, e a escrever à Sra. de Larnage. Porque a correspondência caminhava bem e Rousseau se encarregava de retirar as cartas do seu amigo Dudding. Ao meio-dia, ia dar uma volta na Canourgue, com algum dos meus jovens companheiros de casa, que eram todos bons rapazes: reuníamo-nos, íamos todos jantar. Depois do jantar, um negócio importante nos ocupava até à noite: era ir à cidade, jogar a merenda em duas ou três partidas de jogo da malha. Eu não jogava, não tinha nem força nem ligeireza. Mas apostava, e, no interesse da aposta, acompanhava os jogadores e as bolas através dos caminhos esburacados e cheios de pedras, fazia um exercício agradável e salutar que muito me convinha. Merendava-se em um albergue fora da cidade. Não tenho necessidade de dizer que essas merendas eram alegres. Mas acrescentarei que eram muito decentes, embora as moças do albergue fossem bonitas. O Sr. Fitz-Moris, grande jogador de malha, era o nosso presidente. E posso dizer, apesar da má reputação dos estudantes, que eu via entre eles melhores costumes e honestidade do que os encontraria entre o mesmo número de homens feitos. Eram mais ruidosos que devassos, mais alegres que libertinos. E eu me adapto tão bem a um modo de vida, quando é voluntário, que não teria desejado mais do que ver durar sempre aquele tempo. Havia entre os estudantes muitos irlandeses, com os quais procurei aprender algumas palavras de inglês, por precaução, destinadas ao burgo de Saint-Andiol, porque se aproximava o tempo de ir para lá. A Sra. de Larnage em cada carta insistia para que eu fosse, e eu me preparava para lhe obedecer. É claro que os meus médicos, que nada tinham compreendido da minha moléstia, olhavam-me como um doente imaginário, e assim me tratavam, com as quinas, as águas e o leite. Ao contrário dos teólogos, os médicos só admitem como verdade o que podem explicar, e fazem da sua inteligência a medida das possibilidades. Esses senhores nada conheciam do meu mal; logo eu não estava doente. Porque, como supor que os doutores não saibam tudo? Vi que eles só procuravam me divertir e comer meu dinheiro. E considerando que o seu substituto do burgo de Saint-Andiol seria tão bom quanto eles, mas muito mais agradável, resolvi dar-lhe preferência, e deixei Montpellier nessa prudente intenção.

Parti no fim de novembro, depois de seis semanas ou dois meses de estada naquela cidade, onde deixei uma dúzia de luíses sem nenhum proveito para a minha saúde nem para a minha instrução, a não ser um curso de anatomia começado pelo Sr. Fitz-Moris, e que fui obrigado a abandonar por causa do cheiro horroroso dos cadáveres que se dissecavam e que me foi impossível suportar.

Pouco à vontade comigo, quanto à resolução que tomara, refletia, ao caminhar para Pont-Saint Esprit, que era o mesmo caminho para Saint-Andiol e para Chambéry. As lembranças de mamãe, e as suas cartas, embora menos freqüentes que as da Sra. de Larnage, despertavam em mim remorsos que eu abafara na vinda. E se tornaram tão vivos na volta que, pondo na balança o amor e o prazer, fiquei em condições de só prestar ouvidos à razão. Ademais, no papel aventureiro que eu ia recomeçar, poderia ser menos feliz do que na primeira vez. Era preciso que não houvesse em todo o burgo de Saint-Andiol uma única pessoa que tivesse viajado à Inglaterra, que conhecesse os ingleses, ou que lhes soubesse a língua, para me poder desmascarar. A família da Sra. de Larnage poderia se indispor comigo e me tratar mal. A filha dela, em quem, malgrado meu, eu pensava mais do que devia, também me inquietava. Temia me apaixonar, e esse medo já fazia metade do trabalho. Iria eu, pois, a preço das bondades da mãe, procurar corromper-lhe a filha, ligá-la ao mais detestável dos comércios, trazer a dissensão, o escândalo, o horror para a sua casa! Essa idéia me fez horror. É verdade que eu tomara muito firmemente a resolução de me combater e de me vencer se essa desgraçada inclinação se declarasse, mas para que me expor a esse combate? Que miserável situação: viver com a mãe, de quem já estaria farto, e consumir-me pela filha sem ousar mostrar-lhe o coração? Que necessidade tinha eu de ir procurar essa situação, expor-me às desgraças, às afrontas, aos remorsos, por amor de prazeres cujo maior encanto eu já esgotara? Porque é certo que minha fantasia perdera sua primitiva vivacidade. O gosto do prazer ainda existia, mas a paixão não existia mais. E a isso se misturavam reflexões relativas a minha situação, aos meus deveres, a essa mamãe tão boa, tão generosa que, já tão carregada de dívidas, sobrecarregava-se ainda com minhas loucas despesas, que se esgotava por mim e que eu enganava tão indignamente. E essa acusação tornou-se tão viva que afinal me venceu. Ao me aproximar de Saint-Esprit, resolvi queimar a etapa de Saint-Andiol e passar direto. Executei-a corajosamente, com alguns suspiros, confesso-o, mas também com essa satisfação interior, que pela primeira vez na vida eu gozava, de me dizer: "mereço minha própria estima, sei preferir o dever ao prazer". Era a primeira obrigação séria que eu devia ao estudo: fora ele que me ensinara a refletir, a comparar. Depois dos princípios tão puros que havia tão pouco tempo eu adotara, depois das regras de virtude e de sabedoria que eu organizara e que me sentia orgulhoso de cumprir, a vergonha de ser tão pouco conseqüente comigo mesmo, de desmentir tão depressa e tão alto as minhas próprias máximas, venceu a volúpia. Talvez o orgulho tenha colaborado tanto quanto a virtude para a minha resolução. Mas se esse orgulho não é a própria virtude, tem efeitos tão semelhantes que é perdoável confundi-los.

Uma das vantagens das boas ações é que elas elevam as almas e as predispõem a praticar outras melhores. Porque tal é a fraqueza humana: temos de pôr no meio das boas ações as abstinências do mal que somos tentados a cometer. Assim que tomei minha resolução, tornei-me um outro homem, ou antes, tornei-me no que era antes, no que esse momento de embriaguez fizera desaparecer. Cheio de bons sentimentos e de boas resoluções, continuei o caminho na boa intenção de expiar as minhas faltas, só pensando em reger doravante meu procedimento pelas regras da virtude, em me consagrar sem reservas ao serviço da melhor das mães, em lhe votar tanta fidelidade quanta afeição lhe tinha, em só dar ouvidos ao amor dos meus deveres. Ai de mim! A sinceridade da minha volta ao bem parecia me prometer um outro destino. Mas meu destino estava escrito e já começado. E quando o meu coração, cheio de amor pelas coisas boas e honestas, só via na vida inocência e felicidade, eu atingia o momento funesto que devia arrastar consigo a longa cadeia das minhas desgraças.

A pressa de chegar me fez ser mais diligente do que eu contara. De Valence, tinha-lhe anunciado o dia e a hora da minha chegada. Tendo ganhado meio dia sobre meu cálculo, permaneci esse tempo em Chaparillan, a fim de chegar justamente na ocasião que marcara.

Queria gozar em todo o seu encanto o prazer de revê-la. Preferia adiá-lo um pouco, para acrescentar a ele o prazer de ser esperado. Essa precaução sempre dera resultado. Sempre minha chegada fora assinalada por uma festinha. E dessa vez eu não esperava menos. As bondades dela, que me sensibilizavam tanto, deviam ser levadas em conta.

Cheguei, pois, na hora exata. De longe ainda olhava se não a veria em caminho. O coração me batia cada vez mais à medida que me aproximava.

Cheguei esbaforido, porque deixara o carro na cidade; e não vi ninguém no pátio, na porta, nem na janela e comecei a me perturbar, receando um acidente. Entrei. Tudo estava calmo. Operários merendavam na cozinha. Nenhum preparativo, afinal. A criada pareceu surpresa ao me ver. Ignorava que eu chegaria. Subi e vi, afinal, essa querida mamãe, tão ternamente, tão vivamente, tão puramente amada. Corri e lancei-me aos seus pés. "Ah, eis-te aqui, pequeno", disse ela abraçando-me, "Fizeste boa viagem? Como vais?". Essa acolhida me perturbou um pouco. Perguntei-lhe se recebera minha carta. Ela disse que sim. "Eu supunha que não", disse-lhe eu. E a explicação acabou aí. Um rapaz estava com ela. Eu o conhecia por já o ter visto uma vez em casa, antes da minha partida; mas dessa vez parecia estabelecido, e estava. Em suma, meu lugar estava tomado.

Era um rapaz do país de Vaud. O pai dele, chamado Vintzenried, era porteiro, ou como diziam, capitão do castelo de Chillon. O filho do Sr. capitão era um oficial cabeleireiro, e corria o mundo nessa qualidade quando se veio apresentar à Sra. de Warens, que o recebeu bem, como o fazia a todos os passantes, sobretudo aos do seu país. Era um rapagão alourado, muito bem feito, o rosto chato e o espírito também, falando como o belo Leandro, misturando todos os tons, todos os gostos da sua condição com a história das suas conquistas; dizendo apenas a metade das marquesas com quem dormira, e pretendendo não ter toucado nenhuma bela mulher sem lhe toucar também o marido. Frívolo, tolo, ignorante, insolente, e ao mesmo tempo o melhor sujeito do mundo. Foi esse o substituto que me deram durante a minha ausência, e o sócio que me foi oferecido à volta.

Oh! se as almas libertas dos entraves terrestres vêem ainda, do seio da luz eterna, o que se passa entre os mortais, perdoai, sombra querida e respeitada, se não tenho mais consideração pelos vossos erros que pelos meus, se descubro igualmente uns e outros aos olhos dos leitores. Eu devo, eu quero ser verídico para vós como para comigo: vós perdeis nisso muito menos que eu. Ah! E como vosso caráter amável e meigo, vossa inesgotável bondade de coração, vossa franqueza e todas as vossas virtudes excelentes não compensariam vossas fraquezas, se se podem chamar assim os erros da vossa razão! Tivestes erros e não vícios; vossa conduta foi repreensível, mas vosso coração sempre foi puro.

O recém-vindo mostrara-se zeloso, diligente, exato para todos esses recadinhos que eram sempre em grande número. Fizera-se feitor dos trabalhadores. Tão barulhento quanto eu era silencioso, fazia-se ver, e principalmente ouvir ao mesmo tempo na charrua, nos fenos, no bosque, na cavalariça, na capoeira. Só se descuidava do jardim, porque era um trabalho muito calmo que não requeria barulho. Seu maior prazer era carregar e descarregar, serrar e cortar madeira. Mostrava-se sempre com um machado ou uma enxada na mão. Ouviam-no correr, dar pancadas, gritar alto. Não sei de quantos homens era o trabalho que ele fazia, mas fazia sempre o barulho de dez ou doze. E toda essa algazarra se impunha à pobre mamãe, que imaginava o rapaz um tesouro para os seus negócios. Querendo prendê-lo a si, empregou para isso todos os meios que julgou convenientes, sem esquecer o meio sobre o qual mais contava.

Imagine-se o meu coração, seus sentimentos mais constantes, mais sinceros, que naquele instante me tinham levado para junto dela, e que rápido e enorme transtorno em todo o meu ser! Ponham-se no meu lugar para julgar. Em um instante, vi desaparecer para sempre todo o futuro que sonhara. Desapareceram todas as doces idéias que eu tão afetuosamente acarinhara, e eu, que desde a infância não sabia encarar minha existência sem a dela, vi-me só pela primeira vez. Foi um momento horrível. E os que o seguiram foram sempre sombrios. Eu ainda era moço, mas esse doce sentimento de prazer e de esperança que vivifica a juventude me abandonou para sempre. Desde então, o ser sensível morreu a meio. Só vi a minha frente os tristes restos de uma vida insípida. E, se algumas vezes uma imagem de felicidade me aflorava os desejos, essa felicidade já não era a minha, e sentia que, obtendo-a, não seria feliz de verdade.

Eu era tão tolo, e minha confiança era tão grande que, apesar do tom familiar do recém-vindo, olhava-o como a um resultado dessa facilidade de humor de mamãe que aproximava todo o mundo de si. E não teria suspeitado a verdadeira causa se ela própria não ma tivesse dito. Ela porém se apressou em me fazer essa confissão com uma franqueza capaz de aumentar minha raiva, se meu coração se tivesse virado para esse lado; considerando a coisa muito simples, censurando minha negligência na casa, alegando minhas freqüentes ausências, como se ela tivesse um temperamento muito apressado em preencher os vácuos. "Ah, mamãe", disse-lhe eu, com o coração apertado de dor, "que ousa você dizer-me! Que preço para uma afeição tal como a minha? Você só me conservou a vida para tirar-me o que ma tornava tão cara? Morrerei por isso, mas você terá saudades de mim". Ela me respondeu, em um tom tranqüilo que me enlouquecia, que eu era uma criança, que ninguém morre dessas coisas, que eu não perdia nada; que por isso não seríamos menos amigos, nem menos íntimos em todos os sentidos; que a sua terna afeição por mim só poderia diminuir ou findar com ela. E me fez compreender, em suma, que os meus direitos continuavam os mesmos, e que ao partilhá-los com outro não ficaria por isso prejudicado.

Nunca a pureza, a força dos meus sentimentos por ela, a sinceridade, a honestidade da minha alma se fizeram sentir melhor do que nesse momento. Precipitei-me aos seus pés, abracei-lhe os joelhos derramando torrentes de lágrimas. "Não, mamãe", disse-lhe eu com transporte, "amo-a demais para envilecê-la. Sua posse é-me cara demais para que a partilhe. O pesar que a acompanhou quando a adquiri só fez aumentar com o meu amor; não, não a posso conservar ao mesmo preço. Você terá sempre minha adoração, seja sempre digna dela. É-me ainda mais necessário honrá-la que possuí-la. É a você própria, mamãe, que eu a cedo. É à união dos nossos corações que sacrifico todos os meus prazeres. Possa eu morrer mil vezes antes de gozar os prazeres que degradam quem amo!".

Mantive essa resolução com uma constância digna, ouso dizê-lo, do sentimento que ma fizera formular. Desde esse momento, não vi mais essa mamãe tão querida senão com os olhos de um verdadeiro filho; e é de notar que, se bem que minha resolução não merecesse sua aprovação secreta, como percebi muito bem, ela não empregou nunca conversas insinuantes nem carícias para me fazer renunciar, nem nenhuma dessas certeiras provocações que as mulheres sabem empregar sem se comprometer e que raramente deixam de lhes dar resultado. Reduzido a procurar para mim uma sorte independente da dela, e não podendo sequer imaginar como o faria, caí depressa no outro extremo, e procurei tudo nela. Procurei-o tão perfeitamente que quase consegui me esquecer de mim. O desejo ardente de vê-la feliz, fosse qual fosse o preço, absorvia todas as minhas afeições. Em vão ela apartou a sua felicidade da minha; mas, a despeito dela, eu a via minha.

Assim, começaram a germinar com minhas desgraças as virtudes que estavam no fundo da minha alma, que o estudo cultivara, e que para desabrochar só esperavam o fermento da adversidade. O primeiro fruto de tão desinteressadas disposições foi afastar-se do meu coração todo sentimento de ódio e de inveja contra quem me suplantara. Quis, ao contrário, e quis sinceramente me afeiçoar ao rapaz, formá-lo, trabalhar pela sua educação, fazer-lhe sentir sua felicidade, torná-lo digno dela, se fosse possível; em suma, fazer por ele o que Anet fizera por mim em circunstâncias idênticas. Mas faltava a paridade entre as pessoas. Com mais doçura e luzes, eu não tinha o sangue frio e a firmeza de Anet, nem essa força de caráter que o impunha, de que eu carecia para ser bem sucedido. E encontrava ainda menos no rapaz as qualidades que Anet encontrara em mim: docilidade, afeição, reconhecimento, sobretudo o sentimento da necessidade que eu tinha dos seus cuidados e o ardente desejo de torná-los úteis. Tudo isso faltava ali. Aquele que eu queria formar só via em mim um pedante importuno que só tinha lábia. Pelo contrário, admirava-se a si mesmo como a um homem importante na casa e, medindo os serviços que supunha prestar pelo barulho que fazia, olhava seus machados e suas enxadas como infinitamente mais úteis que todos os meus cartapácios. Algumas vezes não lhe faltava razão; mas ele partia disso para tomar ares que faziam morrer de riso.

 Junto dos labregos, posava para fidalgo camponês; depressa fez o mesmo comigo e afinal com a própria mamãe. Seu nome de Vintzenried não lhe parecia bastante nobre, e ele deixou pelo de Sr. de Courtilles; e foi sob este último que foi conhecido em Chambéry e em Maurienne, onde se casou.

 Enfim, tanto fez o ilustre personagem que se tornou tudo na casa, e eu, nada. Como, já que eu tinha a desgraça de lhe desagradar, era com a mamãe e não comigo que ele ralhava, com receio de a expor a suas brutalidades, fazia-me dócil a tudo que ele queria. E cada vez que ele rachava madeira, ofício que desempenhava com um orgulho sem igual, era preciso que eu fosse o espectador ocioso e tranqüilo admirador da sua proeza. Entretanto, o rapaz não tinha absolutamente má natureza. Amava mamãe, porque lhe era impossível não a amar; não tinha mesmo aversão por mim. E, quando os intervalos dos seus repentes permitiam que se falasse com ele, escutava-nos docilmente, concordando francamente que não passava de um tolo; e depois disso não fazia menores tolices, de novo. Tinha, aliás, uma inteligência tão limitada e gostos tão baixos que era difícil falar-lhe razoavelmente e quase impossível alguém se agradar da sua companhia. À posse de uma mulher cheia de encantos, acrescentou o acepipe de uma criada de quarto, velha, grisalha, desdentada, de quem mamãe tinha a paciência de suportar o repugnante serviço, embora lhe fizesse nojo. Percebi esse novo manejo, e fiquei tomado de indignação; percebi, porém, uma outra coisa que me afetou mais ainda e que me lançou em um desânimo muito mais profundo que tudo que se passara antes: foi a frieza de mamãe para comigo.

A privação dela, que eu me impusera e que ela fingira aprovar, era uma dessas coisas que as mulheres não perdoam, seja qual for a cara que façam, menos pela privação que para ela resulta do que pela indiferença pela sua posse que ali vêem. Tomai a mulher mais sensata, a mais filósofa, a menos apegada aos sentidos: o crime mais irremissível que o homem pode cometer contra ela – e do mais, ela pouco cuida – é poder gozar dos seus encantos e não se aproveitar.

E é preciso mesmo que isso seja sem exceção, pois que uma simpatia tão natural e forte foi alterada nela por uma abstinência que só tinha por motivo a virtude, a afeição, a estima. Desde então cessei de encontrar nela essa intimidade de coração que era o maior gozo do meu. Ela já não se expandia comigo quando se queria queixar do recém-vindo. E, quando estavam bem os dois, eu entrava pouco nas suas confidências. Enfim, tomou pouco a pouco uma maneira de ser de que eu não fazia mais parte. Minha presença ainda lhe dava prazer, mas não lhe era mais necessária. E eu poderia passar dias inteiros sem a ver sem que ela o notasse.

Insensivelmente, senti-me isolado e só, nessa mesma casa de que antes fora a alma, e onde vivia, por assim dizer, duplamente. Acostumava-me pouco a pouco a me separar de tudo que lá se fazia, e até mesmo dos que a habitavam. E para me poupar a contínuos sofrimentos, trancava-me com meus livros, ou então ia suspirar e chorar à vontade no meio do mato. Depressa essa vida se me tornou insuportável. Sentia que a presença pessoal e o afastamento do coração de uma mulher que me era tão querida irritavam minha dor, e que, deixando de vê-la, sentir-me-ia menos cruelmente separado. Formei o plano de deixar-lhe a casa e lho disse; ela, longe de se opor, animou-o. Tinha em Grenoble uma amiga chamada Sra. Deybens, cujo marido era amigo do Sr. de Mably, grande preboste em Lyon. O Sr. de Deybens propôs-me a educação dos filhos do Sr. de Mably: aceitei e parti para Lyon, sem deixar nem quase sentir a menor saudade, em uma separação cuja única idéia nos teria trazido antes as angústias da morte.

Eu tinha mais ou menos os conhecimentos necessários a um preceptor, e supunha que tinha o talento necessário. Durante um ano que passei na casa do Sr. de Mably tive tempo de me desconvencer. A doçura da minha natureza me faria próprio para o ofício, se o arrebatamento não introduzisse nele as suas tempestades. Enquanto tudo marchava bem e eu via darem resultado meus cuidados e meus sacrifícios, que então não poupava, eu era um anjo; mas era um diabo quando as coisas andavam tortas. Quando os alunos não me ouviam, eu desvariava; quando faziam uma maldade, desejava matá-los, o que não era um meio adequado de os tornar sábios e corretos. Eram dois os discípulos e de gênios muito diferentes. Um, de oito a nove anos, chamado Sainte-Marie, tinha a cara bonita, o espírito ágil, aberto, estouvado, brincalhão, malicioso, mas de uma malícia alegre. O mais novo, chamado Condillac, parecia quase estúpido, pateta, teimoso como uma mula, nada podia aprender. Pode-se imaginar que entre esses dois alunos não me era fácil o trabalho. Com paciência e sangue frio talvez eu conseguisse vencer. Mas, à falta de uma e de outro, nada fiz que adiantasse, e meus alunos iam muito mal. Não me faltava assiduidade, mas me faltava igualdade, sobretudo prudência. Só sabia empregar com eles três instrumentos sempre inúteis e muitas vezes perniciosos às crianças: o sentimento, o raciocínio e a cólera. Por vezes, enternecia-me com Sainte-Marie até quase chorar; e queria enternecê-lo também, como se uma criança fosse suscetível de uma verdadeira emoção de coração; às vezes esgotava-me em o advertir, como se ele me pudesse entender; e, como me apresentava às vezes argumentos muito sutis, eu o tomava como razoável de todo, porque ele era raciocinador. O pequeno Condillac era ainda mais embaraçoso, porque, sem entender nada, sem responder a nada, sem se comover com coisa alguma, e de uma teimosia a toda prova, triunfava principalmente sobre mim quando me enfurecia: era então ele o ajuizado, e era eu a criança. Eu via todos os meus erros, sentia-os; estudava o espírito dos meus alunos, penetrava-os muito bem, e creio que nunca fui logrado pelas suas astúcias. Mas, de que me servia ver o mal sem lhe saber aplicar o remédio? Compreendendo tudo, não impedia nada, não conseguia nada, e tudo o que fazia era precisamente o que não deveria fazer.

 E comigo não obtinha melhor resultado que com os alunos. Fora recomendado pela Sra. Deybens à Sra. de Mably, que lhe pedira que me ensinasse as boas maneiras e o trato do mundo. Ela tomou algum cuidado nisso, e quis que eu lhe fizesse as honras da casa. Mas desempenhei-as tão mal, mostrei-me tão sem jeito, tão tolo, que ela se aborreceu e me abandonou. Isso não me impediu de, conforme meu hábito, apaixonar-me por ela. Fiz o que pude para que ela se apercebesse: mas nunca ousei declarar-me. Ela não se dignou de me dar entrada, e eu fiquei nas minhas olhadelas e suspiros, de que depressa me cansei, vendo que nada conseguiam.

Em casa de mamãe eu perdera inteiramente o hábito das pequenas gatunagens, porque, pertencendo-me tudo, nada tinha a roubar. E ademais, os princípios superiores que eu criara para mim deviam me pôr então muito superior a essas baixezas, e é verdade que desde então sempre o estive. Mas isso foi menos por ter aprendido a vencer as tentações que por as ter cortado na raiz; e eu teria muito medo de roubar como quando criança, se estivesse sujeito aos mesmos desejos. Tive a prova disso na casa da Sra. de Mably. Cercado de coisinhas miúdas que eu nem sequer olhava, entendi de cobiçar um vinhozinho branco de Arbois, muito bonito, do qual alguns copos que eu bebera à mesa, uma vez ou outra, me tinham despertado o desejo. Estava um pouco turvo. Eu supunha saber colar bem o vinho, gabei-me disso, e me confiaram o trabalho. Colei o vinho, e o estraguei, mas apenas no aspecto, porque continuou sempre agradável de beber, e apresentou-se ocasião para que de vez em quando eu apanhasse uma garrafa para beber à vontade no meu cômodo. Infelizmente, nunca pude beber sem comer. Como fazer para ter pão? Era-me impossível guardar de reserva. Mandá-lo comprar por um criado era descobrir-me e quase insultar o dono da casa. Comprá-lo eu próprio, nunca o ousaria.

Podia-se conceber um belo cavalheiro, de espada ao lado, entrar em uma padaria para comprar um pedaço de pão? Enfim lembrei-me da resposta de uma grande princesa a quem diziam que os camponeses não tinham pão, e que respondeu: "Que comam bolos!". E que dificuldades ainda para conseguir isso! Saí só para esse fim, percorri toda a cidade várias vezes, passei defronte de trinta pasteleiros antes de entrar em um deles. Foi preciso que só houvesse uma pessoa no balcão e que sua fisionomia me atraísse muito para que eu ousasse entrar. Mas também quando consegui meu briochezinho e, muito bem trancado no quarto, fui apanhar a garrafa no fundo de um armário, que bons tragos tomei sozinho, lendo algumas páginas de romance! Porque ler comendo foi sempre a minha fantasia, à falta de uma palestra: é o suplemento de convívio que me falta. Devoro alternativamente uma página e um bocado: é como se o livro jantasse comigo.

Nunca fui dissoluto nem libertino nem me aborreci da minha vida. De modo que meus pequenos roubos não eram muito indiscretos. Entretanto, foram descobertos: as garrafas me traíram. Não deram demonstração, mas não tive mais a gerência da adega. Nisso tudo, o Sr. de Mably portou-se honesta e prudentemente. Era um fidalgo, que, sob um ar tão duro quanto o seu emprego, tinha uma verdadeira doçura de caráter e uma rara bondade de coração. Era judicioso, eqüitável e o que não se esperaria de um oficial do marechalato, muito humano até. Sentindo a sua indulgência, prendi-me ainda mais a ele e isso me fez prolongar a estada em sua casa, muito mais do que a prolongaria sem isso. Porém, afinal, desgostoso de um ofício para o qual não tinha jeito e de uma situação incômoda que nada tinha de agradável para mim, depois de um ano de tentativas, durante o qual não poupei cuidados, resolvi deixar meus discípulos, convencido de que não conseguiria nunca educá-los bem. O próprio Sr. de Malby via isso tão bem quanto eu. Entretanto, creio que ele nunca se resolveria a me despedir, se eu não lhe tivesse poupado o trabalho. E esse excesso de condescendência, em semelhante caso, não é decerto o que eu aprovo.

O que tornava mais insuportável a minha situação era a comparação com a que eu deixara: era a lembrança das minhas queridas Charmettes, do meu jardim, das minhas árvores, da minha fonte, do meu pomar, e sobretudo daquela para quem eu nascera e que dava alma àquilo tudo. Recordando-a, e aos nossos prazeres, a nossa vida, inocente, vinham-me apertos de coração, sufocações que me tiravam a coragem de fazer tudo. Cem vezes fui violentamente tentado a partir imediatamente e a pé para voltar junto dela; bastava que a visse ainda uma vez; depois morreria satisfeito ali mesmo. Afinal, não pude resistir a tão ternas lembranças que me chamavam para junto a ela, fosse a que preço fosse. Dizia de mim para mim que não fora bastante paciente, bastante complacente, bastante carinhoso, que ainda poderia viver feliz com uma amizade muito suave, contribuindo mais para ela do que o havia feito até então. Formei os projetos mais lindos deste mundo, ardendo por executá-los. Deixei tudo, renunciei a tudo, parti, voei, cheguei com todos os transportes da primeira juventude, lancei-me aos seus pés. Ah, teria morrido de alegria se encontrasse na sua acolhida, nas suas carícias, no seu coração, enfim, a quarta parte do que encontrava outrora, e que eu trazia ainda.

Que pavorosa ilusão, as coisas humanas! Ela me recebeu sempre com o seu excelente coração, que só poderia morrer consigo: mas eu vinha à procura do passado que não existia mais e que não poderia renascer. Mal fiquei com ela uma meia hora, senti que a minha antiga felicidade estava morta para sempre. Encontrava-me na mesma desoladora situação a que fora forçado a fugir, e isso sem que eu pudesse culpar ninguém. Porque, no fundo, Courtilles não era mau, e parece que me reviu com mais prazer do que pena. Mas como suportar ser supérfluo junto daquela para quem fora tudo, e que não poderia deixar de ser tudo para mim? Como viver estranho em uma casa de que era o filho? O aspecto das coisas testemunhas da minha passada felicidade tornava-me ainda mais cruel a comparação. Teria sofrido menos em uma outra casa. Recordar incessantemente tantas doces lembranças era irritar o sentimento das minhas perdas. Consumido por inúteis saudades, entregue à mais negra melancolia, readquiri o hábito de ficar só afora a hora das refeições. Trancado com os livros, procurava neles distrações úteis. E sentindo iminente o perigo que eu tanto receara outrora, aborrecia-me imaginando os meios de sustentar mamãe quando ela não tivesse mais recursos. Eu pusera as coisas, em casa, de jeito a marcharem sem piorar. Mas com a minha saída tudo se modificou. O novo gerente era um dissipador. Queria brilhar; bom cavalo, boa equipagem; gostava de se exibir nobremente aos olhos dos vizinhos. Vivia começando empreendimentos em coisas de que não entendia nada. A pensão se comia com antecedência, os alugueres se atrasavam, as dívidas cresciam. E eu previa que a pensão não tardaria a ser penhorada ou mesmo extinta. Em suma, só encarava ruína e desastre, e parecia-me tão próximo o momento que lhe sentia de antemão todos os horrores.

Meu querido gabinete era minha única distração. À força de lá procurar remédios contra as perturbações da minha alma, pensei em procurá-los, também, para os males que previa, e voltando a minhas idéias antigas, eis-me de novo construindo castelos de areia, para tirar a pobre mamãe das cruéis complicações em que a via prestes a cair. Não me sentia bastante sábio, nem achava em mim bastante espírito para brilhar na república das letras e fazer uma fortuna por esse meio. Uma nova idéia que se apresentou me inspirou a confiança que a mediocridade dos meus talentos não me podia dar.

Não abandonara a música, ao deixar de ensiná-la. Ao contrário, estudara bastante teoria para, ao menos a esse respeito, me olhar como sábio. Refletindo no trabalho que me dera decifrar as notas, e o que me custava ainda cantar de livro aberto, conclui que essa dificuldade poderia muito bem provir tanto da coisa quanto de mim, principalmente sabendo que aprender a ler música não era coisa fácil para ninguém.

Examinando a constituição dos sinais, achei-os sempre mal inventados. Já havia muito tempo que eu pensara em anotar a escala por meio de algarismos, para evitar ter de estar sempre traçando linhas e compassos toda vez que fosse preciso anotar a menor ária. Fui detido pelas dificuldades das oitavas e pelas das medidas e dos valores. Essa velha idéia me voltou ao espírito, e vi, pensando bem, que as dificuldades não eram intransponíveis. Matutei no caso com êxito, e consegui notar algumas músicas por meio dos meus algarismos, com a maior simplicidade. Desde esse instante, imaginei minha fortuna feita; e no ardor de a partilhar com aquela a quem devia tudo, só cogitei então em partir para Paris, sem duvidar de que ao apresentar meu projeto à Academia deixasse de fazer uma revolução. Trouxera algum dinheiro de Lyon, vendi os livros. Em quinze dias minha resolução foi tomada e executada. Afinal, cheio das idéias magníficas que me haviam ditado essa resolução, sempre o mesmo em todos os tempos, parti da Sabóia com os meus sistemas de música, como outrora partira de Turim com a minha fonte.

Foram esses os erros e crimes da minha mocidade. Narrei a história deles com uma fidelidade que me satisfaz o coração. Se, mais tarde, honrei a idade madura com algumas virtudes, hei de dizê-las com a mesma franqueza, pois esse é o meu desígnio. Mas é preciso parar aqui. O tempo pode erguer muitos véus. Se minha memória chegar à posteridade, talvez ela um dia saiba o que eu tinha a dizer. Há de saber-se então porque me calo.

LIVRO SÉTIMO

(1741)

Depois de dois anos de silêncio e de paciência, apesar das minhas resoluções, retomo a pena. Leitor, suspenda o seu julgamento sobre as razões que me forçam a isso: você só poderá julgar depois de haver lido.

Vimos decorrer minha plácida mocidade em uma vida calma, muito suave, sem grandes tragédias nem grandes prosperidades. Essa mediocridade foi em grande parte fruto da minha natureza ardente, mas fraca, menos pronta a empreender que fácil de desanimar, que deixava o repouso por impulsos mas voltava a ele por cansaço e por prazer, e que, levando-me sempre para longe das grandes virtudes e dos grandes vícios, para a vida ociosa e tranqüila para a qual nascera, nunca me permitiu atingir nada de grande, quer no bem, quer no mal.

Que quadro diferente terei agora de desenvolver! A sorte, que durante trinta anos favoreceu minhas inclinações, contrariou-as durante os outros trinta. E nessa oposição contínua entre minha situação e minhas inclinações ver-se-á nascerem erros enormes, desgraças inauditas, e todas as virtudes, exceto a força, que podem honrar a adversidade.

A primeira parte foi escrita de memória e devo ter cometido muitos erros nela. Forçado a escrever a segunda também de memória, provavelmente ainda errarei mais. As doces lembranças dos meus belos anos, passadas com tanta tranqüilidade e inocência, deixaram-me mil impressões encantadoras que gosto de lembrar incessantemente. Depressa veremos como são diferentes as do resto da minha vida. Lembrá-las é renovar-lhes o amargor. E longe de azedar minha situação por essas tristes lembranças, afasto-as tanto quanto me é possível. E às vezes consigo-o tão bem que já não posso encontrá-las quando preciso. Essa facilidade de esquecer desgraças é um consolo que o céu me concedeu entre os males que a sorte deveria acumular sobre mim. Minha memória, que guarda apenas os objetos agradáveis, é o feliz contrapeso da minha imaginação apavorada, que só me faz prever futuros cruéis.

Todos os papéis que eu reunira para suprir minha memória e me guiar nesta empresa passaram a outras mãos e não voltaram mais às minhas.

Só tenho um guia fiel com o qual posso contar: é o encadeamento dos sentimentos que marcaram a sucessão do meu ser, e por eles os acontecimentos que foram seus efeitos ou suas causas. Esqueço facilmente a desgraça; mas não posso esquecer meus erros, e esqueço ainda menos meus bons sentimentos. A lembrança deles me é muito cara para que se possam jamais apagar do coração. Posso fazer omissões nos fatos, transposições, erros de datas; mas não posso me enganar sobre o que senti nem sobre o que os sentimentos me levaram a fazer. E é isso o mais importante. E o verdadeiro objetivo das minhas *Confissões* é fazer conhecer exatamente o meu íntimo em todas as situações da vida. Foi a história da minha alma que prometi; e para escrevê-la fielmente não preciso de outras memórias. Basta-me, como o fiz até agora, penetrar em mim mesmo.

Há entretanto, e felizmente, um intervalo de seis ou sete anos dos quais tenho informações, segundo uma coletânea de cartas transcritas dos originais que estão em mãos do Sr. Du Peyrou. Essa coletânea, que acaba em 1760, compreende todo o tempo da minha estada na Ermitage,[60] e meu grande rompimento com meus pretensos amigos: época memorável da minha vida, que foi a fonte de todas as minhas outras desgraças. Quanto às cartas originais, mais recentes, que me restam, e que são em muito pequeno número, em vez de as transcrever depois da coletânea, muito volumosa para que eu espere subtraí-la à vigilância dos meus argos, transcrevo-as aqui mesmo, quando puderem fornecer algum esclarecimento favorável ou contra mim: porque tenho medo que o leitor esqueça que não faço minhas confissões por imaginar que faço minha apologia; mas não deve esperar também que cale a verdade quando ela falar em meu favor.

Afinal, essa segunda parte só tem em comum com a primeira essa mesma verdade, e, de vantagem sobre ela, só a importância dos fatos. Fora isso, não lhe pode ser inferior em nada. Escrevi a primeira com prazer, com complacência, à vontade, em Wooton ou no

---

60. Ermitério, retiro, casa de campo afastada. (N.E.)

castelo de Trye;[61] todas as lembranças que tinha a recordar eram novos prazeres. Voltava incessantemente a elas com um prazer sempre novo, e podia fazer minhas descrições sem sacrifício, até satisfazer-me. Hoje, minha memória e minha cabeça enfraquecidas tornam-me quase incapaz de qualquer trabalho. E só me ocupo com este à força, o coração fechado de tristeza. Só me mostra desgraças, traições, perfídias, lembranças tristes e ferinas. Quisera, por tudo no mundo, poder afogar na noite do tempo o que tenho a dizer, e forçado a falar, malgrado meu, fico reduzido ainda a me esconder, a ser astuto, a procurar retrucar, a baixar-me a coisas para que absolutamente não nasci. O chão sobre o qual estou tem olhos, as paredes que me cercam têm ouvidos: cercado de espiões malévolos e vigilantes, inquieto e discreto, lanço às pressas sobre o papel algumas palavras interrompidas que mal tenho tempo de reler, e ainda menos de corrigir. Sei que apesar das barreiras imensas que acumulam incessantemente em torno de mim, temem sempre que a verdade se escape por qualquer fendazinha. Como me arranjarei para abri-la? Tento-o com poucas esperanças de êxito. E veja-se se isso é situação para pintar quadros agradáveis, dando-lhes um colorido atraente. Previno, pois, aos que querem começar esta leitura que, ao prossegui-la, nada os pode garantir do tédio, senão o desejo de acabar de conhecer um homem, e o amor sincero da justiça e da verdade.

Na primeira parte, fiquei no trecho em que, partindo saudoso para Paris, deixei o coração nas Charmettes, armando lá o meu derradeiro castelo na areia, projetando trazer um dia aos pés de mamãe, tornada a mesma, os tesouros que ia adquirir, e contando com o meu sistema de música como uma fortuna certa.

Parei algum tempo em Lyon para ver meus conhecidos, para arranjar algumas recomendações para Paris e para vender os livros de geometria que trouxera comigo. Todos me receberam bem. O Sr. e a Sra. de Mably mostraram alegria ao me rever e deram-me de jantar muitas vezes. Conheci na casa deles o padre de Mably, como já conhecera o padre de Condillac, quando ambos vieram visitar o irmão. O padre de Mably me deu cartas para Paris, entre outras uma para o Sr. de Fontenelle e outra para o conde de Caylus. Tanto um como o outro foram-me agradáveis relações, principalmente o primeiro, que até morrer nunca deixou de me honrar com a amizade e dar-me conselhos, durante nossas conversas, conselhos que eu poderia ter aproveitado melhor.

---

61. Castelo que pertencia ao príncipe de Conti; só resta dele uma torre em ruínas. A aldeia é a quinze léguas de Paris, perto de Gisors. (N.E. francês)

Tornei a ver o Sr. Bordes, que eu já conhecia havia muito tempo, e que muitas vezes me obsequiara com grande estima e gosto. E, nessa ocasião, achei-o o mesmo. Foi ele que me fez vender meus livros, e me deu ou me arranjou boas recomendações para Paris. Revi o intendente, cujo conhecimento devia ao Sr. Bordes, o qual me apresentou ao duque de Richelieu, que passou em Lyon por esse tempo. O Sr. de Pallu me apresentou a ele. O Sr. de Richelieu me recebeu bem e disse-me que o fosse visitar em Paris; o que várias vezes fiz, sem que, entretanto, essa alta relação, de quem muito terei de falar depois, nunca me tenha servido para nada.

Revi o músico David, que me prestava favores em um aperto em uma das minhas viagens precedentes. Emprestara-me ou me dera um boné e umas meias, que nunca lhe devolvi, e que ele nunca me cobrou, embora nos tenhamos revisto muitas vezes depois disso. Fiz-lhe, entretanto, depois, um presente mais ou menos equivalente. Contaria melhor se se tratasse aqui do que devo; mas trata-se do que fiz, e infelizmente não é a mesma coisa.

Revi o nobre e generoso Perrichon, e não sem me ressentir da sua magnificência habitual. Porque me fez o mesmo presente que fizera outrora ao gentil Bernardo, pagando-me o lugar na diligência. Revi o cirurgião Parisot, o melhor e o mais obsequiador dos homens. Revi sua querida Godefroi, que ele mantinha havia mais de dez anos e cuja meiguice de caráter e bondade de coração constituíam quase que o seu único mérito, mas que não se podia abordar sem interesse e deixar sem comoção: porque estava no último grau de uma tísica de que morreu pouco depois. Nada mostra melhor as verdadeiras tendências de um homem do que as suas afeições.[62] Quem visse a meiga Godefroi conheceria logo Parisot.

Eu devia favores a todas essas boas criaturas. E depois descuidei-me de todos, não decerto por ingratidão, mas por essa invencível preguiça que muitas vezes me fez parecer ingrato. Nunca saiu do meu coração a lembrança dos seus favores. Mas me custaria menos provar meu reconhecimento do que o testemunhar assiduamente. A correção em escrever sempre esteve acima das minhas forças; e logo

---

62. A menos que a pessoa não se engane na escolha, ou que a pessoa amada não mude depois de caráter, por um concurso de causas extraordinárias, o que absolutamente não é impossível. Se se quisesse admitir essa conseqüência sem modificação, teríamos de julgar Sócrates por Xantipa, e Dion por seu amigo Calipus: o que seria o mais falso e iníquo dos julgamentos. E ademais, deve-se afastar aqui qualquer aplicação injuriosa a minha mulher. É verdade que ela é mais obtusa e fácil de enganar do que eu o supusera; mas pelo seu caráter, puro, excelente, sem malícia, é digna de toda a minha estima, e tê-la-á enquanto eu viver.

que começo a relaxar a correspondência, a vergonha e o embaraço em reparar a falta agravam-na, e acabo não escrevendo mais. Deixei, pois, de escrever, e pareci esquecê-los. Parisot e Perrichon não se importaram, e sempre os encontrei os mesmos. Mas iremos ver que, vinte anos depois, com o Sr. Bordes, como o amor próprio de um espírito inteligente pode levar longe a vingança quando se supõe desconsiderado.

Antes de deixar Lyon, não posso esquecer uma amável criatura que revi com mais prazer que nunca, e que me deixou terníssimas recordações.

Foi a Srta. Serre, de quem falei anteriormente[63] e com a qual reatei amizade quando estava na casa do Sr. de Mably. Nessa viagem, como eu tinha mais folga, vi-a mais freqüentemente. Meu coração prendeu-se, e vivamente. Tive muitas razões de supor que o seu não me era adverso; mas ela me concedeu uma confiança que me tirou a tentação de abusar. Não possuía nada, nem eu também. Nossas situações eram muito semelhantes para que nos pudéssemos unir. E, com os projetos que eu tinha, estava muito longe de poder pensar em casamento. Disse-me que um jovem negociante chamado Genève parecia querer ligar-se a ela, vi-o em sua casa, uma ou duas vezes. Pareceu-me um bom homem e tinha fama disso. Convencido de que ela seria feliz com ele, desejei que se casassem, como o fizeram depois; e para não lhes perturbar os inocentes amores, apressei-me em partir, fazendo pela felicidade daquela encantadora criatura votos que não se realizaram na terra senão por um tempo, infelizmente muito curto, porque soube depois que morrera com dois ou três anos de casada. Preocupado com minhas ternas saudades, durante a jornada, senti, e muitas vezes depois também o senti, ao tornar a pensar nisso, que, se os sacrifícios feitos à virtude nos custam, são bem pagos pelas doces lembranças que deixam no fundo do coração.

Tanto quanto na minha outra viagem eu vira Paris pelo lado desfavorável, vi-a dessa outra vez pelo seu lado brilhante, não tanto talvez no que me tocava: porque, de acordo com um endereço que me dera o Sr. Bordes, fui morar no hotel São Quintino, na rua dos Cordoeiros, próxima à Sorbonne, rua sórdida, hotel sórdido, quarto sórdido, onde entretanto tinham morado homens de mérito como Gresset, Bordes, os abades de Mably e Condillac e muitos outros dos quais infelizmente não encontrei nenhum. Mas encontrei um Sr. de Bonnefond, esmerilhão coxo, demandista purista, que me aproximou do Sr.

---

63. Livro quarto. (N.E. francês)

Roguin, que é agora o decano dos meus amigos; por intermédio seu conheci o filósofo Diderot de quem muito terei de falar depois.

Cheguei a Paris no outono de 1741, com quinze luízes de prata, minha comédia do *Narciso* e meu projeto de música como único recurso e tendo, por conseqüência, pouco tempo para procurar aproveitá-lo. Apressei-me em utilizar as recomendações. Um rapaz que chega a Paris com um aspecto passável, e que se anuncia por seus talentos, é sempre bem acolhido. E eu o fui. E isso me proporcionou muitas amabilidades sem melhores resultados. De todas as pessoas a quem fui recomendado, apenas três me foram úteis: o Sr. Damesin, fidalgo saboiano, então escudeiro e, segundo penso, favorito da princesa de Carignan; o Sr. de Boze, secretário da Academia das Inscrições, e guarda das medalhas do gabinete do Rei; e o padre Castel, jesuíta, autor do cravo ocular. Essas recomendações todas, exceto a do Sr. Damesin, obtive-as por intermédio do abade de Mably.

O Sr. Damesin arranjou-me duas apresentações que serviram para o mais urgente: uma, ao senhor de Gasc, presidente do parlamento de Bordeaux, que tocava muito bem violino; outra, ao Sr. abade de Léon que morava então na Sorbonne, jovem fidalgo muito amável que morreu na flor da idade, depois de ter brilhado algum tempo no mundo com o nome de cavaleiro de Rohan. Ambos tiveram a fantasia de aprender composição. Dei-lhes durante alguns meses lições que me alimentaram a bolsa esgotada. O abade de Léon me tomou amizades e me quis tomar como secretário; mas não era rico, e só me pôde oferecer oitocentos francos, que recusei com pena, mas que não me poderiam bastar para casa, comida e despesas pessoais.

O Sr. de Boze me recebeu muito bem. Gostava da ciência e possuía-a. Mas era um pouco pedante. A Sra. de Boze poderia ser sua filha. Era brilhante e presumida. Jantei lá algumas vezes. Não pode haver jeito mais esquerdo e tolo que o que eu tomava ao seu lado. Seu aspecto despachado me intimidava e tornava o meu ainda menos agradável. Quando ela me apresentava um prato, eu avançava o garfo para picar modestamente um pedacinho do que me oferecia; de forma que ela devolvia ao lacaio o prato que me destinara, virando-se para que eu não a visse rir. Não desconfiava de que na cabeça daquele labrego pudesse haver algum espírito. O Sr. de Boze me apresentou ao Sr. de Réaumur, seu amigo, que ia lá jantar todas as sextas-feiras, dia da Academia de Ciências. Falou-lhe do meu projeto e do desejo que eu tinha de submetê-lo ao exame da Academia. O Sr. de Réaumur encarregou-se da proposta, que foi deferida.

No dia marcado, fui introduzido e apresentado pelo Sr. de Réaumur; e no mesmo dia, 22 de agosto de 1742, tive a honra de ler na Academia a memória que preparara para esse fim. Embora a ilustre assembléia fosse decerto muito imponente, fiquei muito menos intimidado que diante da Sra. de Boze, e saí-me passavelmente na leitura e nas respostas. A memória teve êxito, conquistou-me cumprimentos que me surpreenderam tanto quanto me lisonjearam, pois mal podia imaginar que, diante de uma Academia, quem a ela não pertencesse pudesse ter senso comum. Os comissários que me deram foram os Srs. de Mairan, Hellot e Fouchy, todos três homens de mérito, decerto, mas dos quais nenhum sabia música, nem mesmo o bastante para poder julgar o meu projeto.

(1742) – Durante minhas conferências com esses senhores, convenci-me com tanta convicção quanto surpresa de que se às vezes os sábios têm menos preconceitos que os outros homens, em compensação agarram-se com muito mais força aos preconceitos que têm.

Por mais fracas, por mais falsas que fossem a maioria das suas objeções, e embora eu respondesse timidamente, confesso-o, e em termos pouco escolhidos, mas com razões decisivas, não consegui nem uma vez fazê-los compreender-me e satisfazê-los. Ficava constantemente estupefato pela facilidade com que, servindo-se de algumas frases sonoras, eles me refutavam sem me terem compreendido. Desencavaram, não sei onde, que um certo monge, padre Souhaitti, imaginara outrora notar a escala por meio de algarismos. Foi o bastante para pretenderem que o meu sistema não era novo. Deixe-se passar isto: porque embora eu nunca tenha ouvido falar do padre Souhaitti, e embora a sua maneira de escrever as sete notas da escala, sem pensar sequer nas oitavas, não merecesse de modo nenhum entrar em paralelo com minha simples e cômoda invenção de notar por algarismos qualquer música imaginável, claves, silêncios, oitavas, medidas, tempos e valores de notas, coisas nas quais Souhaitti não pensara sequer, era entretanto verdade dizer-se que, quanto à elementar expressão das sete notas, ele era o primeiro inventor. Mas além de eles darem a essa invenção primitiva mais importância do que tinha, não se contentaram com isso. E, quando quiseram tratar da base do sistema, só fizeram desarrazoar. A maior vantagem do meu era abolir a transposição e as claves, de forma que o mesmo trecho poderia ser anotado e transposto à vontade, no tom que se quisesse, por meio de uma mudança suposta em uma única letra inicial em frente da ária. Esses senhores deveriam ter ouvido dizer pelos musicastros de Paris que o método de executar pela transposição não valia nada: e partiram disso para transformarem em objeção invencível contra o meu sistema sua vantagem mais notável; decidiram que minha notação era boa para a vocal, porém má para a instrumental; em vez de decidirem, como deveriam ter feito, que ela era boa para a vocal e ainda melhor para a instrumental. Sobre o relatório, a Academia me concedeu um certificado cheio de belíssimos cumprimentos, através dos quais via-se bem, no fundo, que não considerava meu sistema nem novo nem útil. E eu não achei que devesse ornar com uma semelhante peça a obra intitulada "Dissertações sobre a música moderna" pela qual eu fazia apelo ao público.

Tive oportunidade de notar, nessa ocasião, como, mesmo com um espírito limitado, o conhecimento exclusivo, mas profundo, de uma coisa, é preferível, para que se possa julgar bem, a todas as luzes dadas pela cultura das ciências, quando não se lhe acrescenta o estudo particular daquela de que se trata. A única objeção sólida que se poderia fazer ao meu sistema foi apresentada por Rameau. Mal lho expliquei, logo ele lhe viu o lado fraco. "Seus sinais", disse-me ele, "são muito bons para determinar simples e claramente os valores, para representar claramente os intervalos e mostrar sempre o simples no dobrado, o que não faz a nota ordinária; mas são maus, porque exigem uma operação de espírito que nem sempre pode seguir a rapidez da execução. A posição das nossas notas, concluiu, pinta-se aos olhos, sem o concurso dessa operação. Se duas notas, uma de alto, outra de baixo, juntam-se por uma tirada de notas intermediárias, vejo ao primeiro olhar o progresso de uma a outra por graus conjuntos; mas para me certificar, no seu sistema, é preciso que verifique os algarismos de um em um. O golpe de vista não poderá servir para nada". A objeção me parece sem réplica, e concordei imediatamente com ela; embora seja simples e clara, só uma grande prática da arte a pode sugerir. E não é de admirar que não tenha ocorrido a nenhum acadêmico, pois esses grandes sábios, que sabem tantas coisas, sabem tão pouco que cada um só deveria julgar do seu ofício.

Minhas freqüentes visitas aos meus comissários e a outros acadêmicos me puseram em situação de conhecer o que havia de mais alto na literatura, em Paris. De forma que esse conhecimento já estava feito quando me vi de súbito inscrito entre eles. Naquele momento, porém, concentrado no meu sistema de música, obstinava-me em querer fazer por ele uma revolução na arte, e em chegar desse modo a uma celebridade nas belas-artes, que, em Paris, faz-se sempre acompanhar pela fortuna. Tranquei-me no meu quarto e trabalhei durante dois ou três meses com um ardor inexprimível em refundir, em uma obra destinada ao público, a memória que lera à Academia. A dificuldade foi encontrar um livreiro que quisesse editar meu manuscrito, pois eram precisas despesas com os novos tipos, e as livrarias não gostam de gastar dinheiro com principiantes, e porque me parecia justo que a minha obra me pagasse o pão que eu comera ao escrevê-la.

Bonnefond procurou para mim Quillau, o pai, que fez comigo um tratado de meação de lucros, sem contar com o privilégio que eu pagaria só. E assim foi feito por Quillau, e a minha parte se foi com o privilégio, e nunca tirei um vintém dessa edição, que teve na verdade uma venda medíocre, embora o abade Desfontaines me houvesse prometido encaminhá-la, e os jornalistas a elogiassem.

O primeiro obstáculo ao ensaio do meu sistema era o receio de que, se ele não fosse aprovado, ficasse perdido o tempo que se gastasse em aprendê-lo. E eu respondia a isso que a prática da minha notação tornava a compreensão tão clara que, para se aprender música pelos caracteres ordinários, ganhava-se tempo começando-se pelos meus. Para dar a prova pela experiência, ensinei música gratuitamente a uma jovem americana chamada Srta. des Roulins, a quem o Sr. Roguin me apresentara. Em três meses ela ficou em condições de ler, nas minhas notações, qualquer espécie de música, e mesmo de cantar de livro aberto melhor que eu, qualquer outra música que não apresentasse muitas dificuldades. Foi um êxito impressionante, mas ignorado. Um outro teria enchido os jornais com ele; porém eu tinha algum talento para descobrir as coisas úteis, mas nenhum para as fazer valer.

Eis como se quebrou de novo a minha fonte de Héron. Porém, dessa vez eu já tinha trinta anos, e via-me nas ruas de Paris, onde não se vive do nada. E a resolução que tomei nessa dificuldade não admirará os que já leram a primeira parte destas memórias. Eu acabara de fazer um esforço muito maior que útil; precisava recobrar o fôlego. Em lugar de me entregar ao desespero, entreguei-me unicamente a minha preguiça e aos cuidados da Providência; e para lhe dar tempo de fazer seu trabalho, pus-me a comer, sem me apressar, alguns luízes que ainda me restavam, regulando as despesas dos meus indolentes prazeres, sem os cortar, só indo ao café de dois em dois dias, e ao espetáculo uma vez por semana. Quanto à despesa com mulheres, não tive nenhuma reforma a fazer, porque nunca em minha vida destinara um real a esse destino, em que logo falarei.

A segurança, a volúpia, a confiança com que eu me entregava a essa vida indolente e solitária, para a qual me faltavam meios de a fazer durar três meses, é uma das singularidades da minha vida e uma das esquisitices do meu gênio. A extrema necessidade que eu sentia de que pensassem em mim era justamente o que me tirava a coragem de me mostrar; a necessidade de fazer visitas mas tornava a tal ponto insuportáveis que deixei de visitar os acadêmicos e outros literatos com que já me relacionara. Marivaux, o abade de Mably, Fontenelle, foram quase que os únicos que continuei a visitar. Cheguei mesmo a mostrar ao primeiro a minha comédia *Narciso*. Agradou-lhe e ele teve a complacência de a retocar. Diderot, mais moço que ele, era mais ou menos da minha idade. Gostava de música e sabia teoria; conversávamos sobre isso, e ele me falava também das suas obras em projeto. Depressa isso formou entre nós ligações mais íntimas, que duraram quinze anos, e que provavelmente durariam ainda se, desgraçadamente, e por culpa sua, eu não fosse atirado ao seu mesmo ofício.

Ninguém pode imaginar em que é que eu empregava esse curto e precioso intervalo que me restava antes que eu me visse obrigado a mendigar o pão: estudando de cor passagens de poetas, que já aprendera cem vezes e esquecera outras tantas. Todas as manhãs, às dez horas, ia passear no Luxembourg, com um Virgílio ou um Rousseau no bolso. E, até à hora do jantar, rememorava ora uma ode sagrada, ora uma bucólica, sem me aperceber de que, decorando a daquele dia, esquecia já a da véspera. Lembrava-me de que depois da derrota de Nícias, em Siracusa, os atenienses cativos ganhavam a vida recitando versos de Homero. E o partido que tirei dessa lembrança erudita, para me premunir contra a miséria, foi exercitar minha feliz memória em decorar todos os poetas.

Eu tinha um expediente não menos sólido, o xadrez, ao qual me consagrava regularmente, na casa de Maugis, todas as tardes dos dias em que ia ao teatro. Travei conhecimento com o Sr. Légal, com um Sr. Husson, com Philidor, com todos os grandes jogadores de xadrez desse tempo, e não me tornei mais hábil. Entretanto, não duvidava de acabar me tornando mais forte que eles todos, o que seria bastante, na minha opinião, para me servir de sustento. Qualquer que fosse a loucura que me apaixonasse, usava com ela sempre o mesmo modo de raciocinar. Dizia a mim mesmo: "Quem prima em alguma coisa, tem certeza de ser sempre procurado. Primemos, pois, em qualquer coisa. Serei procurado, as ocasiões se apresentarão e o meu mérito fará o mais". Essa infantilidade não era o sofisma da minha razão, mas o da minha indolência. Assombrado com os grandes e rápidos esforços que teria de fazer para me aperfeiçoar, procurava lisonjear minha preguiça, e cobria minha vergonha com argumentos dignos dela.

Esperava, assim, tranqüilamente o fim do meu dinheiro. E creio que chegaria ao último soldo sem me comover muito, se o padre Castel, que eu via às vezes quando ia ao café, não me arrancasse da minha letargia. O padre Castel era louco, mas afinal bom sujeito: e zangava-se por me ver consumir assim, sem nada fazer. "Já que os músicos, já que os sábios não cantam em uníssono com você, procure as mulheres. Talvez você tenha melhor êxito por esse lado. Falei em seu nome à Sra. de Beuzenval; vá vê-la de minha parte. É uma boa mulher que verá com prazer alguém do país do seu filho e do seu marido. Na casa dela, você conhecerá a Sra. de Broglie, sua filha, que é uma mulher de espírito. A Sra. Dupin é outra a quem falei de você. Leve-lhe sua obra. Ela deseja conhecê-lo e há de recebê-lo bem. Em Paris, só se faz alguma coisa por intermédio das mulheres: são como curvas das quais os homens prudentes são as assintotas. Aproximam-se delas sem cessar mas não as tocam nunca."

Depois de ter adiado de um dia para outro esses terríveis trabalhos, tomei coragem um dia e fui visitar a Sra. de Beuzenval. Recebeu-me com bondade e, ao entrar no seu quarto a Sra. de Broglie, disse-lhe: "Minha filha, eis o Sr. Rousseau, de quem nos falou o padre Castel.". A Sra. de Broglie me felicitou pelo meu trabalho, e levando-me ao seu cravo, mostrou-me que se preocupara com ele. Vendo no relógio que já era mais de hora, quis ir-me embora. A Sra. de Beuzenval disse: "O senhor está muito longe do seu bairro, fique, jantará aqui.". Não me fiz rogar. Um quarto de hora depois, compreendi que o jantar para que me tinham convidado era o da criadagem. A Sra. de Beuzenval era uma boa mulher, mas muito obtusa e muito convencida da sua nobreza polaca, não tinha muita noção da consideração que se deve ao talento. E nessa ocasião, julgou-me mais pela minha atitude que pelo meu trajo que, embora muito simples, era muito asseado, e não indicava absolutamente um homem digno de jantar com a criadagem. E eu já esquecera havia muito esse caminho para querer reaprendê-lo. Sem deixar ver todo o meu despeito, disse à Sra. de Beuzenval que um pequeno negócio de que só agora me lembrava me chamava ao meu bairro, e quis sair. A Sra. de Broglie aproximou-se de sua mãe e disse-lhe algumas palavras que produziram efeito. A Sra. de Beuzenval levantou-se para me reter e disse:

"Espero que seja conosco que o senhor nos dê a honra de jantar." Achei que fazer de orgulhoso seria fazer de tolo, e fiquei. Ademais, a bondade da Sra. de Broglie me comovera e ma tornara interessante. Senti-me à vontade em jantar com ela, e esperei que, me conhecendo melhor, ela não lamentaria ter-me proporcionado essa honra. O presidente de Lamoignon, grande amigo da casa, lá jantou também. Ele, como a Sra. de Broglie, falava nessa gíria de Paris, toda de palavrinhas, de alusõezinhas sutis. Não havia ali oportunidade de brilhar para o pobre Jean-Jacques.

Tive o bom senso de não querer fazer de gentil contra a vontade de Minerva e calei-me. Feliz de mim se fosse sempre assim, prudente! Não estaria no abismo onde estou hoje.

Eu estava desolado com a minha estupidez e por não poder justificar aos olhos da Sra. de Broglie o que fizera a meu favor. Depois do jantar, lembrei-me do meu recurso costumeiro. Tinha no bolso uma epístola em verso, escrita a Parisot, durante minha estada em Lyon. Não faltava calor a esse trecho. E, tão bem recitei-o, que acabaram chorando os três. Talvez seja vaidade, talvez seja verdade, mas eu supus ver que os olhos da Sra. de Broglie diziam a sua mãe: "Vê, mamãe, como eu tinha razão quando lhe disse que esse homem era mais feito para jantar conosco que com as suas criadas?". Até aquele momento, eu tinha estado aborrecido; porém, depois que me vinguei assim, fiquei satisfeito. A Sra. de Broglie, levando um pouco longe o julgamento favorável que a meu respeito fizera, supôs que eu iria fazer sensação em Paris e me tornar um homem de aventuras. Para guiar minha inexperiência, deu-me as *Confissões do Conde de...* "Este livro", disse-me, "é um mentor de que o senhor há de carecer na sociedade. Fará bem em consultá-lo algumas vezes". Durante mais de vinte anos, guardei o volume por reconhecimento à mão que mo dera, mas sempre achando graça da opinião que essa senhora parecera ter tido do meu mérito galante. Logo que li a obra, desejei obter a amizade do autor. E o meu desejo me inspirava bem: foi o único amigo de verdade que tive entre os literatos.[64-65]

Desde então ousei esperar que a senhora baronesa de Beuzenval e a senhora marquesa de Broglie, interessando-se por mim, não me deixariam sem socorro muito tempo, e não me enganei. Falemos agora da minha entrada na casa da Sra. Dupin, que teve maiores conseqüências.

---

64. Acreditei nisso tanto tempo e tão inteiramente que, depois de minha volta a Paris, foi a ele que confiei o manuscrito das minhas *Confissões*.
65. O desconfiado Jean-Jacques nunca pôde crer na perfídia e na falsidade senão depois de ser vítima delas. – Em vez da nota acima, lê-se esta no primeiro manuscrito: "Eis o que eu pensaria sempre se nunca mais houvesse voltado a Paris". (N.E. francês)

A Sra. Dupin era, como se sabe, filha de Samuel Bernard e da Sra. Fontaine. Eram três irmãs, que se poderiam chamar as Três Graças; a Sra. de La Touche, que deu uma escapada à Inglaterra com o duque de Kingston; a Sra. d'Arty, a amante, e mais que isso, a amiga, a única e sincera amiga do príncipe de Conti, mulher adorável, tanto pela meiguice, pela bondade do seu gênio encantador como pela elevação do seu espírito e pela inalterável alegria do seu humor; e afinal a Sra. Dupin, a mais bonita das três e a única a que nunca puderam censurar um desvio no procedimento. Foi o preço da hospitalidade do Sr. Dupin, a quem sua mãe a deu com um lugar de "fermier géneral"[66] e uma fortuna imensa, em reconhecimento à acolhida que ele lhe dera na sua província. Quando a vi pela primeira vez, ela ainda era uma das mais lindas mulheres de Paris. Recebeu-me no seu toucador. Estava com os braços nus, os cabelos soltos, o penteador mal arranjado. Era uma recepção muito nova para mim, e minha pobre cabeça não ficou firme; perturbei-me, perdi-me, e para ser breve, vi-me apaixonado pela Sra. Dupin.

Minha perturbação parece que não me diminuiu aos olhos dela, porque não a percebeu. Acolheu o livro e o autor, falou-me no meu projeto como mulher instruída, cantou, acompanhou-se ao cravo, reteve-me para jantar, pôs-me na mesa ao seu lado. Não era preciso tanto para me tornar louco; e eu o fiquei. Permitiu-me que voltasse a vê-la, e eu usei e abusei da permissão. Ia lá quase todos os dias, jantava lá duas ou três vezes por semana. Morria de desejo de falar; nunca o ousei. Muitas razões reforçavam minha natural timidez. A entrada de uma casa opulenta era uma porta aberta à fortuna; e eu não queria, na minha situação, arriscar-me a vê-la fechar-se. A Sra. Dupin, embora muito amável, era séria e fria. Nunca notei, nos seus modos, nada de provocante para me animar. Sua casa, mais brilhante que qualquer outra em Paris, reunia grupos aos quais só faltava serem um pouco menos numerosos para serem a nata em todos os sentidos. Ela gostava de ver todas as pessoas que irradiam brilho, os grandes, os homens de letras, as lindas mulheres. Na casa dela só se viam duques, embaixadores, cordões azuis. A senhora princesa de Rohan, a senhora condessa de Forcalquier, a Sra. de Mirepoix, a Sra. de Brignolé e a Srta. Hervey poderiam passar por suas amigas. O Sr. de Fontenelle, o abade de Saint-Pierre, o abade Sallier, o Sr. de Fourmont, o Sr. de Bernis, o Sr. de Buffon, o Sr. de Voltaire eram do seu círculo e dos seus jantares. Se a sua atitude reservada não atraía muitos rapazes, por isso mesmo sua sociedade, muito melhor com-

---

66. Rendeiro-geral ou tesoureiro-geral. (N.E.)

posta, não era menos imponente. E o pobre Jean-Jacques não se gabava de brilhar muito no meio de tudo isso. Não ousei, pois, falar, e, não me podendo calar, ousei escrever. Durante dois dias ela guardou minha carta sem responder. No terceiro dia ma devolveu, dizendo-me algumas palavras de exortação em um tom frio que me gelou. Quis falar, mas a palavra me morreu nos lábios. Minha paixão repentina se extinguiu com a esperança; e, depois de uma declaração formal, continuei a viver com ela como dantes, sem lhe falar mais em nada, sequer com o olhar.

 Supus que minha tolice fora esquecida, mas me enganei. O Sr. de Francueil, filho do Sr. Dupin e enteado da Sra. Dupin, era mais ou menos da sua idade e da minha. Tinha espírito, figura, e poderia ter pretensões. Dizia-se que ele as tinha para com ela, unicamente, talvez, porque ela lhe dera uma mulher muito feia, muito meiga e que vivia perfeitamente com ambos. O Sr. de Francueil amava e cultivava as prendas sociais. A música, que ele sabia muito bem, serviu como motivo de aproximação entre nós. Via-o freqüentemente. Afeiçoei-me a ele. De súbito, ele me fez compreender que o Sr. Dupin considerava minhas visitas muito freqüentes, e pedia-me que as descontinuasse. Esse cumprimento poderia ser bem cabido quando ela me devolveu minha carta; mas oito ou dez dias depois, e sem nenhum motivo, era, parece-me, fora de propósito. E isso era tanto mais esquisito, porque não fiquei sendo menos bem recebido que antes na casa do Sr. e da Sra. de Francueil. Entretanto, fui lá mais raramente. E teria deixado de ir de todo se, por um outro capricho imprevisto, a Sra. Dupin não me houvesse pedido que durante oito dias lhe cuidasse do filho que, mudando de preceptor, estava sozinho nesse intervalo. Passei esses oito dias em um suplício que só o prazer de obedecer à Sra. Dupin poderia tornar suportável; porque o pobre Chenonceaux já tinha aquela má cabeça que quase consegue desonrar a família, e que o fez morrer na ilha de Bourbon. Enquanto estive junto dele, impedi-o de fazer mal a si e aos outros, e foi tudo: não foi um medíocre sacrifício, e não me encarregaria dele por outros oito dias nem que a Sra. Dupin se desse a si própria como recompensa.

 O Sr. de Francueil afeiçoou-se a mim, e eu trabalhava com ele. Começamos juntos um curso de química na casa de Rouelle. Para me aproximar dele, deixei o meu hotel Saint-Quentin e vim me alojar no jogo de péla da rua Verdelet, que dá para a rua Plâtrière, onde morava o Sr. Dupin. Lá, em conseqüência de um resfriado mal tratado, apanhei uma pneumonia que quase me mata. Muitas vezes, na mocidade, sofri dessas doenças inflamatórias, pleurisias e, sobretudo, esquinências, a que era muito sujeito, mas das quais não tenho aqui o registro. E todas me fizeram ver a morte de muito perto para me familiarizarem com a sua imagem. Durante a convalescença tive tempo de refletir sobre minha situação e deplorar minha timidez, minha fraqueza, minha indolência que, apesar do fogo que me abrasava, me deixava enlanguescer na ociosidade de espírito, sempre às portas da miséria. Na véspera do dia em que caí doente, fora ver uma ópera de Royer, que representavam então, cujo título esqueci. Apesar de minha prevenção a favor dos talentos dos outros, que sempre me fez desconfiar dos meus, não podia deixar de achar essa música fraca, sem calor, sem invenção. Ousava dizer algumas vezes aos meus botões: "Parece-me que eu faria melhor que aquilo!". Mas a idéia terrível que eu tinha da composição de uma ópera, e a importância que os entendidos de arte davam a essa empresa, me abafaram nesse mesmo instante, e me fizeram corar por ter ousado tal pensamento. E ademais, onde iria encontrar alguém que me quisesse dar um libreto e tomar o trabalho de o arranjar a minha vontade? Essas idéias de música e ópera voltaram-me durante minha doença, e nos transportes da febre compunha cantos, duos, coros. Estou certo de que fiz dois ou três trechos *"di prima intenzione"*[67] dignos talvez da admiração dos mestres, se eles os tivessem podido ver executar. Ah, se se pudessem registrar os sonhos de quem tem febre, que grandes e sublimes coisas poder-se-iam talvez ver sair do seu delírio!

Esses assuntos de música e ópera me preocuparam ainda durante minha convalescença, mas mais tranqüilamente. À força de pensar nisso, mesmo contra a vontade, quis tranqüilizar o coração e tentar fazer sozinho uma ópera, libreto e música. Não era, entretanto, a minha estréia. Em Chambery, fizera uma ópera-tragédia, intitulada *Iphis e Anaxerète*, que tivera o bom senso de lançar ao fogo. Fizera em Lyon uma outra, chamada *A Descoberta do novo Mundo*, a que, depois de a ler para o Sr. Bordes, o abade Mably e o abade Trublet, dei o mesmo fim, embora já houvesse feito a música do prólogo e do primeiro ato, e David, ao vê-la, me houvesse dito que tinha trechos dignos do *Buononcini*.[68]

Essa vez, antes de começar a obra, tomei tempo para meditar o plano. Projetava em um *ballet* heróico, três assuntos diferentes em três atos destacados, cada um em um caráter de música diverso; e tomando para cada assunto os amores de um poeta, intitulei a ópera: *Musas Galantes*.

---

67. De primeira intenção, num impulso. (N.E.)
68. Giovanni Maria Bononcini, 1642-1678, músico em Bologna e Modena. (N.E.)

O primeiro ato, no gênero de música forte, era o *Tasso*. O segundo, gênero terno, era *Ovídio*; e o terceiro, intitulado *Anacreonte*, devia respirar a alegria do ditirambo. Tentei de início o primeiro ato, e me entreguei a ele com um ardor que, pela primeira vez, me fez gozar as delícias da verve na composição. Uma noite, perto de entrar na Ópera, sentindo-me atormentado, dominado por minhas idéias, repus o dinheiro no bolso, corri a trancar-me em casa, deitei-me na cama depois de ter fechado bem as cortinas para impedir que a luz penetrasse, e lá, entregando-me de todo ao estro poético e musical, compus rapidamente em sete ou oito horas a melhor parte do ato. E posso dizer que os meus amores pela princesa de Ferrare (porque eu era o Tasso, então) e meus nobres e altivos sentimentos para com o seu injusto irmão deram-me uma noite muito mais deliciosa do que o seria nos braços da própria princesa. De manhã, só me ficou na cabeça uma pequena parte do que fizera; mas esse pouco, quase apagado pelo cansaço e pelo sono, não deixava de demonstrar a energia dos trechos do resto.

Por essa vez, não levei muito adiante o trabalho, porque fui desviado por outros negócios. Enquanto me prendia à casa Dupin, a Sra. de Beuzenval e a Sra. de Broglie, que eu continuava a ver às vezes, não me haviam esquecido. O conde Montaigu, capitão das guardas, acabava de ser nomeado embaixador em Veneza. Era um embaixador à feição de Barjac, que ele cortejava assiduamente. Seu irmão, o cavaleiro de Montaigu, um dos fidalgos da guarda do senhor Dauphin, era da amizade daquelas duas senhoras e do abade Alary, da Academia Francesa, que eu também visitava às vezes. A Sra. de Broglie, sabendo que o embaixador procurava um secretário, propôs-me. Entramos em negociações. Pedi cinqüenta luíses de ordenado, o que era muito pouco para um lugar em que se é obrigado à representação. Ele só me quis dar cem pistolas, e com viagem por minha conta. Era uma proposta ridícula; não pudemos entrar em acordo. O Sr. de Francueil, que fazia esforços para me reter, venceu-o. Fiquei, e o Sr. de Montaigu partiu, levando um outro secretário, chamado Follau, que lhe tinham fornecido na Repartição dos Negócios Estrangeiros. Mal chegaram em Veneza, brigaram. Follau, vendo que tratava com um louco, deixou-o lá; e o Sr. de Montaigu, que só ficara com um jovem padre chamado Sr. de Binis, que escrevia sob as ordens do secretário e não estava em condições de desempenhar o lugar, recorreu a mim. O cavaleiro seu irmão, homem de espírito, deu-me tantas voltas, dando-me a entender que havia direitos relativos ao lugar de secretário, que me convenceu a aceitar os mil francos. Recebi vinte luíses para a viagem e parti.

(1743-1745) – Em Lyon, desejei muito tomar o caminho do monte Cenis, para rever minha pobre mamãe. Mas desci o Ródano e fui embarcar em Toulon, não só por causa da guerra e por razões de economia, como, também, para receber um passaporte do Sr. de Mirepoix, que era então comandante da Provença e a quem eu era encaminhado. O Sr. de Montaigu, não podendo passar sem mim, escrevia cartas sobre cartas para me apressar a viagem. Um incidente a retardou.

Era ao tempo da peste de Messina. A frota inglesa fundeara lá e visitara a falua[69] onde eu estava. Isso nos obrigou, ao chegarmos a Gênova, depois de uma longa e penosa travessia, a uma quarentena de vinte e um dias. Deram aos passageiros a escolha de a fazer a bordo ou no lazareto,[70] no qual nos preveniram que só encontraríamos as quatro paredes, porque ainda não tinham tido tempo de o mobiliar. Todos escolheram o navio. O calor insuportável, o espaço estreito, a impossibilidade de caminhar, a vermina, fizeram-me preferir o lazareto. Fui levado para uma grande construção de dois andares, absolutamente nua, onde não havia nem janela, nem mesa, nem cama, nem cadeira, nem mesmo um tamborete para me sentar, nem um monte de palha para me deitar. Trouxeram-me minha capa, meu saco de noite, minhas duas malas; fecharam sobre mim grandes portas de grandes fechaduras, e fiquei ali, podendo passear à vontade de quarto em quarto, de andar em andar, encontrando em toda parte a mesma solidão e a mesma nudez.

Isso tudo me fez arrepender de ter escolhido o lazareto de preferência à falua. E, como um novo Robinson, pus-me a me arrumar para os meus vinte e um dias como se fosse para a vida toda. Tive primeiro o divertimento da caça às pulgas que trouxera da falua. Quando, à força de trocar de roupa branca e vestidos, vi-me afinal limpo, procedi ao mobiliário do quarto que escolhera. Fiz um bom colchão com meus casacos e camisas, lençóis com várias toalhas que cosi, um cobertor com o roupão, um travesseiro com a capa enrolada. Fiz de uma mala a cadeira, e de outra mala, em pé, a mesa. Tirei papel e tinteiro. Arranjei uma dúzia de livros que trazia em forma de biblioteca. Em suma, acomodei-me tão bem que, à exceção de cortinas e janelas, eu estava quase tão bem, nesse lazareto inteiramente nu, quanto no meu jogo da péla da rua Verdelet.

---

69. Navio, tipo de embarcação movida a vela. (N.E.)
70. Estabelecimento em portos onde as pessoas são postas de quarentena para controle sanitário em caso de suspeita de moléstias contagiosas. (N.E.)

As refeições eram servidas com muita pompa. Dois granadeiros, com a baioneta na ponta do fuzil, as escoltavam. A escada era minha sala de jantar; o patamar me servia de mesa, o degrau inferior era a cadeira e, quando o jantar estava servido, batiam uma campainha, ao sair, para me avisar que me pusesse à mesa. Entre as refeições, quando não lia nem escrevia, ou não trabalhava no mobiliário, ia passear no cemitério dos protestantes que me servia de pátio, ou trepava a uma lanterna que dava para o porto, onde podia ver a movimentação de entrada e saída dos navios. Passei assim catorze dias e teria passado os vinte sem me aborrecer um instante, se o Sr. de Jonville, enviado da França, a quem mandei uma carta avinagrada, perfumada e meio queimada, não tivesse feito com que diminuíssem de oito dias a minha quarentena: fui passá-los na casa dele, onde, confesso, fiquei mais bem alojado do que no lazareto. Fez-me mil amabilidades. Dupont, seu secretário, era um bom rapaz que, tanto em Gênova como no campo, levou-me a várias casas bem divertidas; e travei com ele amizade e correspondência que mantivemos durante muitos anos. Prossegui agradavelmente o meu caminho através da Lombardia. Vi Milão, Verona, Brécia, Pádua, e cheguei afinal a Veneza, impacientemente esperado pelo Sr. embaixador.

 Encontrei um montão de despachos, tanto da corte como dos outros embaixadores, cuja parte cifrada ele não pudera ler, embora tivesse todas as cifras necessárias. Como nunca tinha trabalhado em uma repartição, nem visto nunca, em vida minha, uma cifra de ministro, receei a princípio me embaraçar; mas vi logo que nada era mais simples, e em menos de oito dias decifrei tudo, que de certo não valia o trabalho; porque, além de a embaixada de Veneza ser sempre bastante ociosa, não seria a semelhante homem que se iria confiar a menor negociação. Vira-se ele em um grande embaraço até minha chegada, porque não sabia ditar nem escrever legivelmente. Eu lhe era muito útil, ele o sentia e me tratava bem. Um outro motivo o levava a isso: desde o seu predecessor, Sr. de Froulay, cujo cérebro se desarranjara, o cônsul da França, Sr. Le Blond, ficara encarregado dos negócios da embaixada, e depois da chegada do Sr. de Montaigu continuara com as funções até pô-lo a par de tudo. O Sr. de Montaigu, cioso de que outro desempenhasse sua tarefa, implicou com o cônsul. E, assim que cheguei, tomou-lhe as funções de secretário da embaixada para mas confiar. Elas eram inseparáveis do título: ele ordenou que eu o tomasse. Enquanto fiquei com ele, somente mandou a mim, e sob esse título, ao senado e ao seu conferente; e, no fundo, era natural que ele preferisse ter como secretário da embaixada uma pessoa sua, em vez de um cônsul ou um funcionário nomeado pela corte.

Isso tornou minha situação muito agradável e impediu que os seus gentis-homens, bem como os pajens e toda a criadagem, que eram italianos, me disputassem a primazia na casa. Servi-me com êxito da autoridade para manter o seu direito de lista, isto é, a franquia do quarteirão, contara as tentativas que fizeram várias vezes para a infringir, e às quais os oficiais venezianos não tinham o cuidado de resistir. Mas também nunca suportei que lá se refugiassem bandidos, quaisquer que fossem os lucros que pudesse ter com isso, cuja parte Sua Excelência não desdenharia.

Ele ousou mesmo reclamar sobre os direitos do secretariado que se chamavam "de chancelaria". Estava-se em guerra, e não faltavam expedições de passaportes. Cada um desses passaportes pagava um sequim ao secretário que o expedia e contra-assinava. Todos os meus predecessores tinham cobrado indistintamente esse sequim tanto de franceses como de estrangeiros. Achei esse costume injusto, e, sem ser francês, aboli-o para os franceses. Mas exigia tão rigorosamente o meu direito de qualquer outro, que o marquês de Scotti, irmão do favorito da rainha da Espanha, tendo mandado pedir um passaporte sem enviar o sequim, mandei-o buscar, ousadia que o vingativo italiano nunca perdoou. Desde que se soube a reforma que eu fizera na taxa dos passaportes, só se apresentaram, para o receber, ondas de pretensos franceses que, em uma algaravia abominável, diziam-se um, provençal, outro picardo, outro burguinhão. Como tenho o ouvido muito fino, quase nunca fui enganado, e duvido que um único italiano tenha roubado meu sequim ou que um único francês o tenha pagado.

Fiz a tolice de contar ao Sr. de Montaigu, que nada sabia, o que havia feito. A palavra sequim lhe fez abrir os ouvidos. E sem me dar sua opinião sobre a supressão dos franceses, pretendeu que eu lhe prestasse contas dos outros, prometendo-me vantagens equivalentes. Mais indignado por essa baixeza que afetado no meu interesse, rejeitei altivamente a proposta: "Não senhor", disse-lhe vivamente; "que Vossa Excelência guarde o que lhe cabe e deixe-me o que é meu; nunca lhe cederei um real".

Vendo que por esses meios não ganharia nada, usou um outro, e não teve vergonha de me dizer que, desde que eu tirava proventos da sua chancela, era justo que lhe pagasse as despesas. Eu não quis questionar por esse motivo; e desde então forneci a minha custa, tinta, papel, cera, velas, barbante, e até um selo, que mandei refazer, sem que ele me reembolsasse de um vintém. Isso não me impediu de dar uma pequena parte do lucro dos passaportes ao abade de Binis, bom rapaz, e que estava bem longe de pretender isso. Se ele era complacente para comigo, eu não era menos honesto para com ele, e sempre vivemos bem os dois.

Ao começar minha tarefa, eu a imaginara difícil para um homem sem experiência, junto de um embaixador que também não a tinha, e ainda por cima cuja ignorância e teimosia contrariavam como de propósito tudo que as luzes e o bom senso me inspiravam para o bem do seu serviço e do rei. O que ele fez de mais razoável foi ligar-se com o marquês Mari, embaixador da Espanha, homem correto e sutil, que o teria levado pelo nariz, se o quisesse, mas que, dada a identidade de interesses das duas coroas, o aconselharia geralmente muito bem se o outro não lhe estragasse os conselhos colaborando sempre na execução deles. A única coisa que eles teriam de fazer de acordo seria conseguir que os venezianos mantivessem a sua neutralidade. Estes não deixavam de protestar a sua fidelidade à observância da neutralidade, enquanto forneciam publicamente munições às tropas austríacas, e mesmo recrutas, a pretexto de deserção.

O Sr. de Montaigu, que, suponho eu, queria agradar a república, apesar dos meus protestos, não deixava de, em todos os seus despachos, me fazer assegurar que eles não infringiam a neutralidade. A teimosia e a estupidez desse pobre homem obrigavam-me a escrever e a fazer a todo instante extravagâncias de que eu era o agente forçado, pois que ele o exigia, mas que me tornavam muitas vezes o emprego insuportável e quase impraticável. Ele queria absolutamente que, por exemplo, a maior parte dos seus despachos ao rei e ao ministro fossem cifrados, embora uns e outros não contivessem absolutamente nada que exigisse precaução. Eu lhe demonstrava que, entre a sexta-feira, quando chegavam os despachos da corte, e o sábado, quando partiam os nossos, não havia bastante tempo para gastar em tantas cifras e na grande correspondência de que eu estava encarregado para o mesmo correio. Ele encontrou para isso um expediente admirável: fazer desde quinta-feira as respostas aos despachos que deveriam chegar no dia seguinte. E essa idéia lhe pareceu tão feliz que, por mais que eu lhe falasse na impossibilidade e no absurdo da sua execução, fui obrigado a ceder. E durante todo o tempo em que fiquei em sua casa anotando, durante a semana, apenas algumas palavras que ele me dizia à toa, e algumas notícias triviais que eu ia escumando por aqui e ali, munido com esses únicos materiais, não deixava, na quinta-feira de manhã, de lhe levar o borrão dos despachos que deveriam partir no sábado, salvo algumas correções ou adições que fazia às pressas de acordo com os que chegavam na sexta-feira e aos quais os nossos serviam de resposta.

Ele tinha um outro cacoete muito engraçado que dava a sua correspondência um ridículo difícil de imaginar. Era o de remeter cada notícia a sua fonte em vez de deixá-la seguir seu curso. Contava ao Sr. Amelot as novidades da corte, ao Sr. de Maurepas as de Paris, ao Sr. d'Havrincourt as da Suécia, ao Sr. de La Chetardie as de Petersburgo e algumas vezes a cada um as que vinham deles próprios, e que eu vestia com termos um pouco diferentes. Como de tudo que eu lhe levava para assinar ele só lia os despachos para a corte e assinava sem ler os dos outros examinadores, isso me tornava mais fácil modificar a minha moda estes últimos, e fazia com que ao menos se cruzassem as notícias. Mas era-me impossível dar um aspecto razoável aos despachos essenciais: era feliz quando ele não se lembrava de os lardear de improviso com algumas linhas da sua lavra, que me forçavam a voltar a transcrever às pressas todo o despacho, ornado com essa nova impertinência, à qual era preciso dar as honras da cifra, sem o que ele não a assinaria. Vinte vezes, por amor da sua glória, senti-me tentado a cifrar outra coisa diferente do que ele dissera; sentindo, porém, que nada poderia autorizar semelhante infidelidade, deixava-o delirar por sua conta e risco, satisfeito em lhe falar com franqueza e em desempenhar como podia meus deveres para com ele.

Foi o que sempre fiz com uma correção, um zelo e uma coragem que mereciam da sua parte uma outra recompensa que não a que recebi no fim. Chegara o tempo de eu ser, ao menos uma vez, o que o céu, que me dotara de uma boa natureza, o que a educação, que eu recebera da melhor das mulheres, e a que eu dera a mim próprio fizera ser: e o fui. Entregue a mim só, sem amigos, sem conselhos, sem experiência, em um país estranho, servindo a uma nação estrangeira, no meio de uma turba de patifes que, por seu próprio interesse e para afastarem o escândalo do bom exemplo, excitavam-me a imitá-los; longe de o fazer, servi bem à França, a que não devia nada e ainda melhor ao embaixador, o que era justo, no que dependia de mim. Irrepreensível em um posto muito em vista, mereci e obtive a estima da república e a de todos os embaixadores com os quais estávamos em correspondência e a afeição de todos os franceses estabelecidos em Veneza, sem excetuar o próprio cônsul, que eu substituíra com pena, em funções que eu sabia lhe serem devidas e que me davam mais embaraço que prazer.

O Sr. de Montaigu, entregue sem reservas ao marquês de Mari, que não entrava nas minúcias dos seus deveres, relaxava-o tanto que sem mim os franceses que moravam em Veneza não se aperceberiam de que tinham um embaixador do seu país. Sempre mal recebidos, sem que ele quisesse ouvi-los quando precisavam da sua proteção, aborreceram-se, e não se via mais nenhum na sua comitiva nem a sua mesa, para a qual ele não os convidava nunca. Muitas vezes, fiz por minha conta o que ele deveria fazer: prestei aos franceses que recorriam a mim ou a ele todos os serviços que estavam em meu poder. Em qualquer outro país teria feito muito mais, mas não podendo procurar ninguém, por causa do meu lugar, e forçado a recorrer muitas vezes ao cônsul; e o cônsul, estabelecido em um país onde tinha família, tinha de guardar conveniências que o impediam de fazer o que queria. Algumas vezes, entretanto, vendo-o amolecer e não ousar falar, aventurava-me a medidas ousadas das quais muitas deram resultado. Lembro uma, cuja recordação ainda me faz rir. Ninguém pensaria que foi a mim que os apreciadores de teatro em Paris deveram assistir à Coralline e a sua irmã Camile; e nada entretanto é mais verídico. Véronèse, pai delas, contratara com as filhas na companhia italiana; e depois de receber dois mil francos para a viagem, em vez de partir, ficou tranqüilamente em Veneza, no teatro São Lucas,[71] onde Coralline, embora ainda muito criança, atraía muita gente. O duque de Gesvres, como primeiro fidalgo da Câmara, escreveu ao embaixador para reclamar o pai e a filha. Ao dar-me a carta, o Sr. de Montaigu disse-me como única instrução: "Veja isso.". Fui à casa do Sr. Le Blond rogar-lhe que falasse ao patrício a quem pertencia o teatro de São Lucas e que era, creio, um Zustiniani, a fim de que ele mandasse embora Véronèse, que estava engajado ao serviço do rei. Le Blond, que não deu importância à incumbência, desempenhou-a mal, Zustiniani obstinou-se e Véronèse não partiu. Fiquei aborrecido. Estávamos no carnaval; e vestindo um *bahute*[72] e máscara, fiz-me conduzir ao palácio Zustiniani. Todos os que viram entrar minha gôndola com a libré do embaixador admiraram-se: Veneza nunca vira coisa semelhante. Entrei, fiz-me anunciar sob o nome de *"una signora màschera"*.[73] Assim que fui introduzido, tirei a máscara e dei meu nome. O senador empalideceu e ficou abismado. "Senhor", disse-lhe eu em vêneto, "lamento importuná-lo com minha visita. Mas Vossa Excelência tem no teatro de São Lucas um homem de nome Véronèse que está contratado para o serviço do rei e que inutilmente temos reclamado; venho reclamá-lo em nome de Sua Majestade.". Minha curta arenga fez efeito. Mal parti, o homem correu a dar parte da sua aventura aos inquisidores do Estado, que lhe passaram um

---

71. Não sei se foi no S. Samuel. Os nomes próprios me escapam completamente.
72. Roupa de *Dominó*, personagem de comédia teatral. (N.E.)
73. Uma senhora com máscara, disfarçada. (N.E.)

sabão. Véronèse foi despedido nesse mesmo dia. Mandei-lhe dizer que, se não partisse no prazo de oito dias, fá-lo-ia prender; e ele partiu.

Em uma outra ocasião, tirei de uma dificuldade um capitão de navio mercante, eu só, e quase sem ajuda. Era o capitão Olivet, de Marselha; esqueci o nome do navio. Sua marinhagem brigara com uns esclavônios que estavam a serviço da república. Houvera vias de fato, e o navio fora preso e com tal severidade que ninguém, exceto, unicamente, o capitão, poderia abordá-lo nem sair sem licença. O capitão recorreu ao embaixador, que o mandou passear; foi ao cônsul, que lhe disse que aquilo não era um negócio de comércio e que não poderia se envolver nele; sem saber mais o que fazer, ele veio a mim. Representei ao Sr. de Montaigu que devia me permitir mandar ao senado um memorando sobre o caso. Não me lembro mais se ele o permitiu e se mandei a memória; mas lembro-me bem de que, como minhas medidas não davam resultado nenhum, e o embargo durava sempre, tomei um partido que teve resultado. Inseri a relação desse negócio em um despacho ao Sr. de Maurepas, e deu-me muito trabalho fazer com que o Sr. de Montaigu consentisse nessa comunicação. Eu sabia que os nossos despachos, embora talvez não valessem a pena, eram abertos em Veneza. Tinha a prova disso porque encontrava todos os seus tópicos, palavra por palavra, nas gazetas, infidelidade essa da qual inutilmente tentei que o embaixador se queixasse. Meu objetivo, falando desse vexame no despacho, era tirar partido da curiosidade deles para lhes fazer medo e obrigá-los a soltar o navio; porque, se fosse preciso para isso esperar a resposta da corte, o capitão se arruinaria antes que ela chegasse. E fiz mais, fui ao navio para interrogar a tripulação. Levei comigo o padre Patizel, chanceler do consulado, que foi a contragosto; porque toda essa pobre gente receava desagradar ao senado. Como não podia ir a bordo por causa da proibição, fiquei na minha gôndola, e aí fiz o meu interrogatório, interrogando em altas vozes e sucessivamente todos os homens da tripulação, e dirigindo minhas perguntas de forma a obter respostas que lhes fossem favoráveis. Quis forçar Patizel a fazer ele próprio o interrogatório e a ata, o que realmente era mais do seu cargo que do meu. Ele não o quis absolutamente e apenas assinou a ata depois de mim. Essa medida um pouco ousada teve bom êxito, entretanto, e o navio foi solto antes da resposta do ministro. O capitão quis me fazer um presente. Sem me zangar, disse-lhe, batendo-lhe no ombro: "Capitão Olivet: crês que um sujeito que não recebe dos franceses um direito de passaportes que já estava estabelecido seja homem para lhes vender a proteção do Rei?". Ele quis pelo menos oferecer-me um jantar a bordo, que aceitei, e ao qual levei o secretário da embaixada da Espanha, chamado Carrio, homem inteligente e muito amável, que foi depois secretário de embaixada em Paris e encarregado dos negócios, com o qual eu me ligara intimamente, a exemplo dos nossos embaixadores.

    Feliz seria eu se, enquanto fazia com o maior desinteresse todo o bem que podia fazer, soubesse também pôr bastante ordem e atenção em todas essas minúcias para não ser ludibriado e servir aos outros a minha custa! Mas nos lugares como o que eu ocupava, nos quais a menor falta não deixa de ter conseqüência, gastava toda a minha atenção em não dar faltas contra o serviço. Até ao fim, tive sempre a melhor ordem e a maior exatidão em tudo que se referia ao meu dever essencial. Afora alguns erros que a precipitação forçada me obrigava a cometer nas cifras, e dos quais se queixaram uma vez os subordinados do Sr. Amelot, nem o embaixador, nem ninguém teve jamais de me censurar uma única negligência em nenhuma das minhas funções, o que é notável para um homem tão negligente e tão estouvado quanto eu; mas falhava-me às vezes a memória e o cuidado nos negócios particulares de que me encarregava; e o amor da justiça sempre me fez suportar espontaneamente o prejuízo antes que quem quer que fosse pensasse em se queixar. Citarei apenas um fato, que se refere a minha saída de Veneza, e do qual mais tarde, em Paris, sofri as conseqüências.

    Nosso cozinheiro, chamado Rousselot, trouxera da França um velho vale de duzentos francos, que um cabeleireiro seu amigo recebera de um nobre veneziano chamado Zanetto Nani, por fornecimento de perucas. Rousselot trouxe-me o vale, pedindo-me que procurasse receber amigavelmente alguma coisa. Eu o sabia e ele sabia também que é costume dos nobres venezianos não pagarem nunca, quando voltam à pátria, as dívidas contraídas em país estrangeiro: quando se procura constrangê-los a pagar, custa isso ao desgraçado credor tantas demoras e despesas que ele se cansa, acaba por abandonar a conta ou dá-la quite por pouco mais de nada. Pedi ao Sr. Le Blond que falasse a Zanetto. Este concordou com o vale, mas não com o pagamento. À força de batalhar, prometeu afinal três sequins. Quando Le Blond lhe trouxe o vale, os três sequins não estavam prontos; foi preciso esperar. Nessa espera, sobreveio minha briga com o embaixador e minha saída da casa dele. Deixei os papéis da embaixada na maior ordem, mas não se encontrou o vale de Rousselot. O Sr. Le Blond garantiu-me que mo devolvera; e eu conhecia bem aquele homem de bem para duvidar. Era, porém, impossível recordar o que fora feito do vale. Como Zanetto confessara a dívida, pedi ao Sr. Le Blond que procurasse receber os três sequins mediante um recibo, ou a fazê-lo renovar o vale por meio de uma duplicata. Zanetto, vendo que o vale se perdera, não quis fazer uma coisa nem outra. Ofereci a Rousselot os três sequins do meu bolso pelo preço do vale. Ele os recusou e disse-me que eu me arranjaria em Paris com o credor, cujo endereço me deu. O peruqueiro, sabendo o que se passara, quis o vale ou o dinheiro todo.

Que não daria eu, na minha indignação, para encontrar esse maldito vale! Paguei os duzentos francos, e isso já na maior penúria. Eis como a perda do vale valeu ao credor o pagamento da soma inteira, enquanto se, desgraçadamente para ele, o vale fosse encontrado, dificilmente receberia os escudos prometidos por Sua Excelência Zanetto Nani.

A vocação que eu pensava ter para meu emprego fazia com que o desempenhasse com gosto; e afora a companhia do meu amigo Carrio e a do virtuoso Altuna, de quem logo falarei, e fora as diversões muito inocentes da praça de São Marcos, teatro e algumas visitas que fazíamos quase sempre juntos, meus únicos prazeres eram os meus deveres. Embora o trabalho não fosse muito penoso, sobretudo com o auxílio do padre Binis, como a correspondência era muito extensa e estávamos em tempo de guerra, eu nunca deixava de estar razoavelmente ocupado. Trabalhava todos os dias uma boa parte da manhã, e nos dias de correio ia até à meia-noite. Consagrava o resto do tempo ao estudo do ofício que começara e no qual esperava, pelo êxito do princípio, ser promovido vantajosamente mais tarde. Com efeito, todos eram unânimes em me elogiar, a começar pelo embaixador, que louvava altamente o meu serviço, que nunca se queixou dele, e cujo furor só apareceu quando eu, depois de me queixar inutilmente, resolvi pedir demissão. Os embaixadores e ministros do rei, com os quais estávamos em correspondência, faziam-lhe, sobre os méritos do seu secretário, cumprimentos que o deveriam lisonjear, e que, na sua má cabeça, produziram efeito absolutamente oposto. E um desses elogios, sobretudo, recebeu-o em uma situação especial, que nunca me perdoou. Vale a pena explicá-lo.

Gostava o embaixador tão pouco de se incomodar que no próprio sábado, dia de quase todos os correios, não podia esperar, para sair, que estivesse terminado o trabalho; importunava-me incessantemente para expedir os despachos do rei e dos ministros, assinava-os às pressas e corria depois não sei para onde, deixando sem assinatura a maioria das cartas, o que me obrigava, quando eram apenas notícias, a transformá-las em boletins. Mas quando se tratava de negócios referentes ao serviço do rei, era preciso de qualquer forma uma assinatura, e eu assinava. Procedi assim com um aviso importante que acabávamos de receber do Sr. Vincent, encarregado dos negócios do rei em Viena. Era ao tempo em que o príncipe de Lobkowitz marchava para Nápoles e o conde de Gages[74] fez aquela memorável retirada, a mais bela manobra de guerra do século, da qual a Europa falou muito.[75] O aviso dizia que um homem, cujos sinais o Sr. Vincent nos enviava, partira de Viena, e devia passar em Veneza, indo furtivamente aos Abruzzos, encarregado de levantar o povo à aproximação dos austríacos. Na ausência do Sr. conde de Montaigu, que não se interessava por nada, fiz transmitir tão a propósito esse aviso ao marquês de l'Hôpital que talvez seja a este pobre Jean-Jacques tão escarnecido que a casa de Bourbon deva a conservação do reino de Nápoles.[76]

O marquês de l'Hôpital, ao agradecer ao colega, como era de justiça, falou-lhe do seu secretário e do serviço que ele acabava de prestar à causa comum. O conde de Montaigu, que se devia censurar pela sua negligência nesse negócio, supôs entrever uma censura nesse cumprimento, falou-me nele de mau humor. Já se dera caso idêntico com o conde de Castellane, embaixador de Constantinopla, embora em coisa de menor vulto. Como não havia outra posta para Constantinopla senão os correios que de tempos em tempos o senado enviava ao seu bailio, avisava-se a partida desses correios ao embaixador da França, para que, por essa via, ele pudesse escrever ao seu colega, se o quisesse. De ordinário, esse aviso chegava com um ou dois dias de adiantamento; mas faziam tão pouco caso do Sr. de Montaigu que se contentavam em mandar um portador à casa dele, pró-forma, uma ou duas horas antes da partida do correio, o que muitas vezes me obrigou a fazer o despacho na ausência do embaixador. O Sr. de Castellane, ao responder, fazia referência a mim em termos elogiosos; de Gênova, o Sr. de Jonville fazia o mesmo: e eram novas ofensas para o Sr. de Montaigu.

Confesso que eu não desdenhava nenhuma oportunidade de me fazer valer, mas também não as procurava fora de propósito; e pare-

---

74. J. B. Dumont, conde de Gages. (N.T.)
75. Em 1742. (N.T.)
76. Para compreensão do fato, é preciso recordar que nessa época, isto é, 1743, dom Carlos, filho de Filipe V, não tinha ainda sido reconhecido pelas potências européias, e a Áustria, que fora forçada a ceder, em 1736, pelo tratado de Viena, o reino de Nápoles à casa de Bourbon, queria voltar para lá. Se o agente austríaco conseguisse fazer levantar os napolitanos, a causa do filho do rei da Espanha estaria perdida, porque a armada do conde de Gages, que estava na Lombardia, era composta de napolitanos que teriam abandonado o seu general. (N. de Musset Pathay).

cia-me muito justo, uma vez que servia bem, aspirar ao preço natural dos bons serviços, que é a estima dos que estão em condição de os julgar e os recompensar. Não direi se minha correção no desempenho de minhas funções era, da parte do embaixador, um legítimo motivo de queixa; mas direi que foi o único que ele articulou até o dia da nossa separação.

A casa dele, que nunca fora bem posta, enchia-se de canalhas; os franceses eram lá maltratados, os italianos tomavam o ascendente; e mesmo, entre eles, os bons servidores presos à casa já há muitos anos tinham sido todos estupidamente expulsos, e entre outros o primeiro gentil-homem que fora do conde de Froulay e se chamava, creio eu, o conde Peati, ou coisa parecida. O segundo gentil-homem, da escolha do Sr. de Montaigu, era um bandido de Mantoue, chamado Domenique Vitali, a quem o embaixador confiou a guarda da sua casa, e que à força de lábias e baixas mesquinharias obteve sua confiança e tornou-se seu favorito, com grande prejuízo das poucas pessoas decentes que ainda estavam lá e do secretário que lhes estava à frente. O olhar íntegro de um homem de bem é sempre inquietador para os patifes. Não era preciso mais para que ele me odiasse; mas esse ódio, porém, tinha uma outra causa que o tornou ainda mais cruel. É preciso que eu conte essa causa a fim de que me condenem, se eu errei.

O embaixador, como era de hábito, tinha um camarote em cada um dos cinco teatros. Todos os dias, ao jantar, indicava o teatro a que desejava ir; eu escolhia depois dele e os gentis-homens dispunham dos outros camarotes. Ao sair, eu apanhava a chave do camarote que escolhera. Um dia, em que Vitali não estava lá, encarreguei o lacaio de me levar a chave a uma casa que lhe indiquei. Vitali, em vez de me mandar a chave, disse que dispusera dela. E fiquei ainda mais ultrajado porque o criado me deu o recado diante de todos os presentes. À noite, Vitali me quis dizer algumas palavras de desculpa que não recebi. "Amanhã", disse-lhe eu, "o senhor venha me apresentar suas desculpas na casa em que recebi a afronta e diante das pessoas que a testemunharam; do contrário, garanto-lhe que depois de amanhã um de nós dois sairá daqui.".

Esse tom decidido o dominou. E veio ao lugar e hora indicadas apresentar suas desculpas, com uma baixeza digna dele. Mas, pelas costas, tomou suas medidas, e fazendo-me salamaleques, de tal forma trabalhou, à italiana, que não podendo obrigar o embaixador a me despedir, pôs-me na necessidade de o fazer eu próprio.

Semelhante miserável não fora feito decerto para me conhecer; mas conhecia de mim o que lhe servia aos fins. Sabia-me bom e suave para suportar faltas involuntárias e orgulhoso e pouco sofredor para ofensas premeditadas, amando a decência e a dignidade das coisas convenientes, e exigindo tanto as honras que me eram devidas quanto era atencioso para com as que devia aos outros. Foi por esse meio que ele empreendeu e conseguiu afastar-me. Pôs a casa de cabeça para baixo; afastou tudo que eu procurava introduzir de regra. De subordinação, de asseio, de ordem. Uma casa sem mulheres tem necessidade de uma disciplina um pouco severa, para que nela reine a modéstia inseparável da dignidade. E ele depressa fez da nossa casa um lugar de crápula e indecência, um covil de patifes e libertinos. E deu como segundo gentil-homem a Sua Excelência, no lugar do que expulsara um outro crápula da sua espécie, que tinha um bordel público na Cruz de Malta. E esses dois canalhas, tão concordes, eram de uma indecência igual a sua insolência. Afora apenas a sala do embaixador, que assim mesmo não vivia muito em ordem, não havia na casa um único lugar suportável para um homem de bem.

    Como Sua Excelência não jantava, à noite, os gentis-homens e eu tínhamos uma mesa particular, onde também comiam o padre de Binis e os pajens. No mais sórdido frege é-se servido mais decentemente, mais asseadamente, com toalhas menos sujas, e come-se melhor comida. Punham para nós apenas uma única candeia, bem negra, pratos de estanho, garfos de ferro. E ainda se pode desculpar o que se fazia às escondidas; mas tiraram-me minha gôndola; eu era o único dos secretários de embaixador obrigado a alugar uma ou a andar a pé; e quando ia ao Senado não tinha mais direito à libré de Sua Excelência. E ademais, nada do que se passava lá dentro era ignorado na cidade. Todos os oficiais do embaixador reclamavam. Domenique, a única causa de tudo, gritava mais alto que todos, sabendo muito bem que a indecência com que éramos tratados me era muito mais sensível que a qualquer outro. Era eu o único da casa que nada dizia fora, mas queixava-me vivamente ao embaixador de tudo e dele próprio, que secretamente excitado por sua alma danada, fazia-me cada dia uma afronta nova. Forçado a gastar muito para me pôr à altura dos meus confrades e me apresentar convenientemente no meu posto, não podia receber um real dos meus ordenados; e quando lhe pedia dinheiro, falava-me da sua estima e da sua confiança, como se ela devesse me encher a bolsa e suprir a tudo.

    Os dois bandidos acabaram por virar completamente a cabeça do patrão, que já não a tinha muito certa, e o arruinaram em negociatas contínuas, negociatas ruinosas, que o convenciam de serem pechinchas. Fizeram-no alugar em Brenta um "palazzo" pelo dobro do valor e partilharam a sobra com o proprietário. Os apartamentos eram incrustados de mosaicos e guarnecidos de colunas e pilastras de belíssimos mármores, à moda da terra.

O Sr. de Montaigu mandou mascarar soberbamente isso com um madeirame de pinho, pela única razão de que em Paris os apartamentos são revestidos assim. E, por idêntica razão, foi o único embaixador em Veneza a tirar a espada a seus pajens e a bengala aos lacaios. Eis quem era esse homem que implicou comigo, talvez sempre pelo mesmo motivo – unicamente porque eu o servia fielmente.

Suportei pacientemente seus desdéns, sua brutalidade, seus maus tratos, enquanto vi neles mau gênio e não ódio. Mas desde que lhe compreendi a intenção de me privar das honras que eu merecera pelos meus bons serviços, resolvi demitir-me. O primeiro sinal que tive da sua má vontade foi por ocasião de um jantar que ele deveria dar ao Sr. duque de Modène e à família, que estavam em Veneza, e no qual me deu a entender que eu não teria lugar à mesa. Respondi-lhe, ferido, mas sem me zangar, que tendo eu a honra de lá jantar diariamente, caso o duque de Modène exigisse que eu me abstivesse na sua presença, estava na dignidade de Sua Excelência e no meu dever não consentir nisso. "Como!", disse ele arrebatado, "meu secretário, que sequer é fidalgo, pretende jantar com um soberano, quando mesmo os meus gentis-homens não comparecem?". "Sim senhor", repiquei-lhe. "O posto com que me honrou Vossa Excelência me enobrece tanto que, enquanto eu o preencher, tenho realmente primazia sobre os seus gentis-homens ou ditos como tais, e sou admitido onde eles não o podem ser. O senhor ignora que, no dia em que for recebido publicamente, serei chamado pela etiqueta e por um costume imemorial, a acompanhá-lo em traje de cerimônia e à honra de jantar com o senhor no palácio de São Marcos; e não sei porque um homem que pode e deve jantar em público com o doge e o senado de Veneza não poderia jantar em particular com o duque de Modène." Embora o argumento não tivesse réplica, o embaixador não se rendeu; porém, não tivemos oportunidade de renovar a discussão, pois o duque de Modène não foi jantar na casa dele.

Desde então, não deixou de me fazer desfeitas, esforçando-se por me roubar as pequenas prerrogativas privativas do meu cargo para outorgá-las ao seu querido Vitali; e estou certo de que se ele houvesse ousado mandá-lo ao senado em meu lugar, tê-lo-ia feito. Empregava ordinariamente o padre de Binis para escrever, no seu gabinete, as suas cartas particulares; e serviu-se dele para escrever ao Sr. de Maurepas uma relação do negócio do capitão Olivet, na qual, longe de fazer alguma referência a minha intervenção, roubavame até as honras da ata, da qual enviava uma duplicata, para atribuí-la a Patizel, que não dissera uma única palavra. Queria me mortificar e agradar ao seu favorito, mas não desfazer-se de mim. Sentia que achar-me um sucessor não lhe seria tão fácil como o fora para encontrar um para o Sr. Follau. Era-lhe indispensável um secretário que soubesse italiano, por causa das respostas ao senado; que lhe fizesse todos os despachos, todos os negócios, sem que ele se envolvesse em nada; e que acrescentasse, ao mérito de o servir bem, a baixeza de adular os patifes dos seus gentis-homens. Quis, pois, conservar-me e dominar-me, mantendo-me longe do meu país e do seu, sem dinheiro para voltar. E talvez o tivesse conseguido se agisse moderadamente. Mas Vitali, que tinha outras vistas e que me queria forçar a tomar uma decisão, conseguiu-o. Logo que vi que perdia todos os meus esforços, que o embaixador em vez de agradecer meus serviços olhava-os como crimes, que eu só poderia esperar na casa dele mais afrontas dentro, e injustiças fora, e, no descrédito geral em que ele caíra, seus maus ofícios me poderiam prejudicar sem que os bons me auxiliassem, resolvi-me a pedir demissão, deixando-lhe tempo para encontrar um secretário. Sem me dizer sim nem não, ele continuou como sempre. Vendo que nada melhorava e que ele não cuidara de procurar ninguém, escrevi ao seu irmão, detalhando-lhe meus motivos, e pedindo-lhe que obtivesse de Sua Excelência a minha demissão, acrescentando que, de uma maneira ou de outra, era-me impossível ficar. Esperei muito tempo e não recebi resposta. Comecei a me sentir muito embaraçado. Porém, o embaixador recebeu, afinal, uma carta do irmão. E ela devia ser enérgica, porque embora eu o tenha muitas vezes visto ferozmente enfurecido, nunca o vira assim. Depois de torrentes de injúrias abomináveis, sem saber mais o que dizer, acusou-me de ter vendido suas cifras. Pus-me a rir, e perguntei-lhe zombeteiramente se supunha que existisse em Veneza alguém que desse um escudo por elas. A resposta fê-lo escumar de ódio. Fez um gesto para chamar os criados, a fim de, dizia, jogarem-me pela janela. Até então eu me mantivera muito calmo, mas a essa ameaça, a cólera e a indignação também me dominaram. Lancei-me para a porta, fechei-lhe o trinco interno e disse voltando gravemente para junto dele: "Não, senhor conde; seus criados não se envolverão neste negócio; consinta que ele se passe entre nós". Minha ação, meu aspecto o acalmaram instantaneamente: e a surpresa e o susto se lhe pintaram na cara. Quando o vi tornar a si da fúria, fiz minhas despedidas em poucas palavras; depois, sem esperar resposta, abri a porta, saí, passei lentamente na antecâmara por entre a criadagem que se levantou como de costume e que, creio eu, teria antes me apoiado do que a ele. Sem subir ao meu quarto, desci imediatamente a escada, e saí do palácio para não voltar mais.

Fui direito à casa do Sr. Le Blond contar-lhe a história. Surpreendeu-se pouco: conhecia o homem. Reteve-me para jantar. E esse jantar, embora improvisado, foi brilhante. A ele compareceram todos os franceses de prestígio que estavam em Veneza. O embaixador não contava com quem quer que fosse. O cônsul relatou o meu caso a todos; não houve uma única voz a favor de Sua Excelência, que não me fizera as contas, não me dera um real. E reduzido apenas aos poucos luíses que tinha comigo, não tinha meios para voltar. Todas as bolsas se abriram para mim. Tomei vinte sequins ao Sr. Le Blond e outros vinte ao Sr. de Saint-Cyr, com quem, depois daquele, tinha mais intimidade. Agradeci aos outros todos; e enquanto esperava partir, hospedei-me na casa do chanceler do consulado, para provar bem ao público que a nação não era cúmplice das injustiças do embaixador. Este, furioso por me ver festejado no meu infortúnio, e ele abandonado, por mais embaixador que fosse, perdeu completamente a cabeça e portou-se como um louco. Chegou até à doidice de apresentar um memorando ao senado pedindo que me prendessem. Avisado pelo padre de Binis, resolvi ficar ainda quinze dias, em vez de partir no dia subseqüente, como tencionava. Tinham visto e aprovado meu procedimento; eu era, realmente, estimado por todos. A Senhoria não se dignou sequer responder ao extravagante memorando do embaixador e me mandou dizer pelo cônsul que eu poderia ficar em Veneza o tempo que me aprouvesse, sem me inquietar com as medidas de um louco. Continuei a visitar meus amigos. Fui me despedir do embaixador da Espanha, que me recebeu muito bem, e do conde Finochetti, ministro de Nápoles, que não encontrei, mas a quem escrevi, e que me respondeu com a carta mais lisonjeira deste mundo. Parti afinal, sem deixar, apesar dos meus apertos, outras dívidas afora os empréstimos de que falei, e uns cinqüenta escudos na casa de um negociante chamado Morandi, que Carrio se encarregou de pagar, e que nunca lhe paguei, embora depois nos tenhamos encontrado muitas vezes. Mas quanto aos dois empréstimos, paguei-os integralmente assim que me foi possível.

Não deixemos Veneza sem dizer alguma coisa sobre os célebres divertimentos dessa cidade, ou pelo menos da pequeníssima parte que conheci na minha estada lá. Vimos, no decorrer da minha mocidade, quão pouco desfrutei os prazeres dessa idade, ou pelo menos o que assim se chama. Não mudei de gostos em Veneza; porém, meus afazeres, que aliás me teriam impossibilitado grandes diversões, tornaram mais picantes as recreações simples que me permitia. A primeira e a mais agradável era a convivência com pessoas de mérito, como os senhores Le Blond, De Saint-Cyr, Carrio, Altuna, e um fidalgo forlânio,[77] cujo nome lamento muito ter esquecido, e cuja lembrança não recordo sem prazer; de todos os homens que conheci na minha vida foi o que tinha o coração mais parecido com o meu. Tínhamos também relações com dois ou três ingleses cheios de espírito e de amizades e tão apaixonados pela música quanto nós.

Todos esses senhores tinham suas mulheres, suas amigas ou suas amantes; essas últimas eram quase todas raparigas de talento em cujas casas se fazia música e davam-se bailes. Jogava-se também, mas muito pouco. As palestras vivas, as prendas, os espetáculos tornavam esse divertimento muito insípido. O jogo é recurso das pessoas entediadas. Eu trouxera de Paris o preconceito que lá existe contra a música italiana; mas recebera também da natureza essa sensibilidade de tato contra a qual os preconceitos nada podem. Depressa adquiri por essa música a paixão que ela inspira a todos que são feitos para a compreender. Ao escutar uma barcarola, parecia-me que até então nunca ouvira cantar; e, logo, de tal forma me apaixonei pela ópera, que aborrecido de tagarelar, comer e brincar nos camarotes, quando só queria ouvir, fugia à companhia dos outros para ir para um outro lado. Lá, sozinho, trancado no camarote, apesar do comprimento do espetáculo, entregava-me ao prazer de gozá-lo à vontade até o fim. Um dia, no teatro de São Crisóstomo, adormeci, e mais profundamente do que se estivesse na cama. As árias ruidosas e brilhantes não me despertaram; mas quem poderia descrever a sensação deliciosa que me fez sentir a doce harmonia e os cantos angélicos da ária que me acordou? Que despertar, que deslumbramento, que êxtase quando abri ao mesmo tempo os ouvidos e os olhos! Minha primeira idéia foi me supor no paraíso. Aquele trecho encantador, que recordo ainda, e que não esquecerei em vida minha, começava assim:

"Conservami la bella
Che si m'accende il cor." [78]

Quis possuir esse trecho. E possuí-o, guardei-o muito tempo. No papel, porém, não estava como na minha memória. Era a mesma nota, mas não era a mesma coisa. Nunca mais essa ária divina pôde ser executada, senão em minha cabeça, como o foi, com efeito, no dia em que me despertou.

---

77. Nativo de Forli, cidade italiana, na Romanha. (N.E. francês)
78. *"Não me despreze a bela / Que me incendeia o coração."* (N.E.)

Uma música que na minha opinião é muito superior à da ópera, e que não tem igual nem na Itália nem no resto do mundo, é a das *"scuole"*. As *"scuole"* são casas de caridade criadas para dar educação a moças pobres que a república dota depois, para o casamento ou para o claustro. Entre as prendas que essas moças cultivam, a música está em primeiro lugar. Todos os domingos, na igreja de cada uma dessas "scuole", cantam, durante as vésperas, motetes com um grande coro e grande orquestra, dirigidos pelos maiores maestros da Itália, executados em tribunas gradeadas, unicamente por raparigas das quais a mais velha não tem vinte anos. Não conheço nada tão voluptuoso, nem tão comovente quanto essa música; as riquezas da arte, o gosto requintado dos cantos, a beleza das vozes, a precisão da execução, tudo nesses deliciosos concertos concorre para produzir uma impressão que não é decerto um bom hábito, mas ao abrigo da qual duvido que homem algum esteja. Nunca eu nem Carrio faltamos às vésperas dos *Mendicanti*[79] e não íamos lá sós. A igreja vivia sempre cheia de amadores; os próprios atores da ópera vinham se formar no verdadeiro gosto do canto segundo aqueles excelentes modelos. O que me desolava eram aquelas malditas grades, que só deixavam passar sons, e me escondiam os anjos de beleza de que esses sons eram dignos. Não falava em outra coisa. Um dia falei nisso na casa do Sr. Le Blond e ele disse: "Se o senhor tem tanta curiosidade em ver essas mocinhas, é fácil satisfazê-lo. Sou um dos administradores da casa. Vou convidá-lo a merendar com elas.". Não o deixei quieto enquanto não cumpriu a palavra. E ao entrar no salão que guardava aquelas belezas tão desejadas, senti um frêmito de amor como nunca experimentara. O Sr. Le Blond apresentou-me de uma em uma àquelas cantoras célebres, cuja voz e cujo nome era só o que eu conhecia. "Venha, Sophie..." Era horrorosa. "Venha, Cattina..." Era zarolha. "Venha, Bettina..." A varíola a desfigurara. Quase nenhuma deixava de ter um defeito notável. O carrasco ria da minha cruel surpresa. Duas ou três, entretanto, pareceram-me passáveis: essas, porém, só cantavam nos coros. Eu estava desolado. Durante a merenda, provocou-as e elas se animaram. A feiúra não exclui as graças e eu as encontrei nelas. Dizia para mim: "Ninguém canta assim sem alma; elas a têm!". Afinal, meu modo de vê-las mudou-as tanto que saí dali quase apaixonado por todas aquelas feiosas. Quase ousei voltar às vésperas; mas tinha com que me firmar; continuei a achar deliciosos os seus cânticos, e as vozes lhes mascaravam tão bem os rostos que, enquanto cantavam, obstinava-me, a despeito dos meus olhos, a achá-las bonitas.

---

79. Pedintes, mendigos ou, ainda, *suplicantes*. (N.E.)

A música na Itália custa tão pouco que não vale a pena a gente se privar dela quando a aprecia. Aluguei um cravo e, por um escudo apenas, tinha em casa quatro sinfonistas, com os quais praticava, uma vez por semana, executando os trechos que mais me tinham agradado na Ópera. E ensaiei também algumas sinfonias das minhas *Musas Galantes*. Ou porque elas agradassem, ou porque me quisessem lisonjear, o mestre de baile de São João Crisóstomo mandou-me pedir duas, que tive o prazer de ouvir executar por essa admirável orquestra, e que foram dançadas por uma pequena Bettina, linda e sobretudo amável moça, que era mantida por um espanhol que os nossos amigos chamavam Fagoaga, na casa do qual íamos freqüentemente passar a noite.

Mas, a propósito de moças, não é em uma cidade como Veneza que a gente se abstém delas. Você nada tem, hão de dizer-me, que confessar a esse respeito? Sim, com efeito, tenho alguma coisa a contar, e vou proceder a essa confissão com a mesma ingenuidade que empreguei nas outras.

Sempre tive nojo das mulheres públicas, e era só o que tinha ao meu alcance em Veneza, pois a entrada da maioria das casas me era interdita por causa do meu lugar. As filhas do Sr. Le Blond eram muito amáveis, mas difíceis de abordar e eu respeitava muito o pai e a mãe para pensar sequer em desejá-las.

Tive mais interesse por uma moça chamada Srta. de Cantanèo, filha do agente do rei da Prússia; mas Carrio era namorado dela, e falavam até em casamento. Ele era abastado e eu não possuía nada; tinha cem luíses de ordenado, eu tinha cem pistolas; e além de eu não querer meter-me no caminho de um amigo, sabia que em qualquer parte, e sobretudo em Veneza, com uma bolsa tão mal provida ninguém se deve propor a galã. Eu não perdera ainda o funesto hábito de satisfazer eu próprio as minhas necessidades; e, muito ocupado para sentir a influência do clima, vivi quase um ano naquela cidade tão casto quanto vivera em Paris, e saí de lá depois de dezoito meses sem me haver aproximado do sexo senão duas vezes, nas singulares ocasiões que irei contar.

A primeira me foi proporcionada pelo gentil-homem Vitali, algum tempo depois das desculpas que eu lhe obrigara a me pedir. Falava-se na mesa sobre os divertimentos de Veneza. E aqueles senhores me censuravam a indiferença pelo mais picante de todos, gabando a gentileza das cortesãs venezianas, e dizendo que não existia um lugar no mundo que possuísse iguais. Dominique disse que eu precisava conhecer a mais amável de todas; que ele queria me levar lá e eu ficaria satisfeito. Pus-me a rir desse obsequioso oferecimento. E o conde de Peati, homem já velho e venerável, disse, com mais franqueza do que eu esperaria de um italiano, que me supunha muito prudente para me deixar levar às mulheres por um inimigo. Com efeito, eu não tinha nem a intenção nem a tentação e, apesar disso, por uma dessas inconseqüências que não sei compreender em mim mesmo, acabei por me deixar levar, contra meu gosto, meu coração, minha razão, minha vontade, mesmo, unicamente por fraqueza, por vergonha de mostrar desconfiança e, como se diz naquela terra, *"per non parer troppo coglione"*.[80] A Padoana,[81] a cuja casa fomos, era uma cara bem bonita, linda mesmo, mas não de uma beleza que me agradasse. Dominique deixou-me na casa dela. Mandei buscar *"sorbetti"*,[82] fi-la cantar, e ao fim de meia hora quis ir-me embora, deixando um ducado na mesa; mas ela teve o singular escrúpulo de não querer o que não ganhara, e eu a singular asneira de não lhe relevar o escrúpulo. Voltei ao palácio, tão persuadido de que estava contagiado que a primeira coisa que fiz ao chegar foi mandar chamar o cirurgião para lhe pedir tisanas. E nada se pode comparar ao mal-estar de espírito que sofri durante três semanas sem que nenhum incômodo real nem nenhum sinal aparente o justificasse. Eu não podia conceber que saíra impunemente dos braços da Padoana. O próprio cirurgião teve um trabalho enorme em me tranqüilizar. E só o conseguiu persuadindo-me de que eu era conformado de um modo particular que não me deixava infeccionar facilmente; e embora eu me tenha exposto menos que qualquer outro homem a essa experiência, a prova de que o cirurgião falava a verdade é que minha saúde nunca foi atingida a esse respeito. Entretanto, essa opinião nunca me tornou temerário e, se com efeito tenho essa vantagem da natureza, posso dizer que nunca abusei dela.

Minha outra aventura, embora também com uma cortesã, foi de espécie muito diversa, tanto quanto a sua origem como aos seus efeitos.

Já contei que o capitão Olivet me oferecera um jantar a bordo, e que eu levei a ele o secretário da Espanha. Eu esperava uma salva de canhão. A tripulação nos recebeu em alas, mas não se queimou uma espoleta, o que me mortificou um pouco, por causa de Carrio, que estava um pouco ofendido. É verdade que, nos navios mercantes, dava-se a salva de canhão à gente que não nos valia e, além

---

80. Para não parecer mais tolo. (N.E.)
81. Natural de Pádua, Itália. Aqui usado com significado de "Cortesã". (N.E.)
82. Refrescos gelados. (N.E.)

disso, eu supunha merecer alguma distinção do comandante. Não pude disfarçar, porque isso sempre me foi impossível. E embora o jantar de Olivet fosse muito bom, e Olivet lhe fizesse as honras galhardamente, comecei-o de mau humor, comendo pouco e falando ainda menos.

Ao primeiro brinde, eu esperava, pelo menos, aplausos: nada. Carrio lia minha alma e ria ao me ver amuado como uma criança. Pelo fim do jantar, vi aproximar-se uma gôndola: "Palavra, cavalheiro", disse-me o comandante, "cuidado, está aí o inimigo!". Perguntei-lhe o que queria dizer e ele respondeu pilheriando. A gôndola abordou e vi sair dela uma moça deslumbrante, muito elegantemente vestida e muito lesta, que em três pulos estava na sala; e vi-a sentada ao meu lado antes que houvesse tempo para porem um talher. Era tão encantadora quanto viva, uma moreninha de vinte anos no máximo. Só falava italiano, e só o seu sotaque bastaria para me virar a cabeça. Comendo, conversando, ela me olhou, fitou-me um instante, e exclamou: "Nossa Senhora! ah, meu caro Brémond, há quanto tempo não te vejo!" e lançou-se entre meus braços, colou a boca à minha, e apertou-me até sufocar. Seus grandes olhos negros à oriental me deixavam rastros de fogo no coração; e embora a surpresa, no princípio, me distraísse um pouco, depressa a volúpia me dominou a tal ponto que, apesar dos espectadores, foi preciso que a própria bela me contivesse, porque eu estava ébrio, ou antes, furioso. Quando me viu no ponto em que queria, começou a moderar as carícias, mas não o entusiasmo e, quando quis, resolveu explicar a verdadeira causa, ou falsa, de toda aquela petulância, disse-nos que eu parecia extraordinariamente com o Sr. de Brémond, diretor das alfândegas da Toscana; que ela ficara louca por esse senhor de Brémond; que ainda o estava; que o deixara porque era uma tola; que me tomava para o lugar dele; que me queria amar porque lhe convinha; e que, pela mesma razão, era preciso que eu a amasse tanto quanto lhe conviesse; e que, quando ela me abandonasse, eu tivesse paciência como o fizera seu querido Brémond. E o que foi dito foi feito. Ela tomou posse de mim como de um homem que lhe pertencesse, deu-me as luvas para guardar, o leque, a *cinda*,[83] o toucado; ordenou-me que fosse ali ou aqui, que fizesse isto ou aquilo e eu obedecia. Pediu-me que lhe fosse despachar a gôndola, porque se queria servir da minha e eu fui; pediu-me que saísse do meu lugar e o cedesse a Carrio porque lhe queria falar e eu o fiz; conversaram muito tempo e baixinho: e eu o deixei. Ela me chamou, voltei. "Ouve, Zanetto, não quero ser amada à

---

83. Ornamento, espécie de echarpe. (N.E.)

francesa, e mesmo não seria bom: ao primeiro momento de aborrecimento, vai-te embora. Não fiques a meio, previno-te.". Depois do jantar, fomos ver a vidraria em Murano. Ela comprou muitos berloques, que nos deixou pagar sem cerimônia; mas dava em toda parte gorjetas maiores que tudo o que gastáramos. Pela indiferença com que punha fora o seu dinheiro e nos deixava pôr o nosso, via-se que não lhe dava nenhum valor. Quando se fazia pagar, creio que era mais por vaidade que por avareza: aplaudia-se pelo preço que davam aos seus favores.

À noite, nos levou para sua casa. Enquanto conversava, vi duas pistolas sobre o toucador. "Ah", disse eu, "agarrando uma, eis uma caixa de moscas de fabrico novo. Pode-se saber o seu uso? Conheço outras armas suas que fazem fogo melhor que estas.". Depois de algumas brincadeiras no mesmo tom, ela nos disse, com um orgulho ingênuo, que a tornava ainda mais encantadora: "Quando concedo favores a pessoas que me aborrecem, faço-as pagar o aborrecimento que me dão; nada mais justo. Mas, suportando-lhes as carícias, não lhes quero suportar os insultos, e não errarei o alvo com o primeiro que me insultar.".

Deixando-a, marquei um encontro para o dia seguinte. Não a fiz esperar. Encontrei-a *"in vestito di confidenza"*,[84] em um penteador mais que galante, que não se conhece nos países meridionais, e que não perderei tempo descrevendo, embora o recorde muito bem. Direi apenas que os punhos e a gola eram bordados de um fio de seda guarnecido de borlas róseas; e pareceu-me que aquilo animava muito uma pele bonita. Vi depois que era moda em Veneza; e o seu efeito é tão encantador que me surpreende que essa moda não tenha passado também para a França. Eu não tinha idéia das delícias que me esperavam. Falei da Sra. de Larnage nos transportes que a sua lembrança ainda me traz às vezes; mas como ela era velha, e feia, e fria, junto da minha Zulietta! Não procureis imaginar os encantos e as graças dessa cortesã feiticeira, porque ficaríeis muito aquém da verdade. As moças dos claustros são menos frescas, as belezas do serralho menos vivas, as huris[85] do paraíso menos picantes. Nunca prazer mais doce se ofereceu ao coração e aos sentidos de um mortal. Ah, se ao menos eu a tivesse sabido gozar plenamente um único momento!... Gozei-a, mas sem encanto; escumava todas as delícias; matava-as como se fosse por gosto. Não, a natureza não me fez para

---

84. Em trajes íntimos. (N.E.)
85. Ninfas, mulheres do paraíso. (N.E.)

gozar. Pôs na minha cabeça fraca o veneno dessa inefável ventura, cujo apetite vive no meu coração.

Se há uma circunstância de minha vida que possa pintar bem a minha natureza é esta que vou contar. A força com que me lembro agora do objetivo do meu livro far-me-á desprezar a falsa decência que me impediria de o cumprir. Quem quer que sejais, que queirais conhecer um homem, ousai ler as páginas seguintes: conhecereis a fundo Jean-Jacques Rousseau.

Eu entrei no quarto de uma cortesã como no santuário do amor e da beleza; supus ver a divindade na pessoa dela. Nunca pensei que, sem respeito e sem estima, se pudesse sentir o que ela me fez sentir. E mal conheci, nas primeiras intimidades, o valor desses encantos e das suas carícias, com medo de lhes perder o fruto de antemão, quis me apressar em colhê-lo. De súbito, no meio das chamas que me devoravam, senti que um frio mortal me corria nas veias, que as pernas fraquejavam e, quase desmaiado, sentei-me e chorei como uma criança.

Quem poderia adivinhar a causa das minhas lágrimas e o que nesse momento me passava pela cabeça? Dizia-me: "Este objeto de que disponho é a obra-prima da natureza e do amor; o espírito, o corpo, tudo é perfeito, é tão boa e generosa quanto é amável e bela, e os grandes, os príncipes deveriam ser seus escravos: os cetros deveriam estar aos seus pés. Entretanto, ei-la aqui, miserável meretriz, entregue ao público; um comandante de navio mercante dispõe dela; vem se lançar aos meus braços, a mim, que ela sabe que não possuo nada, a mim cujo mérito, que ela não pode conhecer, deve ser nulo aos seus olhos. Há nisso algo inconcebível. Ou o meu coração se engana, fascina-me os sentidos e me torna o ludíbrio de uma vagabunda, ou é preciso que algum secreto defeito, que eu ignoro, destrua nela o efeito dos seus encantos, e a torne odiosa aos que a deveriam disputar.". Pus-me a procurar esse defeito com uma singular contenção de espírito e não me ocorreu sequer que a sífilis pudesse concorrer para isso; a frescura da sua carnação, o brilho da sua cor, a brancura dos seus dentes, a doçura do seu hálito, o ar de asseio que circulava em torno de toda a sua pessoa, afastavam tão inteiramente de mim essa idéia que, duvidando ainda da minha saúde, depois do caso da Padoana, chegava a ter escrúpulos de não estar suficientemente são para ela; e estou bem convencido de que nisso a minha confiança não me enganava.

Essas reflexões, tão bem cabidas, agitaram-me ao ponto de me fazerem chorar. Zulietta, para quem decerto isso consistia um espetáculo, inteiramente novo, naquelas circunstâncias, ficou um momento interdita; mas tendo dado uma volta em torno da sala, e passando defronte ao espelho, compreendeu, e meus olhos o confirmaram, que a repugnância não tinha parte naquilo. Não lhe foi difícil curar-me e destruir essa pequena vergonha; mas, no momento em que estava prestes a desfalecer sobre um seio que parecia pela primeira vez suportar a boca e a mão de um homem, percebi que ela tinha um peito defeituoso. Choquei-me, examinei e vi que aquele peito não era conformado como o outro. E eis-me parafusando na cabeça como é que se podia ter um peito defeituoso; e convencido que isso provinha de qualquer notável vício natural, à força de virar e revirar essa idéia, vi, claro como o dia, que, encarnado na mais encantadora das pessoas que se pode imaginar, eu apertava nos braços apenas uma espécie de monstro, o rebotalho da natureza, dos homens, do amor. E levei a estupidez até a lhe falar desse peito aleijado. Ela primeiro levou a coisa na brincadeira e, com o seu gênio maluco, disse e fez coisas capazes de me fazerem morrer de amor; mas guardando eu um fundo de inquietação que não lhe pude esconder, vi-a afinal corar, cobrir-se, erguer-se e, sem dizer uma palavra, ir-se pôr à janela. Quis-me pôr ao lado dela; ela porém se afastou, foi se sentar em um divã, donde se ergueu um momento depois; e, passeando pelo quarto e abandonando-se, disse-me em um tom frio e desdenhoso: *"Zanetto, lascia le donne, e studia matematica"*.[86]

Antes de a deixar, pedi-lhe que me marcasse um novo encontro para o dia seguinte, que ela adiou para outro dia, dizendo, com um sorriso irônico, que eu devia ter necessidade de repouso. Passei esse tempo pouco à vontade, com o coração cheio dos seus encantos, e das suas graças, sentindo minha extravagância, censurando-a, lamentando os momentos tão mal empregados, aos quais só de mim dependera transformar nos mais doces da minha vida, esperando com a mais viva impaciência a ocasião de lhes reparar a perda, no entanto ainda inquieto, apesar de já ter tentado conciliar as perfeições dessa cortesã adorável com a indignidade da sua situação. Corri, voei à casa dela na hora indicada. Não sabia se o seu temperamento ardente ficaria mais satisfeito com essa visita; seu orgulho pelo menos o ficaria, e eu considerava de antemão um prazer delicioso mostrar-lhe de todas as maneiras como eu sabia reparar meus erros. Ela me poupou essa prova. O gondoleiro que mandei a sua casa, ao abordar, veio me dizer que ela partira na véspera para Florença. Se eu não sentira todo o meu amor ao possuí-la, senti-o bem ao perdê-la. Mas

---

86. *"Zanetto, abandone as mulheres, e estude matemática."* (N.E.)

minha mágoa insensata não me deixara. Por mais amável, por mais encantadora que ela fosse aos meus olhos, podia-me consolar de perdê-la; mas o de que não me podia consolar, confesso-o, é de ela ter levado de mim uma lembrança desprezível.

    Eis minhas duas histórias. Os dezoito meses que passei em Veneza não me forneceram mais para contar senão um simples projeto, no máximo. Carrio era galante; e aborrecido de ter sempre consigo mulheres pagas por outros, teve a fantasia de ter uma também; e como éramos inseparáveis, propôs-me o arranjo, pouco raro, em Veneza, de termos uma para nós dois. Concordei. Tratava-se agora de encontrar uma segura. Ele procurou tanto que desenterrou uma mocinha de onze a doze anos, que uma mãe indigna procurava vender. Fomos vê-la juntos. Minhas entranhas se comoveram ao ver aquela pobre criança; era loira e meiga como um cordeiro; ninguém a imaginaria italiana. Vive-se com muito pouco em Veneza. Demos algum dinheiro à mãe e cuidamos do sustento da filha. Ela tinha voz; e para lhe arranjarmos uma prenda útil demos-lhe uma espineta e um mestre de canto. Isso tudo mal nos custava a ambos dois sequins por mês, e nos poupava muitas outras despesas; mas como devíamos esperar que ela ficasse madura, era semear muito antes, para bem colher. Entretanto, satisfeitos por irmos passar nossas noites a conversar e brincar muito inocentemente com aquela criança, divertíamo-nos muito mais agradavelmente que se a tivéssemos possuído; e isso prova que o que mais nos prende às mulheres é menos o deboche do que um certo prazer de viver junto delas. Insensivelmente, meu coração se prendia à pequena Anzoletta, mas por uma afeição paternal, na qual os sentidos tinham tão pequena parte que, à medida que aumentava, ser-me-ia cada vez menos possível fazê-los entrar em jogo; e eu sentia que teria horror de me aproximar dessa menina, tornada núbil, como de um incesto abominável. E via os sentimentos do bom Carrio tomarem também a sua revelia a mesma direção. Tínhamos arranjado, sem o pensar, prazeres não menos suaves, mas muito diferentes dos em que tínhamos primeiro pensado. E, tenho a certeza, por mais bonita que se pudesse ter tornado aquela pobre criança, longe de sermos os corruptores da sua inocência, seríamos os seus protetores. Minha catástrofe, sucedida pouco depois, não me deixou tempo para ter parte nessa boa obra; e só tenho a me louvar, nesse caso, a minha inclinação do coração. Voltemos à viagem.

    Meu primeiro projeto, saindo da casa do Sr. de Montaigu, era retirar-me para Genebra, esperando que uma sorte melhor, afastando os obstáculos, me pudesse reunir a minha pobre mamãe. Mas o escândalo que ele fizera por causa de nossa briga, e a tolice de escrever sobre o fato à corte, fez-me resolver ir lá, pessoalmente, a fim de prestar contas de minha conduta e queixar-me da de um louco. De Veneza, dei parte da minha resolução ao Sr. du Theil, encarregado interino dos negócios estrangeiros depois da morte (ou antes, depois da retirada) do Sr. Amelot. Parti logo depois da minha carta. Tomei o caminho de Bergamo, Côme, e Domo d'Ossola; atravessei o Simplon. Em Sion, o Sr. de Chaigon, encarregado dos negócios da França, fez-me mil agrados. Em Genebra, o Sr. de La Closure fez o mesmo. Reatei amizade com o Sr. de Gauffecourt, de quem tinha algum dinheiro a receber. Atravessei Nyon sem ver meu pai, embora isso me custasse extremamente; mas não tive coragem de me mostrar a minha madrasta, depois do meu desastre, certo de que ela me julgaria sem me querer escutar. O livreiro Duvillard, velho amigo de meu pai, censurou-me vivamente esse passo. Contei-lhe o motivo; e, para repará-lo, sem me expor a ver minha madrasta, tomei uma liteira e fomos juntos a Nyon, descendo no botequim. Duvillard foi correndo chamar meu pobre pai que veio correndo abraçar-me. Ceamos juntos, e depois de ter passado uma noite muito amena para o meu coração, voltei para Genebra, no dia seguinte, em companhia de Duvillard, por quem conservei sempre o reconhecimento do bem que me fez nessa ocasião.

O caminho mais curto não era via Lyon, mas quis passar por lá para verificar uma baixíssima canalhice do Sr. de Montaigu. Eu mandara buscar em Paris uma caixa contendo uma casaca bordada a ouro, alguns pares de punhos e seis pares de meias de seda branca; nada mais. Por proposta dele, mandei juntar o caixote, ou antes, a caixa à bagagem dele. No memorando de boticário, que ele me quis dar como pagamento aos meus ordenados, escrito por seu próprio punho, constava que essa caixa, a que ele chamava "fardo", pesava onze quintais e fora embarcada por um preço enorme. Graças à interferência do Sr. Boy de La Tour, a quem eu fora recomendado pelo seu tio, Sr. Roguin, verificou-se nos registros das alfândegas de Lyon e Marselha que o dito fardo só pesava quarenta e cinco libras, e só pagara no porto o preço relativo a esse peso. Juntei ao memorando do Sr. de Montaigu esse certificado autêntico. E munido dessas peças e de várias outras da mesma força, cheguei em Paris, impaciente por utilizá-las. Durante essa longa jornada, tive pequenas aventuras em Côme, em Valais, e em outros lugares. Vi muitas coisas, entre as quais as ilhas Borroméias, que merecem ser descritas. Mas careço de tempo, os espiões me obsedam; sou obrigado a fazer mal e às pressas um trabalho que requer os vagares e a tranqüilidade que me faltam. Se algum dia a Providência, lançando os olhos sobre mim, conceder-me afinal dias mais calmos, destina-los-ei a refundir, se o puder, esta obra, ou pelo menos a lhe fazer um suplemento que considero muito necessário.[87]

O rumor da minha história se antecipara a mim e, ao chegar, vi que, nas repartições e no público, todo o mundo estava escandalizado com as loucuras do embaixador. E apesar disso, apesar da voz pública em Veneza, apesar das provas sem réplica que eu exibia, não pude obter nenhuma justiça. E longe de ter nem reparação nem satisfação, deixaram meus ordenados ao arbítrio do embaixador, pela única razão de que, não sendo francês, não tinha direito à proteção nacional, sendo a questão um caso particular entre mim e o embaixador. Todos concordaram em que eu fora ofendido, lesado e infeliz; que o embaixador era um extravagante cruel e iníquo; e que esse negócio o desonrara para sempre. Mas ai!, ele era embaixador e eu só era um secretário. A boa ordem, ou o que se chama assim, queria que eu não obtivesse nenhuma justiça, e nenhuma justiça obtive. E pensei que à força de gritar e de tratar publicamente esse louco como ele o merecia, acabariam por me mandar calar; e era o que eu esperava, resolvido a só obedecer depois da pronúncia. Mas não havia então ministro dos Negócios Estrangeiros. Deixaram-me vociferar, animaram-me mesmo, fizeram-me coro; mas o negócio ficou sempre nisso, até que, cansado de ter sempre razão e nunca justiça, perdi enfim a coragem e abandonei tudo.

A única pessoa que me recebeu mal, e de quem eu menos esperaria essa injustiça, foi a Sra. de Beuzenval. Cheia demais das suas prerrogativas de classe e de nobreza, não podia conceber nunca que um embaixador procedesse mal com o seu secretário. A acolhida que me fez foi de acordo com esse preconceito. Fiquei tão ofendido, que ao sair da casa dela mandei-lhe uma das mais fortes e vivas cartas que tenho escrito, e nunca mais voltei lá. O padre Castel me recebeu melhor; mas através das suas lábias jesuíticas, vi-o seguir uma das máximas da Companhia, que é sacrificar sempre o mais fraco ao mais forte. O vivo sentimento da justiça da minha causa e o meu orgulho natural não me consentiram suportar pacientemente essa parcialidade. Deixei de procurar o padre Castel e, por isso, de visitar os jesuítas, dos quais só a ele conhecia. Aliás, o espírito tirânico e intrigante dos seus confrades, tão diferente da bonomia do bom padre Hemet, afastou-me tanto do seu convívio que nunca mais vi nenhum, desde esse tempo, senão o padre Berthier, que vi duas ou

---

87. Renunciei a isso.

três vezes na casa do Sr. Dupin, com o qual ele trabalhava com todas as suas forças para a refutação de Montesquieu.

Acabemos, para não se voltar mais, com o que resta a dizer sobre o Sr. de Montaigu. Eu lhe dissera, em uma das nossas discussões, que não lhe era preciso um secretário, mas um escrevente procurador. Ele seguiu esse conselho e me deu como sucessor um verdadeiro procurador, que em menos de um ano lhe roubou vinte ou trinta mil libras. Expulsou-o, fê-lo prender, expulsou também os gentis-homens com escândalo e espalhafato, brigou com todo o mundo, recebeu afrontas que um lacaio não suportaria, e acabou, à força de loucuras, por se fazer demitir e ir plantar couves. Parece que entre as reprimendas que ele recebeu na corte, não foi esquecido o seu negócio comigo; pelo menos, pouco depois da sua volta, mandou-me o seu mordomo para me saldar as contas e dar-me dinheiro. E não deixei escapar esse momento: minhas dívidas de Veneza, dívidas de honra, pesavam-me sobre o coração. Agarrei o meio de as saldar, bem como ao vale de Zanetto Nani. Recebi o que me quiseram pagar; paguei todas as minhas dívidas e fiquei sem um real, como antes, mas livre de um peso que me era insuportável. Depois então, nunca mais ouvi falar do Sr. de Montaigu, até a sua morte, que soube pela voz pública. Que Deus conceda paz ao pobre homem! Era tão próprio para o ofício de embaixador quanto eu, em criança, o fora para o meu ofício de *"grapignan"*.[88] Entretanto, só dele dependeu manter-se honrosamente no lugar por meio dos meus serviços, e fazer-me avançar rapidamente na carreira a que o conde de Gouvon me destinara na juventude, e da qual me tornara capaz, por mim só, em uma idade mais avançada.

A justiça e a inutilidade das minhas queixas me deixaram no espírito um germe de indignação contra as nossas tolas instituições civis, nas quais o verdadeiro bem público e a verdadeira justiça são sempre sacrificados por não sei qual ordem aparente, destruidora dos efeitos de qualquer outra ordem, e que só faz acrescentar a sanção da autoridade pública à opressão do fraco e à iniqüidade do forte. Duas coisas impediram que esse germe se desenvolvesse então como o fez depois: primeiro, porque se tratava de mim nesse negócio, e o interesse privado, que nada produz de grande e nobre, não me poderia tirar do coração os divinos impulsos que só ao puro amor do justo e do belo cabe produzir; segundo, o encanto da amizade, que temperava e acalmava minha cólera pelo ascendente de um sen-

---

88. Trabalhador que limpa o vidro em fusão. (N.E.)

timento mais doce. Em Veneza, eu conhecera um biscainho, amigo do meu amigo Carrio, e digno de ser amigo de qualquer outro homem de bem. Esse rapaz amável, nascido com todos os talentos e todas as virtudes, acabava de dar a volta à Itália para tomar gosto pelas Belas Artes; e pensando nada mais ter a aprender, voltava diretamente para sua pátria. Eu lhe disse que as artes eram apenas uma diversão para um gênio como o seu, feito para cultivar as ciências; e lhe aconselhei, para tomar gosto por elas, uma viagem e estada de seis meses em Paris. Ele me ouviu e foi a Paris. Lá estava quando eu cheguei. Seu alojamento era grande demais para si; ofereceu-me a metade; aceitei. Estava dominado pelo fervor dos altos conhecimentos. Nada ficava acima do seu alcance. Devorava e digeria tudo com uma rapidez prodigiosa. E quanto me agradeceu lhe ter indicado esse alimento para o seu espírito, que a necessidade de saber atormentava sem que ele o soubesse! Que tesouros de luzes e virtudes encontrei nessa alma forte! Senti que era aquele o amigo de que precisava; tornamo-nos íntimos. Nossos gostos não eram nunca os mesmos; discutíamos sempre. Ambos teimosos, não estávamos nunca de acordo sobre nada. E, por isso mesmo, não nos queríamos separar; contrariando-nos incessantemente, nenhum dos dois desejaria que o outro fosse diferente.

Ignatio Emmanuel de Altuna era um desses homens raros que só a Espanha produz, e que produz poucos para a sua glória. Não tinha aquelas violentas paixões nacionais comuns ao seu país. A idéia da vingança não lhe podia entrar no espírito, como o desejo dela não lhe poderia entrar no coração. Era muito orgulhoso para ser vingativo, e muitas vezes lhe ouvi dizer, com muito sangue frio, que mortal nenhum poderia ofender sua alma. Era galante sem ser amoroso. Brincava com as mulheres como com lindas crianças. Divertia-se com as amantes dos amigos. Mas nunca lhe conheci nenhuma, nem o desejo de a possuir. As chamas da virtude, que lhe devoravam o coração, nunca permitiram que lá brotassem as dos sentidos.

Depois de suas viagens, casou-se; morreu moço, deixou filhos; e estou convencido, quanto o estou da minha existência, que sua mulher foi a primeira e única que o fez conhecer os prazeres do amor. Exteriormente, era devoto como um espanhol, mas interiormente tinha a piedade de um anjo. Desde que existo, nunca vi, a não ser eu próprio, ninguém mais tolerante. Nunca procurou saber de homem nenhum o que pensava em matéria de religião. Pouco lhe importava que o seu amigo fosse judeu, protestante, turco, carola, ateu, desde que fosse um homem de bem. Obstinado, teimoso, em outras questões, desde que se tratava de religião, mesmo de moral, recolhia-se, calava-se, ou dizia apenas: "Só sou encarregado de mim.". É incrível que se possa reunir tanta elevação de alma com um espírito de detalhe levado até a minúcia. Dividia e fixava de antemão o seu dia por horas, quartos de hora e minutos, e seguia essa distribuição com tanto escrúpulo que, se batesse a hora enquanto lia uma frase, fechava o livro sem a terminar. Todas essas medidas de tempo organizadas serviam-lhe para um estudo, para outro; tinha-as para a meditação, para a conversa, para o trabalho, para Locke, para o rosário, para as visitas, para a música, a pintura, e não havia prazer, nem tentação, nem condescendência que pudesse intervir nessa ordem. Só um dever a cumprir a poderia derrogar. Quando me mostrava a lista das suas distribuições para que eu as seguisse, eu começava por rir e acabava por chorar de admiração. Nunca incomodava ninguém nem suportava que o incomodassem; tratava mal as pessoas que por polidez o queriam incomodar. Era violento sem ser raivoso. Muitas vezes o vi irritado, mas nunca o vi zangado. Nada mais alegre que o seu gênio; ouvia pilhérias e gostava de pilheriar; chegava mesmo a brilhar, nesse terreno, e tinha o talento do epigrama. Quando o animavam, era brilhante e ruidoso em palavras, e sua voz ouvia-se longe. Mas quando gritava, víamo-lo sorrir, e através dos seus arrebatamentos vinha uma palavra jocosa fazer rir todo o mundo. Sua tez era tão pouco espanhola quanto a sua flegma. Era de pele branca, faces coradas, cabelos castanhos quase louros, alto e bem feito. Seu corpo fora formado para alojar sua alma.

Esse coração, tão sábio quanto a cabeça, conhecia os homens e foi meu amigo. É sempre a minha resposta a quem não o é. Ligamo-nos tanto que fizemos o projeto de passarmos a vida juntos. Dentro de alguns anos eu deveria ir para Ascoytia, para viver com ele na sua terra. Todas as partes desse projeto foram combinadas entre nós na véspera da sua partida. Só faltou o que não depende dos homens, nos projetos melhor combinados. Os acontecimentos posteriores, meus desastres, seu casamento, sua morte, afinal, separaram-nos para sempre.

Parece que só os negros projetos dos maus se realizam; os inocentes planos dos bons nunca se cumprem.

Depois de sentir os inconvenientes da independência, prometi, a mim mesmo, nunca mais a ela me expor. Vendo naufragarem logo ao nascer todos os projetos de ambição que a ocasião me levava a conhecer, impedido de reingressar na carreira que começava tão bem, e da qual, entretanto, me acabavam de expulsar, resolvi não me prender mais a ninguém, mas ficar na independência, utilizando meus dotes, cuja medida já começava a sentir e dos quais fizera um juízo modesto demais até então. Voltei ao trabalho da minha ópera que interrompera para ir para Veneza; e para me entregar a ele mais tranqüilamente, depois da partida de Altuna, voltei a morar no meu antigo hotel de Saint-Quentin que, em um bairro solitário e pouco distante do Luxembourg, era-me mais cômodo para trabalhar à vontade do que a barulhenta rua de Saint-Honoré. Lá me esperava o único consolo que o céu me fez gozar na minha miséria, o único que a torna suportável. Não se trata de uma amizade passageira; e devo entrar em algumas minúcias sobre a forma como se fez.

A nossa nova hospedeira, originária de Orléans, contratou, para lhe fazer a roupa branca, uma moça da sua terra; ambas comiam a nossa mesa. A moça, chamada Thérèse Le Vasseur, era de boa família; seu pai fora moedeiro em Orléans, sua mãe fora lojista. Tinham muitos filhos. Não se fazendo mais moeda em Orléans, o pai ficou na rua; a mãe, depois de sofrer várias quebras, deixou o comércio e veio para Paris com o marido e a filha, que sustentava os três com o seu trabalho.

A primeira vez que vi aparecer à mesa a mocinha, impressionei-me com a sua atitude modesta, e mais ainda com o seu olhar vivo e meigo, que para mim nunca houve igual. A mesa se compunha, além do Sr. de Bonnefond, de vários padres irlandeses, gascões, e outras pessoas da mesma qualidade. A própria hospedeira punha as manguinhas de fora; só eu me comportava e falava decentemente. Começaram a troçar da pequena; tomei-lhe a defesa. Logo, os gaiatos caíram sobre mim. Embora eu não tivesse nenhuma preferência por essa pobre moça, apenas a compaixão, a contradição, ma teriam provocado. Sempre gostei da decência nos modos e nas palavras, principalmente a respeito do sexo. Tornei-me abertamente seu campeão. E vi-a sensível aos meus cuidados, e seu olhar, animado pelo reconhecimento que ela não ousava exprimir pela boca, não diminuía de brilho.

Era muito tímida e eu também o era. E a amizade que essa comum disposição poderia afastar se fez muito rapidamente, entretanto. A patroa, que a percebeu, ficou furiosa, e suas brutalidades adiantaram ainda mais minhas relações com a pequena, que só contando comigo em toda a casa via-me sair com mágoa e suspirava pela volta do seu protetor. E a aproximação dos nossos corações, o concurso das nossas disposições fizeram depressa o seu efeito. Ela supôs ver em mim um homem de bem e não se enganou. E eu vi nela uma aluna sensível, simples e sem faceirice, e também não me enganei. Declarei-lhe de antemão que não a abandonaria e não a desposaria nunca. O amor, a estima, a sinceridade ingênua foram os ministros do meu triunfo; e foi porque o seu coração era terno e honesto que eu fui feliz sem ser atrevido.

O que mais adiou minha felicidade foi o medo que ela tinha de que eu me zangasse, não encontrando nela o que supunha que procurava. Vi-a interdita e confusa antes de se entregar, querer dizer alguma coisa e não ousar se explicar; longe de imaginar a causa verdadeira do seu embaraço, imaginei outra muito mais falsa e muito mais insultuosa ao seu procedimento; e pensando que ela me queria prevenir que minha saúde corria risco, caí em perplexidade que não me conteve, mas que durante muitos dias me envenenou a felicidade. E como não nos compreendíamos um ao outro, nossas conversas a esse respeito eram como adivinhações e enigmas dignos de gargalhadas. Ela chegou a me imaginar inteiramente louco; e eu cheguei a não saber mais o que pensasse dela. Afinal, nos explicamos; ela me confessou, chorando, sua única falta ao sair da infância, fruto da sua ignorância e da esperteza de um sedutor. Assim que a compreendi, dei um grito de alegria: "Virgindade! Só em Paris, e aos vinte anos, é que se procura isso! Ah, minha Thérèse, sinto-me feliz demais por te possuir honesta e sã, mesmo sem encontrar o que não procurava".

A princípio, eu só procurara uma diversão. Vi que conseguira mais e arranjara uma companheira. Um pouco de hábito com essa excelente criatura, um pouco de reflexão sobre minha situação fizeram-me sentir que, pensando apenas nos meus prazeres, fizera muito pela minha felicidade. Precisava, para o lugar da ambição extinta, um sentimento vivo que me enchesse o coração. Carecia, em suma, de um suscedânio para mamãe. Já que eu não podia viver com ela, era preciso que alguém vivesse com o seu discípulo, alguém em quem eu encontrasse a simplicidade, a docilidade de coração que ela encontrara em mim. Era preciso que a doçura da vida privada e doméstica me compensasse do destino brilhante a que renunciara. Quando eu estava absolutamente só, meu coração ficava vazio; era preciso alguém para o encher. A sorte me tirara, me alienara, pelo menos em parte, aquela para quem a natureza me formara. Desde então fiquei só. Porque, para mim, nunca houve intermediário entre tudo e nada. Encontrava, pois, em Thérèse, o suplemento de que carecia. Por ela, vivi feliz enquanto o pude ser, de acordo com o curso dos acontecimentos.

Quis a princípio formar-lhe o espírito; mas perdi o trabalho. Seu espírito era o que a natureza o fizera; a cultura e os cuidados nada adiantavam. Não coro ao confessar que ela nunca soube ler bem e escrevesse sofrivelmente. Quando fui morar na rua Neuve-des-Petits-Champs, havia, no hotel de Pontchartrain, defronte a minhas janelas, um quadrante sobre o qual durante mais de um mês esforcei-me por fazê-la aprender e conhecer as horas. Ainda hoje as conhece mal. Nunca pôde aprender a ordem dos doze meses do ano, e não conhece um único algarismo, apesar do cuidado que tive em lhos ensinar. Não sabe nem contar dinheiro, nem o preço de coisa nenhuma. Quando fala, ocorre-lhe freqüentemente a palavra oposta à que quer empregar. Em certa época, fiz um dicionário das suas frases para divertir a Sra. de Luxembourg, e seus qüiproquós se tornaram célebres no meio em que vivi. Mas essa criatura tão limitada, tão estúpida, se quiserem, era uma excelente conselheira nas ocasiões difíceis. Muitas vezes na Suíça, na Inglaterra, na França, nas catástrofes que me aconteceram, ela viu o que eu próprio não vira; deu-me os melhores conselhos; tirou-me de perigos onde me precipitei cegamente; e ante as damas da mais alta esfera, ante os grandes e os príncipes, seus sentimentos, seu bom senso, suas respostas e o seu procedimento conquistaram-lhe a estima universal, e, para mim, elogios ao seu mérito cuja sinceridade eu sentia.

Junto daqueles a quem amamos, o sentimento sustenta o espírito como sustenta o coração e não se tem necessidade de procurar idéias em outra parte. Com minha Thérèse, eu vivia tão agradavelmente quanto viveria com o mais belo gênio do universo. A mãe dela, orgulhosa de ter vivido outrora junto à marquesa de Montpipeau, fazia de espirituosa, queria dirigir o espírito de Thérèse e estragava, por sua astúcia, a simplicidade do nosso convívio.

E o aborrecimento dessa importunação foi que me fez vencer um pouco a tola vergonha de me mostrar em público com Thérèse; fazíamos juntos passeios campestres e merendas que me eram deliciosos. Via que ela me amava sinceramente e isso me redobrava a ternura. Essa doce intimidade me supria tudo; o futuro não me importava mais, ou só me importava como um presente prolongado: e eu nada mais desejava que assegurar-lhe a duração.

Essa afeição tornou-me supérflua e insípida qualquer outra dissipação. Saía, apenas, para ir à casa de Thérèse; e a sua casa tornou-se quase que a minha. Essa vida retirada foi tão vantajosa para o meu trabalho que em menos de três meses minha ópera ficou toda feita, libreto e música. Precisava acabar apenas alguns acompanhamentos, mas esse trabalho de retoque me aborrecia muito. Propus a Philidor que se encarregasse deles, dando-lhe eu parte nos lucros. Ele veio duas vezes, fez alguns retoques no ato de Ovídio; mas não pôde se escravizar a esse trabalho assíduo, por um proveito distante e talvez incerto. Não voltou mais e eu acabei sozinho minha tarefa. Feita minha ópera, tratava-se agora de aproveitá-la; era isso uma outra ópera muito mais difícil. Nada se consegue em Paris quando se vive isolado. Pensei em aparecer por intermédio do Sr. de La Poplinière, em casa de quem Gauffecourt me introduzira, na sua volta de Genebra. O Sr. de La Poplinière era o mecenas de Rameau; a Sra. de La Poplinière era a sua humilíssima aluna. Rameau fazia, como se diz, a chuva e o bom tempo naquela casa. Julgando que ele protegeria com prazer a obra de um dos seus discípulos, quis-lhe mostrar a minha. Recusou-se a vê-la, dizendo que não podia ler partituras, porque isso o fatigava muito. La Poplinière disse então que se poderia fazê-la ouvir, e ofereceu-me reunir músicos para executarem alguns trechos. Eu não pedia melhor. Rameau concordou resmungando, repetindo sem parar que deveria ser uma linda coisa uma composição de um homem que não tinha educação musical e aprendera música sozinho. Corri a tirar as partes de uns cinco ou seis trechos escolhidos. Deram-me uma dúzia de sinfonistas e como cantores Albert, Bérard e a Srta. Bourbonnais. Rameau, desde o começo da audição, começou a dar a entender, por ultrajantes elogios, que a composição não poderia ser minha. Não deixou passar nenhum trecho sem dar sinais de impaciência; mas a uma ária de contralto, cujo canto era másculo e sonoro e o acompanhamento muito brilhante, não se pôde conter; apostrofou-me com uma brutalidade que escandalizou todo mundo, afirmando que uma parte do que acabava de ouvir era de um homem consumado em arte, e o resto de um ignorante que não sabia sequer música. É verdade que o meu trabalho, desigual e sem regra, era às vezes sublime e às vezes muito vulgar, como tem de ser o trabalho de toda pessoa que se eleva por alguns impulsos de gênio sem ter ciência que o apóie. Rameau pretendeu só ver em mim um plagiário sem talento nem gosto. Os assistentes, e sobretudo o dono da casa, não pensaram o mesmo. O Sr. de Richelieu, que nesse tempo o visitava muito, e, portanto, também a Sra. de Poplinière, ouviu falar da minha obra e quis ouvi-la toda, com o projeto de a fazer representar na corte, se lhe agradasse. Foi executada com grande coro e grande orquestra, à custa do rei, na casa do Sr. de Bonneval, intendente. Francoeur dirigia a execução. O efeito foi surpreendente. O duque não parava de exclamar e aplaudir; e ao fim de um coro, no ato de Tasso, levantou, veio até mim, e disse, apertando-me a mão: "Senhor Rousseau, é uma harmonia que arrebata e nunca ouvi nada mais bonito; quero fazer ouvir essa obra em Versalhes". A Sra. de La Poplinière, que estava presente, não disse uma palavra. Rameau, embora convidado, não quis comparecer. No dia seguinte, a Sra. de La Poplinière recebeu-me duramente no seu toucador, procurou rebaixar minha peça, e disse-me que embora um falso brilho tivesse deslumbrado o Sr. de Richelieu, ele voltara a si, e ela não me aconselhava mais que esperasse ver representarem minha ópera. O duque chegou pouco depois, e disse-me coisa muito diversa, lisonjeou-me o talento e mostrou-se sempre disposto a representar minha peça para o rei. "Só o ato de Tasso", disse-me ele, "é que não pode passar na corte; é preciso fazer outro". Ouvindo essa única palavra, corri a me trancar em casa; e em três semanas fiz, em lugar do Tasso, um outro ato cujo assunto era Hesíodo inspirado por uma musa. Descobri o segredo de fazer passar para esse ato uma parte da história das minhas aptidões artísticas e o ciúme com que Rameau se dignava honrá-las. Havia nesse ato uma elevação menos gigantesca, mas melhor mantida que no Tasso; a música era igualmente nobre e muito mais bem feita; e, se os outros dois atos valessem esse, a peça teria arrostado vantajosamente a representação; mas enquanto eu acabava de a pôr em condições, um outro empreendimento suspendeu a sua execução.

(1745-1747) – No inverno que se seguiu à batalha de Fontenoy, houve muitas festas em Versalhes, entre as quais muitas óperas no teatro das Petites-Écuries. Entre elas figurou o drama de Voltaire intitulado "A Princesa de Navarra", da qual Rameau fizera a música, e que acabava de ser modificada e renovada sob o nome de "Festas de Ramiro". Esse novo assunto requereria muitas modificações nas *"divertissements"*[89] do antigo, tanto nos versos quanto na música. Foi preciso encontrar alguém que executasse esse duplo encargo. Voltaire, então na Lorena, e com ele Rameau, ocupados ambos na ópera do "Templo da Glória", não podiam cuidar da modificação; então o Sr. de Richelieu lembrou-se de mim, mandou-me propor que me encarregasse do caso. E para que eu pudesse examinar melhor o que tinha a fazer, mandou-me separadamente o poema e a música. Antes de tudo, não quis tocar no libreto sem permissão do autor. E escrevi-lhe a respeito uma carta muito digna, e mesmo muito respeitosa, como convinha.[90] Eis a resposta, cujo original está no maço A, nº 1:

---

89. Diversões ou divagações. (N.E.)
90. Ver esta carta na Correspondência, datada de 11 de dezembro de 1745. (N.T.)

"15 de dezembro de 1745.

O senhor reúne, cavalheiro, dois dons que até hoje estiveram separados. São duas razões que me obrigam a estimá-lo e a procurar querer-lhe bem. Lamento que o senhor empregue esses dois talentos em obra tão pouco digna deles. Há alguns meses, o Sr. duque de Richelieu ordenou-me expressamente que lhe fizesse às carreiras um pequeno e mau esboço de algumas cenas insípidas e truncadas que se deveriam ajustar a uma instrumentação que não era feita para elas. Obedeci com a maior exatidão: fiz muito depressa e muito mal. Enviei ao duque de Richelieu o miserável esboço, esperando que não servisse, ou que o pudesse corrigir. Felizmente, está em suas mãos, e faço-o senhor absoluto dele; perdi-o inteiramente de vista. E espero que o senhor tenha retificado todos os erros escapados necessariamente em uma composição tão rápida, de esboço tão simples, que tenha suprido a tudo.

Lembro-me que entre outras mancadas, não se diz, nas cenas que ligam as passagens, como é que a princesa Grenadine passa subitamente da prisão para um jardim ou para um palácio. Como não é um mágico que lhe oferece festas, mas um senhor espanhol, parece-me que isso não se deve fazer como por encanto. Peço-lhe, pois, que tenha a bondade de rever esse trecho, do qual só tenho uma lembrança confusa. Veja se é necessário que a prisão se abra e que se faça passar a nossa princesa da prisão para um belo palácio dourado e envernizado, preparado para ela. Sei muito bem que isso tudo é muito mesquinho, e que está muito abaixo de um ser pensante fazer uma coisa séria dessas bagatelas; mas afinal, como se trata de desagradar o menos possível, é preciso pôr, mesmo em uma má passagem de ópera, toda a razão que se puder.

Confio de todo no senhor e no Sr. de Ballod, e conto poder prestar-lhe logo os meus agradecimentos e assegurar-lhe, cavalheiro, até que ponto tenho a honra de ser, etc., etc."

Ninguém se admire da grande delicadeza dessa carta, comparada a outras, pouco gentis, que ele me escreveu depois desse tempo. Ele me supôs muito valido junto ao Sr. de Richelieu; e a facilidade cortesã, que todos lhe conhecemos, obrigava-o a muitas considerações para com um recém-vindo, até que conhecesse bem a medida do seu crédito.

Autorizado pelo Sr. de Voltaire e dispensado de quaisquer considerações para com Rameau, que só procurava me prejudicar, pus-me a trabalhar, e em dois meses a tarefa estava concluída. Quanto aos versos, limitavam-se a muito pouca coisa. Procurei apenas que não se sentisse a diferença dos estilos, e tive a presunção de achar que o conseguira. O trabalho em música foi mais longo e mais penoso. Além de ter de fazer todos os trechos auxiliares, inclusive a abertura, o recitativo todo, de que estava encarregado, era de uma dificuldade extrema, porque precisava ligar, em muitos poucos versos e em modulações muito rápidas, sinfonias e coros cujos tons eram muito afastados. Porque, para que Rameau não me acusasse de lhe ter desfigurado as árias, não quis modificar nem transpor nenhuma. Fui feliz nesse recitativo. Era bem acentuado, cheio de energia, e sobretudo excelentemente modulado. A lembrança dos dois homens superiores aos quais se tinham dignado me associar elevara-me o gênio. E posso dizer que, nesse trabalho ingrato e sem glória, do qual o público não podia nem ser informado, mantive-me quase sempre ao lado dos meus modelos.

A peça, no estado em que a pus, foi ensaiada no grande teatro da Ópera. Dos três autores, era eu o único presente. Voltaire estava ausente, e Rameau não compareceu, ou escondeu-se.

As palavras do primeiro monólogo eram muito lúgubres, começavam assim:

"*Ó morte, vem pôr fim aos males de minha vida.*"

Era preciso fazer música de acordo. E foi nisso, entretanto, que a Sra. de La Poplinière fundamentou sua censura, acusando-me, com muita aspereza, de ter feito música de enterro. O Sr. de Richelieu, muito judiciosamente, começou por se informar de quem eram os versos desse monólogo. Apresentei-lhe o manuscrito que me enviara e viu-se que os versos eram de Voltaire. "Nesse caso", disse ele, "é só Voltaire quem tem a culpa". Durante o ensaio, tudo que eu fizera foi sucessivamente condenado pela Sra. de La Poplinière e justificado pelo Sr. de Richelieu. Mas, afinal, eu tinha uma adversária muito forte, e foi-me dito que eu deveria refazer o trabalho em muitos pontos, sobre os quais tinha de consultar o Sr. Rameau. Aborrecido com tal conclusão, que me chegava em vez dos elogios que esperava e que me eram devidos, voltei para casa com a morte no coração. Fiquei doente, esgotado, vencido pelo desgosto. E, durante seis semanas, não estive em condições de sair.

Rameau, que fora encarregado das modificações indicadas pela Sra. de La Poplinière, mandou-me pedir a abertura da minha grande ópera para substituir a que eu acabava de fazer. Felizmente, percebi-lhe a astúcia e recusei. Como só faltavam cinco ou seis dias para a apresentação, ele não teve tempo de fazer outras e foi preciso deixar a minha. Era à italiana, e de um estilo muito novo para a França, então. Foi entretanto apreciada, e soube, pelo Sr. de Valmalette, mordomo do rei e genro do Sr. Mussard, meu parente e meu amigo, que os amadores estavam muito satisfeitos com a minha obra e que o rei não a distinguira da de Rameau. Mas este, de acordo com a Sra. de La Poplinière, tomou medidas para que não se soubesse que eu trabalhara naquilo. Nos livros que se distribuíram aos espectadores, e onde os autores são sempre indicados, só aparecia Voltaire. E Rameau preferiu que o seu nome fosse suprimido, a vê-lo associado ao meu.[91]

Logo que fiquei em condições de sair, quis ir à casa do Sr. de Richelieu. Não era mais tempo; ele acabava de partir para Dunquerque, onde deveria comandar um desembarque destinado à Escócia. Quando voltou, para me desculpar a preguiça, achei que era tarde demais. Como não o revi mais, perdi as honras que minha obra merecia e os honorários que me deveria produzir; e meu tempo, trabalho, o desgosto, a doença e o dinheiro que me custou, tudo foi a minha custa, sem me render um real de lucro, ou antes, de pagamento. Entretanto, sempre me pareceu que o Sr. de Richelieu tinha uma natural inclinação para mim e pensava bem dos meus dotes. Mas a minha infelicidade e a Sra. de La Poplinière obstaram sempre qualquer efeito da sua boa vontade.

Eu não podia compreender absolutamente a aversão daquela mulher, a quem me esforçava por agradar, e que cortejava regularmente. Gauffecourt explicou-me os motivos. "Primeiro, a sua amizade por Rameau, de quem é a panegirista titulada e que não quer suportar nenhum concorrente; e há ainda um pecado original, que o condena aos olhos dela, e que ela nunca lhe perdoará: é você ser de Genebra." E explicou-me então que o padre Hubert, que também era de Genebra e amigo sincero do Sr. de La Poplinière, esforçara-se por impedi-lo de se casar com aquela mulher, que ele conhecia bem; depois do casamento, ela lhe votou um ódio implacável, bem como a todos os genebrinos. "E embora La Poplinière, como eu o sei, tenha amizade a você, não lhe conte com o apoio. Está apaixonado pela mulher; ela o odeia; é má e astuta; nunca você fará nada naquela casa." E eu me dei por convencido.

---

91. O impresso (brochura *in-quarto* de 14 páginas) não traz os nomes nem do autor do libreto nem do da música, mas apenas o nome de Laval, autor do bailado. "As festas de Ramiro" foram representadas em Versalhes a 22 de dezembro de 1745. (N.E. francês)

Pouco tempo depois, esse mesmo Gauffecourt me prestou um obséquio que me era muito necessário. Eu acabava de perder o meu virtuoso pai, com cerca de sessenta anos. Senti menos essa perda do que teria sentido em qualquer outro tempo, quando as complicações da minha vida me preocupavam menos. Durante sua vida, não quis reclamar o resto da legítima de minha mãe e que produzia o seu pequeno rendimento. Depois da sua morte, porém, não tive mais esse escrúpulo. A falta de prova jurídica da morte de meu irmão era uma dificuldade que Gauffecourt se encarregou de destruir, o que realmente conseguiu, graças aos bons ofícios do advogado de Lorme. Como eu tinha a maior necessidade desse pequeno haver, e a chegada dele era duvidosa, esperei a certeza final com a maior ansiedade. Uma noite, ao entrar em casa, encontrei a carta que deveria trazer essa notícia, e tomei-a para a abrir com um tremor de impaciência que me envergonhou interiormente. "Como", disse eu com desprezo, "é possível que Jean-Jacques se deixe subjugar assim pelo interesse e pela curiosidade?". Repus imediatamente a carta sobre o fogão. Despi-me, tranqüilamente, dormi melhor que de costume, e me levantei de manhã, bem tarde, sem mais pensar na carta. Ao me vestir, vi-a e a abri sem pressa: continha um cheque. Senti-me alegre então por muitos motivos; mas posso jurar que o mais importante era ter sabido vencer-me. Poderia citar vinte outros casos idênticos em minha vida, mas tenho muita pressa para poder dizer tudo. Mandei uma pequena parte desse dinheiro a minha pobre mamãe, lamentando com lágrimas não estar mais nos felizes tempos em que lhe poria tudo aos pés.

Em todas as cartas dela, sentia-se a sua ruína. Mandava-me montões de receitas e segredos mediante os quais pretendia que eu fizesse minha fortuna e a sua. Já o sentimento da miséria lhe apertava o coração e lhe estreitava o espírito. O pouco que lhe mandei serviu de presa aos patifes que a exploravam. Ela não se aproveitou de nada. E desgostou-me partilhar meu necessário com esses miseráveis; sobretudo depois da inútil tentativa que fiz para a arrancar deles, como contarei depois.

O tempo corria e com ele o dinheiro. Nós éramos dois, talvez quatro, ou, para dizer melhor, sete ou oito. Porque, embora Thérèse fosse de um desinteresse sem exemplo, sua mãe não se lhe assemelhava. Assim que se viu um pouco melhor, graças a mim, apressou-se em mandar buscar os filhos para também se aproveitarem. Irmãos, filhos, filhas, netas, tudo veio, afora a filha mais velha, casada com o diretor de carros de Angers. Tudo que eu fazia por Thérèse era desviado pela mãe para aqueles esfomeados. E como eu não vivia com uma ambiciosa e não estava subjugado por uma paixão louca, não fazia disparates. Satisfazendo-me em manter Thérèse honestamente, mas sem luxo, ao abrigo de necessidades prementes, consentia que tudo que ela ganhasse com o seu trabalho fosse inteiramente em proveito da mãe, e não me limitava a isso. Mas por uma fatalidade que me perseguia, enquanto mamãe era presa dos seus mordedores, Thérèse era presa da família, e eu nada podia fazer, em nenhum dos dois casos, que resultasse em benefício daquela a quem o destinava. E era singular que a mais moça das filhas da Sra. Le Vasseur, a única que não pudera ser dotada, fosse a única que sustentasse o pai e a mãe, e que, depois de durante muitos anos ter sido espancada pelos irmãos, pelas irmãs e até pelas sobrinhas, fosse agora pilada, sem que a pobre moça soubesse se defender melhor dos seus roubos do que se defendera das pancadas. Uma única das sobrinhas, chamada Gothon Leduc, era muito amável e meiga, embora estragada pelo exemplo e lições dos outros. E como eu sempre as via juntas, chamava-as como elas se chamavam entre si; chamava à pequena "sobrinha" e à tia "minha tia". Ambas me chamavam de tio. Daí o nome de tia, com o qual continuei a chamar Thérèse, e que às vezes meus amigos repetiam brincando.

Compreende-se que, em uma tal situação, eu procuraria não perder um momento para sair dela. Supondo que o Sr. de Richelieu me esquecera, e nada mais esperando da corte, fiz algumas tentativas para representar minha ópera em Paris; encontrei, porém, muitas dificuldades que pediam tempo para serem vencidas, e dia-a-dia eu tinha mais pressa. Lembrei-me de apresentar minha comédia *"Narciso"*, aos Italianos. Foi recebida, e deram-me as entradas, que me proporcionaram muito prazer. Foi tudo, porém; nunca consegui fazer representar minha peça; e, cansado de cortejar comediantes, abandonei-os. Cheguei afinal ao último expediente que me restava, o único a que deveria ter recorrido. Freqüentando a casa do Sr. de La Poplinière, afastara-me da do Sr. Dupin. As duas senhoras, embora parentes, eram brigadas e não se visitavam. Não havia nenhum convívio entre as duas casas e apenas Thieriot vivia em uma e outra. E foi ele o encarregado de me tornar a conduzir à casa do Sr. Dupin. O Sr. de Francueil estudava agora história natural e química, e tinha um gabinete. Creio que ele aspirava à Academia de Ciências, queria fazer para esse fim um livro, e supunha que eu lhe poderia ser útil nesse trabalho. A Sra. Dupin que, por seu lado, também pensava em um livro, tinha a meu respeito projetos idênticos. Queriam ter-me em comum, como uma espécie de secretário, e era esse o objeto dos conselhos de Thieriot. Exigi de antemão que o Sr. de Francueil empregasse o seu crédito com o de Jelyotte para fazer ensaiar minha obra na Ópera. Ele concordou. As *Musas Galantes* foram ensaiadas, primeiro várias vezes no *Magasin*, depois no grande teatro. Havia muita gente no ensaio geral, e muitos trechos foram aplaudidíssimos. Entretanto, senti por mim mesmo, durante a execução, aliás muito mal dirigida por Rebel, que a peça não passaria, e mesmo que não estava em condições de aparecer senão com grandes correções. De forma que a retirei sem dizer palavra e sem me expor a uma recusa. Vi, porém, claramente, por muitos índices, que embora a obra fosse perfeita não seria representada. O Sr. de Francueil prometera-me fazê-la ensaiar e não a fazer representar. Cumpriu a palavra exatamente. Sempre supus ver, nessa ocasião e em muitas outras, que tanto ele como a Sra. Dupin preocupavam-se pouco em me fazer alguma reputação na sociedade. Talvez com medo de que alguém imaginasse, ao ler os seus livros, que eles tinham calcado seus talentos nos meus. Entretanto, como a Sra. Dupin sempre me supusera um talento muito medíocre, e como nunca me utilizou apenas para escrever sob seu ditado ou para pesquisas de pura erudição, essa censura, sobretudo a seu respeito, seria absolutamente injusta.

(1747-1749) – Esse derradeiro desastre acabou de me desanimar. Abandonei qualquer projeto de triunfo e glória; e sem mais pensar nos dotes reais ou vãos que me serviam tão pouco, consagrei o tempo e o trabalho a conseguir minha subsistência e a de minha Thérèse, servindo de acordo com a vontade dos que ma forneciam. Liguei-me, pois, inteiramente à Sra. Dupin e ao Sr. Francueil. Isso não me levou à opulência; porque, com os oitocentos ou novecentos francos que recebi nos dois primeiros anos, mal tinha com que suprir as primeiras necessidades, forçado a morar na vizinhança deles, em quarto mobiliado, em um bairro caro, e pagar um outro aluguel na extremidade de Paris, no alto da rua Saint-Jacques, onde, fizesse o tempo que fizesse, eu ia cear quase todos os dias.

Depressa tomei o hábito e mesmo o gosto das minhas novas ocupações. Dediquei-me à química; fiz vários cursos com o Sr. de Francueil, na casa do Sr. Rouelle. E, bem ou mal, pusemo-nos a rabiscar papel, sobre essa ciência, cujos elementos mal possuíamos. Em 1747, fomos passar o outono na Touraine, no castelo de Chenonceaux, morada real sobre o Cher, construída por Henrique II para Diane de Poitiers, de quem ainda se viam as iniciais, e agora na posse do Sr. Dupin, administrador geral. Divertimo-nos muito naqueles lindos lugares; comia-se muito bem; fiquei gordo como um frade. Fazia-se muita música. Lá compus vários *trios* para canto, cheios de uma fortíssima harmonia, dos quais falarei talvez no meu suplemento, se algum dia o fizer. Representávamos comédias e eu fiz uma, em quinze dias, em três atos, intitulada "Compromisso temerário" que se encontrará entre os meus papéis e cujo único mérito é ter muita alegria. Compus outras pequenas obras, entre outras uma peça em verso intitulada a "Aléia de Sílvia", nome tirado de uma aléia do parque que bordejava o Cher. E fazia isso tudo sem descontinuar o meu trabalho sobre química, e o meu outro trabalho junto à Sra. Dupin.

Enquanto eu engordava em Chenonceaux, a minha pobre Thérèse, em Paris, engordava de uma outra maneira. E, quando para lá voltei, encontrei o trabalho a que eu dera começo muito mais adiantado do que eu o imaginara. E, dada a minha posição, isso me teria posto em uma situação embaraçosíssima, se meus companheiros de mesa não me houvessem indicado o único recurso a lançar mão. Trata-se de uma dessas narrações essenciais que eu não posso fazer com muita simplicidade, porque seria preciso, ao comentá-la, desculpar-me ou acusar-me. E aqui não devo fazer nem uma coisa nem outra.

Durante a estada de Altuna em Paris, em lugar de comermos em um restaurante, comíamos ordinariamente ele e eu na vizinhança, quase defronte ao beco da ópera, na casa de uma Sra. La Selle, mulher de um alfaiate, cuja comida era muito má, mas cuja mesa era procurada por causa da boa companhia que lá se encontrava; porque ali não entrava nenhum desconhecido, e era preciso que se fosse introduzido por alguém que já fizesse lá as refeições. O comandante de Graville, velho libertino muito polido e espirituoso, mas desbocado, lá morava e para lá atraía uma louca e brilhante rapaziada, oficiais das guardas e mosqueteiros. O comandante de Nonant, cavalheiro de todas as moças da ópera, trazia diariamente notícias daquele bordel. Os Srs. Duplessis, tenente-coronel reformado, bom e quieto velho, e Ancelet,[92] oficial de mosqueteiros, mantinham uma certa ordem entre os rapazes. Apareciam também comerciantes, financeiros, merceei-

---

92. Foi ao Sr. Ancelet que dei uma comediazinha feita por mim, intitulada "Os prisioneiros da guerra", feita depois dos desastres dos franceses na Baviera e na Boêmia, e que eu não ousava confessar nem mostrar pela singular razão de que nunca o rei, nem a França, nem os franceses foram mais louvados, com mais sinceridade, do que o eram ali por mim, republicano e frondista titulado; e não ousava me confessar panegirista de uma nação cujas máximas eram contrárias às minhas. Mais sentido com as desgraças da França do que os próprios franceses, receei que acusassem de lisonja e covardia as demonstrações de uma afeição sincera, cujas origens já contei na primeira parte (Livro quinto) e que eu tinha vergonha de demonstrar.

ros, mas delicados, honestos, daqueles que se distinguem no ofício: o Sr. Besse, o Sr. Forcade, e outros, cujos nomes esqueci. Em suma, viam-se pessoas de posição em todas as profissões, exceto padres e homens de hábito que nunca lá vi; era uma convenção não introduzir nenhum. Essa mesa, sempre cheia, era alegre sem ser ruidosa, e pilheriava-se muito sem grosseria. O velho comandante, com todos os seus contos, picantes na substância, não perdia a sua polidez da velha corte, e nunca lhe saía da boca um palavrão que não fosse tão engraçado que até mulheres lho perdoariam. Seu tom servia de regra a toda a mesa.

    E aqueles moços todos contavam suas aventuras galantes com doses iguais de licenciosidade e graça. E ainda faltavam menos as histórias de cortesãs, porque a loja delas era à porta, pois a calçada que levava à casa da Sra. La Selle era a mesma que levava à loja da Sra. de Duchapt, célebre modista, que tinha então lindas filhas, com as quais nossos convivas conversavam antes ou depois do jantar. Se fosse mais atrevido, eu haveria de me divertir como os outros. Bastaria entrar com eles, mas nunca o ousei. Quanto à Sra. La Selle, continuei a ir jantar lá de vez em quando, depois da partida de Altuna. Ouvia lá uma porção de anedotas divertidíssimas, e aprendi assim pouco a pouco não os costumes, graças aos céus, mas as máximas dominantes ali. Pessoas de bem arruinadas, maridos enganados, mulheres seduzidas, partos clandestinos, eram os assuntos mais comuns; e aquele que mais contribuísse para o povoamento da casa dos expostos seria sempre o mais aplaudido. Isso me venceu; adaptei meu modo de pensar ao modo que via em pessoas muito amáveis e, no fundo, gente muito direita; e disse a mim mesmo: "Já que é costume da terra, quando se vive nela pode-se segui-lo". Era esse o expediente que eu procurava. Resolvi-me a empregá-lo, galhardamente sem o menor escrúpulo. E o único que tive a vencer foi o de Thérèse, a quem me custaram todas as penas do mundo fazê-la aceitar esse único meio de lhe salvar a honra. Mas a mãe dela, que além do mais receava novas complicações com crianças, veio em meu auxílio e vencemo-la. Escolhemos uma parteira cuidadosa e segura, chamada Srta. Gouin, que morava na ponte de Santo Eustáquio, para lhe confiar o depósito. E, quando chegou o tempo, Thérèse foi levada pela mãe à casa da Gouin para ter a criança. Fui vê-la diversas vezes lá, e levei-lhe umas iniciais que fiz em duplicata, uma das quais foi posta entre os panos da criança, que a parteira depositou na Casa dos Expostos, na forma do costume. No ano seguinte, ocorreram idêntico inconveniente e idêntico expediente, salvo a marca, a qual foi esquecida.

Houve a mesma irreflexão da minha parte, e a mesma desaprovação da parte da mãe, que obedecia gemendo. Depois veremos sucessivamente todas as vicissitudes que esse fatal procedimento produziu no meu modo de pensar e no meu destino. Porém agora fiquemos nessa primeira época. Suas conseqüências, tão imprevistas e cruéis, não me forçarão a voltar muito atrás.

Chamo a atenção aqui para a minha primeira aproximação com a Sra. d'Épinay, cujo nome aparecerá muito nestas memórias. Chamava-se Srta. d'Esclavelles e acabava de se casar com o Sr. d'Épinay, filho do Sr. Lalive de Bellegarde, administrador geral. Seu marido era músico, como o Sr. de Francueil. Ela também era musicista, e a paixão pela arte criou uma grande intimidade entre essas três criaturas. O Sr. de Francueil me introduziu na casa da Sra. d'Épinay; ceei lá com ele algumas vezes. Ela era amável, espirituosa, prendada; era seguramente uma boa amizade a travar. Mas tinha uma amiga, chamada Srta. d'Ette, que passava por má e vivia com o cavalheiro de Valory, que não passava por bom. Creio que a convivência com essas duas pessoas fez mal à Sra. d'Épinay, a quem a natureza dera, com um temperamento muito exigente, excelentes qualidades para lhe regular ou atenuar os excessos. O Sr. de Francueil transmitiu-lhe uma parte da amizade que tinha por mim, confessou-me suas ligações com ela, das quais, por esse motivo, eu não falaria aqui se elas não se tivessem tornado públicas ao ponto de não serem mistério nem para o próprio Sr. d'Épinay. O Sr. de Francueil chegou mesmo a me fazer sobre essa senhora confidências bem singulares, que ela própria nunca me fez, e das quais nunca me supôs sabedor, porque nunca, sobre isso, abri nem abrirei a boca a ninguém. E essa confiança toda, de uma parte e de outra, tornava minha situação muito embaraçosa, sobretudo com a Sra. de Francueil, que me conhecia bastante para desconfiar de mim, embora me soubesse das relações da sua rival. E eu consolava o melhor que podia a pobre mulher, a quem indiscutivelmente o marido não compensava a afeição que ela lhe tinha. Ouvia separadamente a todos três. Guardava-lhes os segredos com a maior fidelidade, sem que nenhum dos três nunca me tivesse podido arrancar os dos outros dois, e sem dissimular a nenhuma das duas mulheres a minha afeição pela rival. A Sra. de Francueil, que se queria servir de mim para muitas coisas, recebeu recusas formais; e a Sra. d'Épinay, querendo uma vez me encarregar de uma carta para Francueil, não só recebeu uma recusa idêntica como ainda uma declaração claríssima de que, se me queria afastar para sempre de sua casa, bastava fazer-me pela segunda vez esse pedido.

É preciso fazer justiça à Sra. d'Épinay; longe de lhe desagradar o meu procedimento, falou dele elogiosamente a Francueil e não me recebeu com menos agrado. Foi assim que entre as tempestuosas relações que tive de manter entre três pessoas, das quais de um certo modo dependia, e pelas quais era afeiçoado, soube lhes conservar até o fim a amizade, a estima, a confiança, conduzindo-me com doçura e condescendência, mas sempre com correção e firmeza. Apesar da minha tolice e da minha timidez, a Sra. d'Épinay meteu-me nos divertimentos da Chevrette, castelo próximo a Saint-Denis, que pertencia ao Sr. de Bellegarde. Tinha lá um teatro onde freqüentemente se representava. Deram-me um papel que estudei seis meses sem parar e que foi preciso me soprarem do começo ao fim no dia da representação. Depois dessa tentativa, não me deram mais nenhum papel.

Conhecendo a Sra. d'Épinay, conheci também sua cunhada, a Srta. Bellegarde, que depressa se tornou condessa d'Houdetot. Na primeira vez que a vi, estava nas vésperas de se casar; conversou longamente comigo, com essa encantadora familiaridade que lhe é natural. Achei-a muito amável; mas estava longe de imaginar que daquela moça dependeria um dia o destino da minha vida e que ela me haveria de arrastar, embora inocentemente, ao abismo onde hoje estou.

Embora eu ainda não tenha falado de Diderot nem do meu amigo Roguin, depois da minha volta de Veneza, não os tinha abandonado, e aproximara-me sobretudo do primeiro. Tinha ele uma Nanette, como eu tinha uma Thérèse; era entre nós mais uma conformidade. Mas a diferença era que, embora a minha Thérèse tivesse a cara da sua Nanette, tinha um gênio meigo e um caráter amável, feito para prender um homem de bem; enquanto a dele, gasquita, barulhenta e implicante, nada mostrava à gente que lhe pudesse compensar a má educação. Entretanto, ele se casou com ela. E fez muito bem, se lho prometeu. Quanto a mim, que nada prometera, não me apressei em imitá-lo.

Ligara-me também com o abade de Condillac, que, como eu, nada era então na literatura, mas que estava marcado para se tornar o que é hoje. Fui eu o primeiro, talvez, que lhe conheci as capacidades e as estimei no que valiam. Ele também parecia que gostava da minha companhia, e quando, trancado no meu quarto da rua Jean-Saint-Denis, eu trabalhava no meu ato de Hesíodo, ele às vezes vinha jantar comigo, só nós dois em piquenique. Trabalhava ele então em um "Ensaio sobre a origem dos conhecimentos do homem" que é a sua primeira obra. Quando acabou, a dificuldade foi encontrar um livreiro que o quisesse editar. Os livreiros de Paris são duros e arrogantes para qualquer principiante. E a metafísica, muito pouco em moda, não era um assunto muito atraente. Falei a Diderot de Condillac e da sua obra. Eles eram feitos para se darem bem, e deram-se. Diderot convenceu o livreiro Durant a aceitar o livro do padre, e esse grande metafísico recebeu, pelo seu primeiro livro, e quase por favor, cem escudos que, se não fosse eu, talvez não recebesse. Como morávamos em bairros muito afastados um do outro, reuníamo-nos os três uma vez por semana no Palais-Royal, e íamos jantar juntos no hotel do Panier-Fleuri. E decerto esses jantares hebdomadários agradavam muito a Diderot, porque, ele, que faltava a quase todos os encontros, nunca faltou a nenhum dos nossos. Concebi o projeto de uma folha periódica intitulada *Le Persifleur*[93] que deveríamos fazer alternativamente, Diderot e eu. Esbocei a primeira folha, e isso me fez travar conhecimento com d'Alembert, a quem Diderot falara no jornal. Mas acontecimentos imprevistos nos atrapalharam, e o projeto ficou no que estava.

Aqueles dois escritores tinham começado então o *Dicionário Enciclopédico*, que, a princípio, deveria ser apenas uma tradução de Chambers, mais ou menos semelhante ao *Dicionário da Medicina*, de James, que Diderot tinha terminado. Quis ele que eu contribuísse para esse segundo trabalho e me propôs a parte da música, que aceitei, e que executei muito às pressas e muito mal, nos três meses que me haviam dado, como a todos os escritores que concorriam para o trabalho. Mas fui o único que estava com o trabalho pronto no tempo prescrito. Mandei-lhes o manuscrito, que mandara passar a limpo por um lacaio do Sr. de Francueil, chamado Dupont, que escrevia muito bem e a quem paguei dez escudos, do meu bolso, que nunca me foram reembolsados. Diderot me prometera da parte dos livreiros uma retribuição de que nunca mais me falou, nem eu a ele.

Esse empreendimento da *Enciclopédia* foi interrompido pela sua detenção. Os *Pensamentos Filosóficos* tinham-lhe trazido alguns aborrecimentos que não tiveram, porém, conseqüências. Não aconteceu o mesmo com as *Cartas sobre os Cegos* que nada tinham de repreensível senão alguns traços pessoais, com os quais se chocaram a Sra. Dupré de Saint-Maur e o Sr. de Réaumur, e graças aos quais foi ele preso na torre de Vincennes.

Nada poderá pintar as angústias que me fez sentir a desgraça do meu amigo. Minha funesta imaginação que leva sempre o mal a

---

93. O Irônico, O Mordaz.

pior, apavorou-se. Imaginei-o preso para o resto da vida. Quase perco a cabeça.

Escrevi uma carta a Madame de Pompadour, pedindo-lhe que o mandasse soltar ou então que obtivesse que me prendessem com ele. Não tive nenhuma resposta a essa carta; era muito pouco razoável para ser eficaz; e não suponho que tenha contribuído para as melhoras que depois modificaram o cativeiro do pobre Diderot. Mas se ele tivesse continuado algum tempo ainda com o mesmo rigor, creio que eu teria morrido de desespero aos pés daquela desgraçada torre. E, ademais, se minha carta produziu pouco efeito, também eu não soube fazê-la valer; porque só falei nisso a muito poucas pessoas, e nunca ao próprio Diderot.

LIVRO OITAVO

(1749)

Tive de fazer uma pausa no fim do livro precedente. Começa com este, na sua primeira origem, a longa cadeia das minhas desventuras.

Tendo vivido dois anos nas casas mais brilhantes de Paris, não poderia deixar de fazer algumas amizades. Conhecera, entre outros, na casa da Sra. Dupin, o príncipe herdeiro de Saxe-Gotha, e o barão de Thun, seu preceptor. Na casa do Sr. de La Poplinière conhecera o Sr. de Seguy, amigo do barão de Thun e conhecido no mundo literário pela sua bela edição de Rousseau. O barão nos convidou, ao Sr. de Seguy e a mim, para irmos passar um dia ou dois em Fontenay-sur-Bois, onde o príncipe tinha uma casa. Fomos. Ao passar por Vincennes, senti, à vista da torre, uma punhalada no coração, cujo efeito o barão me notou no rosto. Na ceia, o príncipe falou da detenção de Diderot. O barão, para me fazer falar, acusou o prisioneiro de imprudência; e imprudente fui eu na maneira impetuosa com que o defendi. Perdoaram esse acesso de zelo, inspirado por um amigo infeliz, e conversou-se em outra coisa. Havia lá dois alemães, a serviço do príncipe: um, chamado Klupffell, homem muito espirituoso, era o seu capelão, e tornou-se depois seu preceptor, depois de ter suplantado o barão; o outro era um rapaz de nome Grimm, que lhe servia de leitor, enquanto procuravam outra ocupação para ele, cujos trajes, muito gastos, indicavam a necessidade urgente de encontrá-la. Nessa mesma noite, Klupffell e eu começamos uma aproximação que depressa se transformou em amizade. Com o senhor Grimm, a coisa não andou tão depressa; ele não procurava sobressair; estava então muito longe, desse modo, a vontade, que depois lhe deu a prosperidade. No dia seguinte ao jantar, falou-se em música; e ele falou bem. Fiquei entusiasmado ao saber que ele acompanhava ao cravo. Depois do jantar, mandaram buscar partituras de músicas. E tocamos durante o dia todo no cravo do príncipe. E assim começou essa amizade que a princípio me foi tão agradável, depois tão funesta, e da qual tanto terei de falar, para diante.

Ao voltar a Paris, soube da agradável notícia que Diderot saíra da torre, que lhe tinham dado, sob palavra, o castelo e o parque de Vincennes como prisão, com permissão de ver os amigos. Quanto me foi duro não poder correr lá no mesmo instante! Mas fiquei preso dois ou três dias na casa da Sra. Dupin, por causa de uns trabalhos indispensáveis, e, depois de três ou quatro séculos de impaciência, voei aos braços do meu amigo. Momento indescritível! Ele não estava só. D'Alembert e o tesoureiro da Santa Capela faziam-lhe companhia. Ao entrar, não vi mais ninguém, só Diderot, e dei um salto, um grito; colei meu rosto ao seu, abracei-o fortemente, sem lhe falar, a não ser por minhas lágrimas e meus soluços; estava sufocado de ternura e alegria.

E o primeiro movimento dele, ao sair dos meus braços, foi voltar-se para o eclesiástico e dizer-lhe: "Está vendo, senhor, como meus amigos me estimam!". Todo entregue a minha emoção, não refleti, no momento, nessa maneira de a aproveitar; mas pensando nela, depois, imaginei sempre que, no lugar de Diderot, não seria essa a primeira idéia que me ocorreria.

Achei-o muito afetado pela prisão. A torre lhe fizera uma impressão terrível, e embora estivesse bem no castelo, e senhor dos seus passeios em um parque que não é nem sequer fechado por muros, tinha necessidade do convívio dos amigos para não se entregar às idéias negras. E como eu era, indiscutivelmente, o que mais se compadecia das suas dores, supus ser o que mais lhe agradasse ver, e de dois em dois dias, no máximo, apesar dos mais exigentes afazeres, ia, só ou com a mulher dele, passar a tarde lá.

Esse ano de 1749 foi de um calor excessivo. São duas léguas de Paris a Vincennes. E como não podia pagar fiacres, às duas horas da tarde, eu saía a pé, quando estava só, e ia depressa para chegar mais cedo. As árvores do caminho, sempre afastadas, à moda da terra, quase não davam sombra; e, muitas vezes, esgotado de calor e fadiga, estendia-me no chão, exausto. Para moderar o passo, lembrei-me de levar sempre um livro. Um dia, levei o Mercúrio de França, e enquanto caminhava e o percorria, vi aquela questão, proposta pela Academia de Dijon para o prêmio do ano seguinte: *"Se o progresso das ciências e das artes contribuiu para corromper ou apurar os costumes"*.

No momento dessa leitura, vi um outro universo e tornei-me um outro homem; apesar de ter uma viva lembrança da impressão que recebi, os detalhes me escaparam depois que os gravei numa das minhas quatro cartas ao Sr. de Malesherbes. É uma das singularidades da minha memória que merece ser lembrada. Só me recorda uma coisa enquanto a guardo comigo; assim que a confio ao papel, abandona-me. E desde que escrevo uma coisa uma vez, não me lembro mais dela absolutamente. E essa singularidade permanece comigo até na música. Antes de estudar, eu sabia decoradas uma porção de canções; assim que soube cantar árias anotadas, não pude mais reter nenhuma; e duvido que, mesmo entre as de que eu mais gostava, possa hoje dizer uma toda.

O que recordo bem nessa ocasião foi que ao chegar a Vincennes, estava numa agitação que chegava ao delírio. Diderot o percebeu, eu lhe disse o motivo, e li-lhe a prosopopéia de Fabricius, escrita a lápis num carvalho. Ele me exortou a dar saída às minhas idéias e a concorrer ao prêmio. Fi-lo, e desde esse instante perdi-me. Todo o resto de minha vida e minhas desgraças foram o efeito inevitável desse momento de desvario.

Com a mais inconcebível rapidez, meus sentimentos acenderam ao tom das minhas idéias. Todas as minhas pequenas paixões foram sufocadas pelo entusiasmo da verdade, da liberdade, da virtude; e o que é mais espantoso é que essa efervescência se manteve no meu coração durante mais de quatro ou cinco anos, num grau tão alto que talvez nunca tenha estado assim no coração de nenhum homem.

Trabalhei nesse discurso dum modo bem singular, e que empreguei também em quase todas as minhas outras obras. Consagrei-lhe as insônias das minhas noites. Meditava na cama, de olhos fechados, e virava e revirava os períodos na cabeça, com um sacrifício incrível; depois, quando conseguia ficar satisfeito com eles, depunha-os na memória até que os pudesse gravar no papel. Porém, o tempo de me levantar e vestir-me fazia-me perder tudo. E quando punha o papel a minha frente, não me voltava quase nada do que compusera. Lembrei-me de tomar a Sra. La Vasseur como secretária. Já a alojara com a filha e o marido mais perto de mim; e era ela que, para me poupar um criado, vinha todas as manhãs me acender o fogo e fazer o serviço diário. Quando chegava, ditava-lhe da cama o trabalho da noite; e essa prática, que segui muito tempo, livrou-me de muitos esquecimentos.

Quando o texto ficou pronto, mostrei-o a Diderot, que ficou satisfeito e me indicou algumas correções. E essa obra, entretanto, cheia de calor e de força, carece absolutamente de lógica e de ordem; de tudo que me saiu da pena, é o mais fraco de raciocínio e o mais pobre de número e harmonia; mas, qualquer que seja o talento com que se nasça, a arte de escrever não se aprende de uma vez.

Mandei a peça sem falar dela a ninguém mais a não ser talvez a Grimm, com quem, depois da sua entrada na casa do conde de Frièse, eu vivia na maior intimidade. Ele possuía um cravo que nos servia de ponto de reunião, e em torno do qual eu passava com ele os momentos que tinha livres, cantando árias italianas e barcarolas, sem tréguas nem descanso, da manhã à noite, ou antes, da noite à manhã; e quando não me encontravam na casa da Sra. Dupin, era certo encontrarem-me na casa de Grimm, ou pelo menos com ele, a passeio ou no teatro. Deixei de ir à Comédia Italiana, para a qual tinha entradas, mas de que ele não gostava, para ir com ele, pagando, à Comédia Francesa, pelo que era apaixonado. Em suma, uma tão poderosa atração me ligou àquele rapaz, e me tornei de tal modo inseparável dele que a pobre tia começou a ser abandonada; isto é, eu a visitava menos, porque em nenhum momento da vida a minha afeição por ela enfraqueceu.

Essa impossibilidade de partilhar com minhas inclinações o pouco tempo de que eu dispunha renovou mais vivamente que nunca o desejo que tinha, havia muito, de viver em comum com Thérèse; mas o embaraço da sua enorme família e sobretudo a falta de dinheiro para comprar os móveis me tinham paralisado até então. Apresentou-se a ocasião de fazer um esforço e eu a aproveitei. O Sr. de Francueil e a Sra. Dupin, vendo que eu não poderia viver realmente com oitocentos ou novecentos francos por ano, subiram de moto próprio os meus honorários anuais a cinqüenta luíses. E além disso, a Sra. Dupin, sabendo que eu queria montar casa, ajudou-me um pouco. Juntei os móveis novos aos que Thérèse já possuía; alugamos um pequeno apartamento no hotel de Languedoc, rua de Grenelle-Saint-Honoré, na casa de uma gente muito boa, e nos arranjamos como pudemos. Lá deveríamos morar plácida e agradavelmente durante sete anos, até minha mudança para a Ermitage.

O pai de Thérèse era um velho bonachão, muito manso, que tinha um medo extremo da mulher, que por isso lhe dera o apelido de "tenente criminoso", apelido que Grimm, por brincadeira, transportou à filha. A Sra. Le Vasseur não carecia de espírito, isto é, de traquejo; pretendia mesmo ser polida e ter ares de gente do alto mundo; mas tinha uma lábia misteriosa que me era insuportável, dando maus conselhos à filha, procurando torná-la dissimulada para comigo e lisonjeando separadamente os meus amigos, uns às expensas dos outros e às minhas;

aliás, muito boa mãe, porque lucrava em sê-lo, e, encobrindo as faltas da filha, porque as aproveitava.

Essa mulher, que eu cumulava de atenções, de cuidados, de pequenos presentes, de quem eu fazia muita questão de me fazer amar, era, pela impossibilidade que eu sentia de o conseguir, o único motivo de desgosto do meu lar modesto; quanto ao mais, posso dizer que, durante esses seis ou sete anos, gozei da mais perfeita felicidade doméstica que a fraqueza humana possa comportar. O coração da minha Thérèse era o de um anjo; nossa afeição crescia com nossa intimidade, e cada dia sentíamos mais quanto fôramos feitos um para o outro. Se nossos prazeres pudessem ser descritos, a simplicidade deles faria rir: os passeios, só nós dois, fora da cidade, onde eu gastava muito bem oito ou dez soldos em qualquer taverna; nossas ceias no parapeito da minha janela, sentados um defronte do outro em cadeirinhas postas sobre uma mala que tinha a largura da janela. Nessa posição, a janela nos servia de mesa, respirávamos o ar, podíamos ver os arredores, os passantes e, embora do quarto andar, mergulhar na rua enquanto comíamos. Quem sentirá, quem descreverá o encanto dessas refeições, cujas únicas iguarias eram um quarto de pão preto, algumas cerejas, um pedacinho de queijo ou meio sestário de vinho que bebíamos os dois? Amizade, confiança, intimidade, doçura da alma, como são deliciosos vossos frutos! Algumas vezes ficávamos até meia-noite sem pensar nisso e·sem cuidarmos na hora, se a velha mamãe não nos chamasse. Mas deixemos essas minúcias que talvez pareçam insípidas ou ridículas; eu sempre o disse e senti: o verdadeiro prazer não se descreve.

E nesse mesmo tempo, mais ou menos, gozei de um prazer mais grosseiro, o último dessa espécie de que posso me acusar. Já disse que o ministro Klupffell era amável; minhas relações com ele não eram menos estreitas que com Grimm, e tornaram-se igualmente íntimas; algumas vezes eles comiam em minha casa. Essas refeições, um pouco mais que simples, eram alegradas pelas finas e loucas brejeirices de Klupffell, pelos engraçados germanismos de Grimm, que ainda não se tornara purista. A sensualidade não presidia nossas pequenas orgias, mas a alegria a supria, e sentíamo-nos tão bem juntos que não podíamos mais nos separar. Klupffell pusera entre os seus móveis uma mundaninha que não deixara de ser de todo o mundo, porque ele não a podia manter só. Uma tarde, ao entrarmos no café, encontramo-lo saindo para ir cear com ela. Zombamos dele, que se vingou galantemente, levando-nos à mesma ceia e zombando de nós por sua vez. Aquela pobre moça pareceu-me de ótima natureza, muito meiga, pouco própria para o ofício, para o qual uma velha harpia com quem morava a preparava o melhor que podia. A conversa e o vinho nos alegraram a tal ponto que perdemos a noção das coisas. E o bom Klupffell não quis nos fazer a meio as honras da casa, e, sucessivamente, passamos os três ao quarto vizinho, com a pobre pequena, que não sabia se deveria rir ou chorar. Grimm afirmou sempre que não a tocou; foi, pois, para se divertir e nos impacientar que demorou muito tempo com ela; e, se se absteve, é pouco provável que tenha sido por escrúpulos, porque, antes de entrar na casa do conde de Frièse, morava no mesmo bairro de Saint-Roch, em casa de mulheres.

Saí da rua dos Moineaux, onde morava a moça, tão envergonhado quanto Saint-Preux saiu da casa onde o tinham embriagado, e, ao lhe escrever a história, lembrei-me muito da minha. Thérèse percebeu, por qualquer sinal, e sobretudo pelo meu ar confuso, que eu tinha qualquer coisa de que me acusar; e logo me aliviei do peso por uma franca e rápida confissão. E fiz bem; porque no dia seguinte Grimm veio contar o meu mau ato, agravando-o, e desde então nunca mais deixou de malignamente o recordar. E o que lhe agravava a culpa é que eu o pusera livremente e voluntariamente na confidência, e tinha, pois, direito de esperar que ele não me fizesse arrepender. Nunca senti melhor que nessa ocasião a bondade de coração da minha Thérèse; porque ela se chocou mais com o procedimento de Grimm do que se ofendeu com a minha infidelidade, e só recebi dela censuras comovedoras e afetuosas, nas quais nunca percebi o menor sinal de despeito.

A simplicidade de espírito dessa excelente mulher era igual à bondade do seu coração, para dizer tudo; porém, um exemplo que me ocorre merece ser citado. Eu lhe dissera que Klupffell era ministro e capelão do príncipe Saxe-Gotha. Um ministro era para ela um homem tão singular que, confundindo comicamente as coisas mais disparatadas, entendeu de tomar Klupffell pelo papa. Imaginei-a louca um dia, ao chegar em casa, quando ela me disse pela primeira vez que o papa me viera visitar. Fi-la explicar-se, e corri a contar o caso a Grimm e a Klupffell, que ficou com o nome de papa, para nós. Chamávamos a mundana da rua dos Moineaux pelo nome de *Papisa Jeanne*.[94] E risadas inesgotáveis nos sufocavam. As pessoas que, em uma carta que entenderam de me atribuir, me fizeram dizer que só duas vezes na minha vida eu rira, não me conheceram nesse tempo, nem na minha mocidade, porque então nunca essa idéia lhes ocorreria.

---

94. Papisa Joana. (N.E.)

(1750-1752) – No ano seguinte, como eu não pensava mais no meu texto, soube que ele levantara o prêmio em Dijon. Essa notícia despertou todas as idéias que o haviam provocado, animou-as com uma nova força e acabou de fermentar no meu coração o primeiro levedo de heroísmo – virtude que meu pai, minha pátria e Plutarco tinham posto nele, durante a minha infância. Nada mais via então de grande e belo, senão ser livre e virtuoso, acima da fortuna e da opinião, e bastar-se a si mesmo. E embora a falsa vergonha e o receio de bofetadas me impedissem de me portar, de início, de acordo com esses princípios, e de romper bruscamente com as máximas do meu século, desde então, entretanto, minha resolução fixou-se, e só a demorei para executar o tempo de que precisaram as contradições para a irritarem e a tornarem triunfante.

Enquanto eu refletia sobre os deveres do homem, um acontecimento veio me fazer refletir sobre os meus. Thérèse ficou grávida pela terceira vez. Muito sincero para comigo, muito orgulhoso para querer desmentir meus princípios com minhas ações, pus-me a examinar o destino dos meus filhos e minha ligação com a mãe deles, de acordo com as leis da natureza, da justiça e da razão, e dessa religião pura, santa, eterna como o seu autor, que os homens enodoaram fingindo querer purificá-la e com suas fórmulas transformaram em uma religião de palavras, uma vez que custa pouco prescrever o impossível quando se dispensa cumpri-lo.

Se me enganei nos resultados, nada é mais de admirar do que a segurança de alma com a qual me entreguei a eles. Se eu fosse desses homens mal nascidos, surdos à doce voz da natureza, junto aos quais não germina nenhum sentimento de justiça e de humanidade, seria muito simples esse endurecimento; mas esse ardor do coração, essa sensibilidade tão viva, essa facilidade em criar afeições, essa força pela qual elas me subjugam, esses sofrimentos cruéis quando é preciso rompê-las, essa benevolência inata para com o próximo, esse amor ardente pelo grande, pelo verdadeiro, pelo belo, pelo justo, esse horror pelo mal de qualquer espécie, essa impossibilidade de odiar, de fazer mal, ou mesmo de o querer, esse enternecimento, essa viva e doce emoção que sinto à vista de tudo que é virtuoso, generoso, amável; tudo isso se poderia combinar na mesma alma com a depravação que calca aos pés, sem escrúpulo, os mais doces deveres? Não, eu o sinto e digo altivamente: não é possível. Nunca, durante um único instante da sua existência, Jean-Jacques pôde ser um homem sem sentimentos, sem entranhas, um pai desnaturado. Pude me enganar, mas não me endurecer. Se eu dissesse minhas razões, falaria demais. Já que me puderam seduzir, seduzirão outros. E eu não quero expor os rapazes que talvez me leiam a se deixarem ludibriar pelo mesmo erro. Contentar-me-ei em dizer que tão grande foi esse erro que, entregando meus filhos à educação pública, já que os não podia educar, ou mesmo destinando-os a serem operários e camponeses, em vez de aventureiros e cavaleiros de indústria, supus realizar um ato de cidadão e de pai; e olhava-me a mim mesmo como a um membro da república de Platão. Mais de uma vez, desde então, a tristeza me mostrou que eu me enganara; mas, em vez de a razão me fazer idêntica advertência, muitas vezes abençoei o céu por, desta maneira, os haver livrado da sorte do pai, e do destino que os ameaçava quando eu fosse forçado a abandoná-los. Se os houvesse deixado à Sra. d'Épinay ou à Sra. de Luxembourg, que, ou por amizade, ou por generosidade, ou por qualquer outro motivo, quiseram mais tarde tomar esse encargo, teriam sido mais felizes, teriam sido educados pelo menos entre pessoas honestas? Ignoro-o; mas estou certo de que os teriam levado a odiar, talvez a trair, seus pais; e é mil vezes melhor que não os tenham conhecido.

 Meu terceiro filho foi, pois, entregue à Casa dos Expostos, como os primeiros; e o mesmo sucedeu com os dois seguintes, porque foram cinco ao todo. E essa solução me pareceu tão boa, tão sensata, tão legítima que, se não me gabava dela publicamente, era apenas em consideração à mãe. Mas contei-a a todos a quem confessava a nossa ligação; disse-o a Diderot, a Grimm. Contei-o depois à Sra. d'Épinay, depois à Sra. de Luxembourg, e isso livremente, francamente, sem nenhuma espécie de necessidade, podendo facilmente esconder o fato a todo o mundo. Porque a Gouin era uma mulher séria, muito discreta, em quem eu confiava inteiramente. O único dos meus amigos a quem tive um certo interesse em dizer a verdade foi o médico Thierry, que cuidou da pobre Thérèse em um dos partos em que esteve muito mal. Em suma, não fiz nenhum mistério com o meu procedimento, não só porque nunca pude esconder nada aos meus amigos, como porque, realmente, nada via nisso de mal. Pesando tudo, escolhi para os meus filhos o melhor ou o que eu imaginava que o fosse. Quisera eu, e ainda hoje o quereria, ter sido educado e sustentado como eles o foram.

 Enquanto eu fazia assim minhas confidências, a Sra. Le Vasseur também fazia as suas, mas com fins menos desinteressados. Eu as introduzira, a ela e à filha, na casa da Sra. Dupin, que, por amizade para comigo, desdobrava-se em bondades para com ambas. A mãe a pôs no segredo da filha. A Sra. Dupin, que é boa e generosa, e a quem a velha não dissera quanto eu era cuidadoso em suprir as necessidades de todos, apesar da modicidade dos meus recursos, dava-lhes também dinheiro com uma liberalidade que, por ordem da mãe, a filha sempre me escondeu durante minha estada em Paris, e que só me confessou na Ermitage, depois de muitos outros momentos de expansão. Eu ignorava que a Sra. Dupin, que nunca me demonstrou saber de nada, estivesse tão bem informada; ignoro se a Sra. Chenoceaux, sua nora, também o estava. Mas a Sra. de Francueil, sua enteada, soube de tudo, e não pôde calar-se. Falou-me do caso no ano seguinte quando eu já deixara a casa deles. Isso levou a lhe escrever uma carta, que será encontrada na minha coletânea, na qual eu expunha as razões que podia dar, sem comprometer a Sra. Le Vasseur e sua família. Porque as razões mais sérias vinham de lá, e calei-me.

Estou certo da discrição da Sra. Dupin e da amizade da Sra. de Chenoceaux; era-o da Sra. de Francueil, que aliás morreu muito antes de que o meu segredo fosse espalhado. Nunca ele o poderia ser pelas próprias pessoas a quem o confiei, e só o foi, com efeito, depois da minha ruptura com elas. Só com esse fato podem elas ser julgadas; sem querer me desculpar da sentença que mereço, prefiro arrostar com essa condenação a arrostar com o castigo que a maldade delas merece. Meu crime é grande, mas foi um erro. Faltei aos meus deveres, mas o desejo de fazer mal não me entrou no coração, e as entranhas de pai não poderiam saber falar bem por filhos que nunca vira. Mas trair a confiança da amizade, violar o mais santo de todos os pactos, publicar os segredos depositados no nosso peito, desonrar por gosto o amigo que se enganou, e que ainda nos respeita, ao nos abandonar, isso não são erros, são baixezas de alma e sujeira.

Prometi minha confissão, não minha justificação. De forma que paro aqui. Cabe a mim ser verdadeiro e ao leitor ser justo. Nada mais lhe pedirei.

O casamento da Sra. de Chenoceaux tornou-se ainda mais agradável à casa de sua mãe, pelo mérito e o espírito da recém-casada, criatura amabilíssima, que mostrou distinguir-me entre os escribas do Sr. Dupin. Era filha única da viscondessa de Rochechouart, grande amiga do conde de Frièse, e por ricochete de Grimm, que morava com ele.

Fui eu, entretanto, que o introduziu na casa da filha dela, mas os seus gênios não se combinaram e essa amizade não teve conseqüências. E Grimm, que já a esse tempo visava a coisas sólidas, preferiu a amizade da mãe, mulher de sociedade, à da filha, que queria amigos certos e que conviessem, sem se envolver em nenhuma intriga nem procurar crédito entre os grandes. A Sra. Dupin, não encontrando na Sra. de Chenoceaux toda a docilidade que esperava, tornou-lhe a casa muito triste. E a Sra. de Chenoceaux, orgulhosa do seu mérito e talvez do seu nascimento, preferiu renunciar aos prazeres da sociedade e ficar quase só no seu apartamento a suportar um jugo para que não fora feita. Essa espécie de exílio aumentou minha afeição por ela, graças à inclinação natural que me aproxima dos infelizes. Achava-lhe o espírito metafísico e pensativo, embora um pouco sofístico. Sua palestra, que não era a de uma moça que sai do convento, era muito atraente para mim. Entretanto, não tinha vinte anos. Tinha uma pele deslumbrante; o talhe era alto, e esbelto se fosse mais cuidado; seus cabelos, de um louro acinzentado e de beleza pouco comum, lembravam-me os de minha pobre mamãe nos seus bons tempos e me agitavam vivamente o coração. Mas os princípios severos que eu acabara de criar para mim, e que estava disposto a cumprir, a qualquer preço, livraram-me dela e dos seus encantos. Passei, durante todo um verão, três ou quatro horas por dia junto dela, a lhe mostrar gravemente a aritmética, a aborrecê-la com meus algarismos eternos, sem lhe dizer uma palavra galante nem lhe lançar um olhar. Cinco ou seis anos mais tarde não seria eu tão prudente ou tão louco; mas estava escrito que eu só deveria amar de amor uma única vez na vida, e que outra, não ela, teria os primeiros e os últimos suspiros do meu coração.

Desde que eu trabalhara na casa da Sra. Dupin, contentava-me com minha sorte, sem mostrar nenhum desejo de a ver melhorar. O aumento que ela fizera aos meus ordenados, conjuntamente com o Sr. de Francueil, emanara unicamente deles. Nesse ano, o Sr. de Francueil, que cada dia me tinha mais amizade, pensou em me proporcionar mais recursos, em uma situação menos precária. Ele era recebedor geral das finanças e o seu caixa, velho, rico, queria se aposentar. O Sr. de Francueil me ofereceu o lugar. E para ficar em condições de o desempenhar, fui durante algumas semanas à casa do Sr. Dudoyer receber as instruções necessárias. Mas, ou porque eu tivesse pouca queda para o emprego, ou porque Dudoyer quisesse ter um outro sucessor e não me instruísse de boa fé, adquiri lentamente e mal os conhecimentos de que tinha necessidade; e toda aquela ordem de contas, embrulhadas de antemão, não me entrou na cabeça. Entretanto, embora sem apanhar o ofício em conjunto, apanhei o bastante para o poder exercer correntemente. Comecei mesmo a desempenhar as funções. Tomava conta do registro e da caixa; dava e recebia dinheiro e recibos; e embora tivesse tão pouco gosto quanto queda pelo ofício, a maturidade dos anos começava a me tornar prudente e eu estava determinado a vencer a repugnância para me entregar todo ao emprego. Infelizmente, quando eu começava a me acomodar, o Sr. de Francueil fez uma viagem durante a qual fiquei encarregado da caixa, onde não havia entretanto, na ocasião, mais de vinte e cinco a trinta mil francos. O cuidado, a inquietação de espírito que me deu esse depósito fizeram-me sentir que eu não nascera para caixa, e não duvido que os cuidados que passei durante essa ausência não tenham contribuído para a doença em que caí depois da sua volta.

Já disse, na primeira parte, que nasci moribundo. Um defeito de conformação na bexiga me fez sofrer, nos primeiros anos, uma retenção de urina quase constante. E minha tia Suzon, que cuidava de mim, teve um trabalho incrível em me conservar vivo. Conseguiu-o, afinal: minha constituição robusta venceu, e minha saúde fortaleceu-se tanto, durante a juventude, que, exceto a doença de languidez cuja história contei, e freqüentes necessidades de urinar que o menor aquecimento tornavam incômodas, cheguei à idade de trinta anos sem quase me ressentir da minha primeira doença. O primeiro sinal dela que senti foi ao chegar em Veneza. A fadiga da viagem e os terríveis calores que padecera produziram-me um ardor de urina e dores nos rins que fiquei sentindo até o começo do inverno. Depois de ter andado com a Padoana, me supus morto, e não sofri o menor incômodo. Depois de me ter esgotado mais de imaginação que de corpo com a minha Zulietta, estava mais sadio do que nunca. Só depois da detenção de Diderot foi que os calores sofridos durante minhas caminhadas a Vincennes, pelo terrível verão que então fazia, me produziram uma nefrite violenta, depois da qual nunca mais recuperei minha saúde primitiva.

No momento de que falo, tendo talvez me fatigado um pouco no trabalho daquela maldita caixa, caí em pior estado que antes, e fiquei de cama durante cinco ou seis semanas, nas piores condições que se possa imaginar. A Sra. Dupin me mandou o célebre Morand, que, apesar da sua habilidade e delicadeza de mãos, me fez sofrer dores incríveis, e não conseguiu nunca fazer uma sondagem. Aconselhou-me que recorresse a Daran, cujas velas mais flexíveis conseguiram afinal se insinuar; mas, prestando contas à Sra. Dupin do meu estado, Morand declarou que dentro de seis meses eu não seria mais vivo. Essa afirmação, que chegou a mim, me levou a sérias reflexões sobre o meu estado e sobre a tolice de sacrificar o repouso e a alegria do pouco que me restava de vida à sujeição de um emprego que só me dava desgosto. E afinal, como pôr de acordo os severos princípios que eu acabava de adotar com um estado que tão pouco condizia com eles? Não seria engraçado, eu, caixa de um recebedor geral das finanças, pregar o desinteresse e a pobreza? Essas idéias me fermentaram tão bem a cabeça, com a febre, combinaram-se com tanta força que, depois, nada mais as pôde arrancar de lá. E na convalescença confirmei a sangue frio as resoluções que tomara durante o delírio. Renunciei para sempre a qualquer projeto de fortuna e de ascensão. Determinado a passar na independência e na pobreza o pouco tempo que me restava para viver, apliquei todas as forças da minha alma a quebrar os ferros da opinião e a fazer com coragem tudo o que me parecia bem, sem me importar absolutamente com o julgamento dos homens. São incríveis os obstáculos que tive de combater e os esforços que fiz para triunfar deles. E venci tanto quanto era possível, e mais do que eu próprio esperara. Se eu tivesse sacudido tão bem o jugo da amizade quanto o da opinião, chegaria ao cabo do meu desígnio, o maior talvez, ou pelo menos o mais útil à virtude que um mortal já concebeu; mas enquanto eu calcava aos pés os julgamentos insensatos dos pretensos grandes e dos pretensos sábios, deixava-me subjugar e levar como uma criança pelos pretensos amigos, que, invejosos de me verem caminhar só em uma estrada nova, fingindo que se preocupavam muito em me tornar feliz, só se preocupavam em me tornar ridículo, e começaram a trabalhar para me envilecer, a fim de poderem depois me difamar. Foi menos minha celebridade literária que minha reforma pessoal que lhes atraiu a inveja: teriam talvez me perdoado brilhar na arte de escrever, mas não me puderam perdoar que eu desse por minha conduta um exemplo que parecia importuná-los. Eu nascera para a amizade. Meu gênio fácil e meigo a sustentava sem sacrifício. Enquanto vivi ignorado pelo público, fui amado por todos os que me conheceram, e não tive um único inimigo; mas assim que tive um nome, não tive mais amigos. Foi uma enorme desgraça; e maior ainda foi a de ficar cercado de pessoas que tomavam o nome de amigos e que usavam do direito que ele lhes dava para me arrastarem à perdição. A continuação destas memórias lhes desenvolverá a odiosa trama. Só mostro aqui a origem: breve veremos formar-se o primeiro nó.

    Na independência em que eu queria viver, era entretanto preciso subsistir. Imaginei um meio muito simples: era copiar músicas e cobrar por isso, por página copiada. Se alguma ocupação mais sólida pudesse suprir o mesmo fim, eu a teria tomado; mas esse trabalho era do meu gosto, e o único que, sem sujeição pessoal, me poderia dar o pão de cada dia. Supondo não ter mais necessidade de previdência, fazendo calar a vaidade, de caixa de um financeiro me fiz copista de música. Achei que ganhara muito na escolha e arrependi-me tão pouco, que só à força deixei esse ofício, para o retornar logo que pudesse.

O êxito do meu primeiro texto tornou-me mais fácil a execução dessa resolução. Quando ele foi premiado, Diderot se encarregou de o mandar imprimir. E quando eu estava de cama, ele me escreveu um bilhete para me anunciar a publicação e o efeito. "Subiu às nuvens; não há exemplo de um êxito igual." Esse favor do público, que não fora absolutamente solicitado, e para com um autor desconhecido, me deu a primeira certeza do meu talento, do qual, apesar do sentimento interno, eu sempre até então duvidara. E compreendi toda a vantagem que eu poderia tirar dele para o fim que resolvera atingir; pois pensei que a um copista de alguma celebridade nas letras não faltaria trabalho.

Assim que minha resolução foi bem tomada e confirmada, escrevi um bilhete ao Sr. de Francueil para lhe dar parte dela, para lhe agradecer, como também à Sra. Dupin todas as suas bondades, e para lhes pedir a freguesia. Francueil não compreendeu nada do bilhete, e, imaginando-me ainda no delírio da febre, correu a minha casa. Mas verificou ser minha resolução tão firme que não a conseguiu abalar. Foi dizer à Sra. Dupin e a todo o mundo que eu estava louco; deixei dizer e continuei meu caminho. Comecei a reforma pelos trajos; deixei os dourados e as meias brancas; passei a usar uma peruca redonda; abandonei a espada. Vendi o relógio, dizendo com uma alegria incrível: "Graças ao céu! Não precisarei mais saber que horas são!". O Sr. de Francueil teve a correção de ainda esperar muito tempo antes de dispor da caixa. Afinal, vendo que eu estava bem resolvido, deu-a ao Sr. d'Alibard, outrora preceptor do jovem Chenoceaux e conhecido na botânica pela sua "Flora Parisiense".[95]

Por mais austera que fosse a minha reforma suntuária, não a estendi logo à roupa branca, que era bonita e muita, resto do meu enxoval de Veneza, e pela qual eu tinha uma afeição particular. De tanto fazer dela um objeto de asseio, transformara-a em um objeto de luxo, que não deixava de me custar caro. Alguém me prestou o favor de me libertar dessa escravidão. Na véspera de Natal, enquanto as mulheres estavam nas vésperas e eu no concerto, forçaram a porta de um celeiro onde estava estendida toda nossa roupa branca, depois de lavada. Roubaram tudo, e, entre outras coisas, quarenta e duas camisas minhas, de ótimo linho, que eram a base da minha roupa branca. Segundo a descrição que os vizinhos fizeram de um homem

---

95. Não duvido de que tudo isso seja contado muito diversamente por Francueil e seus sócios; mas refiro-me ao que ele disse durante muito tempo a todo o mundo, até a formação do complô, do qual as pessoas de bom senso e boa fé hão de conservar a lembrança.

que tinham visto saindo do hotel, carregando pacotes, na mesma hora, Thérèse e eu suspeitamos do seu irmão, que sabíamos ser um péssimo sujeito. A mãe repeliu vivamente essa suspeita, mas tantos índices a confirmaram que, apesar de tudo, ela nos ficou. Não ousei fazer pesquisas exatas, com medo de achar mais do que queria. Esse irmão nunca mais apareceu em minha casa, e acabou desaparecendo de todo. Eu deplorava a sorte de Thérèse e a minha por termos uma família tão misturada, e pedi-lhe mais que nunca que sacudisse um jugo tão perigoso. Essa aventura me curou da minha paixão pela roupa branca de primeira qualidade, e desde então só a possuí muito comum, mais de acordo com o resto do meu trajo.

 Completa assim minha reforma, só pensei em a tornar sólida e durável, trabalhando em desenraizar do meu coração tudo que se prendia ainda ao julgamento dos homens, tudo que poderia me desviar, pelo medo das censuras, do que era bom e razoável em si. Auxiliada pelo rumor que fizera a minha obra, minha resolução também fez ruído, e me atraiu freguesias. De maneira que comecei o ofício com muito êxito. Muitos motivos entretanto me impediram de vencer nele como o poderia ter feito em outras circunstâncias. Primeiro, minha péssima saúde. O ataque que acabava de sofrer teve conseqüências que nunca mais me deixaram tão bem quanto antes. E acredito que os médicos que me assistiram fizeram-me tanto mal quanto a enfermidade que me atingiu. Procurei sucessivamente Morand, Daran, Helvétius, Malouin, Thierry, que, todos muito sábios, meus amigos todos, trataram-me cada qual a sua moda, não me aliviaram e me enfraqueceram consideravelmente. Quanto mais me submetia à direção deles, mais ficava amarelo, magro, fraco. Minha imaginação, que eles apavoravam, medindo meu estado pelo efeito das suas drogas, me mostrava antes da morte apenas uma cadeia de sofrimentos, retenções, areias, pedra na bexiga. Tudo que alivia os outros, as tisanas, os banhos, a sangria, piorava minhas dores. Percebendo que as sondas de Daran, as únicas que me faziam algum efeito, só me davam entretanto um alívio momentâneo, pus-me a fazer com grande despesa uma imensa provisão de sondas, para poder usá-las a vida inteira, mesmo que Daran me faltasse. Durante oito ou dez anos em que me servi delas, freqüentemente, foi preciso, apesar de todas as que eu armazenara, comprar ainda uns cinqüenta luíses delas. E compreende-se que um tratamento tão caro, tão doloroso, tão penoso, não me deixasse trabalhar sem distração, e que um moribundo não empregasse um entusiasmo muito grande em ganhar o pão de cada dia.

 As ocupações literárias foram uma outra distração não menos prejudicial ao meu trabalho diário. Mal apareceu meu texto, os defensores da lei despencaram sobre mim como que combinados. Indignado por ver tantos senhorezinhos Josse, que não entendiam do assunto, pretenderem decidir dele como mestres, tomei da pena e tratei-os de modo a não deixar os gaiatos do lado deles. Um certo Sr. Gautier, de Nancy, o primeiro que me caiu sob a pena, foi rudemente tratado em uma carta a Grimm. O segundo foi o próprio rei Estanislau, que não desdenhou entrar em liça comigo. A honra que me fez forçou-me a mudar de tom para lhe responder. Tomei um tom mais grave, mas não menos forte. E sem faltar com o respeito ao autor, refutei plenamente a obra. Eu sabia que um jesuíta, o padre Menou, colaborara nela; e fiei-me em meu tato para descobrir o que era do príncipe e o que era do monge; e caindo sem pena sobre todas as frases jesuíticas, chamei a atenção, de caminho, para um anacronismo que supus só poderia emanar do reverendo. Esse trabalho, que, não sei por que, fez menos rumor que meus outros escritos, é, até hoje, uma obra única na sua espécie. Aproveitei a ocasião que me era dada para mostrar como um particular poderia defender a causa da verdade mesmo contra um soberano. É difícil assumir-se um tom ao mesmo tempo mais altivo e mais respeitoso que o que empreguei para lhe responder. Tinha a felicidade de ter um adversário a quem podia demonstrar, sem adulação, toda a estima que meu coração lhe tinha. Foi o que fiz com muita felicidade, mas sempre com dignidade. Meus amigos, receosos por mim, supunham ver-me desde já na Bastilha. Não tive esse medo um só momento, e tive razão. O bom príncipe, depois de ter lido minha resposta, disse: "Já apanhei bastante, não me aproximo mais!". Depois disso, recebi dele muitas demonstrações de estima e benevolência, das quais terei que citar algumas. E o trabalho percorreu tranqüilamente a França e a Itália sem que ninguém lhe visse motivos para censuras.

Pouco tempo depois apareceu-me um outro adversário inesperado, aquele mesmo Sr. Bordes, de Lyon, que dez anos antes me dera tantas provas de estima e me prestara tantos obséquios. Eu não o esquecera, mas deixara de lhe escrever por preguiça; e não lhe mandara meus escritos, por falta de oportunidade. Estava, portanto, em falta com ele; porém, me atacou corretamente, e eu lhe respondi do mesmo modo. Replicou em um tom mais decidido; e isso deu lugar a minha última resposta, depois da qual ele não disse mais nada. Tornou-se, porém, o meu mais ardente inimigo, escolheu o tempo de minhas desgraças para fazer os mais horrorosos libelos contra mim, e fez uma viagem a Londres unicamente para me fazer mal.

Toda essa polêmica me ocupara muito, com muita perda de tempo para as cópias, pouco progresso para a verdade e poucos proventos para a minha bolsa. Pissot, meu livreiro, então, dava-me muito pouco por minhas brochuras e às vezes nada. Pelo meu primeiro escrito, por exemplo, não recebi um real: Diderot deu-lho de graça. Era preciso esperar muito tempo e tirar soldo a soldo o que ele me dava. Enquanto isso, a cópia não caminhava. Eu exercia dois ofícios: era o meio de os desempenhar mal a ambos. E de uma outra maneira, ainda, meus dois empregos estavam em desacordo, pelas diferentes maneiras de viver a que me submetiam. A situação que eu escolhera excitava a curiosidade. Todo o mundo queria conhecer esse homem esquisito que não procurava ninguém, que só cuidava de viver livre e feliz ao seu modo; e era o bastante para que o não conseguisse. Minha sala não se esvaziava de pessoas que, sob vários pretextos, vinham se apoderar de meu tempo. As mulheres empregavam mil astúcias para me reterem para o jantar. E quanto pior eu tratasse as pessoas, mais se obstinavam. E eu não podia me recusar a todo o mundo. Fazendo mil inimigos com minhas recusas, era incessantemente vencido pela minha complacência; e, fizesse como fizesse, não tinha, durante o dia, uma hora de tempo para mim.

Senti então que não é sempre tão fácil quanto se imagina ser pobre e independente. Eu queria viver do meu ofício, e o público não o queria. Imaginavam mil meios de me compensarem do tempo que me obrigavam a perder. Depressa ser-me-ia preciso, como o Polichinelle,[96] exibir-me a um preço por espectador. Não conheço escravidão mais aviltante e mais cruel do que essa. E não encontrei outro remédio senão recusar os presentes dos grandes e dos pequenos, sem fazer exceção de ninguém. Isso só fez atrair os presenteadores, que queriam ter a glória de vencer minha resistência, e me forçarem a lhes ser obrigado, malgrado meu. Qualquer um que me recusaria um escudo, se eu o pedisse, não cessava de me importunar com seus oferecimentos, e para se vingar de os ver repelidos, tachava minha recusa de arrogância e ostentação.

Compreende-se bem que a resolução que eu tomara e o sistema que queria seguir não eram do agrado da Sra. Le Vasseur. E todo o desinteresse da filha não a impedia de seguir a direção da mãe. E as *governantas*, como as chamava Gauffecourt, não eram tão firmes quanto eu nas recusas. Embora me escondessem muitas coisas, eu via o bastante para compreender que não via tudo; e isso me atormentava, não pela acusação de conivência que me era fácil prever, mas pela idéia cruel de não poder nunca ser dono de mim e da minha casa.

---

96. Polichinelo, personagem de teatro de comédia, o mesmo que homem volúvel. (N.E.)

Pedia, ordenava, zangava-me e tudo sem resultado; a mamãe me fazia passar por um rabugento eterno, um carrasco; eram, com os meus amigos, cochichos contínuos. Tudo era mistério e segredo para mim em minha casa; e, para não me expor incessantemente a tempestades, não ousava mais me informar do que havia. Ser-me-ia preciso, para me tirar dessa complicação toda, uma firmeza de que não seria capaz. Sabia gritar, e não agir; deixavam-me falar e cuidavam da vida.

Essas investidas contínuas, essas importunações diárias a que eu estava sujeito, tornaram-me afinal desagradável a moradia em Paris. Quando meus incômodos me permitiam sair, e eu não me deixava arrastar aqui e ali pelos conhecidos, ia passear sozinho. Sonhava com o meu grande sistema, deitava alguma coisa no papel, com o auxílio de um livro em branco e um lápis que trazia sempre no bolso. Eis como os imprevistos aborrecimentos de uma situação que eu escolhera me lançaram por diversão inteiramente na literatura; e eis como eu transportava para as minhas primeiras obras a bílis e o mau humor que me tinha visto forçado a aliviar nelas.

Uma outra coisa também contribuía para isso: lançado a contragosto na sociedade, sem lhe ter o traquejo, sem estar em condições de o adquirir e me submeter a ele, entendi de criar um para mim que me dispensasse do outro. Como minha tola e aborrecida timidez, que eu não podia vencer, tinha como princípio o receio de faltar às conveniências, resolvi, para me encorajar, calcá-las aos pés. Fiz-me cínico e cáustico por acanhamento. Fingi desprezar a polidez que não sabia praticar. É verdade que essa aspereza, de acordo com meus novos princípios, enobrecia-se na minha alma e adquiria a intrepidez da virtude. E foi, se ouso dizê-lo, sobre essa augusta base que ela se manteve melhor e mais tempo do que seria de esperar de um esforço tão contrário a minha natureza. Entretanto, apesar da reputação de misantropia que o meu aspecto e algumas palavras felizes me deram no mundo, é certo que, particularmente, mantive muito mal o meu papel. Meus amigos e conhecidos levavam esse urso tão feroz como quem leva um cordeiro, e, limitando meus sarcasmos a verdades duras, mas gerais, eu nunca soube dizer uma palavra grosseira a quem quer que fosse.

O *Adivinho da Aldeia* acabou de me pôr na moda. E, logo, não houve homem mais procurado do que eu em Paris. A história dessa peça, que fez época, prendia a ligações que então eu tinha. É um detalhe em que devo entrar para a compreensão do que se segue.

Eu tinha inúmeros conhecidos, mas apenas dois amigos escolhidos: Diderot e Grimm. Por causa do desejo que tenho de reunir tudo que me é querido, eu era demasiado amigo de ambos para que eles também logo não o fossem um do outro. Aproximei-os, eles se deram bem, e uniram-se mais intimamente entre si do que comigo. Diderot tinha infinitas relações; porém, Grimm, estrangeiro e recém-chegado, tinha necessidade de as fazer. E eu não enxerguei nada melhor do que procurar obtê-las. Dera-lhe Diderot e lhe dei Gauffecourt. Levei-o à casa da Sra. de Chenoceaux, à casa da Sra. d'Épinay, à casa do barão d'Holbach, do qual me aproximara quase contra a vontade. Todos os meus amigos tornaram-se seus, era simples; mas nenhum dos seus nunca se tornou meu amigo, eis o que era menos simples. Enquanto morava com o conde de Frièse, muitas vezes nos levou a jantar consigo; mas nunca recebi nenhuma mostra de amizade nem de benevolência do conde de Frièse nem do conde de Schomberg, seu parente, íntimo de Grimm, nem de nenhuma das pessoas, homens e mulheres com as quais Grimm se desse. Excetuo apenas o padre Raynal, que, embora amigo dele, me ofereceu uma vez sua bolsa com uma generosidade pouco comum. Mas eu já conhecia o padre Raynal muito tempo antes de Grimm o conhecer, e tinha lhe ficado afeiçoadíssimo, desde que uma vez ele procedera delicadíssima e corretamente comigo, em uma ocasião muito ligeira, mas que nunca esquecerei.

Esse padre Raynal era decerto um amigo sincero. Tive a prova disso mais ou menos no tempo de que falo, para com o próprio Grimm, de quem ele era íntimo. Grimm, depois de viver algum tempo em boa amizade com a Srta. Fel, entendeu de repente de ficar loucamente apaixonado por ela e pretender suplantar Cahusac. A bela, exibindo constância, despediu o novo pretendente, que levou a coisa para a tragédia e inventou querer morrer. E caiu subitamente na mais estranha doença de que talvez se tenha ouvido falar. Passava noite e dia em uma letargia contínua, com os olhos bem abertos, o pulso batendo bem, mas sem falar, sem comer, sem se mover, parecendo ouvir, às vezes, mas sem responder nunca, mesmo por um sinal; e sem agitação, sem dores, sem febre, como se estivesse morto. O padre Raynal e eu partilhamos sua doença. O padre, mais robusto e mais sadio, passava as noites com ele e eu os dias, sem nunca o deixarmos ambos. Um não saía antes que o outro chegasse. O conde de Frièse, alarmado, levou-lhe Senac, que depois de o examinar bem disse que não era nada e nada receitou. Meu susto por meu amigo me fez observar com cuidado a fisionomia do médico, e vi-o sorrir ao sair. Entretanto, o doente ainda passou muitos dias imóvel, sem tomar sequer um chá, ou outra coisa qualquer, senão cerejas confeitadas que de tempos em tempos eu lhe punha na língua e que ele engolia bem. Um belo dia levantou-se, vestiu-se, voltou à vida ordinária, sem nunca falar a mim, nem ao padre Raynal, nem a ninguém, que eu saiba, dessa singular letargia, nem dos cuidados que lhe prestamos enquanto ela durou.

Essa aventura não deixou de provocar ruído; e foi realmente uma anedota maravilhosa, a crueldade de uma cortesã da Ópera fazer um homem querer morrer de desespero. Essa linda paixão pôs Grimm na moda; logo ele ficou passando por um prodígio de amor, de amizade, de afeição de qualquer espécie. Essa opinião tornou-o festejado e procurado pela alta sociedade e o afastou de mim, e só me procurara na falta de melhor... E vi-o prestes a me escapar inteiramente, porque todos os sentimentos vivos que ele exibia eram exatamente os que, com menos barulho, eu tinha para com ele. Era-me agradável que ele triunfasse na sociedade, mas não queria que o fizesse esquecendo o amigo. Disse-lhe um dia: "Grimm, você me abandona; perdôo-lhe. Quando a primeira embriaguez do êxito tiver feito o seu efeito, espero que você volte a mim e me encontrará sempre; quanto ao presente, não se incomode; deixo-o livre e espero-o". Ele me disse que eu tinha razão, arranjou-se de acordo com isso, e pôs-se tão à vontade que nunca mais o revi senão com amigos comuns.

Nosso principal ponto de reunião, antes que ele se ligasse com a Sra. d'Épinay, como se ligou depois, era a casa do barão d'Holbach. Esse barão era filho de um novo rico, que gozava de uma grande fortuna de que usava nobremente, recebendo em sua casa literatos e pessoas de mérito, e por seu saber e suas luzes merecia bem o lugar que tinha entre eles. Aproximado havia muito tempo de Diderot, procurara-me por intermédio dele, mesmo antes que meu nome fosse conhecido. Uma natural repugnância muito tempo me impediu de atender aos seus convites. Um dia em que ele me perguntou o motivo, eu lhe disse: "O senhor é rico demais!". Ele se obstinou e venceu afinal. Minha maior desgraça foi sempre não poder resistir ao carinho: e nunca me dei bem em ceder.

Um outro conhecimento, que se tornou amizade assim que tive um título para pretender a ela, foi a do Sr. Duclos. Fazia já muitos anos que eu o vira pela primeira vez, na Chevrette, na casa da Sra. d'Épinay, com quem ele se dava muito. Jantamos juntos e ele foi embora no mesmo dia; porém, conversamos alguns minutos depois do jantar. A Sra. d'Épinay falara-lhe de mim e da minha ópera das *Musas Galantes*. Duclos, muito talentoso para não amar os que também o eram, interessou-se por mim e me convidou a visitá-lo. E, apesar da minha antiga inclinação, reforçada pela aproximação, a timidez, a preguiça, me prenderam tanto que não tive outro passaporte junto a ele senão a sua complacência. Mas, animado pelo meu primeiro êxito, e pelos seus elogios que me chegavam aos ouvidos, fui visitá-lo e ele me visitou. E assim começaram entre nós essas relações que sempre mo tornarão querido, e a quem deixo a certeza, além do testemunhar do meu próprio coração, de que a correção e a probidade podem se aliar à cultura das letras.

Muitas outras amizades menos sólidas, que não menciono aqui, foram o resultado dos meus primeiros sucessos, e duraram até que a curiosidade estivesse satisfeita. Eu era um homem que se via depressa e não deixava nada para ver no dia seguinte. Entretanto, uma mulher que me procurou nesses tempos, firmou-se mais solidamente que qualquer outra: foi a marquesa de Créqui, sobrinha do bailio de Froulay, embaixador de Malta, cujo irmão precedera o Sr. de Montaigu na embaixada de Veneza, e que eu fora visitar ao voltar daquele país. A Sra. de Créqui me escreveu; fui a sua casa; tomou-me amizade. Lá jantei algumas vezes; lá vi muitos literatos, entre outros o Sr. Saurin, autor do *Spartacus*, de *Barnevelt*, etc, que se tornou depois meu crudelíssimo inimigo, sem que para isso eu possa imaginar outras causas, senão que uso o nome de um homem que seu pai perseguiu vilissimamente.

Vê-se bem que, para um copista que deveria atender ao seu ofício de manhã à noite, eu tinha muitas distrações que não me tornavam o dia muito lucrativo e que me impediam de estar bastante atento ao que fazia para o fazer bem feito; de modo que perdia a apagar ou a raspar os erros, ou a recomeçar as páginas, metade do tempo que me deixavam. E essa importunação dia-a-dia me tornava Paris mais insuportável e me fazia procurar o campo com ardor. Fui muitas vezes passar alguns dias em Marcoussis, cujo vigário a Sra. Le Vasseur conhecia, e em cuja casa nos arranjávamos todos, sem que ele ficasse mal. Grimm uma vez lá esteve conosco.[97] O vigário tinha boa voz e cantava bem; e, embora não soubesse música, aprendia sua parte com muita facilidade e precisão. Passávamos o tempo lá, a cantar meus trios de Chenoceaux. Fiz dois ou três novos, com uma letra que Grimm e o vigário arranjaram mais ou menos bem. Não

---

97. Como deixei de contar aqui uma pequena, porém memorável, aventura que tive com Grimm, uma manhã em que deveríamos tomar o pequeno desjejum na fonte de Saint-Vandrille, não falarei mais nela; mas pensando nisso, depois, concluí que desde então, no fundo do seu coração, já ele tramava a conspiração que depois executou com tão prodigioso êxito.

posso deixar de ter saudades desses trios feitos e cantados em momentos de pura alegria, e que deixei em Wootton com toda a minha música. A Srta. Davenport talvez já tenha feito papelotes com ela; mas eles mereciam ser conservados, e na maioria são de um contraponto muito bem feito. Foi depois de uma dessas pequenas viagens, em que eu tinha tido o prazer de ver a tia à vontade, muito alegre, e onde me alegrava também, que escrevi ao vigário, muito rapidamente e muito mal, uma epístola em versos que está entre os meus papéis.

Mais próximo a Paris, eu também tinha um outro ponto muito do meu agrado, na casa do Sr. Mussard, meu compatriota, meu parente e meu amigo, que fizera em Passy um retiro encantador, onde passei muitos momentos plácidos.

O Sr. Mussard era um joalheiro, homem de bom senso, que depois de adquirir no comércio uma fortuna honesta e ter casado sua filha única com o Sr. de Valmalette, filho de um agente de câmbio e mordomo do rei, tomou a sábia resolução de deixar, na velhice, o comércio e os negócios, e pôr um intervalo de prazer e repouso entre a convulsão da vida e a da morte. O bonacheirão Mussard, verdadeiro filósofo da vida prática, vivia sem cuidados, em uma casa agradabilíssima que ele construíra, em um lindo jardim que plantara com suas mãos. Remexendo a enxadão os terraços desse jardim, encontrou conchas fósseis, e encontrou-as em tão grande quantidade que sua imaginação exaltada começou a só ver conchas na natureza, e acabou afinal crendo que o universo era só de conchas, pedaços de conchas, que a terra inteira era só *cron*.[98] Sempre ocupado com esse objetivo e suas singulares descobertas, ele de tal forma se entusiasmou com essas idéias que elas talvez se transformariam em mania sistemática, isto é, em loucura, se, felizmente para a sua razão, mas infelizmente para os amigos, que lhe queriam bem, e que em sua casa encontravam o mais agradável dos asilos, a morte não o viesse carregar, com a mais estranha e cruel doença: um tumor no estômago, sempre em crescimento, que o impedia de comer sem que, durante muito tempo, se descobrisse a causa, e que acabou, depois de muitos anos de sofrimento, por matá-lo de fome. Não posso lembrar, sem um aperto no coração, os últimos tempos desse infeliz e digno homem, que nos recebia ainda com tanto prazer, a Lenieps e a mim, os únicos amigos que o espetáculo das dores que ele sofria não afastou até o último momento; via-se reduzido a devorar com os olhos os repastos que nos mandava servir, quase sem poder sugar algumas

---

98. Unidade de tempo que equivale a um milhão de anos, derivado do grego *kronos*. (N.E.)

gotas de um chá muito fraco, que vomitava alguns instantes depois. Mas antes desse tempo de sofrimento, quantos dias agradáveis passei na casa dele, com os amigos de eleição que ele conquistara! À frente de todos ponho o padre Prevost, homem muito amável e simples, cujo coração lhe vivificava os escritos, dignos da imortalidade, e que não tinha nem no gênio nem na convivência nada do sombrio colorido que dava a suas obras; o médico Procope, pequeno Esopo feliz em amores; Boulanger, o célebre autor póstumo do *Despotismo Oriental*, e que, creio eu, estendia os sistemas de Mussard sobre a duração do mundo; e mulheres, a Sra. Denis, sobrinha de Voltaire, que, não passando então de uma boa mulher, não se fazia ainda de espirituosa; a Sra. Vanloo, que decerto não era bonita, mas encantadora, e cantava como um anjo; e a própria Sra. de Valmalette, que também cantava, e que embora muito magra seria muito amável se tivesse menos pretensão. Era essa, mais ou menos, a roda do Sr. Mussard, que me agradaria bastante, se os seus colóquios com a conquilomania não me agradassem ainda mais; e posso dizer que durante seis meses trabalhei no seu gabinete com tanto prazer quanto ele próprio.

    Havia muito tempo que ele me dizia que as águas de Passy seriam salutares para o meu estado, e me exortava a ir tomá-las em sua casa. Para me livrar um pouco da corte urbana, rendi-me afinal, e fui passar em Passy oito ou dez dias, que me fizeram mais bem por estar no campo do que por tomar das águas. Mussard tocava violoncelo e gostava apaixonadamente da música italiana. Uma noite, conversamos muito antes de deitar, e sobretudo sobre as *"opere buffe"*,[99] que ambos víramos na Itália, e pelas quais ambos éramos entusiastas. À noite, sem dormir, pus-me a cismar no que se poderia fazer para dar na França uma idéia de um drama desse gênero. Porque *Os Amores de Rogonde*[100] absolutamente não davam idéia de nada. De manhã, passeando e tomando águas, fiz algumas estrofes muito às pressas, e lhes adaptei uns cantos que me ocorreram enquanto as fazia. Rabisquei tudo em uma espécie de salão abobadado que havia no alto do jardim; e, ao chá, não me pude impedir de mostrar essas árias a Mussard e à Srta. Duvernois, sua governante, que era na verdade uma boníssima e amável moça. Os três trechos que eu esboçara eram o primeiro monólogo: "Perdi meu servidor"; a ária do adivi-

---

99. Óperas cômicas. (N.E.)

100. É o título de uma comédia musical, letra de Néricault des Touches, música de Mouret, representada na Ópera em 1742 e reprisada pela terceira vez em 1752. (N.E. francês)

nho: "O amor crê se se inquieta"; e o último duo: "Para sempre", "Colin", "Aceito tua palavra", etc. Imaginava tão pouco que isso valesse a pena de ser prosseguido que, sem os aplausos e animações de um e de outro, iria lançar ao fogo os meus rabiscos, como tantas vezes fiz com outras coisas pelo menos tão boas; mas eles de tal forma me animaram, que em seis dias estava o drama escrito, afora alguns versos, e toda a música esboçada, de forma que, em Paris, só tive de fazer um pouco de recitativo e toda a *remplissage*;[101] e acabei tudo com tal rapidez, que em três semanas as cenas foram passadas a limpo e postas em estado de serem representadas. Só faltava o *divertissement*,[102] que só foi feito muito tempo depois.

(1752) – Animado pela composição da obra, tinha um forte desejo de ouvi-la e daria tudo no mundo para vê-la representar, a minha fantasia, de portas fechadas, como se diz que Lulli fez uma vez representar *Armide* para ele só. Como só me era possível ter esse prazer com o público, era preciso, necessariamente, para representar minha peça, fazê-la passar na Ópera. Infelizmente, ela era de um gênero absolutamente novo, a que os ouvidos não estavam habituados; e aliás, o mau êxito das *Musas Galantes* me fazia prever o do *Adivinho* se eu o apresentasse sob meu nome. Duclos me tirou do embaraço, e encarregou-se de mandar experimentar a peça deixando ignorar o autor. Para não me trair, não assisti ao ensaio. E os "pequenos violinos" (Rebel e Francouer) que dirigiam a orquestra nem eles sabiam quem era o autor senão depois que uma aclamação geral atestasse a excelência da obra. Todos os que a ouviram ficaram encantados a tal ponto que no dia seguinte, em todas as rodas, não se falava em outra coisa. O Sr. de Cury, intendente dos cardápios, que assistira ao ensaio, pediu a obra para ser representada na corte. Duclos, que sabia de minhas intenções, pensando que eu seria menos dono da peça na corte do que em Paris, recusou. Cury reclamou-a autoritariamente. Duclos manteve-se firme, e o debate entre ambos tornou-se tão vivo que um dia na Ópera eles iriam sair juntos se alguém não os separasse. Quiseram dirigir-se a mim: declarei que a decisão competia ao Sr. Duclos. Foi preciso voltar a ele. O duque d'Aumont se envolveu. Duclos afinal achou que devia ceder à autoridade, e a peça foi entregue para ser representada em Fontainebleau.[103]

---

101. Preenchimento. (N.E.)
102. Bailado. (N.E.)
103. Cidade francesa próxima a Paris. (N.E.)

A parte que mais me interessara, em que mais me afastava do traçado comum, era o recitativo. O meu era acentuado de um modo todo novo, e caminhava com o desenrolar da letra. Não ousaram deixar essa horrível inovação, recearam que revoltasse os ouvidos ovinos. Consenti que Francueil e Jelyotte fizessem um outro recitativo, mas não quis me envolver nisso.

Quando estava tudo pronto e marcado o dia para a representação, propuseram-me uma viagem a Fontainebleau, para ver ao menos o ensaio final. Lá fui com a Srta. Fel, Grimm e, creio eu, o padre Raynal, em uma carruagem da corte. O ensaio foi passável; fiquei mais satisfeito com ele do que o esperava. A orquestra era numerosa, composta dos da Ópera e da música do rei. Jelyotte fazia Colin; a Srta. Fel, Colette; Cuvilier, o adivinho; os coros eram os da ópera. Pouco falei; fora Jelyotte que dirigira tudo e eu não quis controlar o que ele fizera; e, apesar do meu tom romano, estava envergonhado como um colegial no meio de toda aquela gente.

No dia seguinte, dia da representação, fui almoçar no café do Grand-Commum. Muita gente estava lá. Falava-se do ensaio da véspera, e da dificuldade que havia em se entrar. Um oficial presente disse que entrara sem trabalho, contou longamente o que se passara, descreveu o autor, referiu o que ele dissera; mas o que me maravilhou nessa narração bastante longa foi que era feita com tanta convicção quanto simplicidade, embora não tivesse uma única palavra verdadeira. Era evidente para mim que aquele que falava tão sabiamente do ensaio nunca estivera lá, pois que tinha diante dos olhos, sem o reconhecer, esse autor que dizia ter visto tão bem. O que há de mais singular nessa cena é o efeito que ela fez sobre mim. O homem era de uma certa idade; não tinha ares nem tom de voz fátuos e gabolas; seu rosto indicava um homem de mérito, a cruz de São Luís indicava um antigo oficial; interessava-me, apesar da sua impudência, e mau grado meu; enquanto contava suas mentiras, eu corava, baixava os olhos; estava sobre espinhos; e às vezes procurava em mim mesmo se não havia um meio de o supor enganado e de boa fé. Afinal, receando que alguém me reconhecesse e o afrontasse, apressei-me em acabar o chocolate sem dizer nada; e, baixando a cabeça ao passar diante dele, saí o mais depressa que me foi possível, enquanto os assistentes peroravam sobre a sua narrativa. Na rua, percebi que estava suando; e tenho a certeza de que se alguém me houvesse reconhecido e nomeado antes de sair, teria visto em mim a vergonha e o embaraço do culpado, apenas pelo sentimento da vergonha que o pobre homem teria de sofrer se a sua mentira fosse descoberta.

Eis-me em um dos momentos críticos da minha vida em que é difícil apenas narrar, porque é impossível que a própria narrativa não venha impregnada de censura ou apologia. Entretanto, tentarei contar como e porque procedi, sem fazer louvores nem acusações.

Eu estava, nesse dia, com os trajos descuidados que me eram habituais, barba grande e peruca muito mal penteada. Tomando essa falta de decência por um ato de coragem, entrei desse jeito na sala em que pouco depois deveriam chegar o rei, a rainha, a família real e toda a corte. Fui me aboletar no camarote que me indicou o Sr. de Cury, e que era o seu; era um grande camarote de cima, defronte de um camarotezinho mais elevado, onde ficou o rei com a Sra. Pompadour. Cercado de damas, e o único homem da frente do camarote, não duvidei de que me houvessem posto ali precisamente para ficar em vista. Quando acenderam as luzes, vendo-me naqueles trajos no meio de pessoas todas excessivamente enfeitadas, comecei a me sentir mal; perguntava aos meus botões se estava no meu lugar, se nele estava convenientemente, e depois de alguns minutos de inquietação respondi a mim mesmo: sim, com uma intrepidez que talvez se originasse mais da impossibilidade de me desdizer do que da força das minhas razões. Dizia para mim: "Estou em meu lugar, porque vim ver representar minha peça, para a qual fui convidado, e que só fiz para esse fim, e afinal de contas ninguém tem mais direitos do que eu de gozar de um fruto do meu trabalho e dos meus talentos. Estou vestido como costumo, nem melhor nem pior. E se eu recomeçar a me sujeitar à opinião pública em qualquer coisa, depressa ficarei completamente escravizado. Para continuar a ser sempre eu mesmo, não devo corar em qualquer parte que esteja, de estar vestido segundo o modo que escolhi. Meu aspecto é simples e descuidado, mas não sebento e sujo; a barba também não é suja em si mesma, já que é a natureza que no-la fornece e, segundo os tempos e as modas, também é um ornamento. Hão de me achar ridículo, impertinente! E que me importa? Devo saber suportar o ridículo, e as censuras, caso não sejam merecidas". Depois desse pequeno solilóquio, fortaleci-me tanto que teria sido intrépido se houvesse necessidade. Mas, ou pelo efeito da presença do rei, ou pela natural disposição dos espíritos, não vi nada que não fosse honesto e delicado nos olhares de que era objeto. Comovi-me tanto que recomecei a me inquietar sobre mim mesmo e sobre o destino da peça, receando afastar pessoas tão agradáveis que pareciam só desejar me aplaudir. Eu estava armado contra as zombarias, mas o ar carinhoso de todos, que eu não esperava, subjugou-me tão bem que eu tremia como uma criança quando começaram.

Depressa me tranqüilizei. A peça foi muito mal representada quanto aos atores, mas muito bem executada quanto à música. Desde a primeira cena, que na verdade é de uma ingenuidade tocante, ouvi que se elevava nos camarotes um murmúrio de surpresa e de aplauso, até então nunca ouvido nesse gênero de peças. A fermentação crescente chegou ao ponto de invadir toda a platéia, e, para falar como Montesquieu, de aumentar o seu efeito com esse próprio efeito. Na cena dos dois pequenos vilões, o efeito chegou ao auge; não se batem palmas na presença do rei, o que fez com que se ouvisse tudo: e com isso ganharam a peça e o autor. Ouvia em redor de mim um cochichar de mulheres que me parecia belo como o dos anjos, e que se entrediziam a meia voz: "Isto é encantador, aquilo é deslumbrante; não há um som que não fale ao coração!". E o prazer de comover a tantas pessoas amáveis comoveu-me a mim mesmo até as lágrimas; e não me pude conter no primeiro duo, notando que eu não era o primeiro a chorar. Tive um momento de retrospecto sobre mim mesmo, recordando o concerto do Sr. de Treitorens. Essa reminiscência produziu o mesmo efeito do escravo que segurava a coroa sobre a cabeça dos triunfadores; mas foi curta, e depressa me entreguei completamente e sem distrações ao prazer de saborear minha glória. Entretanto, tenho a certeza de que naquele momento a volúpia do sexo tinha maior parte que a vaidade de autor; e com toda certeza, se ali só houvesse homens, eu não me sentiria devorado, como o estava, pelo desejo de recolher nos meus lábios as deliciosas lágrimas que fazia correr. Já vi peças excitarem os mais vivos transportes de entusiasmo, mas nunca uma tão completa embriaguez, tão doce, tão comovente, reinar durante todo um espetáculo e sobretudo na corte, no dia de uma primeira representação. Os que estiveram lá devem se lembrar, porque o efeito foi único.

    Na mesma noite o Sr. duque d'Aumont me mandou dizer que aparecesse no castelo no dia seguinte às onze horas, para ser apresentado ao rei. O Sr. de Cury, que me trouxe o recado, acrescentou que achava que se tratava de uma pensão sobre a qual o rei queria me falar de viva voz.

    Acreditará alguém que a noite que se seguiu a um dia tão brilhante foi uma noite de angústia e perplexidade para mim? Minha primeira idéia, a respeito dessa apresentação, prendia-se a uma freqüente necessidade de sair que muito me fizera sofrer durante o espetáculo e que me poderia atormentar na manhã seguinte quando eu estivesse na galeria ou nos apartamentos do rei, entre todos aqueles grandes, esperando a passagem de Sua Majestade. Essa enfermidade era a principal razão do meu afastamento de todas as rodas, e que me impedia de me ir trancar em casa de senhoras. Só o pensamento da situação em que essa necessidade me poria era o bastante para a produzir a ponto de me sentir mal, ou então dar um escândalo a que eu preferiria a morte. Só as pessoas que conhecem esse estado podem imaginar o pavor de lhe correr os riscos.

Figurava-me depois, diante do rei, apresentado a Sua Majestade, que se dignava de parar e me dirigir a palavra. Então é que eu precisaria de oportunidade e presença de espírito para responder. Minha maldita timidez, que me perturba diante de qualquer desconhecido, me abandonaria diante do rei da França, ou me permitiria escolher na ocasião o que deveria dizer? Eu queria, sem abandonar o ar e o tom severo que usava, mostrar-me sensível à honra que me fazia um tão grande monarca. Seria preciso envolver uma grande e útil verdade em um louvor belo e merecido. Para preparar de antemão uma resposta feliz, seria preciso prever o que me diriam. E eu tinha certeza de não achar, na presença do rei, nem uma das palavras que meditara. Que seria de mim, nesse momento, diante de toda a corte, se me escapasse dos lábios algum dos meus disparates ordinários? Esse perigo me alarmou, me assombrou, a ponto de me determinar, qualquer que fosse o risco, a não me expor a ele.

É verdade que eu perdia a pensão que de algum modo me haviam oferecido; mas também me isentava do jugo que ela me imporia. Adeus liberdade, verdade, coragem. Como ousar depois falar em independência e desinteresse? Teria de me lamentar ao falar, ou calar-me, se recebesse essa pensão. E quem me garantia que ela seria paga? Quantos passos a dar, quantas pessoas a solicitar! Ser-me-ia mais custoso e mais desagradável conservá-la do que dispensá-la. E achei, pois, que, renunciando a ela, tomava uma resolução muito de acordo com os meus princípios, e sacrificava a aparência à realidade. Dei parte da minha decisão a Grimm, que não objetou nada. Aos outros aleguei minha saúde, e fui embora nessa mesma manhã.

Minha partida fez barulho e foi geralmente censurada. Minhas razões não poderiam ser compreendidas por todo o mundo. E depressa me acusaram de um tolo orgulho, o que contentava a inveja de quem sentia que não teria coragem para se portar como eu. No dia seguinte, Jelyotte me escreveu um bilhete onde me contava o sucesso da peça e o entusiasmo em que o próprio rei estava. "Durante todo dia Sua Majestade não pára de cantar, com a voz mais desentoada do reino: 'Perdi meu servidor, perdi toda a ventura!'".

E acrescentava que naquela quinzena deveria ser a segunda representação do *Adivinho*, o que confirmaria aos olhos de todo o público o êxito da primeira.

Dois dias depois, entrando eu às nove horas na casa da Sra. d'Épinay, onde ia cear, cruzei na porta com um fiacre. Alguém que estava nesse fiacre me fez sinal para subir; subi: era Diderot. Ele me falou da pensão com um entusiasmo que, sobre tal assunto, eu não esperava de um filósofo. Não considerou um crime eu não querer ser apresentado ao rei; mas achou um crime enorme a minha indiferença pela pensão. Disse-me que se eu era desinteressado por mim, não me era lícito sê-lo quanto à Sra. Le Vasseur e a filha, e que não devia abrir mão de nenhum meio possível e honesto de lhes dar o pão; e como, afinal de contas, não se pudesse dizer que eu recusara a pensão, ele afirmava que, já que se tinham mostrado dispostos a ma conceder, eu deveria solicitá-la e obtê-la, qualquer que fosse o seu preço. Embora me sensibilizasse o seu zelo, não lhe pude compartilhar as máximas, e tivemos sobre esse assunto uma vivíssima disputa, a primeira que tive com ele; e nunca houve entre nós brigas de espécie diferente: era sempre ele a me prescrever o que pretendia que eu fizesse, e eu me defendendo, porque achava que não o devia.

Era tarde quando nos separamos. Quis levá-lo a cear na casa da Sra. d'Épinay, mas ele não quis. E ele sempre se defendeu dos esforços que eu fazia para o levar à casa dela – nesse meu desejo de reunir os que estimo – e só se referia àquela senhora nos termos mais desprezíveis. Só depois do meu rompimento com ela e com ele foi que se aproximaram os dois e ele começou a falar dela com honra.

Depois disso, Diderot e Grimm parece que tomaram a peito afastar de mim "as governantes", dando-lhes a entender que, se não viviam bem, era por má vontade minha, e que nunca elas fariam nada comigo, prometendo-lhes arranjarem uma venda de sal, uma tabacaria, e não sei quê mais, tudo por conta da Sra. d'Épinay. E quiseram mesmo arrastar Duclos e d'Holbach para o seu lado; mas o primeiro sempre se recusou. No momento, farejei alguma coisa dessa manobra. Mas só a compreendi distintamente muito tempo depois, e muitas vezes tenho que lamentar o zelo cego e indiscreto dos meus amigos, que procurando reduzir-me, incomodado como eu andava, à mais extrema solidão, trabalhavam, no seu entendimento, para me tornarem feliz, usando os meios mais próprios para me tornarem miserável.

(1753) – No carnaval seguinte, 1753, o *Adivinho* foi representado em Paris, e, nesse intervalo, tive o tempo de lhe fazer a *ouverture*[104] e o *divertissement*.[105] Esse *divertissement*, tal como foi gravado, devia entrar na ação do começo ao fim, e em um assunto seguido, o que, na minha opinião, forneceria quadros muito agradáveis. Mas, quando propus essa idéia na ópera, não só não me entenderam como me foi preciso coser cantos e danças segundo o costume. E isso fez com que o *divertissement*, embora cheio de idéias encantadoras, que não desordenam as cenas, tivesse um êxito medíocre. Tirei o recitativo de Jelyotte e repus o meu, tal como o fizera primeiro e como está gravado; e esse recitativo, um pouco afrancesado, confesso-o, isto é, arrastado pelos autores, longe de chocar pessoa alguma, não teve menos sucesso que as árias; e o público o achou pelo menos tão bem feito quanto elas. Dediquei minha peça a Duclos, que a protegera, e declarei que seria essa a minha única dedicatória. Entretanto, fiz uma segunda com o seu consentimento: mas ele deve se ter sentido mais honrado com essa exceção do que se eu não houvesse feito nenhuma.

Guardo, a respeito dessa peça, vários comentários, sobre os quais outras coisas mais importantes a contar não me deixam falar. Talvez os publique um dia no suplemento. Não suprimo, entretanto, um que pode ter relação com o que se segue. Um dia eu folheava a música do barão d'Holbach no seu gabinete. Depois de ter percorrido muitas, ele me disse, mostrando-me uma coleção de peças para cravo: "Eis umas peças que foram compostas por mim; são de muito gosto, muito boas para o canto. Ninguém, a não ser eu, as conhece e as verá. Você deve escolher alguma para a inserir no seu *divertissement*". Como tinha na cabeça muito mais assuntos de árias e sinfonias do que poderia dar vazão, pouco curava eu dos dele. Entretanto, ele tanto insistiu que escolhi uma pastoral, que abreviei, e pus em trio para a entrada das companheiras de Colette. Algum tempo depois, entrando um dia na casa de Grimm, encontrei muita gente em torno do cravo, do qual ele se ergueu bruscamente a minha chegada. Olhando maquinalmente para as músicas, vi aquela mesma coletânea do barão d'Holbach, aberta precisamente na peça que ele me rogara que utilizasse, afirmando-me que nunca ela sairia das suas mãos. Algum tempo depois, vi a coletânea aberta sobre o cravo da Sra. d'Épinay, um dia em que havia música em sua casa. Nem Grimm, nem ninguém, nunca me falou nessa ária, mas falo eu aqui porque pouco

---

104. Abertura de ópera. (N.E.)
105. Bailado. (N.E.)

tempo depois ele espalhou um boato de que eu não era autor do *Adivinho da Aldeia*. E, como eu não fui nunca um plagiário, estou persuadido de que, sem o meu *Dicionário da Música* acabariam dizendo que não a sei.[106]

Algum tempo antes de se representar o *Adivinho da Aldeia*, chegaram a Paris bufões italianos, que foram postos a trabalhar no teatro da ópera, sem que ninguém imaginasse o efeito que eles iriam fazer.[107] Embora fossem detestáveis, e a orquestra, então muito ignorante, estropiasse por gosto as peças, não deixaram de fazer à ópera francesa um mal que ela nunca mais reparou. A comparação das duas músicas, ouvidas no mesmo dia e no mesmo teatro, desobstruiu os ouvidos franceses; e não houve mais quem pudesse suportar o arrastar da sua música, depois do acento vivo e marcado da italiana; assim que os bufões terminavam, todo o mundo ia embora. Foram obrigados a mudar a ordem e pôr os bufões no fim. Representavam *Eglé, Pigmalião, O Silfo;* mas nada se sustentava. Só o *Adivinho da Aldeia* sustentou a comparação e agradou mesmo depois da *Serva Padrona*. Quando compus meu intermédio, tinha o espírito cheio desses outros; foram eles que me deram a idéia, e eu estava bem longe de supor que os cotejariam com o meu. Se eu fosse um plagiário, quantos roubos se teriam manifestado então, e como teriam tido cuidado em os fazer sentir! Mas nada; por mais que fizessem, não encontraram nunca, na minha música, nenhuma reminiscência de outra qualquer. E todos os meus cantos, comparados aos pretensos originais, mostravam ser tão novos quanto o caráter da música que eu criara. Se tivessem posto Mondonville ou Rameau em idêntica prova, eles sairiam em frangalhos.

Os bufões conquistaram ardentíssimos admiradores para a música italiana. Paris toda se dividiu em dois partidos, mais encarniçados do que se se tratasse de um negócio de Estado ou de religião. O mais poderoso, mais numeroso, composto dos grandes, dos ricos e das mulheres, lutava pela música francesa; o outro, mais vivo, mais altivo, mais entusiasta, era composto por conhecedores de verdade, por gente de talento, homens de gênio. Seu pequeno pelotão se reu-

---

106. Não previ então que ainda o diriam, mesmo apesar do dicionário...
107. Começaram a representar no mês de agosto de 1752 e ficaram até março de 1754. Durante esses vinte meses representaram doze peças cujos títulos são: 1ª, *A Serva Padrona*; 2ª, *Il Giocatore*, de Orlandini e outros; 3ª, *Il Maestro di Música*, de vários; 4ª, *La Finta Cameria*, de Altella; 5ª, *La Donna Superba*, de vários; 6ª, *La Scaltra Governatrice*, de Cocchi; 7ª, *Il Cinese Rimpatriato*, de Selletti; 8ª, *La Zingara*, de Rinaldo; 9ª, *Gli Artiani Arricchitti*, de Latilla; 10ª, *Il Paratagio*, de Jomelli; 11ª, *Bertoldo in Corte*, de Ciampi; 12ª, *I Viaggiatori*, de Leo. (N.E. francês)

nia na Ópera, sob o camarote da rainha. A outra parte enchia todo o resto da platéia e da sala, mas o seu ponto principal era sob o camarote do rei. Foi daí que vieram esses nomes célebres de partidos "lado do rei" e "lado da rainha". A disputa, animando-se, produzia várias brochuras.[108] O lado do rei quis fazer troça; e foi troçado pelo *Pequeno Profeta*. Quis meter-se a arrazoar, e foi esmagado pela *Carta sobre a Música Francesa*. Esses dois escritos, um de Grimm, outro meu, foram os únicos que sobreviveram à questão; os outros todos já estão mortos.

O *Pequeno Profeta* que, malgrado meu, obstinaram-se muito tempo em me atribuir, foi levado na troça, e não custou o menor incômodo ao seu autor. Mas a *Carta sobre a Música* foi tomada a sério, e levantou-se contra mim toda a nação, que se supunha ofendida na sua música. Seria digno da pena de Tácito a descrição do efeito incrível dessa brochura. Era no tempo da grande questão do parlamento com o clero. O parlamento acabava de ser exilado; a fermentação estava no auge; tudo ameaçava um levante próximo. Apareceu a brochura, e no mesmo instante foi esquecida a questão; só se pensou no perigo em que estava a música francesa, e não houve mais levante senão contra mim. Foi ele de tal forma que a nação ainda não se repôs de todo. Na corte, hesitava-se entre a Bastilha e o exílio; e a ordem de prisão teria sido expedida se o Sr. de Voyer não lhe mostrasse o ridículo. Quem ler que essa brochura talvez tenha impedido uma revolução, pensará que sonha; é entretanto uma verdade bem real, que toda Paris ainda pode atestar, pois ainda não se passaram quinze anos depois dessa singular questão.

Se não atentaram contra a minha liberdade, pelo menos não me pouparam insultos; minha própria vida correu perigo. A orquestra da Ópera fez a honesta conspirata de me assassinar à saída. Contaram-me; tornei-me ainda mais assíduo à ópera e só muito tempo depois soube que o Sr. Ancelet, oficial dos mosqueteiros, que me tinha amizade, poupou-me do complô, fazendo-me escoltar, a minha revelia, à saída da ópera. O primeiro feito do chefe dos bilheteiros foi me tirar minhas entradas, e da forma mais incorreta que era possível, recusando-mas publicamente à entrada; de maneira que fui obrigado a comprar uma entrada de platéia para não passar pela afronta de voltar para casa. E a injustiça era tanto mais clamorosa quanto o único preço que eu pedira pela minha peça, ao cedê-la, eram entradas perpétuas para mim; e embora isso fosse um direito para todos os auto-

---

108. Houve mais de sessenta. (N.E. francês)

res, e eu tivesse esse direito a duplo título, não deixei de o estipular na presença do Sr. Duclos. É verdade que me mandaram como honorários, pelo caixa da ópera, cinqüenta luíses que eu não pedira; mas, além desses cinqüenta luíses não constituírem absolutamente o preço regular que me caberia, tal pagamento nada tinha de comum com o direito às entradas, formalmente estipulado e inteiramente independente. Havia, nesse ato, uma tal complicação de iniqüidade e brutalidade, que o público, então na maior animosidade contra mim, não deixou de ficar chocadíssimo; e um qualquer, que na véspera me insultara, gritava bem alto na sala que era vergonhoso negar-se assim entrada a um autor que tão bem a merecera, e que poderia mesmo reclamá-la para dois. Tão justo é o provérbio italiano: que *"ogni uno ama la giustizia in casa d'altrui"*.[109]

Eu só tinha um partido a tomar: reclamar minha obra, já que me negavam o preço estipulado. Escrevi com esse fim ao Sr. d'Argenson, que dirigia o departamento da Ópera. E acrescentei à carta um memorial irreplicável e que ficou sem resposta e sem efeito, bem como a carta. O silêncio desse homem injusto ficou-me no coração e contribuiu para diminuir a mediocríssima estima que sempre tive por seu caráter e seu talento. E foi assim que ficaram com minha peça na Ópera, frustrando-me do preço pelo qual eu a cedera. Do fraco ao forte, seria roubar; do forte ao fraco, era apenas apropriar-se do bem alheio.

Quanto ao produto pecuniário dessa obra, embora ela só me tenha rendido a quarta parte do que renderia nas mãos de outro qualquer, não deixou de ser bastante grande para me fazer subsistir durante vários anos e suprir a cópia que andava sempre muito mal. Recebi cem luíses do rei, cinqüenta da Madame de Pompadour pela representação em Belle-Vue, onde ela própria representou o papel de Colin; cinqüenta da Ópera e quinhentos francos de Pissot pela gravura; de maneira que esse intermédio, que não me custou mais que cinco ou seis semanas de trabalho, me rendeu mais dinheiro, apesar da minha infelicidade e da minha estupidez, do que me rendeu depois o *Emílio*, que me custou vinte anos de meditação e três anos de trabalho. Mas paguei bem a vantagem pecuniária que me trouxe essa peça com os aborrecimentos que me causou: foi ela o gérmen das secretas invejas que só rebentaram muito tempo depois. Depois do seu êxito, não notei mais em Grimm, nem em Diderot, nem em quase qualquer um dos literatos do meu conhecimento aquela cordialidade, aquela franqueza, aquele prazer em me ver que sempre pensara

---

109. *"Cada um ama a justiça na casa dos outros"* (a lei só vale para os outros). (N.E.)

encontrar neles, até então. Logo que eu aparecia na casa do barão, a palestra deixava de ser geral. Reuniam-se em pequenos grupos, cochichavam, e eu ficava só sem saber com quem falar. Suportei muito tempo esse abandono ofensivo; e vendo que a Sra. d'Holbach, que era meiga e amável, me recebia sempre bem, suportava as grosserias do seu marido enquanto me foram suportáveis; mas um dia ele me ofendeu sem motivo, sem pretexto e com tal brutalidade, diante de Diderot, que não disse uma palavra, e diante de Margency (que me disse depois que admirara muito a doçura e a moderação das minhas respostas), que afinal, expulso da casa dele por esse tratamento indigno, saí de lá resolvido a nunca mais entrar. Isso não me impediu de sempre falar honrosamente dele, enquanto ele só se referia a mim em termos ultrajantes, desprezíveis, não se dignando chamar-me senão de "criadinho" apenas, e sem no entanto poder acusar-me de uma única incorreção para com ele, nem com ninguém por quem se interessasse. Eis como ele acabou por realizar minhas predições e meus receios. Quanto a mim, creio que os meus pretensos amigos me perdoariam fazer livros e excelentes livros, porque essa glória não lhes era estranha; mas o que não me podiam perdoar era ter feito uma ópera, nem o brilhante sucesso dessa obra, porque nenhum deles estava em condições de competir no mesmo páreo, nem de aspirar às mesmas honras. Apenas Duclos ficou acima dessa inveja, e pareceu aumentar a amizade por mim; introduziu-me na casa da Srta. Quinault, onde encontrei tantas atenções, gentilezas e provas de estima quão pouco as encontrara na casa do Sr. d'Holbach.

Enquanto se representava na ópera o *Adivinho da Aldeia*, discutia-se também o autor na Comédia Francesa, mas com um pouco menos de felicidade.

Como não pudera, havia já sete ou oito anos, fazer encenar o meu *Narciso* nos Italianos, desgostei-me desse teatro, por causa do mau francês dos atores, e preferi antes levar a peça aos franceses. Falei desse desejo ao comediante La Noue, com quem travara relações, e que, como se sabe, era homem de méritos e escritor. *Narciso* lhe agradou, e ele se encarregou de encená-la anônima, e, enquanto esperava, arranjou-me entradas, o que muito me alegrou, porque sempre preferi o teatro francês aos dois outros. A peça foi recebida com aplausos e representada sem que se nomeasse o autor;[110] mas quero crer que os comediantes e alguns outros não o ignoravam. As Srtas. Gaussin e Grandval desempenhavam os papéis de apaixona-

---

110. Em 18 de dezembro de 1752. (N.T.)

das; e embora houvesse falhado a inteligência do conjunto, na minha opinião não se poderia chamar-lhe, absolutamente, uma peça mal representada. Entretanto, fiquei surpreendido e comovido com a indulgência do público, que teve a paciência de ouvi-la tranqüilamente do começo ao fim, e de suportar mesmo uma segunda representação, sem dar o menor sinal de impaciência. Quanto a mim, aborreci-me tanto na *première*[111] que não pude ficar até ao fim; e, saindo do teatro, entrei no café de Procope, onde encontrei Boissi e alguns outros que provavelmente se tinham aborrecido como eu. Lá eu disse em voz alta o meu *peccavi*[112] confessando humildemente ou altivamente que era o autor da peça e dizendo dela o que todo o mundo pensava. Essa confissão pública do autor de uma peça ruim que cai foi muito admirada, e me pareceu muito pouco penosa. Encontrei mesmo uma compensação na coragem com que a fiz, e creio que nessa ocasião haveria mais orgulho em falar do que tola vergonha em calar. Entretanto, como eu estava certo de que a peça, embora gelada na representação, suportaria a leitura, mandei imprimi-la. E, no prefácio, que é um dos meus bons trabalhos, comecei a por a nu os meus princípios, um pouco mais do que até então fizera.

Depressa tive oportunidade de os desenvolver inteiramente em um trabalho de maior importância; porque, creio eu, foi nesse ano de 1753 que apareceu no programa da Academia de Dijon a questão: "Sobre a origem da desigualdade entre os homens". Impressionado com essa grande questão, surpreendeu-me que a academia ousasse propô-la. Mas já que ela tivera essa coragem, eu poderia ter a de a discutir, e pus-me à obra.

Para meditar à vontade sobre esse grande assunto, fiz uma viagem de sete ou oito dias a Saint-Germain, com Thérèse, a nossa hospedeira, que era uma boa mulher, e uma das nossas amigas. Conto esse passeio entre um dos mais agradáveis da minha vida. O tempo era lindo; aquelas excelentes mulheres se encarregaram da direção das coisas e da despesa. Thérèse divertia-se com elas; eu, sem cuidar de nada, satisfazia-me sem constrangimento na hora das refeições. Todo o resto do dia, metido pela floresta, procurava e encontrava as imagens dos primeiros tempos, cuja história traçava altivamente. Exagerava sobre as pequenas mentiras dos homens; ousava desnudar a natureza deles, seguir o progresso do tempo e das coisas que o desfiguraram e, comparando o homem ao homem natu-

---

111. Primeira apresentação, estréia. (N.E.)
112. Pecado, falha. (N.E.)

ral, mostrar-lhe, com pretensa perfeição, a verdadeira fonte das nossas misérias. Minha alma, exaltada por essas contemplações sublimes, elevava-se aos pés da Divindade. E vendo de lá meus semelhantes prosseguirem na cega senda de todos os seus preconceitos, dos seus erros, das suas desgraças, dos seus crimes, gritava-lhes com voz fraca que eles não poderiam ouvir: "Insensatos que vos queixais eternamente da natureza, vede que os vossos males provêm de vós mesmos!".

Dessas meditações resultou o *Discurso sobre a Desigualdade*,[113] obra que agradou mais a Diderot que todos os meus outros trabalhos, e para a qual os seus conselhos me foram utilíssimos,[114] mas que encontrou em toda a Europa apenas poucos leitores que a entendessem, e nenhum deles quis falar no trabalho. Fora feito para concorrer ao prêmio; enviei-o, pois, certo de antemão de que não o obteria, e sabendo muito bem que não foi para peças daquele estofo que se criaram os prêmios das academias.

Esse passeio e essa ocupação me fizeram bem à saúde e ao espírito. Havia já alguns anos que, atormentado pela minha retenção de urina, eu me entregara inteiramente aos médicos, que, sem me aliviarem o mal, me tinham esgotado as forças e destruído o meu temperamento. Ao voltar de Saint-Germain, eu estava com mais forças, e sentia-me muito melhor. Segui essa indicação, e, resolvido a curar-me ou a morrer sem médico e sem remédios, disse-lhes adeus para sempre, e pus-me a viver o dia ao ar livre, ficando em pé quando não podia mais andar, e andando assim que tinha forças. A vida em Paris, entre gente pretensiosa, era pouco do meu agrado; as cabalas dos literatos, suas vergonhosas querelas, a pouca fé dos seus livros, seus ares superiores na sociedade, eram-me por demais odiosos e antipáticos; encontrava ali tão pouca doçura, tão pouca franqueza de coração, mesmo na convivência dos amigos, que, desgostoso dessa

---

113. Esse discurso aparece publicado, em primeira tradução brasileira, pela Athena Editora, no volume XII da sua Biblioteca Clássica, e tem o título: *Discursos Sobre as Ciências e as Artes e Sobre a Origem da Desigualdade*. (N.E.)

114. No tempo em que escrevi isto, não tinha nenhuma noção da grande conspirata de Diderot e Grimm, sem o que teria visto facilmente que o primeiro abusava da minha confiança para dar aos meus escritos esse tom duro e esse ar negro que perderam quando ele deixou de me dirigir. O trecho do filósofo que argumenta tapando os ouvidos para fugir às queixas de um desgraçado é de fatura sua; e ele me fornecera outros mais fortes ainda que não me pude resolver a utilizar. Mas, atribuindo esse estado de espírito sombrio a sua reclusão na torre de Vincennes, e do qual se encontra uma dose muito forte no seu *Clairval*, nunca me ocorreu suspeitá-lo da menor maldade.

vida tumultuosa, comecei a suspirar ardentemente pela volta da minha estada no campo. E vendo que minha profissão não me permitiria morar lá, para lá corria assim que tinha algumas horas livres. Durante muitos meses, depois do jantar, ia passear sozinho no bosque de Boulogne, meditando em assuntos de livros, e só voltava à noite.

(1754-1756) – Gauffecourt, por quem então eu tinha muita amizade, vendo-se obrigado a ir a Genebra por causa do emprego, propôs-me ir com ele; concordei. E como eu não estava bastante sadio para dispensar os cuidados de Thérèse, decidimos que ela também viajaria e que sua mãe cuidaria da casa. E, feitos todos os preparativos, partimos juntos, os três, a 1º de junho de 1754.

Devo marcar essa viagem como a primeira experiência, que, já na idade de quarenta e dois anos que eu tinha então, veio atingir a natureza plenamente confiante com que eu nascera e à qual me entregara sempre sem reservas e sem inconvenientes. Viajávamos em uma carroça burguesa que nos conduzia sempre com os mesmos cavalos, em pequenas jornadas. Eu descia e muitas vezes caminhava a pé. Mal tínhamos chegado à metade do caminho, Thérèse começou a mostrar uma extrema repugnância em ficar só no carro com Gauffecourt, e quando, apesar das suas súplicas, eu queria descer, ela descia e caminhava também. Muito tempo lhe ralhei por esse capricho, e de tal modo me opunha a ele que ela se viu obrigada a me declarar o motivo. Pensei sonhar, caí das nuvens, quando soube que o meu amigo Gauffecourt, com mais de sessenta anos, sofrendo de gota, impotente, cansado de prazeres e de gozos, trabalhava, desde a nossa saída, para corromper uma mulher que não era mais nem bonita, nem moça, e que pertencia ao seu amigo; e isso pelos meios mais baixos e mais vergonhosos, indo de oferecer dinheiro, até a tentar excitá-la com a leitura de um livro abominável e com as figuras infames de que estava repleto. Thérèse, indignada, de uma feita lançou pela portinhola o seu imundo livro; e eu soube que, no primeiro dia, como uma violenta dor de cabeça me impedira de ir cear, ele empregara todo o tempo que durou a ceia em tentativas e manobras mais dignas de um sátiro e de um bode do que de um homem honesto a quem eu confiara minha companheira e a minha própria pessoa. Que surpresa! Que aperto no coração, inteiramente novo para mim! Eu, que até então considerava a amizade inseparável de todos os sentimentos amáveis e nobres que lhe constituem todo o encanto, pela primeira vez na vida via-me obrigado a aliá-la ao desprezo, e a tirar a minha confiança e a minha estima a um homem a quem queria bem, e por quem me supunha querido! O desgraçado me escondeu sua torpeza. E para não expor Thérèse, vi-me forçado a lhe esconder meu desprezo, e a sufocar no fundo do coração os sentimentos que ele não deveria conhecer. Doce e santa ilusão da amizade! Gauffecourt foi o primeiro que tirou o teu véu dos meus olhos. Quantas mãos cruéis o impediram depois de cair outra vez!

Em Lyon, deixei Gauffecourt, para tomar o meu caminho para a Sabóia, não me podendo resolver a passar tão perto de mamãe, sem a rever. E a revi... Em que estado, meu Deus! Que aviltamento! Que lhe restava da sua virtude primitiva? Era a mesma Sra. de Warens, outrora tão brilhante, a quem o cura de Pontverre me enviara? Como meu coração se confrangeu! Não vi para ela outro recurso senão mudar de terra. E repeti-lhe vivamente e inutilmente as instâncias que várias vezes lhe fizera nas minhas cartas, que viesse viver placidamente comigo, que queria consagrar meus dias e os de Thérèse a tornar os seus felizes. Ela não me deu ouvidos, presa à pensão, da qual, entretanto, embora regularmente paga, havia muito tempo não recebia mais nada. Partilhei mesquinhamente com ela a minha bolsa, dando-lhe bem menos do que o deveria, bem menos do que o faria, se não soubesse que ela, daquilo, não aproveitaria um real. Durante minha estada em Genebra, ela fez uma viagem a Chablais e me veio ver em Grange-Canal. Faltava-lhe dinheiro para acabar a viagem; eu tinha comigo somente o necessário para a minha; uma hora depois mandei-o por Thérèse. Pobre mamãe! Quero contar ainda este gesto do seu coração: só lhe restava como última jóia um anelzinho; e ela o tirou do seu dedo para o pôr no de Thérèse, que imediatamente o repôs no seu, beijando essa nobre mão que banhou de lágrimas. Ah!, esse era o momento de pagar minha dívida. Era preciso abandonar tudo para segui-la, ligar-me a ela até seus últimos momentos, e partilhar sua sorte, fosse qual fosse. Distraído por outra afeição, senti afrouxar-se a minha para com ela, à falta de lhe poder ser útil. Chorei sobre ela e não a segui. De todos os remorsos que senti em minha vida, é esse o mais vivo e o mais permanente. Por isso, mereci os terríveis castigos que desde então não deixaram de me atormentar: possam eles ter expiado a minha ingratidão! Fui ingrato no procedimento; mas essa ingratidão me dilacerou demais o coração, que, de tal modo, nunca poderia ser o coração de um ingrato.

Antes da minha partida de Paris, eu esboçara a dedicatória do meu *Discurso sobre a Desigualdade*. Acabei-o em Chambery e o datei do mesmo lugar, julgando que seria melhor, para evitar qualquer chicana, não o datar nem da França nem de Genebra. Chegado a essa cidade, entreguei-me ao entusiasmo republicano que lá me levara. Esse entusiasmo aumentou com a acolhida que tive. Festejado, aclamado em todos os Estados, entreguei-me todo ao zelo patriótico, e envergonhado de ser excluído dos meus direitos de cidadão, pela profissão de um ouro culto que não era o dos meus pais, resolvi retomar abertamente este último. Pensava que, como o Evangelho era o mesmo para todos os cristãos, e como o fundo do dogma só era diferente apenas no que se procurava explicar e o que não se podia entender, cabia a cada país, ou apenas ao soberano, fixar o dogma inteligível; e que, por conseqüência, era dever do cidadão admitir o dogma e seguir o culto prescrito pela lei. A convivência com os enciclopedistas, longe de abalar minha fé, a fortalecera, graças a minha aversão natural às disputas e aos partidos. O estudo do homem e do universo me mostrara em tudo as causas finais e a inteligência que as dirigia. A leitura da Bíblia e sobretudo a do Evangelho, à qual me dedicava desde alguns anos, faziam-me desprezar as baixas e tolas interpretações que davam de Jesus Cristo as pessoas menos dignas de ouvi-lo. Em uma palavra, a filosofia, prendendo-se ao essencial da religião, me desligara desse montão de pequenas fórmulas com que os homens a cobriram. Considerando que não havia para um homem razoável duas maneiras de ser cristão, considerei também que toda forma e disciplina era, em cada país, da alçada da lei. Desse princípio tão sensato, tão social, tão pacífico, e que me proporcionou tão cruéis perseguições, seguia-se que, querendo ser cidadão, eu deveria ser protestante e voltar para o culto estabelecido no meu país. Determinei-me a isso. Cheguei mesmo a me submeter às instruções do pastor da paróquia em que morava, que era fora da cidade. Desejei apenas não ser obrigado a aparecer no consistório. Entretanto, o édito eclesiástico era formal a esse respeito; quiseram derrogá-lo em meu favor, nomearam uma comissão de cinco ou seis membros para receber em particular minha profissão de fé. Infelizmente, o ministro Perdriau, homem amável e delicado, de quem eu era amigo, lembrou-se de me dizer que gostaria que eu falasse nessa pequena assembléia. Essa perspectiva me assustou tanto que, tendo estudado noite e dia um pequeno discurso que preparara, perturbei-me tanto quando o tive de dizer que não pude pronunciar uma palavra; e fiz, nessa conferência, o papel do mais tolo colegial. Os comissários falaram por mim. E eu respondi tolamente *sim* ou *não*; depois fui admitido à comunhão, e reintegrado nos meus direitos de cidadão; fui inscrito como tal na lista das guardas que são pagas apenas pelos cidadãos e pelos burgueses, e assisti a um conselho geral extraordinário para receber o juramento do síndico Mussard. Fiquei tão comovido com as bondades que nessa ocasião me testemunharam o síndico e o consistório, e com o proceder correto e cortês de todos os magistrados, ministros e cidadãos, que, instado pelo bom Deluc, que me atormentava sem parar, e também por minha própria inclinação, eu não pensava mais em voltar a Paris senão para liquidar a casa, regular meus "negociozinhos", colocar a Sra. Le Vasseur e o marido, ou prover a sua subsistência, e voltar com Thérèse a me estabelecer em Genebra por todo o resto dos meus dias.

Tomada essa resolução, dei tréguas aos negócios sérios para me divertir com os amigos até o tempo da minha partida. De todas essas diversões, a que mais me agradou foi um passeio em torno do lago, em um barco, em companhia do Deluc pai, sua nora, dois filhos, e minha Thérèse. Gastamos sete dias nessa volta, com o tempo mais lindo deste mundo. Guardei a mais viva lembrança dos lugares que me impressionaram na outra extremidade do lago, cuja descrição fiz, alguns anos depois, na *Nova Heloísa*.

As principais amizades que fiz em Genebra, além dos Deluc, foram com o jovem ministro Vernes, que eu já conhecera em Paris, e de quem augurei melhor do que ele depois mostrou valer; o Sr. Perdriau, então pastor no campo, hoje professor de belas letras, cujo convívio, cheio de doçura e de amenidade, sempre há de me fazer saudades, embora ele tenha achado por bem afastar-se de mim; o Sr. Jalabert, então professor de física, depois conselheiro e síndico, para quem li o meu *Discurso sobre a Desigualdade*, mas não a dedicatória, e que pareceu entusiasmá-lo; o professor Lullin, com quem, até ele morrer, fiquei me correspondendo, e que me encarregara de encomendas de livros para a Biblioteca; o professor Vernet, que me voltou as costas, como todo o mundo, depois que lhe dei provas de afeição e confiança que o deveriam ter comovido, se um teólogo pudesse ser comovido por qualquer coisa; Chappuis, caixeiro e sucessor de Gauffecourt, a quem ele quis suplantar, sendo porém logo ele próprio suplantado; Marcet de Mézières, antigo amigo de meu pai, que também se mostrara meu amigo, mas que, depois de ter merecido outrora muito da pátria, fez-se autor dramático e pretendente aos Duzentos, trocou de máximas e tornou-se ridículo depois da morte. De todos, porém, o que mais me deu esperanças foi de Moultou, rapaz que muito prometia com o seu talento, seu espírito cheio de ardor, e que sempre estimei, embora seu procedimento em relação a mim tenha sido sempre equívoco, e ele mantenha relações com os meus mais cruéis inimigos; apesar disso tudo, não me posso impedir de o olhar ainda como encarregado de um dia defender minha memória e vingar seu amigo.

No meio dessas dissipações não perdi nem o gosto nem o hábito dos meus passeios solitários e dava-os às vezes muito grandes, às margens do lago, durante os quais minha cabeça, acostumada ao trabalho, não ficava ociosa. Digeria o plano já formado das minhas *Instituições Políticas* das quais logo terei de falar; meditava uma *História do Valais*, um plano de tragédia em prosa, cujo assunto, Lucrécia, dava-me esperanças de assustar os gaiatos, embora eu me propusesse fazer aparecer essa infortunada já quando ela não conseguia mais aparecer em nenhum teatro da França. Exercitava-me ao mesmo tempo em Tácito, traduzia o primeiro livro da sua História, que se encontrará entre os meus papéis.

Depois de quatro meses de estada em Genebra, voltei no mês de outubro para Paris, evitando passar por Lyon, para não me encontrar no caminho com Gauffecourt. Como estava nos meus projetos só voltar a Genebra na primavera próxima, retomei, durante o inverno, meus trabalhos e meus afazeres, dos quais o principal era rever as provas do meu *Discurso sobre a Desigualdade*, que mandara imprimir na Holanda pelo livreiro Rey, que conhecera ultimamente em Genebra. Como essa obra era dedicada à república, o que não poderia agradar ao conselho, quis esperar o efeito que ela faria em Genebra antes de lá voltar. Esse efeito não me foi favorável; e a dedicatória, que o mais puro patriotismo me ditara, só fez me arranjar inimigos no conselho e invejosos na burguesia. O Sr. Chouet, então primeiro síndico, escreveu-me uma carta correta, mas fria, que se encontrará entre os meus papéis, maço A, nº 3. Recebi de particulares, entre eles Deluc e Jalabert, alguns cumprimentos; e foi tudo; nunca nenhum genebrino deu valor ao verdadeiro impulso do coração que se sentia nessa obra. Tal indiferença escandalizou todos que a notaram. Lembro-me que jantando um dia em Clichy, na casa da Sra. Dupin, com Crommelin, residente da república e com o Sr. de Mairan, este disse, em plena mesa, que o conselho me devia um presente e honras públicas por aquele trabalho, e que se desonraria se faltasse a isso; Crommelin, que era um homenzinho negro e baixamente mau, nada ousou responder na minha presença, mas fez uma careta terrível que provocou um sorriso da Sra. Dupin. A única vantagem que me trouxe essa obra, além de me satisfazer o coração, foi o título de cidadão, que me foi dado por meus amigos, depois pelo público, a seu exemplo, e que perdi depois porque o merecera demais.[115]

---

115. Como Rousseau abdicou desse título quando o *Emílio* foi condenado em Genebra, sem dúvida quer dizer que o perdeu, porque o mau procedimento dos pastores e dos magistrados suíços o havia obrigado a demitir-se. (N.E. francês)

Esse mau resultado não me teria dissuadido de executar minha retirada para Genebra, se outros motivos, poderosos para meu coração, não concorressem também. A Sra. d'Épinay, querendo acrescentar uma ala que faltava ao castelo de Chevrette, fazia uma despesa imensa para a acabar. Fui com ela ver as obras, um dia, e levamos o passeio a um quarto de légua mais além, até aos reservatórios de água do parque, que atingia a floresta de Montmorency, onde havia uma linda horta, com uma casinha desmantelada que chamavam a Ermitage. Esse lugar solitário e muito agradável me impressionara quando eu o vira pela primeira vez antes de minha viagem para Genebra. E, no meu entusiasmo, escapou-me esta frase: "Ah, senhora, que moradia deliciosa! Está aí um asilo feito para mim!". A Sra. d'Épinay não retrucou nada a minha exclamação; mas, nessa segunda viagem, fiquei surpreendido por ver, em lugar da velha tapera, uma casinha quase inteiramente nova, muito bem distribuída e muito habitável para uma família de três pessoas. A Sra. d'Épinay mandara fazer essa obra em segredo, com muito pouca despesa, tirando alguns materiais e operários das obras do castelo. E, na segunda viagem, disse-me, ao ver minha surpresa: "Está aí o seu asilo, meu urso; foi você que o escolheu, é a amizade que o oferece; espero que ele lhe tirará a cruel idéia de se afastar de mim". Nunca pensei, em minha vida, ficar tão vivamente, tão deliciosamente comovido; molhei de lágrimas a mão benfazeja da minha amiga; e se não fiquei vencido nesse mesmo instante, fiquei extremamente abalado. A Sra. d'Épinay, que não queria receber uma recusa, insistiu tanto, empregou tantos meios, tantas pessoas para me convencerem, chegou até a obter o auxílio da Sra. Le Vasseur e da filha, que afinal venceu minhas resoluções. Renunciando a voltar a minha pátria, resolvi, prometi ir morar na Ermitage; e esperando que a construção secasse, ela tomou o cuidado de preparar os móveis, de modo que ficou tudo pronto para lá morarmos na primavera próxima.[116]

Um fato que muito contribuiu para que eu me resolvesse foi Voltaire ter-se instalado perto de Genebra. Compreendi que aquele homem faria revolução lá; que, em minha pátria, eu iria encontrar o tom, os ares, os costumes que me expulsaram de Paris; que me seria preciso lutar sem cessar, e que eu teria de escolher entre ser um pedante insuportável ou um covarde e mau cidadão. A carta que Vol-

---

116. Depois da morte do Sr. d'Épinay, Grétry comprou a Ermitage onde viveu até morrer, em 1813. No ano seguinte, o novo dono, que casara com uma filha de Grétry, restaurou a casa, aumentando-a com novas instalações. O jardim também foi aumentado e em parte plantado à inglesa. Vêem-se lá os bustos de Rousseau e de Grétry. (N.E. francês)

taire me escreveu sobre minha última viagem me deu margem a insinuar meus receios na resposta; e o efeito que ela produziu o confirmou. Desde então considerei Genebra perdida, e não me enganei. Talvez eu devesse ir afrontar a tempestade, se sentisse que dava para isso. Mas que faria eu, só, tímido, falando dificilmente, contra um homem arrogante, opulento, protegido pelo crédito dos grandes, de palavra brilhante, e já o ídolo das mulheres e dos rapazes? Receei expor inutilmente minha coragem ao perigo; e só prestei ouvidos a minha natureza plácida, ao meu amor do sossego, que, se me enganaram, ainda hoje me enganam a esse respeito. Indo para Genebra, talvez eu me houvesse podido poupar a grandes desgraças; mas duvido que, com todo o meu zelo ardente e patriótico, pudesse fazer alguma coisa de útil e grande por meu país.

Tronchin, que pouco tempo depois foi se estabelecer em Genebra, voltou algum tempo depois a Paris para trabalhar de saltimbanco, e de lá saiu levando tesouros. Ao chegar, veio me visitar com o cavaleiro de Jaucourt. A Sra. d'Épinay desejava muito consultá-lo em particular, mas não era fácil de o conseguir; recorreu a mim. Pedi a Tronchin que a fosse visitar, e assim começaram eles sob os meus auspícios, uma amizade que apertaram depois a minhas expensas. Sempre foi esse o meu destino; assim que aproximava um do outro dois amigos que tinha separadamente, nunca deixavam ambos de se unirem contra mim. Entretanto, embora, em razão da conspiração que faziam os Tronchin para escravizar a pátria, eles me devessem odiar mortalmente, o doutor continuou a me demonstrar boa vontade. Chegou mesmo a me escrever, depois da sua volta de Genebra, para me propor o lugar de bibliotecário honorário. Mas minha resolução estava tomada, e esse oferecimento não a abalou.

Nesse tempo, voltei à casa do Sr. d'Holbach. O motivo fora a morte de sua mulher, que sucedera ao mesmo tempo que a do Sr. de Francueil, durante minha estada em Genebra. Diderot, ao ma comunicar, falou-me da profunda aflição do marido. E a dor dele me comoveu o coração. Eu próprio tinha imensas saudades daquela amável mulher; escrevi a esse respeito a d'Holbach. O triste acontecimento me fez esquecer todas as suas ofensas, e quando voltei de Genebra, e quando ele próprio voltou de uma volta ao redor da França que fizera para se distrair, com Grimm e outros amigos, fui visitá-lo; e continuei a ir lá, até a minha partida para a Ermitage. Quando se soube na roda dele que a Sra. d'Épinay, que ele não visitava ainda, me preparara a casa, os sarcasmos caíram sobre mim como geada, baseados em que, tendo eu necessidade do incenso e dos divertimentos da cidade, não suportaria a Ermitage nem quinze dias. Conhecendo-me bem, deixava-os falar e continuava a minha vida. O Sr. d'Holbach foi-me útil[117] entretanto, para colocar o velho Le Vasseur, que tinha mais de oitenta anos e cuja mulher, que se sentia sobrecarregada por ele, vivia a me pedir que a livrasse desse peso. Foi posto em uma casa de caridade, onde a idade e o desgosto de se ver longe da família o levaram ao túmulo quase ao chegar. A mulher e os outros filhos pouco o lamentaram; mas Thérèse, que lhe queria muito bem, nunca pôde se consolar da sua perda, e de ter consentido que, tão próximo do fim, ele fosse acabar os dias longe dela.

Pouco mais ou menos por esse tempo, recebi uma visita inesperada, embora se tratasse de um conhecido antigo. Quero me referir ao meu amigo Venture, que me veio surpreender um belo dia, quando eu menos o pensava. Vinha com ele um outro homem. Como se pareceu mudado! Em lugar das suas antigas graças, só lhe vi um ar de crápula, que me impediu de me expandir com ele; os meus olhos não eram mais os mesmos, ou a libertinagem lhe embrutecera o espírito, ou todo o seu antigo brilho lhe vinha da mocidade que já não tinha mais. Vi-o quase que com indiferença e nos separamos friamente. Mas, quando ele foi embora, a lembrança da nossa antiga amizade me recordou tão vivamente minha mocidade, tão docemente, tão sabiamente consagrada àquela mulher angélica que não mudara menos que ele, as pequenas anedotas daquele tempo feliz, a romanesca viagem de Toune, feita com tanta inocência e prazer entre aquelas duas encantadoras raparigas cuja mão que eu beijara fora o único favor concedido, e que, apesar de tudo, me tinham deixado saudades tão fortes, tão comovidas e duráveis; todas essas encantadoras delícias de um coração jovem, que eu sentira então em toda a sua força e cujo tempo eu imaginava para sempre extinto; todas essas ternas reminiscências me fizeram derramar lágrimas sobre minha juventude passada, e sobre aqueles entusiasmos para sempre perdidos para mim. Ah, quantas outras eu teria que derramar sobre a sua volta, tardia e funesta, se eu pudesse prever os males que ela me iria custar!

Antes de deixar Paris, no inverno que precedeu minha saída, gozei um prazer muito de acordo com meu coração, em toda a sua pureza. Palissot, acadêmico de Nancy, conhecido por alguns dramas,

---

117. Eis aqui um exemplo das peças que me prega minha memória: muito tempo depois de ter escrito isto, conversando com minha mulher sobre o seu velho pai, soube que não foi d'Holbach, mas o Sr. de Chenoceaux, então um dos administradores do Hotel-Dieu, quem o pôs lá. Eu esquecera isso de tal modo e tinha tanta certeza de que se tratava do Sr. d'Holbach que seria capaz de jurar que fora ele.

acabava de apresentar um em Lunéville, em homenagem ao rei da Polônia. Ele pensou que lisonjearia o rei, representando no drama o papel de um homem que ousara medir-se com o rei de pena na mão. Estanislau, que era generoso e não gostava de sátiras, ficou indignado por ver que se ousava retaliar pessoalmente alguém em sua presença. O Sr. conde de Tressan escreveu, por ordem do príncipe, a d'Alembert e a mim, para me informar que era desejo de Sua Majestade que o Sr. Palissot fosse expulso da Academia. Minha resposta foi pedir encarecidamente ao Sr. de Tressan que intercedesse junto ao rei da Polônia para conseguir o perdão de Palissot. O perdão foi concedido; e o Sr. de Tressan, ao mo comunicar, em nome do rei, acrescentou que esse fato seria inscrito no registro da Academia. Repliquei que isso, em vez de significar uma graça, perpetuava o castigo; afinal, à custa de instâncias, consegui que não se mencionasse nada nos registros, e que não ficasse nenhum sinal público desse negócio. E tudo se fez acompanhar, tanto da parte do rei como do Sr. de Tressan, de muitos testemunhos de estima e consideração que me lisonjearam extremamente; e nessa ocasião senti que a estima dos homens que são dignos de si próprios produz na alma um sentimento muito mais doce e mais nobre do que o da vaidade. Transcrevi na minha coleção as cartas do Sr. de Tressan com as minhas respostas, e os originais estão no maço A, nºs 9, 10 e 11.

Sinto bem que, se algum dia estas memórias vierem à luz, eu perpetuo aqui a memória de um fato cujos traços quisera apagar; mas transmito também muitos outros, malgrado meu. O grande objetivo do meu empreendimento, sempre presente aos meus olhos, o dever indispensável de o preencher em toda a sua extensão, não me permitirá um desvio, por considerações mais fracas, que me afastaria da meta. Na estranha, na situação única em que me encontro, devo muito à verdade para nada mais dever a outrem. Para me conhecer bem, é preciso me conhecer em todas as minhas manifestações, boas e más. Minhas confissões são necessariamente ligadas com as de muita gente; faço-as umas e outras com a mesma franqueza em tudo que se refere a mim, achando que não devo a quem quer que seja mais considerações do que devo a mim próprio; entretanto, procuro respeitar sempre os outros mais do que a mim. Quero ser sempre justo e verídico, dizer dos outros todo o bem que me for possível, dizer, somente, o mal que me atinja e só o tanto a que for forçado. Quem é que, no estado em que me puseram, tem o direito de exigir mais? Minhas *Confissões* não são feitas para aparecerem enquanto eu for vivo nem enquanto viverem as pessoas nelas interessadas. Se eu fosse o senhor do meu destino e do destino deste escrito, ele só veria o dia muito tempo depois da minha morte. Mas os esforços a que o pavor da verdade obriga meus poderosos opressores para lhe apagarem os traços dão-me, para os conservar, a liberdade de usar tudo que me permitem o direito mais estrito e a mais severa justiça. Se minha memória se devesse extinguir comigo, em vez de comprometer alguém, eu suportaria sem murmurar um opróbrio injusto e passageiro; mas, já que meu nome deve viver, devo procurar transmitir com ele a lembrança do homem infortunado que o usou, tal como ele viveu realmente, e não tal como os inimigos injustos o procuram incessantemente pintar.

LIVRO NONO[118]

(1756)

A pressa de me mudar para a Ermitage não me permitia esperar a volta da bela estação. E, assim que a casa ficou pronta, apressei-me em ir para lá, debaixo das vaias da roda hoibachiana, que predizia em voz alta que eu não suportaria nem três meses de solidão, e que depressa me veriam voltar, envergonhado, para viver com eles em Paris. Quanto a mim, que longe havia quinze anos do meu elemento, via-me prestes a voltar para lá, não dava sequer atenção às pilhérias deles. Desde que, contra a minha vontade, vira-me jogado no mundo, nunca deixara de ter saudades das minhas queridas Charmettes, e da doce vida que lá levara. Sentia-me feito para a solidão e para o campo; era impossível viver longe de lá; em Veneza, no afã dos negócios públicos, na dignidade de uma relativa representação, no orgulho dos projetos de ascensão; em Paris, no turbilhão da alta sociedade, na sensualidade das ceatas, no brilho dos espetáculos, na fumarada da gloríola, sempre os meus bosques, meus regatos, meus passeios solitários vinham, com suas lembranças, distrair-me, contristar-me, arrancar-me suspiros e desejos. Todos os trabalhos a que me pudera submeter, todos os projetos de ambição que, por acessos, me tinham acendido o zelo, não tinham outro fito senão chegar algum dia a esses abençoados lazeres campestres, aos quais, nesse momento, eu me orgulhava de atingir. Sem ter chegado à abastança que eu supunha necessária para os obter, considerava, graças a minha

---

118. As cartas da primeira parte da Correspondência, desde os meses de março de 1756, dirigidas à Sra. d'Épinay, a Grimm, a Diderot, a Saint-Lambert, à Sra. d'Houdetot, até 1º de janeiro de 1758, são como que a justificação deste nono livro. As mais numerosas e as mais interessantes para confirmar a narração são as dirigidas à Sra. d'Épinay. (N.E. francês)

situação particular, que estava em estado de dispensá-la e que poderia atingir o mesmo fim por meios diferentes. Não tinha um real de renda; mas tinha um nome e dotes; era sóbrio e habituara-me a dispensar as necessidades mais dispendiosas, e todo o luxo. Além disso, embora preguiçoso, eu sabia ser laborioso quando o queria ser; e minha preguiça era menos a de um malandro que a de um homem independente, que só gosta de trabalhar em certas horas. Meu ofício de copista de músicas não era nem brilhante nem lucrativo; mas era certo. E me queriam mal, na sociedade, por ter tido a coragem de o escolher. Eu podia ter a certeza de que não me faltaria trabalho, e que ganharia com que viver se trabalhasse bastante. Os dois mil francos que me restavam do *Adivinho da Aldeia* serviam-me de adiantamento para não viver mal, e muitas outras obras que estavam em andamento faziam-me esperar, sem explorar os livreiros, suplementos que me permitissem trabalhar à vontade, sem me esgotar, embora aproveitando os vagares dos passeios. Minha família, composta apenas de três pessoas, não me saía muito cara. Em suma, meus recursos, proporcionais a minhas necessidades e a meus desejos, podiam razoavelmente me permitir uma vida feliz e durável, que a minha inclinação me levara a escolher.

    Eu poderia me ter dedicado a coisa mais lucrativa; e em vez de sujeitar minha pena à cópia, devotá-la de todo aos escritos, que, no vôo que eu tomara, e que me sentia em estado de sustentar, poderiam me fazer viver na abundância e mesmo na opulência, por pouco que soubesse aliar a esperteza de autor ao cuidado de produzir bons livros. Mas eu sentia que escrever para ganhar o pão depressa me abafaria o gênio e o talento, que estava menos na minha pena que no meu coração, nascendo cinicamente de um modo de pensar elevado e altivo que só ele poderia sustentar. Nada de vigoroso, nada de grande pode partir de uma pena venal. A necessidade, talvez a avidez, me obrigariam a trabalhar mais depressa, mas não melhor. E, se a necessidade de êxito não me obrigasse a formar em igrejinhas, pelo menos me levaria a dizer menos coisas úteis e verídicas e mais coisas que agradassem à multidão; e em vez do escritor distinto dos outros, que eu poderia ser, seria apenas um rabiscador de papel. Não, não. Sempre compreendi que a posição do escritor só pode ser ilustre e respeitada quando não é um meio de vida. É muito difícil pensar-se nobremente quando se pensa para viver. Para poder, para ousar dizer grandes verdades, é preciso não depender do seu lucro. Eu lançava meus livros ao público, com a certeza de ter falado para o bem comum, sem cuidar em mais nada. Se a obra fosse mal recebida, tanto pior para os que não podiam aproveitar dela; quanto a mim, não precisava da aprovação de ninguém para viver. Meu ofício me sustentava, mesmo que meus livros não se vendessem; e isso era precisamente o que fazia com que eles se vendessem.

Foi a 9 de abril de 1756 que deixei a cidade para nunca mais lá morar,[119] porque não considero como moradia algumas temporadas que passei depois em Paris, em Londres, em outras cidades, mas sempre de passagem e sempre contra a vontade. A Sra. d'Épinay veio nos buscar aos três no seu carro. O feitor se encarregou de nossa pequena bagagem, e no mesmo dia me instalei.[120] Encontrei meu pequeno retiro mobiliado e preparado com simplicidade, mas com asseio e gosto; a mão que prestara seus cuidados a esse mobiliário tornava-se para mim de um preço inestimável, e eu achava delicioso ser o hóspede da minha amiga, em uma casa da minha escolha, que ela construíra expressamente para mim.

Embora fizesse frio e ainda houvesse mesmo neve, a terra começava a vegetar; viam-se violetas e primaveras; os brotos das árvores começavam a aparecer, e a própria noite da minha chegada foi marcada pelo primeiro canto do rouxinol, que se fez ouvir quase na minha janela, em um bosque próximo da casa. Depois de um sono curto, esquecendo, ao despertar, a minha transplantação, supunha-me ainda na rua de Grenelle, quando, de repente, os ramos das árvores me fizeram estremecer, e eu gritei, no meu entusiasmo: "Afinal, todos os meus desejos se cumpriram!". Meu primeiro cuidado foi me entregar à impressão das coisas campestres de que estava cercado. Em vez de começar a me arranjar para o trabalho, comecei a me preparar para os passeios, e não houve uma vereda, uma mata, um bosque, um recanto ao redor da minha casa que eu não percorresse logo no dia seguinte. Quanto mais eu examinava aquele retiro encantador, mais o sentia feito para mim. Aquele lugar mais solitário que selvagem me transportava em imaginação ao fim do mundo. Tinha certas belezas comovedoras que quase não se encontram perto das cidades; e nunca, indo para lá sem reparar, ninguém poderia pensar que estava apenas a algumas léguas de Paris.

Depois de alguns dias entregue ao meu delírio campestre, pensei em arrumar a papelada e tratar do trabalho. Destinei, como o fizera sempre, as manhãs à cópia, e as tardes aos passeios, munido do meu livreto branco e de um lápis; porque, como nunca pude pensar e

---

119. É preciso não esquecer que ele escrevia esta segunda parte antes do ano de 1770, em que voltou, no verão, a morar em Paris, sem o ter projetado, como se poderá ver na carta de 4 de junho de 1770, dirigida ao Sr. Moultou. (N.E. francês)
120. Vide os detalhes dessa mudança nas Memórias da Sra. d'Épinay. (N.E. francês)

escrever à vontade senão *sub dio*, não me sentia tentado a mudar de método, e esperava que a floresta de Montmorency, que era quase à minha porta, me servisse doravante de gabinete de trabalho. Tinha muitos escritos começados; passei-lhes uma revista. Estava muito rico de projetos.

Mas, na confusão da cidade, a execução andara muito devagar, até então. Eu esperava andar um pouco mais depressa quando tivesse menos distrações. E creio que realizei bem esse projeto: para um homem sempre doente, sempre na Chevrette, em Epinay, em Eaubonne, no castelo de Montmorency, deve-se reconhecer, espero-o, que se perdi meu tempo não foi na ociosidade.

Entre os diversos trabalhos que tinha iniciado, o que eu meditava havia muito tempo, do qual me ocupava com mais gosto, e no qual desejaria trabalhar minha vida toda, e que, na minha opinião, seria o selo da minha reputação, eram as minhas *Instituições Políticas*. Já havia treze ou catorze anos que tivera a primeira idéia dele, quando, em Veneza, tive oportunidade de notar os erros desse governo tão gabado. Desde então, minhas vistas se estenderam muito para o estudo histórico da moral. Vi que tudo se prendia radicalmente à política, e que, de qualquer modo que se procedesse, nenhum povo seria nunca o que a natureza do seu governo quisera que ele fosse. De forma que essa grande questão do melhor governo possível, parecia-me que se reduzia a isto: "Qual é a espécie de governo próprio a formar o povo mais virtuoso, mais esclarecido, mais sábio, o melhor, em suma, tomando a palavra no seu maior sentido?". Eu supunha que essa questão se aproximava muito desta outra, se por acaso fosse realmente diferente: "Qual é o governo que, por sua natureza, se mantém sempre mais próximo da lei?". E daí, "qual é a lei?", e uma cadeia de questões da mesma importância. Eu via que isso tudo me levaria a grandes verdades, úteis à felicidade do gênero humano, e sobretudo ao bem da minha pátria, onde eu não encontrara, na viagem que acabara de fazer, as idéias das leis e das liberdades bastante justas e bastante claras, como o desejava; e eu julgava que esse modo indireto de lhas dar seria o que mais pouparia o amor próprio dos seus membros, e o que faria com que me perdoassem ter sabido enxergar um pouco mais longe que eles.

Embora já havia cinco ou seis anos eu trabalhasse nessa obra, ela não estava ainda adiantada. Os livros dessa espécie pedem meditação, vagares, tranqüilidade. E ademais, eu o fazia, como se diz, ao léu da sorte, e não queria comunicar meu projeto a ninguém, nem mesmo a Diderot. Receava que fosse muito ousado para o século e para o país para que o escrevia, e que o susto dos meus amigos[121] me constrangesse na execução. Ignorava ainda se ele poderia ser feito a tempo e de modo a poder aparecer enquanto eu ainda vivesse; queria poder, sem constrangimento, dar ao meu tema tudo que ele exigisse; e como realmente não tinha gênio satírico e nunca quisera aplicá-lo, seria sempre irrepreensível e cheio de eqüidade. Queria usar plenamente, sem dúvidas, do direito de pensar, que tinha por nascimento; mas respeitando sempre o governo sob o qual tinha de viver, sem nunca lhe desobedecer às leis; e, muito cuidadoso em não violar o direito das gentes, não queria tampouco renunciar por medo das suas vantagens.

Confesso mesmo que, estrangeiro e morando na França, considerava minha posição muito favorável para ousar dizer a verdade; e sabia bem que, continuando, como sempre, a nada imprimir no Estado sem permissão, eu não devia contas a ninguém sobre as minhas máximas e sobre a sua publicação algures. Em Genebra eu seria muito menos livre, porque, mesmo se meus livros fossem impressos, um magistrado teria direito de dar voto sobre o seu conteúdo. Essa consideração contribuíra muito para me fazer ceder às instâncias da Sra. d'Épinay, e a renunciar ao projeto de me ir estabelecer em Genebra. Sentia, como o disse no *Emílio*[122] que, a menos que se seja um intrigante, quando se quer consagrar livros ao verdadeiro bem da pátria, não se deve compô-los no seu seio.

O que me fazia considerar minha posição mais feliz era a persuasão em que estava de que o governo da França, embora não me visse com bons olhos, consideraria um ponto de honra, se não proteger-me, pelo menos deixar-me em paz. Era, parecia-me, um gesto político simplíssimo, e entretanto muito acertado, transformar-se em uma virtude o tolerar o que não se podia impedir. Porque se me expulsassem da França, que era tudo o que poderiam fazer contra mim, meus livros não deixariam por isso de ser escritos, e talvez até com menos restrições, enquanto, deixando-me em paz, transformariam o autor em caução das suas obras. E, ademais, destruiriam os preconceitos tão bem enraizados no resto da Europa, mostrando que tinham um respeito esclarecido pelo direito das gentes.

---

121. Era sobretudo a prudente severidade de Duclos que me inspirava esse receio; quanto a Diderot, não sei porquê, todas as minhas conversas com ele me levavam a ser mais satírico e ferino do que minha natureza o pedia. E foi isso que me impediu de o consultar sobre um trabalho em que eu queria pôr apenas toda a força do raciocínio, sem nenhum vestígio de zombaria ou parcialidade. Pode-se calcular o tom dessa obra pelo do *Contrato Social*, saído dela.

122. Livro quinto. Vide os conselhos que o preceptor de *Emílio* dá ao seu discípulo, ao voltar das suas viagens. (N.T.)

Os que julgarem, sobre os fatos, que minha confiança me enganou, poderiam também se enganar. Na borrasca que me submergiu, meus livros serviram de pretexto, mas era a minha pessoa que odiavam. Cuidavam muito pouco do escritor, mas queriam perder Jean-Jacques, e o pior mal que acharam nos meus escritos era a honra que eles me poderiam trazer. Mas não avancemos sobre o futuro. Ignoro se esse mistério, que ainda o é para mim, se alumiará mais tarde aos olhos do leitor; sei apenas que, se meus princípios publicados me devessem atrair as sevícias que sofri, eu teria demorado menos a sofrer essas conseqüências, porque, entre todos os meus trabalhos, o que manifesta os meus princípios com mais ousadia, para não dizer audácia,[123] fizera o seu efeito, mesmo antes de minha retirada para a Ermitage, sem que ninguém pensasse ou dissesse que me queria responsabilizar ou apenas me impedir a publicação da obra na França, onde ela se vendia tão publicamente quanto na Holanda. Depois disso, apareceu ainda a *Nova Heloísa* com a mesma facilidade, e ouso dizê-lo, com o mesmo aplauso. E, o que parece incrível, a profissão de fé dessa própria Heloísa moribunda é exatamente a mesma do vigário saboiano. Tudo o que há de ousado no *Contrato Social*, já aparecera antes no *Discurso sobre a Desigualdade*; tudo que há de ousado no *Emílio* aparecera antes em *Júlio*.[124] Ora, essas coisas ousadas não excitaram nenhum clamor contra as duas primeiras obras. E, pois, não foram elas que o excitaram contra as últimas.

Um outro trabalho, mais ou menos no mesmo gênero, porém, cujo projeto era mais recente, preocupava-me muito nesse momento; era o extrato das obras do abade de Saint-Pierre, de quem, levado pelo fio da narração, ainda não pude falar. A idéia me fora sugerida, depois da minha volta de Genebra, pelo padre de Mably, não diretamente, mas por intermédio da Sra. Dupin, que tinha uma espécie de interesse em ma fazer adotar. Ela era uma das três ou quatro lindas mulheres de Paris das quais o velho abade de Saint-Pierre fora o

---

123. O *Discurso sobre a Desigualdade das Condições*. Dizendo em outra parte que esse discurso só contou "com poucas pessoas que o entendessem" e que "nenhuma delas quis falar nele"; ele explica a inação daqueles de quem mais tarde se queixa e o abandono em que o deixaram. (N.T.)

124. No *Discurso sobre a Desigualdade* o assunto era abstrato e pedia atenção para ser compreendido: em *Julie* era apresentado sob forma romanesca, e na boca de um personagem de romance. Podia-se duvidar que o autor quisesse fazer daquilo uma doutrina, ou mesmo que aquelas doutrinas fossem suas. Mas, no *Emílio*, todas as dúvidas foram esclarecidas. Quanto a sua última obra, veremos que as circunstâncias eram diversas, e que a luta dos Jesuítas e dos Parlamentos contribuiu para a sua condenação. (N.E. francês)

favorito; e se não gozara de uma preferência decisiva, pelo menos a partilhara com a Sra. d'Aiguillon. E conservava pela memória do bom velho um respeito e uma afeição que honrava a ambos, e seu amor próprio se lisonjearia em ver ressuscitar, pelo seu secretário, as obras natimortas do seu amigo. Essas obras não deixavam, de fato, de conter coisas excelentes, mas tão mal ditas que era difícil lhes suportar a leitura; e é de admirar que o abade de Saint-Pierre, que encarava os leitores como crianças grandes, lhes falasse entretanto como a homens, dado o pouco cuidado que mostrava em se fazer ouvir. Por isso é que ela me propusera o trabalho, como útil em si, e como muito conveniente a um homem laborioso como secretário, mas preguiçoso como escritor, que, achando o trabalho de pensar muito fatigante, preferia, nas coisas de que gostava, esclarecer e ampliar as idéias de outrem, em vez de as criar. Aliás, não me limitando à função de tradutor, não me era proibido pensar algumas vezes por mim mesmo, e eu poderia arranjar de tal modo a minha obra que muitas verdades importantes passassem sob o manto do abade de Saint-Pierre, com mais facilidade ainda que sob o meu. O empreendimento, aliás, não era fácil; tratava-se de ler, meditar e extrair vinte e três volumes, difusos, confusos, prolixos e repetidos, cheios de pontos de vista limitados ou falsos, entre os quais tinha que pescar alguns pensamentos grandes, belos, que davam coragem de suportar o trabalho penoso. E eu o teria abandonado muitas vezes, se pudesse me desdizer com facilidade; mas, recebendo os manuscritos do abade, que me foram dados por seu sobrinho, conde de Saint-Pierre, a pedido de Saint-Lambert, eu, de alguma forma, me comprometera a utilizá-los, e o que me restava a fazer seria ou devolvê-los, ou procurar aproveitá-los. Fora nessa intenção que trouxera os manuscritos para a Ermitage, e era o primeiro trabalho a que contava dedicar meu tempo.

Já pensava em uma terceira obra, cujas idéias devia às observações feitas sobre mim mesmo; e sentia coragem para a empreender, porque compreendia que poderia fazer um livro muito útil aos homens, talvez um dos mais úteis que se lhes poderiam oferecer, se a execução correspondesse ao plano que eu traçara. Já houve quem notasse que a maioria dos homens são, durante a vida, muitas vezes diferentes de si próprios, e parece que se transformam em homens absolutamente diversos. Não era para estabelecer uma coisa tão conhecida que eu queria escrever um livro; tinha um objetivo mais novo e mesmo mais importante; era procurar as causas dessas variações, e me prender às causas que dependem de nós, para mostrar de que maneira elas podem ser dirigidas por nós mesmos, a fim de que nos tornemos melhores e mais seguros de nós próprios.

Porque, sem contradita, é mais difícil ao homem resistir aos seus desejos já formados do que prevenir, mudar ou modificar esses mesmos desejos nas suas fontes, se estamos em condições de atingi-las. Um homem tentado resiste uma vez porque é forte, e sucumbe outra vez porque é fraco; se ele fosse sempre tão forte quanto antes não sucumbiria.

Sondando em mim mesmo e procurando ver nos outros as causas de que dependiam essas diversas maneiras de ser, descobri que elas dependiam, em grande parte, da impressão anterior de objetos exteriores, e que, modificadas continuamente pelos sentidos e pelos órgãos, nós trazíamos, sem o perceber, nas nossas idéias, nos nossos sentimentos, nas nossas próprias ações, o efeito dessas modificações. As impressionantes e numerosas observações que eu recolhera estavam acima de qualquer discussão; e pelos seus princípios físicos elas pareciam próprias a fornecer um regime exterior que, variado segundo as circunstâncias, poderia pôr ou manter a alma no estado mais favorável à virtude. Quantos desvios se pouparia à razão, quantos vícios se impediriam de nascer, se se soubesse forçar a economia animal a favorecer a ordem moral que ela perturba sempre! Os climas, as estações, os sons, as cores, a escuridão, a luz, os elementos, os alimentos, o barulho, o silêncio, o movimento, o repouso, tudo atua sobre a nossa máquina, e por conseqüência sobre a nossa alma; tudo nos oferece mil presas quase certas para governarmos na sua origem os sentimentos que mais tarde nos dominam. Era essa a idéia fundamental que eu já quase esboçara no papel, e da qual esperava um efeito muito seguro, principalmente das pessoas bem nascidas, que, gostando sinceramente da virtude, desconfiam da sua fraqueza, e parecia-me justo fazer um livro tão agradável de ler quanto o era de compor.[125]

---

125. A Sra. de Genlis assim dá notícia desse projeto de livro, no seu prefácio de *Afonsina*: "Rousseau queria explicar porque os homens são sempre diferentes de si próprios. E mostrou a razão disso nas diversas maneiras de viver, no regime e nos alimentos. Queria propor um modo de viver e um regime exterior. Por exemplo, proibir às pessoas sanguíneas tratarem de negócios depois das refeições, porque o sangue sobe à cabeça; e interditaria as bebidas espirituosas às pessoas coléricas. Isso tudo formaria uma espécie de livro de medicina que nada teria de novo. Essa obra deveria se chamar *A Moral Sensitiva*. Eu nunca acreditei que a moral dependesse de uma boa digestão. O pretenso poder quase absoluto do físico sobre o moral é um erro que os materialistas, os ateus e os epicuristas devem sustentar de boa fé". O leitor pode comparar o projeto de Rousseau com o que lhe empresta a Sra. de Genlis, e depois decidir-se se deve classificar Rousseau entre os ateus ou entre os epicuristas. (N.E. francês)

Entretanto, trabalhei muito pouco nessa obra, cujo título era *A Moral Sensitiva ou o Materialismo do Sábio*. Distrações, cujas causas logo direi, impediram-me de cuidar dela; direi também qual foi a sorte do meu esboço, sorte muito mais ligada à minha do que o parecia ser.

Além disso, pensava desde algum tempo em um sistema de educação, a pedido da Sra. de Chenoceaux, que temia pela educação que o marido dava ao filho. A autoridade da amizade fazia com que esse assunto, embora pouco do meu agrado em si mesmo, me fosse caro por vários motivos. De modo que, de todos os temas de que acabo de falar, foi esse o único que terminei. A pessoa que mo propusera merecia, parece-me, um outro destino. Mas não antecipemos aqui um assunto triste; já sou forçado a falar demais dele na continuação deste escrito.

Todos esses projetos me ofereciam assuntos de meditação para os meus passeios; porque, como o suponho ter dito, só posso meditar caminhando; assim que paro, não penso mais, e minha cabeça só anda com os pés. Entretanto, eu tinha a precaução de me prover de um trabalho de gabinete para os dias de chuva. Era o meu *Dicionário da Música*, cujos materiais esparsos, mutilados, informes, forçavam a recomeçar a obra quase toda. Trouxe alguns livros de que precisava para isso; passei dois meses a fazer o extrato de outros que me emprestaram na Biblioteca do rei, alguns dos quais permitiram-me até que os levasse para a Ermitage. Eram essas as minhas provisões para compilar dentro de casa, quando o tempo não me permitia sair e eu me aborrecia da cópia. Esse arranjo me convinha tão bem que o aproveitei não só na Ermitage, como em Montmorency e mesmo depois em Motiers, onde acabei esse trabalho fazendo ao mesmo tempo outros, e achando sempre que uma mudança de trabalho é um verdadeiro descanso.

Durante algum tempo segui estritamente a distribuição que organizara e dei-me muito bem; mas quando a bela estação trouxe a Sra. d'Épinay mais freqüentemente a Epinay ou à Chevrette, vi que coisas que antes não me custavam, mas que eu não pusera em linha de conta, atrapalhavam muito meus outros projetos. Já disse que a Sra. d'Épinay tinha qualidades muito estimáveis; gostava muito dos amigos, servia-os com muito zelo; sem poupar com eles nem o tempo nem os cuidados, merecia decerto muito que todos tivessem atenções para com ela. Até então eu cumprira esse dever sem o considerar como tal; mas afinal compreendi que me prendera a uma cadeia da qual só a amizade me impedia de sentir o peso; e agravara esse peso com a minha repugnância pelas rodas muito grandes. A Sra. d'Épinay prevaleceu-se disso para me fazer uma proposta que parecia me servir, mas que servia melhor a ela: era me mandar prevenir todas as vezes que estivesse só ou quase só. Concordei, sem ver o compromisso que tomava. Segue-se daí que não a visitava mais na minha hora, mas à sua, e que não tinha mais certeza de poder dispor de mim um único dia. Esse constrangimento alterou muito o prazer que eu até então tivera em visitá-la. Achei que a tal liberdade, que ela me prometera tanto, só me era dada com a condição de não me utilizar dela nunca, e, uma vez ou duas que quis usá-la, foram tantos os recados, tantos bilhetes, tantos alarmes sobre a minha saúde que vi bem que não havia outra desculpa senão estar acamado para me dispensar de acorrer logo ao seu primeiro apelo. Tinha de me submeter a esse jugo; eu me submeti, até com muita docilidade para um tão grande inimigo da dependência, porque a sincera afeição que eu sentia por ela me impedia em grande parte de sentir o liame que me atava. E ela arranjava assim, bem ou mal, os vácuos que a ausência da sua corte ordinária fazia nos seus divertimentos. Era um suplemento muito fraco, mas que valia mais que uma solidão absoluta, que ela não poderia suportar. Entretanto, tinha com que a preencher mais facilmente, depois que tentara a literatura e metera-se a fazer, bem ou mal, romances, cartas, comédias, contos e outras frioleiras da mesma espécie.

 Mas o que mais a divertia não era escrevê-las, era lê-las; e se lhe acontecia rabiscar seguidas duas ou três páginas, era preciso que, no fim desse enorme trabalho, estivesse certa de contar, pelo menos, com dois ou três ouvintes benévolos. Eu quase não tinha a honra de pertencer ao número dos eleitos senão a favor de algum outro. Sozinho, era quase sempre contado como zero para tudo; e não só na roda da Sra. d'Épinay, como na do Sr. d'Holbach, e em toda parte onde o Sr. Grimm brilhasse. Essa nulidade me convinha muito, exceto nas conversas a dois, onde eu não sabia como me portar, sem ousar falar de literatura, que não me competia criticar, nem de galanteria, porque era muito tímido, e temia mais que a morte o ridículo de ser um velho gamenho; e além disso nunca semelhante pensamento me veio, estando eu junto à Sra. d'Épinay, e nunca me viria, nem que eu passasse a vida inteira com ela; não que eu tivesse por sua pessoa alguma repugnância; ao contrário, eu a amava demais como amigo para a poder amar como amante. Sentia prazer em vê-la, em conversar com ela. Sua palestra, embora muito agradável em uma roda, era árida em particular; e a minha, que não era florida, não era para ela um grande recurso. Envergonhado com aqueles longos silêncios, eu me esforçava para manter a conversa; e embora me fatigasse sempre, não me aborrecia nunca. Sentia muito prazer em lhe prestar pequenos serviços, dar-lhe beijinhos fraternais, que não me pareciam mais sensuais que a ela: era tudo. Era muito magra, muito branca, com o colo como as costas da minha mão. E só esse defeito bastaria para me gelar: nunca meu coração nem meus sentidos souberam enxergar uma mulher em uma que não tivesse seios; e outras causas, inúteis de contar, faziam com que, junto a ela, eu lhe esquecesse o sexo.

De forma que, tendo me resolvido a uma sujeição necessária, entregava-me a ela sem resistência, e a achava, pelo menos no primeiro ano, menos onerosa do que o receara. A Sra. d'Épinay, que de costume passava quase todo o inverno no campo, só passou lá, nesse ano, uma parte dele; talvez porque os negócios a prendessem mais em Paris, talvez porque a ausência de Grimm lhe tornasse menos agradável a estada na Chevrette.

E eu aproveitava os intervalos em que ela não estava, ou durante o tempo em que havia muita gente, para gozar da minha solidão com a minha boa Thérèse e sua mãe, de modo a lhe sentir o valor. Embora desde alguns anos eu passasse freqüentes temporadas no campo, quase não as gozava; e essas viagens, sempre feitas com gente pretensiosa, sempre constrangido, só faziam me atiçar o gosto pelos prazeres rústicos, dos quais só entrevia a imagem, para melhor lhes sentir a falta. Vivia tão aborrecido de salões, de repuxos, de bosquetes, de terraços, e mais ainda dos aborrecidíssimos exibidores disso tudo; estava tão farto de brochuras, de cravos, de voltarete, de pilhérias tolas, de gatimonhas aborrecidas, de pequeninos contistas e grandes comedores de ceias, que quando lobrigava com o canto dos olhos uma simples moitinha de espinhos, uma cerca, uma granja, um prado; quando sentia, ao atravessar um lugarejo, o cheiro de uma boa omelete de verdura; quando ouvia de longe o rústico estribilho das canções das pastoras, mandava ao diabo o carmim e os babados, e o âmbar; e lamentando o jantar da caseira e o vinho ordinário, de bom grado estrangularia o Sr. chefe, ou o Sr. mordomo, que me faziam jantar à hora em que ceio e cear à hora em que durmo; e sobretudo os senhores lacaios, que devoravam com os olhos os meus bocados e, sob pena de morrer de sede, me vendiam o vinho adulterado do patrão dez vezes mais caro do que o melhor que eu pagaria no botequim.

Estava afinal em minha casa, em um asilo agradável e solitário, senhor de fazer com que a vida me decorresse independente, igual e calma, para que fora feito. Antes de dizer o que significava para o meu coração esse estado tão novo para mim, é preciso recapitular minhas afeições secretas, a fim de que acompanhemos melhor nas suas causas o progresso dessas novas modificações.

Sempre encarei o dia em que me uni a minha Thérèse como o que fixou o meu ser moral. Tinha necessidade de uma afeição, já que a que me deveria bastar fora tão cruelmente rompida. A sede de felicidade não se extingue no coração do homem. Mamãe envelhecia e se envilecia! Fora-me provado que ela não poderia ser feliz neste mundo. Restava-me procurar uma felicidade que dependesse de mim, já que perdera toda esperança de partilhar a sua. Flutuei algum tempo de idéia em idéia, de projeto em projeto. Minha viagem a Veneza me encaminharia nos negócios públicos se o homem com quem eu me metera tivesse senso comum. Sou fácil de desanimar, sobretudo nos empreendimentos penosos e de grande fôlego; e o mau êxito desses me desgostou de qualquer outro; e encarando, segundo minha máxima, os objetos longínquos como miragens, determinei-me a viver doravante apenas o momento de cada dia, nada mais enxergando na vida que me afastasse disso.

Foi então, precisamente, que se travou o nosso conhecimento. O caráter meigo daquela moça pareceu-me que convinha tão bem ao meu, que a ela me prendi com uma afeição de tal ponto à prova do tempo e dos anos que tudo aquilo que deveria rompê-la só a fez aumentar. Mais para adiante é que veremos a força dessa afeição, quando eu descobrir as feridas, os rasgões com que ela me feriu o coração no auge das minhas misérias, sem que, até o momento em que escrevo isto, tenha me escapado uma só palavra de queixa a ninguém.

Quando se souber que depois de ter feito tudo, de ter afrontado tudo para não me separar dela, que, depois de vinte e cinco anos passados com ela, a despeito da sorte e dos homens, acabei por a desposar, já velho,[126] sem espera e sem pedido da sua parte, sem compromisso nem promessa da minha; hão de pensar que um amor louco, que me virou a cabeça desde o primeiro dia, me levou gradualmente à última extravagância, e hão de se firmar ainda mais nessa crença quando souberem as razões particulares e fortes que me impediam de chegar a isso. Que ficará pensando, pois, o leitor, quando

---

126. Foi alternadamente reconhecido e contestado o casamento de Thérèse. Depende a questão do ponto de vista sob o qual é encarada. O compromisso existia nas idéias de Rousseau, pois que ele fez, diante de testemunhas, "o juramento que o ligava tanto quanto se fosse celebrado na igreja, por ato público". (N.E. francês)

eu disser com toda a verdade que ele já me deve reconhecer que desde o primeiro momento em que a vi até hoje nunca senti por ela a menor centelha de amor; que não desejei possuí-la mais que a Sra. de Warens, e que as necessidades dos sentidos, que satisfiz com ela, foram para mim apenas as do sexo sem terem nada de propriamente pessoal? Ele há de imaginar que, constituído diversamente dos outros homens, eu fui incapaz de sentir o amor, já que ele não entrava nos sentimentos que me prendiam às mulheres que me foram mais queridas. Paciência, leitor! O momento funesto se aproxima, e depressa sereis desenganado.

Sei que me repito, mas é preciso: a primeira das minhas necessidades, a maior, a mais forte, a mais inextinguível, residia toda no coração; era a necessidade de uma convivência íntima, tão íntima quanto o pudesse ser; era por isso, sobretudo, que eu carecia mais de uma mulher do que de um homem, de uma amiga que de um amigo. Era tal essa singular necessidade que a mais estreita união de corpos ainda não lhe podia bastar: seriam precisas duas almas no mesmo corpo; sem isso, eu sempre sentiria o vácuo. Houve um momento em que supus não o sentir mais; essa moça, amável por mil excelentes qualidades, e então também pelo rosto, sem a menor sombra de arte nem faceirice, teria limitado, nela só, minha existência se eu houvesse podido limitar em mim a sua, como o esperei. Nada tinha a temer da parte dos homens; tenho a certeza de que fui o único a quem ela verdadeiramente amou. E seus calmos sentidos quase não lhe pediram outros mesmo quando deixei de ser alguém para ela, a esse respeito. Eu não tinha família, mas ela a tinha, e essa família, cujas tendências todas diferiam das suas, não era de molde a que eu a tomasse como minha. Foi essa a primeira causa da minha desgraça. Que não daria eu para me fazer filho da sua mãe! Fiz tudo para isso, mas não o consegui. Debalde tentei conciliar todos os nossos interesses; foi-me impossível. Sempre ela criava interesses diferentes dos meus, contrários aos meus e mesmo aos da filha, de quem já não estava separada. Ela e seus outros filhos e netos tornaram-se outras tantas sanguessugas; o menor mal que faziam a Thérèse era roubá-la. A pobre criatura, acostumada a curvar-se mesmo perante às sobrinhas, deixava-se roubar e governar sem dizer uma palavra; e eu via com mágoa que, embora esgotando minha bolsa e minhas lições, nada fazia por ela que lhe pudesse servir. Tentei desligá-la da mãe: ela resistiu sempre. Respeitei sua resistência, estimei-a mais por isso; mas nem por isso sua recusa redundou em menor prejuízo para ela e para mim. Entregue à mãe e aos seus, foi deles mais que minha, mais que de si própria; e a avidez deles foi menos perniciosa que os conselhos que lhe davam; em suma, se, graças ao seu amor por mim, graças à sua boa natureza, não se deixou dominar inteiramente por eles, não consegui, entretanto, incutir-lhe a maior parte das boas máximas que tentava lhe inspirar; e, de qualquer modo que eu fizesse, não consegui nunca que deixássemos de ser dois.

Eis como, em uma afeição sincera e recíproca, em que eu pusera toda a ternura do meu coração, o vácuo sentimental não foi entretanto preenchido. Os filhos, graças aos quais ele o seria, vieram; e foi pior. Eu tremia pensando em entregá-los a essa família mal educada, para serem educados ainda pior. Os riscos da educação da Casa dos Expostos eram ainda menores. Esse motivo da resolução que tomei, maior que todos os outros que apontei na carta à Sra. de Francueil, foi, no entanto, o único que não ousei lhe dizer. Preferia ser menos desculpado de uma culpa tão grave e poupar a família de uma pessoa que eu amava. Mas – diga-se o que se disser – pelos costumes do seu desgraçado irmão, pode-se julgar se eu poderia nunca expor meus filhos a receberem uma educação igual à sua.

Sem poder gozar na sua plenitude essa sociedade íntima, cuja necessidade eu sentia, procurava suplementos que não lhe enchiam o vazio, mas que o faziam sentir menos. À falta de um amigo que fosse inteiramente meu, precisava de amigos cujo impulso vencesse minha inércia: foi assim que cultivei e estreitei minhas relações com Diderot, com o abade de Condillac; que travei amizade com Grimm, mais íntima ainda; e que, afinal, me encontrei, graças a esse infeliz discurso, cuja história contei, jogado involuntariamente na literatura, donde pensara que saíra para sempre.

Minha estréia me levou por um novo caminho, para um novo mundo intelectual, cuja simples e altiva economia eu não pude encarar sem entusiasmo. Depressa, à força de cuidar nisso, só vi erro e loucura na doutrina dos nossos sábios, e opressão e miséria na nossa ordem social. Na ilusão do meu tolo orgulho, supunha-me feito para dissipar tais erros; e, pensando que para me fazer ouvir seria preciso pôr minha conduta de acordo com os meus princípios, tomei aquela singular atitude que não permitiu que me acompanhassem, cujos exemplos meus pretensos amigos não me perdoaram, que a princípio me tornou ridículo, e que afinal me tornaria respeitável, se me fosse possível perseverar nela.

Até então eu fora bom; tornei-me depois virtuoso, ou antes, embriagado pela virtude. Essa embriaguez me começara pela cabeça, mas depois passou para o coração. O mais nobre orgulho germinou sobre os destroços da vaidade desenraizada. Não simulei nada; tornei-me, na realidade, tal como me mostrava; e durante quatro anos, pelo menos, em que essa efervescência durou com toda a sua força, nada houve de grande e bom que possa entrar no coração de um homem que eu não me sentisse capaz de fazer. Foi essa a fonte da minha súbita eloqüência; eis donde se espalhou, nos meus primeiros livros, esse fogo verdadeiramente celeste que me abrasava, e do qual durante quarenta anos não apareceu a menor centelha porque ele não se acendera ainda.

Eu estava, na verdade, transformado; meus amigos, meus conhecidos, não me reconheciam mais. Já não era aquele homem tímido, mais envergonhado que modesto, que não ousava nem se apresentar nem falar; que uma pilhéria desconcertava, que um olhar de mulher fazia corar. Audacioso, altivo, intrépido, levava para toda parte uma segurança firme porque era simples e residia mais na minha alma do que na minha atitude. O desprezo que as minhas profundas meditações me haviam inspirado pelos costumes, as máximas e os preconceitos do século, tornava-me insensível às zombarias dos que os veneravam, e eu esmagava suas graçolas com minhas sentenças, como esmagaria um inseto entre os dedos. Que mudança! Paris toda repetia os acres e ferinos sarcasmos desse mesmo homem que dois anos antes e dez anos depois nunca soube encontrar a coisa que deveria dizer, nem a palavra que deveria empregar. Procure-se uma situação no mundo mais contrária à minha natureza e encontrar-se-á aquela em que eu estava. Lembrem-se desses curtos momentos da minha vida em que eu me tornava um outro e deixava de ser eu; aconteceu o mesmo no tempo a que aludo; apenas, em vez de seis dias, seis semanas, durou seis anos, e duraria talvez ainda sem as circunstâncias particulares que o fizeram cessar, e me devolveram à natureza, acima da qual eu não quis me elevar.

Essa mudança começou assim que deixei Paris, e o espetáculo dos vícios da grande cidade deixou de alimentar a indignação que me inspirara. Quando não vi mais os homens, deixei de desprezá-los; quando não vi mais os maus, deixei de odiá-los; meu coração, pouco feito para o ódio, passou a só lhes deplorar a miséria, não lhes enxergando mais a maldade. Esse estado mais doce, mas muito menos sublime, amorteceu depressa o ardente entusiasmo que me transportara tanto tempo, e, sem que ninguém o percebesse, quase que sem que eu próprio o percebesse, tornei-me receoso, complacente, tímido; em uma palavra, o mesmo Jean-Jacques que fora antes.

Se essa revolução só tivesse me obrigado a voltar a mim mesmo e parasse nisso, estava tudo bem; mas desgraçadamente foi mais longe e me arrastou rapidamente ao outro extremo. Desde então, minha alma abalada vive a ultrapassar a linha de repouso; e as oscilações, sempre renovadas, não lhe permitem nunca demorar nela. Entremos nas minúcias dessa segunda revolução: época terrível e fatal de uma sorte que não tem exemplo entre os mortais.

Sendo apenas três no nosso retiro, os lazeres e a solidão deveriam estreitar nossa intimidade. E foi isso que aconteceu entre mim e Thérèse. Passávamos juntos, sob as árvores, horas encantadoras, cuja doçura eu nunca sentira tão bem. Ela própria me pareceu gozá-las mais do que o fizera até então. Abriu-me o coração sem reservas, e disse-me sobre a mãe e sobre a família coisas que tivera sempre forças de calar. Uma e outra haviam recebido da Sra. Dupin uma porção de presentes feitos em minha intenção, mas dos quais a velha esperta, para eu não me zangar, se apropriara para si e para os outros filhos, sem nada deixar a Thérèse, e com rigorosa proibição de me falar nisso; ordem que a pobre moça cumpriu com uma incrível obediência.

Mas uma coisa que me surpreendeu muito mais foi saber que além das conversas particulares que Diderot e Grimm muitas vezes tinham tido com as duas, para as afastar de mim, e que não tinham dado resultado graças à resistência de Thérèse, ambos tinham tido depois freqüentes e secretos colóquios com a velha, sem que nunca a filha pudesse saber o que se passara entre eles. Ela sabia apenas que pequenos presentes tinham aparecido, e pequenas idas e vindas, que procuravam cercar de mistério e cujo motivo ela ignorou sempre. Quando partimos de Paris, havia muito que a Sra. Le Vasseur tomara o costume de ir visitar Grimm duas ou três vezes por mês, e lá passar algumas horas em conversações tão secretas que o lacaio de Grimm era sempre mandado embora.

Pensei que esse motivo fosse, apenas, o velho projeto em que tinham procurado interessar Thérèse, de arranjar, por intermédio da Sra. d'Épinay, uma venda de sal, um balcão de tabaco, tentando-as, em suma, com a perspectiva de lucro. Tinham-lhes mostrado que, como nada poderia fazer por elas, não poderia sequer, por causa delas mesmas, nada fazer por mim. Como via nisso somente boa intenção, não lhes queria mal. Só o mistério me revoltava, sobretudo da parte da velha, que cada dia se tornava mais aduladora e mais sonsa comigo: o que não a impedia de censurar secretamente a filha por me amar demais, por me dizer tudo, por ser uma tola, que por fim sairia ludibriada.

Essa mulher possuía no grau supremo o dom de tirar dez proventos de um saco, de esconder a um o que recebia de outro, e esconder a mim o que recebia de todos. Poderia lhe perdoar sua avidez, mas não lhe podia perdoar a dissimulação. O que poderia ela esconder de mim que só tirava minha felicidade unicamente, da dela e da filha? O que eu fizera por sua filha fizera-o por mim; mas o que eu fizera por ela merecia da sua parte algum reconhecimento; ela devia ser grata, pelo menos à filha, e gostar de mim, por amor dela, que me amava. Eu a tirara da mais completa miséria. A mim devia a subsistência e todas as amizades de que tirava tão bons proveitos. Thérèse a sustentara muito tempo com o seu trabalho e agora a sustentava com o meu pão. Recebia tudo dessa filha, por quem nada fizera. E as suas outras filhas, que dotara, pelas quais se arruinara, longe de a ajudarem a viver, devoravam-lhe o seu sustento e o meu. Eu achava que, em semelhante situação, ela me deveria encarar como ao seu único amigo, seu protetor mais seguro, e longe de me esconder os meus próprios negócios, longe de conspirar na minha própria casa, deveria me prevenir fielmente de tudo que me pudesse interessar quando o soubesse primeiro que eu. Com que olhos poderia eu, pois, ver a sua conduta falsa e misteriosa? Que deveria eu pensar, sobretudo dos sentimentos que ela procurava inculcar na filha? Que monstruosa ingratidão deveria ser a sua, para procurar transmiti-la à filha!

Todas essas reflexões acabaram por me alienar do coração essa mulher a ponto de não a poder mais ver sem desprezo. Entretanto, nunca deixei de tratar com respeito a mãe de minha companheira, e de lhe mostrar em tudo quase que a consideração e os cuidados de um filho; mas o fato é que não gostava de estar junto dela, e que não está em mim me constranger.

Foi este ainda um dos curtos momentos da minha vida em que vi a felicidade próxima, sem poder atingi-la, e sem que fosse por culpa minha que não a consegui. Se por acaso aquela mulher tivesse um bom caráter, teríamos sido felizes os três até o fim da vida; e o último vivo seria o único a lastimar. Em vez disso, ireis ver caminharem as coisas, e julgareis se eu as poderia modificar.

A Sra. Le Vasseur, vendo que eu ganhara terreno no coração da filha, e que ela o perdera, esforçou-se por o retomar. E em vez de chegar-se a mim, por intermédio dela, procurou aliená-la de todo. Um dos meios que empregou foi chamar a família em auxílio. Eu pedira a Thérèse que não trouxesse ninguém para a Ermitage, e ela o prometeu. Mandaram buscar a gente dela em minha ausência, sem a consultar. Dado o primeiro passo, o resto foi fácil. Quando se esconde a alguém que se ama alguma coisa, deixa-se de ter escrúpulos de esconder também outras. Assim que eu ia para a Chevrette, a Ermitage se enchia de gente que se divertia à larga. Uma mãe tem sempre muita força sobre uma filha de boa índole; entretanto, de qualquer jeito que se portasse a velha, nunca conseguiu que Thérèse lhe seguisse os planos, nem que se unissem contra mim.

Quanto a ela, decidiu-se logo: vendo de um lado eu e a filha, em cuja casa poderia viver e só, e do outro lado Diderot, Grimm, d'Holbach, a Sra. d'Épinay, que prometiam muito e davam alguma coisa, achou que nunca poderia faltar razão ao partido de um barão e de uma administradora geral. Se eu tivesse melhores olhos, teria visto desde então que guardava uma serpente no seio; mas minha cega confiança, que nada alterara ainda, era tal que eu não podia compreender que se quisesse fazer mal a alguém a quem se devia amor. E vendo urdirem-se em torno de mim mil tramas, só sabia me queixar da tirania dos que chamava meus amigos, que queriam, na minha opinião, obrigar-me a ser feliz à sua moda, em vez da minha.

Embora Thérèse se recusasse a unir-se a sua mãe, guardou segredo: seu motivo era justo, até certo ponto, e não direi se fez bem ou mal. Duas mulheres que têm segredos gostam de tagarelar juntas; isso as aproximava; e Thérèse, partilhando-se, deixava-me sentir às vezes que eu estava só, porque não podia considerar como convivência a que mantínhamos os três.

Foi então que senti vivamente o meu erro em não ter aproveitado, nos primeiros tempos da nossa ligação, a docilidade que lhe dava o amor para a ornar de prendas e conhecimentos que, trazendo-nos mais aproximados no nosso retiro, preencheriam agradavelmente seu tempo e o meu, sem nos deixar sentir a monotonia dos colóquios. Não que a conversa se paralisasse entre nós, ou que ela parecesse se aborrecer nos passeios; mas, afinal, não tínhamos bastantes idéias comuns para nos provermos nelas; e não poderíamos falar sem cessar nos nossos projetos, limitados agora a gozar o que tínhamos. As coisas que me apareciam me inspiravam reflexões que não estavam ao seu alcance. Uma afeição de doze anos não tinha mais necessidade de palavras; conhecíamo-nos demais para termos alguma coisa ainda a nos dizer. Restavam as frivolidades, comentários, maledicências. É sobretudo na solidão que se sente a vantagem de viver com alguém que saiba pensar. Eu não tinha necessidade desse recurso para me agradar da companhia dela; mas tinha-a ela, para se agradar da minha. E o pior é que era preciso arranjar nossos passeios de improviso; sua mãe, que se tornara importuna, forçava-me a espreitá-los; vivia constrangido em minha casa, basta dizer isso. O ar do amor estragava a boa amizade; tínhamos um convívio íntimo, sem vivermos em intimidade.

Desde que supus ver que Thérèse procurava pretextos para se furtar aos passeios que eu lhe propunha, deixei de convidá-la, sem lhe querer mal por não se divertir neles tanto quanto eu. O prazer não é uma coisa que dependa da vontade. E eu confiava no seu coração, era o bastante. Quanto aos meus prazeres, eram os seus, gozava-os com ela; quando não o eram, preferia sua satisfação à minha.

Eis como, meio enganado nos meus projetos, levando uma vida do meu gosto, no local de minha escolha, com uma pessoa que me era querida, cheguei a me sentir quase isolado. O que me faltava impedia-me de gozar o que tinha. Em matéria de felicidade ou prazeres, era-me preciso ter tudo ou nada. Haveremos de ver porque esse detalhe me parecia necessário. Retomo agora o fio da narrativa.

Eu supunha que existissem tesouros nos manuscritos que me dera o conde de Saint-Pierre. Examinando-os, vi que não eram mais que a coleção das obras impressas do seu tio, anotadas e corrigidas por seu punho, com outras pequenas peças inéditas. Confirmei-me, nos seus escritos de moral, na idéia que dele me tinham dado algumas cartas que a Sra. de Crequi me mostrara: o velho abade tinha mais espírito do que eu o supusera; mas o exame profundo das suas obras sobre a política só me mostrou uma visão superficial, projetos úteis mas impraticáveis, graças à idéia, de que o escritor nunca se pôde libertar, de que os homens se conduzem mais por suas luzes que por suas paixões. A alta opinião que ele tinha dos conhecimentos modernos lhe fizera adotar esse falso princípio da razão aperfeiçoada, base de todos os estabelecimentos que ele propunha, e fonte de todos os seus sofismas políticos.

Esse homem raro, honra do seu século e da sua espécie, e o único talvez, desde que existe o gênero humano, que não teve outra paixão senão a razão, só fez entretanto caminhar de erro em erro em todos os sistemas, porque quisera tornar os homens semelhantes a ele, em vez de os tomar tais como são, e continuarão a ser. Só trabalhou para seres imaginários, pensando trabalhar para os contemporâneos.

Visto isso tudo, senti-me em alguns embaraços com relação a forma que poderia dar ao meu trabalho. Deixar ao escritor suas visões era não fazer nada de útil; refutá-las rigorosamente era desonesto, porque o depósito dos seus manuscritos que eu recebera, e mesmo pedira, me impunha a obrigação de tratar honrosamente o autor. Tomei afinal a resolução que me pareceu mais decente e mais judiciosa e a mais útil; era dar separadamente as idéias do autor e as minhas, e, para isso, entrar nas suas vistas, esclarecê-las, estendê-las, e nada poupar para as fazer valer em todo seu preço.

Minha obra devia, pois, se compor de duas partes absolutamente separadas. Uma destinada a expor do modo que acabo de dizer os projetos do autor. A outra, que só deveria aparecer depois que a primeira fizesse o seu efeito, traria o meu julgamento sobre esses projetos; e isso, confesso-o, poderia expô-lo à sorte do soneto do *Misanthrope*.[127] À frente da obra deveria figurar uma vida do escritor, para a qual eu reunira ótimo material, que me lisonjeava de não estragar ao utilizá-lo. Eu conhecera um pouco o abade de Saint-Pierre na sua velhice, e a veneração que tinha por sua memória era uma garantia de que, no fim das contas, o Sr. conde não ficaria descontente pelo modo como eu tratara o seu parente.

Fiz meu ensaio sobre a *Paz Perpétua*, o mais considerável e mais bem feito dos trabalhos que compõem a coletânea. E, antes de me entregar a minhas reflexões, tive a coragem de ler tudo, absolutamente tudo que o abade escreveu sobre esse belo assunto, sem saltar nada, assustado pela prolixidade e pelas repetições. O público viu esse extrato, de forma que nada tenho a dizer. Quanto ao meu julgamento, não foi impresso e ignoro se algum dia o será; mas foi feito ao mesmo tempo em que o extrato. Passei daí à *Polysynodie*[128] ou pluralidade de conselhos, obra feita sob o regente, para favorecer a administração que ele escolhera, e que fez com que expulsassem o abade de Saint-Pierre da Academia Francesa, por causa de alguns trechos contra a administração precedente que aborreceram a duquesa de Maine e o cardeal de Polignac. Acabei esse trabalho como o precedente, tanto o julgamento como o extrato; mas fiquei nisso, sem querer continuar nessa empreitada que não devera ter começado.

O pensamento que me fez renunciar a ela apresentou-se por si próprio, e era de admirar que não me tivesse vindo antes. A maioria dos escritos do abade de Saint-Pierre eram ou continham observações críticas sobre partes do governo da França, e havia algumas tão livres que era uma sorte para ele tê-las feito impunemente. Mas nos gabinetes dos ministros sempre tinham encarado o abade de Saint-Pierre como a uma espécie de pregador, e não como a um verdadeiro político, e deixavam-no dizer o que quisesse, porque se via bem que

---

127. Misantropo, eremita, solitário. (N.E.)
128. Polissinódia, Pluralidade dos Conselhos. (N.E.)

ninguém o escutava. Mas, se eu conseguisse fazer com que o escutassem, o caso seria diferente. Ele era francês, eu não o era; e entendendo de repetir suas censuras, mesmo em seu nome, expunha-me a que me perguntassem rudemente, mas sem injustiça, se eu sabia no que me metia. Felizmente, antes de ir mais longe, vi o perigo em minha frente, e retirei-me depressa. Sabia que, vivendo só no meio dos homens, e homens mais poderosos do que eu, nunca poderia, de qualquer forma que me arranjasse, pôr-me ao abrigo do mal que eles me quisessem fazer. E só uma coisa dependia de mim: era proceder de jeito que, ao menos quando eles me quisessem fazer mal, só o pudessem fazer injustamente. Essa máxima, que me fez abandonar o abade de Saint-Pierre, obrigou-me também a abandonar projetos que me eram mais caros. Essa gente que está sempre pronta a considerar a adversidade de um crime ficaria muito surpreendida se soubesse de todos os cuidados que tomei durante a minha vida para que ninguém me pudesse dizer mais tarde a respeito das minhas desgraças: "Mereceste-as bem!".

Essa obra abandonada deixou-me algum tempo indeciso sobre o que lhe iria suceder, e esse intervalo de ociosidade foi a minha perda, deixando que minhas reflexões se voltassem sobre mim mesmo, à falta de um objetivo estranho que as ocupasse. Não tinha nenhum projeto de futuro que pudesse divertir minha imaginação; e não me era possível mesmo fazê-los, porque a situação em que estava era precisamente aquela que cumulava todos os meus desejos. Eu não tinha mais desejos a formular e tinha ainda o coração vazio. E o pior dessa situação é que eu não via nenhuma melhor a lhe preferir. Reunira todas as minhas ternas afeições em uma pessoa de acordo com o meu coração, que me retribuía o afeto. Vivia com ela sem constrangimento, à vontade. E, no entanto, um secreto aperto do coração não me deixava nem perto nem longe dela. Possuindo-a, sentia que ela me faltava ainda; e só a idéia de que eu não era tudo para ela fazia com que ela não fosse quase nada para mim.

Tinha amigos dos dois sexos, aos quais estava ligado pela mais pura amizade, a mais perfeita estima; e contava com a retribuição desses sentimentos da parte deles, e nunca me ocorrera duvidar uma só vez da sua sinceridade. Entretanto, essa amizade me era mais tormentosa que suave, por causa da obstinação deles, do propósito mesmo que tinham de contrariar todos os meus gostos, minhas inclinações, minha maneira de viver; de tal forma que bastava-se parecer desejar uma coisa que só interessava a mim e não dependia deles para vê-los ligarem-se todos a fim de me constrangerem a desistir.

Essa obstinação em me contrariar em todas as minhas fantasias, injusta, principalmente porque, em vez de eu controlar as deles, sequer me informavam delas, magoava-me tanto que, por fim, eu já não abria nenhuma das suas cartas, sem sentir um certo receio que era por demais justificado com a leitura. Eu achava que, sendo todos muito mais moços do que eu, precisavam muito mais das lições que me prodigalizavam, e que era demais tratarem-me assim como criança. "Queiram-me, dizia-lhes eu, como lhes quero. E, no mais, não se metam nos meus negócios, como não me meto nos seus. É só o que lhes peço." Se dessas duas coisas eles me concederam uma, pelo menos, não foi a última.

Eu tinha uma casa isolada, em uma solidão encantadora; dono da minha casa, podia viver ao meu jeito, sem que ninguém pretendesse me controlar. Mas essa moradia me impunha deveres doces de cumprir, porém, indispensáveis. Toda a minha liberdade era precária; mais escravizado do que por ordens, tinha de o ser por minha vontade. Não havia um único dia em que pudesse dizer ao me levantar: "Empregarei este dia como quiser". Porque, além da minha dependência dos arranjos da Sra. d'Épinay, dependia ainda do público e dos que chegassem. A distância em que eu estava de Paris não impedia que me viessem visitar diariamente uma multidão de desocupados, que, sem saber o que fizessem do seu tempo, estragavam o meu sem nenhum escrúpulo. Quando eu menos o esperava, era impiedosamente assaltado e raramente fiz um projeto para um dia sem o ver estragado por qualquer recém chegado.

Em suma, entre os dons que eu mais desejara, e sem encontrar um prazer real, recordava os dias serenos da minha juventude, e exclamava às vezes suspirando: "Ah! Isto aqui ainda não é como as Charmettes!".

As lembranças de diversas fases de minha vida levaram-me a refletir sobre o ponto a que eu chegara, e via que ultrapassava o declínio da idade, presa dos meus dolorosos males, supondo ter chegado ao fim da minha carreira sem ter gozado em sua plenitude quase nenhum dos prazeres que meu coração cobiçava, sem ter dado saída aos vivos sentimentos que sentia em reserva, sem ter ao menos aflorado essa embriagadora volúpia que sentia em potencial na minha alma, e que, à falta de objetivo, fora sempre abafada, sem se poder exalar senão por meus suspiros.

Por que seria que, com uma alma naturalmente expansiva, para quem viver era amar, eu nunca encontrara até então um amigo todo meu, um verdadeiro amigo, eu, que me sentia tão bem preparado para o ser? Por que seria que, com os sentidos tão combustíveis, com o coração todo feito de amor, eu nunca fora queimado por suas chamas, visando a um determinado objeto? Devorado pela necessidade de amar, sem nunca ter podido satisfazê-la inteiramente, via-me chegar às portas da velhice e morrer sem ter vivido.

Essas reflexões tristes, mas enternecedoras, faziam-me dobrar sobre mim mesmo com uma mágoa que não era sem doçura. Parecia-me que o destino me devia alguma coisa que não me dera. Para que ter-me feito nascer com faculdades raras, para as deixar até ao fim sem emprego? O sentimento do meu valor íntimo, fazendo-me ver o dessa injustiça, me compensava de algum modo e fazia-me derramar lágrimas que eu gostava de deixar correr.

Fazia essas meditações na mais bela estação do ano, no mês de junho, sob um arvoredo fresco, ouvindo o canto dos rouxinóis e o murmúrio dos regatos. Tudo concorria para me mergulhar nesse amolecimento muito sedutor, para o qual eu nascera, mas que aquela longa efervescência de severidade me deveria ter curado para sempre. Lembrei-me desgraçadamente do jantar no castelo de Toune, e do meu encontro com aquelas duas encantadoras moças, na mesma estação e em lugares quase idênticos àqueles em que estava naquele instante. Essa lembrança, que a inocência que a banhava me tornava ainda mais doce, trouxe-me outras da mesma espécie. Depressa vi reunidas, em torno de mim, todos os objetos de emoção da minha juventude, a Srta. Gallay, a Srta. de Graffenried, a Srta. de Breil, a Sra. Bazile, a Sra. de Larnage, minhas lindas alunas e até aquela picante Zulietta, que meu coração não pode esquecer. Vi-me cercado de um serralho de huris, das minhas antigas amizades, e um desejo ardente delas não era novidade para mim. Meu sangue se acendeu e faiscou, a cabeça me virou, apesar dos cabelos já grisalhos, e eis o grave cidadão de Genebra, eis o austero Jean-Jacques, depois dos quarenta e cinco anos, virado repentinamente em um pastor extravagante. A embriaguez de que fui possuído, embora tão rápida e tão louca, foi tão durável e tão forte que, para a curar, foi preciso a crise imprevista e terrível de desgraças em que ela me precipitou.

Essa embriaguez, por mais forte que fosse, não chegou a me fazer esquecer minha idade e a minha situação, e a me fazer pensar que ainda poderia inspirar amor, e a tentar comunicar esse fogo devorador, mas estéril, que desde a minha infância eu sentia que me consumia o coração. Não o esperei, nem sequer o desejei. Sabia que passara o tempo de amar, sentia demais o ridículo dos galãs idosos para cair nele, e não era homem para me tornar vaidoso e confiante no declínio, quando o fora tão pouco nos belos anos. Ademais, amigo da paz, teria receado as tempestades domésticas, e gostava demais da minha pobre Thérèse, para a expor ao desgosto de me ver dar a outros sentimentos mais vivos que os que ela me inspirava.

Que fiz nessa ocasião? Já o leitor adivinhou por pouco que me tenha seguido até aqui. A impossibilidade de atingir os seres reais lançou-me no país das quimeras; e não vendo nada existente que fosse digno do meu delírio, transportei-o para um mundo ideal, que minha imaginação criadora depressa povoou de seres de acordo com o meu coração. Nunca esse recurso chegou mais a propósito, nem se mostrou tão fecundo. Nos meus êxtases contínuos, embriagava-me com torrentes dos mais deliciosos sentimentos que algum dia entraram no coração de um homem. Esquecendo completamente a raça humana, fiz sociedade com criaturas perfeitas, tão celestes por suas virtudes como por suas belezas, amigos certos, ternos, fiéis, tais como nunca os encontrei neste mundo. Tomei um tal gosto em vagar assim no empíreu, no meio dos objetos encantadores de que me cercara, que lá passava horas, dias, sem dar conta de nada; às pressas, ardia por escapar para os meus bosques. Quando, prestes a partir para o mundo encantado, eu via chegarem infelizes mortais, que me vinham prender à terra, não podia moderar nem esconder meu despeito; e, não sendo mais senhor de mim, fazia-lhes uma acolhida tão brusca que poderia ter o nome de brutal. E isso só me fez aumentar a reputação de misantropia, justamente por um motivo que me teria criado uma reputação bem oposta, se pudessem ler no meu coração.

No auge da minha maior exaltação, fui puxado subitamente como um papagaio de papel, e posto em meu lugar pela natureza, com o auxílio de um fortíssimo ataque do meu mal. Usei o único remédio que me aliviava, isto é, as velas, e isto deu tréguas aos meus angélicos amores: porque, além de ninguém poder ser amoroso quando sofre, minha imaginação, que se anima no campo e sob as árvores, enlanguesce e morre no quarto, sob as tábuas de um teto.

Sempre lamentei que não existissem dríades; seria infalivelmente entre elas que eu fixaria minhas afeições.

Outras complicações domésticas me vieram também aumentar as aflições. A Sra. Le Vasseur, fazendo-me os mais lindos cumprimentos deste mundo, afastava de mim a filha tanto quanto podia. Recebi cartas de antigos vizinhos, informando-me que a boa da velha, à minha revelia, fizera dívidas em nome de Thérèse, que o sabia, e não me dissera nada. As dívidas a pagar me aborreciam muito menos que o segredo. Ah, como é que aquela para quem eu nunca tive segredos tinha-os comigo? Pode-se dissimular alguma coisa às pessoas a quem se ama? A roda holbachiana, que não me via fazer nenhuma viagem a Paris, começou a recear seriamente que eu me desse bem no campo, e que fosse bastante louco para lá ficar. E começaram as importunações para indiretamente me lembrarem a cidade. Diderot, que não se queria mostrar de todo, ainda, começou por me afastar de Deleyre, de quem eu o aproximara, e que recebia e me transmitia as impressões que Diderot lhe queria dar, sem lhes ver o verdadeiro fito.

Tudo parecia concorrer para me tirar da minha doce e louca *rêverie*.[129] Eu ainda não estava curado do ataque, quando recebi um exemplar do poema sobre a ruína de Lisboa, que eu supunha me ter sido enviado pelo autor. Isso me pôs na obrigação de lhe escrever e lhe falar sobre sua peça. Fiz-lhe uma carta que muito tempo depois foi impressa sem minha permissão, como direi mais tarde.

Impressionado por ver esse pobre homem, esmagado pela prosperidade e pela glória, declamar sempre amargamente contra as misérias da vida e achar que sempre tudo estava mal, formei o insensato projeto de o fazer voltar a si mesmo, e lhe provar que tudo estava bem. Voltaire, parecendo acreditar em Deus, nunca acreditou senão no diabo, pois que o seu pretenso deus não é senão um ser maligno, que, segundo ele, só tem prazer em fazer mal.

O absurdo dessa doutrina, que salta aos olhos, é sobretudo revoltante em um homem cumulado de bens de toda espécie, que, do seio da felicidade, procura desesperar seus semelhantes com a imagem horrorosa e cruel de todas as calamidades de que está isento. Mais autorizado que ele a contar e pesar todos os males da vida humana, fiz deles um exame eqüitativo, e provei-lhe que em todos esses males não havia um único para o qual a Providência não tivesse desculpas, e que tivesse sua fonte mais no abuso que o homem faz das suas faculdades do que na própria natureza. Tratei-o nessa carta com toda a consideração, toda a atenção, toda a deferência, posso dizer todo o respeito possível. Entretanto, sabendo que ele tinha um amor próprio extremamente irritável, não lhe enviei diretamente a carta, mas ao doutor Tronchin, seu médico e seu amigo, com plenos poderes para a entregar ou a suprimir, segundo julgasse conveniente. Tronchin entregou a carta. Voltaire me respondeu em duas linhas, dizendo-me que, estando ao mesmo tempo doente e servindo de enfermeiro, adiava a resposta para qualquer tempo, e não disse uma

---

129. Quimera, sonho, devaneio. (N.E.)

palavra sobre o assunto. Tronchin, mandando-me essa carta, escreveu-me outra em que mostrava pouca estima por aquele que lha entregara.

Nunca publiquei nem mesmo mostrei essas duas cartas, porque não gosto de exibir esses pequenos triunfos; mas elas estão em original, na minha coleção (maço A, n°s 20 e 21). Depois disso, Voltaire publicou a resposta que me prometera, mas que não me enviou nunca. Não é outra senão o romance *Cândido*, de que não posso falar porque nunca o li.

Essas distrações todas me deveriam curar radicalmente dos meus fantásticos amores e era talvez um meio que o céu me oferecia para lhe prevenir as funestas conseqüências; mas minha má sorte era mais forte, e, mal recomecei a sair, meu coração, minha cabeça, meus pés retomaram os mesmos caminhos. Digo os mesmos, a certos respeitos; porque minhas idéias, um pouco menos exaltadas, ficaram dessa vez na terra, mas com uma escolha tão requintada, feita entre o que poderia existir de amável em qualquer gênero, que tal seleção não era menos quimérica que o mundo imaginário que eu abandonara.

Eu formava do amor, da amizade, os meus dois ídolos, as mais sedutoras imagens. Entretinha em orná-los com todos os encantos do sexo que eu sempre adorara. Imaginava duas amigas em preferência a dois amigos, porque se o exemplo é mais raro também é mais amável. Dotava-as ambas de caracteres análogos, mas diferentes; duas figuras, não perfeitas, mas do meu gosto, que a benevolência e a sensibilidade animavam. Fiz uma morena e outra loura, uma viva e a outra meiga, uma ajuizada, a outra fraca, mas de uma encantadora fraqueza onde a virtude parecia predominar. Dava a uma das duas um amante de quem a outra era a terna amiga, e mesmo alguma coisa mais; porém não admitia nem questões, nem lutas, nem ciumadas, porque todo sentimento penoso me custa a imaginar, e eu não queria embotar o meu quadro encantador com coisa alguma que degrade a natureza. Apaixonado por meus dois lindos modelos, identificava-me com o amante e o modelo o mais que me era possível; mas fazia-o amável e jovem, dando-lhe, além disso, as virtudes e os defeitos que sentia em mim.

Para colocar meus personagens em um ambiente que lhes conviesse, passei sucessivamente em revista todos os belos lugares que vira em minhas viagens. Mas não encontrava arvoredo bastante fresco nem bastante emocionante, como queria. Os vales da Tessália não me teriam bastado, se os houvesse visto; e minha imaginação, fatigada de inventar, queria um cenário real que lhe pudesse servir de ponto de apoio, e me dar a ilusão da realidade dos habitantes que lá queria por. Pensei muito tempo nas ilhas Borroméias, cujo aspecto delicioso me entusiasmara; mas achava que lá havia muito ornamento e arte para os meus personagens. Precisava entretanto de um lago, e acabei por escolher aquele em torno do qual meu coração nunca deixou de vaguear. Fixei-me às bordas do lago, no trecho onde sempre meus desejos situaram minha residência, na ventura imaginária a que a sorte me limitou. A terra natal de minha pobre mamãe tinha ainda para mim um motivo de preferência: o contraste da posição, a riqueza e a variedade dos lugares, a magnificência, a majestade do conjunto que arrebata os sentidos, comove e eleva a alma, acabaram por me resolver, e eu estabeleci em Vevai as minhas jovens pupilas. Foi isso tudo o que imaginei da primeira vez; o resto foi acrescentado depois.

Limitei-me muito tempo a um plano tão vago, porque ele bastava para suprir minha imaginação de objetos agradáveis, e meu coração de sentimentos de que ele gosta de sustentar. E essas ficções, de tanto serem evocadas, tomaram afinal consistência, e se fixaram no meu cérebro sob uma forma determinada. Foi então que me veio a fantasia de gravar no papel alguns dos seus aspectos. E recordando tudo que eu sentira na mocidade, de algum modo, dei vazão ao desejo de amar que nunca pude satisfazer, e que ainda me devorava.

Lancei primeiro no papel algumas cartas esparsas, sem seqüência nem ligação, e quando procurei cosê-las, embaracei-me muitas vezes. O que há de mais acreditável e muito verídico é que as duas primeiras partes foram escritas quase inteiramente desse modo, sem que eu tivesse nenhum plano bem formado, sem mesmo prever que algum dia seria tentado a escrever uma obra em regra. De modo que se vê que essas duas partes, formadas de matérias que não foram talhadas para o lugar que ocupam, estão plenas de um recheio verboso que não aparece nas outras.

No mais agudo das minhas cismas, tive uma visita da Sra. d'Houdetot, a primeira que ela me fez em sua vida, mas que desgraçadamente não foi a última, como depois veremos. A condessa d'Houdetot era filha do falecido Sr. de Bellegarde, administrador geral, irmã do Sr. d'Épinay e dos Srs. de Lalive e de La Briche, que depois foram ambos introdutores de embaixadores. Já falei do conhecimento que travei com ela quando ainda era moça. Depois do seu casamento só a vira em duas festas na Chevrette, na casa da Sra. d'Épinay, sua cunhada. Depois, quando passei vários dias com ela, tanto na Chevrette como em Epinay, não só a considerei sempre muito amável, mas julguei ver que tinha boa vontade comigo. Gostava muito de passear comigo; ambos gostávamos de caminhar, e a conversa entre nós não se calava. Entretanto, nunca fui visitá-la em Paris, embora ela muitas vezes me convidasse para tal. Suas relações com o Sr. de Saint-de-Lambert, de quem eu também começara a me aproximar, tornaram-na ainda mais interessante; e era para ter notícias desse amigo, que estava então em Mahon, que ela me veio visitar na Ermitage.

Essa visita tinha pouco o aspecto de um começo de romance. Ela se perdera no caminho; o cocheiro, deixando o caminho que dava a volta, quis atravessar em linha reta, do moinho de Clairvaux a Ermitage; o carro se atolou no fundo de um valado; ela quis descer e fazer o resto do trajeto a pé. Depressa seu frágil calçado furou-se todo, meteu-se pela lama e seus criados tiveram o maior trabalho em libertá-la; e afinal chegou a Ermitage de botas, cortando o ar com gargalhadas, a que eu misturei as minhas, vendo-a entrar. Foi preciso fazê-la trocar toda a roupa. Thérèse a ajudou e eu a concitei a esquecer sua dignidade para fazer uma colação rústica que muito lhe agradou. Era tarde e ela demorou pouco; mas a entrevista foi tão alegre que ela tomou gosto e mostrou-se disposta a voltar. Entretanto, só foi executar o projeto no ano seguinte; mas, ai de mim!, isso não me serviu de nada.

Passei o outono preso a um serviço que ninguém imaginaria: guarda da fruta da Sra. d'Épinay. A Ermitage era o reservatório das águas do parque da Chevrette; tinha lá um jardim de muros fechados, cheio de latadas e de árvores que davam mais frutos à Sra. d'Épinay que o seu pomar da Chevrette, embora lhe roubassem uns três quartos. Para não ser um hóspede inteiramente inútil, encarreguei-me da direção do jardim e da inspeção do jardineiro. Tudo andou bem até o tempo da safra; mas à medida que as frutas amadureciam, vi-as desaparecer sem saber como. O jardineiro me afirmava que eram os ratos do campo que comiam tudo. Fiz guerra aos ratos, destruí muitos, e as frutas não desapareceram menos. Espreitei tão bem que descobri que o jardineiro era o maior rato. Morava em Montmorency, donde vinha à noite, com a mulher e os filhos, carregar os depósitos de frutas que fizera durante o dia, e que mandava vender no mercado em Paris, tão publicamente como se possuísse um jardim seu. O miserável, que eu cumulava de benefícios, cujos filhos Thérèse vestia, cujo pai, mendigo, eu quase sustentava, nos roubava inteiramente às claras, porque nenhum de nós três era bastante vigilante para o impedir. E em uma só noite ele me conseguiu esvaziar a adega, onde nada encontrei no dia seguinte. Enquanto ele só visou a mim, suportei tudo; mas querendo dar contas da safra, tive que denunciar o ladrão. A Sra. d'Épinay pediu-me que lhe pagasse e o despedisse e procurasse outro, o que fiz. E como o canalha rondava todas as noites ao redor da Ermitage, armado com um grande bastão ferrado que parecia uma massa, seguido por outros malandros da sua espécie, para acalmar as mulheres, que o homem assustava terrivelmente, determinei que o seu sucessor dormisse todas as noites na Ermitage; e, como isso não as tranqüilizasse, mandei pedir à Sra. d'Épinay um fuzil, que ficava todas as noites no quarto do jardineiro, com ordem de só se servir dele em caso de necessidade se tentassem forçar a porta ou escalar o jardim, e atirar com balas de festim, só para assustar os ladrões. Era decerto a menor precaução que poderia tomar para a sua segurança um homem incomodado, que tinha que passar o inverno no meio do mato, só, com duas mulheres medrosas. Afinal, fiz a aquisição de um cãozinho para servir de sentinela. Deleyre me veio visitar nesse tempo, contei-lhe o meu caso, e ri com ele do meu aparelho militar. De volta a Paris, ele quis, por sua vez, fazer rir a Diderot, e foi assim que a roda holbachiana[130] soube que eu queria de fato passar o inverno na Ermitage. Essa constância, que eles não tinham podido imaginar, os desorientou; e, enquanto imaginavam uma outra canalhice que me pudesse tornar desagradável a estada ali,[131] conseguiram, por intermédio de Diderot, fazer com que Deleyre, que considerara a princípio minhas precauções muito naturais, acabasse por as dizer inconseqüentes com meus princípios, e mais que ridículas; nas suas cartas cumulava-me de brincadeiras amargas e mais que ferinas, se o meu humor me tivesse levado para esse lado. Mas, saturado então por sentimentos afetuosos e ternos, incapaz de quaisquer outros, só via pilhérias nos seus acres sarcasmos, e chamaria maluco quem as considerasse descabidas.

À força de vigilância e cuidados, consegui guardar tão bem o jardim que, embora a safra fosse quase nenhuma, nesse ano, o produto foi o triplo do dos anos precedentes; é verdade que eu chegava até a escoltar o transporte da Chevrette a Epinay, até a levar os ces-

---

130. Relativo ao Sr. Holbach e seus familiares. (N.E.)
131. Admiro neste momento minha estupidez em não ter compreendido, quando escrevi isto, que o despeito com que os holbaquianos me viram ir e ficar no campo visava principalmente à mãe Le Vasseur, que eles não tinham mais à mão para os guiar no seu sistema de impostura, fornecendo-lhes pontos fixos de tempo e lugar. Essa idéia, que me veio muito tarde, explicou perfeitamente a esquisitice da atitude deles, que, em qualquer outra suposição, é inexplicável.

tos nas minhas costas; e recordo que carregamos um tão pesado, eu e a tia, que, prestes a sucumbir sob o fardo, tivemos de descansar de dez em dez passos, e chegamos ensopados de suor.

(1757) – Quando a má estação começou a me trancar em casa, quis voltar aos meus afazeres domésticos; mas não me foi possível. Só via por toda parte encantadoras amigas, o seu amigo e o que os cercavam, a terra onde moravam, e os objetos criados ou embelezados para eles por minha imaginação. Não estava em mim um momento, o delírio não me abandonava. Depois de muitos esforços inúteis para afastar de mim todas essas ficções, fiquei afinal inteiramente seduzido por elas, e só me preocupei em lhes pôr alguma ordem e nexo para as arranjar em uma espécie de romance.

Meu maior embaraço era o acanhamento de me desmentir a mim mesmo, tão clara e altamente. Depois dos princípios severos que eu acabava de estabelecer com tanto rumor, depois das máximas austeras que eu tão fortemente pregara, depois de tantas invectivas contra os livros efeminados que cheiravam a amor e volúpia, podia-se imaginar nada mais inesperado, mais chocante, que verem-me, de súbito, inscrever-me por minhas mãos entre os escritores desses livros que eu censurara tão duramente? Eu sentia essa inconseqüência em toda a sua força, censurava-me por ela, corava, despeitava-me. Mas nada disso conseguiu-me trazer à razão. Completamente subjugado, era preciso que corresse o risco, que me decidisse a afrontar o que diriam, reservando-me para deliberar depois se mostraria o livro ou não; porque não supunha ainda que chegasse a publicá-lo.

Tomada essa resolução, lancei-me de rédeas soltas nos meus sonhos, e à força de os virar e revirar na cabeça, formei afinal uma espécie de plano cuja execução é conhecida. Era decerto o melhor partido que poderia tirar das minhas loucuras: o amor do bem, que nunca me saiu do coração, transformou-as em coisas úteis, que a moral pôde aproveitar. Meus quadros voluptuosos teriam perdido todas as suas graças se lhes faltasse o doce colorido da inocência. Uma mocinha fraca é um objeto de piedade, que o amor pode tornar interessante, e que não deixa por isso de ser amável: mas quem pode suportar sem indignação o espetáculo dos costumes em moda? E que há mais revoltante que o orgulho da mulher infiel, que, calcando abertamente aos pés todos os deveres, pretende que o marido se deixe tomar de reconhecimento pela graça que ela lhe concede de não se deixar surpreender em flagrante?

Os seres perfeitos não estão na natureza, e suas lições não estão bastante perto de nós. Mas que uma jovem, nascida com um coração terno e honesto, se deixe prender pelo amor quando é moça, e ache, quando mulher, forças para, por sua vez, o vencer, e voltar a ser virtuosa, quem vos disser que esse quadro no seu conjunto é escandaloso e inútil é um mentiroso e um hipócrita; não lhe presteis ouvidos.

Além desse objetivo de costumes e de honestidade conjugal, que se prende radicalmente a qualquer ordem social, prossegui também um, mais secreto, de concórdia e paz pública; objetivo maior, talvez mais importante em si mesmo, pelo menos no momento em que estávamos. A tempestade levantada pela Enciclopédia, longe de se acalmar, estava então na sua maior força. Os dois partidos, desencadeados um contra o outro no furor máximo, pareciam antes lobos enraivecidos, encarniçados em se despedaçarem mutuamente do que cristãos e filósofos que quisessem reciprocamente se esclarecer, convencer-se, caminhar no caminho da verdade. Para degenerar em guerra civil, só faltavam, talvez, a um e a outro, chefes belicosos que gozassem de crédito; e Deus sabe o que resultaria de uma guerra civil de religião, em que a mais cruel intolerância estava no fundo de ambos os lados. Inimigo de todo espírito partidário, eu dissera verdades duras a uns e a outros, que eles não tinham escutado. Inventei outro expediente, que, na minha simplicidade, me pareceu admirável: era lhes amansar o ódio recíproco destruindo-lhes os preconceitos, e mostrando a cada partido o mérito e a virtude do outro, digno da estima do público e do respeito de todos os mortais. Esse insensato projeto, que supunha a boa fé nos homens, e pelo qual eu caía no mesmo erro que censurara ao abade de Saint-Pierre, teve o êxito que deveria ter; não aproximou os partidos que só se reuniam para me hostilizar. Esperando que a experiência me fizesse sentir minha loucura, entreguei-me ao trabalho com um zelo digno do motivo que me inspirava, e desenhei os dois caracteres de Júlia e Wolmar, em um encantamento que me fazia esperar tornar a ambos amáveis, e o que é mais, um para o outro.

Satisfeito por ter grosseiramente esboçado o pano, voltei às situações de detalhe que já traçara. E do arranjo que lhes dei, resultaram as duas primeiras partes da *Julie* que fiz e passei a limpo nesse inverno com um prazer inexprimível, empregando nisso o mais lindo papel dourado, pós azul e dourado para secar a tinta e fita azul para coser os cadernos, enfim, não considerando nada bastante bonito nem bastante mimoso para as encantadoras moças por quem eu suspirava como um novo Pigmalião. Todas as noites, no canto do fogão, lia e relia essas duas partes às "governantes". A filha, sem nada dizer, soluçava comigo de comoção; a mãe, não vendo com que fazer cumprimentos, nem compreendendo nada, ficava quieta e nos momentos de silêncio contentava-se em repetir: "É muito bonito isso!"

A Sra. d'Épinay, inquieta por me saber só, durante o inverno, no meio dos bosques e em uma casa isolada, freqüentemente mandava saber minhas notícias. Nunca recebi testemunhos tão sinceros da sua amizade por mim, nem nunca a minha lhe correspondeu tão vivamente. Farei mal se não especificar que entre essas provas de amizade ela me mandou o seu retrato, e me pediu instruções para ter um meu, pintado por La Tour, que fora exposto no Salão. Não devo também omitir uma outra das suas atenções, que parecerá risível, mas que servirá para a história do meu caráter, pela impressão que fez sobre mim. Um dia que gelava fortemente, abrindo um embrulho de várias encomendas de que ela se encarregara, encontrei uma sainha de baixo, de flanela da Inglaterra, que ela dizia que usara e da qual queria que eu fizesse um colete.

O bilhete era encantador, cheio de carinho e ingenuidade. Esse cuidado, mais que amigável, me pareceu terno, como se ela se houvesse despojado para me vestir, e em minha emoção beijei vinte vezes, chorando o bilhete e o saiote. Thérèse pensou que eu enlouquecera. É singular que entre todas as provas de amizade que me prodigalizou a Sra. d'Épinay nenhuma me comoveu mais do que essa; e mesmo depois do nosso rompimento, nunca a recordei sem enternecimento. Guardei muito tempo o bilhetinho, e o teria ainda se ele não houvesse tido a sorte das minhas outras cartas.

Embora as minhas retenções me dessem pouca folga, no inverno, e uma parte dele fosse gasta no emprego das sondas, foi essa, entretanto, a estação que, depois da minha chegada à França, passei com mais doçura e tranqüilidade. Durante quatro ou cinco meses, o mau tempo me pôs a salvo dos importunos, e saboreei melhor do que antes e depois aquela vida independente, igual e simples, cujo gozo para mim só fazia lhe aumentar o valor, sem outra companhia que a das duas "governantes", na realidade, e a das duas primas, no pensamento. Foi então, sobretudo, que me felicitava cada dia mais da resolução que tomara, sem dar ouvidos aos clamores dos amigos, zangados por me verem liberto da sua tirania. E quando tive conhecimento do atentado de um louco furioso,[132] quando a Sra. d'Épinay e

---

132. A tentativa de assassinato contra Luís XV, por Damiens, em 4 de janeiro de 1757. (N.E. francês)

Deleyre me falaram da agitação que reinava em Paris, como agradeci ao céu por me ter afastado desses espetáculos de horror e crime, que só fariam aumentar, alimentar, o humor bilioso que o aspecto das desordens públicas me dera! Enquanto só vendo em redor do meu retiro objetos doces e risonhos, meu coração só se entregava a sentimentos amáveis. Escrevo aqui, com satisfação, o decorrer dos últimos momentos calmos que me foram dados. A primavera que se seguiu a esse inverno tão calmo viu desabrochar o germe das desgraças que me restam a descrever, na teia das quais não veremos mais um intervalo semelhante, em que eu tenha vagar para respirar.

Creio, entretanto, que durante esse intervalo de paz, e até no fundo da minha solidão, não fiquei inteiramente a salvo dos holbachianos. Diderot me fez algumas das suas, e não sei bem se foi nesse inverno que apareceu *O Filho Natural*, de que breve falarei. Não tenho certeza, porque além de ter poucas lembranças certas sobre essa época, as que me ficaram são muito pouco precisas quanto às datas. Diderot nunca datava cartas. A Sra. d'Épinay, a Sra. d'Houdetot só as datavam com o dia da semana e Deleyre também fazia assim. Quando quis arrumar essas cartas em ordem, foi preciso suprir, tateando, as datas incertas; de forma que não podendo fixar com certeza o começo desse rompimento, prefiro reunir em um só período tudo que a ele se refira.

A volta da primavera redobrara o meu terno delírio, e nos meus eróticos transportes, eu compusera para as últimas partes da *Julie* várias cartas que traduzem o encantamento em que eu escrevia. Posso citar, entre outras, a de Eliseu e a do passeio no lago, que, se bem o lembro, estão no fim da quarta parte. Quem, ao ler essas duas cartas, não sentir amolecer e fundir-se o coração no enternecimento que mas ditou, deve fechar o livro; porque tal pessoa não é feita para julgar coisas de sentimento.

Precisamente nesse mesmo tempo, tive uma segunda visita imprevista da Sra. d'Houdetot. Na ausência do marido, que era capitão de gendermeria, e do amante, que era também militar, ela viera à Eaubonne, no vale de Montmorency, onde alugara uma linda casinha. Foi de lá que veio fazer uma nova excursão a Ermitage. Nessa viagem, vinha a cavalo, como homem. Embora eu não aprecie nada essa espécie de mascaradas, fui presa do ar romanesco daquela, e dessa vez, presa do amor. Como ele foi o primeiro e o único da minha vida toda, e as suas conseqüências o tornarão para sempre memorável e terrível à minha lembrança, seja-me permitido entrar em alguns detalhes a seu respeito.

A senhora condessa d'Houdetot aproximava-se dos trinta anos, e não era bonita; tinha o rosto marcado de bexigas, faltava-lhe finura à pele, tinha a vista baixa e os olhos um pouco redondos: mas tinha um ar jovem, apesar disso tudo, e a sua fisionomia, ao mesmo tempo viva e doce, era carinhosa; tinha uma floresta de grandes cabelos negros, naturalmente ondulados, que lhe caíam nos tornozelos; cintura fina, e punha nos seus movimentos embaraço e graça ao mesmo tempo. Tinha o espírito muito natural e muito agradável: a alegria, o estouvamento e a ingenuidade nele se reuniam com felicidade. Era fértil em repentes encantadores que não procurava, e que dizia às vezes involuntariamente. Tinha muitas prendas agradáveis, tocava cravo, dançava bem, fazia lindos versos. Quanto ao caráter, era angélico; a meiguice era o fundo dele: e, afora a prudência e a força, reunia todas as virtudes. Era sobretudo de uma tal segurança no convívio, de uma tal fidelidade na amizade, que os seus próprios inimigos não tinham necessidade de se esconder dela. Entendo por inimigos aqueles ou, por outra, aquelas que a odiavam; porque ela não tinha um coração que pudesse odiar, e creio que foi essa semelhança que muito contribuiu para que eu me apaixonasse por ela. Nas confidências da mais íntima amizade, nunca lhe ouvi falar mal dos ausentes, nem mesmo da cunhada. E tenho certeza de que ela falava do amante ao próprio marido, como falava aos amigos, aos conhecidos, e a todo o mundo indiferentemente. Enfim, o que prova sem réplica a pureza e a sinceridade da sua índole excelente é que, sendo dada a enormes distrações e aos mais risíveis estouvamentos, freqüentemente lhe escapavam coisas muito imprudentes para si própria, mas nunca ofensivas a quem quer que fosse.

Tinham-na casado muito moça e contra a vontade com o conde d'Houdetot, homem de boa condição, bom militar, mas jogador, chicanista e muito pouco amável, a quem ela nunca amou. E ela achou no Sr. de Saint-Lambert todos os méritos do marido, com qualidades mais agradáveis de espírito, virtudes, talentos. Se é preciso perdoar alguma coisa aos costumes do século, é sem dúvida uma afeição que a sua duração apurou, que seus efeitos honraram, e que só se cimentou por uma estima recíproca.

Quero crer que era um pouco por gosto, mas muito para comprazer a Saint-Lambert que ela me vinha visitar. Ele a exortara a isso e tinha razão em pensar que a amizade que começava a se estabelecer entre nós nos tornaria esse convívio agradável aos três. Ela sabia que eu conhecia as suas relações e, podendo falar comigo sem constrangimento, era natural que se sentisse bem em minha companhia. Ela chegou; eu estava ébrio de amor, sem objetivo: essa embriaguez turvou-me os olhos e meu objetivo fixou-se nela. Vi minha Júlia na Sra. d'Houdetot, mas revestida com todas as perfeições com que eu ornara o ídolo do meu coração. E, para acabar de me enlouquecer, ela me falou de Saint-Lambert como amante apaixonada. Força contagiosa a do amor! Ouvindo-a, sentindo-me perto dela, fui tomado por um frêmito delicioso, que nunca sentira junto a ninguém. Ela falava e eu me sentia comovido; supunha que apenas me interessava por seus sentimentos, quando, na verdade, ia adquirindo sentimentos idênticos; e bebi a grandes tragos o copo envenenado, de que eu sentia apenas a doçura. Afinal, sem que eu nem ela o percebêssemos, inspirou-me por ela tudo que exprimia pelo amante. Ai de mim! Foi tarde demais, foi cruel demais, arder de amor por uma mulher cujo coração estava cheio de outro amor!

Apesar da comoção extraordinária que eu sentira junto a ela, não me apercebi a princípio do que me acontecera; só depois da sua partida foi que, querendo pensar em Júlia, só podia pensar na Sra. d'Houdetot. Então meus olhos se descerraram. Senti minha desgraça, gemi por ela, mas não lhe previ as conseqüências.

Hesitei muito no modo como devia proceder com ela, como se o amor verdadeiro permitisse à razão deliberar. E ainda não estava resolvido, quando ela me veio apanhar desprevenido. Já aí eu sabia que a amava. A vergonha, companheira do mal, me tornou mudo, trêmulo, diante dela. Não ousava abrir a boca nem erguer os olhos; estava em uma perturbação inexprimível, que era impossível que ela não visse. Tomei a decisão de confessar-lhe minha perturbação, e deixar-lhe adivinhar a causa; era o mesmo que lhe dizer claramente tudo.

Se eu fosse jovem e amável, e se depois a Sra. d'Houdetot houvesse sido fraca, eu censuraria aqui o seu procedimento; mas não foi assim; e eu só pude aplaudi-la. A resolução que ela tomou foi igualmente a da generosidade e da prudência. Não podia se afastar bruscamente de mim sem dizer a causa a Saint-Lambert, que fora quem instara com ela para me visitar; era expor dois amigos a um rompimento, e mesmo a um escândalo que ela queria evitar. Tinha por mim estima e boa vontade. Teve piedade da minha loucura; sem a lisonjear, lamentou-a, e procurou curar-me dela. Era-lhe grato conservar para si e para o amante um amigo estimado por ambos. De nada me falava com mais prazer do que do íntimo e doce convívio que poderia existir entre nós, quando eu me tornasse razoável; mas não se limitava sempre a essas exortações amigáveis, e não me poupava duras censuras quando eu as merecia.

E eu ainda as poupava menos a mim mesmo. Logo que ficava só, tornava a mim. Sentia-me mais calmo depois de ter falado: o amor, depois que aquela que o inspira o conhece, torna-se mais suportável. A força com que eu atacava o meu, me curaria se fosse ele curável. Quantos motivos poderosos não chamei em meu auxílio para o sufocar! Meus costumes, meus sentimentos, meus princípios, a vergonha, a infidelidade, o crime, o abuso de um depósito de confiança da amizade, o ridículo, afinal, na minha idade, de arder de paixão por alguém cujo coração já ocupado não me poderia corresponder nem me deixar nenhuma esperança: uma paixão que, em vez de lucrar com a constância, dia-a-dia tornava-se mais insuportável.

Quem imaginaria que essa última consideração, em vez de dar peso às outras, foi a que as desmereceu? "Que escrúpulo, pensava eu, posso ter de uma loucura que só é prejudicial a mim? Serei eu um jovem cavaleiro, perigoso para a Sra. d'Houdetot? Quem visse os meus presunçosos remorsos não diria que a minha galantaria, meus ares, meus trajos iriam seduzi-la? Ah, pobre Jean-Jacques, ama à vontade, em calma de consciência, e não receies que teus suspiros prejudiquem a Saint-Lambert".

Sabe-se que eu nunca fui presunçoso, nem na mocidade. Esse modo de pensar me era peculiar e lisonjeava minha paixão; e foi o bastante para que eu me entregasse a ela sem reserva, rindo mesmo do impertinente escrúpulo que eu criara mais por vaidade que por juízo. Grande lição para as almas honestas, que o vício não ataca nunca a descoberto, mas que encontra meios de surpreender, mascarando-se sempre com algum sofisma, ou com alguma virtude!

Culpado sem remorsos, depressa o fui sem medida. E veja-se, por piedade, como a minha paixão seguiu os rastros da minha índole para me arrastar ao abismo. Primeiro tomar um ar humilde para me tranqüilizar; depois, para me tornar ousado, levou essa humildade até à desconfiança. A Sra. d'Houdetot, sem deixar de me chamar ao dever, à razão, sem nunca lisonjear um momento a minha loucura, me tratava com a maior meiguice, e tomou comigo o tom da mais terna amizade. Essa amizade me bastaria, juro-o, se eu a tivesse acreditado sincera, mas achando-a viva demais para ser verdadeira, meti na cabeça que o amor, tão pouco de acordo com a minha idade, com a minha vida, me envilecera aos olhos da Sra. d'Houdetot; que essa jovem louca queria divertir-se comigo e com minhas ternuras fora da moda. Que ela contara tudo a Saint-Lambert e que a indignação com a minha infidelidade tinha acumpliciado o seu amante aos seus desígnios e que ambos se haviam combinado para acabarem de me virar a cabeça e zombarem de mim. Essa tolice, que aos vinte e seis anos me fizera extravazar aos olhos da Sra. de Larnage, seria perdoável aos quarenta e cinco, relativamente à Sra. d'Houdetot, se eu ignorasse que ela e seu amante eram muito honestos um e outro para usarem de tão bárbaro divertimento.

A Sra. d'Houdetot continuou a me fazer visitas que não demorei a retribuir. Ela gostava de caminhar, tanto quanto eu; e dávamos longos passeios em uma terra encantada. Satisfeito em amar e em ousar dizê-lo, estaria na mais doce situação se a minha extravagância não lhe destruísse o encanto.

Ela, a princípio, não compreendeu nada do tolo mau humor com que eu lhe recebia os carinhos; mas meu coração, incapaz de esconder nada do que se passa nele, não lhe deixou muito tempo ignorar minhas suspeitas. Ela quis rir, mas o expediente não deu resultado; transportes de fúria teriam produzido efeito: ela mudou de tom. Sua compassiva doçura foi invencível; fez-me censuras que me convenceram; e testemunhou, sobre os meus injustos receios, uma inquietação de que abusei. Exigi provas de que ela não zombava de mim. E ela viu que não havia nenhum outro meio de me aquietar. É admirável, é único, talvez, que uma mulher que poderia chegar até a regatear se tenha saído tão facilmente.

Ela não me recusou nada do que uma terna amizade poderia autorizar. Não me concedeu nada que a pudesse tornar infiel, e sofri a humilhação de ver que o ardor em que seus pequeninos favores me acendiam os sentidos nunca levou aos seus a menor centelha.

Eu disse não sei onde[133] que é preciso nada conceder aos sentidos quando lhes queremos recusar alguma coisa. Para ver como essa máxima se mostrou falsa com a Sra. d'Houdetot, e como tinha razão de confiar em si própria, é preciso entrar nos detalhes dos nossos longos e freqüentes colóquios, e segui-los em toda a sua vivacidade durante os meses que passamos juntos, em uma intimidade quase sem exemplo entre dois amigos de sexos diferentes, que se prendem em limites dos quais não saímos nunca. Ah! se muito custei a sentir o verdadeiro amor, como meu coração e meus sentidos pagaram bem o atraso então! E como serão os transportes que devemos sentir junto de alguém amado que nos ama, se amor não partilhado pode inspirar o que eu senti!

Mas erro quando falo em amor não partilhado; o meu, de algum modo, o era. Era igual de ambos os lados, embora não fosse recípro-

---

133. Na *Nova Heloísa*, terceira parte, carta XVIII. (N.E. francês)

co. Nós ambos estávamos embriagados de amor, ela pelo amante, eu por ela; nossos suspiros, nossas deliciosas lágrimas se confundiam. Ternos confidentes um do outro, nossos sentimentos tinham tantas semelhanças que era impossível que de algum modo não se confundissem; e no entanto, no meio dessa perigosa embriaguez, ela nunca se distraiu um momento; e eu protesto, juro, que, se alguma vez, transtornado pelos sentidos, procurei torná-la infiel, nunca verdadeiramente o desejei. A veemência da minha paixão continha-a por si própria. O dever das privações me exaltara a alma. O brilho de todas as virtudes ornava aos meus olhos o ídolo do meu coração; e enodoar a divina imagem seria destruí-la. Eu teria podido cometer o crime; cometi-o cem vezes dentro do coração; mas em envilecer minha Sofia! Poderia fazê-lo, nunca? Não, não; cem vezes o disse a ela própria! Mesmo que me fosse dado satisfazer-me, mesmo que por sua própria vontade ela se pusesse à minha discrição, afora alguns curtos momentos de delírio, eu recusaria ser feliz por esse preço. Amava-a demais para querer possuí-la.

Há quase uma légua da Ermitage a Eaubonne; nas minhas freqüentes visitas aconteceu-me muitas vezes dormir lá; uma noite, depois de termos jantado, os dois sós, fomos passear no jardim, banhado por uma lua lindíssima. No fundo do jardim havia um grande bosque, onde fomos dar a um trecho, enfeitado por uma cascata, cuja idéia eu lhe dera e que ela mandara executar. Lembrança imortal de inocência e alegria! Foi nesse bosque que, sentado com ela em um banco de relva, sob uma acácia carregada de flores, encontrei, para traduzir os movimentos do meu coração, uma linguagem digna deles. Foi a primeira e a única vez na minha vida; mas fui sublime, se se pode chamar assim tudo que o amor mais terno e mais ardente pode trazer de amável e sedutor ao coração do homem. Quantas lágrimas embriagadoras derramei em seus joelhos! Quantas a fiz chorar, malgrado meu! Enfim, em um transporte involuntário, ela exclamou: "Não, nunca um homem foi tão amável, tão amante quanto o senhor! Mas nosso amigo Saint-Lambert nos escuta, e meu coração não saberia amar duas vezes!". Calei-me, suspirando; beijei-a... Que beijo! Porém foi só isso. Fazia seis meses que ela vivia só, isto é, longe do amante e do marido; e havia três meses que eu a via quase diariamente, e sempre com o amor como terceiro entre nós. Tínhamos ceado juntos e estávamos sós, em um bosque ao luar, e depois de duas horas da mais viva e terna palestra, ela saiu do meio da noite do bosque e dos braços do seu amigo tão intacta, tão pura de corpo e de coração quanto lá entrara. Leitores, pensai todas essas circunstâncias. Eu não acrescentarei nada mais.

E que ninguém pense que nessa ocasião meus sentidos me deixavam tranqüilo, como junto a Thérèse e a mamãe. Dessa vez era realmente o amor, já o disse, o amor em toda a sua energia e em todos os seus furores. Não descreverei aqui a agitação nem os frêmitos, nem as palpitações, nem os movimentos convulsos, nem os desfalecimentos de coração que eu continuamente sentia. Poder-se-á fazer uma idéia disso pelo efeito que a imagem dela, apenas, fazia sobre mim. Já disse que era longe da Ermitage a Eaubonne. Passava pela encosta de Andilly, que é encantadora. Ao caminhar, sonhava com aquela a quem ia rever, com a acolhida carinhosa que me faria com o beijo que me esperava à chegada. Esse único beijo, esse beijo funesto, antes de o receber me esbraseava o sangue a tal ponto que minha cabeça se perturbava, uma vertigem me cegava, e os joelhos trêmulos não me podiam suster; via-me forçado a parar, a sentar-me. Toda a minha máquina ficava em uma inconcebível desordem: estava prestes a desmaiar. Vendo o perigo, procurava distrair-me e pensar em outra coisa. Mas apenas dava vinte passos, as mesmas lembranças e todos os acidentes que eram a conseqüência delas voltavam a me assaltar sem que me fosse possível livrar-me. E, por mais esforços que eu fizesse, nunca me aconteceu fazer o trajeto impunemente. Chegava a Eaubonne, fraco, esgotado, mal me mantendo em pé. Mas no momento em que a via, tudo se acomodava, e eu só sentia depois a importunação de um vigor inesgotável e sempre inútil. No meu caminho, à vista de Eaubonne, havia um terraço agradável, chamado o monte Olimpo, onde nos encontrávamos algumas vezes, vindo cada um do seu lado. Eu chegava primeiro: fui feito para esperar; mas como essa espera me custava caro! Para me distrair, procurava escrever a lápis bilhetes que poderia escrever com o melhor do meu sangue: e nunca pude acabar nenhum que fosse legível. Quando ela encontrava algum no nicho em que combináramos depô-los, não poderia ver senão o estado verdadeiramente deplorável em que estava o escrevente. Esse estado, e sobretudo a sua duração de dois meses de irritação e de privação, lançou-me em um esgotamento de que só me pude livrar muitos anos depois, e que acabou por me produzir uma hérnia que levarei ou que me levará ao túmulo. Foi esse o único prazer amoroso do homem de temperamento mais combustível e ao mesmo tempo mais tímido que a natureza produziu. Foram esses os últimos dias bonitos que me foram dados na terra. Começa aqui a longa teia de desgraças da minha vida, sem nenhuma interrupção.

Vimos, durante todo o decorrer da minha vida, que meu coração, transparente como cristal, nunca pôde esconder durante um só minuto um sentimento um pouco mais vivo que nele se refugiasse. E imagine-se agora se me foi possível esconder muito tempo o meu amor pela Sra. d'Houdetot. Nossa intimidade escandalizava todos os olhares, pois não púnhamos nela nem segredo nem mistério. Nossa amizade não precisava disso, e como a Sra. d'Houdetot tinha por mim a mais terna afeição, de que não se censurava; como eu tinha por ela uma estima cuja justiça ninguém conhecia melhor do que eu; ela, franca, distraída, estouvada; eu, verídico, desajeitado, orgulhoso, impaciente, arrebatado, dávamos a nosso respeito, na nossa enganadora segurança, mais pasto aos maldizentes do que o daríamos se fôramos culpados: íamos ambos à Chevrette, encontrávamo-nos lá, às vezes mesmo por uma combinação anterior. E lá vivíamos como de costume, passeando sós, falando dos nossos amores, dos nossos deveres, do nosso amigo, dos nossos inocentes projetos, no parque, defronte ao aposento da Sra. d'Épinay, sob as suas janelas, onde, sem cessar de nos espionar, supondo-se afrontada, ela saciava o coração, pelos olhos, de raiva e de indignação.

Todas as mulheres têm a arte de esconder o seu furor, sobretudo quando ele é vivo; e a Sra. d'Épinay, violenta, mas refletida, possui notavelmente essa arte. Ela fingia nada ver, nada suspeitar; e enquanto redobrava para comigo de atenções, de cuidados e quase de provocações, mostrava pela cunhada uma prevenção, um desprezo que parecia querer que eu partilhasse. Vê-se bem que ela o não conseguiu; mas eu vivia em suplícios. Despedaçado por sentimentos opostos, ao mesmo tempo em que me comovia por seus carinhos, mal podia conter a cólera quando a via maltratar a Sra. d'Houdetot. E só a meiguice angélica desta última a fazia suportar tudo sem se queixar, e mesmo sem lhe querer mal.

E, aliás, ela vivia sempre tão distraída, e tão-pouco sensível a essas coisas que não percebia a maioria delas.

Vivia tão preocupado com minha paixão que, não vendo outra coisa que não fosse Sophie (era um dos nomes da Sra. d'Houdetot), não percebia, sequer, que me transformara na fábula da casa toda e até dos recém-chegados. O barão d'Holbach, que, que eu saiba, nunca viera à Chevrette, foi do número desses últimos. Se eu já fosse tão desconfiado quanto o fiquei depois, teria suspeitado que a Sra. d'Épinay arranjara essa viagem para lhe proporcionar o divertido espetáculo do cidadão apaixonado. Mas eu era então tão tolo que não via nem o que entrava pelos olhos de todo o mundo. Porém, minha estupidez toda não me impedia de notar no barão um ar mais satisfeito, mais jovial que de ordinário. Em vez de me olhar maldosamente, como de costume, dizia-me cem frases jocosas, que eu, absolutamente, não compreendia. Arregalava os olhos sem responder: a Sra. d'Épinay punha as mãos aos quadris de tanto rir; e eu não sabia que bicho os mordera. Como nada ultrapassava ainda os limites da brincadeira, o melhor que eu tinha a fazer, se a percebesse, era me prestar a ela. Mas a verdade é que, através da zombeteira alegria do barão, via-se nos seus olhos um brilho maligno, que me teria talvez inquietado, se no momento eu o notasse tão bem quanto o recordava depois.

Um dia em que fui visitar a Sra. d'Houdetot em Eaubonne, de volta de uma das suas viagens a Paris, encontrei-a triste e vi que tinha chorado. Fui obrigado a me constranger, porque estava lá a Sra. de Blainville, irmã do seu marido. Mas assim que tive oportunidade, mostrei-lhe minha inquietação: "Ah", disse-me ela suspirando, "receio muito que suas loucuras me custem toda a tranqüilidade! Saint-Lambert foi informado e mal informado. Ele me faz justiça; está zangado e, o que é pior, esconde-me uma parte dessa zanga. Felizmente, não lhe escondi nada das nossas relações, que começaram sob os seus auspícios. Minhas cartas viviam cheias de você, como o meu coração. Não lhe escondi o seu amor insensato, de que eu o procurava curar, e que, sem mo dizer, ele considera um crime. Intrigaram-nos, caluniaram-me. Mas não faz mal. Ou rompamos de todo, ou seja como deve ser. Não quero ter mais nada a esconder ao meu amante".

Foi esse o primeiro momento em que fui insensível à vergonha de me ver humilhado, por um sentimento de que eu era culpado, por uma mulher de quem ouvia as justas censuras, e de quem eu deveria ter sido o mentor. Mas a indignação que senti contra mim mesmo não bastaria talvez para me vencer a fraqueza, se a terna compaixão que me inspirou a vítima não me houvesse amolecido o coração. Ai de mim! Seria esse o momento de o endurecer, quando ele estava inundado pelas lágrimas que por toda parte o penetravam? E o enternecimento depressa se mudou em cólera contra os vis delatores que só tinham visto o mal em um sentimento ilícito, mas involuntário, sem acreditarem, sem imaginarem sequer a honestidade do coração que o garantia. E não ficamos muito tempo em dúvidas sobre a mão que desferira o golpe.

Sabíamos ambos que a Sra. d'Épinay tinha correspondência com Saint-Lambert. Não era essa a primeira tempestade que ela semeara no caminho da Sra. d'Houdetot, de quem fizera mil esforços para o afastar, e a quem o êxito de alguns desses esforços fazia tremer pelas conseqüências. E ademais Grimm, que, pelo que me parece, seguira o Sr. de Castries no exército, estava na Vestfália, junto com Saint-Lambert; viam-se sempre. Grimm fizera, junto a Sra. d'Houdetot, algumas tentativas que não tiveram êxito; e, muito ofendido, deixou de visitá-la. Imagine-se agora, modesto como se sabe que ele era, o sangue frio com que encararia uma suposta preferência por um homem mais velho que ele, de quem Grimm, depois que freqüentava os grandes, só falava como de um protegido.

Minhas suspeitas sobre a Sra. d'Épinay mudaram-se em certeza quando eu soube o que se passara em minha casa. Quando eu estava na Chevrette, Thérèse lá ia freqüentemente, às vezes para me levar cartas, às vezes para me prestar cuidados necessários a minha saúde. A Sra. d'Épinay perguntara-lhe se não nos correspondíamos, a Sra. d'Houdetot e eu. Ante sua afirmativa, a Sra. d'Épinay rogou-lhe que lhe mandasse as cartas da Sra. d'Houdetot, afirmando-lhe que as colaria tão bem que ninguém o notaria. Thérèse, sem mostrar quanto a escandalizava essa proposta, e mesmo sem me prevenir, contentou-se em esconder melhor as cartas que me trazia: precaução muito acertada, porque a Sra. d'Épinay lhe mandava espiar a chegada; e, esperando-a na passagem, levava a audácia até a lhe procurar cartas no avental. E fez mais: um dia, veio jantar na Ermitage com o Sr. de Margency, pela primeira vez, desde que eu estava lá. E aproveitou o tempo em que eu passeava com Margency para entrar no meu gabinete com a mãe e a filha e pedir-lhes que lhe mostrassem as cartas da Sra. d'Houdetot. Se a mãe soubesse onde elas estavam, as cartas seriam entregues; mas felizmente só a filha o sabia e negou que eu houvesse conservado alguma; mentira cheia de honestidade, de fidelidade, de generosidade, enquanto a verdade só seria perfídia. A Sra. d'Épinay, vendo que a não conseguia seduzir, procurou irritá-la pelo ciúme, censurando-lhe sua tolice e sua cegueira: "Como é que você não vê que há entre eles um comércio criminoso? Se apesar de tudo que lhe entra pelos olhos, você tem necessidade de outras provas, faça o que é preciso para tê-las. Diz você que ele rasga as cartas da Sra. d'Houdetot assim que as recebe. Pois recolha os pedaços com jeito e me dê que me encarrego de os colar". Eram essas as lições que minha amiga dava à minha companheira.

Thérèse teve a discrição de me esconder muito tempo essas tentativas; mas, vendo minha perplexidade, achou que me deveria contar tudo, a fim de que, sabendo com quem tratava, eu pudesse tomar minhas medidas para me garantir das traições que ela me preparava. Não se pode descrever minha indignação, meu furor. Em vez de, seguindo-lhe o exemplo, dissimular com a Sra. d'Épinay, e usar de astúcia, entreguei-me sem medidas à impetuosidade da minha índole, e com meu estouvamento de costume, explodi abertamente. Pode-se calcular minha imprudência pelas cartas seguintes, que mostram suficientemente a maneira de proceder de um e de outro em semelhante ocasião:

Bilhete da Sra. d'Épinay, maço A, nº 44:[134]

"Por que não o vejo mais, querido amigo? Estou com cuidado. Você me prometera apenas ir e vir da Ermitage para cá. Mediante isso, o deixei livre; e aproveitando-se, deixa que se passem oito dias, e nada; se não me tivessem dito que você estava de boa saúde, imagina-lo-ia doente. Esperei-o anteontem e ontem e não o vi chegar. Meu Deus! Que tem? Não tem negócios; não tem desgostos, porque lisonjeio-me em pensar que, se os tivesse, mos viria confiar imediatamente. Estará doente? Tranqüilize-me logo, peço-lhe. Adeus, querido amigo; que esse adeus me dê um bom dia seu."

Resposta:

"Terça-feira, manhã.

Nada lhe posso dizer ainda. Espero estar mais bem informado, e cedo ou tarde o estarei. Enquanto o espero, esteja certa de que a inocente acusada terá um defensor suficientemente ardoroso para fazer com que os caluniadores se arrependam, quem quer que sejam."

Segundo bilhete, mesmo pacote A, nº 45:

"Sabe que sua carta me assustou? Que é que ela quererá dizer? Reli-a mais de vinte e cinco vezes e na verdade não compreendo nada. Vejo apenas que você está inquieto, atormentado, e que espera não o estar mais para me falar. Querido amigo, foi isso o que combinamos? Em que se tornou aquela amizade, aquela confiança? Como a perdi? É contra mim ou por mim que você está zangado? Seja o que for, venha aqui esta noite, peço-lhe. Lembre-se de que não faz ainda oito dias que você me prometeu nada dissimular a mim, falar-me de tudo imediatamente. Amigo querido, eu vivo nessa confiança... Veja, acabo de ler ainda uma vez a sua carta: não a compreendo melhor, mas ela me faz tremer. Parece-me que você está cruelmente perturbado. Quisera acalmá-lo; mas, como ignoro o motivo da sua inquietação, não sei que lhe dizer, senão que ficarei assim infeliz até po-

---

134. Nas Memórias da Sra. d'Épinay, esses bilhetes são reproduzidos diferentemente. (N.E. francês)

der vê-lo. Se você não estiver aqui hoje às seis horas, irei amanhã a Ermitage, faça o tempo que fizer e esteja eu no estado em que estiver: porque não suportarei mais esta inquietação. Até logo, querido amigo. Ainda me arrisco a lhe dizer, sem saber se você carece disso ou não, que procure tomar cuidado e evitar os progressos que a inquietação faz na solidão. Uma mosca torna-se um monstro, já o senti muitas vezes."

Resposta:

"Terça à noite.

Não posso ir visitá-la, nem receber sua visita, enquanto durar a intranqüilidade em que estou. A confiança em que a senhora fala não existe mais, e será difícil recuperá-la. Só vejo agora, nas suas provas de amizade, o desejo de tirar, das confissões de outrem, algo que lhe sirva aos seus fins; e meu coração, tão pronto a se expandir em um coração que se abre para o receber, fecha-se à astúcia e à esperteza. Reconheço sua habilidade ordinária, na dificuldade que encontra em compreender meu bilhete. Supõe-me tão tolo que acredite que o não compreendeu? Não. Mas saberei, à força de franqueza, vencer suas sutilezas. Vou me explicar mais claramente a fim de que a senhora me compreenda cada vez menos.

Dois amantes muito unidos e muito dignos de se amarem me são queridos; espero que a senhora não compreenda a quem me refiro, a menos que eu os nomeie. Presumo que os tentaram desunir, e que é a mim que utilizaram para fazer ciúmes a um deles. A escolha não foi acertada, mas pareceu cômoda à maldade: e essa maldade, é da senhora que a suspeito. Espero que assim esteja mais claro.

Assim, a mulher a quem mais estimo teria a infâmia de partilhar seu coração e sua pessoa entre dois amantes, e eu teria a infâmia de ser um desses dois covardes? Se eu soubesse que, em um único momento, a senhora teria pensado isso dela e de mim, odiá-la-ia de morte. Mas é de o haver dito e não de o haver acreditado que a acuso. Não compreendo, neste caso, a qual dos três a senhora quer fazer mal. Mas se a senhora estima o seu repouso, deve temer ter conseguido fazer o mal que desejava. Nunca escondi nem à senhora, nem a ela, o mal que penso de certas ligações; mas quero que elas terminem por um meio tão honesto quanto a sua causa, e que um amor ilegítimo se mude em eterna amizade. Eu, que nunca fiz mal a ninguém, serviria inocentemente para fazer mal aos meus amigos? Não, nunca lho perdoarei e me tornarei seu inimigo irreconciliável; apenas seus segredos serão respeitados, porque nunca serei um homem sem fé.

Não creio que a perplexidade em que estou possa durar muito. Não tardarei a saber se me enganei. Então talvez tenha grandes erros a reparar, e nunca na minha vida farei uma coisa de melhor grado. Mas sabe a senhora como resgatarei minhas faltas durante o pouco tempo que ainda passarei junto a si? Fazendo o que nenhum outro, que não eu, o fará: dizendo-lhe francamente o que pensam da senhora na sociedade, mostrando-lhe as brechas que tem a reparar na sua reputação. Apesar de todos os pretensos amigos que a cercam, quando a senhora me vir partir, poderá dizer adeus à verdade; nunca mais encontrará alguém que lha diga."

Terceiro bilhete, maço A, nº 46:

"Não compreendi sua carta da manhã. E disse-lhe isso porque era verdade. Não compreendo a da noite: não tenha medo de que eu nunca a responda: tenho muita pressa em esquecê-la. E embora me faça piedade, não me posso defender da amargura com que ela me enche a alma. Eu, usar astúcia, esperteza com você! Eu, acusada da mais negra das infâmias! Adeus; lamento que você tenha a... Adeus; não sei o que digo... Adeus; terei muita pressa em perdoá-lo. Venha aqui quando quiser; será melhor recebido do que o exigem suas suspeitas. Dispense-se apenas de se preocupar com minha reputação. Pouco me importa a que me dão. Minha conduta é boa e isto me basta. Ademais, eu ignorava absolutamente isso que aconteceu àquelas duas pessoas, que me são tão caras quanto a você."

Essa última carta me tirou de um terrível embaraço, e me mergulhou em outro que não era menor. Embora todas essas cartas e respostas tivessem ido e vindo no espaço de um dia, com extrema rapidez, o intervalo era o bastante para me pôr em transportes de furor e para me deixar refletir sobre a enormidade da minha imprudência. A Sra. d'Houdetot, o que mais me recomendara era que ficasse quieto, que lhe deixasse o cuidado de sair sozinha dessa complicação e que evitasse, sobretudo naquele momento, qualquer rompimento e qualquer escândalo. E eu, pelos insultos mais abertos e mais atrozes, ia levar o furor para o coração de uma mulher que já estava excelentemente disposta para ele. E eu não poderia esperar da sua parte mais do que uma resposta tão altiva, tão desdenhosa, tão desprezível, dizendo-me que eu não poderia, sem a mais indigna covardia, abster-me de deixar imediatamente a sua casa. Felizmente, mais equilibradamente do que eu fora arrebatado, ela evitou, por essa resposta, reduzir-me a tal extremidade. Mas era preciso ou sair, ou ir visitá-la imediatamente Era inevitável a alternativa. Tomei esta última decisão, muito embaraçado com a minha atitude durante a explicação que eu previa. Porque, como me arranjar sem comprometer a Sra. d'Houdetot nem Thérèse? E infeliz daquela cujo nome eu apontasse! Eu poderia recear tudo da vingança de uma mulher implacável e intrigante. Era para prevenir essa desgraça que eu só falara em suspeitas nas minhas cartas, a fim de ser dispensado de apresentar provas. É verdade que isso tornava meus arrebatamentos menos desculpáveis, porque simples suspeitas não me autorizariam a tratar uma mulher, e principalmente a uma amiga, como eu acabava de tratar a Sra. d'Épinay. Porém, começa aqui a grande e nobre tarefa que eu dignamente cumpri: expiar minhas faltas e minhas fraquezas ocultas, sobrecarregando-me de faltas mais graves, que eu seria incapaz de cometer e que não cometi nunca.

    Não tive de sustentar a peleja que imaginara e tive apenas o susto. À minha chegada, a Sra. d'Épinay me saltou ao pescoço, fundindo-se em lágrimas. Essa acolhida inesperada, e da parte de uma antiga amiga, me comoveu extremamente. Chorei muito, também. Disse-lhe algumas palavras que não tinham muito sentido; ela me disse outras que ainda tinham menos, e tudo acabou nisso. Serviram a refeição. Fomo-nos sentar à mesa, e até à espera da explicação, que eu supunha adiada para depois da ceia, fiz má figura. Porque fico por tal modo dominado pela menor inquietação, que não posso esconder nada às pessoas menos clarividentes. Meu ar embaraçado devia lhe dar coragem. Entretanto, ela não se arriscou. E depois da ceia não houve mais explicações que antes. Não as houve também no dia seguinte. E nossos silenciosos colóquios foram preenchidos apenas por coisas indiferentes, ou algumas frases corretas da minha parte, nas quais lhe afirmava que, como nada podia afirmar ainda sobre o fundamento das minhas suspeitas, jurava-lhe que caso elas não se justificassem, passaria o resto da minha vida toda a procurar reparar a injustiça delas. Ela não demonstrou a menor curiosidade em saber precisamente quais eram essas suspeitas, nem como me tinham vindo. E toda a nossa reconciliação, tanto da sua parte quanto da minha, consistiu no abraço da chegada. Já que ela era a única ofendida, pelo menos formalmente, pareceu-me que não cabia a mim procurar esclarecer as coisas, o que ela não procurava, e voltei como tinha ido. E continuando a viver com ela como antes, depressa esqueci quase completamente aquela briga, e supus tolamente que ela também a esquecera, porque não dava mais mostras de a recordar.

Mas não foi só esse, como se verá depois, o único desgosto que me trouxe minha fraqueza; sofri outros, menos sensíveis, que eu não procurara, e que só tinham como motivo o desejo de me tirarem da solidão[135] à força de me atormentarem. Esses me vinham da parte de Diderot e dos holbaquianos. Desde o meu estabelecimento na Ermitage que Diderot me atormentava, ou por si, ou por intermédio de Deleyre. E depressa vi, pelas brincadeiras deste último a respeito dos meus passeios bucólicos, com que prazer eles tinham travestido o eremita em pastor galante. Mas não se tratava disso nas minhas questões com Diderot: elas tinham motivos mais graves: depois da publicação do *Filho Natural*, ele me mandou um exemplar que li com o interesse e a atenção que se dispensam à obra de um amigo. E, lendo o trecho poético em diálogo que ele pôs junto, fiquei surpreso, e mesmo um pouco contristado, por encontrar entre várias coisas desagradáveis, mas toleráveis, sobre solitários, esta áspera e dura sentença, sem nenhuma atenuante: "Apenas o mau vive só!". Essa sentença é equívoca, e apresenta dois sentidos: um muito verdadeiro e o outro muito falso. Porque é impossível, mesmo em si, que um homem que quer ser e que é só possa e queira prejudicar a alguém, e por conseguinte que seja um mau. A sentença, em si mesma, exigia, pois, uma interpretação. E o exigia mais ainda da parte de um escritor que, quando imprimia essa sentença, tinha um amigo retirado em solidão. Pareceu-me chocante e incorreto, ou ter esquecido, ao publicá-la, esse amigo solitário, ou, se se lembrara dele, não ter feito na máxima geral uma honrosa e justa exceção que ele devia não só a esse amigo, mas a tantos homens respeitados, que, em todos os tempos, procuraram na solidão a calma e a paz; e, desde que o mundo existe, só aquele escritor ousou, com um risco da pena, transformá-los em um bando de celerados.

Eu gostava ternamente de Diderot, estimava-o sinceramente e contava com toda confiança na reciprocidade desses sentimentos da parte dele. Mas, cansado por sua infatigável obstinação em me contrariar eternamente, sobre meus gostos, minhas tendências, minha maneira de viver, sobre tudo que só a mim interessava; revoltado por ver um homem mais moço que eu querer governar-me como se eu

---

135. Isto é, arrancarem de lá a velha, de quem precisavam para arranjar a conspiração. É de admirar que, durante toda essa longa tempestade, minha estúpida confiança me tenha impedido de compreender que não era eu, porém ela, que queriam rever em Paris.

fosse uma criança; farto da sua facilidade de prometer e da sua negligência em cumprir; cansado de tantos encontros marcados e esquecidos por ele e da sua fantasia em novamente os marcar para faltar de propósito; cansado de o esperar inutilmente três ou quatro vezes por mês, nos dias marcados por ele próprio, e depois ir jantar só, depois de ter ido ao seu encontro até Saint-Denis, e de o ter esperado o dia todo, eu estava com o coração pela borda das suas múltiplas desatenções. Essa última me pareceu mais grave e me aborreceu mais. Escrevi-lhe para me queixar, mas com uma doçura e um enternecimento que me fizeram inundar o papel de lágrimas; e minha carta era tão comovente que também o poderia fazer chorar. Ninguém seria capaz de adivinhar sua resposta (maço A, nº 33):

"Estou certo de que minha obra lhe agradou, que o comoveu. Você não é da minha opinião sobre os eremitas. Diga sobre isso o que lhe agradar. Você é o único no mundo que pensará isso; e eu teria muito ainda a lhe dizer se a gente lhe pudesse falar sem que você se zangasse. Uma mulher de oitenta anos!, etc. Disseram-me uma frase do filho da Sra. d'Épinay que irá incomodá-lo, muito, ou então não conheço bem o fundo da sua alma."

É preciso explicar as duas últimas frases dessa carta.

No começo da minha estada na Ermitage, a Sra. Le Vasseur mostrou não gostar de lá e achava a casa muito isolada. Quando eu soube dessas palavras dela, propus mandá-la para Paris, se ela preferia estar lá, e pagar-lhe o aluguel, cuidar mesmo da sua manutenção como se estivesse comigo. Ela recusou minha oferta, dizendo que gostava muito da Ermitage e que o ar do campo lhe fazia bem. E via-se que isso era verdade, porque ela remoçava, a bem dizer, e gozava muito melhor saúde que em Paris. A filha chegou mesmo a me afirmar que a mãe se aborreceria muito se deixássemos a Ermitage, que realmente era uma moradia encantadora, e que gostava imensamente de cuidar do jardim e das frutas, cuja direção lhe cabia; e que ela dissera aquilo porque a levaram a dizer, para me fazer voltar a Paris.

Não tendo produzido resultados essa tentativa, eles procuraram obter pelo escrúpulo o que não tinham conseguido pela complacência, e tentaram me convencer de que manter ali aquela velha era um crime porque estaria longe dos socorros de que poderia necessitar na sua idade. Sem pensar que ela, como muitos outros velhos, cuja vida os ares da terra prolongam, poderia obter socorros em Montmorency, que me ficava à porta. Como se não vivessem velhos senão em Paris e que em toda outra qualquer parte eles não estivessem em condições de viver. A Sra. Le Vasseur, que comia muito e com extrema voracidade, era sujeita a derramamentos de bílis e a fortes diarréias, que duravam alguns dias e que lhe serviam de remédio. Em Paris, ela não fazia nada contra isso, deixava que a natureza agisse. Fazia o mesmo na Ermitage, sabendo bem que não havia nada melhor a fazer. Não importa: já que não havia médicos nem boticários no campo, era querer sua morte deixá-la lá, embora ela se desse muito bem. Diderot deveria ter determinado em que idade não é mais permitido, sob pena de homicídio, deixar que os velhos vivam fora de Paris.

Era esta uma das atrozes acusações, graças à qual ele não me excetuava, na sua sentença segundo a qual somente o mau vivia só; era o que significava sua acusação patética e o *"et coetera"* que acrescentara benignamente: "Uma mulher de oitenta anos!, etc.".

Supus não poder responder melhor a essa censura do que me utilizando da própria Sra. Le Vasseur. Pedi-lhe que escrevesse naturalmente sua opinião a esse respeito à Sra. d'Épinay. Para a por mais à vontade, não lhe quis ver a carta, e lhe mostrei a que transcrevo, e que escrevi à Sra. d'Épinay a respeito de uma resposta que eu quis dar à carta de Diderot, ainda mais dura, e que ela me impediu de mandar.

"Quinta-feira.

A Sra. Le Vasseur irá lhe escrever, minha boa amiga. Pedi-lhe que lhe diga sinceramente o que pensa. Para a por à vontade, disse-lhe que não queria ver a carta, e peço-lhe que nada me diga do que ela contém.

Não mandarei minha carta, já que a senhora se opõe; mas sentindo-me gravemente ofendido, se eu concordasse em que não tinha razão, seria culpado de uma baixeza e de uma falsidade que não me poderia permitir. O Evangelho ordena a quem recebe uma bofetada que ofereça a outra face, mas não que peça perdão. A senhora se recorda daquele homem das comédias que grita dando pancadas com um bastão? Eis o papel do filósofo.

Não se lisonjeie de o impedir de vir pelo mau tempo que faz. Sua cólera lhe dará o tempo e as forças que a amizade lhe recusa e será a primeira vez na vida em que ele virá no dia em que prometeu. Fará tudo para vir me repetir de viva voz as injúrias que me disse nas suas cartas. E eu não as suportarei pacientemente. Ele voltará a ficar doente em Paris; eu, como de costume, serei um homem odiosíssimo. Que hei de fazer? É preciso sofrer.

Mas a senhora não admira a prudência desse homem, que me queria vir apanhar em um fiacre em Saint-Denis, lá jantar, voltar em fiacre, e que, oito dias depois (maço A, nº 34) sua fortuna não permite ir a Ermitage senão a pé? Mas nesse caso é preciso que em oito dias tenham acontecido estranhas mudanças na sua fortuna.

Compartilho a mágoa que lhe trouxe a doença da senhora sua mãe; mas a senhora vê que o seu desgosto não se aproxima do meu. A gente sofre menos ao ver doentes as pessoas que amamos do que ao vê-las injustas e cruéis.

Adeus, minha boa amiga. É esta a última vez em que lhe falarei desta desgraçada história. A senhora fala em ir a Paris com um sangue frio que em outro tempo me rejubilaria."

Escrevi a Diderot sobre o que fizera a Sra. Le Vasseur, por proposta da própria Sra. d'Épinay; e como a Sra. Le Vasseur escolhera ficar na Ermitage, onde se dava muito bem, onde sempre tinha companhia, e onde vivia agradabilissimamente, Diderot, sem saber mais como transformar isso em um crime, transformou em crime essa minha precaução e não deixou de considerar como tal a estada da Sra. Le Vasseur na Ermitage, embora essa estada fosse de sua escolha, e que só dela dependia voltar a viver em Paris, recebendo de mim os mesmos socorros que receberia se estivesse ao meu lado.

Eis a explicação da primeira censura da carta de Diderot nº 33. A da segunda está na carta nº 34. "O Letrado (era o apelido dado por Grimm ao filho da Sra. d'Épinay) deve lhe ter escrito que há sobre as fortificações vinte pobres que morrem de frio e de fome, e que ele espera o vintém que você lhe dará. É uma amostra das nossas tagarelices... e se você ouvisse o resto, havia de se divertir tanto quanto com esta parte."

Eis a minha resposta a esse terrível argumento, de que Diderot parecia tão orgulhoso:

"Creio que respondi ao 'Letrado', isto é, ao filho do administrador, que eu não lamentava os pobres que ele vira nas fortificações, esperando pelo meu vintém; que aparentemente ele os tinha amplamente compensado; que o instituía meu substituto; que os pobres de Paris não deveriam lamentar essa troca; que decerto eu não encontraria outro substituto tão bom para os pobres de Montmorency, que ainda tinham mais necessidade de um. Há aqui um bom velho respeitável, que, depois de passar a vida trabalhando, já sem poder mais, morre de fome na velhice.

Minha consciência se sente mais satisfeita com os dois soldos que eu lhe dou todas as segundas feiras do que com cem liards[136] que eu distribuísse a todos os esfarrapados das fortificações. Vocês, filósofos, são divertidos, quando encaram os habitantes das cidades como aos únicos aos quais o dever os liga. Mas é no campo que se aprende a amar e a servir à humanidade; nas cidades só se aprende a desprezá-la."

Eram esses os singulares escrúpulos, mediante os quais um homem de espírito tinha a imbecilidade de querer transformar em um crime minha estada fora de Paris, e me pretendia provar, pelo meu próprio exemplo, que não se poderia viver fora da capital sem ser um mau homem. Hoje não compreendo como caí na asneira de lhe respondor o mo zangar, em vez de lhe rir no nariz como única resposta. Entretanto, as decisões da Sra. d'Épinay e os clamores da panelinha holbáquica tinham de tal forma fascinado os espíritos em seu favor que em geral eu passava por não ter razão nessa história; e a pobre da Sra. d'Houdetot, grande entusiasta de Diderot, quis que eu o fosse visitar em Paris e tomasse todas as iniciativas de umas pazes, que, por mais sinceras e plenas que fossem da minha parte, foram, entretanto, muito pouco duráveis. O argumento de que ela se serviu e que me venceu o coração foi que nesse momento Diderot estava infeliz. Além da tempestade excitada contra a Enciclopédia, ele sofria outra, violentíssima, por causa da sua peça: apesar da historiazinha que ele pusera à frente, acusavam-no de a ter roubado a Goldoni. Diderot, ainda mais sensível às críticas do que Voltaire, estava esmagado, então. A Sra. de Graffigny tivera mesmo a maldade de fazer circular o boato de que eu rompera com ele nessa ocasião. Achei que havia justiça e generosidade em provar publicamente o contrário, e fui passar dois dias não só com ele, mas na casa dele. Foi, depois do meu estabelecimento na Ermitage, a minha segunda viagem a Paris. Fizera a primeira para correr para o pobre Gauffecourt que sofrera um ataque de apoplexia de que nunca se restabeleceu bem, durante o qual só lhe deixei a cabeceira quando o vi fora de perigo.

Diderot me recebeu bem. Como o abraço de um amigo pode destruir queixas! Que ressentimento pode ficar no coração depois disso? Tivemos poucas explicações. Não são necessárias muitas para invectivas recíprocas. Só há uma coisa a fazer: esquecê-las. Ele não tivera procedimentos escusos, pelo menos que eu o soubesse: não era como a Sra. d'Épinay. Diderot mostrou-me o piano do "Pai de família".

---

136. Antiga moeda francesa de cobre. (N.E.)

"Está aí", disse-lhe eu, "a melhor defesa do *Filho Natural*. Guarde silêncio e trabalhe na peça com cuidado, e depois jogue-a no nariz dos seus inimigos, como única resposta". Ele o fez e deu-se bem. Já havia quase seis meses que eu lhe enviara as provas das primeiras partes da *Julie* para que me desse opinião. Ainda não as lera. Lemos um caderno juntos. Ele achou aquilo tudo "folhetim", foi a sua expressão, isto é, carregado de palavras e redundante. Eu também o sentira; mas era a tagarelice da febre. Nunca a pude corrigir. As últimas partes não são como essa. A quarta, sobretudo, e a sexta são obras-primas de edição.

No segundo dia da minha chegada, ele quis à viva força me levar a cear na casa do Sr. d'Holbach. Nós estávamos afastados. Porque eu queria até rasgar o contrato manuscrito de química, indignando-me de dever favores a esse homem. Mas Diderot destruiu tudo. Jurou-me que o Sr. d'Holbach era sinceramente meu amigo; que era preciso perdoar-lhe um tom que ele tomava com todo o mundo, e de que seus amigos sofriam mais do que ninguém. Provou-me que recusar receber o produto desse manuscrito, depois de o ter aceitado dois anos antes, era uma afronta ao doador, que ele não merecera; e que essa recusa poderia mesmo ser mal interpretada, como uma secreta censura por ter esperado tanto tempo para lhe concluir as negociações.

"Eu vejo d'Holbach diariamente", acrescentou. "Conheço melhor que você o estado da alma dele. Se houvesse alguma coisa que devesse descontentar a você, supõe que o seu amigo seria capaz de o aconselhar a uma baixeza?" Em suma, minha costumeira fraqueza depressa se deixou dominar, e fomos cear na casa do barão, que me recebeu como de costume. Mas sua mulher me recebeu fria e quase desairosamente. Não reconheci mais aquela Caroline que, quando era moça, mostrava tanta boa vontade para comigo. Eu desconfiava que, desde que Grimm freqüentava a casa de Aine, não me viam mais lá com bons olhos.

Enquanto eu estava em Paris, Saint-Lambert chegou do exército. Como eu nada sabia, só o vi à minha volta ao campo, primeiro na Chevrette, depois na Ermitage, onde ele veio com a Sra. d'Houdetot convidar-me para jantar. Pode-se imaginar se os recebi com prazer! E ainda me deu mais prazer a boa inteligência em que estavam os dois. Satisfeito por não lhe ter perturbado a felicidade, eu próprio me sentia feliz; e posso jurar que, durante toda a minha louca paixão, mas sobretudo nesse momento, mesmo que lhe pudesse roubar a Sra. d'Houdetot, não o quereria, nem seria mesmo tentado a isso. Achava-a tão amável amando Saint-Lambert que não podia imaginar que ela também o fosse amando a mim; e, sem lhes querer perturbar a união, tudo o que mais verdadeiramente desejei dela, no meu delírio, foi que se deixasse amar. Enfim, por mais violenta que fosse a paixão em que eu ardia, achava doce também ser o confidente do seu amado, e nunca olhei nem um momento o seu amante como a um rival, mas sempre como a um amigo. Hão de dizer que isso não era ainda amor; seja, mas então era mais que amor.

  Quanto a Saint-Lambert, ele se portava como homem correto e judicioso. Como eu era o único culpado, fui também a único punido, e com indulgência. Tratou-me com dureza, mas amigavelmente, e vi que eu perdera alguma coisa na sua estima, mas não na sua amizade. Consolei-me, sabendo que uma me seria mais fácil de recuperar do que a outra, e que ele era muito sensato para confundir uma fraqueza involuntária e passageira com um vício de caráter. Se eu tinha culpa em tudo que se passara, era muito pouca. Fora eu quem lhe procurara a amante? Não fora ele que ma enviara? Poderia eu deixar de recebê-la? Que poderia eu fazer? Só eles tinham feito esse mal, e era eu quem sofria. No meu lugar, ele faria o mesmo que eu, talvez pior; porque enfim, por mais fiel, por mais estimável que fosse a Sra. d'Houdetot, era mulher, ele estava longe; as ocasiões eram freqüentes, as tentações eram vivas, e ser-lhe-ia bem difícil defender-se com o mesmo êxito contra um homem mais ousado. Era decerto muito, para ela e para mim, em semelhante situação, termos sabido erguer limites sem nos termos permitido nunca os transpor.

  Embora, no fundo do meu coração, eu prestasse a mim mesmo um testemunho muito honroso, tantas aparências estavam contra mim que a vergonha invencível me dominava sempre e dava-me diante dele o ar de culpado, de que ele abusava para me humilhar. Um único traço pintará essa posição recíproca. Depois do jantar, eu li, para ele ouvir, a carta que escrevera a Voltaire no ano precedente, e da qual ele, Saint-Lambert, ouvira falar. Ele adormeceu durante a leitura. E eu, outrora altivo, hoje tão tolo, não ousei interromper o que lia e continuei a ler enquanto ele continuava a roncar. Eram essas as minhas indignidades e essas as vinganças dele. Mas a sua generosidade só lhe permitia exercê-las entre nós três.

  Quando ele foi embora, vi que a Sra. d'Houdetot mudara no modo de me tratar. Fiquei tão surpreso como se não o devesse esperar; comovi-me mais do que o devia e isso me fez muito mal. Parecia-me que todos de quem eu devera esperar minha cura só faziam me enterrar o punhal, que antes se quebrou do que foi arrancado.

Eu estava resolvido a tudo fazer para me vencer, e a nada poupar para transformar minha louca paixão em uma amizade pura e duradoura. Com esse fim, fizera os mais lindos projetos deste mundo, para cuja execução carecia do concurso da Sra. d'Houdetot. Mas quando lhe quis falar, achei-a distraída, embaraçada; senti que deixara de se agradar de estar comigo e vi claramente que se passara alguma coisa que ela não me queria dizer e que eu nunca soube. Essa mudança, cuja explicação me foi impossível obter, desolou-me. Pediu-me que lhe devolvesse as cartas; devolvi-as todas com uma fidelidade de que ela me fez a injúria de duvidar um momento. Essa dúvida foi ainda um despedaçamento inesperado para o meu coração, que ela devia conhecer tão bem. Fez-me justiça, mas não foi imediatamente; compreendi que o exame do pacote que eu lhe entregara provara que ela não tinha razão; vi mesmo que ela se censurava por isso, o que me fez melhorar um pouco. Não me podia exigir suas cartas sem devolver as minhas; disse-me porém que as tinha queimado; por minha vez, ousei duvidar e duvido ainda. Não, ninguém lança ao fogo cartas como aquelas. Acharam ardentes as cartas de *Julie*. Meu Deus! Que diriam então daquelas? Não, nunca a mulher que chegou a inspirar semelhante paixão teria a coragem de queimar as suas provas. Mas não receio também que ela tenha abusado dessas provas; não a julgo capaz disso; e ademais, eu tomara cuidado. O tolo, mas vivo, receio de ser objeto de zombaria me fez começar essa correspondência em um tom que me pôs as cartas a salvo de más interpretações. Na minha embriaguez, levava a familiaridade até a tratá-la por tu; mas de que modo! Não o poderia ofender nunca! Entretanto, muitas vezes ela se queixou, mas sem resultado; suas queixas só faziam me despertar os receios; e, ademais, eu não poderia me resolver a retrogradar. Se essas cartas ainda existem, e um dia forem conhecidas, então há de se ver como eu amei.

A dor que me causou a frieza da Sra. d'Houdetot, e a certeza de que não a merecera, fez-me tomar a singular resolução de me queixar ao próprio Saint-Lambert. E, esperando o resultado da carta que lhe escrevera a esse respeito, lancei-me nas distrações que devera ter procurado mais cedo. Houve festas na Chevrette, nas quais fiz música. O prazer de me exibir diante da Sra. d'Houdetot, em um talento que ela apreciava, excitava-me a veia. E um outro motivo ainda contribuía para a animar: era mostrar que o autor do "Adivinho da aldeia" sabia música, porque eu percebia desde muito que alguém trabalhava para por isso em dúvida, pelo menos quanto à composição. Minha estréia em Paris, as provas a que eu me sujeitara várias vezes, tanto na casa do Sr. Dupin como na casa do Sr. de La

Poplinière, a quantidade de músicas que eu compusera durante catorze anos no meio de artistas célebres, e sob os seus olhos, enfim, a ópera das *Musas Galantes*, o próprio *Adivinho*, o motete que eu compusera para a Srta. Fel, e que ela cantara no concerto espiritual, tantas conferências que eu tivera sobre essa linda arte com os maiores mestres, tudo isso deveria prevenir ou dissipar semelhante dúvida. Mas, no entanto, ela existia na Chevrette, e eu via que o Sr. d'Épinay não lhe era isento. Sem mostrar que o percebia, encarreguei-me de compor um motete para a dedicatória da capela de Chevrette, e pedi-lhe que me desse uma letra de sua escolha. Ele encarregou De Linant, o preceptor do seu filho, de a compor. De Linant arranjou uma letra de acordo com o assunto; e, oito dias depois de me ser ela entregue, estava pronto o motete. Dessa vez, o despeito foi o meu Apolo e nunca me saiu das mãos uma música tão bem arranjada. A letra começava por estas palavras: *"Ecce sedes hic Tonantis"*.[137] A pomba da introdução correspondia à letra, e todo o resto do motete era de uma beleza de canto que impressionou a todos.[138] Eu trabalhara em grande orquestra. D'Epinay reuniu os melhores sinfonistas. A Sra. Bruna, cantora italiana, cantou o motete e foi muito bem acompanhada. Teve tão grande êxito o motete que o cantaram depois em um concerto espiritual, onde, apesar das surdas cabalas e da indigna execução, teve duas vezes os mesmos aplausos. Para a festa do Sr. d'Épinay, sugeri a idéia de uma espécie de peça, metade drama e metade pantomima, que a Sra. d'Épinay compôs e cuja música fui ainda eu que fiz. Grimm, que chegava, ouviu falar dos meus triunfos harmônicos. Uma hora depois ninguém falava mais nisso; pelo menos não discutiam mais se eu conhecia ou não composição.

Mal Grimm chegou na Chevrette, onde eu já não me sentia muito bem, conseguiu me tornar a estada lá insuportável, por certos ares que eu nunca vira em ninguém, cuja idéia não tinha, sequer. Na véspera da sua chegada, desalojaram-me do quarto de favor que eu ocupava, contíguo ao da Sra. d'Épinay, prepararam-no para o Sr. Grimm e me deram outro mais afastado. "Veja só", disse eu, rindo, à Sra. d'Épinay, "como os recém-chegados desalojam os antigos". Ela ficou embaraçada. Só à noite compreendi melhor o motivo, sabendo que entre o quarto dela e aquele que eu ocupara havia uma porta de

---

137. *"Eis aqui a namorada de Júpiter!"*. Soube depois que essa letra era de Santeiul, e que o Sr. de Linant se apropriara calmamente dela.
138. O motete *"Ecce sedes"* e o outro composto para a Srta. Fel, de que ele fala acima, existem ambos em manuscritos e estão depositados na biblioteca real. (N.E. francês)

comunicação, oculta, que ela julgara desnecessário me mostrar. Suas relações com Grimm não eram ignoradas por ninguém, nem na casa dela, nem pelo público, nem mesmo pelo marido; entretanto, longe de o confessar a mim, confidente de segredos muito mais importantes, e dos quais ela tinha inteira segurança, sempre o negou fortemente. Compreendi que essa reserva vinha de Grimm, que, depositário de todos os meus segredos, não quis que eu o fosse de qualquer um dos seus.

    Por mais que os meus antigos sentimentos, que ainda não estavam extintos, e o mérito real desse homem me prevenissem a seu favor, minha boa vontade não pôde subsistir ante o cuidado que ele tomou em destruí-la. À chegada, fez como o conde de Tuffière: mal se dignou de me retribuir a saudação; não me dirigiu nem uma vez a palavra, e logo me ensinou a não lha dirigir, não me respondendo absolutamente. Era em toda parte o primeiro, tomava sempre o primeiro lugar, sem nunca me dar a menor atenção. Isso passaria, se ele não o fizesse com uma afetação chocante: um só fato, entre mil, dá para se fazer uma idéia: uma noite, a Sra. d'Épinay, sentindo-se um pouco incomodada, disse que lhe levassem um prato ao quarto, subiu para jantar junto ao seu fogão. Propôs-me que subisse com ela. Fi-lo. Grimm veio depois. A mesinha estava posta. Só havia dois talheres. Começaram a servir. A Sra. d'Épinay tomou o seu lugar, em um dos cantos da lareira. O Sr. Grimm tomou uma poltrona e se aboletou no outro canto, pôs a mesinha entre ambos, desdobrou o guardanapo, e preparou-se para comer, sem me dizer uma única palavra. A Sra. d'Épinay corou e, para reparar a grosseria, me ofereceu o seu próprio lugar. Ele não disse nada, nem me olhou. Sem poder me aproximar do fogo, resolvi passear pelo quarto, esperando que me trouxessem um talher. E ele me deixou cear na ponta da mesa, longe do fogo, sem me fazer a menor gentileza, a mim, incomodado, mais velho que ele, mais antigo na casa, que o introduzira lá e a quem, mesmo como favorito da dama, ele devia fazer as honras. E sempre as suas maneiras para comigo correspondiam a essa amostra. Não me tratava precisamente como a um inferior: olhava-me como a um nulo. E custava-me reconhecer o antigo fâmulo, que na casa do príncipe Saxe-Gotha se honraria com o meu olhar. E era-me ainda mais difícil conciliar esse profundo silêncio, essa cara insultante, com a terna afeição que ele dizia ter por mim quando estava junto àqueles que realmente me queriam bem. É verdade que ele só a testemunhava para me lamentar por minha sorte, de que eu não me lamentava, para se compadecer da minha "triste sorte", com que eu estava satisfeito, e para se lamentar por me ver recusar duramente os benévolos cuidados que ele me queria prestar. Era com essa arte que ele fazia admirar sua terna generosidade, censurar minha ingrata misantropia, que acostumava insensivelmente todo o mundo a imaginar que entre um protetor como ele e um infeliz como eu só poderia haver relações de benefícios de uma parte e de obrigações da outra, sem deixar supor a possibilidade de uma amizade de igual para igual.

Quanto a mim, procurava inutilmente em que poderia ser obrigado a esse novo patrão. Emprestei-lhe dinheiro e ele não me emprestou nunca. Tratei-o na sua doença e ele mal me vinha visitar nas minhas. Dei-lhe todos os meus amigos e ele nunca me deu nenhum dos seus. Prestigiei-o com todo o meu poder e ele, se me prestigiou, foi menos publicamente e de um modo bem diverso. Nunca me prestou, nem mesmo me ofereceu, um obséquio de nenhuma espécie. Como seria, pois, meu Mecenas? Como seria eu seu protegido? Nunca o percebi nem o percebo hoje.

É verdade que ele era mais ou menos arrogante com todo o mundo, mas com ninguém o era tão brutalmente quanto comigo. Lembro-me que uma vez Saint-Lambert quase lhe jogou o prato à cabeça, ante um desmentido que ele lhe deu em plena mesa, dizendo grosseiramente: "Isso não é verdade!". Ao seu tom naturalmente cortante ele acrescentava a suficiência de um *"parvenu"*[139] e chegou mesmo a ser ridículo, à força de ser impertinente. O convívio com os grandes o seduzira tanto que se inculcava ares que só se vêem nos menos sensatos dentre aqueles. Só chamava o lacaio por um "Eh!" como se, entre o número dos seus criados, monsenhor não soubesse qual estava de guarda. Quando o mandava fazer uma compra, jogava o dinheiro no chão em vez de o entregar nas mãos. Em suma, esquecendo-se completamente de que o lacaio era um homem, tratava-o com um desprezo tão chocante, com um desdém tão duro, que o pobre rapaz, que era um excelente sujeito que a Sra. d'Épinay lhe dera, deixou seu serviço sem outro motivo senão a impossibilidade de suportar semelhante tratamento: era o de *Lafleur*[140] desse novo *Glorieux.*[141]

Tão fátuo quanto oco, com seus grandes olhos turvos e a cara desenxabida, tinha pretensões junto às mulheres; e desde sua farsa com a Srta. de Fel passava junto a muitas delas por ser um homem de grandes sentimentos. Isso o pusera em moda e o fizera tomar

---

139. Felizardo. (N.E.)
140. Grosseiro (efeminado). (N.E.)
141. Glorioso, soberbo, vaidoso. (N.E.)

gosto por uma faceirice de mulher: pôs-se a se fazer bonito; seu trajo tornou-se um negócio importante; todo o mundo soube que ele se pintava de branco, e eu, que não acreditava nisso, comecei a dar crédito, devido ao embelezamento da sua pele e por ter visto manchas brancas sobre o seu toucador; uma vez, entrando-lhe no quarto, uma manhã, encontrei-o esfregando as unhas com uma escovinha própria, trabalho que ele continuou altivamente diante de mim. E eu achei que um homem que passa duas horas, todas as manhãs, escovando as unhas, pode também passar alguns instantes caiando os buracos do rosto. O bom Gauffecourt, que não era um maldizente, tinha-o espirituosamente alcunhado o "Tirano Branco".

Isso tudo não era apenas ridículo, mas muito antipático ao meu caráter. E acabaou por me tornar suspeito o caráter dele. Custava-me crer que um homem que tinha a cabeça por tal modo virada pudesse ter o coração em bom lugar. A coisa que ele mais pretendia possuir era sensibilidade de alma e energia de sentimentos. E como se poria isso de acordo com os defeitos próprios às almas mesquinhas? Como é que os vivos e contínuos transportes que continuamente elevam um coração sensível lhe poderiam permitir tantos pequenos cuidados com sua pessoinha? Ah, meu Deus! Aquele que sente seu coração se abrasar com o fogo celeste procura exalá-lo, quer mostrá-lo fora de si, quer pôr o seu coração no rosto: não deseja outro arrebique.

Lembrei-me do sumário da sua moral, que a Sra. d'Épinay me dissera e que adotara. Esse sumário consistia em um único artigo: que o homem deve seguir todas as inclinações do seu coração. Essa moral, quando a conheci, deu-me terrivelmente que pensar, embora eu só a considerasse então uma frase de espírito. Mas depressa vi que esse princípio era realmente a regra da sua conduta, e tive disso muitas provas, à minha custa. É a doutrina interior de que Diderot falou tanto, mas que nunca me explicou.

Lembrei-me de várias pessoas que me haviam dito, havia muitos anos, que esse homem era falso, que fingia o sentimento, e sobretudo que não gostava de mim. Lembrei-me de várias historietas que a esse respeito me haviam contado do Sr. de Francueil e a Sra. de Chenoceaux, que não o estimavam e que o deviam conhecer, pois a Sra. de Chenoceaux era filha da Sra. de Rochechouart, amiga íntima do falecido conde de Frièse; lembrei-me também de que o Sr. de Francueil, muito ligado então com o visconde Polignac, freqüentava muito o Palais-Royal precisamente quando Grimm começava a se introduzir lá.

Toda Paris soube do seu desespero depois da morte do conde de Frièse; era preciso sustentar a reputação que ele criara com os rigores da Srta. Fel, cuja falsidade eu veria melhor que ninguém, se fosse então menos cego. Foi preciso arrastá-lo à casa de Castries, onde ele desempenhava dignamente o seu papel, entregue à mais mortal aflição. Lá, todas as manhãs, ia ao jardim chorar à vontade, tendo sob os olhos o lenço molhado de lágrimas, de modo que os da casa o vissem; mas, ao dar volta em uma certa aléia, pessoas em que não prestava atenção viam-no pôr, imediatamente, o lenço no bolso e tirar um livro.

Essa observação, que foi repetida, depressa se tornou pública em Paris e foi esquecida igualmente depressa. Eu mesmo a esquecera; porém, um fato que se referia a mim fez-me recordá-la. Eu estava nas últimas, de cama, na rua de Grenelle; ele estava no campo, e veio me visitar uma manhã, sem fôlego, dizendo que acabava de chegar naquele mesmo instante. Um momento depois eu soube que ele chegara na véspera, e que no mesmo dia o tinham visto no teatro.

Chegaram-me aos ouvidos mil fatos dessa espécie; mas uma observação, que fiquei surpreso em fazer tão tarde, impressionou-me mais que tudo. Eu dera a Grimm todos os meus amigos sem exceção: todos eles se tornaram seus amigos. Era-me tão difícil separar-me dele que não queria entrar em uma casa que ele não freqüentava. Só a Sra. de Créqui recusou-se a admiti-lo e, logo depois disso, deixei de visitá-la. Grimm, por seu lado, fez outros amigos, tanto por si como por intermédio do conde de Frièse. De todos esses amigos, nunca um só se tornou meu. Nunca ele me disse uma palavra ao menos para me apresentar a um deles. E, de todos que encontrei na casa dele, nunca nenhum me mostrou a menor boa vontade, nem mesmo o conde de Frièse, em cuja casa ele morava, e com quem, naturalmente, me seria muito agradável ter amizade, nem com o conde de Schomberg, seu parente, de quem Grimm era mais íntimo.

E ainda mais: meus próprios amigos, que eu fiz seus, e que me eram afetuosamente ligados antes dessa apresentação, mudaram sensivelmente para mim depois dela. Nunca ele me deu um amigo: eu lhe dei todos os meus e ele acabou por mos roubar todos. Se esses são os resultados da amizade, quais serão os do ódio?

O próprio Diderot, no começo, me prevenira muitas vezes contra Grimm, a quem eu dava tanta confiança, e não era meu amigo. Depois mudou de linguagem, quando ele próprio deixou também de ser meu amigo.

O meio que eu empregara para dispor dos meus filhos não exigira o concurso de ninguém. Entretanto, cientifiquei disso os meus amigos, apenas para os cientificar, para não parecer aos seus olhos melhor do que eu era. Esses amigos eram em número de três: Diderot, Grimm e a Sra. d'Épinay. Duclos, o mais digno da minha confiança, foi o único a quem nada disse; entretanto, ele o soube. Por quem? Ignoro-o. Não é provável que essa infidelidade tenha provindo da Sra. d'Épinay, que sabia que, se eu a imitasse, poderia me vingar cruelmente. Restam Grimm e Diderot, tão unidos então em tantas coisas, sobretudo contra mim, que é mais provável que esse crime fosse comum aos dois. Eu apostaria que Duclos, a quem eu não disse o meu segredo, e que por conseguinte não tinha compromissos, foi o único que o guardou.

Grimm e Diderot, no seu projeto de me roubarem as "governantes", tinham se esforçado para que ele entrasse na conspirata; porém, Duclos sempre se recusou com desprezo. Só depois foi que soube por ele tudo que se passara a esse respeito; mas, por Thérèse, soube o bastante para ver que havia nisso tudo um desígnio secreto, que queriam dispor de mim, senão contra minha vontade, pelo menos à minha revelia, ou então que se queriam servir das duas mulheres para algum desígnio oculto. Tudo isso não era decerto correto. A posição de Duclos o prova sem réplica. Quem quiser que acredite que isso era amizade.

Essa pretensa amizade me era tão fatal interiormente quanto exteriormente. As longas e freqüentes conversas deles com a Sra. Le Vasseur tinham mudado sensivelmente essa mulher para comigo, mudança que absolutamente não me era favorável. De que tratariam eles nesses singulares colóquios? Por que esse profundo mistério? A conversa dessa velha seria tão agradável que os prendesse assim e tão importante para ser feita em tão grande segredo? Duravam esses colóquios havia três ou quatro anos e me haviam parecido risíveis; voltando a pensar neles, comecei a me admirar. E essa admiração teria ido até a inquietação, se eu já soubesse o que me preparava aquela mulher.

Apesar da pretensa amizade que Grimm se gabava de ter por mim, é difícil conciliá-la com o tom que tomava para comigo, e nada me chegava dele que me fosse favorável; e a comiseração que fingia ter por mim servia mais para me envilecer que para me servir. Ele chegava a me tirar, tanto quanto podia, os recursos do ofício que eu escolhera, descrevendo-me como um mau copista; convenho que essa era a verdade; mas não lhe cabia dizê-la. E ele provava que não era brincadeira, servindo-se de outro copista, e não me deixando nenhuma das freguesias que me podia tirar. Dir-se-ia que o seu projeto era me fazer depender dele e do seu crédito para prover à minha subsistência, e fechar-me todas as fontes até que eu ficasse reduzido a isso.

Resumido tudo, minha razão fez afinal calar a antiga prevenção que ainda queria falar; julguei o seu caráter pelo menos muito suspeito; e quanto à sua amiga, declarei-a falsa. Depois, resolvido a não os ver mais, disse à Sra. d'Épinay a minha decisão, apoiando-a com fatos que não admitiam réplica, porém, que agora esqueci.

Ela combateu fortemente essa resolução, sem saber bem o que responder às razões em que eu me baseara. Não se tinha ainda combinado com ele; mas no dia seguinte, em vez de se explicar verbalmente comigo, mandou-me uma carta muito hábil, que eles haviam escrito juntos, e na qual, sem entrar em nenhum detalhe dos fatos, justificava-o por seu caráter concentrado; e considerando um crime eu ter suspeitado o seu amigo de perfídia, exortava-me a fazer as pazes com ele. Essa carta me abalou. Em uma conversa que tivemos depois, em que a achei mais bem preparada que da primeira vez, acabei por me deixar vencer; cheguei a crer que o poderia ter julgado mal, e que, nesse caso, devia, a um amigo, satisfações graves. Em suma, como já o fizera muitas vezes com Diderot, com o barão d'Holbach metade por fraqueza, metade por gosto, prestei-lhe todas as reparações que tinha direito de exigir. Fui à casa de Grimm, como um novo George Dandin, pedir-lhe desculpas das ofensas que ele me fizera; sempre nessa falsa persuasão que me obrigou a fazer, durante a vida, mil baixezas junto aos meus pretensos amigos, de que não há ódio que não se desarme à força de doçura e correção, quando, ao contrário, o ódio dos maus anima-se mais com a impossibilidade de encontrar em que o basear; e o sentimento da sua própria injustiça é apenas uma ofensa a mais contra aquele de quem é objeto. Tenho, sem sair da minha própria história, uma prova bem forte dessa máxima em Grimm e Tronchin, que se tornaram meus implacáveis inimigos, por gosto, por prazer, por fantasia, sem terem podido alegar ofensas de nenhuma espécie que eu lhes tenha feito,[142] cuja raiva cresce dia-a-dia, como os tigres, pela facilidade que eles têm em a alimentar.

---

142. Tempos após, pus em Tronchin a alcunha de "Jogral", mas só muito tempo depois de declarada a sua inimizade e das sangrentas perseguições que ele contra mim suscitou em Genebra e alhures. Mas quando me vi inteiramente sua vítima, suprimi até essa alcunha. As baixas vinganças são indignas do meu coração e o ódio nunca toma pé nele.

Eu esperava que, confuso com a minha condescendência e o meu gesto, Grimm me receberia de braços abertos, com a mais terna amizade. Recebeu-me como um imperador romano, com uma cara que não vi nunca em ninguém. Eu, absolutamente, não estava preparado para essa acolhida. Quando, no embaraço de um papel tão pouco feito para mim, balbuciei, em poucas palavras e com ar tímido, o motivo que me trazia até ali, ele pronunciou, com muita majestade, uma longa arenga que preparara, e que continha a numerosa enumeração das suas raras virtudes, sobretudo as da amizade. Acentuou muito uma coisa que primeiro me impressionou: é que todos viam que ele conservava sempre os mesmos amigos. Enquanto ele falava, eu dizia para comigo que seria bem cruel ser uma exceção a essa regra. Mas ele insistiu tanto nisso, e com tanta afetação, que me fez pensar que se nisso seguisse apenas os sentimentos do seu coração se impressionaria menos com essa máxima, da qual fazia uma arte útil a serviço de seus meios, para atingir seus fins. Até então eu estivera no mesmo caso, conservara sempre os meus amigos; desde a mais tenra infância nunca perdera um só, senão pela morte, entretanto nunca refletira nisso: não era uma máxima que eu me houvesse prescrito. Já que era, pois, uma vantagem comum a nós ambos, por que se gabava ele dela, se não pretendia ma roubar? Depois procurou-me humilhar com provas de preferência que os nossos amigos comuns lhe davam. Eu conhecia essa preferência tão bem quanto ele; a questão era saber a que título ele a obtivera, se por mérito ou por esperteza, se elevando a si próprio ou procurando me rebaixar. Enfim, quando, da maneira que quis, ele colocou entre nós a distância necessária para dar valor à graça que me ia fazer, concedeu-me o beijo da paz em um leve abraço que lembrava o amplexo que o rei dá aos novos cavaleiros. Eu caía das nuvens, boquiaberto, não sabia o que dizer, não encontrava uma palavra. Aquela cena toda se parecia com uma repreensão que o preceptor passa no discípulo, perdoando-lhe o chicote. Nunca a recordo sem pensar como são falsos os julgamentos baseados nas aparências, aos quais o vulgo dá tanto peso, e como, muitas vezes, a audácia e a altivez estão do lado do culpado e a vergonha e o embaraço do lado do inocente.

Estávamos reconciliados. Era sempre um alívio para o meu coração, que qualquer briga lança em angústias mortais. Todo mundo imagina logo que tal reconciliação não lhe modificou os modos; tirou-me apenas o direito de me queixar. De forma que resolvi suportar tudo e não dizer mais nada.

Tantos sofrimentos, um sobre o outro, lançaram-me em um esgotamento que não me deixava quase recuperar o império sobre mim mesmo. Sem resposta de Saint-Lambert, mal visto pela Sra. d'Houdetot, sem ousar me abrir com ninguém, começava a recear que, fazendo da amizade o ídolo do meu coração, eu houvesse sacrificado minha vida a homenagear quimeras. Feita a prova, só me restavam das minhas amizades dois homens que tinham conservado toda a minha estima e em quem meu coração poderia confiar: Duclos, que desde minha retirada para a Ermitage eu perdera de vista, e Saint-Lambert. Pensei que só poderia reparar minhas faltas para com este último abrindo-lhe meu coração sem reservas; e resolvi fazer-lhe plenamente minhas confissões, em tudo que não comprometesse sua amante. Não duvido que essa resolução tenha sido ainda um ardil da minha paixão, para me ter mais aproximado dela; mas o certo é que eu me lançaria sem reservas nos braços do seu amante, que me teria posto inteiramente à sua mercê, e que teria levado a franqueza até onde ela pudesse ir. Estava prestes a lhe escrever uma segunda carta, a que tinha a certeza que ele responderia, quando soube a triste causa do seu silêncio relativamente à primeira. Não pudera suportar até ao fim as fadigas dessa campanha. A Sra. d'Épinay me disse que ele acabara de sofrer um ataque de paralisia[143] e a Sra. d'Houdetot, a quem a aflição também prostrou, e que não estava em condições de me escrever imediatamente, mandou-me dizer, dois dias depois, de Paris, onde estava então, que iria para Aix-la-Chapelle, para os banhos. Não digo que essa triste nova me tenha afligido tanto quanto a ela; mas duvido que o aperto de coração que me provocou fosse menos penoso que sua dor e suas lágrimas. A dor de o saber nesse estado, aumentada pelo receio de que a inquietação houvesse colaborado nisso, comoveu-me mais que tudo que até então me acontecera; e senti cruelmente que me faltava, na minha própria estima, a força de que carecia para suportar tantos dissabores. Felizmente esse generoso amigo não me deixou muito tempo entregue à aflição; não me esqueceu, apesar do ataque, e não tardei a saber por ele próprio que julgara muito mal dos seus sentimentos e do seu estado. Mas é tempo de chegar à grande revolução do meu destino, à catástrofe que dividiu minha vida em duas partes tão diferentes, e que de uma causa tão leve tirou tão terríveis efeitos.

Um dia, em que eu estava longe de o pensar, a Sra. d'Épinay me mandou procurar. Ao entrar, percebi-lhe nos olhos e em toda a atitude um ar de perturbação que me impressionou, principalmente porque não lhe era habitual, pois ninguém sabia melhor do que ela

---

143. Saint-Lambert morreu em 1803, quarenta e seis anos depois desse ataque. (N.E. francês)

governar seu rosto e seus sentimentos. "Meu amigo", disse-me ela, "parto para Genebra, estou com o peito em mau estado; minha saúde se deteriorou tanto que é preciso que eu vá consultar Tronchin". Essa resolução, tomada tão abruptamente, à entrada da má estação, admirou-me, principalmente porque eu a deixara trinta e seis horas antes sem que se falasse nisso. Perguntei-lhe quem levaria consigo. Disse-me que levaria o filho e o Sr. de Linant. Depois acrescentou indolentemente: "E você, meu urso, não vai também?". Como não supus que ela falasse seriamente, sabendo que na estação em que entrávamos eu estava em estado de mal poder sair do quarto, brinquei sobre a utilidade do cortejo de um doente para outro doente; ela deu mostras de que não fizera a proposta a sério, e não se falou mais nisso. Só falamos nos preparativos de viagem, de que ela se ocupava com muita vivacidade, resolvida a partir dentro de quinze dias.

Não me era necessária muita penetração para compreender que a viagem tinha um motivo secreto que me escondiam. Esse segredo, que na casa toda só o era para mim, foi descoberto logo ao dia seguinte por Thérèse, a quem o mordomo Teissier, que o sabia da criada de quarto, o contou. Embora eu não deva esse segredo à Sra. d'Épinay, pois não o recebi dela, está tão ligado a outros que me confiou que não o posso separar; de forma que me calo nesse ponto. Mas esses segredos, que nunca saíram nem me sairão da boca, nem da pena, foram conhecidos por muita gente para serem ignorados pelos que cercavam a Sra. d'Épinay.

Conhecendo o verdadeiro motivo da viagem, eu reconheceria talvez o impulso de uma mão inimiga na tentativa de me fazer acompanhar a Sra. d'Épinay. Mas ela insistira tão pouco que não persisti em considerar essa tentativa como séria, e ri, apenas, do bonito papel que iria fazer se tivesse feito a asneira de a acompanhar.

Alguns dias depois, recebi de Diderot o bilhete que vou transcrever. O bilhete estava apenas dobrado em dois, de modo que todo o conteúdo se lia facilmente, e vinha dirigido para a casa da Sra. d'Épinay, aos cuidados do Sr. de Linant, o preceptor do filho e confidente da mãe.

Bilhete de Diderot (maço A, nº 52):

"Fui feito para lhe querer bem e lhe dar desgostos. Soube que a Sra. d'Épinay vai a Genebra e não ouvi dizer que você a acompanhará. Meu amigo, se está bem com a Sra. d'Épinay, é preciso que parta com ela; se não o está, que parta mais depressa ainda. Está sobrecarregado com o peso dos favores que lhe deve? Eis uma oportunidade de o resgatar em parte e se ali-

viar. Encontrará você, em sua vida, uma outra oportunidade de lhe mostrar o seu reconhecimento? Ela vai para um país onde estará como caída das nuvens. Está doente. Carecerá de divertimento e distração. 'O inverno!' Olhe, meu amigo: a objeção da sua saúde pode ser muito mais forte e não a creio. Estará você, hoje, pior do que o estava há um mês, ou do que o estará no começo da primavera? Dentro de três meses fará você a viagem tão comodamente quanto hoje? Quanto a mim, confesso-lhe que se não pudesse suportar a cadeirinha, tomaria um bastão e a acompanharia. E, depois, não receia que interpretem mal seu procedimento? Hão de suspeitá-lo de ingratidão ou de algum outro motivo secreto. Sei bem que, de qualquer modo, você terá sempre o testemunho da sua consciência; mas bastará esse testemunho, e até que ponto será permitido negligenciar o dos outros homens? Aliás, meu amigo, é para me desobrigar com você e comigo que lhe escrevo este bilhete. Se lhe desagrada, lance-o ao fogo, e que não se fale mais nele, como se nunca fora escrito. Saúdo-o, amo-o, abraço-o."

O tremor de cólera, a agitação que me tomou lendo esse bilhete, e que mal me permitiram que o acabasse, não me impediram de notar a esperteza com que Diderot afetara nele um tom mais doce, mais carinhoso, mais correto que em todas as outras cartas, nas quais no máximo me tratava de "meu caro", sem se dignar me dar o nome de amigo. Vi claramente o ricochete pelo qual me chegava esse bilhete, cujo sobrescrito, a forma e a direção demonstravam até inabilmente a manobra; porque ordinariamente nos correspondíamos pela posta ou pelo mensageiro de Montmorency, e foi a primeira e única vez que ele se serviu dessa via.

Quando o primeiro transporte da minha indignação me permitiu escrever, tracei-lhe precipitadamente a seguinte resposta, que levei imediatamente da Ermitage, onde eu estava então, à Chevrette, para a mostrar à Sra. d'Épinay, a quem, na minha cega cólera, eu a queria ler pessoalmente, bem como o bilhete de Diderot.

"Meu querido amigo, você não pode conhecer nem a importância dos favores que eu devo à Sra. d'Épinay, nem até que ponto eles me prendem, nem se ela deseja que eu a acompanhe, se me é possível fazê-lo, nem as razões que eu possa ter de me abster. Não me recuso a discutir com você esses pontos todos; mas, antes disso, convenha em que me prescrever tão afirmativamente o que devo fazer sem se ter posto em condições de julgar o caso é, meu caro filósofo, opinar como um es-

touvado. O que vejo de pior nisso é que suas opiniões não vêm de você. E além de eu não estar a ponto de ser governado, através de você, pelo terceiro ou pelo quarto, acho nesse ricochete alguns desvios que não são próprios à sua franqueza, dos quais você fará bem, para mim e para si, em se abster de agora em diante.

Você receia que interpretem mal minha conduta; desafio um coração como o seu a ousar pensar mal do meu. Outros, talvez, falariam melhor de mim se eu me assemelhasse mais a eles. Que Deus me preserve de ser aprovado por eles! Podem os maus me espiar e me interpretar: Rousseau não foi feito para os temer, nem Diderot para os escutar.

Se o seu bilhete me desagradou, você quer que o lance ao fogo e que não falemos mais nisso. Pensa que a gente esquece assim facilmente o que vem de você? Meu caro, você barateia tanto as minhas lágrimas nos desgostos que me dá, quanto a minha vida e a minha saúde, nos conselhos que me exorta a tomar. Se você se pudesse corrigir disso, sua amizade me seria mais suave e eu teria menos de que me queixar dela."

Entrando na sala da Sra. d'Épinay, encontrei Grimm com ela e fiquei encantado. Li-lhes com voz alta e clara as minhas duas cartas, com uma intrepidez de que não me julgaria capaz, e acrescentei, ao terminar a leitura, algumas frases que não a desmentiam. Diante dessa audácia inesperada, em um homem de ordinário tão medroso, vi que um e outro, aterrados, boquiabertos, não me respondiam uma palavra; vi sobretudo aquele homem arrogante baixar os olhos até ao chão e não ousar sustentar as centelhas dos meus olhos: mas, no mesmo instante, no fundo do seu coração, jurou minha perda, e estou certo de que eles a combinaram antes de se separar.

Foi mais ou menos nesse tempo que recebi da Sra. d'Houdetot uma carta de Saint-Lambert (maço A, nº 57) datada ainda de Wolfenbuttel, poucos dias depois do acidente, em resposta à minha carta que tardara tanto tempo no caminho. Essa resposta me trouxe consolações de que eu precisava muito naquele instante, pelos testemunhos de amizade e de estima de que estava cheia, e que me deram a força e a coragem de os merecer. Desde esse momento, cumpri meu dever; mas é certo que, se Saint-Lambert se houvesse mostrado menos sensato, menos generoso, menos homem de bem, eu estaria perdido sem remissão.

A estação tornava-se má, e todos começavam a deixar o campo. A Sra. d'Houdetot anunciou-me o dia em que contava fazer seus adeuses ao vale, e me marcou um encontro em Eaubonne. Esse dia era, por acaso, o mesmo em que a Sra. d'Épinay deixava a Chevrette para acabar em Paris os seus preparativos de viagem. Felizmente ela partiu de manhã e ainda tive tempo de, ao deixá-la, ir jantar com sua cunhada. Tinha a carta de Saint-Lambert no bolso; e muitas vezes a reli, ao caminhar. Aquela carta me servia de égide contra minha fraqueza. Decidi e mantive a resolução de ver, na Sra. d'Houdetot, apenas uma amiga e a amante do meu amigo; e passei a sós com ela quatro ou cinco horas de uma calma deliciosa, infinitamente preferível, mesmo quanto ao prazer, àqueles acessos de febre ardente que até então eu tinha em presença dela. Uma vez que ela sabia muito bem que meu coração não mudara, foi sensível aos esforços que fiz para me vencer; e estimou-me mais por isso, e tive o prazer de ver que não se extinguira sua amizade por mim. Anunciou-me a próxima volta de Saint-Lambert, que, embora restabelecido do ataque, não estava mais em condições de suportar as fadigas da guerra, e deixava o serviço para vir viver calmamente junto dela. Fizemos o projeto encantador de vivermos os três em estreito convívio, e poderíamos esperar que a execução desse projeto fosse durável, visto que a sua base eram os sentimentos que podem unir corações sensíveis e retos, e que reuníamos os três bastantes conhecimentos e prendas para nos bastarmos a nós mesmos, e não carecermos de nenhum suplemento estranho.

Ai de mim! Entregando-me às esperanças de vida tão doce, não imaginava sequer a que me esperava.

Falamos depois na minha situação presente com a Sra. d'Épinay. Mostrei-lhe a carta de Diderot com minha resposta; detalhei-lhe tudo que se passara a esse respeito, e declarei-lhe a resolução em que estava de deixar a Ermitage. Ela se opôs vivamente e por razões todo-poderosas para o meu coração. Disse-me quanto desejava que eu fosse a Genebra, para que não a comprometessem na minha recusa, o que a carta de Diderot parecia indicar de antemão. Entretanto, como conhecia minhas razões tão bem quanto eu próprio, não insistiu a esse respeito. Mas suplicou-me que evitasse todo escândalo, qualquer que fosse o preço que me custasse, e que vestisse minha recusa com razões bastante plausíveis, para afastar a injusta suspeita que poderia recair sobre ela. Disse-lhe que ela não me impunha uma tarefa fácil; mas que, resolvido a expiar minhas culpas, mesmo ao preço da minha reputação, queria dar preferência à sua e não à minha, em tudo que a honra me permitisse suportar. Depressa veremos se eu soube cumprir essa promessa.

Posso jurar que, longe de minha desgraçada paixão ter diminuído, eu nunca amara a minha Sophie mais ternamente e mais vivamente que nesse dia. Mas tal fora a impressão que fizera sobre mim a carta de Saint-Lambert, o sentimento do dever e o horror da perfídia, que, durante toda essa entrevista, meus sentidos me deixaram inteiramente em paz junto dela, e não me senti tentado sequer a lhe beijar a mão. Ao partir, ela me beijou diante da criadagem. Esse beijo, tão diferente dos outros que eu lhe roubara sob as folhagens, foi a garantia de que eu recuperara o domínio sobre mim mesmo: tenho quase a certeza de que, se meu coração se houvesse podido fortalecer na calma, não seriam precisos três meses para me curar completamente.

Acabam aqui minhas ligações pessoais com a Sra. d'Houdetot... Ligações que cada um pode julgar pelas aparências segundo as disposições do seu próprio coração, mas nas quais a paixão que me inspirou aquela amável mulher – a paixão mais viva que talvez um homem tenha sentido – honrar-se-á sempre, entre o céu e nós, dos raros e penosos sacrifícios feitos por nós ambos ao dever, à honra, ao amor e à amizade. Nós nos tínhamos elevado muito aos olhos um do outro para nos podermos envilecer facilmente. Era preciso ser indigno de qualquer estima para querer perder uma de tão alto preço, e a própria energia dos sentimentos que nos poderiam tornar culpados foi o que nos impediu de o sermos.

Foi assim que depois de uma tão longa amizade por uma daquelas duas mulheres e de um tão grande amor pela outra, fiz-lhes separadamente os meus adeuses no mesmo dia; a uma, para não a rever mais, em toda a vida; a outra, para só a rever duas vezes, em ocasiões em que depois falarei.

Depois da partida delas, vi-me em grande embaraço para desempenhar tantos deveres prementes e contraditórios, conseqüência de minhas imprudências.

Se eu estivesse em meu estado natural, depois da proposta e da minha recusa a essa viagem a Genebra, bastava que ficasse quieto e tudo estaria dito. Mas eu tinha tolamente iniciado um negócio que não poderia ficar no estado em que estava, e não me podia dispensar de qualquer ulterior explicação, deixando a Ermitage, pois acabava de prometer à Sra. d'Houdetot não o fazer, pelo menos naquele momento. E, ademais, ela exigira que eu me escusasse junto aos meus pretensos amigos pela minha recusa em fazer essa viagem, a fim de que não lha imputassem. Eu, entretanto, não poderia dar a verdadeira causa sem ultrajar a Sra. d'Épinay, a quem decerto eu devia reconhecimento depois de tudo que fizera por mim. Tudo bem considerado, encontrava-me na dura, mas indispensável, alternativa de faltar para com a Sra. d'Houdetot, a Sra. d'Épinay ou para comigo mesmo, e tomei o último partido. Tomei-o altivamente, plenamente, sem tergiversar, e com uma generosidade digna decerto de lavar os crimes que me haviam reduzido a essa extremidade. Esse sacrifício, de que meus inimigos se souberam aproveitar, e que eles talvez esperavam, foi a ruína da minha reputação e me roubou os cuidados e a estima pública; porém, devolveu-me a minha e me consolou de minhas desgraças. Não foi a última vez, como se há de ver, que fiz semelhantes sacrifícios nem a que se utilizaram deles para me esmagar.

Grimm era o único que parecia não tomar nenhuma parte nesse negócio; foi a ele que resolvi me dirigir. Escrevi-lhe uma longa carta na qual lhe expunha o ridículo de quererem transformar para mim em um dever essa viagem a Genebra, a inutilidade, o embaraço mesmo, que eu representaria para a Sra. d'Épinay, e os inconvenientes que dela resultariam para mim próprio. Nessa carta, não resisti à tentação de lhe deixar ver que eu tudo sabia, e que me parecia singular que pretendessem que a mim é que cabia acompanhá-la nessa viagem, quando ele se dispensava de o fazer e ninguém o mencionava. Essa carta, em que, à falta de poder dizer claramente minhas razões, fui forçado a fingir muitas vezes, me teria tirado toda a razão perante o público; mas era um exemplo de conveniência e discrição para as pessoas que, como Grimm, estavam a par das coisas que eu calava, e que me justificavam plenamente a conduta. Não receava mesmo por mais um preconceito contra mim, emprestando a opinião de Diderot aos meus outros amigos, para insinuar que a Sra. d'Houdetot pensara o mesmo, como era verdade e calando que, ante minhas razões, ela mudara de opinião. Não a poderia desculpar melhor da suspeita de estar em conivência comigo senão mostrando-me, a esse respeito, descontente com ela.

Essa carta findava com um ato de confiança com o qual qualquer outro homem se convenceria. Porque, exortando Grimm a pesar minhas razões e a me dar depois disso a sua opinião, dizia-lhe que essa opinião seria seguida, fosse qual fosse; e essa era a minha intenção, nem que ele opinasse pela minha partida; porque, como o Sr. d'Épinay se arvorara condutor da mulher nessa viagem, a minha ida tomava um aspecto inteiramente diverso. A mim é que tinham dado esse encargo, de princípio, e só se tratou de d'Épinay depois da minha recusa.

A resposta de Grimm se fez esperar; e foi singular. Vou transcrevê-la aqui. (Vide maço A, nº 59).

"*A partida da Sra. d'Épinay foi adiada; o filho dela está doente, é preciso esperar que se restabeleça. Pensarei na sua carta. Fique tranqüilo na sua Ermitage. Em tempo lhe mandarei minha opinião. Uma vez que ela não partirá, com toda a certeza, nestes poucos dias, não há pressa. Enquanto espera, se acha conveniente, você pode lhe fazer seus oferecimentos, embora isso me pareça bastante inútil. Porque, conhecendo sua posição tão bem quanto você próprio, duvido muito que ela não responda aos seus oferecimentos como o deve. E o que vejo de lucro nisso é que você pode dizer aos que lhe exigem que vá que, se você não vai, não é por falta de não se ter oferecido. Ademais, não vejo porque você faz questão de que o filósofo seja o porta-voz de todo o mundo e, porque a opinião dele é que você vá, você imagina que todos os seus amigos pretendem a mesma coisa. Se você escrever à Sra. d'Épinay, sua resposta pode-lhe servir de réplica a todos esses amigos, já que você faz tanta questão de lhes replicar. Adeus. Cumprimento a Sra. Le Vasseur e o Criminoso.*"[144]

Presa de espanto ao ler essa carta, procurava saber com inquietação o que significaria ela e nada encontrava. Como, em vez de me responder com simplicidade, ele tomava tempo para pensar nisso, como se o que tomara não lhe bastasse? Ele me prevenia mesmo da suspensão em que me pretendia manter, como se se tratasse de um profundo problema a resolver, ou como se importasse aos seus fins tirar-me todos os meios de lhe penetrar os sentimentos, até ao momento em que mos quisesse declarar. Que significavam, pois, todas essas precauções, esses retardamentos, esses mistérios? É assim que se responde à confiança? Essa atitude é a da correção e da boa fé? Procurava em vão alguma interpretação favorável para o seu procedimento, e não encontrava nenhuma. Qualquer que fosse o seu desígnio, se era contra mim, sua posição lhe facilitava a execução, sem que, pela minha, me fosse possível opor obstáculos. Favorito na casa de um grande príncipe, conhecido na alta sociedade, dando o tom às nossas rodas comuns, cujo oráculo era ele, podia, com sua destreza habitual, dispor à vontade todas as suas máquinas; e eu, sozinho na Ermitage, longe de todos, sem conselhos de ninguém, sem nenhuma comunicação, só tinha o recurso de esperar e ficar em paz; escrevi à Sra. d'Épinay sobre a doença do seu filho uma carta tão correta quan-

---

144. O pai Le Vasseur, que a mulher tratava um pouco rudemente, chamava-o "Tenente Criminoso". Grimm, por brincadeira, dava o mesmo nome a Thérèse, e para o abreviar, tirou a primeira palavra.

to o poderia ser, mas onde não lhe entregava a armadilha de me oferecer para partir com ela.

Depois de séculos de espera, na cruel incerteza em que me lançara aquele homem bárbaro, soube, depois de oito dias, que a Sra. d'Épinay partira, e recebi dele uma segunda carta. Não era de mais de sete ou oito linhas, e não a acabei de ler... Era um rompimento, mas em termos tais que só podem ser ditados pelo mais infernal ódio, e que chegavam mesmo a ser tolos, de tão ofensivos. Proibia-me de comparecer à sua presença, como me proibiria de entrar nos seus Estados. Só faltava a sua carta, para provocar riso, ser lida com o maior sangue frio. Sem a transcrever, sem mesmo acabar de lê-la, devolvi-a imediatamente com isto:

"Recusava-me à minha desconfiança, e acabo muito tarde de o conhecer. Essa é a carta que você precisou de vagares para meditar; devolvo-a. Não é para mim. Você pode mostrar a minha à terra inteira e me odiar abertamente. Será da sua parte uma falsidade a menos."

Isso que eu lhe dizia, que ele poderia mostrar minha carta precedente, referia-se a um artigo da sua, pelo qual pode-se julgar a profunda esperteza que ele usou em todo esse negócio.

Já disse que para pessoas que não conhecem os fatos, minha carta poderia dar motivos a muitas más interpretações. Ele o viu com alegria; mas como se prevalecer dessa vantagem sem se comprometer? Mostrando a carta, ele se expunha à censura de abusar da confiança de um amigo.

Para sair desse embaraço, ele imaginou romper comigo do modo mais insultante que fosse possível e me fazer valer na sua carta a graça que me fazia não mostrando a minha. Era certíssimo que na indignação da minha cólera eu não aceitaria a sua fingida discrição e lhe permitiria mostrar a carta a todo o mundo. Era precisamente o que ele queria, e a coisa se deu como o preparara. Fez minha carta correr Paris inteira, com comentários da sua lavra, que entretanto não tiveram todo o êxito que ele esperara. Ninguém achou que a permissão de mostrar minha carta, que ele me soubera extorquir, o isentava da censura de tão levianamente me ter pegado na palavra para me prejudicar. Perguntavam sempre que ofensas pessoais eu cometera contra ele, para autorizar um ódio tão violento. E achavam, afinal, mesmo que minhas ofensas o obrigassem a romper, que a amizade, mesmo extinta, tinha ainda direitos que ele deveria respeitar. Mas infelizmente Paris é frívola; essas observações de momento se esquecem, e o infortunado ausente se negligencia; o homem que prospera se impõe pela sua presença; o jogo da intriga e da maldade se sustenta, se renova, e depressa o seu efeito, sem cessar renascente, apaga tudo que a precedeu.

    Eis como, depois de ter-me enganado tanto tempo, esse homem tirou afinal a máscara, persuadido de que, no estado a que levara as coisas, não carecia mais estar coberto. Liberto do receio de ser injusto para com esse miserável, abandonei-o ao seu próprio coração e deixei de pensar nele. Oito dias depois de ter recebido sua carta, recebi a resposta da Sra. d'Épinay, datada de Genebra (maço B, nº 10). Compreendi, pelo tom que ela tomava pela primeira vez na vida, que um e outro, contando com o êxito de suas medidas, agiam de acordo, e que, encarando-me como um homem perdido sem recurso, entregavam-se agora sem risco ao prazer de me acabar e me esmagar.

    Meu estado, com efeito, era dos mais deploráveis. Via afastarem-se de mim todos os meus amigos, sem que eu soubesse como nem porquê. Diderot, que se gabava de me permanecer fiel, de ser o único que me restava, e havia três meses me prometia uma visita, não aparecia. O inverno começava a se fazer sentir e com ele os sinais de meus achaques de costume. Meu temperamento, embora vigoroso, não pudera suportar os embates de tantas paixões contrárias. Estava em um esgotamento que não me deixava forças nem coragem para resistir a mais nada. Mesmo que os meus compromissos, e mesmo que as contínuas representações de Diderot e da Sra. d'Houdetot me permitissem deixar a Ermitage, eu não sabia para onde nem como me arrastar. Ficava imóvel e estúpido sem poder agir nem pensar. Só a idéia de um passo a dar, de uma carta a escrever, de uma palavra a dizer, me fazia estremecer. Entretanto, eu não poderia deixar sem réplica a carta da Sra. d'Épinay, a menos que me confessasse digno dos tratamentos que ela e seu amigo me infligiam. Tomei a resolução de lhe notificar meus sentimentos e minhas decisões, sem duvidar um momento de que, por humanidade, por generosidade, por benevolência, pelos bons sentimentos que supusera ver nela, apesar dos maus que conhecera, ela não se apressasse em subscrevê-los. Eis minha carta:

    "Ermitage, 23 de novembro de 1757.

    Se se morresse de dor, eu não estaria mais vivo. Mas afinal, tomei minha resolução. Acabou-se a amizade entre nós, senhora; mas sei respeitar o que já existiu. Nunca esqueci suas bondades por mim, e a senhora pode contar de minha parte com todo o reconhecimento que se possa ter por alguém que não se

deve mais amar. Qualquer outra explicação será inútil. Tenho-a para minha consciência e entrego-a à sua.
Quis deixar a Ermitage e devo fazê-lo. Mas pretendem que eu fique até a primavera; já, pois, que os meus amigos o querem, ficarei até à primavera se os senhores o consentem."

Escrita e enviada essa carta, só pensei em me tranqüilizar na Ermitage, tratando da minha saúde, procurando recuperar minhas forças, e tomar as minhas medidas para ir embora na primavera, sem barulho e sem dar o escândalo de um rompimento. Mas isso não estava nos planos do Sr. Grimm nem da Sra. d'Épinay, como se verá logo.

Alguns dias depois, tive afinal o prazer de receber de Diderot aquela visita tantas vezes prometida e falhada. Ela não poderia vir mais a propósito; era o meu mais antigo amigo; era quase o único que me restava; pode-se, pois, julgar o prazer que eu tinha em vê-lo nessas circunstâncias. Estava com o coração cheio e expandi-o no seu. Abri-lhe os olhos sobre muitos fatos que lhe calara, escondera ou deixara supor. Disse-lhe tudo que se passara e que me era permitido contar. Não procurei lhe esconder o que ele sabia muito bem, que um amor tão insensato e infeliz fora o instrumento da minha perda; mas nunca lhe disse que a Sra. d'Houdetot o conhecia, ou pelo menos que eu me tivesse declarado a ela. Falei-lhe das indignas manobras da Sra. d'Épinay para surpreender as cartas inocentíssimas que sua cunhada me escrevia. Quis que ele soubesse esses fatos da boca das próprias pessoas que ela tentara seduzir. Thérèse lhos contou exatamente; mas que foi feito de mim, quando chegou a vez da mãe e ouvi-a declarar e sustentar que nada disso se passara! Foram esses os seus termos e não houve meio de a afastar deles. E não fazia quatro dias que ela me repetira a história, a mim mesmo, e agora me desmentia de cara, diante do meu amigo. Isso me pareceu decisivo e então senti vivamente minha imprudência em ter vivido tanto tempo com semelhante mulher. Mas não me esgotei em invectivas contra ela; mal me dignei de lhe dizer algumas palavras de desprezo. Senti tudo que devia à filha, cuja inquebrantável lealdade contrastava com a indigna covardia da mãe. Porém, desde esse instante tomei minha resolução a respeito da velha e só esperei o momento de a executar.

Esse momento veio, chegou mais cedo do que eu o esperara. A 10 de dezembro recebi a resposta da Sra. d'Épinay à minha carta precedente. É este o seu conteúdo (maço B, nº 11):

"Genebra, 1.º de dezembro de 1757.

Depois de, durante muitos anos, lhe ter dado todas as provas possíveis de amizade e interesse, só me resta lamentá-lo. Você é muito infeliz. Desejo que sua consciência esteja tão calma quanto a minha. Talvez isso vá ser necessário à tranqüilidade da sua vida. Já que quer deixar a Ermitage e o deve, admiro-me que os seus amigos o tenham retido. Quanto a mim, não consulto os meus amigos sobre os meus deveres, e nada mais lhe tenho a dizer sobre os seus."

Uma despedida tão imprevista, mas claramente expressa, não me deu tempo para hesitar. Era preciso sair imediatamente, qualquer que fosse o tempo, qualquer que fosse o meu estado, tivesse eu que dormir nos bosques, sobre a neve de que a terra estava então coberta, fossem quais fossem as palavras ou os atos da Sra. d'Houdetot. Porque eu lhe queria obedecer em tudo, mas não até a infâmia.

Via-me no mais terrível embaraço em que caíra em minha vida. Mas minha resolução estava tomada: jurei, acontecesse o que acontecesse, não mais dormir na Ermitage no oitavo dia. Tratei de retirar minha bagagem, resolvido a deixá-la em pleno campo, de preferência a não entregar as chaves no oitavo dia; porque eu queria principalmente que tudo estivesse feito antes que pudessem escrever a Genebra e receber resposta. Tinha uma coragem que nunca sentira: as forças me voltaram todas. Foram-me devolvidas pela honra e pela indignação, coisa com que a Sra. d'Épinay não contara. A sorte auxiliou minha audácia. O Sr. Mathas, procurador fiscal do príncipe de Condé, ouviu falar do meu embaraço. E me mandou oferecer uma casinha no seu jardim de Mont-Louis, em Montmorency. Aceitei com pressa e reconhecimento. Logo se fez o negócio. Comprei alguns móveis, para juntá-los com os que eu já tinha, e nos instalamos, Thérèse e eu. Mandei transportar a bagagem, com grande trabalho e grande despesa; apesar do gelo e da neve, a mudança se fez em dois dias, e, a 15 de dezembro, entreguei as chaves da Ermitage, depois de pagar o ordenado do jardineiro, já que não podia pagar o aluguel.

Quanto à senhora Le Vasseur, disse-lhe que nos precisávamos separar; a filha me quis demover; fui inflexível. Fi-la partir para Paris, no carro do mensageiro, com todas as bagagens e móveis que ela e a filha tinham em comum. Dei-lhe algum dinheiro e prometi lhe pagar o quarto na casa dos filhos ou algures, prover-lhe à subsistência no que me fosse possível e nunca a deixar sem pão enquanto eu o tivesse. Enfim, no terceiro dia de minha chegada a Mont-Louis, escrevi a seguinte carta à Sra. d'Épinay:

"Montmorency, 17 de dezembro de 1757.

Não há nada mais simples nem mais necessário do que sair de sua casa, quando a senhora não aprova mais que eu nela fique. Diante da sua recusa de me deixar passar o resto do inverno na Ermitage, deixei-a a 15 de dezembro. Meu destino era entrar ali a contragosto e sair da mesma forma. Agradeço-lhe a estada que me fez passar lá, e mais lhe agradeceria se a senhora a tivesse cobrado menos cara. Aliás, a senhora tem razão em me supor infeliz; ninguém sabe melhor quanto o devo ser. Se é um erro enganarmo-nos sobre a escolha dos nossos amigos, outro ainda mais cruel é conhecer erro tão doce."

É essa a fiel narração da minha estada na Ermitage, e das razões que de lá me fizeram sair. Não pude encurtar a narrativa, porque era importante seguir com a maior exatidão essa época da minha vida, que teve sobre o futuro uma influência que se prolongará até os meus últimos dias.

LIVRO DÉCIMO

(1758)

    A força extraordinária que uma efervescência passageira me dera para deixar a Ermitage abandonou-me assim que me vi fora de lá. Mal me estabeleci em minha nova casa, novos e freqüentes ataques de retenção se complicaram com uma hérnia que me atormentava já havia alguns anos, sem que eu soubesse que se tratava disso. Depressa caí nos mais cruéis achaques. O médico Thierry, meu amigo, veio me visitar e me esclareceu sobre meu estado. As sondas, as velas, os pensos, todo o arsenal da enfermidade e da idade reunidos em torno de mim, fizeram-se sentir duramente que não é impunemente que se tem um coração jovem, quando o corpo o deixou de ser. A bela estação não me devolveu minhas forças, e passei todo o ano de 1758 em um estado de prostração que me fez supor que chegara ao fim da minha carreira. E via com uma espécie de pressa a chegada desse termo. Liberto das quimeras da amizade, desligado de tudo que me fizera amar a vida, nada mais via que ma pudesse tornar agradável: só enxergava males e misérias que me impediam de gozar do meu eu. Aspirava ao momento de ser livre, e de escapar aos meus inimigos. Mas retomemos o fio dos acontecimentos.

    Parece que minha saída para Montmorency desconcertou a Sra. d'Épinay; decerto não a esperara. Meu triste estado, o rigor da estação, o abandono geral em que eu estava, tudo lhes fazia crer, a ela e a Grimm, que me levando à última extremidade eles obrigar-me-iam a implorar misericórdia, a me aviltar às últimas baixezas, para que me deixassem no asilo de que a honra me obrigava a sair.

    Mudei-me tão bruscamente que eles não tiveram tempo de prevenir o golpe, e só lhes restou jogar cara-ou-coroa, ou acabarem de me perder, ou tratarem de me recuperar. Grimm tomou o primeiro partido; creio, porém, que a Sra. d'Épinay preferiria o último; penso isso pela sua resposta à minha última carta, onde suavizava muito o tom que tomara nas precedentes, onde parecia abrir as portas a uma reconciliação. A longa demora dessa carta (ela me fez esperar um mês inteiro), indica bastante o embaraço em que se viu para lhe dar um feitio conveniente, e as deliberações que a precederam. Não poderia avançar mais sem se comprometer: mas, depois das suas cartas anteriores, e depois da minha repentina saída da sua casa, surpreende o cuidado que ela teve em não deixar escapar uma única palavra desagradável nessa carta.

Vou transcrevê-la na íntegra, a fim de que a julguem (maço B, nº 23):

"Genebra, 17 de janeiro de 1758.

Só ontem, senhor, recebi sua carta de 17 de dezembro. Mandaram-ma com uma caixa cheia de diversas coisas, que demorou todo esse tempo em caminho. Só responderei à apostila. Quanto à carta, não a compreendo bem. Se estamos no caso de nos explicar, eu desejaria muito pôr o que se passou na conta de um mal-entendido. Volto à apostila. O senhor há de se lembrar de que combináramos que os ordenados do jardineiro passariam para as suas mãos, para lhe fazer sentir melhor que ele dependia do senhor e para evitar as cenas indecentes e ridículas que o seu predecessor lhe fizera. A prova é que o primeiro quarto dos ordenados lhe foi entregue, e que combinei com o senhor, poucos dias antes da minha partida, reembolsá-lo dos seus adiantamentos. Sei que o senhor custou a concordar; mas esses adiantamentos eu lhe pedira que os fizesse; era simples para mim, e assim ficou combinado. Cahouet me mandou dizer que o senhor não quis receber esse dinheiro. Só pode haver um qüiproquó nisso. Dei ordem para que lho entreguem e não sei porque o senhor quer pagar meu jardineiro, apesar das nossas convenções, e além mesmo do tempo em que o senhor habitou na Ermitage. Espero, pois, lembrando-lhe tudo que tive a honra de lhe dizer, que o senhor não se recuse a ser reembolsado do adiantamento que teve a bondade de me fazer."

Depois de tudo que se passara, não tendo mais confiança na Sra. d'Épinay, eu não quis mais reatar relações com ela. Não respondi a essa carta e nossa correspondência acabou aí. Vendo que eu tomara um partido, ela tomou o seu, e colaborando então em todos os pontos de vista de Grimm e da panelinha holbáquica, uniu seus esforços aos deles para me arrastar ao fundo. Enquanto eles trabalhavam em Paris, ela trabalhava em Genebra. Grimm, que a foi encontrar depois, acabou o que ela começara. Tronchin, que eles não custaram a conquistar, os secundou poderosamente, e tornou-se o mais furioso dos meus perseguidores, sem nunca ter tido de mim, como Grimm nunca o teve, nenhum motivo de queixa. Os três, de acordo, semearam surdamente em Genebra o germe que viram brotar quatro anos depois.

Em Paris encontraram mais dificuldades, por que eu era mais conhecido e os corações, menos propícios ao ódio, não receberam tão facilmente as intrigas. Para vibrarem seus golpes com mais destreza, começaram a espalhar que fora eu que os abandonara (vide a carta de Deleyre, maço B, n° 30). Depois, fingindo serem sempre meus amigos, semeavam habilmente suas acusações malignas, como queixas das injustiças do amigo. Isso fazia com que, menos prevenidos, todos se pusessem menos em guarda para os ouvir e me acusarem. As surdas acusações de perfídia e ingratidão eram feitas com a maior precaução, e por isso mesmo davam mais resultado. Soube que eles me imputavam coisas atrozes, sem nunca saber em que consistiam elas. Tudo que pude deduzir do rumor público foi que se reduziam a quatro crimes capitais: *1º)* minha retirada para o campo; *2º)* meu amor pela Sra. d'Houdetot; *3º)* minha recusa de acompanhar a Sra. d'Épinay a Genebra; *4º)* a saída da Ermitage. Se eles acrescentaram outras ofensas, tomaram tanto cuidado em escondê-las que me foi inteiramente impossível saber qual era o seu conteúdo.

É, pois, aqui que posso fixar a origem do sistema adotado depois pelos que dispunham de mim, sistema que teve progresso e êxito tão rápidos que há de parecer um prodígio a quem não conhecer a facilidade que encontra para se estabelecer tudo o que favorece a maldade dos homens. É preciso explicar em poucas palavras o que esse obscuro e profundo sistema tem de visível aos meus olhos.

Com um nome célebre e conhecido em toda a Europa, eu conservara a simplicidade dos meus primeiros gostos. Minha aversão mortal por tudo que se chamava partido, facção, cabala, me tinham mantido livre, independente, sem outra cadeia senão as afeições do meu coração. Só, estrangeiro, isolado, sem apoio, sem família, preso apenas aos meus princípios e aos meus deveres, seguia intrepidamente o caminho reto, sem lisonjear, sem manobrar ninguém, às expensas da justiça e da verdade. Ademais, retirado havia dois anos na solidão, sem correspondência nem notícias, sem relações de negócios na sociedade, sem ser informado nem curioso de nada, vivia a quatro léguas de Paris, tão separado dessa capital, graças à minha incúria, quanto o estaria pelos mares na Ilha de Tinian.

Grimm, Diderot, d'Holbach, ao contrário, no centro do turbilhão, viviam na mais alta sociedade, partilhavam entre si quase todas as esferas. Grandes, homens de talento, letrados, mulheres, poderiam se fazer ouvir por todos. Pode-se ver desde já a vantagem que essa posição dá a três homens unidos contra um quarto na posição em que eu me encontrava. É verdade que Diderot e d'Holbach não eram, pelo menos o posso crer, pessoas que tramassem negras conspiratas; um não tinha a maldade suficiente, nem o outro a habilidade.[145] Mas por isso mesmo é que a partida estava mais bem travada. Grimm, sozinho, formou seu plano na cabeça. E não mostrava aos dois outros senão o que fosse preciso para levar avante a sua execução. A ascendência que tinha sobre eles facilitava a empresa, e o resultado obtido correspondia à superioridade do seu talento.

Foi com esse talento superior que, sentindo a vantagem que poderia tirar das nossas posições respectivas, formou o projeto de virar às avessas a minha reputação e me construir outra, inteiramente oposta, sem se comprometer, começando por erguer em torno de mim um edifício de trevas que me foi impossível dissipar para lhe descobrir as manobras e o desmascarar.

Era uma difícil empreitada quando precisava paliar a iniqüidade aos olhos dos que para ela deveriam concorrer. Era preciso enganar pessoas de bem; era preciso afastar de mim todo o mundo, não me deixar um único amigo, nem grande, nem pequeno. Que digo eu? Era preciso não deixar chegar até mim uma única palavra de verdade. Se um único homem generoso me viesse dizer: "O senhor pretende ser virtuoso, entretanto veja como o tratam e veja sobre o que o julgam; que tem a dizer?", a verdade triunfaria e Grimm estaria perdido. Ele o sabia, mas sondou o seu próprio coração e estimou os homens pelo que eles valem. E dói-me que, para desonra da humanidade, ele tenha calculado justo.

Caminhando nesses subterrâneos, seus passos, para serem seguros, deveriam ser lentos. Há dez anos que cumpre o seu plano e o mais difícil ainda está por fazer: é ludibriar todo o povo. Mas restam olhos que o seguiram de mais perto do que ele o imagina. Ele tem

---

145. Confesso que, depois de ter escrito este livro, tudo o que entrevejo através dos mistérios que me cercam me faz recear não ter sabido conhecer Diderot.

medo e não ousa expor sua trama à luz do dia.[146] Ele, porém, não achou difícil o meio de introduzir na questão o poder, e esse poder dispõe de mim. Mantido por esse apoio, avança com menos risco. E como os satélites do poder primam em ter pouca correção no trivial e muito menos franqueza, quase não tem ele que recear da indiscrição de algum homem de bem; porque ele tem necessidade, sobretudo, de que eu esteja cercado de trevas impenetráveis, que o seu complô esteja sempre escondido, sabendo bem que, por maior que seja a arte com que ele urdiu a trama, ela não resistirá aos meus olhos. Sua grande esperteza consiste em parecer poupar-me enquanto me difama e dar à sua perfídia o ar de generosidade.

Senti os primeiros efeitos desse sistema nas surdas acusações da rodinha holbáquica, sem que me fosse possível saber, nem sequer conjecturar em que consistiam essas acusações. Deleyre, em suas cartas, dizia-me que me imputavam atrocidades. Diderot, mais misteriosamente, dizia-me a mesma coisa; e quando eu entrava em explicações com um ou com o outro, tudo se reduzia às mesmas acusações já referidas atrás. Sentia uma frieza gradual nas cartas da Sra. d'Houdetot. E não podia atribuir essa frieza a Saint-Lambert, que continuava a me escrever com a mesma amizade e que depois da sua volta me veio mesmo visitar. E não podia imputar a falta também a mim mesmo, pois que nos tínhamos separado muito satisfeitos um com o outro, e nada de novo se passara, depois desse tempo, senão a minha partida da Ermitage, cuja necessidade ela própria sentira. Sem saber, pois, a que atribuir essa frieza, que ela não reconhecia, mas sobre a qual meu coração não se enganava, ficava inquieto com tudo. Eu sabia que ela tinha muito cuidado com a cunhada e com Grimm por causa da ligação deles com Saint-Lambert; e temi suas obras. Essa agitação me reabriu as feridas, e me tornou a correspondência a tal ponto tempestuosa que a desgostou de todo. Eu entrevia mil coisas cruéis, sem nada ver distintamente. Estava na posição mais insuportável do mundo, para um homem cuja imaginação se incendeia facilmente. Se estivesse inteiramente isolado, se nada soubesse, ficaria mais tranqüilo; mas meu coração prendia-se ainda a certas afeições, graças às quais meus inimigos tinham mil presas sobre mim. E os fracos raios de luz que penetravam no meu asilo só serviam para me fazer ver o negrume dos mistérios que me escondiam.

Tenho a certeza de que teria sucumbido a esse tormento por demais cruel, por demais insuportável à minha índole aberta e franca,

---

146. Depois que isso foi escrito, ele conseguiu dar o passo com o maior e o mais inconcebível êxito. Creio que foi Tronchin que lhe deu a coragem e os meios.

que, pela impossibilidade de esconder meus sentimentos, me deixa tudo a temer dos que me escondem, se, felizmente, não houvessem aparecido objetos muito interessantes ao meu coração para servir de salutar diversão aos que me ocupavam, malgrado meu. Na última visita que Diderot me fizera a Ermitage, falara-me do artigo "Genebra" que d'Alembert pusera na Enciclopédia; dissera-me que esse artigo, combinado com os genebrinos de alta posição, tinha por fim o estabelecimento da comédia em Genebra; que, em conseqüência, estavam tomadas as medidas e não tardava que tivesse lugar esse estabelecimento. Como Diderot parecia aprovar isso tudo, e não duvidava do seu êxito, e eu tinha muitos outros debates a disputar com ele, não lhe disse nada; mas indignado com todo esse manejo de sedução em minha pátria, esperava com impaciência o volume da Enciclopédia onde estava o artigo, para ver se não haveria meio de dar uma resposta que desviasse o desgraçado golpe. Recebi o volume pouco depois da minha chegada a Mont-Louis e vi que o artigo fora feito com muita perfeição e arte, digno da pena donde partira. Isso, entretanto, não me afastou da intenção de lhe responder; e, apesar do abatimento em que estava, apesar da minha doença e meus desgostos, do rigor da estação e da pouca comodidade da minha nova moradia, onde eu ainda não tivera tempo de me instalar, pus-me à obra com um zelo que tudo venceu.

 Durante um inverno rude, e no estado que descrevi atrás, ia diariamente passar duas horas pela manhã e outras duas à tarde em uma torre toda aberta, que existia ao fim do jardim, onde era a minha casa. Essa torre, que terminava em uma aléia em terraço, dava sobre o vale e o pântano de Montmorency, e oferecia-me ao fim do horizonte a visão do simples mas respeitável castelo de Saint-Gratien, retiro do virtuoso Catinat. Foi nesse lugar, gelado, então, que, sem abrigo contra o vento e a neve, sem outro fogo senão o do coração, compus no espaço de três semanas minha *Carta a d'Alembert sobre os Espetáculos*. Foi ele – pois a *Julie* só estava feita pela metade –, o primeiro dos meus escritos onde encontrei as alegrias do trabalho. Até então, a indignação da virtude me havia substituído Apolo; a ternura e a meiguice da alma o substituíram dessa vez. As injustiças de que eu fora apenas espectador me haviam irritado; as de que eu fora objeto me entristeceram, e essa tristeza sem fel era a de um coração muito amante, muito terno que, enganado pelos que ele supusera da sua têmpera, era forçado a se retirar para fora de si mesmo. Cheio ainda por tudo que me acabara de acontecer, ainda comovido por tão violentas emoções, meu coração misturava o sentimento das suas mágoas com as idéias que a meditação sobre o meu caso havia feito nascer. Sem me aperceber, descrevi minha situação atual, pintei Grimm, a Sra. d'Épinay, a Sra. d'Houdetot, Saint-Lambert, eu próprio. Escrevendo, soltava deliciosas lágrimas! Ai de mim! Sente-se ainda muito que o amor, esse amor fatal que eu me esforçava por curar, não me saíra do coração. A isso tudo mesclava-se um certo enternecimento por mim mesmo, porque eu me sentia moribundo e supunha fazer ao público os meus últimos adeuses. Longe de temer a morte, vi-a aproximar-se com alegria; mas tinha pena de deixar meus semelhantes sem que eles soubessem o que eu valia, sem que soubessem quanto eu merecera ser amado por eles se me houvessem conhecido melhor. É essa a causa secreta do tom singular que reina nesse trabalho e que colide tão extraordinariamente com a do anterior.

Estava retocando e passando a limpo a carta e dispunha-me a mandá-la imprimir, quando, depois de um longo silêncio, recebi, da Sra. d'Houdetot, uma carta que me lançou em nova aflição, a mais sensível que eu até então sentira.

Dizia-me nessa carta (maço B, nº 34) que minha paixão por ela era conhecida de toda Paris; que eu falara nisso a pessoas que a tinham tornado pública; que esses rumores, chegados ao seu amante, quase lhe tinham custado a vida; que ele, afinal, fizera-lhe justiça e haviam sido feitas as pazes; mas que ela devia a ele, como a si própria e ao zelo por sua reputação, romper qualquer relação comigo; assegurando-me, entretanto, que nem um nem outro deixariam de se interessar por mim, que me defenderiam em público e que de tempos em tempos mandariam pedir notícias minhas.

"Tu também, Diderot!", gritava eu. "Amigo indigno." Entretanto, não podia me resolver a julgá-lo. Minha fraqueza também era sabida por outras pessoas que a podiam ter tornado pública. Eu quis duvidar..., mas depressa não o pude mais. Pouco depois, Saint-Lambert teve um ato digno da sua generosidade: julgava e conhecia bastante a minha alma, e em que estado deveria estar, traído por uma parte dos meus amigos e abandonado pela outra. Veio me visitar. Da primeira vez tinha pouco tempo a me conceder. Voltou. Infelizmente, como não o esperava, não estava em casa para o receber. Thérèse, que lá estava, teve com ele uma conversa de mais de duas horas, nas quais contaram mutuamente muitos fatos de que precisaríamos ambos ter ciência. A surpresa com que eu soube que na sociedade ninguém duvidava de que eu houvesse vivido com a Sra. d'Épinay como Grimm hoje vivia só pôde ser igualada pela dele ao saber quanto era falso tal boato. Saint-Lambert, com grande desprazer da dama, estava no mesmo caso que eu; e todos os esclarecimentos que resultaram dessa conversa acabaram de extinguir qualquer mágoa que eu ainda tivesse por ter rompido definitivamente com ela. Em relação à Sra. d'Houdetot, ele contou diversas circunstâncias que não eram conhecidas nem por Thérèse nem pela própria Sra. d'Houdetot, que só eu sabia e que dissera a Diderot sob o selo da amizade; e fora precisamente Saint-Lambert que ele escolhera para fazer a confidência. Esse último fato me decidiu: e resolvi romper para sempre com Diderot; só hesitei quanto ao modo, porque percebera que os rompimentos secretos voltavam-se em meu prejuízo e deixavam a máscara da amizade aos meus mais cruéis inimigos.

As regras de bom tom estabelecidas no mundo a esse respeito parecem ditadas pelo espírito da mentira e da traição. Parecer amigo de um homem de que não se é mais é reservar-se os meios de o prejudicar surpreendendo as pessoas de bem. Lembrei-me que, quando o ilustre Montesquieu rompeu com o padre Tournemine, apressou-se em o declarar altamente, dizendo a todo o mundo: "Não deis ouvidos ao padre Tournemine nem a mim quando falarmos um no outro, porque deixamos de ser amigos". Esse procedimento foi muito aplaudido e todos lhe louvaram a franqueza e a generosidade. Resolvi seguir o mesmo exemplo com Diderot; mas como, do meu retiro, publicar autenticamente essa ruptura, sem escândalo, entretanto? Lembrei-me de inserir no meu livro, em forma de nota, uma passagem do Eclesiástico que declarava esse rompimento e o seu motivo, com bastante clareza para quem estivesse a par de tudo e que nada significava para o resto do mundo; procurando, ademais, não designar no livro o amigo de quem me afastava, pois deve-se prestar honras à amizade, mesmo extinta. Pode-se ver isso na própria obra.

Nesse mundo depende tudo da sorte e parece que qualquer ato de coragem é um crime na adversidade. O mesmo gesto que tinham admirado em Montesquieu trouxe-me censuras e acusações: assim que meu livro foi impresso e recebi alguns exemplares, enviei um a Saint-Lambert, que na véspera me escrevera, em seu nome e no da Sra. d'Houdetot, um bilhete cheio da mais terna amizade (maço B, nº 37). Eis a carta que ele me escreveu, devolvendo-me o exemplar:

"*Eaubonne, 10 de outubro de 1758.*

Na verdade, cavalheiro, não posso aceitar o presente que me acaba de fazer. No lugar do seu prefácio em que, a propósito de Diderot, o senhor cita uma passagem do Eclesiastes (ele se engana, é do Eclesiástico) o livro me caiu das mãos. Depois das nossas conversas do verão, o senhor me pareceu convencido de que Diderot estava inocente das pretensas indiscrições que lhe imputava. Ele pode ter sido incorreto consigo: ignoro-o; mas sei bem que essas incorreções não lhe dão o direito de lhe fazer um insulto público. O senhor não ignora as perseguições que ele sofre, e vem juntar a voz de um antigo amigo aos gritos da inveja. E não lhe posso dissimular, senhor, como essa atrocidade me revolta. Não visito mais Diderot, mas respeito-o, e sinto vivamente o desgosto que o senhor dá a um homem de quem, pelo menos a mim, o senhor só se queixou de um pouco de fraqueza. Cavalheiro, nós diferimos muito nos princípios, para podermos nos convir algum dia. Esqueça minha existência; não deve ser difícil. Nunca fiz aos homens tanto bem nem tanto mal que o possam recordar muito tempo. Prometo-lhe, senhor, esquecer sua pessoa e só recordar seu talento."

Não fiquei menos ferido que indignado com essa carta; e, encontrando afinal meu orgulho no excesso da minha miséria, respondi-lhe com o seguinte bilhete:

"Montmorency, 11 de outubro de 1758.

Senhor, recebendo sua carta, fiz-lhe a honra de ficar surpreso e tive a tolice de me comover; mas, achei-a indigna de resposta.

Não quero mais continuar as cópias da Sra. d'Houdetot. Se não lhe convém guardar as que já tem, pode mas enviar que lhe devolverei o dinheiro. Se ela as conservar, é preciso sempre que mande buscar o papel e o resto do dinheiro. Peço-lhe ao mesmo tempo que me devolva o prospecto de que ela é depositária. Adeus, senhor."

A coragem no infortúnio irrita os corações covardes, mas agrada aos corações generosos. Parece que esse bilhete fez com que Saint-Lambert voltasse a si e lamentasse o que fizera; mas, muito orgulhoso, por seu lado, para se render abertamente, preparou talvez o meio de amortecer o golpe que me dera. Quinze dias depois recebi a seguinte carta do Sr. d'Épinay (maço B, nº 10):

"Quinta-feira, 26.

Recebi, senhor, o livro que teve a bondade de me enviar; li-o com o maior prazer. É sentimento que sempre senti com todas as obras que lhe saem da pena. Receba todos os meus agradecimentos. Tê-los-ia ido apresentar pessoalmente se os meus negócios me houvessem permitido passar algum tempo na sua vizinhança. Mas estive muito pouco na Chevrette este ano. O Sr. e a Sra. Dupin pediram-me que lhes desse de jantar lá, no pró-

ximo domingo. Conto que os Srs. de Saint-Lambert, de Francueil, e a Sra. d'Houdetot serão da partida; e o senhor me daria um grande prazer se quisesse ser dos nossos. Todas as pessoas que estarão em minha casa desejam vê-lo e ficarão encantadas em partilhar comigo o prazer de passar consigo uma parte do dia. Tenho a honra de ser, com a mais perfeita consideração, etc."

Essa carta deu-me terríveis pancadas no coração. Depois de ser, havia um ano, a anedota de Paris, fazia-me tremer a idéia de me oferecer em espetáculo diante da Sra. d'Houdetot, e custava-me encontrar coragem para resistir a essa prova. Entretanto, já que ela e Saint-Lambert o queriam, já que d'Épinay falava em nome de todos os convidados e não nomeava nenhum que não me agradasse ver, achei que não me comprometeria aceitando um jantar para que era, de algum modo, convidado por todo o mundo. Aceitei, pois. No domingo fez mau tempo. O Sr. d'Épinay me mandou o carro e fui.

Minha entrada causou sensação. Nunca recebi mais carinhosa acolhida. Dir-se-ia que todos os presentes sentiam quanto eu tinha necessidade de ser animado. Só os corações franceses conhecem essa espécie de delicadeza. Entretanto, encontrei mais pessoas do que esperara. Entre outras, o conde d'Houdetot, que eu não conhecia, e sua irmã a Sra. de Blainville, que eu dispensaria muito bem. No ano precedente, ela muitas vezes viera a Eaubonne; e a cunhada, nos nossos passeios solitários, muitas vezes a obrigara a ficar de plantão. Ela nutria contra mim um ressentimento que nesse jantar satisfez à vontade; porque compreende-se que a presença do conde d'Houdetot e de Saint-Lambert não me punha do melhor lado, e imagine-se como um homem que se embaraça nas mais fáceis palestras não poderia ser brilhante em uma como essa. Nunca sofri tanto, nem fiz pior figura, nem recebi golpes mais imprevistos. Afinal, quando saímos da mesa, afastei-me daquela megera; tive o prazer de ver Saint-Lambert e a Sra. d'Houdetot aproximarem-se de mim e conversamos juntos uma parte da tarde, sobre coisas indiferentes, é verdade, mas com a mesma familiaridade de antes da minha loucura. Esse procedimento não foi perdido para o meu coração, e se Saint-Lambert lesse nele, ficaria satisfeito. Posso jurar que, embora, ao chegar, vendo a Sra. d'Houdetot, meu coração quase desfaleceu de palpitar, ao voltar quase não pensava mais nela; só me preocupei com Saint-Lambert.

Apesar dos malignos sarcasmos da Sra. de Blainville, esse jantar me fez muito bem, e me felicitei muito por o não ter recusado. Reconheci que não só as intrigas de Grimm e dos holbaquianos não haviam afastado de mim os meus antigos conhecidos,[147] mas, o que mais me lisonjeou, que os sentimentos de Saint-Lambert e da Sra. d'Houdetot estavam menos mudados do que eu o supusera; e compreendi que havia mais ciúme do que falta de estima no afastamento em que ele a mantinha de mim. Isso me consolou e me tranqüilizou. Certo de que não era mais um objeto de desprezo para os que o eram da minha estima, trabalhei sobre o meu próprio coração com mais coragem e êxito. E se não consegui extinguir completamente uma paixão culpada e infeliz, pelo menos arranjei-lhe tão bem os restos que nunca mais me fizeram cometer uma falta. As cópias da Sra. d'Houdetot, que ela me pediu que retomasse, os meus livros, que continuei a lhe enviar quando apareciam, fizeram com que, de tempos em tempos, ela me escrevesse cartas ou bilhetes indiferentes, mas gentis. Ela fez mesmo mais, como depois veremos; e a conduta recíproca de todos os três, quando nossas relações cessaram, pode servir de exemplo sobre a maneira como se separam as pessoas de bem quando não lhes convém mais se verem.

    Uma outra vantagem que me trouxe esse jantar foi que falaram dele em Paris, e ele serviu de refutação sem réplica ao boato que espalhavam todos os meus inimigos de que estava mortalmente rompido com todos os que lá estavam, e sobretudo com o Sr. d'Épinay. Deixando a Ermitage, eu lhe escrevera um bilhete de agradecimento muito correto, ao qual ele respondeu não menos corretamente. E as atenções mútuas não cessaram, nem com ele nem com o irmão, Sr. de Lalive, que me veio até visitar em Montmorency e me mandou suas gravuras. Fora as duas cunhadas da Sra. d'Houdetot, nunca estive mal com ninguém da família.

    Minha carta a d'Alembert teve grande êxito. As minhas obras todas o tinham obtido; mas esse me foi mais favorável. Ensinou o público a desconfiar das insinuações da rodinha holbáquica. Quando fui para a Ermitage, ela tinha predito, com a sua suficiência, que eu lá não ficaria três meses. Quando viram que eu lá passara vinte meses, e, forçado a sair, fixava ainda residência no campo, sustentaram que era obstinação pura e que eu me aborrecia de morte no meu retiro; que, roído de orgulho, preferia morrer lá, vítima da minha teimosia, a desdizer-me e voltar a Paris. A carta a d'Alembert respirava uma doçura de alma que, via-se bem, não podia ser fingida. Se eu estivesse roído de tédio no meu retiro, meu tom se ressentiria. O tédio reinava em todos os escritos que eu fizera em Paris e não reinava no primeiro

---

147. Vede em que, na simplicidade do meu coração, eu ainda acreditava quando escrevia minhas *Confissões*.

que eu fizera no campo. Para os que sabem observar, essa observação era decisiva. Viu-se que eu reentrara no meu elemento.

Entretanto, esse mesmo trabalho, apesar da sua doçura, graças à minha falta de jeito e minha infelicidade ordinária, arranjou-me um novo inimigo entre os literatos. Eu conhecera Marmontel em casa do Sr. de La Poplinière, e essas relações se mantiveram na casa do barão. Marmontel fazia então o "Mercúrio de França"; como eu tinha a altivez de não mandar meus trabalhos aos escritores de periódicos, e queria entretanto mandar-lhe aquele, sem que ele supusesse que era a esse título nem para que ele falasse no "Mercúrio", escrevi no seu exemplar que não mandava para o diretor do "Mercúrio" mas para Marmontel. Pensei que lhe fazia um lindo cumprimento. Mas ele viu naquilo uma cruel ofensa e tornou-se meu inimigo irreconciliável. E escreveu sobre essa carta com polidez, mas com um fel que facilmente se sente, e depois nunca perdeu uma ocasião de me fazer mal na sociedade e de me maltratar indiretamente nas suas obras. A tal ponto é difícil manejar o irritável amor próprio dos literatos, e nos cumprimentos que a gente lhes faz deve-se ter um cuidado enorme em nada deixar que possa ter a menor aparência de equívoco.

(1759) – Tranqüilo por todos os lados, aproveitei os lazeres e a independência em que me encontrava para retomar os trabalhos com mais continuidade. Acabei nesse inverno a *Julie* e mandei-a a Rey, que a fez imprimir no ano seguinte. Esse trabalho, entretanto, ainda foi interrompido por uma pequena diversão, talvez bastante desagradável. Soube que preparavam na ópera uma nova representação do *Adivinho da Aldeia*. Ultrajado por ver essa gente dispor arrogantemente do que era meu, retomei o memorial que enviara ao Sr. d'Argenson e que ficara sem resposta; e, retocando-o, mandei-o, por intermédio do Sr. Sellon, residente de Genebra, com uma carta de que ele se dignou encarregar-se ao Sr. Conde de Saint-Florentin, que substituíra o Sr. d'Argenson no departamento da ópera. O Sr. de Saint-Florentin prometeu uma resposta e não deu nenhuma. Duclos, a quem escrevi sobre o que fizera, falou nisso aos dois pequenos violinos que se ofereceram a me devolver, não minha ópera, mas minhas entradas, de que eu não poderia mais me aproveitar. Vendo que de lado nenhum eu poderia esperar justiça, abandonei esse negócio; e a direção da Ópera, sem responder às minhas razões, nem lhes dar ouvidos, continuou a dispor como seu, do *Adivinho da Aldeia*, a utilizá-lo em seu proveito, o que incontestavelmente só pertencia a mim.[148]

---

148. Depois lhe ficou pertencendo, em um acordo que fez comigo recentemente.

Desde que eu sacudira o jugo dos meus tiranos, levava uma vida plácida e agradável: privado do encanto das afeições muito vivas, estava também livre do peso das suas cadeias. Desgostado dos meus amigos protetores, que queriam absolutamente dispor do meu destino e sujeitar-me, malgrado meu, aos seus desígnios, estava resolvido a me cingir, doravante, às simples relações de camaradagem que, sem prejudicarem a liberdade, fazem a alegria da vida e cuja base é a igualdade. Dessa espécie de amigos eu tinha os de que precisava para gozar as doçuras da sociedade sem lhe sofrer a dependência; e, assim que experimentei esse gênero de vida, compreendi que era o que convinha à minha idade, para acabar meus dias com calma, longe das tempestades, das brigas e das intrigas onde eu acabava de estar meio submerso.

Durante minha estada na Ermitage, e depois da minha fixação em Montmorency, tinha feito na vizinhança algumas amizades que me eram agradáveis, e que não me sujeitavam a nada. À frente delas estava o jovem Loyseau de Mauléon, que, iniciando-se então no tribunal, ignorava que seria ali o seu lugar. Eu, porém, não tive essa desconfiança; predisse-lhe a carreira ilustre que o veríamos seguir hoje. Predisse-lhe que, se fosse severo na escolha de causas e só fosse apenas o defensor da justiça e da virtude, seu gênio, elevado por esse sentimento sublime, igualaria o dos maiores oradores. Ele seguiu meu conselho e lhe sentiu o efeito. Sua defesa do Sr. de Portes é digna de Demóstenes. Durante vários anos ele vinha passar as férias a um quarto de légua da Ermitage, em Saint-Brice, no feudo de Mauléon, pertencente à sua mãe, onde morava outrora o grande Bossuet. Eis um feudo onde a sucessão de tais senhores tornaria a nobreza difícil de sustentar.

Também na aldeia de Saint-Brice, eu tinha o livreiro Guérin, homem de espírito, letrado, amável, e de alto bordo na sua posição. Ele me fez travar conhecimento com Jean Néaulme, livreiro de Amsterdã, seu correspondente e seu amigo, que mais tarde imprimiu o *Emílio*.

Mais perto ainda de Saint-Brice eu tinha o Sr. Maltor, cura de Grosley, mais próprio para estadista e ministro que para cura de aldeia, e que teria pelo menos uma diocese para governar se os talentos determinassem os lugares. Fora secretário do Conde de Luc e conhecera muito particularmente Jean-Baptiste Rousseau. Tinha tanta estima pela memória desse ilustre banido quanto horror pela do traiçoeiro Saurin que o perdeu, e sabia sobre um e outro muitas anedotas curiosas, que Seguy não pusera na vida manuscrita do primeiro; e dizia-me que o Conde de Luc, longe de se queixar, conservara até ao fim da vida a mais ardente amizade por ele. O Sr. Maltor, a quem o Sr. de Vintimille dera aquele retiro muito agradável, fora, depois da morte do seu patrão, empregado em muitos negócios dos quais ainda tinha, embora velho, uma lembrança viva e sobre os quais falava muito bem. Sua conversa, não menos instrutiva que divertida, não cheirava à de cura de aldeia; ele reunia ao tom de um homem do mundo os conhecimentos de um homem de gabinete. Era, de todos os meus vizinhos fixos, aquele cujo convívio me era mais agradável e que me deixou mais saudades ao sair.

    Em Montmorency eu tinha os oratorianos, e, entre outros, o padre Berthier, professor de física, a quem, apesar de um ligeiro traço de pedantismo, eu me afeiçoara por um certo ar de bonomia que lhe achava. Entretanto, era-me difícil conciliar essa grande simplicidade com o desejo e arte que ele tinha de se meter em toda parte, na casa dos grandes, dos devotos, dos filósofos. Sabia afazer-se a todos. Divertia-me muito com ele; falava nele a todo o mundo e parece que o que eu dizia lhe chegava aos ouvidos. Ele me agradeceu um dia, fazendo uma careta, eu o ter achado um bom homem. Vi no seu sorriso não sei quê de sardônico que lhe mudou imediatamente a fisionomia aos meus olhos, e que depois muitas vezes me veio à memória. Só posso comparar esse sorriso ao de Panurge comprando os carneiros de Dindenaut. Nosso conhecimento começara pouco depois da minha chegada a Ermitage, onde ele me vinha visitar freqüentemente. Já estava morando em Montmorency quando ele partiu para voltar a morar em Paris. Visitava a Sra. Le Vasseur. Um dia, em que eu menos o esperava, escreveu-me da parte da velha dizendo que o Sr. Grimm se oferecia para se encarregar da sua manutenção e me pedir permissão para aceitar a oferta. Soube que consistia em uma pensão de trezentas libras, e que a Sra. Le Vasseur deveria vir morar em Deuil, entre a Chevrette e Montmorency. Não direi a impressão que me fez essa notícia, que seria menos surpreendente se Grimm tivesse dez mil libras de renda ou alguma relação mais fácil de compreender com essa mulher, se não tivessem considerado um crime tão grande levá-la eu para o campo, para onde, entretanto, aprazia-lhe agora trazê-la, como se ela houvesse remoçado desse tempo para cá. Compreendi que a boa velha não me pedia permissão, que a dispensaria muito bem se eu a recusasse, senão com o fim de não se expor a perder o que eu por meu lado lhe dava. Embora essa caridade me parecesse extraordinária, não me impressionou tanto quanto depois; mas mesmo com o que eu sabia ou com o que compreendi depois, não teria deixado de dar o meu consentimento, como o fiz e como estava obrigado a fazer, a menos que cobrisse a oferta do Sr.

Grimm. Desde então o padre Berthier me curou da imputação de bonomia que lhe parecera tão divertida e com que eu o sobrecarregara tão estouvadamente.

Esse mesmo padre Berthier conhecia dois homens que procuraram me conhecer não sei porquê, pois havia decerto poucas semelhanças entre seus gostos e os meus. Eram filhos de Melquisedeque, cujos pais, nem família, nem provavelmente o verdadeiro nome ninguém conhecia. Eram jansenistas e passavam por padres disfarçados, talvez pelo modo ridículo de usarem as espadas a que estavam amarrados. O mistério prodigioso que punham em todas as atitudes dava-lhes um ar de chefes de partido, e nunca duvidei de que não fossem eles que fizessem a "Gazeta Eclesiástica". Um, grande, cortês, sonso, chamava-se Ferraud; o outro, pequeno, enfezado, careteiro, brigador, chamava-se Minard. Tratavam-se de primos. Moravam em Paris, com d'Alembert, na casa da sua ama, chamada Sra. Rousseau, e tinham tomado em Montmorency um pequeno apartamento para lá passarem os verões. Trabalhavam em casa sozinhos, sem criados nem recadeiro. Tinham alternativamente, cada um, uma semana para fazerem compras, cozinhar e varrer a casa. Aliás, viviam muito bem; e algumas vezes comíamos uns em casa dos outros. Não sei porque eles se aproximaram de mim; quanto a mim, aproximei-me deles porque jogavam xadrez; e, para obter uma pobre partidazinha, suportava quatro horas de tédio. Como eles se metiam por toda parte e queriam se envolver em tudo, Thérèse os chamava "as comadres", e esse nome lhes ficou em Montmorency.

Eram esses, como meu senhorio, Sr. Mathas, bom homem, meus principais conhecimentos no campo. Em Paris, restavam-me bastantes para lá viver alegremente, longe da esfera dos literatos, onde eu só contava a Duclos como amigo, porque Deleyre ainda era muito moço; e, embora depois de ter visto de bem perto as manobras da cambada filosófica a meu respeito, se tenha afastado inteiramente deles, não poderei ainda esquecer a facilidade com que se tornou junto a mim o porta voz dessa gente toda.

Tinha em primeiro lugar o meu antigo e respeitável amigo Sr. Roguin. Era um amigo dos bons tempos, que eu não devia aos meus escritos, mas a mim próprio e que por essa razão conservei sempre. Tinha o bom Lenieps, meu compatriota, e sua filha então viva, a Sra. Lambert. Tinha um jovem genebrino chamado Coindet, bom rapaz, pelo que me parecia, cuidadoso, oficioso, zeloso, mas ignorante, confiado, guloso, gabola, que começara a me visitar desde o princípio do meu estabelecimento na Ermitage e, sem outro introdutor senão ele próprio, depressa se estabeleceu em minha casa, malgrado meu. Tinha algum gosto pelo desenho e conhecia artistas. Foi-me útil para as estampas da *Julie*, encarregou-se da direção dos desenhos e das estampas e desempenhou bem a tarefa.

Tinha a casa do Sr. Dupin, que embora menos brilhante que durante os belos dias da Sra. Dupin, não deixava de ser ainda, pelo mérito dos donos da casa, e pela escolha da gente que ali se reunia, uma das melhores casas de Paris. Como eu não os havia abandonado por ninguém e só os deixava para viver livre, não tinham deixado de me ver com amizade e eu tinha certeza de ser sempre bem recebido pela Sra. Dupin. Podia mesmo contá-la como uma vizinha do campo, depois que tinham mandado fazer uma casa em Clichy, onde eu ia às vezes passar um dia ou dois, e mais iria se a Sra. Dupin e a Sra. Chenoceaux vivessem em melhor inteligência. Mas a dificuldade de me partilhar na mesma casa entre duas mulheres que não se simpatizavam tornava-me Clichy muito incômodo. Ligado à Sra. de Chenoceaux por uma amizade mais igual e mais familiar, tinha o prazer de vê-la mais à vontade em Deuil, quase à minha porta, onde ela alugara uma casinha, e mesmo em minha casa, onde ela me vinha visitar freqüentemente.

Tinha a Sra. de Créqui, que, tendo-se lançado na alta devoção, deixara de ver d'Alembert, os Marmontel e a maioria dos literatos, exceto, creio, o abade Trublet, atitude meio tartufa da qual, creio, ela própria estava já muito aborrecida. Quanto a mim, por ela procurado, não perdi sua benevolência nem sua correspondência. Mandava-me frangas do Mans pelo Natal; e estava para me vir visitar no ano seguinte, quando uma viagem da Sra. Luxembourg cruzou a sua. Devo-lhe aqui um lugar; ela terá sempre um distinto nas minhas lembranças.

Tinha um homem que, exceto Roguin, deveria pôr em primeiro lugar: meu antigo confrade e amigo Carrio, ex-secretário titular da embaixada da Espanha em Veneza, depois da Suécia, onde foi por sua corte encarregado dos negócios e, enfim, nomeado realmente secretário da embaixada em Paris. Veio me surpreender em Montmorency quando eu menos o esperava. Estava condecorado com uma ordem da Espanha, cujo nome esqueci, com uma bela cruz com pedrarias. Fora obrigado nas suas provas a acrescentar uma letra ao seu nome de Carrio, e usava o de cavalheiro Carrion. Achei-o sempre o mesmo, o mesmo excelente coração, o espírito cada dia mais amável. E eu teria retomado com ele a mesma intimidade de outrora se Coindet, interpondo-se entre nós como de costume, não aproveitasse o meu afastamento para se insinuar no meu lugar e em meu nome na sua confiança, e me suplantar à força de zelo em servi-lo.

A lembrança de Carrion recorda a de um dos meus vizinhos de campo, cuja omissão será uma falta comparável à que cometi para com ele, e bem inescusável. Era o honesto Sr. Le Blond, que me prestara favores em Veneza e que, vindo fazer uma viagem à França com a família, alugara uma casa de campo em Briche, perto de Montmorency.[149] Logo que eu soube que ele era meu vizinho, fiquei com a alegria no coração e foi antes uma festa que um dever, para mim, ir visitá-lo. Logo no dia seguinte caminhei para lá. Mas encontrei-me com pessoas que vinham visitar-me e com as quais tive de voltar. Dois dias depois, fui de novo: ele fora jantar em Paris com a família. Uma terceira vez ele estava em casa. Ouvi vozes de mulheres e vi à porta uma carruagem que me fez medo. Queria, pelo menos pela primeira vez, vê-lo à vontade, e conversar com ele sobre nossa antiga amizade. Enfim, adiei a visita de um dia ao outro, e a vergonha de cumprir tão tarde esse dever fez com que não o cumprisse afinal. Depois de ter ousado esperar tanto, não ousava mais aparecer. Essa negligência, com a qual o Sr. Le Blond não poderia deixar de ficar justamente indignado, deu em relação a ele um ar de ingratidão à minha preguiça, entretanto sentia meu coração tão pouco culpado que, se pudesse proporcionar ao Sr. Le Blond algum verdadeiro prazer, mesmo à sua revelia, tenho a certeza de que não teria preguiça. Mas a indolência, a negligência e os pequenos deveres a cumprir me prejudicaram mais do que grandes vícios. Minhas piores faltas foram de omissão; raramente fiz o que não devia fazer e desgraçadamente mais raramente ainda fiz o que deveria fazer.

Já que voltei aos meus conhecidos de Veneza, não devo esquecer um que a eles se liga, e de quem só me afastei, como dos outros, depois de muito menos tempo. Foi o Sr. de Jonville, que, depois de sua volta de Genebra, continuou a me prestar muitas demonstrações de estima. Ele gostava muito de me ver e conversar comigo sobre os negócios da Itália e sobre as loucuras do Sr. de Montaigu, de quem, por sua vez, conhecia muitos casos por intermédio do *bureau* dos negócios estrangeiros, onde tinha muitas ligações. Em sua casa, tive, também, o prazer de rever meu antigo camarada Dupont, que conseguira com dificuldade um emprego em sua província, cujos negócios o levavam muitas vezes a Paris. O Sr. de Jonville pouco a pouco foi se habituando a exigir tanto a minha presença que se tornou incômo-

---

149. Quando eu escrevia isto, cheio da minha antiga e cega confiança, estava muito longe de suspeitar o verdadeiro motivo dessa viagem a Paris.

do; e embora morássemos em bairros muito afastados, havia uma briga entre nós quando eu passava toda uma semana sem ir jantar na casa dele. Quando ia a Jonville, queria sempre me levar; mas indo uma vez passar oito dias lá, achei-os muito longos e não quis mais voltar. O Sr. de Jonville era decerto um homem honesto e delicado, amável mesmo, a certos respeitos; mas tinha pouco espírito: era bonito, um pouco narcisista e sofrivelmente aborrecido. Tinha uma coleção singular, talvez única no mundo, da qual se ocupava muito e ocupava também seus hóspedes, que às vezes se divertiam com ele. Era uma coleção completíssima de todos os *vaudevilles*[150] da corte e de Paris, desde mais de cinqüenta anos, onde se encontravam muitas anedotas que dificilmente se procurariam em outra parte. São umas *Memórias para a História da França,* das quais, em qualquer outra nação, dificilmente alguém se lembraria.

Um dia, em meio do nosso melhor entendimento, ele me fez uma acolhida tão fria, tão gélida, tão pouco de acordo com o seu tom costumeiro, que, de a ter pedido, saí com a resolução, que mantive, de nunca mais lá pôr os pés; porque nunca mais me viam onde eu fosse mal recebido, e nesse caso não havia nenhum Diderot para defender o Sr. de Jonville. Procurei inutilmente descobrir o que eu lhe teria feito. Nada achei. Tinha a certeza de nunca ter falado dele, a não ser do modo mais honroso, talvez tenha falado dos seus [parentes], uma vez que lhe era, sinceramente, afeiçoado; porque, além de nada eu ter a dizer, era minha máxima inviolável não falar senão honrosamente das casas que freqüentava.

Afinal, à força de ruminar, eis o que conjeturei. Na última vez em que nos encontráramos, ele me levara a cear em uma casa de cortesãs do seu conhecimento, com dois ou três funcionários dos negócios estrangeiros, rapazes amáveis que não tinham nem modos nem ar de libertinos; e posso jurar que pelo meu lado passei a noite a meditar tristemente sobre a sorte dessas criaturas. Não paguei minha cota, porque o Sr. de Jonville nos convidara para cear; e nada dei às moças porque não lhes fiz ganhar, como à *Padoana,* o pagamento que lhes poderia oferecer. Saímos todos muito alegres e em boa amizade. Sem ter voltado à casa das criaturas, três ou quatro dias depois fui jantar na casa do Sr. de Jonville, que eu não revira desde então e que me fez a acolhida que contei. Sem poder imaginar outra coisa senão um mal-entendido relativo às cortesãs, e vendo que ele não queria se explicar, tomei minha decisão e deixei de visitá-lo; mas continuei a lhe

---

150. Comédias leves, entremeadas de canções. (N.E.)

enviar meus trabalhos e ele me enviava cumprimentos freqüentemente; um dia, encontrei-o no *"chauffoir"*[151] da *"Comédie"*[152] e ele me fez, sobre o fato de eu não o ir visitar, censuras muito gentis, porém que não me levaram lá. De modo que esse negócio tinha mais o aspecto de um amuo do que de um rompimento. Entretanto, como não o revira mais, e sem ter ouvido mais falar nele desde então, seria muito tarde para voltar depois de uma interrupção de vários anos. Eis por que o Sr. de Jonville não entra aqui em minha lista, apesar de eu ter freqüentado sua casa durante muitos anos.

Não encherei essa lista com muitos outros conhecidos menos íntimos, ou que, pela minha ausência, deixaram de o ser, e que não deixei de ver no campo, por exemplo, os abades de Condillac, de Mably, os Srs. de Mairan, de Lalive, de Boisgelou, Watelet, Ancelet, e outros, que seria muito longo de nomear. Falarei ligeiramente também sobre o Sr. de Margency, gentil homem do rei, ex-membro da rodinha holbáquica, que a deixara ao mesmo tempo que eu, e ex-amigo da Sra. d'Épinay, de quem também se afastara, como eu; e com ele, o seu amigo Desmahis, autor célebre, mas efêmero, da comédia *O Impertinente*. O primeiro era meu vizinho de campo, pois sua terra de Margency era perto de Montmorency. Éramos antigos conhecidos; mas a vizinhança e uma certa conformidade de experiências nos aproximaram mais. O segundo morreu pouco depois. Tinha mérito e espírito, mas era um pouco o original da sua comédia, um pouco fátuo com as mulheres, e não foi extremamente chorado.

Não posso, porém, omitir, uma nova correspondência desses tempos, que influiu muito sobre o resto da minha vida para que eu esqueça de lhe anotar o início. Trata-se do Sr. de Lamoignon de Malesherbes, primeiro presidente do Tribunal de Recursos,[153] encarregado então da livraria, que ele governava com conhecimento e doçura, com grande satisfação dos literatos. Nunca eu o fora visitar em Paris; entretanto, sempre recebera de sua parte as mais obsequiosas facilidades quanto à censura; e sabia que, em mais de uma ocasião, ele tratara rudemente os que escreviam contra mim. Tive a prova da sua bondade quando da impressão do *Julie*, porque, como sairia muito caro mandar de Amsterdã, pela posta, as provas de uma obra tão grande, ele permitiu que fossem enviadas pela franquia oficial, com a contra-senha do Sr. Chanceler, seu pai. Quando a prova ficou impressa, ele só permitiu a sua venda pelo reino depois de uma edição

---

151. Sala de aquecimento. (N.E.)
152. Comédia *(Comédie Française)*. (N.E.)
153. *Cour des Aides*. (N.T.)

feita em meu proveito, malgrado meu; e como essa venda seria um roubo de minha parte feito a Rey, a quem eu vendera o manuscrito, eu não só não quis aceitar o presente que me era destinado senão com o seu consentimento, que ele generosamente, concedeu, como quis partilhar com ele as cem pistolas a que montava a dádiva, o que ele não aceitou. Por essas cem pistolas tive o aborrecimento, de que o Sr. de Malesherbes não me prevenira, de ver horrivelmente mutilada a minha obra, e impedida a venda da boa edição até que estivesse escoada a má.

Sempre encarei o Sr. de Malesherbes como um homem de uma correção a toda prova. Nunca nada do que me aconteceu me fez duvidar um momento da sua probidade; mas tão fraco quanto honesto, ele prejudica às vezes as pessoas por quem se interessa, à força de as querer preservar. Não só fez cortar mais de cem páginas na edição de Paris, como fez um corte que poderia levar o nome de infidelidade, no exemplar da boa edição que mandou a Madame de Pompadour.

Em certa parte da obra diz-se que a mulher do carvoeiro é mais digna de respeito do que a amante de um príncipe. Essa frase me viera no calor da composição, sem nenhuma aplicação, juro-o. Mas, lendo a obra, vi que fariam essa aplicação. Entretanto, obedecendo à imprudentíssima máxima de nada tirar pensando nas aplicações que poderiam fazer, quando eu tinha na minha consciência o testemunho de não as haver feito ao escrevê-las, contentei-me em substituir a palavra "rei", que eu pusera antes, pela palavra "príncipe". Esse melhoramento não pareceu suficiente ao Sr. de Malesherbes; cortou a frase toda, em um cartão que mandou imprimir expressamente, e colar tão asseadamente quanto fosse possível no exemplar da Madame de Pompadour. Ela não ignorou essa escamoteação; houve boas almas que a informaram. Quanto a mim, só soube dela muito tempo depois, quando comecei a lhe sentir as conseqüências.

Não estará aí a origem primária do ódio oculto, mas implacável de uma outra senhora, que estava em condições semelhantes,[154] embora eu não a conhecesse nem nada soubesse quando escrevi essa passagem. Quando o livro foi publicado, eu já fizera esse conhecimento e fiquei muito inquieto. Disse-o ao cavalheiro de Lorenzi que zombou de mim e disse-me que essa dama ofendia-se tão dificilmente que nem mesmo reparara naquilo. Dei-lhe crédito, talvez um pouco levianamente, e me tranqüilizei muito indevidamente.

---

154. A condessa de Boufflers, amiga do príncipe de Conti. (N.E. francês)

Na entrada do inverno, recebi uma nova prova da bondade do Sr. de Malesherbes, que me sensibilizou muito, embora não pensasse em aproveitá-la. Havia um lugar vago no *Journal des Savants*.[155] Margency me escreveu para mo propor, como coisa sua. Mas foi-me fácil compreender, pelo jeito da carta (maço C, nº 33) por quem ele fora informado e autorizado; e ele próprio me disse depois (maço C, nº 47) que fora encarregado de me fazer essa oferta. Era pouco o trabalho desse lugar, tratava-se de dois extratos por mês, cujos livros me levariam sem eu ser obrigado a nenhuma viagem a Paris, nem mesmo para fazer ao magistrado uma visita de agradecimentos. E, graças a ele, entraria para um grupo de letrados de grande mérito: os Srs. de Mairan, Clairaut, de Guignes, o abade Barthélemy, dos quais já conhecia os dois primeiros, e muito estimaria conhecer os outros dois. Enfim, para um trabalho tão pouco penoso, que eu poderia fazer tão comodamente, receberia honorários de oitocentos francos. Deliberei algumas horas antes de me determinar e posso jurar que não foi pelo receio de zangar o Sr. de Margency ou desagradar ao Sr. de Malesherbes. Mas afinal o incômodo insuportável de não poder trabalhar à vontade e ter meu tempo governado, e ainda mais a certeza de desempenhar mal as funções de que me queriam encarregar, venceram tudo e me levaram a recusar um lugar para que não fora feito. Eu sabia que todo o meu talento só emanava de um certo calor da alma sobre as matérias de que queria tratar, e só o amor do grande, do belo, da verdade, poderia animar meu gênio. E que me importariam os trechos dos livros que eu teria de extrair e os próprios livros? Minha indiferença pelo assunto me gelaria a pena e me embruteceria o espírito. Imaginavam que eu poderia escrever por ofício, como todos os outros literatos, quando eu só poderia escrever por paixão. Não era certamente disso que precisavam no *Journal des Savants*. Escrevi, pois, a Margency uma carta de agradecimento, feita com a maior correção possível, na qual lhe detalhei tão bem as minhas razões, que nem ele nem o Sr. de Malesherbes poderiam nunca imaginar que entrassem na minha recusa mau humor ou orgulho. De forma que ambos me aprovaram, sem me fazerem má cara, e foi tão bem guardado o segredo sobre esse negócio que o público nunca teve dele a menor aragem.

Tal proposta não me chegava em um momento oportuno para me fazer aceitá-la. Porque já desde algum tempo eu formara o projeto de abandonar definitivamente a literatura, enojado do ofício de escritor. Tudo que me acabava de acontecer me desgostara inteiramente

---

155. *Jornal dos Sábios*. (N.E.)

dos literatos, e eu sentia que seria impossível seguir a mesma carreira sem ter algumas ligações com eles. E não estava menos desgostoso da gente de sociedade e, em geral, da vida mista que acabava de levar, desgostoso metade de mim mesmo, e metade das sociedades para que não fora feito. Sentia mais que nunca, e por uma constante experiência, que toda associação desigual é sempre desvantajosa para a parte mais fraca. Vivendo com gente opulenta, de situação diversa da que eu escolhera para viver, sem ter casa como a deles, era obrigado a imitá-los em muita coisa; e despesas mínimas, que nada eram para eles, eram para mim tão ruinosas quanto indispensáveis. Quando qualquer homem se hospeda em uma casa de campo, é servido pelo seu lacaio, tanto na mesa quanto no quarto; manda-o buscar tudo de que precisa. E nada tendo diretamente com os criados da casa, não os vendo sequer, só lhes dá gorjetas quando e como lhe agrada; mas eu, só, sem criados, estava à mercê dos da casa, cujas graças tinha necessariamente de captar, para não sofrer muito; e, tratado como igual ao patrão, era preciso também tratá-los como ele os tratava, e até fazer mais que qualquer outro, porque, com efeito, eu precisava mais deles. Era suportável ainda quando havia poucos criados; mas, nas casas onde havia muitos, eram todos arrogantíssimos, canalhíssimos, espertíssimos (no interesse próprio); e os patifes sabiam se arranjar de sorte que eu precisasse de todos. As mulheres de Paris, que têm tanto espírito, não têm uma idéia justa nesse assunto; e, à força de me quererem fazer economizar, me arruinavam. Se eu ceava na cidade, um pouco longe de casa, em vez de concordarem em que eu chamasse um fiacre, a dona da casa mandava atrelar os cavalos para me mandar levar; e ficava muito satisfeita por me fazer poupar os vinte e quatro soldos do fiacre; quanto ao escudo que eu dava ao lacaio e ao cocheiro, não pensava nele. Uma mulher me escrevia de Paris a Ermitage, ou à Montmorency; para poupar os quatro soldos da posta que a carta me custaria, mandava-a por um dos seus criados, que chegava a pé, ensopado de suor, e a quem eu dava de jantar e um escudo que ele decerto ganhara muito bem. Propunha-me ela ir passar comigo oito ou quinze dias em sua casa, no campo, e dizia de si para si: "Será uma economia para o pobre rapaz; durante esse tempo não gastará nada com o sustento". Não pensava que, durante esse tempo, eu não trabalharia também; que as despesas com o meu lar, minha família, minha roupa branca, minha casaca não diminuíam; que pagava duplamente o barbeiro, e que, na casa dela, ele me sairia muito mais caro do que na minha. Embora eu limitasse minhas pequenas extravagâncias apenas às casas que freqüentava, não deixavam por isso de me serem ruinosas.

Posso garantir que gastei mais de vinte e cinco escudos na casa da Sra. d'Houdetot, em Eaubonne, onde só dormi quatro ou cinco vezes, e mais de cem pistolas tanto em Epinay como na Chevrette, durante os cinco ou seis anos em que fui assíduo lá. São despesas indispensáveis para um homem do meu gênio, que não sabe se arranjar com coisa alguma, nem inventar nada, nem suportar o aspecto de um criado que resmunga e serve de máscara. Mesmo na casa da Sra. Dupin, onde eu era íntimo na casa, e onde prestava mil serviços à criadagem, nunca recebi os deles senão pagando. Depois, foi-me preciso renunciar a todas essas pequenas liberalidades que minha situação não permitia mais; e foi então que senti mais duramente ainda os inconvenientes que há em freqüentar gente de um estado diferente do nosso.

E se ainda essa vida fosse do meu agrado, eu me poderia consolar de uma despesa onerosa, consagrada aos meus prazeres; mas arruinar-me para me aborrecer era insuportável demais. E eu sentira tão bem o peso desse trem de vida que aproveitando o intervalo de liberdade em que me encontrava então, estava resolvido a perpetuá-lo, a renunciar totalmente à grande sociedade, à composição de livros, a qualquer comércio literário, e a me trancar, para o resto dos meus dias, na esfera estreita e calma para que me sentia nascido.

O produto da *Carta a d'Alembert* e da *Nova Heloísa* me consertou um pouco as finanças que se tinham esgotado muito na Ermitage. Tinha então mais ou menos mil escudos. O *Emílio*, a que me entregara inteiramente, depois que acabara a *Heloísa*, estava muito adiantado, e o seu produto deveria duplicar essa soma. E eu projetei colocar esses fundos de forma que eles me constituíssem uma pequena renda vitalícia, que, com as minhas cópias, me permitisse subsistir sem escrever mais. Tinha ainda duas obras começadas. A primeira eram as minhas *Instituições Políticas.* Examinei o estado desse livro e vi que ele pedia ainda vários anos de trabalho. E não tive a coragem de prosseguir e esperar que ficasse terminado para executar minha resolução. De modo que, renunciando a esse trabalho, resolvi aproveitar dele o que se pudesse destacar e queimar o resto; e, trabalhando com ardor, sem interromper o *Emílio*, dei, em menos de dois anos, a última demão ao *Contrato Social*.

Restava o *Dicionário da Música*. Era um trabalho prático, que poderia ser feito em qualquer tempo, e que só tinha como objetivo um produto pecuniário. Decidi abandoná-lo, ou acabá-lo, à vontade, conforme os recursos mo tornassem necessários ou supérfluos. Quanto à *Moral Sensitiva*, que ainda estava em esboço, abandonei-a inteiramente.

Como eu tinha um outro projeto, o de me afastar inteiramente de Paris se pudesse dispensar a cópia, porque a afluência de importunos me tornava a subsistência mais cara e me roubava o tempo de a prover, para prevenir no meu retiro o aborrecimento em que dizem que cai um escritor quando abandona a pena, reservava para mim uma ocupação que me pudesse preencher o vácuo da minha solidão, sem nada mais tentar imprimir em vida. Não sei por que fantasia, Rey me pedia havia muito tempo que escrevesse as memórias da minha vida. Embora, até então, não fossem muito interessantes pelos fatos, senti que poderiam chegar a o ser pela franqueza que eu nelas poria; e resolvi fazer uma obra única, de uma veracidade sem exemplo, a fim de que, pelo menos uma vez, se pudesse ver um homem tal como ele é interiormente. Eu rira sempre da falsa ingenuidade de Montaigne, que, fingindo confessar seus defeitos, tem cuidado em só se atribuir pequenos defeitos amáveis; enquanto eu, que sempre me supus o melhor dos homens, sempre acreditei que não há interior humano, por mais puro, que não esconda algum vício odioso. Sabia que me pintavam em público em traços tão pouco semelhantes a mim mesmo e às vezes tão disformes, que, apesar de todo o mal que eu não queria calar, só poderia lucrar em me mostrar tal como o era. E ademais, como não poderia fazer isso sem por a nu muitas outras pessoas, e por conseqüência a obra só podendo aparecer muito depois da minha morte e da de muitos outros, isso mais me atrevia a fazer minhas confissões, das quais nunca teria que corar diante de ninguém. Resolvi, pois, consagrar meus lazeres a executar essa tarefa, e pus-me a recolher as cartas e os papéis que poderiam guiar ou despertar minha memória, lamentando tudo que eu rasgara, perdera ou queimara até então.

Esse projeto de retiro absoluto, um dos mais sensatos que já formei, me estava fortemente impresso no espírito, e eu já trabalhava para a sua execução, quando o céu, que me preparava um outro destino, lançou-me em um novo turbilhão.

Montmorency, antigo e lindo patrimônio da ilustre casa desse nome, não lhe pertencia mais depois do confisco. Passou, pela irmã do duque Henri, para a casa de Condé, que trocou o nome de Montmorency pelo de Enghien, e o ducado só tem como castelo uma velha torre, onde estão os arquivos e onde se recebem as homenagens dos vassalos. Mas vê-se em Montmorency, ou Enghien, uma casa particular construída por Croisat, chamado "o pobre", que, tendo a magnificência dos mais belos castelos, merece e tem esse nome. O aspecto imponente desse belo edifício, o terraço sobre que é construído, a vista, talvez única no mundo, o vasto salão pintado por excelente mão, o jardim plantado pelo célebre Le Nôtre, tudo isso forma um conjunto cuja majestade impressionante tem entretanto não sei quê de simples, que mantém e sustenta a admiração. O Sr. marechal duque de Luxembourg, que então ocupava a casa, vinha todos os anos àquela terra, onde outrora seus pais foram senhores, passar cinco ou seis semanas, como simples habitante, mas com uma pompa que não degenerava do antigo esplendor da casa. Na primeira viagem que fizeram para lá, depois que eu estava em Montmorency, o Sr. marechal e a Sra. marechala mandaram um criado de quarto cumprimentar-me da parte deles e convidar-me a cear no castelo todas as vezes que isso me desse prazer. De cada vez que vinham, não deixavam de reiterar o mesmo cumprimento e o mesmo convite. Isso lembrou-me a Sra. de Beuzenval, mandando-me jantar com os criados. Os tempos haviam mudado, mas eu ficara o mesmo. Não queria que me mandassem jantar com os criados e não me preocupava com a mesa dos grandes. Preferiria que me deixassem onde estava, sem me festejar e sem me aviltarem. Respondi correta e respeitosamente às gentilezas do Sr. e da Sra. de Luxembourg. Mas não aceitei seus oferecimentos; e de tal modo meus incômodos e minha timidez me faziam estremecer só à idéia de me apresentar a uma assembléia de pessoas da corte, que não fui ao castelo fazer sequer uma visita de agradecimento, embora compreendesse bem que era isso que queriam, e que aquela amabilidade toda era mais uma questão de curiosidade que de benevolência.

    Entretanto, continuaram as gentilezas, e aumentaram, mesmo. A senhora condessa de Boufflers, que era muito amiga da marechala, veio a Montmorency e mandou saber notícias minhas e propôs-me que a fosse visitar. Respondi como devia, mas não cedi. Na viagem de Páscoa do ano seguinte, o cavaleiro de Lorenzy, que era da corte do príncipe de Conti e da roda da duquesa de Luxembourg, me veio visitar muitas vezes; travamos conhecimento e ele insistiu comigo para ir ao castelo; não fui. Afinal, uma tarde em que eu menos o esperava, vejo chegar o Sr. marechal de Luxembourg, seguido de cinco ou seis pessoas. Desde então não encontrei mais meio de me negar, e não pude evitar, sob pena de ser um arrogante e um mal educado, pagar-lhe a visita, e ir fazer minha corte à senhora marechala, da parte de quem ele me dissera as coisas mais amáveis. Assim começaram, sob funestos auspícios, essas ligações de que não me pude defender mais tempo, mas que um pressentimento muito bem fundamentado me fez recusar até me ver obrigado a ceder.

    Eu temia excessivamente a duquesa de Luxembourg. Sabia que ela era amável. Vira-a várias vezes no teatro, e na casa da Sra. Dupin, havia doze anos, quando ela era duquesa de Boufflers e brilhava ainda com sua primeira beleza. Mas passava por má; e, em uma tão grande dama, tal reputação me fazia tremer. Mal a vi e fiquei subjugado. Achei-a encantadora, desse encanto à prova do tempo, o mais próprio para agir sobre o meu coração. Esperava que tivesse uma palestra ferina, cheia de epigramas. Não era assim, era muito melhor. A conversa da duquesa de Luxembourg não faiscava espírito. Não tinha repentes, não tinha propriamente sutilezas; mas uma delicadeza rara, que não impressiona nunca e que agrada sempre. Suas lisonjas, quanto mais simples são, mais embriagadoras; dir-se-ia que lhe escapam sem que ela o queira, que é o seu coração que se expande, apenas porque está cheio demais.

Desde o primeiro dia, supus que, apesar do meu ar esquerdo e das minhas frases pesadas, não lhe desagradei. Todas as mulheres da corte vos sabem persuadir disso, quando o querem, seja ou não verdade; mas nenhuma, como a duquesa de Luxembourg, sabe tornar essa persuasão tão doce que ninguém se lembre de duvidar dela. E desde o primeiro dia minha confiança nela teria sido completa como o foi depois, se a sua enteada, a Sra. duquesa de Montmorency, moça maluca, bastante maligna e um pouco intrigante, creio eu, não tomasse conta de mim, e graças a excessivos elogios a sua mamãe, e fingidos agrados por conta própria, não me tivesse deixado desconfiar que zombavam de mim.

E talvez esse meu receio junto às duas senhoras tivesse sido dificilmente acalmado se as excessivas bondades do marechal não me tivessem confirmado que as suas, pelo menos, eram sérias. Nada mais surpreendente, dado o meu caráter tímido, do que a facilidade com que me adaptei ao tratamento igualitário que ele exigiu que reinasse entre nós, senão a facilidade com que ele próprio aceitou a absoluta independência em que eu queria viver. Persuadidos ambos de que eu tinha razões para estar satisfeito com a minha condição e não desejar nenhuma mudança, nem ele nem a duquesa de Luxembourg nunca mostraram desejar ocupar-se um instante com minha bolsa ou com minha sorte. E embora eu não pudesse duvidar do afetuoso interesse que ambos tinham por mim, nunca me propuseram um lugar nem me ofereceram crédito, senão uma única vez, quando a duquesa de Luxembourg mostrou desejar que eu entrasse na Academia Francesa. Aleguei minha religião, ela disse que não era um obstáculo, ou que se comprometia a vencê-lo. Respondi que, embora fosse enorme a honra de pertencer a tão ilustre companhia, como eu recusara ao Sr. de Tressan, e de um certo modo ao rei da Polônia, entrar para a Academia de Nancy, não poderia mais corretamente entrar em nenhuma outra. A duquesa de Luxembourg não insistiu e nunca mais se falou nisso. Essa simplicidade de convívio com tão grandes senhores e que poderiam fazer tanto em meu benefício, pois o Sr. de Luxembourg era e merecia bem ser o amigo íntimo do rei, contrasta singularmente com os contínuos cuidados, tão oficiosos quanto importunos, dos amigos protetores que eu acabava de deixar e que procuravam menos servir-me do que me aviltar.

Quando o marechal me viera visitar em Mont-Louis, recebi-o com dificuldade, a ele e sua comitiva, no meu único aposento, não porque fosse obrigado a sentá-lo no meio dos pratos sujos e dos vasos quebrados, mas porque o assoalho apodrecido caía em ruínas e eu temia que o peso da comitiva acabasse de o derrubar de uma vez. Menos preocupado com o meu perigo do que com a afabilidade desse bom senhor o fazia correr, apressei-me a tirá-lo dali para o levar à minha torre, apesar do frio que ainda fazia lá, onde era tudo aberto e sem fogão. Quando ele chegou, disse-lhe a razão que me levara a trazê-lo para ali; ele a contou à senhora marechala, e ambos insistiram para que, enquanto esperava que se refizesse o assoalho, eu aceitasse alojamento no castelo, ou, se o preferisse, em um edifício isolado, que ficava no meio do parque e que chamavam "o pequeno castelo". Essa casa encantada merece que falemos dela.

O parque ou jardim de Montmorency não é plano como o da Chevrette. É desigual, cheio de colinas e depressões, das quais o hábil artista se aproveitou para variar os bosquetes, os ornamentos, as águas, os pontos de vista e multiplicar, por assim dizer, à força de arte e de gênio, um espaço restrito em si. O parque é ornado no alto pelo terraço e o castelo. Em baixo, forma-se uma garganta que se abre para o vale, cujo ângulo é preenchido por um grande prato de água. Entre o laranjal, que ocupa esse alargamento e esse prato de água cercado por uma encosta bem decorada de bosquetes e árvores, fica o pequeno castelo de que falei. Esse edifício e o terreno que o cercam pertenceram outrora ao célebre Le Brun, que se divertiu em o edificar e decorar com o gosto requintado em ornamentos e arquitetura que caracterizava esse grande pintor. Foi depois reconstruído, mas sempre pelo desenho do primeiro dono. É pequeno, simples, mas elegante. Como ele é em um fundo, entre o tanque do laranjal e o grande prato de água, e, por conseqüência, sujeito à umidade, fizeram-lhe no meio um peristilo aberto entre dois andares de colunas, pelo qual o ar, entrando em todo o edifício, o mantém seco apesar da situação. Quando se olha essa construção da altura oposta que lhe faz perspectiva, parece inteiramente cercado de água, e parece que se está vendo uma ilha encantada, ou a mais linda das ilhas Borroméias, chamada *Isola Bella*, no Lago Maior.

Foi nesse edifício solitário que me deram a escolher um dos quatro apartamentos completos que ele contém, afora o rés do chão, formado por uma sala de baile, uma sala de bilhar e uma cozinha. Escolhi o menor e o mais simples, acima da cozinha, com que fiquei, também. Era de um asseio encantador e o mobiliário azul e branco. Foi nessa profunda e deliciosa solidão, no meio dos bosques e das águas, dos concertos das aves de toda espécie, do perfume da flor de laranjeira, que compus em contínuo êxtase o quinto livro do *Emílio*, cujo colorido devo, em grande parte, à viva impressão do local em que escrevia.

Com que pressa eu corria todas as manhãs ao erguer do sol para respirar um ar embalsamado no peristilo! Que bom café-com-leite tomava sozinho com minha Thérèse! Minha gata e meu cão nos faziam companhia. E apenas esse cortejo me bastaria para toda a vida, sem sentir nunca um momento de tédio. Eu estava ali, no paraíso terrestre; vivia com a mesma inocência e gozava da mesma felicidade.

Na viagem de julho, os duques de Luxembourg me testemunharam tanta atenção, me fizeram tantos agrados, que alojado na casa deles e cumulado por tantas bondades não podia fazer menos do que procurar corresponder, visitando-os assiduamente; quase não os deixava: ia pela manhã fazer minha corte à senhora marechala e lá jantava; ia à tarde passear com o Sr. marechal; mas não ceava, por causa da alta sociedade e da hora tardia para mim. Tudo estaria muito bem, não haveria inconvenientes, se eu houvesse sabido me limitar a isso. Mas, não sei guardar um meio termo nas minhas afeições e desempenhar simplesmente os deveres da civilidade. Sempre fui tudo ou nada; vendo-me festejado, amimado por pessoas dessa consideração, ultrapassei os limites e tomei por eles uma amizade que só se pode ter por iguais. Pus nas minhas maneiras toda a familiaridade, enquanto eles nunca se afastaram da polidez a que me tinham habituado. Entretanto, nunca me senti à vontade com a senhora marechala. Embora eu não estivesse inteiramente tranqüilo sobre o seu caráter, temia-o menos que ao seu espírito. Era sobretudo por isso que ela me intimidava. Sabia que ela era de gosto difícil em palestras e que tinha o direito de o ser. Sabia que as mulheres, e sobretudo as grandes damas, querem absolutamente ser divertidas e que é melhor ofendê-las que aborrecê-las; e via, pelos seus comentários sobre pessoas que acabavam de sair, o que ela deveria pensar das minhas pachuchadas. Lembrei-me de um adjutório para me livrar, junto a ela, do suplício de falar: foi ler. Ela ouvira falar do *Julie*, sabia que o estavam imprimindo; mostrou desejos de ver a obra e ofereci-me para a ler; ela aceitou. Todas as manhãs, eu ia à sua casa, às dez horas. O

Sr. de Luxembourg também vinha, fechava-se a porta. Eu lia ao lado do leito, e regulava tão bem as leituras que teriam chegado para toda a temporada, mesmo que ela não fosse interrompida.[156] O êxito desse expediente ultrapassou minha expectativa. A duquesa de Luxembourg se apaixonou pelo *Julie* e pelo autor; só falava em mim, só se preocupava comigo, me dizia amabilidades durante o dia todo, me beijava dez vezes por dia. Quis que eu tivesse sempre o meu lugar na mesa ao seu lado; e quando alguns senhores queriam tomar esse lugar, ela lhes dizia que era meu e mandava pô-los em outro lugar. Pode-se imaginar a impressão que fizeram sobre mim essas maneiras encantadoras, a mim, que as menores demonstrações de afeto subjugam. Afeiçoei-me realmente a ela, na proporção do afeto que ela me testemunhava. Todo o meu receio, vendo esse interesse excessivo por mim, e vendo tão pouco brilho no meu espírito para o sustentar, era que ele se mudasse em desgosto, e infelizmente para mim esse receio foi fundadíssimo.

Era preciso que houvesse realmente entre nós uma oposição natural de espíritos, porque, além da montanha de tolices que me escapam a todo momento na conversa, nas minhas cartas, havia ainda, mesmo quando eu estava melhor com ela, coisas que lhe desagradavam sem que eu pudesse imaginar porquê. Citarei um exemplo, que poderia escolher entre vinte: ela soube que eu fazia uma cópia da *Heloísa* para a Sra. d'Houdetot, a tanto por página. Quis ter uma nas mesmas condições. Prometi-lha; e pondo-a, por causa disso, entre a minha freguesia, escrevi-lhe algo de obsequioso e correto a esse respeito; pelo menos era essa a minha intenção. Eis a sua resposta, que me fez cair das nuvens (maço C, n.º 43).

"Versalhes, terça-feira.

Estou encantada, estou satisfeita; sua carta me fez um prazer infinito, e apresso-me em lhe responder e agradecer.

Eis os termos da sua carta: 'Embora a senhora seja decerto uma boa freguesa, é-me um relativo sacrifício receber o seu dinheiro: regularmente, caberia a mim pagar o prazer que sinto em trabalhar para a senhora'. Não lhe digo mais. Lamento que você não fale nunca da sua saúde. Nada me interessa mais. Quero-o de todo o coração e é muito tristemente, garanto-lhe, que lho mando dizer, porque sentiria muito mais prazer em o dizer pes-

---

156. A perda de uma grande batalha que afligiu muito o rei e forçou o Sr. de Luxembourg a voltar precipitadamente à corte. (N.T.)

soalmente. O Sr. de Luxembourg o abraça e o estima de todo o coração."

Recebendo essa carta, apressei-me em responder, esperando um exame mais amplo, para protestar contra qualquer interpretação desairosa;[157] e depois de me ter preocupado muitos dias com esse exame, com a inquietação que se pode imaginar, e sempre sem nada compreender, eis qual foi afinal minha última resposta a esse respeito:

"Montmorency, 8 de dezembro de 1759.

Desde minha última carta, examinei cem vezes a passagem em questão. Considerei-a no seu sentido próprio e natural. Considerei-a em todos os sentidos possíveis e, confesso-lhe, senhora marechala, que não sei se sou eu que lhe devo desculpas ou se é a senhora que mas deve."

Faz agora dez anos que foram escritas essas cartas. Muitas vezes tornei a pensar nelas desses tempos para cá; e tal é, ainda hoje, a minha estupidez a esse respeito que ainda não consegui sentir o que ela encontrou nessa passagem, não digo de ofensivo, mas apenas que lhe desagradasse.

A propósito desse exemplar manuscrito da *Heloísa* que a duquesa de Luxembourg desejou possuir, devo dizer aqui que eu contava diferençá-lo com qualquer coisa que o fizesse distinguir de qualquer outro. Eu escrevera à parte as aventuras de milorde Eduardo e hesitara muito em as inserir, ou por inteiro, ou em extrato nessa obra em que elas me pareciam faltar. Determinei-me afinal a tirá-las de todo, porque, como eram no tom de todo o resto, lhe estragariam a tocante simplicidade. E tive uma razão ainda mais forte quando conheci a duquesa de Luxembourg: é que havia nessas aventuras uma marquesa romana de caráter odiosíssimo, cujos traços, sem lhe serem aplicáveis, lhe poderiam ser aplicados pelos que só a conheciam de reputação. Felicitei-me, pois, pela resolução que tomara e seguia à risca. Mas, no desejo ardente de enriquecer seu exemplar com qualquer coisa que não estivesse em nenhum outro, não fui eu pensar nessas infelizes aventuras, e projetar fazer um extrato delas para as acrescentar ao livro? Projeto insensato, cuja extravagância só se poderia explicar pela cega fatalidade que me arrastava à minha perda!

"*Quos vult perdere Jupiter dementat.*"[158]

---

157. Essa resposta não está na correspondência íntima. (N.E. francês)
158. "*Júpiter rouba a razão aos que decidem enlouquecer.*" (N.T.)

Tive a estupidez de fazer esse extrato com bastante cuidado, bastante trabalho, e enviar-lhe o trecho como a mais linda coisa do mundo, prevenindo-a, entretanto, como era verdade, que queimara o original, que o extrato era só para ela, e não seria nunca visto por ninguém, a menos que ela própria o mostrasse; o que, longe de provar minha prudência e minha discrição como eu o supunha, era apenas adverti-la sobre a minha própria opinião acerca da aplicação dos trechos de que ela se poderia ofender. E foi tal minha imbecilidade que não duvidei que ela ficasse encantada com o meu procedimento. Ela não me fez sobre isso os grandes cumprimentos que eu esperava, e com grande surpresa minha, não me falou no caderno que eu lhe enviara. Quanto a mim, encantado com a minha conduta nesse negócio, só muito tempo depois foi que vi, mediante outros índices, o efeito que ela produzira.

Tive ainda, sobre o seu manuscrito, uma outra idéia mais razoável, mas que, por efeitos mais longínquos, não me foi menos perniciosa; de tal forma, tudo concorre para a obra do destino quando ele chama um homem à desgraça! Pensei em ornar esse manuscrito com os desenhos das estampas da *Julie* que, por acaso, eram do mesmo formato do manuscrito. Pedi a Coindet esses desenhos, que me pertenciam por toda espécie de títulos, tanto mais que eu lhe deixara o produto das gravuras, que tiveram uma grande venda. Coindet é tão astuto quanto eu o sou tão pouco. De tanto permitir que eu lhe pedisse os desenhos, acabou por descobrir o que eu queria fazer deles. Então, a pretexto de acrescentar alguns ornatos aos desenhos, ficou com eles, e mandou-os entregar ele próprio.

"Ego versiculos feci, tulit alter honores."[159]

Isso, de algum modo, acabou de o introduzir no palácio Luxembourg. Desde o meu estabelecimento no pequeno castelo, ele me vinha visitar freqüentemente, e sempre pela manhã, principalmente quando o Sr. e a Sra. de Luxembourg estavam em Montmorency. Isso fazia com que, para passar o dia com ele, eu não fosse ao castelo. Censuraram-me essas ausências: contei a razão. Insistiram para que eu levasse lá o Sr. Coindet: fi-lo. Era o que o maroto procurara. Assim, graças às bondades excessivas que tinham para comigo, um caixeiro do Sr. Thélusson, que às vezes o chamava à mesa quando não tinha ninguém a jantar, foi de súbito admitido à mesa de um marechal da França, com príncipes, duquesas e tudo que havia de grande na corte. Nunca esquecerei que, em um dia em que ele era obri-

---

159. *"Fiz os versos, outro recebeu as honras."* É um verso de Virgílio. (N.T.)

gado a voltar cedo a Paris, o marechal disse a todos os presentes: "Vamos passear no caminho de Saint-Denis: acompanharemos o Sr. Coindet". O pobre rapaz não se conteve: a cabeça lhe virou completamente. Quanto a mim, estava com o coração tão comovido que não pude dizer uma palavra. Segui-os em último lugar, chorando como uma criança, morrendo de vontade de beijar as pegadas desse bom marechal. Mas a continuação dessa história de cópia me fez antecipar aqui o tempo. Retomemo-lo na sua ordem, tanto quanto minha memória o permita.

Assim que a casinha de Mont-Louis ficou pronta, mobiliei-a de modo simples e asseado e decidi voltar a residir lá. Não podia renunciar ao que resolvi ao deixar a Ermitage, isto é, ter sempre um lugar meu; mas não pude abandonar o meu apartamento do pequeno castelo. Guardei-lhe a chave, e com saudades dos lindos jantares no peristilo ia de vez em quando dormir lá, e lá passava freqüentemente dois ou três dias, como em uma casa de campo. Eu era então, talvez, o particular mais bem alojado da Europa. Meu senhorio, o Sr. Mathas, que era o homem melhor do mundo, me deixara inteiramente a direção das reparações de Mont-Louis, e quis que eu dispusesse dos seus operários sem que ele se envolvesse. Achei, pois, jeito de fazer, de um único quarto do primeiro andar, um apartamento completo, composto de um quarto, de uma antecâmara e de um guarda-roupa. No rés do chão estavam a cozinha e o quarto de Thérèse. A torre me servia de gabinete, graças a uma parede envidraçada e um fogão que mandei fazer. Procurei ornar o terraço que duas fileiras de tílias já sombreavam, e plantei mais duas, para fazer um caramanchão; mandei pôr uma mesa entre os bancos de pedra; cerquei-a de lilases, de jeringuilhas, de madressilvas; mandei fazer duas platibandas de flores, paralelas aos renques de árvores; e esse terraço, mais elevado que o do castelo, cuja vista era pelo menos tão bonita, e sobre a qual eu prendera uma multidão de pássaros, servia-me de sala de visitas para receber o Sr. e a Sra. de Luxembourg, o Sr. duque de Villeroy, o Sr. príncipe de Tingry, o Sr. marquês de Armentières, a Sra. duquesa de Montmorency, a Sra. duquesa de Boufflers, a Sra. condessa de Valentinois, a Sra. condessa de Boufflers, e outras pessoas dessa estirpe que, do castelo, não desdenhavam de fazer, em uma subida muito fatigante, uma peregrinação a Mont-Louis. Eu devia todas essas visitas ao favor do Sr. e da Sra. de Luxembourg; sentia-o e meu coração lhes prestava homenagem. Foi em um desses transportes de enternecimento que eu disse um dia ao Sr. de Luxembourg, abraçando-o: "Ah, senhor marechal, eu odiava os grandes antes de o conhecer, e os odeio ainda mais hoje depois que me mostrou como lhes seria fácil fazerem-se adorar".

Aliás, interpelo todos os que me conheceram durante essa época: se viram que esse prestígio me deslumbrou um só instante, se o vapor desse incenso me subiu à cabeça; se me viram menos modesto na minha atitude, menos simples nas minhas maneiras, menos acessível com o povo, menos familiar com os vizinhos, menos pronto a prestar serviços a todo o mundo, quando o podia, sem fugir às importunações sem número e sempre desarrazoadas, que me esmagavam sempre. Se meu coração me levava ao castelo de Montmorency por minha sincera afeição aos senhores de lá, levava-me igualmente à vizinhança para gozar as doçuras dessa vida igual e simples, fora da qual não existe felicidade para mim. Thérèse fizera amizade com a filha de um pedreiro, meu vizinho, chamado Pilleu; e eu travei amizade com o pai; e depois de pela manhã ter jantado no castelo, não sem incômodo, mas para satisfazer a senhora marechala, com que pressa eu vinha à noite cear com o velho Pilleu e sua família, às vezes em sua casa, às vezes na minha!

Além dessas duas moradias, depressa tive uma terceira no solar de Luxembourg, cujos donos insistiram tanto comigo para os visitar algumas vezes que consenti em ir, apesar da minha aversão a Paris, onde não estivera, depois do meu retiro na Ermitage, senão as duas vezes em que já falei; e, ainda assim, só ia em dias marcados, unicamente para cear e voltar no dia seguinte pela manhã. Entrava e saía pelo jardim que dava para o *boulevard*. De modo que poderia dizer, com a mais exata verdade, que não pusera os pés sobre o calçamento de Paris.

No meio dessa prosperidade passageira, preparava-se de longe a catástrofe que lhe devia marcar o fim. Pouco tempo depois da minha volta a Mont-Louis, travei lá, e muito a contragosto, como de costume, um novo conhecimento, que ainda faz época na minha história. Depois veremos se foi de bem ou de mal. Foi a Sra. marquesa de Verdelin, minha vizinha, cujo marido acabava de comprar uma casa de campo em Soisy, próxima a Montmorency. A Srta. d'Ars, filha do conde d'Ars, fidalgo, mas pobre, casara com o Sr. de Verdelin, velho, feio, surdo, duro, brutal, ciumento, marcado por uma cicatriz, caolho, bom homem com quem o soubesse levar, e possuidor de quinze a vinte mil libras de renda com as quais a casaram. Esse velho, praguejando, gritando, ralhando, fazendo a mulher chorar durante o dia todo, acabava por fazer sempre tudo que ela quisesse, mas para a enraivecer, porque ela o sabia persuadir de que era ele que a queria e ela que não o queria. O Sr. de Margency, de quem falei, era o amigo da senhora e tornou-se o do senhor. Já havia alguns anos lhe alugara o castelo de Margency, perto de Eaubonne e de Andilly, e eles lá estavam precisamente por ocasião dos meus amores pela Sra. d'Houdetot. A Sra. d'Houdetot e a Sra. de Verdelin se conheciam por intermédio da Sra. d'Aubeterre, sua amiga comum; e como o jardim de Margency ficava na passagem do passeio favorito da Sra. d'Houdetot, o Mont Olympe, a Sra. de Verdelin deu-lhe uma chave para passar. Graças a essa chave, muitas vezes eu lá passava com ela: mas não gostava dos encontros imprevistos; e quando, por acaso, a Sra. de Verdelin se encontrava à nossa passagem, deixava-as juntas sem lhes dizer nada e caminhava, sempre na frente. Tão pouco galante procedimento não me deveria colocar bem diante dela. Entretanto, enquanto esteve em Soisy, não deixou de me procurar. Veio muitas vezes me visitar em Mont-Louis, sem me encontrar; e vendo que eu não lhe pagava a visita, para me forçar a isso lembrou-se de me mandar uns vasos de flores para o meu terraço. Foi preciso que lhe agradecesse: foi o bastante. Aproximáramo-nos.

Essa amizade começou por ser tempestuosa como todas as que travo contra a vontade. Nunca mesmo chegou a reinar nela uma calma de verdade. O caráter da Sra. de Verdelin era por demais antipático ao meu. As malignidades e os epigramas partem dela com tanta simplicidade que exigem uma atenção constante, muito fatigante para mim, para se perceber quando se é alvejado. Uma tolice, de que me recordo, dá para que se julgue. Um seu irmão acabava de receber o comando de uma fragata em luta contra os ingleses. Falei do modo de armar essa fragata, sem ferir a sua leviandade. "Sim", disse ela em um tom plácido, "só se usam canhões em número necessário para combater". Raramente a ouvi falar bem de um dos seus amigos ausentes sem escorregar alguma palavra de censura. O que ela não via de mal, via de ridículo, e seu amigo Margency não era excetuado. E o que eu achava de mais insuportável nela era o contínuo incômodo das suas encomendazinhas, dos seus presentinhos, dos seus bilhetinhos, dando-me sempre novos embaraços para agradecer ou recusar. Entretanto, de tanto vê-la, acabei por me afeiçoar a ela, que tinha suas mágoas, como eu. As recíprocas confidências acabaram por tornar nossos colóquios agradáveis e interessantes. Nada liga tanto os corações quanto a doçura de chorar juntos. Procurávamo-nos para nos consolar, e essa necessidade muitas vezes me fez suportar muitas coisas. Eu pusera tanta dureza na minha franqueza para com ela que, depois de ter mostrado tão pouca estima pelo seu caráter, era preciso realmente que ela o tivesse muito bom para que me pudesse perdoar. Eis uma amostra das cartas que lhe escrevi algumas vezes, com as quais, é preciso notar, em nenhuma das suas respostas ela se mostrou de algum modo ofendida.

"Montmorency, 5 de novembro de 1760.

Diz-me, senhora, que não se explicou bem, para me dar a entender que eu me explico mal. A senhora me fala da sua pretensa tolice para me fazer sentir a minha. A senhora se gaba de não ser senão uma boa mulher, como se temesse ser pegada na palavra, e pede-me desculpas, para me mostrar que as devo pedir. Sim, senhora, eu sei bem, sou eu que sou um tolo, um simplório e pior ainda, se é possível; fui eu que escolhi mal os termos, ao gosto de uma bela senhora francesa, que presta a mesma atenção às palavras, e que fala tão bem quanto a senhora. Mas veja que os tomo no sentido comum da língua, sem estar a par nem me preocupar com as honestas acepções que lhes dão nas virtuosas sociedades de Paris. Se algumas vezes minhas expressões são equívocas, eu me esforço para que minha conduta lhes determine o sentido, etc."

O resto da carta é mais ou menos no mesmo sentido. Vede a resposta, maço D, nº 41, e julgai a incrível moderação daquele coração de mulher, que, como a resposta o mostra, não demonstra o menor ressentimento por essa carta, nem ela nunca o testemunhou de outra forma. Coindet, atrevido, ousado até ao cinismo, e que ficava à espreita de todos os meus amigos, não tardou a se introduzir em meu nome na casa da Sra. de Verdelin, e depressa, à minha revelia, lá foi mais íntimo do que eu. Era um sujeito singular aquele Coindet. Apresentava-se de minha parte na casa de todos os meus conhecidos, lá se estabelecia e comia sem cerimônia. Em um eterno entusiasmo por me servir, só falava em meu nome com as lágrimas nos olhos; mas quando me vinha visitar, guardava o mais profundo silêncio sobre todas essas ligações, e sobre tudo que sabia que me poderia interessar. Em vez de contar-me o que soubera, o que dissera, ou vira que me interessasse, ouvia-me, interrogava-me mesmo. Só sabia de Paris o que eu lhe contava; enfim, embora todos me falassem dele, nunca me falava de ninguém: só era misterioso e secreto para com o seu amigo. Mas deixemos por ora Coindet e a Sra. Verdelin. Voltaremos a eles depois.

Algum tempo depois de minha volta a Mont-Louis, La Tour, o pintor, me veio visitar, e me trouxe o meu retrato a pastel que ele expusera no salão havia alguns anos. Ele me quisera dar esse retrato, que eu não aceitara. Mas a Sra. d'Épinay, que me dera o seu e queria ter o meu, pedira-me que o solicitasse a ele. Ele precisara de tempo para o retocar. Nesse meio tempo, sobreveio meu rompimento com ela; devolvi seu retrato, e não se cogitou mais em lhe dar o meu, razão pela qual deixei-o em meu quarto no pequeno castelo. O Sr. de Luxembourg o viu e achou que estava bem: ofereci-o e ele aceitou; enviei-o. Compreenderam ambos, ele e a senhora marechala, que me seria muito agradável possuir os seus. Mandaram-nos fazer em miniatura por um hábil pintor, e embuti-los em uma caixa de bombons de cristal de rocha montada em ouro, e me deram o presente de um modo muito elegante, que me encantou. A Sra. de Luxembourg nunca permitiu que o seu retrato ocupasse o alto da caixa. Muitas vezes me acusara de preferir o Sr. de Luxembourg e, eu não me defendia, porque era verdade. E me testemunhou muito galantemente, mas com muita clareza, por esse modo de colocar o retrato, que não esquecia a preferência.

Mais ou menos por esse tempo, fiz uma tolice que não contribuiu para me conservar suas boas graças. Embora eu quase não conhecesse o Sr. de Silhouette, e tivesse pouca propensão para o apreciar, tinha em grande opinião a sua administração. Quando ele começou a carregar a mão sobre os financeiros, vi que não começava a operação em um tempo favorável; mas não fiz votos menos ardentes pelo seu êxito; quando soube que ele estava descolocado, escrevi-lhe, no meu estouvamento, a seguinte carta, que decerto não procuro justificar:

"Montmorency, 2 de dezembro de 1759.

Digne-se, senhor, de receber a homenagem de um solitário, que não lhe é conhecido, mas que o estima pelos seus talentos, que o respeita por sua administração e que lhe faz a honra de supor que ela não lhe demorará muito tempo nas mãos. Não podendo salvar o Estado senão às expensas do capital que o perdeu, o Sr. afrontou a gritaria dos ganhadores de dinheiro. Vendo-o esmagar esses miseráveis, invejei seu lugar; vendo-o deixar esse lugar sem se desmentir, admiro-o. Fique satisfeito consigo, senhor, porque ele lhe deixa uma honra de que muito tempo gozará sem concorrente. As maldições dos canalhas fazem a glória do homem honrado."

(1760) – A Sra. de Luxembourg, que sabia que eu escrevera essa carta, falou-me dela na temporada de Páscoa; mostrei-a; ela desejou uma cópia, que lhe dei; mas, ao dá-la, ignorava que ela era um desses especuladores que se interessavam pelas sublocações que foram causas da demissão de Silhouette. Dir-se-ia, diante das minhas brutalidades, que eu excitava por gosto o ódio de uma mulher amável e poderosa, à qual, na verdade, eu me afeiçoava cada dia mais, cujo desfavor eu estava muito longe de pretender, embora à força de inépcias eu fizesse tudo para isso. Creio que é supérfluo acrescentar que é a ela que se refere a história do opiato do Sr. Tronchin, de que falei na primeira parte (Livro III, tomo V). A outra pessoa era a senhora de Mirepoix. Elas nunca mais me falaram nisso, nem me deram a menor demonstração de o recordar, nem uma, nem outra. Parece-me difícil presumir que a Sra. de Luxembourg tenha esquecido, mesmo que eu nada soubesse dos acontecimentos subseqüentes. Quanto a mim, iludia-me sobre o efeito das minhas asneiras, com a convicção de que não cometera nenhuma com o desígnio de a ofender; como se uma mulher pudesse perdoar essas coisas, mesmo com a mais perfeita certeza de que a vontade não colaborou na sua execução.

Entretanto, embora ela parecesse nada ver nem nada sentir, e eu não encontrasse ainda nenhuma diminuição na sua amabilidade, nem mudança nos seus modos, a continuação, o crescimento, mesmo de um pressentimento bem fundado, me faziam tremer sem cessar pelo aborrecimento que depressa sucederia ao seu entusiasmo. Poderia eu esperar de tão grande dama uma constância à prova da minha precária habilidade em a sustentar? Eu não sabia sequer esconder-lhe esse surdo pressentimento que me inquietava, o que só me tornava mais aborrecido. Pode-se julgar pela carta seguinte, que contém uma singularíssima predição.

Note bem. Esta carta, sem data no meu borrão, é do mês de outubro de 1760 ou mais tarde.

"Como são cruéis as suas bondades! Por que perturbar a paz de um solitário que renunciava aos prazeres da vida para não lhes sentir mais os desgostos? Passei meus dias a procurar em vão afeições sólidas. Não consegui formá-las nas condições que poderia esperar; será na sua que o devo procurar? A ambição e o interesse não me tentam; sou pouco vão, pouco medroso; posso resistir a tudo, afora ao carinho. Por que me atacam os senhores ambos por uma fraqueza que é preciso vencer, pois na distância que nos separa as expansões dos corações sensíveis não devem aproximar o meu do seu? Bastará o reconhecimento para um coração que não conhece dois modos de se entregar e que só se sente capaz de amizade? De amizade, senhora marechala! Ah! É essa minha desgraça! É bonito para a senhora, para o senhor marechal, empregarem esse termo; mas serei insensato se lhes tomar a palavra. Os senhores se divertem, eu me afeiçôo e o fim do divertimento me prepara novos desgostos. Como eu odeio todos os seus títulos e como lamento que os carreguem! Parecem-me ambos tão dignos de gozar os

encantos da vida privada! Por que não moram em Clarens! Eu iria procurar lá a felicidade da minha vida; mas o castelo de Montmorency, mas o palácio de Luxembourg! Será lá que se deve ver Jean-Jaques? Será para lá que um amigo da igualdade deve levar as afeições de um coração sensível que, pagando assim a estima que lhe testemunham, supõe dar tanto quanto recebe? A senhora também é boa e sensível; eu o sei, eu o vi; tenho o desgosto de não o ter podido acreditar mais cedo; mas na posição em que está, na sua maneira de viver, nada pode produzir uma impressão duradoura, e tantos objetos novos se apagam mutuamente tão bem, que nenhum fica. A senhora me esquecerá, depois de ter-me posto fora da possibilidade de a imitar. A senhora fará o bastante para me tornar desgraçado e para tornar-se inescusável."

Estendi o cumprimento ao Sr. de Luxembourg para o tornar menos duro para ela, só; porque, aliás, sentia-me tão seguro dele que nunca me viera ao espírito nenhum receio sobre a duração da sua amizade. Nada do que me intimidava da senhora marechala se estendia até ele. Nunca tive a menor desconfiança sobre o seu caráter, que eu sabia fraco, mas seguro. Não receava de sua parte um afastamento, como não esperava uma afeição heróica. A simplicidade, familiaridade nas nossas maneiras mostravam quanto contávamos reciprocamente um com o outro. Ambos tínhamos razão: e enquanto eu viver, honrarei, estimarei a memória desse digno senhor; e, por mais que tenham feito para o afastar de mim, estou certo de que ele morreu tão meu amigo quanto se eu lhe tivesse recebido o último suspiro.

Na segunda temporada de Montmorency, no ano de 1760, estando terminada a leitura da *Julie*, recorri à do *Emílio* para me manter junto à duquesa de Luxembourg; mas essa não teve tão bom resultado, talvez porque a matéria fosse menos do seu agrado, talvez porque tanta leitura afinal a aborrecesse. Entretanto, ela me censurava por eu me deixar lograr pelos livreiros, e quis que eu lhe deixasse o cuidado de mandar imprimir o trabalho a fim de tirar melhor resultado; concordei, sob a condição expressa de que ele não se imprimisse na França; sobre isso tivemos uma longa disputa; eu pretendia que a permissão tácita era impossível de obter, imprudente, mesmo, de pedir e, sem contar com ela, não queria permitir a impressão no reino; ela sustentava que isso, na censura, não constituiria sequer uma dificuldade, no sistema que o governo adotara. E achou meios de fazer com que o Sr. de Malesherbes aceitasse o seu ponto de vista, que a esse respeito me escreveu, de próprio punho, uma longa carta, para me provar que a profissão de fé do vigário saboiano era precisamente uma peça feita para contar em toda parte com a aprovação do gênero humano e a da corte. Fiquei surpreso ao ver esse magistrado, sempre tão receoso, tornar-se tão fácil naquele caso. E como a impressão de um livro que ele aprovava era, só por isso, legítima, eu não tinha mais nenhuma objeção a fazer. Entretanto, por um escrúpulo extraordinário, exigi sempre que o livro se imprimisse na Holanda, e mesmo pelo livreiro Néaulme, que não me satisfez em indicar, mas a quem preveni que a edição se faria em proveito de um livreiro francês, e que, quando estivesse pronta, devia ser vendida em Paris ou em qualquer outra parte, porém que a venda nada tinha comigo. Foi isso exatamente o que ficou acertado entre mim e a Sra. de Luxembourg, depois do que entreguei-lhe o manuscrito.

Ela trouxera nessa temporada a neta, Srta. de Boufflers, hoje Sra. Marquesa de Lauzun. Chamava-se Amélia e era uma criatura encantadora; tinha na verdade um rosto, uma doçura, uma timidez virginal. Nada existia mais amável nem mais interessante que o seu rosto, nada mais terno nem mais casto do que os sentimentos que inspirava. Aliás, era uma criança: não tinha onze anos. A senhora marechala, que a achava muito tímida, esforçava-se por animá-la. Muitas vezes permitiu que lhe desse um beijo, o que eu fazia com a minha falta de jeito habitual. Em vez das gentilezas que outro, no meu lugar, diria, eu ficava mudo, interdito; e não sei quem era mais acanhado, se a pobre pequena, se eu. Um dia encontrei-a só, na escada do pequeno castelo; acabava de visitar Thérèse, com quem sua governanta ainda estava. À falta de saber o que lhe dizer, pedi-lhe um beijo, o que ela concedeu, na inocência do seu coração, pois naquela mesma manhã recebera outro, por ordem da avó, e em sua presença. No dia seguinte, lendo o *Emílio* à cabeceira da marechala, caí precisamente em uma passagem em que censuro, e com razão, o que fizera na véspera. Ela achou a reflexão muito justa e deu a respeito uma opinião muito sensata, que me fez corar. Quanto amaldiçoei minha incrível tolice, que muitas vezes me deu o ar vil e culposo, quando eu era apenas tolo e embaraçado! Tolice que tornavam mesmo por uma má desculpa, em um homem que todos sabiam não ser sem espírito. Posso jurar que nesse beijo, tão repreensível quanto os outros, o coração e os sentidos da Srta. Amélia não eram mais puros do que os meus, e posso jurar até que se nesse momento, eu houvesse podido evitar o encontro, tê-lo-ia feito; não que não tivesse um grande prazer em vê-la, mas pela dificuldade de saber lhe dizer, ao passar, uma palavra gentil. Como será que até uma criança intimida um homem que o poder dos reis não assustou? Como fazer? Como proceder, desprovido de qualquer capacidade de improvisação? Se me forço a falar às pessoas que encontro, digo infalivelmente uma grosseria; se não digo nada, sou um misantropo, um animal feroz, um urso. Ser-me-ia muito mais favorável uma imbecilidade total; mas os talentos que me faltaram na sociedade transformaram em instrumento da minha perda os talentos que tive involuntariamente.

No fim dessa mesma temporada, a Sra. de Luxembourg praticou uma boa obra na qual tomei uma certa parte. Diderot ofendera imprudentemente a princesa de Robeck, filha do Sr. de Luxembourg, e Palissot, que ela protegia, vingara-a com a *Comédia dos Filósofos*, na qual fui levado a ridículo e Diderot foi extremamente maltratado. O autor me poupou assim, menos, creio eu, pelos favores que me devia do que por medo de desagradar ao pai da sua protetora que ele sabia que me estimava. O livreiro Duchesne, que eu então não conhecia, enviou-me a peça logo que foi impressa; e creio que foi por ordem de Palissot, que supôs, talvez, que eu veria satisfeito despedaçarem um homem com quem brigara. Mas se enganou. Quando rompi com Diderot, que era mais indiscreto e fraco do que mau, sempre conservei por ele afeição e mesmo estima, e respeito pela nossa antiga amizade que eu sabia ter sido da sua parte, por muito tempo, tão sincera quanto a minha. Foi outra coisa com Grimm, homem falso por índole, que nunca me quis bem, que não é mesmo capaz de bem querer a ninguém e que, de coração alegre, sem nenhum motivo de queixa e apenas para satisfazer sua negra inveja, constituiu-se, sob a máscara, o meu mais cruel caluniador. Este, nada mais é para mim; o outro será sempre o meu ex-amigo. Minhas entranhas se comoveram à vista dessa peça odiosa; não lhe pude suportar a leitura e, sem a terminar, devolvi-a a Duchesne com a seguinte carta:

"*Montmorency, 21 de maio de 1760.*

Percorrendo a peça que me enviou, senhor, estremeci por me ver louvado nela. Não aceito esse horrível presente. Estou persuadido de que, ao mo enviar, o senhor não me quis fazer uma injúria; mas o senhor ignora ou esqueceu que tenho a honra de ser amigo de um homem respeitável, indignamente enegrecido e caluniado nesse libelo."

Duchesne mostrou essa carta. Diderot, que ela deveria comover, despeitou-se. Seu amor próprio não me pôde perdoar a superioridade de um sentimento generoso, e eu soube que sua mulher se desencadeava contra mim, em toda parte, com um azedume que não me afetava, pois eu sabia que o mundo inteiro a conhecia como uma desbocada.

Diderot, por sua vez, achou um vingador no abade Morellet, que fez contra Palissot um pequeno escrito imitado do *Pequeno Profeta*, intitulado *A Visão*. Nesse escrito, ofendeu imprudentemente a Sra. de Robeck, cujos amigos conseguiram que fosse preso na Bastilha; porque, quanto a ela, de natureza pouco vingativa, e moribunda, então, estou certo de que nunca se envolveu nisso.

D'Alembert, que se dava muito com Morellet, escreveu-me para que eu pedisse a liberdade dele à Sra. de Luxembourg, prometendo-lhe, como recompensa, os louvores na *Enciclopédia*.[160]

Eis minha resposta:

"Não esperei a sua carta, cavalheiro, para testemunhar à senhora marechala de Luxembourg a pena que me causava a detenção do abade de Morellet. Ela conhece o interesse que tomo por isso, saberá do interesse que o senhor tem; e, para que se interesse, basta que saiba que se trata de um homem de mérito. Entretanto, embora ela e o senhor marechal me honrem com uma benevolência que constitui o consolo da minha vida, e o nome do seu amigo seja para eles uma recomendação para o abade Morellet, ignoro até que ponto lhes convém usarem, nesta ocasião, o crédito devido à sua estirpe, e a consideração ligada às suas pessoas. Não estou mesmo persuadido de que a vingança em questão vise à senhora princesa de Robeck tanto quanto o senhor o parece crer e, quando isso seja verdade, não devemos esperar que o prazer da vingança pertença exclusivamente aos filósofos, e que, quando eles quiserem ser mulheres, as mulheres serão filósofos.

Dar-lhe-ei parte do que me disser a Sra. de Luxembourg quando eu lhe mostrar sua carta. Enquanto espero, creio que a conheço bastante para lhe assegurar que, mesmo que ela tenha gosto em contribuir para a libertação do abade Morellet, não aceitará o tributo de gratidão que o senhor lhe promete na Enciclopédia, *embora isso a honrasse, porque ela não faz o bem pelo louvor, mas para contentar o seu bom coração."*

Nada poupei para excitar o zelo e a comiseração da Sra. de Luxembourg em favor do pobre cativo, e fui feliz; ela fez uma viagem a Versalhes, expressamente para ver o conde de Saint-Florentin; e essa viagem abreviou a sua estada em Montmorency, que o marechal foi forçado a deixar ao mesmo tempo, para ir para Ruão, aonde o

---

160. Esta carta, como muitas outras, desapareceu do solar de Luxembourg quando os meus papéis lá estavam em depósito.

mandava o rei, como governador da Normandia, por causa de uns certos movimentos de parlamento que era preciso conter. Eis a carta que a Sra. de Luxembourg me escreveu no dia seguinte ao da sua partida (maço D, nº 23):

"*Versalhes, terça-feira.*

O Sr. de Luxembourg partiu ontem, às seis horas da manhã. Não sei ainda se irei. Espero suas notícias, porque não sei quanto tempo ficará lá. Vi o Sr. de Saint-Florentin. Ele está melhor disposto para com o abade Morellet; mas vê certos obstáculos, de que espera triunfar na sua primeira conferência com o rei, que será na próxima semana. Pedi-lhe também que não o exilassem, porque era disso que se tratava; queriam mandá-lo para Nancy. Eis aí o que pude obter; mas prometo-lhe que não deixarei o Sr. de Saint-Florentin em repouso enquanto não se conclua o negócio como o senhor o deseja. Agora quero dizer-lhe a mágoa que tive em deixá-lo tão cedo; mas quero crer que não duvida dela. Estimo-o de todo coração e para toda a vida."

Alguns dias depois, recebi este bilhete de d'Alembert, que me deu uma verdadeira alegria: (Maço D, nº 26).

"*1º de agosto.*

Graças aos seus cuidados, meu caro filósofo, o abade saiu da Bastilha, e sua detenção não terá outras conseqüências. Ele vai para o campo e lhe manda, como eu, mil agradecimentos e cumprimentos. Vale, et me ama."

Alguns dias depois, o abade também me escreveu uma carta de agradecimento (maço D, nº 29), que não me pareceu transpirar uma certa efusão de coração, e na qual ele parecia esgotar, de um certo modo, o serviço que eu lhe prestara; e, algum tempo depois, achei que ele e d'Alembert tinham, não digo me suplantado, mas me substituído junto à Sra. de Luxembourg, e que eu perdera, junto a ela, tanto quanto eles haviam ganhado. Entretanto, estou muito longe de supor que o abade Morellet tenha concorrido para o meu desfavor; estimo-o muito para isso. Quanto a d'Alembert, nada direi aqui; falarei nisso depois.

Tive depois um outro negócio, que ocasionou a última carta que escrevi ao Sr. de Voltaire: carta que lhe fez dar gritos de raiva, como com um insulto abominável, mas que não mostrou nunca a ninguém. Suprirei aqui o que ele não quis fazer.

O abade Trublet, que eu conhecia, mas que vira muito pouco, escreveu-me a 13 de junho de 1760 (maço D, nº 11) para me prevenir que o Sr. Formey, seu amigo e correspondente, imprimira no seu jornal minha carta ao Sr. de Voltaire sobre o desastre de Lisboa. O abade Trublet desejava saber como se pudera fazer essa impressão; e com seu espírito finório e jesuítico, perguntava minha opinião sobre a reimpressão dessa carta, sem querer me dizer a sua. Como eu odeio soberanamente os espertalhões de tal marca, fiz-lhe os agradecimentos que lhe devia; mas pus neles um tom duro que ele sentiu, o que não o impediu de me importunar em outras duas ou três cartas, até que soubesse o que queria saber.

Apesar do que dissera Trublet, eu compreendi bem que Formey não pudera encontrar essa carta impressa, e que a primeira impressão vinha dele. Conhecia-o como a um descarado gatuno, que, sem cerimônia, aproveitava-se das obras dos outros, embora não tivesse ainda a incrível impudência de tirar de um livro já público o nome do autor, pô-lo no seu, e vendê-lo em seu proveito.[161] Mas como lhe chegara às mãos esse manuscrito? Era essa a questão, que não era difícil de resolver, mas com que tive a ingenuidade de me embaraçar. Embora a carta prestasse as maiores honras a Voltaire, como, afinal de contas, apesar dos seus processos incorretos, ele teria razão de queixa se eu a tivesse mandado imprimir sem sua autorização, resolvi-me a lhe escrever a respeito. Eis essa segunda carta, a que ele não respondeu, e com a qual, para pôr sua brutalidade mais à vontade, fingiu se irritar até ao furor:

"*Montmorency, 17 de junho de 1760.*

Nunca pensei que voltaria a me corresponder com o senhor; mas sabendo que a carta que lhe escrevi em 1756 foi impressa em Berlim, devo lhe prestar contas do meu procedimento a esse respeito, e cumprirei esse dever com verdade e simplicidade.

Como tal carta lhe era realmente dirigida, não se destinava à impressão. Mostrei-a, sob condição, a três pessoas a que os direitos da amizade não me permitiam que recusasse isso, e a quem esses direitos permitiam ainda menos abusar do depósito, quebrando a promessa. Essas três pessoas são a Sra. de Chenoceaux, enteada da Sra. Dupin, a senhora condessa d'Houdetot, e um alemão chamado Grimm. A Sra. de Chenoceaux desejou que a carta fosse impressa e pediu para isso o meu consentimento. Disse-lhe que ele dependia do seu. Como o senhor o recusou, não se tratou mais do caso.

---

161. Foi assim que ele se apropriou mais tarde do *Emílio*. (N.T.)

Entretanto, o abade Trublet, com quem não tenho a menor espécie de ligação, acaba de me escrever, com uma atenção meritória, dizendo que ao receber um jornal do Sr. Formey, lera nele essa dita carta, com um aviso no qual o autor diz, com data de 23 de outubro de 1759, que a encontrara, há algumas semanas, nas mãos de livreiros de Berlim, e que, como se tratava de uma dessas folhas volantes que depressa desaparecem, achou que lhe devia dar lugar nas páginas do seu jornal.

Eis tudo o que sei, senhor. É certíssimo que até agora nunca tinham ouvido falar daquela carta em Paris; é certíssimo que o exemplar, ou manuscrito, ou impresso, que caiu nas mãos do Sr. Formey, só pode ter vindo do senhor ou de uma das três pessoas que acabo de nomear. Enfim, é certíssimo que ambas as senhoras são incapazes de semelhante infidelidade. Não o posso saber, do meu retiro. O senhor tem correspondências por meio das quais lhe será fácil, se a coisa valer a pena, remontar à fonte e verificar o fato.

Na mesma carta, o Sr. abade Trublet me diz que guarda a folha em reserva e que só a mostrará com o meu consentimento, que eu decerto não darei. Mas esse exemplar pode não ser o único em Paris. Eu desejo, senhor, que essa carta não seja impressa aí, e farei o que puder para o evitar; mas se não o puder, e avisado a tempo de poder ter a preferência, então não hesitarei em mandá-la imprimir eu próprio. Parece-me isso justo e natural.

Quanto à sua resposta à referida carta, não foi comunicada a ninguém, e pode ficar certo de que não será impressa sem a sua permissão[162] que decerto não cometerei a indiscrição de solicitar, sabendo bem que o que um homem escreve a outro não o faz para o público. Mas, se o senhor quiser fazer uma para ser publicada e ma dirigir, prometo-lhe que a reunirei fielmente à minha sem replicar uma única palavra.

Sabe que não lhe tenho amizade, senhor; o senhor me fez os males que mais me poderiam ser sensíveis, a mim, seu discípulo e seu admirador. O senhor perdeu Genebra, como paga ao asilo que ela lhe concedeu; o senhor alienou de mim os meus concidadãos, como paga aos aplausos que lhe prodigalizei entre eles; foi o senhor que me tornou insuportável a permanência no

---

162. Quer dizer isso: durante sua vida e a minha; e as regras mais austeras não poderiam exigir mais, sobretudo com um homem que as calcava todas aos pés.

meu país; é o senhor que me fará morrer em terra estrangeira, em um lixeiro, como única honra, enquanto todas as honras o acompanharão no meu país. Odeio-o, enfim, porque o senhor o quis; mas odeio-o como um homem mais digno ainda de o amar, se o senhor o houvesse querido. De todos os sentimentos que o meu coração estava cheio pelo senhor, só resta a admiração que não se pode recusar ao seu formoso gênio e o amor aos seus escritos. E se só posso honrar no senhor os seus talentos, não é minha a culpa. Nunca faltarei ao respeito que lhes é devido, nem à consideração que esse respeito exige. Adeus, senhor." [163]

Entre todas essas pequeninas intrigas literárias, que cada vez me confirmavam mais em minha resolução, recebi a maior honra que as letras me proporcionaram e à qual fui mais sensível: a visita que o senhor príncipe de Conti se dignou me fazer por duas vezes, uma ao pequeno castelo e a outra a Mont-Louis. Ele escolheu mesmo em ambas as vezes, ocasiões em que a Sra. de Luxembourg não estava em Montmorency, a fim de tornar mais manifesto que vinha por mim. Nunca duvidei de que devia as primeiras bondades desse príncipe à Sra. de Luxembourg e à Sra. de Boufflers; mas também não duvido de que devo aos seus próprios sentimentos e a mim mesmo as outras com que não deixou de me honrar desde então.[164]

Como o meu apartamento em Mont-Louis era muito pequenino e a situação da torre era encantadora, para lá levei o príncipe que, para cúmulo de graça, quis que eu tivesse a honra de lhe fazer sua partida de xadrez. Eu sabia que ele vencera o cavalheiro de Lorenzy, que era mais forte do que eu. Entretanto, apesar dos sinais e das caretas do cavalheiro e dos assistentes, que fingi não ver, ganhei as duas partidas que jogamos. Ao findar, disse-lhe em um tom respeitoso mas grave: "Monsenhor, eu honro muito Vossa Alteza sereníssima, para não o vencer sempre no xadrez". Esse grande príncipe, cheio de espírito e de luzes, tão digno de não ser adulado, sentiu com efeito, pelo menos eu o penso, que só eu o tratava como a um homem, e tenho toda a razão de supor que na verdade me ficou grato por isso.

---

163. Note-se que, desde há sete anos, foi essa carta escrita e nunca falei nela nem a mostrei a alma viva. O mesmo se deu com as duas cartas que o Sr. Hume me forçou a lhe escrever no último verão, até que ele fez o espalhafato que todos viram. O mal que eu tinha a dizer dos meus inimigos, disse-lhes em segredo e a eles próprios; o bem, quando ele existe, digo-o de público e de bom coração.

164. Note-se a perseverança dessa cega e estúpida confiança, no meio de todos os tratamentos que mais me deviam desenganar. Ela só cessou depois da minha volta a Paris, em 1770.

Mesmo que ele me levasse a mal, não me censuraria por não o ter nunca enganado em nada, e não tinha decerto também de censurar meu coração por responder mal às suas bondades; e, infelizmente, correspondi às vezes de mau jeito a essas bondades quando ele punha uma graça infinita no modo de mas proporcionar.

Poucos dias depois da visita, mandou-me um cesto de caça que recebi como devia. Algum tempo depois me mandou um outro; e um dos seus oficiais de caça escreveu por sua ordem que aquele era da caça de sua alteza, morta por suas próprias mãos. Recebi-o ainda; mas escrevi à Sra. de Boufflers dizendo que não receberia mais. Essa carta foi geralmente censurada e merecia sê-lo. Recusar presentes de caça de um príncipe de sangue, que além disso põe tanta delicadeza no envio do presente, é menos a delicadeza de um homem altivo que quer conservar a sua independência do que a rusticidade de um mal educado que não sabe o que faz. Nunca reli essa carta na minha coleção sem corar e sem me censurar por a ter escrito. Mas, afinal, não empreendi minhas *Confissões* para calar minhas tolices e esta me revolta muito para que me seja permitido dissimulá-la.

E se não fiz a outra tolice de me tornar seu rival, pouco faltou; porque então a Sra. de Boufflers ainda era sua amante, e eu o ignorava. Ela me vinha visitar freqüentemente com o cavalheiro de Lorenzy. Era bela e ainda moça; fingia ter o espírito romano e eu sempre o tive romanesco: eram coisas muito próximas. Quase me apaixono; creio que ela o percebeu. O cavalheiro o percebeu também; pelo menos me falou nisso e de modo a não me desanimar. Mas por acaso fui prudente, e, aos cinqüenta anos, era tempo. Cheio das lições que acabava de dar aos barbaças em minha carta a d'Alembert, tive vergonha de eu próprio as aproveitar tão mal. Aliás, se eu soubesse o que ignorava, era preciso que a cabeça me funcionasse muito mal para levar tão alto minha concorrência. E enfim, talvez ainda mal curado da minha paixão pela Sra. d'Houdetot, senti que nada mais a poderia substituir no meu coração e fiz os meus adeuses ao amor pelo resto da vida. No momento em que escrevo isso, acabo de receber da parte de uma mulher moça, que tinha seus fins, provocações muito inquietadoras; mas se ela finge esquecer meus doze lustros, quanto a mim, não os esqueço. E depois de ter sabido sair-me desse passo, não receio mais quedas, e respondo por mim para o resto dos meus dias.

A Sra. de Boufflers, percebendo a emoção que me causava, pôde perceber também que eu a soube vencer. Não sou tão louco nem tão vão para supor que lhe possa ter interessado, na minha idade;

mas, sobre certas coisas que ela disse a Thérèse, creio que lhe inspirei curiosidade; se isso é verdade e se ela me perdoou essa curiosidade frustrada, é preciso confessar que nasci para ser vítima de minhas fraquezas, pois que se o amor vencedor me foi tão funesto, o amor vencido ainda o foi mais.

Aqui termina a coleção de cartas que me servia de guia nesses dois livros. Agora só poderei caminhar no rastro das minhas lembranças; mas elas foram tais, nessa cruel época, e me ficou tão forte a sua impressão que, perdido no imenso mar das minhas desgraças, não posso esquecer os detalhes do meu primeiro naufrágio, embora suas conseqüências só me ofereçam lembranças confusas. De forma que, no livro imediato, ainda poderei caminhar com bastante firmeza. Se for mais longe, só o poderei fazer tateando.

LIVRO DÉCIMO PRIMEIRO

(1761)

Apesar de *Julie*, que há muito estava sendo impresso, não ter surgido ainda em fins de 1760, começava a ser comentado. A Sra. de Luxembourg dele havia falado na corte, a Sra. de Houdetot a ele se referira em Paris. Esta última chegara a obter de mim, para Saint-Lambert, a permissão de ser lida em manuscrito para o rei da Polônia, que ficara encantado. Duclos, a quem eu a dera para ler também, tinha-a comentado na Academia. Paris inteira estava impaciente pelo romance; as livrarias da rua de Saint-Jacques e a do Palais-Royal estavam cheias de pessoas que queriam saber notícias do livro. Finalmente, foi lançado e seu sucesso, ao contrário do que muitos supunham, correspondeu à expectativa.[165] A Sra. Delfina, que fora uma das primeiras a lê-lo, falou dele à Sra. de Luxembourg qualificando-o de obra arrebatadora. A opinião, entre os intelectuais, ficou dividida, porém, na sociedade, houve, apenas, um parecer e, principalmente as mulheres, entusiasmaram-se, tanto pelo livro como pelo autor, a ponto de haver poucas, mesmo entre as mais nobres, que ficassem indiferentes se eu procurasse conquistá-las. Disso tenho provas que não quero citar e que, sem que fosse preciso pôr em experiência, autorizam minha opinião. É esquisito que esse livro tenha conseguido mais sucesso na França do que no resto da Europa, apesar de eu não ter tratado os franceses, homens e mulheres, lá muito bem. Muito ao contrário do que eu esperava, seu menor triunfo foi na Suíça, e o maior em Paris. Será que em Paris a amizade, o amor, a virtude reinam mais do que alhures? Não, sem dúvida; porém, ali ainda reina

---

165. Nos primeiros dias de sua publicação, era alugado à razão de doze soldos por hora. (N.E. francês) [*Soldo*: moeda equivalente a cinco cêntimos do Franco francês. (N.E.)]

aquele sentimento estranho que transporta o coração à sua imagem e que nos faz apreciar nos outros os sentimentos puros, ternos, delicados, que não mais possuímos. Além disso ,a corrupção é a mesma em toda parte: na Europa não mais existem costumes e virtudes; mas, se ainda existe algum amor por elas, é em Paris que devemos procurá-lo.[166]

É preciso, no meio de tantos preconceitos e paixões fingidas, saber analisar perfeitamente o coração humano para ali distinguir os verdadeiros sentimentos da natureza. É preciso uma delicadeza de tato, que só se adquire na educação da sociedade, para sentir, se assim ouso dizer, as sutilezas de coração de que está cheia aquela obra. Sem receio, ponho a quarta parte ao lado da *Princesse de Clèves*,[167] e digo que se aqueles dois trechos tivessem sido lidos apenas na província, jamais teriam feito sentir todo o seu valor. Portanto, não é para admirar que o maior sucesso desse livro tenha sido obtido na corte. Está cheio de traços vivos, mas velados, que devem agradar ali, porque as pessoas se acham mais habilitadas para compreendê-los. Portanto, é preciso assinalar isto. Essa leitura não é certamente indicada para aquela espécie de pessoas que só possuem astúcia, que são espertas apenas para perceberem o mal e que nada vêem onde só há o lado bom para ver. Se, por exemplo, *Julie* tivesse sido publicado em certo país que eu conheço, tenho certeza de que ninguém terminaria sua leitura e que ela morreria ao ser iniciada.

Reuni a maior parte das cartas que me foram escritas a respeito dessa obra num maço que está nas mãos da Sra. de Nadaillac. Se algum dia essa coleção aparecer, ali verão coisas bem singulares e uma oposição de julgamento que mostra o que significa alguém confrontar-se com o público. O que menos perceberam, e que fará sempre dessa uma obra única, é a simplicidade do assunto e a cadeia de interesses que, concentrados entre três pessoas, mantêm-se durante os seis volumes, sem episódios, sem aventuras romanescas, sem maldade de nenhuma espécie, nem nos personagens nem nos fatos. Diderot fez grandes cumprimentos a Richardson por causa da variedade de seus quadros e pela multidão de seus personagens. Com efeito, Richardson tem o mérito de ter caracterizado todos muito bem: porém, quanto ao número, tem isto de comum com os mais insípidos romancistas, que suprem a esterilidade de suas idéias à força de personagens e de aventuras. É fácil despertar a atenção apresentan-

---

166. Escrevi isto em 1769.
167. Romance clássico escrito por Madame de Lafayette em 1678. (N.T.)

do incessantemente acontecimentos e caras novas, que passam como as figuras de uma lanterna mágica: porém, sustentar sempre a atenção sobre os mesmos objetos, sem aventuras maravilhosas, isto, certamente, é o mais difícil; e se, em igualdade de condições, a simplicidade do assunto se reúne à beleza da obra, os romances de Richardson, superiores em tantas outras coisas, não poderiam, nesse sentido, comparar-se ao meu. No entanto o meu livro morreu, eu o sei, e sei a causa: mas há de ressuscitar.

O meu medo todo era que à força de simplicidade, o desenrolar se tornasse tedioso e que eu não tivesse podido alimentar suficientemente o interesse para mantê-lo até o fim. Tranqüilizou-me um só fato que me lisonjeou mais do que todos os cumprimentos que aquela obra me prodigalizou.

O livro apareceu no começo do carnaval. Um bufarinheiro levou-o à senhora princesa de Talmont,[168] num dia do baile da Ópera. Depois da ceia, ela deixou-se vestir para ir ao baile e, enquanto esperava a hora, pôs-se a ler o novo romance. À meia-noite, deu ordens para que atrelassem os cavalos, e continuou a ler. Vieram dizer-lhe que os cavalos estavam atrelados; ela não respondeu. Seus criados, vendo que se esquecia, vieram avisá-la de que eram duas horas. Ainda não há pressa, disse ela lendo sempre. Mais tarde, tendo parado o seu relógio, tocou a campainha para saber que horas eram. Disseram-lhe que eram quatro horas. Assim sendo, observou ela, é tarde demais para ir ao baile; desatrelem os cavalos. Mandou que a despissem e passou o resto da noite lendo.

Depois que me contaram essa história, sempre desejei ver a Sra. de Talmont, não só para saber por ela mesma se era a verdade exata, como também porque eu sempre julguei que não poderiam achar em *Héloise* um interesse tão vivo, sem possuírem aquele sexto sentido, o sentido moral, de que tão poucos corações são dotados, e sem o qual nenhum poderia entender o meu.

O que fazia com que as mulheres me fossem mais favoráveis era a persuasão em que estavam de que eu tinha escrito a minha própria história e que era eu mesmo o herói daquele romance. Tal crença ter-se-ia fixado tão bem que a Sra. de Polignac escreveu a Sra. de Verdelin para pedir-lhe que me convencesse a mostrar-lhe o retrato de *Julie*. Todo o mundo estava convencido de que não se poderia exprimir tão vivamente sentimentos que não tivessem sido

---

168. Não foi a princesa de Talmont e sim uma outra senhora cujo nome ignoro; mas asseguraram-me a veracidade do fato.

experimentados, nem descrever daquele modo os transportes do amor, a não ser o próprio coração. Nisso tinham razão, e é certo que escrevi o romance durante os mais ardentes êxtases; porém, enganavam-se ao pensar que fora preciso a realidade para produzi-los; longe estavam de imaginar que eu sou capaz de me inflamar por seres imaginários. Sem algumas reminiscências da juventude e Sra. de Houdetot, os amores que senti e descrevi teriam sido experimentados com sílfides apenas. Não quis confirmar nem destruir um erro que me era vantajoso. Podem verificar pelo prefácio em diálogo, que mandei imprimir à parte, como eu deixei o público em suspenso a esse respeito. Os rigoristas afirmam que eu deveria ter declarado a verdade nua e crua. Quanto a mim, não vejo o que me podia obrigar a isso e creio que teria sido mais estupidez do que franqueza fazer tal declaração sem necessidade.

Quase na mesma época apareceu *La Paix Perpètuelle,* cujo manuscrito eu havia emprestado no ano precedente a um certo Sr. de Bastide, autor de um jornal chamado *le Monde,* no qual ele queria, por bem ou por mal, encaixar todos os meus manuscritos. Era das relações do Sr. Duclos e veio em seu nome pedir-me para ajudá-lo a encher *Le Monde.* Tinha ouvido falar de *Julie* e queria publicá-la em seu jornal: queria que eu publicasse ali o *Emílio:* também teria desejado que publicasse o *Contrato Social,* se desconfiasse de sua existência. Por fim, fatigado de suas impertinências, resolvi ceder, por doze luízes, o meu resumo de *La Paix Perpètuelle.* Fora nosso acordo que tal resumo sairia em seu jornal; porém, assim que se viu dono daquele manuscrito, achou oportuno mandar imprimi-lo à parte, com alguns cortes que o censor exigiu. O que teria havido se eu tivesse acrescentado minha opinião sobre aquela obra, opinião sobre a qual, felizmente, nada falara ao Sr. de Bastide, e que não entrou absolutamente em nosso negócio! Tal opinião se acha ainda em manuscrito entre os meus papéis. Se algum dia vier à luz, ali verão como as zombarias e o tom cheio de suficiência com que Voltaire se referiu à obra me fizeram rir, a mim que via perfeitamente o alcance daquele pobre homem em assuntos políticos nos quais se metia a falar.

No meio de meus triunfos entre o povo e o favor das senhoras, sentia que minha estrela declinava no palácio de Luxembourg, não junto ao senhor marechal, que até mesmo parecia redobrar de bondades e de atenções por mim, mas perto da senhora marechala. Desde que eu nada mais tinha a lhe dizer, seus aposentos não me eram franqueados tantas vezes; e durante as viagens a Montmorency, apesar de eu me apresentar ali com a mesma exatidão, quase que só a via à mesa. Meu lugar também não mais ficava marcado junto ao dela. Pois, como não mo oferecesse mais, como conversasse pouco comigo e como eu não tinha muita coisa de importância para dizer-lhe, preferia escolher outro lugar, onde ficasse mais à vontade, principalmente à noite; portanto, maquinalmente eu ia, aos poucos, me habituando a ficar mais perto do marechal.

A propósito de noite, recordo-me de ter dito que não ceava no castelo e isso era verdade no começo de nossas relações; mas como o Sr. de Luxembourg não jantava e nem mesmo se sentava à mesa, decorreu daí que, ao fim de vários meses, e já bem íntimo na casa, eu nunca fizera uma refeição com ele. O marechal teve a gentileza de observar isso. Tal observação levou-me a ficar para cear algumas vezes, quando eram poucos os comensais; e dei-me muito bem, visto jantarem quase ao ar livre e, como dizem, muito depressa; ao passo que a ceia era prolongada, porque nela descansavam com prazer de volta de um longo passeio; muito boa porque o Sr. de Luxembourg era guloso; e muito agradável porque Sra. de Luxembourg sabia fazer-lhe as honras de modo encantador. Sem essa explicação, dificilmente entenderiam o objetivo de uma carta do Sr. de Luxembourg (maço C, nº 36), na qual ele me diz que se recorda, com prazer, de nossos passeios; principalmente, acrescenta, quando à noite, ao voltarmos e entrarmos nos pátios, não descobríamos ali traços de carros: porque, como todas as manhãs passavam o ancinho sobre a areia do pátio para apagar as marcas das rodas, eu podia julgar, pelo número daqueles traços, a quantidade de pessoas que tinha vindo à tarde.

Naquele ano de 1761 foram mais sérias as perdas contínuas que vinha sofrendo aquele bondoso senhor, desde que eu tivera a honra de conhecê-lo: como se os males que meu destino me preparava tivessem que começar pelo homem por quem sentia tanta amizade e que era o mais digno dela. No primeiro ano, ele perdeu a irmã, a senhora duquesa de Villeroy; no segundo, perdeu a filha, a senhora princesa de Robeck; no terceiro, perdeu, com o duque de Montmorency, seu filho único, e com o conde de Luxembourg, seu neto, os únicos e derradeiros sustentáculos de seu ramo e de seu nome. Ele suportou todas aquelas perdas com coragem aparente, porém seu coração não deixou de sangrar internamente todo o resto da vida e sua saúde passou a declinar. A morte imprevista e trágica de seu filho deve ter-lhe sido tanto mais dolorosa por ter chegado precisamente no momento em que o rei acabava de conceder-lhe, para esse filho, e de prometer-lhe, para o neto, a sobrevivência de seu posto de capitão da guarda. Teve ele a dor de ver extinguir-se aos poucos aquele último rebento de sua raça, com o mais esperançoso futuro, e isso tudo pela cega confiança da mãe no médico, que fez aquela criança morrer de inanição, tendo como único alimento os remédios. Ai de mim! Se me tivessem dado ouvidos, o avô e o neto estariam ambos com vida ainda. O que não disse eu, o que não escrevi eu ao senhor marechal, quantas explicações não dei a Sra. d'Montmorency acerca do regime mais do que severo que, por ordem do médico, ela fazia o filho observar! A Sra. de Luxembourg, que pensava como eu, não queria de modo nenhum usurpar a autoridade materna; O Sr. de Luxembourg, homem doce e fraco, não gostava de contrariá-la. A Sra. de Montmorency tinha em Bordeu uma fé da qual seu filho acabou sendo vítima. Como se sentia satisfeita aquela pobre criança quando podia obter permissão de vir a Mont-Louis com Sra. de Boufflers, para merendar com Thérèse e pôr algum alimento em seu esfaimado estômago! Como intimamente eu deplorava as misérias dos nobres quando via aquele único herdeiro de tão grandes bens, de um tão grande nome, herdeiro de tantos títulos e dignidades, devorar com a avidez de um mendigo um pobre pedaço de pão! Enfim, de nada adiantou eu falar e aconselhar, o médico triunfou e o menino morreu de fome.

    A mesma confiança nos charlatães, que fez com que o neto morresse, cavou o túmulo do avô e a essa morte juntou-se ainda a pusilanimidade de querer dissimular as enfermidades da idade. O Sr. de Luxembourg tinha, a intervalos, certa dor no dedo grande do pé; teve um ataque desses em Montmorency, que lhe causou insônia e um pouco de febre. Ousei pronunciar a palavra gota, a Sra. de Luxembourg me repreendeu. O médico-camareiro do senhor marechal sustentou que não era gota e pôs-se a tratar a parte dolorida com bálsamo tranqüilo. Infelizmente a dor se acalmou e, quando voltou, não deixaram de empregar o mesmo remédio que a melhorara: a constituição se alterou, os males aumentaram e os remédios aumentaram na mesma proporção. A Sra. de Luxembourg, quando, finalmente, viu que era mesmo a gota, opôs-se àquele tratamento insensato. Esconderam-no dela e o Sr. de Luxembourg morreu, por sua culpa, ao fim de alguns anos, por ter querido obstinar-se em ficar bom. Mas não antecipemos demais tais desgraças: quantas não sofri antes dessa!

    É esquisita a fatalidade com que tudo o que eu podia dizer e fazer parecia expressamente dito e feito para desagradar a Sra. de Luxembourg, mesmo quando o que eu mais desejava era conservar sua benevolência para comigo. As aflições por que passava Sr. de Luxembourg só faziam com que eu cada vez mais me afeiçoasse a ele e, por conseqüência, a Sra. de Luxembourg: pois eles sempre me pareceram tão sinceramente unidos que os sentimentos que sentíamos por um se estendiam necessariamente ao outro. O senhor marechal envelhecia. Sua assiduidade à corte, os cuidados que esta lhe acarretava, as caçadas contínuas, principalmente as fadigas durante seu serviço, exigiriam o vigor de um rapaz e eu não via mais nada que pudesse sustentar o seu naquela carreira. Já que suas dignidades deviam ficar dispersadas e seu nome extinto depois dele, pouco lhe importava continuar uma vida laboriosa, cujo objetivo principal teria sido o de obter o favor do príncipe para seus filhos. Um dia em que estávamos só os três e em que ele se queixava dos trabalhos da corte como um homem a quem suas perdas tinham tirado a coragem, ousei falar-lhe em retirar-se e dar-lhe o Conselho que Cinéas dava a Pirro. Ele suspirou e não deu resposta decisiva. Mas no primeiro momento em que Sra. de Luxembourg me viu em particular, censurou-me vivamente por causa daquele conselho que me pareceu tê-la alarmado. Acrescentou ela uma coisa cuja justiça senti e que fez com que eu renunciasse a bater na mesma tecla: é que o longo hábito de viver na corte tornava-se uma verdadeira necessidade, que até mesmo era, naquele momento, uma distração para o Sr. de Luxembourg e que o descanso que eu lhe aconselhava seria menos repouso para ele do que um exílio, onde a ociosidade, o tédio, a tristeza acabariam em breve por consumi-lo. Embora ela pudesse perceber que me tinha convencido, embora pudesse contar com a promessa que lhe fiz e que mantive, nunca me pareceu tranqüilizada a respeito, e recordo-me de que, desde então, as minhas conversas com o senhor marechal foram mais raras e sempre interrompidas.

Enquanto minhas provas de estupidez e meu azar me prejudicavam desse modo junto à marechala, as pessoas a quem ela recebia e a quem mais amava não me eram favoráveis. Principalmente o abade Boufflers, rapaz tão brilhante quanto é possível ser, nunca me pareceu bem disposto a meu respeito; e não só foi ele o único do círculo da senhora marechala que nunca me prestou atenção alguma, como julguei perceber que, após as viagens que ele fez a Montmorency, eu perdia alguma coisa junto dela; e é verdade que, mesmo sem que ele o quisesse, era sua presença o bastante: tanto a graça e o espírito de suas gentilezas tornavam mais pesados ainda os meus deselegantes *spropositi*. Nos dois primeiros anos, ele quase não viera a Montmorency; e, devido à indulgência da senhora marechala, eu me havia sustentado passavelmente: porém, assim que ele começou a aparecer mais seguidamente, fiquei completamente perdido. Teria preferido refugiar-me sob sua proteção e agir de modo a que ele se afeiçoasse a mim, porém a mesma inépcia que me obrigava a agradar-lhe impediu-me de consegui-lo; e o que eu fiz para isso, com toda a falta de jeito, acabou por perder-me junto à senhora marechala, sem me ser útil junto a ele. Com tanto espírito, teria ele podido triunfar em tudo; mas a impossibilidade de aplicar-se e o amor à dissipação lhe permitiram adquirir somente semi-talentos de toda espécie. Em compensação, ele tem muitos, e é tudo o que ele precisa na sociedade em que deseja brilhar. Faz muito bem alguns versinhos, escreve perfeitamente suas cartinhas, vai tocando mal o sistro e manejando um pouco a pintura a pastel. Desejou fazer o retrato de Sra. de Luxembourg: fez um retrato horrível. Ela dizia que não se parecia nada com ela e era verdade. O pérfido abade me consultou; e eu, como um tolo e como um mentiroso, disse que o retrato estava parecido. Queria adular o abade; porém não adulei a senhora marechala, que tomou nota do fato; e tendo o abade dado seu golpe, zombou de mim. Aprendi, com o resultado dessa minha tardia experiência, a nunca mais meter-me a querer bajular e elogiar contra Minerva.

Minha habilidade era a de dizer verdades úteis aos homens, mas verdades duras, com bastante energia e coragem: era preciso manter-me nessa linha. Não nascera, já não digo para lisonjear, mas para louvar. A inépcia dos louvores que quis fazer redundou em mal pior do que a aspereza das censuras. Tenho um exemplo para citar aqui, exemplo tão terrível que suas conseqüências não só ditaram meu destino para o resto da vida, como decidirão talvez de minha reputação para toda a posteridade.

Durante as viagens a Montmorency, o Sr. de Choiset vinha algumas vezes cear no castelo. Ali foi num dia em que eu saía. Falaram de mim: o Sr. de Luxembourg contou-lhe a minha desavença em Veneza com o Sr. de Montaigu. O Sr. de Choiseul disse que era pena que eu tivesse abandonado aquela carreira e que, se eu quisesse voltar para ela, bastava que o deixassem tratar do caso. O senhor marechal passou esse comentário aos meus ouvidos: fiquei mais comovido ainda por não estar acostumado a ser mimado pelos ministros e não é certo que, apesar da resolução que eu tomara, se minha saúde me tivesse permitido pensar nisso, eu teria evitado cometer de novo a loucura. A ambição jamais gozou em meu íntimo mais do que curtos intervalos quando toda e qualquer outra paixão me deixava livre; mas um desses intervalos teria bastado para me atrair de novo para aquela carreira. A boa intenção do Sr. de Choiseul prendeu-me a ele, aumentando a estima que, devido a algumas operações de seu ministério, tinha concebido por seus talentos; e a promessa de família, particularmente, parecia anunciar um homem de Estado de primeira ordem. Ganhava ainda em meu espírito pelo pouco caso que eu fazia de seus predecessores, sem excetuar Sra. de Pompadour, que eu considerava como uma espécie de primeiro ministro; e quando correu o boato de que, ela ou ele, um dos dois expulsaria o outro, julguei estar fazendo votos pela glória da França quando os fiz para que o Sr. de Choiseul triunfasse. Sempre senti antipatia pela Sra. e Pompadour, mesmo quando, antes de sua ascensão, eu a havia visto em casa de Sra. de la Poplinière, trazendo ainda o nome da Sra. de Étioles. Depois ficara pouco satisfeito com seu silêncio a respeito de Diderot e com todos os seus atos relativos a mim, tanto a respeito de *Festas de Ramiro* e de *Musas Galantes* quanto ao do *Advinho da Aldeia*, que não me tinha dado, em nenhum gênero de produto, vantagens proporcionais ao seu sucesso; e em todas as ocasiões, sempre a achara muito pouco disposta a servir-me: o que não impediu que o cavalheiro de Lorenzi me propusesse fazer alguma coisa em louvor daquela senhora, insinuando que isso me poderia ser útil. Tal proposta me indignou ainda mais por ver que não a fazia por sua cabeça, sabendo que aquele homem, por si mesmo nulo, só pensava e agia por impulso de outrem. Sei me dominar pouco para que pudesse esconder-lhe meu desprezo por tal proposta, nem pude ocultar a ninguém a pouca simpatia pela favorita; ela não a desconhecia, estou certo, e tudo isto misturava meu interesse próprio com minha inclinação natural, nos votos que fazia pelo Sr. de Choiseul. Levado pela admiração de seus talentos, que eram tudo o que reconhecia dele; cheio de gratidão por sua boa vontade; e ainda por cima ignorando totalmente em meu retiro os seus gostos e sua maneira de viver, considerava-o desde aquele momento como o vingador do povo e o meu; e estando naquela ocasião a dar os últimos retoques no *Contrato Social,* ali observei, num só traço, o que eu pensava dos precedentes ministérios, e daquela que começava a eclipsar-se. Naquela vez, faltei à minha máxima mais constante; e, além disso, nem pensei que, quando se quer louvar ou fazer censuras fortes num mesmo artigo, sem nomear as pessoas, é preciso de tal modo adaptar o elogio àqueles que o merecem que o mais sombrio amor-próprio não possa encontrar nenhum qüiproquó ali. Nessa altura, estava eu numa segurança tão louca que nem mesmo me veio ao espírito que alguém pudesse tomar o sentido ao contrário. Em breve verão se tive razão.

Uma de minhas infelicidades era a de ter sempre amizade com mulheres que escreviam. Julgava que, pelo menos, entre os nobres evitaria tal sorte. Nada disso: até ali ela me perseguiu ainda. No entanto, a Sra. de Luxembourg, que eu saiba, nunca foi atingida por tal mania; mas a senhora condessa de Boufflers fora. Fez uma tragédia em prosa que foi primeiro lida, ostentada e gabada na sociedade do senhor príncipe de Conti, e sobre a qual, não contente com tantos elogios, quis também consultar-me para ter o meu. Obteve-o, mas moderado, tal como a obra merecia. Teve, além disso, o aviso que julguei de minha obrigação dar-lhe, que sua peça, intitulada *l'Esclave Généreux*,[169] muito se parecia com uma peça inglesa pouco conhecida, mas que fora traduzida, intitulada *Oroonoko*. A Sra. de Boufflers agradeceu-me o aviso e me assegurou, todavia, que sua peça em nada se parecia com a outra. Nunca falei desse plágio a ninguém no mundo senão a ela e isso mesmo para cumprir um dever que ela mesma me havia imposto; o que não a impediu de lembrar-me desde então, e repetidas vezes, o fim do aviso que Gil Blas[170] fez ao arcebispo pregador.

Além do abade de Boufflers, que não gostava de mim, além da Sra. de Boufflers, junto a quem cometi erros que nem as mulheres nem os escritores perdoam jamais, todos os outros amigos da senhora marechala sempre me pareceram pouco dispostos a se tornar meus, entre outros o senhor presidente Hénault, que, metido no meio dos autores, não estava isento de seus defeitos; entre os demais, também a Sra. de Deffand e a Srta. de Lespinasse, ambas mantendo grande amizade com Voltaire e amigas intimas de d'Alembert, com quem a última acabou até por ir viver, entenda-se, com o maior bem e toda honra; e isso não se podia mesmo entender-se de outro modo. A princípio eu começara por interessar-me muito pela Sra. de Deffand, a quem a perda da visão a tornava, para mim, digna de comiseração: mas sua maneira de viver, tão contrária à minha, cuja hora de despertar quase que era a hora em que ela ia deitar-se; sua ilimitada paixão pelos homens espirituosos; a importância que dava, por bem ou por mal, aos menores escritos sem importância que apareciam; o despotismo e o arrebatamento de suas máximas; sua preocupação excessiva pró ou contra todas as coisas, que não lhe permitia discutir as coisas sem convulsões; seus incríveis preconceitos, sua invencível obstinação, o extravagante entusiasmo a que a levava a perseverança em opiniões apaixonadas; tudo isso me afastou depressa dos cuidados que desejava prestar-lhe. Fui me afastando; ela o percebeu: foi o bastante para enfurecê-la; e apesar de eu sentir o quanto era para recear uma mulher com tal temperamento, preferi ainda assim expor-me ao flagelo de seu ódio do que ao de sua amizade.

Não me bastava ter tão poucos amigos entre os que freqüentavam a casa da Sra. de Luxembourg; eu tinha também inimigos entre os

---

169. *O Escravo Generoso*. (N.E.)
170. Referência a *Gil Blas de Santillana*, famosa obra da literatura espanhola. (N.E.)

de sua família. Era um só, mas que, pela posição em que me encontro hoje, valia uns cem. Certamente não era o senhor duque de Villeroy, seu irmão; pois não só ele me fora ver, como, várias vezes, convidou-me a ir a Villeroy; e como eu tinha respondido àquele convite com o maior respeito e delicadeza possíveis, partindo daquela resposta vaga como de um consentimento, tinha ele arranjado com o senhor e a senhora de Luxembourg, um passeio de quinze dias, no qual eu devia tomar parte, e que me propuseram. Como os cuidados que a minha saúde exigia não me permitiam, naquele tempo, viajar sem riscos, pedi ao Sr. de Luxembourg que me desculpasse por não aceitar. Podem ver pela resposta do marechal (maço D, nº 3) que isso foi feito com a maior delicadeza do mundo; e o senhor duque de Villeroy nem por isso me demonstrou menos bondade do que antes. Seu sobrinho e herdeiro, o jovem marquês de Villeroy, não partilhava a bondade com que seu tio me honrava, tampouco, eu o confesso, me testemunhava o respeito que eu tinha por ele. Seus ares levianos o tornaram insuportável para mim e minha frieza granjeou-me sua aversão. Uma noite, à mesa, chegou a fazer-me uma afronta que repeli mal porque sou estúpido, sem nenhuma presença de espírito e porque a cólera, em vez de aguçar o pouco que tenho, tira-o por completo. Possuía eu um cão que me tinham dado pequenino, pouco depois de ir para a Ermitage, e no qual eu pusera o nome de *Duque.* Esse cão, nada bonito, mas animal raro em sua espécie, e do qual eu fizera meu companheiro, meu amigo, e que, fora de dúvida, merecia mais aquele título do que a maioria daqueles que o usam, tinha ficado célebre no castelo de Montimorency devido ao seu modo carinhoso, por ser inteligente e pela amizade que tínhamos um pelo outro; mas, por uma pusilaminidade muito tola, mudara eu o seu nome para *Turco,* como se não houvesse uma multidão de cães que se chamavam *Marquês,* sem que os marqueses ficassem zangados. O marquês de Villeroy, que soube daquela mudança de nome, levou-me ao extremo de ser obrigado a contar em plena mesa o que eu tinha feito. O que havia de ofensivo para o nome de duque naquela história não era tanto o fato de eu o ter dado ao cão e sim o de o haver tirado. O pior foi estarem presentes vários duques; O Sr. de Luxembourg o era, seu filho também. O marquês de Villeroy, que devia vir a ser duque também, como o é hoje, divertia-se alegre e cruelmente com o embaraço em que me tinha metido e do eleito que tal embaraço causara. Asseguraram-me, no dia seguinte, que sua tia o tinha vivamente exprobrado por aquilo; e podem calcular se tal repreensão, supondo-a real, deve ter contribuído para que me estimasse mais.

Como um apoio contra tal estado de coisas, tanto no palácio Luxembourg como no Templo, só contava com o cavalheiro de Lorenzi, que se dizia meu amigo: mas que o era mais ainda de d'Alembert, à sombra do qual passava junto às mulheres como um grande geômetra. Era ele, além disso, o chichisbéu, ou melhor, o adulador mór da senhora condessa de Boufflers, que era muito amiga de d'Alembert; e o cavalheiro de Lorenzi só vivia e só pensava por intermédio dela. Desse modo, ao invés de eu ter externamente alguma escora à minha inépcia para apoiar-me junto à Sra. de Luxembourg, tudo o que dela se aproximava parecia concorrer para afastar-me dela ou, pelo menos, tornar-me objeto de aborrecimento para ela. Entretanto, além do *Emílio,* de que resolvera encarregar-se, deu-me, ao mesmo tempo, outra prova de interesse e de bondade, que fez-me crer que, mesmo achando minha presença pouco atraente ou desinteressante, conservava, por mim, e sempre conservaria, a amizade que tanto prometera-me para toda a vida, o que já me era bastante.

Assim que julguei poder contar com tal sentimento de sua parte, tinha começado por aliviar o meu coração confessando-lhe todas as minhas faltas, tendo por inviolável máxima, para com meus amigos, mostrar-me a seus olhos exatamente como sou, nem melhor, nem pior. Falei-lhe acerca de minhas relações com Thérèse e tudo o que dali resultará, sem omitir de que modo dispusera de meus filhos. A marechala recebeu minhas confissões muito bem, até bem demais, poupando-me as censuras que eu merecia; e o que me comoveu acima de tudo foi ver as bondades que prodigalizava à Thérèse, fazendo-lhe pequenos presentes, mandando chamá-la, instando para que fosse vê-la, recebendo-a com mil carícias e freqüentemente abraçando-a diante de todo o mundo. A pobre tinha transportes de alegria e de reconhecimento que, certamente, eu partilhava, pois as provas de amizade com que o senhor e a senhora de Luxembourg me cumulavam comoviam-me mais vivamente ainda quando dirigidas a ela do que a mim diretamente.

Durante muito tempo as coisas ficaram nesse pé; porém, finalmente, a senhora marechala levou sua bondade até o ponto de querer retirar um de meus filhos. Ela sabia que eu tinha posto um sinal nas roupas da criança mais velha; pediu-me a cópia do sinal; dei-a. Para a procura empregou ela Ia Roche, criado de quarto e seu homem de confiança, que fez buscas em vão e nada encontrou, apesar de serem feitas ao fim de doze ou quatorze anos apenas; se os registros dos Enfants-Trouvés estavam em perfeita ordem, ou se as buscas foram bem feitas, aquele sinal não podia ser difícil de encontrar. Seja como for, fiquei menos aborrecido ante esse mau sucesso do que teria ficado se tivesse seguido aquela criança desde seu nascimento. Se, com a ajuda de algumas informações, me tivessem apresentado alguma criança como se fosse minha, a dúvida, sobre se seria ela mesma, se não a teriam substituído por outra, ter-me-ia amargurado o coração com a incerteza, e eu nunca teria experimentado, em todo o seu encanto, o verdadeiro sentimento da natureza: pois, para sustentar-se, ele precisa ser apoiado pelo hábito, pelo menos durante a infância. O longo afastamento de uma criança que não se conhece, enfraquece, suprime finalmente os sentimentos paternais e maternais; e nunca se poderá amar aquele que se deu para criar como aquele que foi criado sob nossos olhos. A reflexão que aqui faço pode atenuar meus erros em seus feitos, mas agrava-os em sua origem.[171]

Talvez não seja inútil observar que, por intermédio de Thérèse, esse mesmo la Roche conheceu a Sra. de Vasseur, que Grimm continuava a sustentar em Deuil, junto a Chevrette, e bem perto de Montmorency. Quando eu parti, foi pelo Sr. la Roche que continuei a mandar àquela mulher o dinheiro que nunca deixei de mandar-lhe, e creio que ele também lhe levava com freqüência presentes que partiam da senhora marechala; desse modo, a verdade é que ela não tinha do que se queixar; apesar de lamentar-se sempre. Quanto a Grimm, como eu não gosto de falar das pessoas que devo odiar, nunca falei dele à Sra. de Luxembourg, senão contra minha vontade; mas, por diversas vezes, ela me obrigou a isso, sem me dizer o que pensava e sem nunca me deixar saber se aquele homem era seu conhecido ou não. Como não é de meu gosto a reserva das pessoas de quem gosto e que nunca a tiveram para conosco, principalmente no que lhes diz respeito, desde então pensei algumas vezes naquela, porém somente quando outros acontecimentos tornaram natural aquela reflexão.

Depois de ter ficado tanto tempo sem ouvir falar do *Emílio,* depois que o tinha entregue à Sra. de Luxembourg, soube finalmente que fora feito o negócio em Paris com o livreiro Duchesne e, por intermédio deste, com o livreiro Néaulme de Amsterdã. A Sra. de Luxembourg mandou-me as duas vias daquele contrato com Duchesne para serem assinadas. Reconheci a letra como a feita pela mesma mão que escrevia as cartas da Sra. de Malesherbes, que não me escrevia do próprio punho. A certeza de que o meu contrato se fazia com a aprovação e sob os olhos do magistrado fez com que eu as assinasse em confiança. Duchesne me dava por aquele manuscrito seis mil francos, metade em dinheiro de contado e, creio, cem ou

---

171. A confissão que ele faz de suas faltas à Sra. de Luxembourg e as buscas que se seguiram são assunto da tocante carta que ele lhe escreveu em 12 de junho de 1761, e das de 20 de julho e de 10 de agosto do mesmo ano. (N.E. francês)

duzentos exemplares. Depois de ter assinado as duas vias, enviei-as à Sra. de Luxembourg, como combinado com ela: ela entregou uma a Duchesne, guardou a outra em vez de mandá-la para mim, como combinado, e nunca mais a vi.

 Minhas relações com o senhor e a Sra. de Luxembourg afastavam-me um pouco de meu plano de vida retirada, mas não me tinham feito renunciar a ela. Mesmo na época de meu maior favor junto à senhora marechala, sempre sentia que não existia outra coisa além da minha amizade sincera pelo senhor marechal e por ela para que eu suportasse o ambiente que os cercava; e o meu embaraço todo era conciliar aquela mesma amizade com um gênero de vida mais de acordo com meu gosto e menos nocivo à minha saúde, do que aquele constrangimento e aquelas ceias que me mantinham numa alteração contínua, apesar de todos os cuidados que, neste ponto, as atenções foram levadas o mais longe possível; e, por exemplo, todas as noites após a ceia, o senhor marechal, que ia dormir cedo, nunca deixava de me levar, por bem ou por mal, para que eu também fosse descansar. Foi somente algum tempo depois de *meu desastre* que me deixou, nem sei por quê, de ter tal atenção.

 Antes mesmo de perceber o esfriamento da senhora marechala, desejava, para não me expor a ele, executar o meu antigo plano; porém, faltando-me meios para isso, fui forçado a esperar a conclusão do contrato do *Emílio* e, enquanto esperava, dei os últimos retoques no *Contrato Social* e mandei-o a Rey, fixando o preço daquele manuscrito em mil francos, que ele me pagou. Não devo, porém, omitir um pequeno fato que se liga a esse manuscrito. Remeti-o bem selado a Duvoisin, embaixador da região de Vaud, e capelão do palácio de Holanda, que me vinha ver algumas vezes e que se encarregou de mandá-lo a Rey, com o qual mantinha relações. Aquele manuscrito, escrito em letras miúdas, era bem pequeno, e não dava para encher o bolso. Entretanto, ao passar a barreira, o embrulho caiu, nem sei como, entre as mãos do comissário, que o abriu, examinou e devolveu em seguida, quando ele o reclamou em nome do embaixador; isso pôs o manuscrito à sua disposição, e me confessou ingenuamente que o tinha lido, com muitos elogios à obra, sem uma palavra, de censura ou crítica, reservando-se sem dúvida para ser o vingador do cristianismo assim que a obra foi publicada. Tornou a selar o manuscrito e enviou-o a Rey. Tal foi, em resumo, a descrição que me fez na carta na qual me prestou contas de seu encargo, e é tudo o que sei a respeito.

 Além desses dois livros e de meu *Dicionário de Música,* no qual trabalhava de vez em quando, conforme a disposição, tinha eu algumas outras obras de menor importância, todas para serem publicadas e que me propunha a publicar ainda, ou separadamente ou com a minha coleção geral, se algum dia delas cuidasse. O principal desses escritos, cuja maior parte se acha ainda em manuscrito nas mãos de Peyrou, era um *Essai sur l'Origine des Langues,* que fiz com que lessem para o Sr. de Malesherbes e para o cavalheiro de Lorenzi, que me animaram. Contava que todas aquelas produções reunidas me valeriam, no mínimo, depois de todas as despesas feitas, um capital de oito a dez mil francos, que eu queria pôr como renda vitalícia, tanto para mim como para Thérèse; depois do que iríamos, como disse, viver juntos no fundo de qualquer província, sem mais ocupar o público comigo e sem que eu mesmo me ocupasse com outra coisa que não fosse terminar minha carreira, tranqüilamente, continuando a fazer à minha volta todo o bem que me fosse possível e, ainda, poder escrever à vontade as *Memórias,* em que sempre pensava.

Tal era meu projeto, a cuja generosidade de Rey, que não devo calar, devo sua execução fácil. Este livreiro, de quem tanto mal me falavam em Paris, é no entanto, de todos aqueles com quem tratei, o único de quem sempre tive o que elogiar.[172] É verdade que constantemente estávamos em disputa a respeito da execução de minhas obras; ele era inconsiderado, eu era arrebatado. Mas, em matéria de interesse e de procedimentos que a ele se ligam, embora eu jamais tenha firmado um contrato formal com ele, sempre o achei perfeitamente exato e probo. Também ele foi o único que me confessou francamente que fazia bem os seus negócios comigo; e muitas vezes me disse que me devia a sua fortuna, oferecendo-me para nela tomar parte. Não podendo exercer diretamente sua gratidão, quis testemunhá-la para com a minha governante, pelo menos, à qual concedeu uma pensão vitalícia de trezentos francos, dizendo-lhe na hora que era em reconhecimento pelas vantagens que eu lhe tinha proporcionado. Fez isso sem ostentação, sem pretensões, sem barulho, e se eu não fosse o primeiro a contar o caso a todo mundo, ninguém teria sabido. Fiquei tão comovido com tal ação que desde então prendi-me a Rey com verdadeira amizade. Tempos depois, convidou-me para padrinho de um de seus filhos: aceitei; e um de meus desgostos na situação a que me reduziram é o de me terem tirado todos os meios de ser, de hoje em diante, útil à minha afilhada e a seus pais. Por que, tão sensível à modesta generosidade daquele livreiro, sou-o

---

172. Quando escrevia isto, estava ainda bem longe de imaginar, de conceber e de acreditar nas fraudes que descobri mais tarde nas impressões de meus trabalhos, e que ele se viu obrigado a confessar.

pouco aos estrondosos desvelos de tanta gente graúda, que pomposamente enche o universo com a notícia dos bens que afirma ter feito à minha pessoa, bens que nunca experimentei? Culpa deles? Culpa minha? Serão apenas frívolos? Serei ingrato? Leitor sensato, pensa, decide; quanto a mim, é preferível calar-me.

Aquela pensão foi de grande auxílio para Thérèse e um grande alívio para mim. Mas, de resto, estava eu bem longe de tirar dela um proveito direto; e o mesmo se dava com todos os presentes que ela recebia. Thérèse sempre dispôs de tudo por si mesma. Quando eu guardava seu dinheiro, dava-lhe conta fiel, sem nunca pôr um níquel em nossa despesa comum, mesmo quando ela estava mais endinheirada do que eu. O *que é meu, é nosso,* dizia-lhe eu: e o *que é teu, é teu.* Nunca deixei de me conduzir para com ela segundo essa máxima, que lhe repeti muitas vezes. Aqueles que cometeram a baixeza de me acusar de receber por intermédio de Thérèse o que eu recusava pessoalmente julgavam, sem dúvida, o meu coração pelos seus e me conheciam muito mal. De boa vontade comeria com ela o pão que ela tivesse ganho, nunca o que tinha recebido. Apelo para seu testemunho, agora mesmo ou quando, segundo o curso natural, ela me sobreviver. Infelizmente ela é pouco entendida em economia, pouco cuidadosa e muito gastadeira, não por vaidade ou por gulodice, mas simplesmente por negligência. Nada é perfeito no mundo: e já que é mister que suas excelentes qualidades sejam compensadas, prefiro que ela tenha defeitos a que tenha vícios, apesar de seus defeitos nos serem mais prejudiciais talvez. Os cuidados que tive para com ela, como outrora para mamãe, de juntar qualquer quantia que lhe servisse um dia, são inimagináveis; mas foram sempre cuidados perdidos. Nunca contaram, nem uma nem outra, consigo mesmas; e apesar de todos os meus esforços tudo desapareceu à medida que viera. Por mais simplesmente que Thérèse viva, nunca a pensão de Rey bastou-lhe para sustentar-se sem que eu concorresse com a minha todos os anos. Não fomos feitos, nem ela, nem eu, para sermos ricos um dia, e não conto, certamente, esse fato como uma de minhas infelicidades.

O *Contrato Social* imprimia-se rapidamente. O mesmo não acontecia com *Emílio,* cuja publicação eu esperava, para pôr em prática o retiro que tinha em mente. De tempos em tempos, Duchesne me mandava modelos de impressão para escolher: quando tinha escolhido, em vez de começar, mandava-me outros mais. Finalmente, quando estávamos já bem definidos acerca do formato, dos tipos e quando já tinham sido impressas várias folhas, devido a qualquer modificação que eu fazia numa prova, ele recomeçava tudo, e ao fim de seis meses nós nos achávamos menos adiantados do que no primeiro dia. Durante todas aquelas experiências, vi perfeitamente que a obra estava sendo impressa tanto na França como na Holanda, e que dela estavam sendo tiradas, ao mesmo tempo, duas edições. O que podia eu fazer? Não mais era dono de meu manuscrito. Longe de ter dado consentimento para a edição francesa, sempre a ela me opusera; mas enfim, já que aquela edição se fazia à minha revelia, sendo, inclusive, modelo para a outra, era preciso examiná-la e ver as provas, para não permitir que estropiassem e desfigurassem meu livro. Além disso, a obra estava sendo de tal modo impressa com o consentimento do magistrado que era ele mesmo quem dirigia, de certo modo, a empresa, quem me escrevia com freqüência e até quem me veio ver a tal respeito, numa ocasião sobre a qual falarei daqui a pouco.

Enquanto Duchesne avançava a passo de cágado, Néaulme, que dele dependia, adiantava-se com maior lentidão. Não lhe eram enviadas fielmente as folhas à medida que iam sendo impressas. Julgou ele perceber má-fé na manobra de Duchesne, isto é, de Guy, que a fazia por ele; e vendo que não executavam o que fora combinado, escreveu-me cartas e mais cartas plenas de queixas e de acusações, às quais podia remediá-las menos ainda do que aquelas que me eram atribuídas. Seu amigo Guérin, que naquele tempo me via constantemente, falava-me sempre daquele livro, porém com a maior reserva. Ele sabia, e não sabia, que a imprimiam em França, ele sabia, e não sabia, que o magistrado estava metido no assunto; lastimando-me pelos embaraços que o livro ia me dar, parecia acusar-se de imprudência, sem querer dizer-me em que consistia ela; usava rodeios e subterfúgios incessantemente; parecia falar apenas para me obrigar a falar também. Naquela ocasião a minha tranqüilidade era tão completa que eu ria do tom severo e misterioso com que ele tratava o assunto, como se fosse um cacoete adquirido no trato com os magistrados e embaixadores, cujos escritórios ele freqüentava muito. Seguro de estar em ordem, em todos os sentidos, com aquela obra, fortemente persuadido de que tinha não só o assentimento, como a proteção do magistrado, seguro até de que ele merecia e gozava dos favores do embaixador, felicitava-me pela minha coragem em agir bem e ria de meus pusilânimes amigos que pareciam inquietar-se por mim. Duclos foi desse número, e confesso que minha confiança em sua retidão e em seus conhecimentos teria podido inquietar-me, a seu exemplo, se eu tivesse tido menos confiança na utilidade da obra e na probidade de seus padroeiros. Ele veio ver-me, da parte da Sra. Baille, enquanto *Emílio* estava no prelo; falou-me da obra. Li para ele a Profissão de Fé do vigário saboiano; ouviu-a calmamente e, ao que me parece, com grande prazer. Quando terminei, disse-me: O que, cidadão, isto faz parte de um livro que está sendo impresso em Paris? Sim! respondi; e deve estar sendo impresso no Louvre, por ordem do rei. Acredito, observou ele, mas faça-me o favor de não dizer a ninguém que leu para mim esse trecho. Aquela surpreendente maneira de se exprimir causou-me admiração sem me deixar receoso. Eu sabia que Duclos via constantemente o Sr. de Malesherbes. Custei a crer que ele pensasse de modo bem diferente sobre um mesmo assunto.

Vivia eu em Montmorency há mais de quatro anos sem ter gozado um só dia de boa saúde. Apesar de, ali, o ar ser excelente, as águas não são boas e isto pode ser uma das causas que contribuíam para piorar os meus males habituais. Pelo fim do outono de 1761, caí seriamente doente e passei o inverno inteiro em sofrimentos quase ininterruptos. O mal físico, aumentado por mil preocupações, tornava-as mais sensíveis. Havia algum tempo que vinha sendo perturbado por pressentimentos surdos e tristes, sem que eu soubesse a propósito de quê. Recebia cartas anônimas bem esquisitas e até cartas assinadas que não o eram menos. Recebi uma, de um conselheiro do parlamento de Paris, que, desgostoso da presente constituição das coisas, e não augurando bem suas conseqüências, consultava-me acerca da escolha de um asilo em Genebra ou na Suíça, para ali retirar-se com a família. Recebi uma do Sr. [...] presidente do parlamento de [...] o qual me propunha redigir para aquele parlamento, que na época estava em desentendimento com a corte, memoriais e representações, oferecendo-se para fornecer-me todos os documentos e materiais de que precisaria para isso. Quando sofro, fico sujeito ao mau humor. Fiquei mal humorado ao receber aquelas cartas; deixei transparecer meu aborrecimento nas respostas que dei, recusando-me redondamente ao que me pediam. Essa recusa não é, certamente, o que tenho a reprovar a mim mesmo, já que aquelas cartas bem podiam ser armadilhas preparadas por meus inimigos,[173] e o que pediam era contrário aos princípios dos quais menos do que nunca queria separar-me; porém, podendo recusar com amenidade, recusei com grosseria: este foi o meu erro.

Encontrarão entre os meus papéis as duas cartas a que acabo de me referir. A do conselheiro não me surpreendeu nada, porque eu pensava, como ele e como muitos outros, que a constituição em declínio ameaçava a França com uma próxima devastação. Os desas-

---

173. Eu sabia, por exemplo, que o presidente de [...] estava muito ligado aos enciclopedistas e à ala holbachiana.

tres de uma guerra infeliz[174] eram todos por culpa do governo; a incrível desordem das finanças; as contínuas hesitações na administração, partilhadas até por dois, ou três, ministros em guerra aberta um contra o outro, e que, para causarem aborrecimentos mútuos, metiam o reino num abismo; o descontentamento geral do povo e de todas as disposições do Estado; a teimosia de uma mulher obstinada que, sempre sacrificando sua inteligência a seus gostos, se é que a tinha, quase sempre afastava dos empregos os homens mais capazes, para colocar aqueles que mais lhe agradavam: tudo concorria para justificar a previsão do conselheiro, a do público e a minha. Aquele pressentimento fez-me pensar muitas vezes se eu mesmo não devia procurar um asilo fora do reino, antes das perturbações que pareciam ameaçá-lo; mas, tranqüilizado pela insignificância de minha pessoa, e por minha índole calma, julguei que, na solidão em que desejava viver, nenhuma tempestade podia ameaçar-me; só me aborrecia porque, com aquele estado de coisas, o Sr. de Luxembourg prestava-se a comissões que ele não desejava em seu governo. Preferia que, de qualquer forma, ele procurasse um refúgio, caso a grande máquina viesse a desmoronar-se, como era para recear no estado atual das coisas; e ainda parece-me, sem dúvida, que se todas as rédeas do governo não tivessem finalmente caído numa só mão[175] a monarquia francesa estaria agora em sérias dificuldades.

Enquanto o meu estado de saúde piorava, a impressão do *Emílio* se relaxava e foi, finalmente, suspensa sem que eu pudesse saber a razão, sem que Guy se dignasse escrever-me ou responder às minhas cartas, sem que eu pudesse obter notícias de ninguém, nem saber o que se passava, pois o Sr. de Malesherbes estava então no campo. Jamais uma desgraça, seja qual for, me perturba e me abate, desde que eu saiba em que consiste ela; mas minha inclinação natural é a de recear as trevas, tenho medo e ódio de seu aspecto sombrio; o mistério sempre me inquieta, é por demais avesso ao meu natural franco até a imprudência. Se visse o mais pavoroso monstro me surpreenderia menos, ao que julgo, do que se eu divisar à noite uma figura sob um manto branco. Eis minha imaginação, que era a única a guiar-me naquele longo silêncio, ocupada a delinear fantasmas. Quanto mais me interessava pela publicação de minha última e melhor obra, mais me atormentava procurando o que podia retardar-lhe a impressão; e sempre levando tudo aos extremos, na suspensão

---

174. A Guerra dos Sete Anos. (N.E. francês)
175. O duque de Choiseul. (N.E. francês)

da impressão do livro julguei perceber sua supressão. Entretanto, não podendo imaginar-lhe a causa nem a maneira, ficava na incerteza mais cruel. Escrevia cartas e mais cartas a Guy, ao Sr. de Malesherbes, à Sra. de Luxembourg; e as respostas não vindo, ou não chegando quando eu as esperava, perturbava-me de todo, delirava. Desgraçadamente vim a saber, ao mesmo tempo, que o padre Griffet, jesuíta, havia falado do *Emílio,* e até tinha citado algumas passagens. Imediatamente minha imaginação parte como um raio e me desvenda todo o mistério de iniqüidade: vi a marcha tão claramente, tão exatamente, como se ela me tivesse sido revelada. Pensei que os jesuítas, furiosos pelo tom depreciativo com que falara dos colégios, se tinham apossado de minha obra; que eram eles que retardavam a edição; que instruídos por Guérin, amigo deles, de meu estado presente e prevendo minha morte próxima, de que eu não duvidava, queriam retardar a impressão até aquele momento, no anseio de truncar, de alterar a minha obra, e de emprestar-me, para ficar de acordo com suas opiniões, sentimentos diferentes dos meus. É para admirar a multidão de fatos e circunstâncias que vieram a meu espírito para imprimir-se naquela loucura e dar-lhe um ar de verdade: que sei eu para mostrar-me a evidência e a demonstração? Guérin estava completamente comprometido com os jesuítas, eu o sabia. Eu lhes atribuía todas as provas de amizade que ele me tinha dado; persuadi-me de que era por conselhos deles que Guérin me havia apressado para tratar com Néaulme; e mais: que pelo dito Néaulme tinham obtido as primeiras folhas de minha obra; e, em seguida, tinham encontrado meios para impedir a impressão em casa de Duchesne, talvez se haviam apossado de meu manuscrito, para trabalharem nele à vontade, até que a minha morte os deixasse livres para publicarem o livro à sua moda. Sempre sentira, apesar da lábia do padre Berthier, que os jesuítas não gostavam de mim, não só como enciclopedista, como ainda porque todos os meus princípios eram ainda mais opostos às suas máximas e a seu crédito do que a incredulidade de meus confrades, porque o fanatismo ateu e o fanatismo devoto, tendo em comum a intolerância, podem unir-se mesmo como fizeram na China e como fazem contra mim; ao passo que a religião racional e moral, não dando qualquer poder humano sobre as consciências alheias, não deixa arma alguma nas mãos dos árbitros daquele poder. Eu sabia que o senhor chanceler era também muito amigo dos jesuítas: receava que o filho, ameaçado pelo pai, se visse obrigado a entregar-lhes a obra, que tinha protegido. Julgava até ver o efeito da entrega nas contestações manhosas que começavam a criar por causa dos dois primeiros volumes, quando exigiam que eu tornasse a imprimir folhas por nonadas; ao passo que os dois outros volumes estavam, como não o ignoravam, cheios de coisas tão fortes que teria sido preciso refundi-los de todo, se os censurassem, como os dois primeiros. Sabia ainda mais, e o próprio Sr. de Malesherbes mo disse, que o abade de Grave, quem ele encarregara de fiscalizar aquela edição, era também um partidário dos jesuítas. Por todo lado só via jesuítas, sem pensar que, em vésperas de serem extintos e completamente ocupados com sua defesa, tinham mais que fazer do que cuidarem da impressão de um livro onde não se tratava deles. Errei dizendo sem *pensar,* pois pensava e muito bem: e até foi uma objeção que o Sr. de Malesherbes teve o cuidado de me fazer assim que soube o que eu andava imaginando; mas, por um desses caprichos de um homem que, do fundo de seu isolamento, quer julgar o segredo dos grandes assuntos, dos quais nada sabe, eu jamais quis crer que os jesuítas corressem perigo real e considerava o boato que se espalhava como uma astúcia da parte deles, para enganar os adversários. Os passados triunfos dos jesuítas, que nunca se desmentiram, me davam uma idéia tão terrível de seu poderio que eu já deplorava a humilhação do parlamento. Eu sabia que o Sr. de Choiseul tinha estudado com os jesuítas, que Sra. de Pompadour não estava de mal com eles e que sua ligação com os favoritos e os embaixadores sempre tinha parecido vantajosa, tanto a uns como aos outros, contra seus inimigos comuns. A corte parecia não saber de nada; e, persuadido de que se a sociedade algum dia recebesse um rude revez, o parlamento nunca seria bastante forte para causá-lo, tirava daquela inação da corte a razão de sua confiança e o augúrio de seu triunfo. Finalmente, vendo apenas fingimento e astúcia da parte dos jesuítas, nos rumores que corriam e julgando-os em segurança, com tempo para se ocuparem com tudo, não duvidava de que esmagariam em breve o jansenismo e o parlamento, os enciclopedistas e tudo o que não lhes suportasse o jugo; e finalmente, se eles consentissem na publicação de meu livro, seria somente depois de tê-lo transformado a ponto de fazerem dele uma arma, aproveitando-se de meu nome para surpreenderem meus leitores.

Sentia-me moribundo; custo a compreender como aquela extravagância não acabou comigo; de tal modo era pavoroso para mim imaginar que deixaria minha memória desonrada em meu melhor e mais digno livro. Nunca tive tanto medo de morrer, e creio que se eu tivesse morrido em tais circunstâncias, teria morrido desesperado. Hoje mesmo, quando vejo caminhar sem obstáculos, em vias de execução, a mais negra, a mais pavorosa trama que já foi feita contra a memória de um homem, morrerei muito mais tranqüilo, certo de deixar em meus escritos um testemunho de minha pessoa, que cedo ou tarde triunfará das intrigas humanas.

(1762) – O Sr. de Malesherbes, testemunha e confidente de minhas preocupações, entregou-se, para acalmá-las, a cuidados que provam sua inesgotável bondade de coração. A Sra. de Luxembourg concorreu para essa boa obra e foi, várias vezes, à casa de Duchesne, para saber o que fora feito daquela edição. Por fim, a impressão foi reencetada e progrediu com mais regularidade, sem que eu viesse a saber por que tinha sido suspensa. O Sr. de Malesherbes deu-se ao trabalho de vir até Montmorency a fim de tranquilizar-me: conseguiu seu objetivo e minha plena confiança em sua retidão tendo sobrepujado o desvario de minha pobre cabeça, tornou eficaz tudo o que ele fez para reconciliar-me. Depois do que vira de minhas angústias e de meu delírio, era natural que me achasse digno de compaixão: foi o que fez. Volveram-lhe ao espírito os intentos, incessantemente combatidos, da cabala filosófica que o cercava. Quando fui viver na Ermitage, tornaram público, como já lhes disse, que eu não ficaria ali muito tempo. Quando viram que eu permanecia no campo, disseram que era por obstinação, por orgulho, por vergonha de me desdizer; mas que eu me aborrecia terrivelmente e que me sentia muito infeliz. O Sr. Malesherbes acreditou e me escreveu a respeito. Sensível a esse erro em um homem por quem tinha tanta estima, escrevi-lhe quatro cartas seguidas onde, expondo-lhe os verdadeiros motivos de minha conduta, descrevi-lhe fielmente as minhas inclinações, meus gostos, meu gênio e tudo o que se passava em meu coração. Aquelas quatro cartas, feitas sem rascunho, rapidamente, ao correr da pena, e sem mesmo terem sido relidas, são talvez a única coisa que escrevi com facilidade em toda a minha vida e, o que é para admirar, no meio de meus sofrimentos e no extremo abatimento em que estava. Nelas me lastimava ao sentir-me desfalecer, pensando que deixava no espírito das pessoas dignas uma opinião tão pouco justa a meu respeito; e, pelo esboço traçado às pressas naquelas quatro cartas, procurei suprir de certo modo o que faltava às *Memórias* que eu havia planejado. Aquelas cartas, que agradaram ao Sr. de Malesherbes e que ele mostrou em Paris, são de qualquer maneira o sumário do que aqui exponho com mais detalhes, e por isso merecem ser conservadas. Encontrarão entre os meus papéis a cópia que ele mandou fazer a pedido meu e que me enviou anos depois.

A única coisa que me afligia além disso, na certeza de minha morte próxima, era a de não ter nenhum homem de letras de confiança nas mãos do qual eu pudesse depositar os meus papéis, para que fizesse a escolha após minha morte. Desde a minha viagem a Genebra, ligara-me a Moultou; sentindo-me inclinado para aquele rapaz eu desejaria que ele me fechasse os olhos. Confessei-lhe esse desejo; e creio que teria cumprido com prazer esse ato de humanidade se seus negócios e sua família lhe tivessem permitido fazê-lo. Privado desse consolo, quis provar-lhe a minha confiança, enviando-lhe a Profissão de fé do vigário, antes de sua publicação. Ficou satisfeito; porém não deu mostras, em sua resposta, de partilhar a segurança com que eu esperava, então, o efeito que causaria. Desejou receber, de minhas mãos, qualquer outro trecho que mais ninguém tivesse. Mandei-lhe uma *Oração Fúnebre do Falecido Duque d'Orléan's,* que tinha feito para o abade d'Arty, e que não foi pronunciada porque, contra o que ele esperava, não o encarregaram de fazê-la.

A impressão da obra, depois de ter sido reencetada, foi se adiantando e terminou até muito calmamente; e observei uma coisa singular: depois das folhas terem sido reimpressas para substituírem as que tinham sido severamente censuradas nos dois primeiros volumes, deixaram passar os dois últimos sem nada dizerem e sem que seu conteúdo criasse qualquer obstáculo para sua publicação. Ainda tive, no entanto, certa preocupação que não devo deixar passar em silêncio. Depois de ter tido medo dos jesuítas, tive medo dos jansenistas e dos filósofos. Inimigo de tudo o que leva o nome de partido, facção, cabala, nunca esperei nada de bom das pessoas que deles fazem parte. Há algum tempo já que as *Comadres* tinham deixado sua antiga moradia para se estabelecerem bem a meu lado, de modo que do quarto deles se ouvia tudo o que se dizia no meu e em meu terraço, e de seu jardim se podia, com toda facilidade, escalar o pequeno muro que o separava de meu terraço. Daquele terraço tinha eu feito o meu gabinete de trabalho, de modo que ali havia uma mesa coberta de provas e de folhas do *Emílio* e do *Contrato Social;* e reunindo aquelas folhas à medida que mas iam mandando, tinha os meus volumes muito antes de serem publicados. Meu estouvamento, minha negligência, minha confiança no Sr. Mathas, em cujo jardim ficava minha casa, faziam que, freqüentemente, esquecendo-me de fechar o meu gabinete, do terraço, à noite, eu o encontrava pela manhã completamente aberto; o que pouco me teria inquietado se não tivesse julgado perceber certa desordem em meus papéis. Depois de ter feito tal observação por várias vezes, tomei mais cuidado em fechar o gabinete. A fechadura era ruim, a chave só dava meia volta. Tornando-me mais atento, achei que ficava então mais desarranjado do que quando o deixava completamente aberto. Finalmente, um de meus volumes desapareceu durante um dia e duas noites, sem que me fosse possível saber o que fora feito dele até que, no terceiro dia, pela manhã, o encontrei sobre a minha mesa. Nunca tive, e nunca tinha tido, desconfianças do Sr. Mathas, nem de seu sobrinho, o Sr. Dumoulin, sabendo que ambos gostavam de mim e tendo neles toda a confiança. Comecei a ter menos certeza das Comadres. Sabia que, apesar de jansenistas, mantinham qualquer ligação com d'Alembert e moravam na mesma casa. Isso me causou certa preocupação e me tornou mais atento. Retirei os papéis de meu quarto, e deixei de ver aquela gente, tendo sabido, além disso, que tinham alardeado, em várias casas, os seus conhecimentos sobre o primeiro volume do *Emílio,* que eu cometera a imprudência de emprestar-lhes. Embora continuassem a ser meus vizinhos até minha partida, não mais tive contato com eles desde então.

O *Contrato Social* apareceu um mês ou dois antes do *Emílio.* Rey, a quem eu sempre exigira que nunca introduzisse furtivamente na França nenhum de meus livros, dirigiu-se ao magistrado para obter a permissão de deixar aquele entrar por Ruão, onde se fazia o embarque por mar. Rey não obteve resposta: seus fardos ficaram vários meses em Ruão, ao fim dos quais mandaram-nos de volta, depois de terem tentado confiscá-los; porém, ele fez tanto barulho que os devolveram. Curiosos tiraram de Amesterdã alguns exemplares que circularam com poucos comentários. Mauléon, que deles tinha ouvido falar e que até tinha visto qualquer coisa, falou-me a respeito com um tom misterioso que me surpreendeu e que me teria inquietado até se, certo de ter observado as leis em todos os sentidos e de não ter nenhuma censura a fazer-me, não me tivesse tranqüilizado devido à minha grande máxima. Nem mesmo duvidava de que o Sr. de Choiseul, então bem disposto a meu respeito, sensível ao elogio que minha estima por ele me obrigara a fazer naquela obra, não me defendesse naquela ocasião contra a má vontade da Sra. de Pompadour.

Certamente eu tinha motivos para contar naquela época, mais do que nunca, com as bondades do Sr. de Luxembourg e com seu apoio em caso de necessidade: pois jamais me dera provas de amizade mais freqüentes e mais tocantes. Durante a viagem da Páscoa, não me permitindo o meu triste estado ir ao castelo, não deixou ele um só dia sem vir ver-me; e finalmente, vendo-me sofrer sem descanso, tanto fez que me convenceu a ir ver o irmão Côme. Mandou buscá-lo; ele mesmo o levou à minha casa e teve a coragem, com toda certeza rara e meritória num grão-senhor, de ficar ali durante a operação, que foi cruel e longa. Tratava-se no entanto de levar uma sonda; porém, nunca tinham conseguido pôr-me a sonda, nem mesmo Morand, que várias vezes o tentou sem conseguir. O irmão Côme, que tinha a mão hábil e de uma leveza sem igual, conseguiu finalmente introduzir uma sonda muito pequena, depois de me ter feito sofrer durante mais de duas horas, nas quais eu me esforçava para prender os gemidos afim de não dilacerar o sensível coração do bom marechal. Ao primeiro exame, o irmão Côme julgou encontrar uma enorme pedra, e mo disse; no segundo, não a encontrou. Depois de ter recomeçado uma segunda e terceira vez, com um cuidado e uma atenção que fizeram com que eu achasse o tempo muito longo, ele declarou que não havia nenhuma pedra, mas que a próstata estava cirrosa e de um tamanho extraordinário; achou a bexiga grande e em boas condições e acabou por me dizer que eu sofreria muito e que viveria muito. Se a segunda predição se cumprir como a primeira, meu sofrimento ainda vai custar muito a terminar.

Assim foi que depois de ter sido sucessivamente tratado, durante tantos anos, de males que eu não tinha, acabei por saber que minha doença, incurável sem ser mortal, duraria tanto quanto eu. Minha imaginação, freada por tal informação, não mais me fez ver em perspectiva, morte cruel com as dores dos cálculos. Deixei de recear que a ponta de uma vela, que se havia quebrado na uretra havia muito tempo, tivesse dado origem à pedra. Livre de males imaginários, para mim mais cruéis do que os males reais, sofri com mais resignação os últimos. O certo é que, desde então, sofri muito menos com o meu mal do que tinha sofrido até então; e nunca me lembro de dever tal alívio ao Sr. de Luxembourg sem me entristecer de novo ante sua lembrança.

Devolvido, por assim dizer, à vida e mais do que nunca ocupado com o plano que traçara para o resto dela, esperava apenas, para pô-lo em execução, que *Emílio* fosse publicado. Sonhava com Touraine, onde já tinha estado e que muito me agradava, tanto pela doçura do clima como pela da índole dos habitantes.

La terra molle e lieta e dilettosa
Simili a se gli abitator produce.[176]

Já tinha falado de meu projeto ao Sr. de Luxembourg, e este quisera afastá-lo de minha cabeça; tornei a falar-lhe dele como de uma coisa resolvida. Então ele me propôs o castelo de Merlou, a quinze léguas de Paris, como um asilo que podia me agradar e no qual ele e a marechala me veriam com prazer. Aquela proposta tentadora muito me agradou. Antes de tudo, era preciso ver o lugar;

---

176. *A terra amável, alegre e deleitosa / Igual habitante produz.* (N.E.)

combinamos o dia em que o senhor marechal mandaria o criado de quarto com um carro para ali me levar. Naquele dia senti-me bem indisposto; foi preciso adiar a partida, e os contratempos que se seguiram impediram-me de ir. Tendo sabido depois que a terra de Merlou não pertencia ao senhor marechal e sim à senhora marechala, consolei-me mais facilmente de não ter ido.

Finalmente *Emílio* foi publicado sem que eu ouvisse falar de novas folhas reimpressas ou qualquer outra dificuldade. Antes de sua publicação, o senhor marechal pediu-me todas as cartas do Sr. de Malesherbes que se referiam àquela obra. Minha grande confiança em ambos e minha profunda segurança me impediram de refletir no que havia de extraordinário e até de inquietante naquele pedido. Entreguei-lhe as cartas, fora uma ou duas, que, por descuido, ficaram entre os livros. Tempos antes, o Sr. de Malesherbes observara que ele ia destruir as cartas que eu tinha escrito a Duchesne durante meus alarmes contra os jesuítas, e é preciso confessar que aquelas cartas não honravam muito o meu estado mental. Mas observei-lhe que por coisa nenhuma queria eu passar por melhor do que era e que ele podia deixar as cartas com Duchesne. Não sei o que ele fez.

A publicação daquele livro não produziu esplêndidos aplausos que receberam todos os meus trabalhos. Nenhuma outra obra teve tantos e tão grandes elogios particulares, nem tão pouca aprovação pública. O que me disseram e o que me escreveram as pessoas mais capazes de julgá-la confirmou que aquela era a melhor de minhas obras, bem como a mais importante. Mas tudo isso foi dito com as mais estranhas precauções, como se fosse de vital importância guardar em segredo o bem que dela pensavam. A Sra. de Boufflers, que me dissera que o autor daquele livro merecia estátuas e as homenagens de toda a humanidade, pediu-me com o maior desembaraço, no fim de seu bilhete, que o devolvesse. D'Alembert, que me escreveu que aquela obra decidia a minha superioridade e devia pôr-me acima de todos os homens de letras, não assinou sua carta, embora tenha assinado todas as que me tinha escrito até então. Duclos, amigo certo, homem sincero, mas circunspecto e que dava importância ao livro, evitou falar-me dele por escrito; Ia Condamine lançou-se sobre a *Profissão de Fé* e tresvariou; Clairaut se limitou, em sua carta, ao mesmo trecho; mas não teve medo de exprimir a emoção que a leitura lhe havia proporcionado; e observou-me devidamente que tal leitura lhe tinha aquecido a velha alma; de todos aqueles a quem enviei o meu livro, foi ele o único que disse em voz alta e livremente e a todo o mundo o que pensava de bem a respeito de meu *Emílio*.

Mathas, a quem eu também tinha dado um exemplar antes de ser posto à venda, emprestou-o ao Sr. de Blaire, conselheiro do parlamento, pai do intendente de Estrasburgo. O Sr. de Blaire tinha uma casa de campo em Saint-Gratien, e Mathas, antigo conhecido ali, ia vê-lo algumas vezes quando tinha ocasião. Fez com que lesse *Emílio* antes de ser dado ao público. Devolvendo-o, o Sr. de Blaire lhe disse estas mesmas palavras que me foram contadas no mesmo dia: "Sr. Mathas, eis aí um livro muito belo, mas do qual dentro em pouco se falará, mais do que o autor desejaria". Quando me contou isso, limitei-me a rir e ali não vi mais do que a importância de um homem de toga que em tudo põe mistério. E todos os acontecimentos inquietantes que me foram repetidos não me causaram impressão maior; bem longe de prever a catástrofe para a qual corria, confiante na utilidade, na beleza, de meu trabalho, certo de estar em ordem a todos os respeitos, certo, como julgava estar, de toda a estima da Sra. de Luxembourg e até dos favores do ministério, congratulava-me pela resolução tomada de retirar-me bem no auge de meus triunfos e na hora em que acabava de esmagar todos os que me invejavam.

Uma única coisa me alarmava na publicação daquele livro, e isso menos por minha segurança do que para descarrego de meu coração. Na Ermitage, em Montmorency, tinha visto de perto, e com indignação, os vexames criados pelo excesso de zelo pela diversão dos nobres, vexames sofridos pelos infelizes camponeses, que se vêem obrigados a aturar os estragos que as caças faziam nos campos, sem ousarem defender-se a não ser com escândalo e vendo-se obrigados a passar as noites nas plantações de fava e de ervilhas, com caldeirões, tambores, campainhas, para espantar os javalis. Testemunha da bárbara severidade com que o senhor conde de Charolois mandava tratar aqueles pobres coitados, tinha eu feito, quase no fim do *Emílio,* uma censura àquela crueldade. Outra infração às minhas máximas que não ficou impune. Soube que os oficiais do senhor príncipe de Conti não eram menos severos em suas terras; receava que aquele príncipe, pelo qual sentia respeito e gratidão, tomasse para ele aquela crítica que um sentimento de humanidade revoltada me obrigara a fazer a seu tio e que se julgasse ofendido. Entretanto, como minha consciência me tranqüilizava por completo sobre tal ponto, sosseguei diante de suas demonstrações de amizade e fiz bem. Pelo menos nunca soube que aquele grande príncipe tenha dado a menor atenção à tal passagem, escrita muito tempo antes que o conhecesse.

Poucos dias antes e depois da publicação de meu livro, pois não me lembro com exatidão, apareceu uma outra obra sobre o mesmo assunto, copiada palavra por palavra de meu primeiro volume, fora algumas coisas desenxabidas que tinham entremeado naquele extrato. O livro trazia o nome de um genebrino chamado Balexsert; e nele se dizia que com tal trabalho ganhara ele o prêmio da Academia de Harlem. Facilmente compreendi que aquele prêmio e aquela Academia eram de criação recente, para disfarçarem o plágio aos olhos do público; porém, vi também que naquilo havia qualquer intriga anterior, da qual nada compreendia; ou a entrega indevida de meu manuscrito, sem o que aquele roubo não teria sido possível; ou, para arranjarem a história daquele pretenso prêmio, à qual bem fora preciso dar alguma base. Foi somente muitos anos depois que, devido a uma palavra que escapou a d'Ivernois, consegui desvendar o mistério e entrevi aqueles que tinham posto em cena o senhor Balexsert.

Os surdos ribombos que precedem os raios da tempestade começavam a ser ouvidos, e todas as pessoas com um pouco de inteligência logo viram que se tramava, a respeito de meu livro e de minha pessoa, alguma intriga que não tardaria a vir à luz. Quanto a mim, a minha tranqüilidade e a minha estupidez foram tais que, longe de prever minha desgraça, nem mesmo desconfiava da causa após ter sentido seus efeitos. Começaram por espalhar, com muita habilidade, que ao tratarem com severidade os jesuítas, mostravam uma indulgência parcial para com os livros e os escritores que atacavam a religião. Censuravam-me por ter assinado *Emílio,* como se não o tivesse feito com todos os meus outros trabalhos, aos quais nada criticaram. Parecia que tinham medo de serem obrigados a alguns passos, dados com pesar, mas que as circunstâncias tornavam necessários, motivados pela minha imprudência. Aqueles boatos chegaram aos meus ouvidos e quase não me preocuparam; nem mesmo me veio à cabeça que pudesse haver naquilo tudo a menor coisa que me dissesse respeito pessoalmente, a mim que me sentia tão perfeitamente irrepreensível, tão bem protegido, em tanta ordem em todos os sentidos e que não receava que a Sra. de Luxembourg me deixasse em embaraços, por um erro que, se existia, cabia-lhe inteiramente. Porém sabendo, em caso semelhante, como as coisas se passam e que o costume é proceder com rigor contra os livreiros poupando os escritores, não me sentia tranqüilo a respeito do pobre Duchesne, se o Sr. de Malesherbes viesse a abandoná-lo.[177]

---

[177]. Cabe aqui tornar pública uma Declaração de Malesherbes relativa à publicação do *Emílio,* declaração encontrada entre os papéis de Rousseau após sua morte e à qual, com surpresa, não faz alusão nem nas *Confissões,* nem em outro livro. Du Peyrou achou-a muito importante, e com razão, como peça justificativa, para que o público a ignorasse e, por isso, mandou que fosse impressa no fim da Segunda Parte das *Confissões.* Ei-la:

Fiquei sossegado. Os boatos aumentaram e em breve mudaram de tom. O público, e principalmente o parlamento, pareciam irritar-se ante minha calma. Ao fim de alguns dias a fermentação aumentou pavorosamente; e as ameaças, mudando de alvo, dirigiram-se diretamente a mim. Ouvia-se dizer abertamente aos parlamentares que não se fazia nada de mais queimando os livros e que era preciso queimar os que os escreviam. Quanto aos livreiros nem falavam neles. A primeira vez que tais intenções, mais dignas de um inquisidor de Gôa do que de um senador, vieram ao meu conhecimento, não duvidei nada de que não fossem uma invenção dos holbaquianos que queriam meter-me medo e obrigar-me a fugir. Ri de artifício tão pueril e a mim mesmo dizia, zombando deles, que se soubessem a verdade das coisas teriam ido procurar outro meio para me meterem medo; porém, as notícias se tornaram tais que vi claramente que eram verdades. O Sr. e a Sra. de Luxembourg tinham, naquele ano, adiantado sua segunda viagem a Montmorency, de sorte que ali estavam nos começos de junho. Nesse lugar pouco ouvi falarem contra meus novos livros, apesar do escândalo que suscitavam em Paris; e os donos da casa não me falavam neles de modo nenhum. No entanto, certa manhã em que eu me encontrava só com o Sr. de Luxembourg, ele me disse: "O senhor falou mal do Sr. de Choiseul no *Contrato Social?*". Eu, disse-lhe recuando surpreso: "Não, juro-o; pelo contrário, fiz-lhe,

---

"Quando o Sr. Rousseau tratou de sua obra intitulada *Emílio ou de l'Éducation*, aqueles com quem ele firmou o contrato lhe disseram que tinham a intenção de mandar imprimi-la na Holanda. Um livreiro, de posse do manuscrito, pediu permissão para que o livro fosse impresso na França sem que o autor soubesse. Nomearam um censor. Este, tendo examinado os primeiros cadernos, deu uma lista de algumas modificações que julgava necessárias. Essa lista foi passada às mãos de Rousseau, a quem tinham prevenido, tempos antes, de que haviam começado a imprimir sua obra em Paris.

Rousseau declarou ao censor encarregado da editora que era inútil fazer mudanças nos primeiros cadernos porque se lessem os seguintes verificariam que a obra inteira jamais teria permissão de ser impressa na França. Acrescentou que não queria fazer nada que infringisse as leis e que escrevera seu livro para ser impresso na Holanda apenas, país onde ele julgava que ela poderia surgir sem contrariar as leis. Foi após essa declaração feita pelo próprio Rousseau que o censor recebeu ordem de interromper a censura e o livreiro soube que jamais teria permissão para imprimir a obra. Depois desses fatos, muito verídicos e que nunca serão desmentidos, o Sr. Rousseau pôde afirmar que se o livro intitulado *Emílio ou de l'Éducation* foi impresso em Paris, apesar da proibição, foi sem seu consentimento, à sua revelia, e até pode dizer que fez o que dele dependia para impedir sua impressão.

Os fatos contidos nessas *Memórias* são verdadeiros e já que o Sr. Rousseau deseja que eu disso dê testemunho, é com satisfação que o atendo. – Paris, 31 de janeiro de 1766. – *De Lamoigno de Malesherbes.*" (N.E. francês)

com a minha pena que não é venal, o mais belo elogio que jamais recebeu algum ministro". E imediatamente relatei-lhe a passagem. "E no *Emílio?",* tornou o marechal. "Nem uma palavra", respondi; "no *Emílio* não há uma só palavra que lhe diga respeito". "Ah!", observou ele com mais vivacidade do que a habitual, era preciso fazer a mesma coisa no outro livro ou ser mais explícito. Julguei ter sido claro, acrescentei; eu o estimava bastante para isso. O marechal ia retomar a palavra; vi que estava prestes a abrir-se; conteve-se e ficou calado. Desgraçada política de cortesãos, que até nos melhores corações domina a própria amizade!

Aquela conversa, embora curta, lançou luz sobre minha situação, pelo menos a certo respeito, e me fez compreender que era mesmo à minha pessoa que visavam. Deplorei aquela inaudita fatalidade que virava contra mim tudo o que eu dizia e fazia de bem. Entretanto, sentindo-me escudado pela Sra. de Luxembourg e pelo Sr. de Malesherbes, não via como poderiam afastá-los e vir diretamente em cima de mim: pois, naquele tempo, senti perfeitamente que não mais seria questão de eqüidade e de justiça e que não se dariam ao trabalho de verificar se eu tinha ou não culpa. Entretanto, a tempestade roncava cada vez mais. Não havia um só, nem mesmo Néaulme, que, em sua tagarelice, não me falasse do desgosto de se ter metido naquela obra, e a certeza de que partilharia a sorte que ameaçava o livro e o autor. Entretanto, uma coisa havia que sempre me tranqüilizava: via a Sra. de Luxembourg tão tranqüila, tão satisfeita, tão risonha mesmo, que era preciso que estivesse muito segura de si para não ter a menor inquietação a meu respeito, para não me dizer uma só palavra de comiseração e de desculpa, para ver a direção que aquele assunto tomava, com tanto sangue-frio como se não se tivesse metido nele e como se não tivesse por mim o menor interesse. O que me surpreendia era não me dizer nada. Parecia-me que devia dizer-me alguma coisa. A Sra. de Boufflers parecia menos tranqüila. Ia e vinha com certa agitação, sempre em movimento e me assegurando que o senhor príncipe de Conti também se preocupava em aparar o golpe que me estavam preparando, e que ela sempre atribuía às circunstâncias presentes, nas quais importava ao parlamento não se deixar acusar pelos jesuítas de indiferença sobre religião. Contudo, a Sra. de Boufflers parecia contar pouco com o sucesso das medidas tomadas pelo príncipe e pelos seus. Suas conversas, mais alarmantes do que calmantes, tendiam todas a convencer-me de que devia sair da França e ela sempre me aconselhava a Inglaterra, onde punha à minha disposição uma porção de amigos, entre outros o célebre Hume, que era seu amigo há muito tempo. Vendo que eu persistia em conservar minha tranqüilidade, lançou mão de um subterfúgio mais capaz de me abalar. Deu-me a entender que, se eu fosse preso e interrogado, ficaria na necessidade de citar a Sra. de Luxembourg e que sua amizade por mim bem merecia que eu não me expusesse, comprometendo-a. Respondi que em tal caso ela podia ficar tranqüila pois não a comprometeria. Replicou que tal resolução era mais fácil de tomar do que pôr em execução; e nisso tinha razão, principalmente por mim, bem resolvido a nunca cometer perjúrio ou mentir diante dos juízes, fosse qual fosse o risco que corresse por dizer a verdade.

Vendo que tal reflexão me causara impressão sem que no entanto eu me resolvesse a fugir, falou-me da Bastilha durante algumas semanas, como um meio de subtrair-me à jurisdição do parlamento, que não interfere com os prisioneiros de Estado. Nada objetei contra essa singular graça, contanto que ela não fosse solicitada em meu nome. Como não voltou ao assunto, julguei, mais tarde, que só me havia proposto aquela sugestão a fim de sondar-me e que, de fato, não desejava um expediente capaz de pôr um ponto-final em tudo.

Poucos dias depois, o senhor marechal recebeu do cura de Deuil, amigo de Grimm e da Sra. de Épinay, uma carta trazendo o aviso, que ele afirmava ter recebido de boa fonte, que o parlamento devia proceder contra mim com extrema severidade e que, num dia que ele assinalou, seria decretada a prisão. Achei que tal aviso era de fabricação holbáquica; eu sabia que o parlamento respeitava muito as formas e que seria pô-las de lado o fato de começar naquela ocasião por um decreto de prisão, antes de saber juridicamente se eu reconhecia o livro e se eu confessava ser seu autor. Dizia eu à Sra. Boufflers: "Só os crimes que atentam contra a segurança pública é que, por simples provas, decretam a prisão do acusado, receando que escapem ao castigo. Porém, quando querem punir um delito como o meu, que merece honras e recompensas, procedem contra o livro, e evitam o mais que podem lançar a culpa ao autor". Diante disso ela fez uma observação sutil, que esqueci, para me provar que era por favor que decretavam a minha prisão em vez de me intimarem para ser ouvido. No dia seguinte, recebi uma carta de Guy, na qual dizia que, encontrando-se no mesmo dia em casa do senhor procurador geral, tinha visto em cima de sua escrivaninha o rascunho de uma requisição contra *Emílio* e seu autor. Notem que Guy era sócio de Duchesne, que imprimira a obra; e que, muito tranqüilo por sua conta, dava por caridade aquele aviso ao autor. Podem julgar como tudo aquilo me pareceu incrível. Era tão simples, tão natural que um livreiro admitido à audiência do senhor procurador geral lesse tranquilamente os manuscritos e rascunhos esparsos sobre a escrivaninha daquele magistrado! A Sra. de Boufflers e outras confirmaram o aviso. Diante dos absurdos com que me enchiam os ouvidos incessantemente, estava tentado a crer que todo o mundo tinha ficado maluco.

Certo de que, por trás daquilo tudo havia algum mistério que não desejavam desvendar, resolvi esperar tranqüilamente os acontecimentos; baseando-me em minha retidão e em minha inocência em todo o negócio, e muito feliz, fosse qual fosse a perseguição que devia estar à minha espera, por ter tido a honra de ser escolhido para sofrer pela verdade. Longe de recear e ficar escondido, ia diariamente ao castelo e às tardes dava o meu costumeiro passeio. No dia 8 de junho, véspera do evento, fiz meu passeio com dois mestres da oratória, o padre Alamanni e o padre Mandard. Levamos para Champeaux uma merenda que comemos com apetite. Tínhamos esquecido os copos: suprimos tal falta com canudinhos de centeio, com os quais chupávamos o vinho da garrafa, procurando arranjar os canudos mais largos, para ver quem mais tomava o vinho. Em toda minha vida nunca estive tão alegre.

Contei-lhes como perdi o sono quando ainda jovem. Desde então tomara o hábito de ler todas as noites no leito, até sentir que meus olhos se fechavam. Então apagava a vela, e procurava adormecer por instantes, que quase não duravam. Minha leitura habitual era a Bíblia e eu a li inteira pelo menos cinco ou seis vezes seguidas desse modo. Naquela noite, sentindo-me mais desperto do que nunca, prolonguei a minha leitura por mais tempo e li todo o livro que termina com o levitã de Efraim e que, se não me engano, é o livro dos Juízes; pois desde então não mais revi a Bíblia. Aquela história interessou-me muito e estava refletindo sobre ela numa espécie de sonho quando, repentinamente, fui despertado pelo ruído e pela luz. Thérèse, que a trazia, vinha iluminando o Sr. la Roche que, vendo-me levantar bruscamente, me disse: "Não se alarme, é da parte da senhora marechala que lhe escreve e que lhe manda uma carta do senhor príncipe de Conti". Com efeito, na carta da Sra. de Luxembourg, encontrei aquela que um mensageiro daquele príncipe tinha acabado de trazer-lhe, com o aviso de que, apesar de todos os seus esforços, estavam decididos a proceder contra mim, com todo o rigor. "A fermentação", frisava ele, "era extrema; nada podia aparar o golpe; a corte exige, o parlamento o quer; às sete horas da manhã será decretada a prisão e a ordem será expedida imediatamente. Obtive que não o perseguissem se ele se afastasse; mas se ele teimar em ficar, será preso". La Roche me pediu, da parte da senhora marechala, que me levantasse e fosse conferenciar com ela. Eram duas horas, ela acabava de deitar-se. "Ela o espera", acrescentou ele, "e não quer dormir sem o ter visto". Vesti-me às pressas e corri para lá. Pareceu-me agitada. Era a primeira vez. Sua perturbação comoveu-me. Naquele momento de surpresa, no meio da noite, eu mesmo não estava isento de emoção; porém, ao vê-la, esqueci-me de mim mesmo para só pensar nela e no triste papel que ela ia desempenhar se eu deixasse que me prendessem: pois, sentindo-me com bastante coragem para sempre dizer a verdade, trouxesse-me ou não aborrecimentos e perdas, não tinha presença de espírito, nem muita habilidade, nem talvez muita firmeza para evitar comprometê-la, se a isso fosse vivamente instado. Isso me decidiu a sacrificar minha glória à sua tranqüilidade, a fazer por ela, naquela ocasião, aquilo que ninguém me pudera obrigar a fazer por mim mesmo. Assim que tomei aquela resolução, dei-lhe parte dela, não querendo estragar o preço de meu sacrifício deixando que fosse comprado. Estou certo de que ela não pôde enganar-se quanto aos meus motivos; entretanto, não me disse uma só palavra que demonstrasse que era sensível ao que eu fazia. Fiquei chocado com tal indiferença, a ponto de ter vontade de me retratar; porém, chegou o senhor marechal e, a Sra. de Boufflers chegou de Paris momentos depois. Eles fizeram o que a Sra. de Luxembourg devia ter feito. Deixei que me adulassem; tive vergonha de me desdizer, e então só se tratou do lugar para onde eu me retiraria e do tempo para minha partida. O Sr. de Luxembourg propôs-me ficar na casa dele alguns dias, incógnito, para decidir, e tomar minhas medidas com mais calma; não aceitei de modo nenhum, nem tão pouco acedi à proposta de ir secretamente ao Templo. Teimei em querer partir no mesmo dia, de preferência a ficar escondido fosse onde fosse.

Sentindo que tinha inimigos secretos e poderosos no reino, achei que apesar de meu apego à França devia sair dali para assegurar minha tranqüilidade. Meu primeiro movimento foi o de me retirar para Genebra; porém, um instante de reflexão bastou para me dissuadir de fazer tal tolice. Eu sabia que o ministério de França, mais poderoso ainda em Genebra do que em Paris, não me deixaria mais em paz numa daquelas cidades, se estivesse resolvido a me perseguir. Sabia que o *Discurso sobre a Desigualdade* tinha excitado contra mim, no Conselho, um ódio tanto mais perigoso quanto não o ousavam manifestar. Sabia que, em última análise, quando a *Nouvelle Héloise* surgiu, o Conselho apressara-se a defendê-lo, por solicitação do doutor Tronchin; porém, vendo que ninguém o imitava, nem mesmo em Paris, teve vergonha daquele estouvamento e retirou a defesa. Eu não duvidava de que, achando agora a ocasião mais favorável, não tomasse suas precauções para aproveitá-la. Sabia que, apesar das boas caras que me faziam, contra mim reinava em todos os corações genebrinos uma inveja secreta que só esperava ocasião para se saciar. Não obstante, o amor da pátria me chamava para a minha; e se eu tivesse podido acalentar a esperança de ali viver em paz, não teria hesitado; mas nem a honra, nem a razão permitiam que ali me refugiasse como um fugitivo, tomei pois a resolução de aproximar-me de Genebra apenas, e de ir esperar na Suíça a decisão que tomariam em Genebra a meu respeito. Em breve verão que tal hesitação não durou muito.

A Sra. de Boufflers não aprovou nada aquela resolução, e fez novos esforços para induzir-me a ir para a Inglaterra. Não conseguiu demover-me. Jamais amei a Inglaterra e os ingleses; e toda eloqüência da Sra. de Bouffler, longe de vencer minha aversão, parecia aumentá-la, sem que eu soubesse por quê.

Resolvido a partir imeditamente, fiz que acreditassem que havia partido naquela madrugada mesmo; e la Roche, a quem mandei buscar meus papéis, não quis dizer à própria Thérèse se eu estava ou não no castelo. Desde que tomei a resolução de escrever as minhas *Memórias*, tinha acumulado muitas cartas e papéis; de sorte que foram precisas várias viagens. Uma porção desses papéis já separados foram postos à parte, e ocupei o resto da manhã a escolher as outras, afim de só levar o que me podia ser útil e queimar o resto. O Sr. de Luxembourg teve a maior boa vontade em me ajudar no trabalho, que foi tão longo que não o pudemos terminar pela manhã, e não tive tempo para queimar nada. O senhor marechal ofereceu-se para cuidar do resto da separação, queimando pessoalmente o que ia ser posto fora, sem se referir fosse a que fosse, e enviando-me tudo o que tivesse sido posto à parte. Aceitei o oferecimento, muito contente por me ver livre daquele cuidado, para poder passar as poucas horas que ainda me restavam com as pessoas mais queridas, a quem ia deixar para sempre. Tomou ele a chave do quarto em que eu guardava aqueles papéis e ante aos meus pedidos insistentes mandou buscar a minha pobre tia que se consumia em mortal perplexidade sobre o que me teria acontecido e sobre o que seria dela, esperando a qualquer momento os oficiais de justiça, sem saber como se conduzir e o que lhes responder. La Roche levou-a ao castelo, sem nada lhe dizer; ela já me julgava bem longe; ao ver-me, encheu o ar com seus gritos e precipitou-se em meus braços. Ó amizade, compreensão de corações, hábito, intimidade! Naquele doce e cruel momento reuniram-se todos os dias de felicidade, de ternura e de paz passados juntos para que eu melhor sentisse a dor de uma primeira separação, depois de mal nos perdermos de vista um único dia durante quase dezessete anos. O marechal, testemunha daquele abraço, não pôde reter as lágrimas. Deixou-nos a sós. Thérèse não queria separar-se de mim. Fiz que compreendesse o inconveniente de me seguir naquele momento e a necessidade de ela ficar para liquidar minhas coisas e recolher meu dinheiro. Quando expedem ordem de prisão contra um homem, é costume tomar-lhe os papéis, pôr selos sobre seus bens, ou fazerem um inventário e nomearem um guarda. Era preciso que ela ficasse para velar pelos acontecimentos e tirar de tudo o melhor partido possível. Prometi-lhe que iria ao meu encontro dentro em pouco, o marechal confirmou minha promessa; porém, não lhe quis dizer para onde ia, afim de que, interrogada por aqueles que mc viriam prender, ela pudesse protestar com sinceridade sua ignorância em tal ponto. Ao abraçá-la, no momento de nos separarmos, senti em mim mesmo um impulso fora do comum e lhe disse, num transporte, ai de mim!, profético demais: "Minha filha, é preciso que te armes de coragem. Partilhaste a prosperidade de meus belos dias; resta-te, já que assim o queres, partilhar minha desgraça. Não esperes mais do que afrontas e calamidades daqui por diante. A sorte que hoje se inicia para mim perseguir-me-á até a derradeira hora".

Restava-me pensar na partida. Os meirinhos deviam ter chegado às dez horas. Já se tinham passado quatro depois do meio-dia quando eu parti, e ainda não haviam chegado. Ficara decidido que eu tomaria a carruagem do correio. Não possuía cadeirinha; o senhor marechal me presenteou com um carro-pequeno e emprestou-me cavalos e um postilhão até a primeira muda, onde, devido às medidas que ele tomara, não me criaram nenhuma dificuldade para mudar os cavalos.

Como não tinha jantado à mesa, e como não me mostrara no castelo, as senhoras me vieram dizer adeus no sotão onde tinha passado o dia. A senhora marechala abraçou-me diversas vezes, com ar bem triste; contudo, não mais senti em seus abraços os apertos daqueles que me prodigalizara havia dois ou três anos. A Sra. de Boufflers também me abraçou e me disse coisas bem bonitas. Um abraço que me surpreendeu muito foi o de Sra. de Mirepoix, que também estava presente. A senhora marechala de Mirepoix é uma pessoa extremamente fria, decente e reservada e não me parece completamente isenta do orgulho natural à casa de Lorraine. Nunca me dera provas de grande atenção. Ou porque, lisonjeado por uma honra que eu não esperava, eu procurasse dar-lhe mais valor, ou porque, com efeito, a Sra. de Mirepoix pôs naquele abraço um pouco da comiseração natural aos corações generosos, descobri em seu gesto e em seu olhar não sei quê de enérgico que me comoveu. Muitas vezes, voltando a pensar na cena, desconfiei de que, não ignorando a que destino estava eu condenado, ela não pudera se defender de um momento de comoção ante a minha sorte.

O senhor marechal não abria a boca, estava pálido como um morto. Quis, por força, acompanhar-me até a cadeirinha, que me esperava junto ao lago. Todos nós atravessamos o jardim sem dizer palavra. Eu possuía uma chave do parque, da qual me servi para abrir a porta; depois disso, devolvi-a sem dizer palavra. Ele a pegou com uma surpreendente vivacidade, na qual não pude deixar de pensar muitas vezes desde então. Quase não tive em toda vida outros instantes mais amargos do que os da separação. O abraço foi longo e mudo: ambos sentimos que aquele abraço era um último adeus.

Entre la Barre e Montmorency encontrei, num carro de aluguel, quatro homens de preto que me saudaram sorrindo. Diante do que Thérèse me contou mais tarde sobre o aspecto dos meirinhos, da hora em que chegaram e do modo como se comportaram, não duvidei de que eram eles; principalmente tendo sabido depois que, em vez de ter sido expedida a ordem às sete horas, como me haviam dito, ela só fora entregue ao meio-dia. Foi preciso atravessar toda Paris. Não ficamos bem escondidos dentro de um cabriolé todo aberto. Vi nas ruas várias pessoas que me cumprimentaram com jeito de que me conheciam, porém não reconheci nenhuma delas. Na mesma noite, fiz um desvio para ir à casa de Villeroy. Em Lion, os correios devem ser levados ao comandante. Isso podia ser embaraçoso para um homem que não queria mentir, nem mudar de nome. Eu ia com uma carta de recomendação, da Sra. de Luxembourg, pedir ao Sr. de Villeroy para dar um jeito de modo que eu ficasse livre daquele trabalho. O Sr. de Villeroy deu-me uma carta de que não fiz uso porque não passei por Lion. Essa carta ainda está lacrada entre os meus papéis. O senhor duque insistiu comigo, e muito, para dormir em Villeroy; mas preferi continuar a grande jornada e ainda fiz mais duas mudas naquele mesmo dia.

O assento era duro e eu me sentia muito incomodado para poder fazer longas viagens. Além disso, eu não tinha um aspecto muito majestoso para que me servissem bem; e sabe-se que na França os cavalos de correio só sentem o chicote nas costas do postilhão. Pagando generosamente os guias, julguei que me tratarariam bem e bem me serviriam; foi pior. Tomaram-me por um pobre coitado que viajava por comissão e que ia pelo correio pela primeira vez na vida. Desde então só me deram cavalos morosos e tornei-me joguete dos postilhões. Acabei como deveria ter começado, tendo paciência, nada dizendo e viajando como bem lhes aprovia.

Tinha com que me distrair na viagem, entregando-me a reflexões que se apresentavam sobre tudo o que acabava de me suceder; porém, não era essa a disposição de meu espírito nem os desejos de meu coração. É admirável a facilidade com que, passado o mal, por mais recente que seja, eu o esqueço. Quanto mais a previsão me amedronta e perturba quando o vejo desenhar-se no futuro, tanto mais sua lembrança me volta fracamente e se extingue com facilidade assim que o mal acontece. Minha imaginação cruel, que sem cessar se atormenta pensando nas desgraças que ainda não existem, afasta-me da que aconteceu e me impede de recordar as que já passaram. Contra aquilo que já não existe não há mais precauções a tomar e é inútil a preocupação. De certo modo, esgoto minha infelicidade antecipadamente: quanto mais sofri ao prever um acontecimento, mais facilidade tenho em esquecê-lo; ao passo que, ao contrário, incessantemente ocupado com a minha felicidade passada, dela me lembro e a rumino, por assim dizer, a ponto de gozá-la de novo quando quero. É a essa feliz disposição, sinto, que devo nunca ter conhecido aquele humor rancoroso que fermenta num coração vingativo para recordação contínua das ofensas recebidas, e que se atormenta a si mesmo com todo o mal que desejaria causar a seu inimigo. Naturalmente arrebatado, experimentei a cólera, o próprio ódio nos primeiros impulsos; porém, nunca um desejo de vingança criou raízes dentro de meu peito. Ocupo-me muito pouco com as ofensas para me ocupar muito com quem me ofendeu. Só penso no mal que recebi por causa daquele que ainda posso vir a receber; e se estivesse seguro de que não mais me faria mal, seria imediatamente esquecido aquele que mo causasse. Pregam-nos muito o perdão às ofensas: é uma virtude muito bela sem dúvida, mas que não sei usar. Ignoro se meu coração saberá dominar o ódio, pois nunca experimentei tal sentimento e penso muito pouco em meus inimigos para ter o mérito de perdoá-los. Não direi até que ponto, para me atormentar, eles mesmos se atormentaram. Estou à sua mercê, têm eles todo o poder, dele usam. Só há uma única coisa acima de seu poderio e a que eu os desafio: é, preocupando-se comigo, obrigarem-me a preocupar-me com eles.

No dia seguinte ao de minha partida, tinha esquecido tão bem tudo o que se acabava de passar com o parlamento, a Sra. de Pompadour, os Srs. de Choiseul, Grimm, d'Alembert, suas intrigas e seus cúmplices, que nem teria voltado a pensar naquilo durante toda a viagem, sem as precauções que me via obrigado a ter. A lembrança que me veio, em vez de tudo aquilo, foi a de minha última leitura na véspera de minha partida. Lembrei-me também dos idílios de Gessner, que seu tradutor Hubert me enviara, havia algum tempo. Aquelas duas lembranças me voltaram tão bem e se misturaram de tal modo em meu espírito que quis experimentar reuni-las, tratando, à maneira de Gessner, o motivo do *Le Lévite d'Éphraïm*.[178] Àquele estilo campestre e ingênuo não parecia muito próprio para um assunto tão atroz, e pouco se podia presumir que minha situação presente me fornecesse idéias bem alegres para torná-lo mais leve. Todavia, tentei o argumento, unicamente para me divertir em minha viagem, e sem nenhuma esperança de sucesso. Mal havia ensaiado, fiquei admirado com a amenidade de minhas idéias e pela facilidade que experimentava em desenvolvê-las. Em três dias, fiz os três primeiros cantos desse pequeno poema, que acabei mais tarde em Motiers; e tenho certeza de nada ter feito em minha vida em que reine uma doçura de costumes mais enternecedora, que tenha colorido mais fresco, pinturas mais ingênuas, hábitos mais exatos, uma simplicidade mais terna em tudo, e isso apesar do horror do assunto, que no fundo é abominável; de modo que, além do resto todo, tinha eu ainda o mérito da dificuldade vencida. *Le Lévite d'Éphreïm*, se não é a melhor de minhas obras, será sempre a mais querida. Nunca a reli, jamais a lerei de novo, sem sentir intimamente o aplauso de um coração sem fel que, longe de tornar-se amargo com as desgraças, consola-se consigo mesmo e em si mesmo descobre com que se indenizar. Que reúnam todos aqueles grandes filósofos tão superiores em seus livros à adversidade que nunca conheceram; que os ponham em posição igual à minha e que, na primeira indignação da honra ultrajada, lhes dêem obra semelhante para fazer; hão de ver como se sairão.

    Partindo de Montmorency em direção à Suíça, tinha tomado a resolução de ir parar em Yverdun em casa de meu velho amigo, o Sr. Roguin, que se havia retirado havia alguns anos e que chegara a me convidar para ir vê-lo. Em caminho soube que Lion ficava fora da rota; isto evitou-me o trabalho de passar por ali. Mas, em compensação, era preciso passar por Besançon, praça de guerra, e por conseqüência sujeita ao mesmo inconveniente. Tratei de evitá-la e passar por Salins, com o pretexto de ir ver o Sr. de Mairan, sobrinho do Sr. Dupin, que tinha um emprego na salina e que outrora me fizera insistentes convites para ir vê-lo. O expediente deu resultado; não encontrei o

---

178. *Le Lévite de Éphraïm*, o "levita", o "judeu" do monte Éphaim, escrito em 1761, é uma obra pótuma de Rousseau, inspirada no final do *Livro dos Juízes* da Bíblia. (N.E.)

Sr. de Mairan: muito satisfeito por me ver dispensado de parar, continuei a viagem sem que ninguém me dissesse nada.

Entrando em território de Berna, mandei parar; desci, prosternei-me, abracei, beijei a terra e exclamei transportado: "Céu, protetor da virtude, eu te louvo! Toco uma terra de liberdade". É assim que cego e confiante em minhas esperanças sempre me apaixonei por aquilo que devia vir a ser a minha desgraça. Surpreso, o meu postilhão me julgou louco; subi de novo para o carro e poucas horas depois tive a alegria tão pura quanto viva de me sentir nos braços do respeitável Roguin. Ah! respiremos por instantes em casa desse digno hospedeiro! Preciso criar coragem e forças, em breve encontrarei em que empregá-las.

Não foi sem razão que me prolonguei, na narrativa que acabo de fazer, sobre as circunstâncias de que pude me lembrar. Apesar delas não me parecerem muito brilhantes, assim que se descobrir o fio da trama, elas podem vir a lançar luz sobre o desenrolar dos fatos; e, por exemplo, sem dar a primeira idéia do problema que vou propor, elas muito ajudam a resolvê-lo.

Supondo que, para a execução da intriga de que eu era objetivo, fosse absolutamente necessário o meu afastamento, para ser levada a cabo, tudo devia passar-se quase como se passou; porém se, sem que eu não me assustasse com a embaixada noturna de Sra. de Luxembourg e sem me perturbar com seus alarmes, continuando a manter firmemente o que tinha começado, e se, em vez de ficar tranquilamente no castelo, eu voltasse para meu leito para dormir calmamente a madrugada fresca, teria sido expedida a ordem de prisão? Grande pergunta, da qual depende a solução de muitas outras, e para cujo exame a hora do decreto cominatório e a do decreto real não são de observação inútil. Grosseiro exemplo, mas sensível, da importância dos menores detalhes na exposição dos fatos cujas causas secretas procuramos, para descobri-las por indução.

Livro Décimo Segundo

(1762)

Aqui começa a tenebrosa teia na qual, há oito anos, me acho enredado sem que, de modo algum, me seja possível abrir uma fresta na pavorosa obscuridade. No abismo de males em que estou submerso, sinto os golpes que me são dirigidos; distingo o instrumento, porém não posso ver a mão que o dirige, nem os meios de que se utiliza. O opróbrio e as desgraças caem sobre mim como por si mesmos e sem que o culpado apareça. Quando o meu coração dilacerado deixa escapar suas queixas, tenho o aspecto de um homem que se lamenta sem razão; e os autores de minha ruína descobriram a inconcebível arte de fazer o povo ser cúmplice de sua trama, sem desconfiar e sem perceber seus efeitos. Narrando pois os acontecimentos que me dizem respeito, os tratamentos que sofri e tudo o que me aconteceu, acho-me longe de chegar à mão que maneja todos os fios e não posso apontar as causas ao contar os fatos. As causas originais estão todas anotadas nos três livros precedentes; todos os interesses que me dizem respeito, todos os secretos motivos ali estão expostos. Contudo, dizer como se combinam, essas diversas causas para operar os estranhos fatos de minha vida, eis o que me é impossível explicar, mesmo por conjecturas. Se, entre os meus leitores, encontram-se os bastante generosos para quererem aprofundar tais mistérios e descobrir a verdade, que eles leiam com cuidado os três livros precedentes, que em seguida a cada acontecimento que lerem nos livros seguintes tomem as informações que lhes tiverem ao alcance, que percorram de intriga em intriga e de agente em agente até os primeiros causadores de tudo, sei com toda certeza onde terminarão suas pesquisas; contudo, eu me perco na estrada obscura e tortuosa dos subterrâneos, que os levarão até aí.

Durante minha estadia em Yverdun, travei relações com toda a família do Sr. Roguin e, entre outros, com sua sobrinha, a Sra. Boy de la Tour e suas filhas cujo pai, como creio ter dito, eu conhecera outrora em Lion. Tinha ela vindo a Yverdun para visitar o tio e as irmãs; a filha mais velha da Sra. Boy de la Tour, com seus quinze anos mais ou menos, encantou-me com seu grande bom-senso e gênio excelente. Senti-me dominado pela mais terna amizade para com a mãe e a filha. Esta última fora destinada pelo Sr. Roguin ao coronel, seu sobrinho, homem de certa idade já e que também me provou grande afeição; mas, embora o tio muito desejasse aquele casamento, que o sobrinho também desejava muito, e eu tomasse vivo interesse para que ambos ficassem satisfeitos, a grande desproporção de idades e a extrema repugnância da mocinha fizeram com que eu auxiliasse a Sra. Boy de la Tour para desmanchar tal projeto, e o casamento não se fez. Mais tarde o coronel desposou a Srta. Dillan, sua parenta, moça de uma índole e de uma beleza bem como o meu coração desejava e que o tornou o mais feliz dos maridos e dos pais. Apesar disso, o Sr. Roguin não pôde esquecer que, naquela ocasião, eu havia contrariado os seus desejos. Consolei-me com a certeza de ter cumprido, tanto para com ele como para com a sua família, o dever da mais santa amizade, que não é o de ser sempre agradável, e sim o de aconselhar sempre o melhor.

Não fiquei muito tempo em dúvida sobre o acolhimento que teria em Genebra, no caso de ter vontade de voltar para lá. O meu livro foi queimado naquela cidade e no dia 18 de junho foi expedida ordem de prisão, isto é, nove dias depois de ter sido expedida de Paris. Eram tantos os absurdos incríveis que se acumulavam nesse segundo decreto e o edito eclesiástico ali fora tão formalmente violado que me recusei a crer nas primeiras notícias que recebi e, quando foram confirmadas, tive medo de que infração tão manifesta e tão gritante de todas as leis, a começar pela do bom-senso, pusesse Genebra em confusão. Tive com que me animar: tudo ficou tranqüilo. E se algum rumor percorreu a população foi apenas contra mim, e eu fui publicamente tratado por todas as mulheres faladeiras e por todos os pedantes como um escolar que ameaçariam com castigo por não ter cantado bem o catecismo.

Aqueles dois decretos foram o sinal do grito de maldição que se ergueu contra mim em toda a Europa com um furor de que não há exemplos. Todas as gazetas, todos os jornais, todas as brochuras deram o mais terrível sinal de alarme. Principalmente os franceses, aquele povo tão doce, tão delicado, tão generoso, que tanto se orgulha de decoro e de consideração para com os desgraçados, esquecendo repentinamente suas virtudes favoritas, destacou-se pelo número e pela violência dos insultos com que me acabrunhavam. Eu era um ímpio, um ateu, um maníaco, um louco varrido, um animal feroz, um lobo. O continuador do jornal de Trévoux fez sobre a minha pretensa licantropia uma preleção que bem mostrava a dele. Finalmente, os leitores diriam que em Paris receavam ter que se haver com a polícia se, publicando alguma coisa, fosse sobre o que fosse, deixassem de inserir algum insulto contra mim. Procurando em vão a causa daquela animosidade unânime, estive a ponto de crer que todos tinham ficado loucos. O quê! O redator de *La Paix Perpètuelle*[179] incita à discórdia; o editor do *Vicaire Savoyard*[180] é um ímpio; o autor de *La Nouvelle Héloise*[181] é um lobo; o do *Emílio* é louco furioso. Eh! Deus meu, o que teria eu sido então se tivesse publicado o livro *L'Esprit*,[182] ou qualquer outra obra semelhante? E no entanto, na borrasca que se formou contra o autor daquele livro, o público, longe de juntar sua voz à de seus perseguidores, deles o vingou com elogios. Comparem seu livro com os meus, o modo diferente pelo qual foram recebidos, os tratamentos dispensados aos dois autores nos diversos Estados da Europa; encontrem em tais diferenças razões que possam contentar um homem sensato: eis tudo o que eu peço, e nada mais digo.

Sentia-me tão bem em Yverdun que tomei a resolução de ali ficar, ante a viva instância do Sr. Roguin e de toda sua família. O Sr. de Moiry de Gingins, bailio daquela cidade, também me encorajava com suas bondades a ficar em sua jurisdição. O coronel me pediu tanto para aceitar e ficar morando num pequeno pavilhão que ele possuía em sua casa, entre o pátio e o jardim, que consenti; e imediatamente ele tratou de mobiliar e pôr tudo o que era necessário para minha instalação. O *"banneret"*[183] Roguin, um dos mais solícitos, não me deixava o dia inteiro. Sempre fui sensível a tantas atenções, mas algumas vezes sentia-me bem importunado. O dia para o arranjo de minha casa já estava marcado e tinha escrito a Thérèse para vir juntar-se a mim quando, de súbito, soube que em Berna aumentava a indignação geral contra mim, indignação que era atribuída aos devotos e cuja causa original nunca pude descobrir. Excitado, não se sabe por quem, o senado parecia disposto a não me deixar tranqüilo em

---

179. Jornal *A Paz Perpétua*. (N.E.)
180. Jornal *Vigário Saboiano*. (N.E.)
181. *A Nova Heloisa*. (N.E.)
182. *O Espírito*. (N.E.)
183. Senhor de pendão, na Idade Média. (N.E.)

meu retiro. Diante da primeira notícia que o senhor bailio teve daquela tormenta, escreveu, intercedendo por mim, a vários membros do governo, censurando-lhes a cega intolerância e acusando-os por quererem recusar a um oprimido homem de mérito o asilo que tantos bandidos encontravam em seus Estados. Pessoas sensatas calcularam que o ardor de suas censuras concorreu mais para amargar do que para adoçar os espíritos. Seja como for, nem sua reputação nem sua eloqüência puderam impedir o golpe. Prevenido da ordem que devia passar-me, advertiu-me com antecedência; e para não esperar aquela ordem, resolvi partir no dia seguinte mesmo. A dificuldade era saber para onde ir, vendo que Genebra e França me estavam proibidas e bem prevendo que, naquele assunto, cada qual trataria mais que depressa de imitar o vizinho.

A Sra. Boy de la Tour propôs-me ir morar numa casa vazia, mas toda mobiliada, que pertencia ao filho, na aldeia de Motiers, no Val-de-Travers, condado de Neuchâtel. Bastaria atravessar uma montanha para ali chegar. O oferecimento vinha bem a propósito, ainda mais porque nos Estados do rei da Prússia eu, naturalmente, estaria ao abrigo das perseguições e porque a religião, pelo menos, ali não poderia servir de pretexto. Porém uma dificuldade secreta, que não me convém contar, tinha me feito hesitar. Aquele amor inato à justiça, que sempre devorou o meu coração, junto à minha secreta inclinação pela França, me inspirava aversão pelo rei da Prússia, que me parecia, com suas máximas e sua conduta, jogar por terra todo o respeito pela lei natural e por todos os deveres humanos. Entre as estampas que pusera em molduras e que pendurara em meu gabinete do terraço em Montmorency, havia um retrato daquele príncipe, em cima do qual estava um dístico que assim terminava:

"Pensa como filósofo, age como rei."

Tais versos, assinados por qualquer outra pena, teriam sido um belo elogio; sob a minha adquiriam um sentido nada equívoco e que melhor explicava o verso precedente.[184] Aqueles versos tinham sido vistos por todos os que me tinham ido visitar, e que não eram em pequeno número. O cavalheiro de Lorenzi o copiara até para dá-lo a d'Alembert e eu não duvidava de que d'Alembert não tivesse tido o cuidado de prestar essa minha homenagem àquele príncipe. E eu ainda agravara mais aquele erro com uma passagem no *Emílio*, onde, sob o nome de Adraste, rei dos Daunios, percebia-se bem o que

---

184. Os versos eram: *"A glória, o interesse, eis o seu Deus, a sua lei."* – Esse verso não precedia o que vem citado no texto. Este ficava logo abaixo do retrato e o outro estava escrito atrás.

eu tinha em vista; e a observação não havia escapado aos censores, já que Sra. de Boufflers me levara várias vezes àquele ponto. Por isso tinha plena certeza de estar inscrito com tinta vermelha nos registros do rei da Prússia; e, além disso, supondo que ele tivesse os princípios que eu ousara atribuir-lhe, meus escritos e seu autor só podiam desagradar-lhe com isso: pois sabe-se que os perversos e os tiranos sempre tiveram por mim o ódio mais mortal, sem me conhecerem mesmo, bastando-lhes a leitura de minhas obras.

Entretanto, ousei ficar à sua mercê e julguei correr pequeno risco. Sabia que as baixas paixões quase que só dominam os homens fracos e que pouco poder têm sobre as almas de têmpera forte, entre as quais eu sempre reconheci estar a dele. Julgava eu que em sua arte de reinar entrava a de se mostrar magnânimo em semelhante ocasião e que não ficaria acima de seu caráter o ser efetivamente magnânimo. Achei que uma vingança mesquinha e fácil não abalaria nem por um momento o amor à glória no coração do rei; e, pondo-me em seu lugar, não julguei impossível que se prevalecesse das circunstâncias para esmagar com o peso de sua generosidade o homem que ousara pensar mal dele. Por isso fui morar em Motiers, com uma confiança cujo preço eu me julgava talhado para sentir; e a mim mesmo dizia: "Quando Jean-Jacques se eleva às alturas de um Coriolano, ficará Frederico abaixo do general dos volscos?".[185]

O coronel Roguin quis, por força, atravessar a montanha comigo e vir instalar-me em Motiers. Uma cunhada da Sra. Boy de la Tour, chamada Sra. Girardier, para quem a casa que eu ia ocupar parecia muito cômoda, viu-me chegar com certa má vontade; entretanto, ajudou minha instalação e eu comia em sua casa enquanto esperava que Thérèse viesse e que meu pequeno lar se estabelecesse.

Desde que saira de Moutmorency, pressentindo que dali por diante eu seria como um judeu errante,[186] hesitava em permitir que Thérèse viesse juntar-se a mim para partilhar a vida incerta a que me via condenado. Sentia que diante daquela catástrofe nossas relações iam mudar e que se até aquela época houvera favor e bondade de minha parte, chegara agora a vez dela. Se sua afeição resistisse à prova de minhas desgraças, ela ficaria sofrendo e sua dor viria acrescentar mais uma aos meus males. Se minha desgraça não lhe enternecesse o coração, eu seria obrigado a dar à sua constância o valor

---

185. Volscos: antigo povo de uma área montanhosa no centro da Itália. (N.E.)
186. Referência à lenda do judeu que foi condenado pelas palavras do Cristo a vagar sobre a Terra até o fim dos dias. (N.E.)

de um sacrifício; e, em vez de Thérèse sentir o prazer que eu tinha em partilhar com ela o meu último pedaço de pão, só sentiria seu mérito por ter querido seguir-lhe para toda parte onde o destino me obrigava a ir.

É preciso confessar tudo: não dissimulei os vícios de minha pobre mamãe nem os meus; não devo ser mais generoso para com Thérèse; e, por maior prazer que eu sinta em prestar honras a uma pessoa que me é tão cara, não quero mais encobrir-lhe os defeitos, se é verdade que uma modificação involuntária em sua afeição possa ser considerada um verdadeiro defeito. Há muito tempo eu vinha percebendo que seu coração já não era o mesmo, não mais era para mim o que fora quando éramos mais novos; e eu o sentia ainda mais por ser sempre o mesmo para ela. Caía eu no mesmo inconveniente cujos efeitos sentira junto à mamãe e o efeito foi o mesmo junto à Thérèse. Não procuremos perfeição fora da natureza; o mesmo aconteceria junto a qualquer outra mulher, fosse quem fosse. A resolução que eu tomara a respeito de meus filhos, embora pudesse me parecer bem razoável, não tinha podido deixar meu coração tranqüilo. Ao meditar em meu *Traité de l'Education,* senti que havia negligenciado os deveres aos quais não poderia fugir de modo nenhum. Os remorsos finalmente se tornaram tão fortes que quase me arrancaram a confissão pública de minha falta no começo do *Emílio,* e traços dela ali estão, e tão claros que, depois de tal passagem, é surpreendente que tivessem tido a coragem de me censurarem por causa dela.[187] Minha situação, no entanto, era a mesma de então e ainda pior devido à animosidade de meus inimigos, que procuravam, tão somente, pegar-me em falta. Tive medo da reincidência; e não querendo correr-lhe os riscos, preferi condenar-me à abstinência a expor Thérèse a ver-se de novo no mesmo caso. Além disso, tinha observado que as relações com mulheres pioravam sensivelmente o meu estado: essa razão dupla me obrigara a tomar resoluções que algumas vezes não sustentava bem, mas nas quais persistia com mais constância há uns três ou quatro anos; fora também daquela época em diante que passara a perceber certo arrefecimento em Thérèse: por dever, tinha para comigo as mesmas atenções, porém não sentia mais amor. Isso

---

187. Eis aqui o trecho: "Um pai, quando gera e cria seus filhos, só cumpre assim um terço de sua obrigação... Aquele que não pode cumprir os deveres de pai não tem direito de vir a ter filhos. Não há pobreza, nem trabalhos, nem respeito humano, que o dispensem de criar seus filhos e educá-los pessoalmente. Leitores, podem dar fé às minhas palavras, predigo que todo aquele que tem entranhas e que negligencia seus deveres verterá lágrimas amargas durante muito tempo e jamais encontrará consolo." (*Emílio*, Livro I) (N.E. francês)

concorria para diminuir um pouco a concordância entre nós e imaginei que, certa de que eu continuaria a cuidar dela, estivesse onde estivesse, preferiria ficar em Paris a acompanhar-me numa vida errante. No entanto, mostrara-se tão amargurada com nossa separação, tinha exigido de mim promessas tão positivas de que nos tornaríamos a encontrar, exprimia com tanta força tal desejo depois de minha partida, tanto ao senhor príncipe de Conti como ao Sr. de Luxembourg, que, longe de ter coragem de falar-lhe em separação, custei a pensar nisso, eu mesmo; e depois de ter experimentado como me era impossível viver sem ela, só pensei em chamá-la. Por isso escrevi-lhe para partir; ela veio. Mal tinha feito dois meses que eu a deixara; mas era, depois de tantos anos, a nossa primeira separação. Ambos a tínhamos sentido em toda sua crueldade. Com que emoção nos abraçamos! Como são doces as lágrimas de ternura e de alegria! Como o meu coração saciou-se com elas! Por que me fizeram verter tão poucas lágrimas dessa qualidade?

Ao chegar em Motiers, escrevera a milorde Keith, marechal da Escócia, governador de Neuchâtel, para avisá-lo de que me refugiara nos Estados de sua majestade e para pedir-lhe proteção. Respondeu-me com sua proverbial generosidade, o que eu dele já esperava. Convidou-me para ir vê-lo. Ali fui com o Sr. Martinet, castelão de Val-de-Travers, que gozava de grande prestígio junto à sua excelência. A aparência venerável daquele ilustre e virtuoso escocês comoveu-me profundamente e naquele mesmo instante começou entre nós aquela amizade viva que, de minha parte, é sempre a mesma e que teria sido sempre a mesma da parte dele, se os patifes que me tiraram todos os consolos da vida não se tivessem aproveitado de minha ausência para abusar de sua velhice e desfigurar-me ante seus olhos.

George Keith, marechal hereditário da Escócia e irmão do célebre general Keith, que viveu gloriosamente e morreu coberto de honras, tinha saído de sua pátria quando jovem e fora proscrito por se ter juntado à casa Stuart, com a qual em breve se desgostou devido ao espírito injusto e tirânico que ali observou e que sempre foi seu traço dominante. Muito tempo viveu ele na Espanha, cujo clima lhe agradava e acabou por juntar-se, bem como o irmão, ao rei da Prússia, bom conhecedor dos homens e que os acolheu como mereciam. Até foi bem pago por tal recepção, devido aos grandes serviços que lhe prestou o marechal Keith, e por uma coisa ainda mais preciosa, a sincera amizade de milorde marechal. A grande alma daquele digno homem, completamente republicana e altiva, só podia dobrar-se ao jugo da amizade; porém, dobrou-se tão bem que, com máximas bem diferentes, nada mais viu senão Frederico, assim que se viu ligado a ele. O rei o encarregou dos negócios importantes, enviou-o a Paris, à Espanha; e finalmente vendo-o já velho e precisando de repouso, deu-lhe para descanso o governo de Neuchâtel, com a deliciosa ocupação de ali passar o resto da vida contribuindo para a felicidade daquele povo.

Os habitantes de Neuchâtel, que só sabem apreciar os floreados e dourados, que nada conhecem de um verdadeiro cavalheiro e fidalgo, e acham que a inteligência reside nas frases longas, vendo um homem frio e sem luxo, confundiram sua simplicidade com orgulho, sua franqueza com grosseria, seu laconismo com estupidez; revoltaram-se contra seus bondosos cuidados porque, querendo ser útil e não bajulador, não sabia lisonjear as pessoas a quem não estimava. No ridículo caso do ministro Petitpierre, que foi expulso por seus confrades por não ter deixado que fossem eternamente amaldiçoados, tendo milorde se oposto às usurpações dos ministros, viu levantar-se contra ele todo o país, cujo partido ele tomara; e quando ali cheguei, aquele estúpido rumor ainda não se extinguira. Pelo menos ele passava por homem que tinha prevenções; e, de todas as coisas que lhe imputaram, talvez tenha sido esta a menos injusta. Meu primeiro impulso, ao ver aquele venerável ancião, foi de comover-me pela magreza de seu corpo, já descarnado pelos anos; mas ao erguer os olhos para sua fisionomia animada, franca e nobre, senti-me presa de um respeito misto de confiança que dominava qualquer outro sentimento. Ao cumprimento muito curto que lhe fiz ao aproximar-me, respondeu falando de outra coisa, como se eu estivesse ali há uns oito dias. Nem mesmo nos convidou a sentar-nos. O pesado castelão ficou em pé. Quanto a mim, vi em seus olhos penetrantes e inteligentes não sei quê de tão doce que, sentindo-me logo à vontade, fui, sem constrangimento, sentar-me no sofá bem ao lado dele. Pelo tom familiar que imediatamente tomou, senti que tal liberdade lhe causara prazer e que intimamente dizia: "Este aqui não é de Neuchâtel".

Singular efeito da grande concordância de gênios! Numa idade em que o coração já perdeu o calor natural, o do bom velho tornou a aquecer-se por mim de um modo que surpreendeu a todos. Veio ver-me em Motiers, sob pretexto de caçar codornizes e ali passou dois dias sem pegar num fuzil. Entre nós se estabeleceu tal amizade, pois é esta a palavra, que não podíamos passar um sem o outro. O castelo de Colombier, em que ele morava no verão, ficava a seis léguas de Motiers; ia de quinze em quinze dias, no máximo, passar ali vinte-e-quatro horas, depois voltava do mesmo modo, como peregrino, o coração repleto dele. A emoção que experimentava outrora em minhas excursões da Ermitage a Eaubonne era bem diferente, é verdade, porém não era mais doce do que aquela com que eu me aproximava de Colombier. Quantas lágrimas de ternura não verti eu em caminho, ao pensar nas bondades paternais, nas amáveis virtudes, na doce filosofia daquele respeitável velho! Chamava-o de pai, ele me chamava de filho. Esses dois nomes dão um pouco a idéia da amizade que nos unia, porém, não dão ainda a da necessidade que tínhamos um do outro e do desejo contínuo de estarmos juntos. Ele queria por tudo que eu fosse alojar-me no castelo de Colombier e durante muito tempo instou comigo para que ficasse no apartamento que ocupava. Finalmente eu lhe disse que me sentia mais em liberdade em minha casa e que preferia passar a minha vida visitando-o sempre. Aprovou a minha franqueza e não voltou a falar-me sobre o convite. Ó bondoso milorde! Ó meu digno pai! Como o meu coração se enternece quando penso em ti! Ah! Os bárbaros! Que golpe me deram quando nos separaram! Mas não, não, grande homem, és e sempre serás o mesmo para mim, que continuo a ser o mesmo de sempre. Enganaram-te, porém, não te modificaram.

Milorde marechal não está isento de defeitos; é um sábio, mas é um homem. Com a mais penetrante inteligência, com o tato mais fino que é possível haver, com o mais profundo conhecimento dos homens, algumas vezes se deixa iludir e não se desengana. Tem um temperamento singular, um tanto estranho e bizarro. Parece esquecer as pessoas a quem vê todos os dias e delas se lembra no momento em que menos esperam: suas atenções parecem fora de propósito; seus presentes são caprichosos e não são úteis. Dá, ou manda, no momento, aquilo que lhe passa pela cabeça, de grande preço ou de valor nulo, indiferentemente. Um jovem genebrino, desejando entrar para o serviço do rei da Prússia, apresentou-se ao marechal: milorde lhe entrega, em vez da carta, um saquinho cheio de ervilhas e encarrega-o de levá-lo ao rei. Recebendo aquela singular recomendação, o rei imediatamente emprega aquele que o trouxe. Esses homens da nobreza têm entre si uma linguagem que os espíritos vulgares jamais compreenderão. Aquelas pequenas bizarrices, semelhantes aos caprichos de uma linda mulher, só serviam para que eu achasse o marechal mais interessante. Tinha plena certeza, e mais tarde experimentei-a bem, de que elas não influiriam em seus sentimentos, nem nos cuidados que lhe prescreveu a amizade nas ocasiões sérias. Mas é verdade que em seu modo de ser gentil usa ainda a mesma esquisitice de suas maneiras. Citarei apenas um exemplo a respeito de uma bagatela. Como a distância de Motiers a Colombier era muita para mim, eu a dividia comumente, partindo depois do jantar e dormindo em Brot, a meio caminho. O hoteleiro, chamado Sandoz, tendo que solicitar em Berlim uma graça que lhe importava extremamente, pediu-me que convencesse sua excelência a pedi-la por ele. De boa vontade. Levo-o comigo; deixo-o na antecâmara e falo sobre que o traz ali a milorde que nada me responde. Passa-se a manhã; ao atravessar a sala, para ir jantar, vejo o pobre Sandoz que se desesperava de esperar. Julgando que milorde o tivesse esquecido, torno a falar-lhe antes de nos sentarmos à mesa; nem uma palavra, como antes. Achei aquela maneira de fazer-me sentir o quanto o importunava, um tanto severa e calei-me lamentando em voz baixa o pobre Sandoz. Ao voltar no dia seguinte, fiquei bem surpreso diante do agradecimento que Sandoz me deu, da boa recepção e do bom jantar que tinha tido em casa de sua excelência, e soube que, ainda por cima, recebera o seu papel. Três semanas depois, milorde enviou-lhe os documentos que lhe tinha pedido, expedido pelo ministro e assinado pelo rei; e isto, sem que me tivesse querido dizer uma palavra nem responder nada, nem tão pouco a Sandoz, a respeito daquele assunto, com o qual eu julguei que ele não queria meter-se. Gostaria de jamais acabar de falar de George Keith; dele é que me vêm as últimas recordações felizes; todo o resto de minha vida não passou de aflições e de apertos no coração. É uma lembrança tão triste e me vem tão confusamente que não me é possível pôr alguma ordem em minhas narrativas; daqui por diante ver-me-ei obrigado a dispô-las ao acaso, e como se forem apresentando.

    Não levei muito tempo a ser tirado de minha preocupação pela resposta do rei a milorde marechal, na qual, como podem imaginar, tinha achado um bom advogado. Não só sua majestade aprovou o que ele tinha feito, como o encarregou (pois é preciso dizer tudo) de me dar doze luízes. O bom milorde, embaraçado por semelhante comissão e não sabendo como dela se desempenhar delicadamente, procurou atenuar o insulto, transformando aquele dinheiro em provisões e afirmando-me que tinha ordens de me fornecer lenha e carvão para auxiliar o meu pequeno lar; acrescentou mesmo, e talvez de sua cabeça, que o rei de boa vontade mandaria construir para mim uma casinha a meu gosto se eu quisesse escolher o local. Essa última oferta comoveu-me muito e me fez esquecer a mesquinharia da outra. Sem aceitar uma nem a outra, considerei Frederico como meu benfeitor e meu protetor e tão sinceramente passei a gostar dele, que desde então interessei-me tanto por sua glória quanto até então tinha achado seus triunfos injustos. Testemunhei minha alegria pela paz, que ele firmou pouco tempo depois, com uma iluminação de muito bom gosto: era um cordão de guirlandas com que adornei a casa em que morava e onde tive, é verdade, o vingativo orgulho de gastar quase tanto quanto ele tinha querido dar-me. Concluída a paz, julguei que sua glória militar e política, estando no auge, ia ele entregar-se a uma glória de outra espécie, dando nova vida a seus Estados e ali fazendo reinar o comércio, a agricultura; ali criando um novo solo, cobrindo-o com um novo povo; mantendo a paz pelas vizinhanças, fazendo-se o árbitro da Europa, depois de ter sido o seu terror. Sem riscos podia Frederico descansar a espada, bem seguro de que não o obrigariam a pegá-la de novo. Vendo que ele não se desarmava, receei que se aproveitasse mal de suas vantagens e que só soubesse ser grande pela metade. Ousei escrever-lhe a respeito e, tomando o tom familiar, feito para agradar aos homens de sua têmpera, quis levar até ele aquela santa voz da verdade, que tão poucos reis foram feitos para ouvir. Foi somente em segredo, e entre mim e ele, que tomei tal liberdade. Nem mesmo participei minha resolução a milorde marechal e mandei a minha carta ao rei toda lacrada. Milorde enviou a carta sem informar-se de seu conteúdo. O rei não deu resposta, e tempos depois, tendo milorde marechal ido a Berlim, o monarca lhe disse apenas que eu o havia repreendido bem. Compreendi por isso que minha carta tinha sido mal recebida e que a franqueza de meu zelo tinha passado por grosseria de um pedante. No fundo, bem podia ter sido isto; talvez, não tivesse dito o que era preciso dizer e talvez não tivesse tomado o tom adequado. Só podia ser responsável pelo sentimento que me pusera a pena nas mãos.

Pouco depois de me ter estabelecido em Motiers-Travers, tendo todas as afirmações possíveis de que ali me deixariam tranqüilo, passei a usar roupas de armênio. Não era uma idéia nova; viera-me por diversas vezes durante a vida e voltou-me com freqüência em Montmorency, onde o uso freqüente das sondas, condenando-me a ficar muitas vezes no quarto, fez-me sentir melhor todas as vantagens das roupas compridas. A vizinhança de um alfaiate armênio, que vinha sempre ver um parente que tinha em Montmorency, tentou-me a aproveitá-lo para usar as novas roupas, com risco do que poderiam dizer, com o que pouco me preocupava. Entretanto, antes de adotar a nova moda, quis ter a opinião da Sra. de Luxembourg, que me aconselhou a usá-la. Mandei, portanto, fazer para mim uma porção de roupas armênias; mas a tempestade desencadeada sobre mim fez com que eu lhe adiasse o uso para épocas mais tranqüilas, e foi somente meses depois que, obrigado por novos ataques a recorrer às sondas, julguei poder, sem nenhum risco, passar a usar aquela nova vestimenta em Motiers, principalmente depois de ter consultado a respeito o pastor do lugar, que me disse que eu podia usá-la até no templo sem escândalo. Portanto, tomei a túnica, o caftan, o barrete forrado, o cinto; e depois de ter assistido ao serviço divino, com aquelas vestimentas, não vi inconveniente em ir com ela à casa de milorde marechal. Sua excelência, vendo-me assim vestido, me disse, como cumprimento único: *Salamaleki;* depois não se falou mais no assunto e passei a usar aquelas roupagens apenas.

Tendo abandonado por completo a literatura, sonhei apenas em levar vida tranqüila e doce, enquanto isso de mim dependesse. Sozinho jamais soube o que era tédio, mesmo na mais perfeita falta de ocupação: minha imaginação enchendo todas as lacunas, sozinha bastava para me ocupar. Só não posso suportar a fútil conversa, a conversa inativa das salas, onde sentados um em frente aos outros só movemos as línguas. Quando estamos andando, quando passeamos, ainda passa; os pés e os olhos fazem alguma coisa pelo menos; mas ficar ali, com os braços cruzados a falar do tempo que faz e das moscas que voam, ou, o que é pior, a fazer cumprimentos mútuos, isto e para mim um suplício insuportável. Tratei, para não viver como um selvagem, de aprender a fazer rede. Levava a minha almofada quando ia fazer as visitas, ou ia, como as mulheres, trabalhar à porta e conversar com os que passavam. Aquilo fazia com que eu suportasse a futilidade da conversa e ajudava o tempo a passar sem me aborrecer em casa de minhas vizinhas, entre as quais havia muitas bem amáveis e inteligentes. Entre outras, uma chamada Isabelle d'Ivernois, filha do procurador geral de Neuchâtel, que me pareceu bem interessante para com ela ligar-me numa amizade muito especial, que lhe foi útil por causa dos conselhos prudentes que lhe dei e por causa dos favores que lhe prestei em ocasiões importantes; de sorte que agora, digna e virtuosa mãe de família, talvez ela me deva sua satisfação, seu marido, sua vida e sua felicidade. De meu lado, devo-lhe consolos bem doces, principalmente durante um inverno bem triste em que, no auge de meus males e de minhas desventuras, ela vinha passar com Thérèse e comigo longas noites que sabia tornar curtas com sua alegria natural e com as expansões de nossos corações. Chamava-me de seu papai e eu a chamava de minha filha; e esses nomes, que ainda usamos um para o outro, não deixarão nunca, espero, de lhe serem tão caros como o são para mim. Para que minhas redes servissem para alguma coisa, dava-as de presente às minhas jovens amigas quando se casavam, com a condição de que elas amamentariam seus filhos. Sua irmã mais velha ganhou uma com esta condição, e mereceu-a; Isabelle também recebeu uma e não a mereceu menos pela intenção; porém, não teve a felicidade de poder cumprir o prometido. Ao enviar-lhes as redes, escrevi tanto a uma como a outra cartas, das quais a primeira correu mundo; mas tanta glória não teve a segunda; a amizade não precisa de tanto ruído.

Entre as amizades que travei pelas vizinhanças e em cujos detalhes não entrarei, devo anotar a do coronel Pury, que possuía uma casa na montanha, onde ia passar os verões. Não me sentia ansioso por conhecê-lo porque sabia que não era bem visto na corte e junto a milorde marechal, a quem nunca ia ver. Entretanto, como me foi visitar e me fez muitas amabilidades, foi preciso ir vê-lo por minha vez; as visitas continuaram e algumas vezes comíamos um em casa do outro. Em sua casa vim a conhecer o Sr. Du Peyrou, que em seguida se transformou numa amizade muito íntima, para que eu deixe de falar nele aqui.

O Sr. Du Peyrou era americano, filho de um comandante de Surinam, cujo sucessor, o Sr. le Chambrier, de Neuchâtel, desposou-lhe a viúva. Tornando a enviuvar pela segunda vez, ele veio morar com o filho na terra de seu segundo marido. Du Peyrou, filho único, muito rico, e ternamente amado pela mãe, tinha sido educado com o maior cuidado e sua educação lhe fora proveitosa. Adquirira muitos conhecimentos, embora incompletos, certo gosto pelas artes e principalmente gabava-se de ter cultivado a razão: seu ar de holandês, frio e filosófico, a pele baça, gênio calado e reservado, muito favoreciam aquela opinião. Era surdo e sofria de gota, embora muito jovem ainda. Isso contribuía para que todos os seus movimentos fossem muito graves, muito circunspectos; e apesar de gostar de discutir, às vezes até um pouco fastidiosamente, ele em geral falava pouco porque não ouvia. Toda aquela aparência me impressionou. A mim mesmo disse: "Eis aí um pensador, um homem de saber, que qualquer um se julgaria feliz por ter por amigo". Para acabar de me prender, dirigia-me a palavra com freqüência, sem fazer um só cumprimento. Falou-me pouco de mim, pouco de meus livros, muito pouco dele mesmo; não era desprovido de idéias e tudo o que dizia era bem justo. Aquele senso e aquela eqüidade me atraíram. Não tinha o espírito elevado nem a delicadeza do de milorde marechal; mas era simples; sempre dava aparência de alguma coisa. Não me entusiasmei, porém prendi-me a ele pela estima; e aos poucos aquela estima trouxe a amizade. Junto a ele esqueci totalmente a objeção que eu tinha criado para o barão d'Holbach, que era muito rico; e creio que errei. Aprendi a duvidar de que um homem, dono de grande fortuna, seja quem for, possa gostar sinceramente de meus princípios e de seu autor.

Durante um bom tempo vi poucas vezes Du Peyrou, porque eu não ia a Neuchâtel e ele só vinha uma vez ou outra por ano à montanha do coronel Pury. Por que não ia eu a Neuchâtel? É uma infantilidade que não deixo de reconhecer.

Apesar de protegido pelo rei da Prússia e por milorde marechal, se eu evitei a princípio a perseguição em meu retiro, não evitei pelo menos os murmúrios do povo, dos magistrados municipais, dos ministros. Depois do movimento que houve em França, não era de bom tom deixar de me insultar de qualquer maneira: teriam tido medo de parecer censurar os que me perseguiam, se não os imitassem. A sociedade de Neuchâtel, isto é, a sociedade formada pelos ministros daquela cidade, iniciou o movimento tentando levantar o Conselho de Estado contra mim. Aquela tentativa não tendo conseguido nada, os ministros se dirigiram ao magistrado municipal que imediatamente mandou proibir o meu livro, e, tratando-me em todas as ocasiões com pouca delicadeza, dava a compreender, e até mesmo dizia, que se eu tivesse querido morar na cidade, não teria deixado. Encheram o *Mercure*[188] de absurdos e com a mais insossa hipocrisia o que, causando riso às pessoas sensatas, não deixava de esquentar o ânimo do povo e excitá-lo contra mim. Tudo aquilo não me impedia de, ao ouvi-los, achar que lhes devia reconhecimento pela extrema graça que me faziam permitindo-me que vivesse em Motiers, onde não tinham nenhuma autoridade; teriam, de boa vontade, feito com que eu pagasse tal hospitalidade bem cara. Queriam que eu me mostrasse grato pela proteção que o rei me concedia contra a vontade deles, e trabalhavam sem descanso para que Frederico a retirasse. Finalmente, nada conseguindo, depois de terem feito todo o mal que puderam e de me terem desacreditado de todo jeito, fizeram de sua impotência um mérito, querendo que eu desse valor à bondade com que me aturavam em seu país. Deveria ter rido acintosamente como resposta única: fui bastante estúpido para me indignar e cometi a imprudência de não querer ir mais a Neuchâtel; resolução que mantive durante quase dois anos, como se não fosse dar-lhes grande honra prestando atenção às suas opiniões e atos, que, bons ou maus, não lhe podem ser imputados, já que só agiam por instigação. Além disso, espíritos sem cultura e sem luzes não conhecem outro objeto de estima senão a reputação, o poder e o dinheiro, estão até bem longe de supor que se deve algum respeito aos talentos e que há certa desonra em ultrajá-los.

Certo "maire"[189] de aldeia, que tinha sido exonerado por prevaricação, dizia ao tenente de Val-de-Travers, marido de minha Isabelle: *"Dizem que esse Rousseau é muito inteligente; traga-o à minha casa para eu ver se é verdade".* Seguramente, o descontentamento de um

---

188. Jornal *Mercure de France*. (N.E.)
189. Chefe de administração municipal, prefeito. (N.E.)

homem que toma semelhante tom deve atingir pouco os que o experimentam.

Pelo modo com que me tratavam em Paris, em Genebra, em Berna e até em Neuchâtel, não esperava muitas atenções da parte do pastor do lugar. Entretanto, eu lhe havia sido recomendado pela Sra. Boy de la Tour e ele me recebera muito bem; mas naquela terra, onde se lisonjeia do mesmo modo a todos, as atenções nada significam. Entretanto, depois de minha volta solene à Igreja Reformada, vivendo em país protestante, eu não podia, sem faltar às minhas promessas e a meu dever de cidadão, negligenciar a profissão pública do culto para o qual voltara; portanto, assistia ao serviço divino. Por outro lado, eu receava, apresentando-me à sagrada mesa, expor-me à afronta de uma recusa; e do modo nenhum era improvável que, após o alvoroço levantado em Genebra pelo Conselho e em Neuchâtel pela classe, ele quisesse administrar-me tranqüilamente a comunhão em sua igreja. Vendo, portanto, aproximar-se a época da comunhão resolvi escrever ao Sr. de Montmollin (era o nome do ministro) para fazer ato de boa-vontade e declarar-lhe que sempre estava de coração unido à Igreja protestante; ao mesmo tempo disse-lhe, para evitar sofismas sobre artigos de fé, que eu não desejava nenhuma explicação particular sobre o dogma. Pondo-me assim de acordo com a Igreja, fiquei tranqüilo, duvidando que o Sr. Montmollin me admitisse sem a discussão preliminar, que eu não desejava, e que assim tudo terminasse sem que eu incorresse em falta. Nada disso; no momento em que menos esperava, o Sr. Montmollin veio declarar-me não só que me admitia à comunhão sob a cláusula que eu tinha proposto como, ainda por cima, ele e os decanos consideravam grande honra me receberem em seu rebanho. Jamais tive surpresa igual, nem mais consoladora. Viver sempre isolado me parecia um destino bem triste, principalmente na adversidade. No meio de tantas proscrições e perseguições, descobria uma doçura extrema ao poder dizer a mim mesmo: "pelo menos estou entre irmãos"; e fui comungar com emoção e com lágrimas de enternecimento, que eram talvez a preparação mais agradável a Deus que podiam encontrar.

Tempos depois, milorde mandou-me uma carta da Sra. de Boufflers (vinda, pelo menos eu o presumia) via d'Alembert, que conhecia milorde marechal. Naquela carta, a primeira que aquela senhora me escrevia desde que eu partira de Montmorency, repreendia-me vivamente por causa da que eu tinha escrito ao Sr. de Montmollin e principalmente por ter comungado. Compreendi ainda menos o que pretendia ela com aquela reprimenda pelo fato de que, desde que tinha ido a Genebra, sempre declarara em voz alta ser protestante e por tê-lo sido publicamente no palácio de Hollande sem que ninguém no mundo me censurasse. Achava engraçado que a Sra. de Boufflers quisesse meter-se a dirigir minha consciência em matéria de religião. Todavia, como não duvidava de que sua intenção (embora não a compreendesse) fosse a melhor do mundo, não me ofendi com aquela censura singular e respondi-lhe sem cólera, dizendo-lhe quais as minhas razões.

Entretanto, as injúrias impressas corriam e seus bondosos autores reprovavam os poderosos que me tratavam com tanta doçura. Aquele conjunto de ladridos, cujos atiçadores continuavam a agir encobertos, tinha qualquer coisa de sinistro e de pavoroso. Quanto a mim, deixava-os falar sem me comover. Asseguraram-me que havia uma censura da Sorbonne; não acreditei. Que tinha a Sorbonne a ver com aquela história? Quereria ela assegurar que eu não era católico? Todo o mundo sabia disso. Quereria ela provar que eu não era bom calvinista? Que lhe importava? Era ter preocupações bem estranhas; era querer substituir nossos ministros. Antes de ter visto aquela nota, julguei que a faziam correr sob o nome da Sorbonne para zombarem dela; acreditei nisso ainda mais depois de a ter lido. Finalmente quando não mais pude duvidar de sua autenticidade, limitei-me a crer que era preciso pôr a Sorbonne nas "Petites-Maisons".[190]

(1763) – Outra nota me magoou mais porque vinha de um homem por quem eu sempre tive estima e cuja constância eu admirava, embora lamentasse sua cegueira. Refiro-me ao mandado do arcebispo de Paris contra mim.

Achei que devia responder. Podia fazê-lo sem me humilhar; era um caso quase semelhante ao do rei da Polônia. Nunca apreciei as disputas brutais, à Voltaire. Só sei lutar com dignidade e quero que aquele que me ataca não desonre meus golpes para que eu possa defender-me. Não duvidava de que aquele mandado fosse à moda dos jesuítas; e apesar deles mesmos serem infelizes, ali reconhecia sempre sua antiga máxima, a de esmagar os infelizes. Podia, portanto, seguir a minha antiga máxima também, honrando o autor titular e fulminando a obra; e foi o que eu julgo ter feito com bastante sucesso.

Achei a estadia em Motiers muito agradável e só me faltava assegurar a subsistência para resolver terminar meus dias ali; porém, a

---

190. Casa menores, referência da época a asilos psiquiátricos. (N.E.)

vida é cara e eu tinha visto os meus projetos antigos irem todos por água abaixo com a dissolução de meu lar, com o estabelecimento do novo, com a venda ou dissipação de todos os meus móveis e com as despesas que me vira obrigado a fazer desde que partira de Montmorency. Diariamente via diminuir o pequeno capital que tinha. Dois ou três anos bastavam para consumir o resto, sem que eu tivesse meios de renová-lo, a menos que recomeçasse a escrever livros: trabalho funesto, ao qual já tinha renunciado.

Persuadido de que, em breve, tudo mudaria e que o público, recobrando-se de sua loucura, faria com que as autoridades enrubescessem, não procurava outra coisa senão prolongar meus recursos até aquela feliz mudança que me deixaria em melhores condições para escolher entre aquelas que se poderiam oferecer. Para isso, volvi ao meu *Dicionário de Música,* que dez anos de trabalho já tinham adiantado bastante e ao qual faltavam apenas uns últimos retoques e serem passados a limpo. Meus livros, que me tinham sido enviados havia pouco tempo, forneceram-me os meios de acabar aquela obra: meus papéis, que me foram enviados ao mesmo tempo, puseram-me em condições de começar a empresa de minhas *Memórias,* com as quais queria ocupar-me unicamente dali por diante. Comecei transcrevendo as cartas para uma coleção que pudesse guiar minha memória na ordem dos acontecimentos e das épocas. Já havia feito a seleção daquelas que queria conservar para tal fim e em seguida, durante quase dez anos, não interrompera tal serviço. Entretanto, ao arrumá-las para a transcrição, encontrei uma lacuna que me surpreendeu. Era uma lacuna de uns seis meses mais ou menos, de outubro de 1756 a março do ano seguinte. Lembrava-me perfeitamente de ter separado uma porção de cartas de Diderot, de Deleyre, da Sra. de Épinay, da Sra. de Chenonceaux, etc., que preencheriam aquela lacuna e que eu não mais encontrava. Que teria sido feito delas? Alguém lançara mão de meus papéis durante os poucos meses em que tinham ficado no palácio de Luxembourg? Não era concebível e eu tinha visto o senhor marechal ficar com a chave do quarto em que eu as havia guardado. Como muitas cartas femininas e todas as de Diderot não tinham datas e como fora obrigado a suprir as datas de memória e tateando, para arrumá-las por ordem, julguei a princípio ter errado e passei em revista todas aquelas que não tinham data, ou aquelas cuja falta eu havia suprido para ver se ali não encontraria as que deviam cobrir a lacuna. Não adiantou a experiência, verifiquei que a falta era bem real e que as cartas tinham sido evidentemente tiradas. Por quem e por quê? Eis o que me intrigava. Aquelas cartas, anteriores às minhas grandes disputas, e do tempo de minha primeira embriaguez com *Julie,* não podiam interessar a ninguém. Quando muito tratariam de algumas intrigas de Diderot, alguns sarcasmos de Deleyre, provas de amizade da Sra. de Chenonceaux, e até da Sra. d'Épinay, com a qual estava então no melhor dos mundos. A quem podiam interessar tais cartas? Que queriam fazer com elas? Foi somente sete anos depois que vim a desconfiar do terrível objetivo daquele roubo.

Bem, verificada aquela falta, obriguei-me a procurar entre os rascunhos para ver se ali descobriria alguma outra. Achei outras que, devido à minha falta de memória, me fizeram supor outras mais na multidão de meus papéis. Aquelas que observei foram a do rascunho de *A Moral Sensitiva* e a do resumo das *Aventuras de mylord Édouard.* Essa última, confesso, trouxe-me desconfianças a respeito da Sra. de Luxembourg. Fora la Roche, seu criado de quarto, quem me expedira aqueles papéis e não achava mais ninguém senão ela que podia interessar-se por aquele papel; mas que interesse podia a Sra. de Luxembourg ter pelo outro e pelas cartas que faltavam, as quais, mesmo com más intenções, para nada serviriam que pudesse me aborrecer, a não ser falsificá-las? Quanto ao senhor marechal, cuja retidão invariável e sinceridade de afeição por mim eu conhecia, não fui capaz de desconfiar dele nem por um momento. Nem mesmo pude desconfiar muito tempo da senhora marechala. Tudo o que me veio ao espírito de mais razoável, depois de me ter fatigado muito tempo à procura do autor do roubo, foi o de imputá-lo a d'Alembert que, já se tendo intrometido em casa da Sra. de Luxembourg, tinha conseguido descobrir os meios de mexer naqueles papéis levando os que lhe agradaram, tanto em manuscrito como em cartas, ou para procurar meter-me nalguma intriga, ou para se apropriar daquilo que lhe pudesse convir. Supus que, iludido pelo título de *Morale Sensitive,* tinha julgado achar o plano de um verdadeiro tratado de materialismo, do qual tiraria contra mim todo partido que bem se pode calcular. Certo de que em breve se desenganaria com o exame do rascunho e resolvido a deixar por completo a literatura, pouco me inquietei com aquele furto que não era o primeiro cometido pela mesma mão,[191] pois sofrerá outros sem me queixar. Em breve não mais pensava naquela infidelidade tal como se não me tivessem feito

---

191. Tinha encontrado nos *Elementos de Música* muitas coisas tiradas do que eu tinha escrito sobre aquela arte para a Enciclopédia e que lhe tinha sido mandado vários anos antes da publicação de seus *Elementos.* Ignoro a parte que pode ter tido num livro intitulado *Dicionário das Belas-Artes,* mas ali encontrei artigos copiados do meu, palavra por palavra, e isto muito antes daqueles mesmos artigos terem sido impressos na Enciclopédia.

nenhuma e pus-me a reunir o material que me tinham deixado para trabalhar em minhas *Confissões*.

Durante muito tempo julgara que em Genebra a companhia de ministros, ou pelo menos a dos cidadãos e burgueses, reclamaria contra a infração do edito no decreto contra mim. Tudo ficou tranqüilo, pelo menos externamente; pois havia um descontentamento geral que só esperava ocasião para manifestar-se. Meus amigos, ou os que se davam como tal, me escreviam cartas e mais cartas exortando-me a ficar à frente deles, assegurando-me reparação pública da parte do Conselho. O medo à desordem e às perturbações que minha presença podia causar impediu-me de aquiescer ao pedido; e fiel ao juramento que tinha feito outrora, de jamais meter-me nalguma dissensão civil em meu país, preferi deixar que a ofensa continuasse e ficar banido para sempre de minha pátria a voltar para ali por meios violentos e perigosos. É verdade que tinha esperado, da parte da burguesia, representações legais e pacíficas contra uma infração que a interessava extremamente. Nada houve. Àqueles que a encabeçavam procuravam menos a verdadeira indenização dos males causados do que a ocasião de se tornarem necessários. Conspiravam, mas guardavam silêncio, e deixavam que se esganiçassem as faladeiras e os beatos, ou os que se davam como tais, que o Conselho punha na frente para que me tornassem odioso à populaça, e fazer com que sua afronta fosse atribuída ao zelo da religião.

Depois de ter esperado em vão, por mais de um ano, que alguém reclamasse contra um procedimento ilegal, tomei por fim o meu partido; e vendo-me abandonado entre os meu concidadãos, resolvi renunciar à minha ingrata pátria, onde nunca tinha vivido, da qual não recebera nenhum bem nem favores e de onde, como paga da honra que eu tinha procurado prestar-lhe, me via tão indignamente tratado por consentimento unânime, já que aqueles que deviam me defender nada tinham feito. Escrevi, portanto, ao primeiro síndico daquele ano que, creio, era o Sr. Favre, uma carta pela qual eu abdicava solenemente de meu direito de burguesia e na qual, de resto, eu usava a decência e a moderação, que sempre usei nos atos de altivez que a crueldade de meus inimigos freqüentemente tem arrancado de minhas desgraças.

Aquele passo abriu finalmente os olhos de meus concidadãos; sentindo que tinham errado, prejudicando os próprios interesses ao abandonarem minha defesa, tomaram-na quando não era mais tempo. Tinham outros agravos que juntaram àquele e com aquilo fizeram matéria para várias representações muito bem raciocinadas, que estenderam e reforçaram à medida que as duras e teimosas recusas do Conselho, que se sentia apoiado pelo ministério da França, os faziam compreender melhor o projeto de escravizá-los. Tais alterações produziram diversos folhetos que nada decidiam, até que repentinamente apareceram as *Cartas Escritas no Campo,* obra escrita a favor do Conselho, com arte infinita, e pela qual o partido representante, reduzido ao silêncio, ficou esmagado por algum tempo. Aquela peça, duradouro monumento dos raros talentos de seu autor, era do procurador geral Tronchin, homem inteligente, esclarecido, muito versado em leis e em governo da república. *Siluit terra.*[192]

(1764) – Os representantes, voltando do primeiro abatimento, tentaram uma resposta, e se saíram passavelmente com o tempo. Porém, todos lançaram os olhos sobre mim, como sobre o único que pudesse entrar na liça contra tal adversário, com esperança de pô-lo por terra. Confesso que pensei o mesmo; e levado pelos meus antigos concidadãos, que julgavam ser dever meu ir ajudá-los com minha pena num embaraço que eu motivara, empreendi a refutação às *Cartas Escritas no Campo* e parodiei o título com *Cartas Escritas na Montanha.* Título que pus nas minhas. Tive e executei aquela idéia tão secretamente que, num encontro que tive em Thonon com os chefes dos representantes, para falar de seus assuntos, e onde eles me mostraram o rascunho de sua resposta, não lhes disse palavra da minha que já estava pronta, receando que sobreviesse algum obstáculo para a impressão, se chegasse o menor boato, ou aos ouvidos dos magistrados ou aos de meus inimigos particulares. Contudo, não evitei que esse trabalho fosse conhecido na França antes de ser publicado; porém, preferiram deixar que ele aparecesse a dar-me a conhecer como tinham descoberto o meu segredo. Nesta altura disse o que tinha sabido, e que se limita a muito pouco; calar-me-ei sobre o que tinha conjeturado.

Em Motiers tinha quase tantas visitas quanto na Ermitage e em Montmorency; porém, na maior parte eram de espécie bem diferente. Os que até então me tinham ido ver eram pessoas que tendo certa identidade de gostos, de dons, de máximas, alegavam-nas para suas visitas e me punham logo num terreno em que podia manter conversa com elas. Em Motiers não se dava o mesmo, principalmente da parte da França. Eram oficiais ou outras pessoas que não tinham inclinação

---

192. Expressão latina: "A terra calou-se", todos calaram, não comentaram. (N.E.)

alguma pela literatura e que mesmo, na maioria, nunca tinham lido os meus trabalhos, mas que não deixavam, pelo que diziam, de terem feito trinta, quarenta, sessenta, cem léguas para vir ver e admirar o homem ilustre, célebre, muito célebre, o grande homem, etc. Pois desde que chegavam sempre me lançavam grosseiramente em rosto as mais impudentes lisonjas, das quais me tinha defendido até então a estima daqueles que me abordavam. Como a maior parte dos visitantes nem se dignava dar seu nome nem me dizer seu estado, como seus conhecimentos e os meus não recaiam sobre os mesmos objetos e como não tinha lido nem folheado minhas obras, eu não sabia o que dizer a tais visitantes; esperava que eles mesmos falassem, já que era melhor para eles saberem e me dizerem porque me tinham ido ver. Sente-se que isso não me fornecia conversa interessante, embora tais conversas pudessem ser interessantes para eles, segundo o que queriam saber: pois, como não era desconfiado, exprimia-me sem reservas sobre todas as perguntas que eles julgavam a propósito fazer; e eles voltavam, de ordinário, tão informados quanto eu dos detalhes de minha situação.

Por exemplo, tive dessa maneira a visita do Sr. de Feins, escudeiro da rainha e capitão de cavalaria no regimento de sua majestade, o qual teve a constância de passar vários dias em Motiers e até a de me seguir a pé até la Ferrière, levando o cavalo pela brida, sem ter comigo outro ponto de contato a não ser o de conhecermos ambos a Srta. Fel e o de ambos jogarmos o bilboquê. Tive, antes e depois do Sr. de Feins, uma outra visita muito mais extraordinária. Dois homens chegaram a pé, cada qual levando uma mula carregada com sua bagagem, alojaram-se no albergue, pensaram eles mesmos os animais e pediram para ver-me. Pela equipagem daqueles homens nós os tomaríamos por contrabandistas; e também correu o boato de que os contrabandistas me vinham visitar. Quando me abordavam vi logo que eram de outro estofo; contudo, sem serem contrabandistas podiam ser aventureiros e aquela dúvida me fez ficar em guarda por algum tempo. Não demoraram muito a me tranquilizar. Um era o Sr. de Montauban, chamado conde de la Tour du Pin, nobre do Delfinado; o outro era o Sr. Dastier, de Carpentras, antigo militar, que tinha posto no bolso a sua cruz de São Luiz, não podendo ostentá-la naquela equipagem. Aqueles senhores, ambos muito atenciosos, eram bem inteligentes; tinham conversa agradável e interessante; sua maneira de viajar, tão de meu gosto e tão pouco ao dos nobres franceses, fez com que eu experimentasse por eles uma espécie de atração que o trato só podia aumentar. Aquele conhecimento não terminou aí, pois até hoje dura e eles voltaram por diversas vezes, não mais a pé no entanto, isto era bom para o começo; contudo quanto mais via aqueles senhores, menos achava analogia entre seus gostos e os meus, menos sentia que suas máximas eram as minhas, que meus escritos lhes fossem familiares, que existia alguma simpatia verdadeira entre mim e eles. O que queriam de mim então? Por que tinham vindo ver-me com aquela equipagem? Por que ficavam comigo vários dias? Por que voltavam tantas vezes? Por que tanto desejavam que eu lhes aceitasse a hospitalidade? Naquela ocasião nem procurei fazer tais perguntas. Porém eu as fiz depois, algumas vezes.

    Comovido por suas atenções, o meu coração se entregava sem raciocinar, principalmente ao Sr. Dastier, cujo ar mais franco me agradava mais. Cheguei a manter correspondência com ele e quando quis imprimir as *Cartas Escritas na Montanha,* pensei em apelar para ele para lograr os que esperavam meu embrulho na estrada para a Holanda. Tinha ele me falado muito, e talvez intencionalmente, da liberdade de imprensa em Avinhão; oferecera-me seus préstimos se tivesse qualquer coisa para imprimir. Prevaleci-me daquela oferta e endereci-lhe sucessivamente, pelo correio, os meus primeiros cadernos. Depois de guardá-los por muito tempo, devolveu-mos, observando que nenhum livreiro tinha querido encarregar-se deles; e vi-me obrigado a apelar para Rey, tomando cuidado para enviar os meus cadernos um a um e de não largar os seguintes senão depois de ter recebido aviso da recepção dos primeiros. Antes da publicação da obra, soube que ela tinha sido vista nos gabinetes ministeriais; e d'Escherny, de Neuchâtel, falou-me de um livro de *O Homem da Montanha,* que d'Holbach lhe havia dito ser meu. Assegurei-lhe, como era verdade, não ter jamais escrito um livro com aquele título. Quando as cartas apareceram ficou furioso e me acusou de mentiroso apesar de eu lhe ter dito a simples verdade. Eis como tive a certeza de que meu manuscrito já fora conhecido. Seguro da fidelidade de Rey, vi-me obrigado a levar mais adiante as minhas suspeitas; e aquela em que preferi pensar mais foi que meus embrulhos tivessem sido abertos no correio.

    Outro conhecimento que data quase do mesmo tempo, mas que a princípio se fez por cartas, foi o de um certo Sr. Laliaud, de Nîmes, que me escreveu de Paris, para me pedir que lhe enviasse o meu perfil recortado em silhueta, do qual precisava, dizia ele, para modelo do meu busto em mármore, que tinha mandado fazer por le Moine, para ser posto na biblioteca. Se era uma bajulação inventada para me amansar, conseguia plenamente o objetivo. Julguei que um homem que queria ter o meu busto em mármore em sua biblioteca possuía muitas obras minhas e, por conseqüência, abraçava meus princípios e gostava de mim, já que sua alma afinava-se pela minha. Era difícil que tal idéia não me seduzisse. Pouco depois vim a conhecer o Sr. Laliaud. Verifiquei que se mostrava atento para prestar-me pequenos serviços, para intrometer-se bastante em meus pequenos assuntos! Mas, de resto, duvido que algum de meus escritos tenha sido contado no pequeno número de livros que leu em toda vida. Ignoro se possui biblioteca, e se é coisa que ele use; quanto ao busto, limitou-se um péssimo esboço em barro, feito por le Moine, no qual mandou gravar um pavoroso retrato, que não deixa de passar por meu, como se tivesse alguma semelhança comigo.

O único francês que pareceu ir ver-me por apreciar meus sentimentos e minhas obras foi um jovem oficial do regimento de Limousin, chamado Sr. Séguier de Saint-Brisson, que viram e que ainda vêem talvez brilhando em Paris e na sociedade, devido a dons bem interessantes e por suas pretensões a espirituoso. Fora ver-me em Montmorency no inverno precedente à minha desgraça. Descobri nele uma vivacidade de sentimento que me agradou. Depois escreveu-me para Motiers; e, ou porque quisesse lisonjear-me, ou porque realmente tinha a cabeça cheia do *Emílio,* participou-me que abandonava o serviço para viver independente e que estava aprendendo o ofício de marceneiro. Tinha um irmão mais velho, capitão no mesmo regimento, para o qual ia toda a predileção materna, senhora devota demais e dirigida nem sei por qual abade tartufo, e que tratava muito mal o filho mais novo a quem ela acusava de falta de religião e até do imperdoável crime de manter relações comigo. Eis os motivos que o levavam a querer romper com sua mãe e tomar a resolução de que acabo de falar; de modo geral, para fazer como o pequeno *Emílio.*

Alarmado diante daquela petulância, apressei-me a escrever-lhe para que mudasse de opinião e pus tal força em minhas exortações que elas foram ouvidas. Voltou aos deveres para com sua mãe e retirou das mãos de seu coronel a demissão que lhe havia entregue e que este tivera a prudência de não usar, para deixar-lhe tempo de refletir mais. Saint-Brisson, curado de suas loucuras, fez uma outra menos chocante, mas que não era muito de meu gosto: foi a de se meter a escritor. Publicou, uma atrás da outra, brochuras que mostravam um homem com certo talento, mas sobre o qual não tinha que me censurar de lhe ter concedido elogios bem animadores para que seguisse tal carreira.

Tempos depois veio ele me ver e juntos fizemos uma peregrinação à ilha de Saint-Pierre. Achei-o, nessa viagem, diferente daquele que tinha visto em Montmorency. Havia um não sei quê de afetado, que a princípio não me chocou muito, mas que várias vezes me voltou à lembrança depois. Tornou a vir ver-me no palácio de Saint-Simon, quando passei por Paris para ir à Inglaterra. Ali soube (o que ele nunca me havia dito) que freqüentava as grandes sociedades e que via com freqüência a Sra. de Luxembourg. Não me deu sinal de vida em Trye e nada me mandou dizer por sua parente, a Srta. Séguier, que era minha vizinha e que nunca me pareceu favoravelmente disposta a meu respeito. Numa palavra, o entusiasmo de Saint-Brisson terminou repentinamente, como a amizade com o Sr. de Feins; mas esse último nada me devia e o outro me devia alguma coisa, a menos que as tolices que eu o tinha impedido de fazer não passassem de fingimento de sua parte; o que, no fundo, bem podia ser verdade.

Também recebi visitas de Genebra. Os Deluc, pai e filho, me escolheram sucessivamente para seu enfermeiro; o pai ficou doente quando em viagem; o filho ao partir de Genebra; ambos vieram restabelecer-se em minha casa. Ministros, parentes, beatos, não como os de França, para me admirarem e me ridicularizarem, e sim para me exprobrarem e catequizarem. O único que me deu prazer foi Moultou, que veio passar três ou quatro dias comigo e a quem eu gostaria bem de prender por mais tempo. O mais constante de todos, o que mais se obstinou e que me venceu à força de ser importuno foi um certo Sr. d'Ivernois, comerciante de Genebra, refugiado francês, e parente do procurador geral de Neuchâtel. Esse tal Sr. d'Ivernois de Genebra passava em Motiers duas vezes por ano, expressamente para ir ver-me, ficava em minha casa de manhã à noite vários dias seguidos, metia-se em meus passeios, trazia-me mil espécies de presentinhos, contra a minha vontade se insinuava em minha confiança, intrometia-se em todos os meus negócios, sem que tivesse comigo a menor comunhão de idéias, nem inclinações, nem sentimentos, nem relações. Duvido que em toda sua vida tenha lido um livro inteiro, seja lá de que qualidade fosse e que até mesmo saiba de que tratam os meus. Quando comecei a colher ervas ele me seguiu em minhas excursões de botânica, sem apreciar aquele divertimento, sem nada ter para me dizer, nem eu a ele. Teve mesmo a coragem de passar comigo três dias inteiros, nós dois sozinhos, numa taberna em Goumoins, de onde eu julgara espantá-lo à força de aborrecê-lo e de lhe fazer sentir como me aborrecia; e tudo isso sem que me fosse possível repelir a sua incrível constância nem descobri-lhe os motivos.

Entre todas essas relações, que só entabulei e mantive obrigado, não devo omitir a única que me foi agradável e na qual interessei verdadeiramente o meu coração: foi a de um jovem húngaro que veio morar em Neuchâtel e depois em Motiers, alguns meses após eu ali ter ido residir. Em seu país era conhecido por barão de Sauttern, título pelo qual fora recomendado de Zurique. Era alto e bem feito, fisionomia agradável, trato atraente e amável. Disse a todos, e até a mim mesmo, que só tinha vindo para Neuchâtel por minha causa e para educar sua mocidade em moldes virtuosos com a convivência comigo. Sua fisionomia, sua maneira de falar, seus modos, pareceram estar de acordo com tal afirmativa; e teria julgado faltar a um dos maiores deveres se despedisse um rapaz em quem só via amabilidades e que me procurava com um motivo tão digno de respeito. Meu coração não sabe entregar-se pela metade. Em breve tinha ele toda a minha amizade, toda a minha confiança; ficamos inseparáveis. Tomava parte em todas as minhas excursões a pé, apreciava-as. Levei-o à casa de milorde marechal, que teve para com ele muitas atenções. Como ainda não podia exprimir-se em francês, só me falava e me escrevia em latim: respondia-lhe em francês e aquela mistura de duas línguas nem por isso tornava nossas conversas menos desembaraçadas ou menos interessantes em todos os sentidos. Falou-me a respeito de sua família, de seus negócios, de suas aventuras, da corte de Viena, cujos detalhes domésticos parecia conhecer bem. Finalmente, durante quase dois anos, em que passamos na maior intimidade, verifiquei que era de uma doçura de gênio que resistia a toda prova, de hábitos não só delicados, como elegantes, muito limpo com sua pessoa, de uma decência extrema em todas as conversas; enfim, dava todas as provas de um homem bem nascido, que contribuíram para que eu o achasse bem digno de estima e para torná-lo querido.

No auge de minhas relações com ele, d'Ivernois de Genebra me escreveu aconselhando-me a desconfiar do jovem húngaro que fora morar perto de mim, pois lhe haviam assegurado que era um espião que o ministério de França tinha postado junto a mim. Tal aviso podia parecer tanto mais inquietante pelo fato de, no país em que eu estava, todo o mundo me advertia para que me mantivesse vigilante, que me espreitavam e que procuravam lançar-me para terras de França, para ali me pregarem uma peça má.

Para, de uma vez por todas, fechar a boca àqueles ridículos conselheiros, propus a Sauttern, sem nada preveni-lo, um passeio a pé a Pontarlier; assentiu. Quando chegamos a Pontarlier, dei-lhe a carta de d'Ivernois para ler e depois, abraçando-o com ardor, disse-lhe: "Sauttern não precisa que eu lhe prove a minha confiança, mas o público precisa que eu prove que sei colocá-la bem". Aquele abraço foi bem doce, foi um daqueles prazeres da alma, que os meus perseguidores não saberiam experimentar, nem tirar aos oprimidos.

Jamais acreditarei que Sauttern fosse espião, nem que me tenha traído, mas ele me enganou. Enquanto eu expandia meu coração sem reserva, teve ele a coragem de manter o seu constantemente fechado e de me iludir com mentiras. Inventou não sei que história, que me fez pensar que sua presença era necessária em seu país natal. Exortei-o a partir o mais depressa possível, ele partiu; e quando eu já o julgava na Hungria, soube que estava em Estrasburgo. Não era a primeira vez que ali ia. Tinha interferido na paz de um lar naquela cidade: o marido, sabendo que eu o via, me escrevera. Não tinha omitido nenhum cuidado para levar a jovem de volta à virtude e Sauttern a seu dever. Quando julgava que estavam perfeitamente desligados, tornaram a aproximar-se e o próprio marido teve a complacência de censurar o rapaz em sua casa; desde então nada mais tive a dizer. Soube que o pretenso barão abusara de minha boa fé com uma porção de mentiras. Não se chamava Sauttern. Chamava-se Sauttersheim. Quanto ao título de barão que lhe davam na Suíça, eu nada tinha a censurar-lhe, porque nunca o ostentara; porém, não duvido de que fosse um perfeito cavalheiro; e milorde marechal, que conhecia os homens e que tinha estado em seu país, sempre o considerou e o tratou como tal.

Assim que ele partiu, a criada do albergue onde fazia suas refeições, em Motiers, declarou estar grávida dele. Era uma mulher tão relaxada e tão miserável, e Sauttern, de modo geral estimado e considerado em todo país por sua conduta e seus modos delicados, gabava-se tanto de limpeza que aquela impudência causou espanto a todos. As mais amáveis mulheres do lugar, que inutilmente lhe tinham prodigalizado atenções, ficaram furiosas; eu me sentia indignado ao extremo. Fiz todos os esforços para mandar prender aquela desavergonhada, oferecendo-me para pagar todas as despesas e servir de fiador para Sauttersheim. Escrevi-lhe na forte persuasão, não só de que aquela gravidez não era obra dele, como era fingida, e que tudo aquilo não passava de uma peça pregada pelos seus inimigos e pelos meus. Queria que ele voltasse ao meu país, para confundir aquela vagabunda e aqueles que a incitavam a falar. Fiquei surpreso ante a covardia de sua resposta. Ele escreveu ao pastor de quem a tal mulher era paroquiana para abafar o assunto; vendo isso deixei de me meter muito admirado de que um homem tão devasso tivesse podido ser bastante senhor de si para me iludir com sua reserva na mais íntima familiaridade.

De Estrasburgo, Sauttersheim foi a Paris em busca de fortuna e ali só encontrou a miséria. Escreveu-me confessando seu *pecca-*

vi.¹⁹³ Minhas entranhas se comoveram ao recordar-me de nossa antiga amizade; mandei-lhe algum dinheiro. No ano seguinte, quando passei por Paris, tornei a vê-lo quase no mesmo estado, mas como grande amigo do Sr. Laliaud, sem que eu pudesse vir a saber de onde lhe tinha vindo aquele conhecimento e se era antigo ou recente. Dois anos depois, Sauttersheim voltou a Estrasburgo, de onde me escreveu e onde morreu. Eis em resumo a história de nossas relações e o que eu sei de suas aventuras; mas, deplorando a sorte daquele infeliz rapaz, não deixarei nunca de crer que era de boa família e que toda a perturbação de sua conduta foi efeito das situações em que se viu.

Tais foram as amizades que contrai em Motiers. Como teria sido mister outras iguais para compensar as perdas cruéis que sofri na mesma época!

A primeira perda foi a do Sr. de Luxembourg que, depois de viver muito tempo atormentado pelos médicos, acabou sendo vítima deles, tratando da gota que os médicos não queriam reconhecer, como de um mal que podiam curar.

Nessa altura, se devemos apoiar-nos na relação que me escreveu la Roche, homem de confiança da senhora marechala, é bem com este exemplo, tão cruel quanto notável, que devemos deplorar as misérias dos nobres.

A perda daquele bom senhor foi ainda mais sentida pelo fato de ele ser o único amigo verdadeiro que eu tinha em França; e seu gênio bondoso era tal que me tinha feito esquecer totalmente qual a sua classe, para afeiçoar-me a ele como a um igual. Nossas relações não terminaram com a minha partida e ele continuou a escrever-me como antes. No entanto, julguei perceber que a ausência, ou a minha desgraça, tinha arrefecido um pouco o seu afeto. É bem difícil que um cortesão guarde o mesmo apego a alguém que ele sabe estar em desfavor junto aos poderosos. Além disso, julguei que o grande ascendente que sobre ele tinha a senhora marechala não me fora favorável e que ela se aproveitara de meu afastamento para diminuir-me em sua estima. Quanto a ela, apesar de algumas demonstrações afetadas e cada vez mais caras, escondia-me cada dia, menos sua mudança a meu respeito. Na Suíça, escreveu-me umas quatro ou cinco vezes, de longe em longe, e depois disso nunca mais me escreveu; e seria preciso toda segurança, toda confiança, toda cegueira em que eu vivia então, para não ver nela mais do que aquele arrefecimento por mim.

---

193. Pecado. (N.E.)

O livreiro Guy, sócio de Duchesne, que depois de mim muito freqüentava o palácio de Luxembourg, escreveu-me que eu fora contemplado no testamento do senhor marechal. Naquilo não havia nada de mais natural e mais crível; por isso não duvidei. Isso fez com que intimamente me pusesse a pensar como me comportaria a respeito do legado. Bem pesado tudo, resolvi aceitá-lo, fosse qual fosse, prestando homenagem daquele modo a um homem que, numa classe que desconhece a amizade, sentira uma, e bem sincera, por mim. Fui dispensado desse dever, não mais tendo ouvido falar da herança, verdadeira ou falsa; em verdade, ficaria penalizado por ferir uma das grandes máximas de minha moral, aproveitando-me de alguma coisa pela morte de alguém que me fora querido. Durante a última doença de nosso amigo Mussard, Lenieps me propôs aproveitar a sensibilidade com que recebia nossos cuidados para insinuar algumas disposições em nosso favor. "Ah! Caro Lenieps", respondi-lhe, "não manchemos com idéias interesseiras os tristes mas sagrados deveres que prestamos a nosso amigo moribundo". Espero nunca ser contemplado no testamento de alguém e nunca, pelo menos, no de algum de meus amigos. Foi mais ou menos nesta época que milorde marechal falou-me a respeito do seu, do que desejava fazer por mim e quando lhe dei a resposta a que me refiro em minha primeira parte.

Minha segunda perda, mais sentida ainda e muito mais irreparável, foi a da melhor das mulheres e das mães, que, já avançada em anos e sobrecarregada de enfermidades e misérias, deixou esse vale de lágrimas para ir para a estância dos bons, onde a amável recordação do bem que se fez aqui na terra constitui a recompensa eterna. Ide, alma doce e benfazeja, para junto dos Fénelon, dos Bernex, dos Catinat e daqueles que, em condições mais humildes, como eles, abriram seus corações à verdadeira caridade; ide gozar o fruto da vossa e preparar para vosso aluno o lugar que ele espera um dia ocupar junto de vós! Feliz, em vossos infortúnios, que o céu ao terminá-los vos tenha poupado o cruel espetáculo dos seus! Receando contristar seu coração com a narrativa de meus primeiros desastres, eu não lhe tinha escrito nada desde que chegara à Suíça; porém, escrevi ao Sr. de Conzié para saber dela e foi ele quem me deu a notícia de que ela não tinha deixado de socorrer os que sofriam e de sofrer ela mesma. Em breve eu também deixarei de sofrer; mas se julgasse não mais revê-la no outro mundo, minha fraca imaginação se recusaria à idéia da felicidade perfeita que ali penso desfrutar.

Minha terceira e última perda, porque depois não mais fiquei com amigos para perder, foi a de milorde marechal. Ele não morreu; mas, cansado de servir a ingratos, saiu de Neuchâtel e desde então não mais o vi. Ele vive e me sobreviverá, espero-o; vive, e graças a ele, todos os laços que me prendiam à terra não se romperam; nela existe ainda um homem digno de minha amizade; pois seu verdadeiro preço está ainda mais naquela que experimentamos do que naquele que inspiramos; porém, perdi as doçuras que a sua amizade me dava e não mais posso contá-lo senão no meio dos que eu ainda amo, mas com quem não mantenho mais relações. Ia ele à Inglaterra receber sua graça do rei e resgatar seus bens outrora confiscados. Separamo-nos fazendo projetos de reunião, que pareciam tão doces para ele como para mim. Milorde queria fixar moradia em seu castelo de Keith-Hali, perto de Aberdeen e eu devia ir para junto dele; mas tal projeto me lisonjeava muito para que eu pudesse contar que sairia segundo nossos desejos. Ele não ficou na Escócia. Carinhosas solicitações do rei da Prússia o chamaram a Berlim e em breve verão como me vi impedido de ir juntar-me a ele.

Antes de sua partida, prevendo a borrasca que começavam a suscitar contra mim, mandou-me ele, por impulso próprio, cartas de naturalização que pareciam ser uma precaução, segura contra os que me pudessem expulsar do país. A comunidade de Couvet, em Val-de-Travers, imitou o exemplo do governador e me deu "cartas de morador"[194] gratuitas, como as primeiras. Deste modo tornando-me, de todos os pontos de vista, um cidadão do país, estava ao abrigo de qualquer expulsão legal, até da parte do príncipe; mas nunca foi por vias legítimas que puderam perseguir os direitos de todos os homens que sempre respeitaram as leis.

Não creio que deva contar no número das perdas que sofri naquele tempo, a do abade de Mably. Tendo morado com seu irmão, tinha mantido certas relações com ele, porém nunca muito íntimas; e tenho razões para crer que seus sentimentos a meu respeito tinham mudado de natureza desde que eu alcançara celebridade maior do que a dele. Contudo, foi por ocasião da publicação de *Cartas Escritas na Montanha* que eu tive o primeiro sinal de sua má vontade para comigo. Espalharam por Genebra uma carta escrita à Sra. Saladin, que lhe era atribuída e na qual ele falava daquela obra como dos clamores sediciosos de um demagogo sem freios. A estima que eu tinha pelo abade de Mably, e a importância que dava a seus conhecimentos, não me permitiram, nem por um momento, acreditar que aquela carta extravagante fosse obra dele. Nessa altura, tomei o par-

---

194. "*Lettres de communier*", tipo de certificado de membro da comunidade, cidadão privilegiado, em contraposição a um simples habitante, cidadão comum. Equivalente aos atuais passaportes. (N.E.)

tido que minha franqueza inspirou. Mandei-lhe uma cópia da carta, advertindo-o de que a atribuíam a ele. Não me deu resposta. Aquele silêncio surpreendeu-me; julguem porém a minha surpresa quando a Sra. de Chenonceaux me mandou dizer que a carta era realmente do abade e que a minha o tinha embaraçado muito. Porque enfim, mesmo que ele tivesse razão, como podia desculpar-se por sua atitude ruidosa e pública, feita com a alegria no coração, sem obrigação, sem necessidade, com o único fito de acabrunhar com a maior das desgraças um homem ao qual sempre tinha dado provas de bondade e que nunca as havia desmerecido? Tempos depois surgiram os *Dialogos de Phocion,* onde nada mais vi do que uma compilação de meus escritos, feita sem moderação e desavergonhadamente. Experimentei, ao ler aquele livro, que o autor tinha tomado partido contra mim e que, dali por diante, eu não teria inimigo pior. Creio que ele não me perdoou, nem o *Contrato Social,* muito acima de suas forças, nem *La Paix Perpètuelle,* e que apenas dera mostras de desejar que eu fizesse um resumo das obras do abade de Saint-Pierre porque supunha que eu não me sairia bem.

Quanto mais me adianto em minha narrativa, menos coordeno os fatos. À agitação do resto de minha vida não deixou que os acontecimentos tivessem tempo de se organizar por ordem em minha cabeça. Foram numerosos demais, misturados demais, muito desagradáveis para que possam ser narrados sem confusão. A única impressão forte que me deixaram é a do horrível mistério que oculta a causa e o deplorável estado a que me reduziram. Minha narrativa não só pode progredir à aventura e segundo as idéias se vêm apresentando em meu espírito. Lembro-me de que na época a que me refiro, completamente ocupado com minhas *Confissões,* delas falava imprudentemente a todo o mundo, nem mesmo imaginando que alguém pudesse ter interesse por elas, nem vontade, nem poder para levantar obstáculos a tal empreendimento; e mesmo que assim julgasse, quase não teria sido mais discreto pela impossibilidade total em que me vejo, devido a meu gênio, de ocultar o que sinto e o que penso. Conhecida a minha idéia foi ela, tanto quanto posso calcular, a verdadeira causa da borrasca que excitaram contra mim para me expulsarem da Suíça e me entregarem àqueles que me impediriam de levar meu projeto adiante.

Tinha em mente outra idéia que não era vista com melhores olhos por aqueles que receavam a primeira; era a de uma edição geral de minhas produções. Aquela edição me parecia necessária para constatar as de livros que traziam meu nome e que eram verdadeiramente de minha autoria e pôr o público em condições de distinguir daqueles escritos os pseudônimos que meus inimigos me emprestavam para me desacreditarem e arruinarem. Além disso, aquela edição era um meio simples e honesto de assegurar o meu pão; e era o único, porque, tendo renunciado a escrever livros, minhas Memórias não poderiam aparecer enquanto eu vivesse, eu não ganhava um níquel de nenhum outro modo e, sempre gastando, via esgotarem-se os meus recursos com o produto de meus últimos trabalhos. Tal razão apressara-me a dar o meu *Dicionário de Música*, ainda sem forma. Valerame ele cem luízes de contado e cem escudos de renda vitalícia; mas em breve veria também o fim dos cem luízes, pois gastava anualmente mais de sessenta; e cem escudos de renda nada eram para um homem sobre quem os mendigos e os sicranos incessantemente vinham cair como estorninhos.

Apresentou-se uma companhia de negociantes de Neuchâtel para tratar de minha edição geral e um impressor, ou livreiro, de Lion, chamado Reguillat, veio, nem sei como, meter-se entre eles para dirigir a companhia. Fez-se o acordo sobre uma base razoável e suficiente para preencher o meu objetivo. Eu tinha, tanto em obras impressas como em peças ainda em manuscrito, com que encher seis volumes *in-quarte*;[195] comprometi-me ainda a velar pela edição, serviço pelo qual eles deviam me dar uma pensão vitalícia de mil e seiscentas libras de França e um presente de mil escudos pagos de uma vez.

(1765) – Estava concluído o trato, ainda não assinado, quando as *Cartas Escritas na Montanha* apareceram. A terrível explosão que houve contra aquela obra infernal e contra o seu abominável autor meteu medo na companhia e tudo foi por água abaixo. Compararia o efeito desta última obra com o de *Carta sobre a Música Francesa,* se esta carta, ao atrair para mim o ódio e ao me expor ao perigo, não me tivesse deixado, pelo menos, a consideração e a estima. Mas, após aquela última obra parece que ficaram admirados em Genebra e em Versalhes que se deixasse um monstro como eu a respirar ainda. O Pequeno Conselho, excitado pelo presidente de França e dirigido pelo procurador geral, fez uma declaração sobre minha obra, declaração pela qual, com as mais atrozes qualificações, declarou-a indigna de ser queimada por aquele carrasco, e acrescenta, com uma astúcia que chega a ser grotesca que não se podia, sem desonra,

---

195. *In-quarto:* diz-se da folha de impressão dobrada duas vezes, de que resulta um caderno de quatro folhas ou oito páginas. (N.E.)

responder a ela, nem mesmo fazer-lhe qualquer menção. Desejaria poder transcrever aqui aquela curiosa peça; porém, infelizmente não a possuo e não me lembro nem mais uma palavra dela. Ardentemente desejo que algum de meus leitores, animado pelo amor à verdade e à eqüidade, queira reler por inteiro as *Cartas Escritas na Montanha;* sentirá, ouso dizê-lo, a estóica moderação que reina em tal obra, depois dos insultos cruéis e dolorosos com que acabavam de atormentar o autor. Mas não podendo responder às injúrias porque não as havia, nem às razões porque não tinham resposta, resolveram simular demasiada indignação para quererem responder; e é verdade que, se tomavam argumentos irretorquíveis como insultos, deviam considerar-se fortemente injuriados.

Os representantes, longe de repudiarem aquela odiosa declaração, seguiram a rota que ela lhes traçava; e, em vez de fazerem de *Cartas Escritas na Montanha* o seu troféu, com o qual se encobriram como num escudo, tiveram a covardia de não prestar honras nem fazer justiça àquele escrito feito para sua defesa e por solicitação deles mesmos, nem o citaram, nem se referiram e ele, apesar de tirarem dali, tacitamente, todos os seus argumentos e apesar de ser devida à exatidão com que seguiram o conselho, que termina aquela obra, que devem sua vitória e salvação. Tinham me imposto àquele dever; eu o cumprira, até o fim tinha servido à pátria e à sua causa. Pedi-lhes que abandonassem a minha e que só pensassem neles e em suas desavenças. Pegaram-me pela palavra e nunca mais me meti em seus assuntos e não ser para exortá-los à paz, não duvidando de que, se teimassem, seriam esmagados pela França. Isso não aconteceu; compreendo a razão, mas não me cabe aqui o dizê-la.

O efeito causado por *Cartas Escritas na Montanha* em Neuchâtel foi, a princípio, muito calmo. Enviei um exemplar dessa obra ao Sr. de Montmollin; recebeu-o bem e leu-o sem objeções. O Sr. de Montmollin estava doente, tão doente quanto eu; veio visitar-me amigavelmente quando se restabeleceu e não me falou de nada. Entretanto, começavam a correr os boatos; queimaram o livro não sei onde.[196] De Genebra, de Berna e talvez de Versalhes, o foco de efervescência passou depressa para Neuchâtel e principalmente para Val-de-Travers, onde, antes mesmo que a classe tivesse feito qualquer movimento aparente, tinham começado por amotinar o povo com práticas subterrâneas. Eu devia, ouso dizê-lo, ser amado pelo povo na-

---

196. Em Paris, com o *Dictionnaire Philosophique* de Voltaire, e pela mesma sentença datada de 19.3.1765, transcrita na edição de Poinçot, tomo XIX. (N.E. francês)

quele país, como o fora em todos aqueles em que tinha vivido, dando esmolas a mancheias, não deixando sem assistência nenhum indigente das vizinhanças, não recusando a ninguém nenhum serviço que eu pudesse prestar e que fosse justo, familiarizando-me muito com todo o mundo e fugindo, na medida do possível, a qualquer distinção que pudesse excitar inveja. Tudo aquilo não impediu que a populaça, secretamente rebelada não sei por quem, se revoltasse contra mim aos poucos, até o furor, insultando-me publicamente em pleno dia, não só no campo e nas estradas, como em plena rua. Aqueles a quem eu tinha feito mais bem eram os mais encarniçados; e até pessoas a quem eu continuava a cumular de bondades, não ousando mostrar-se, atiçavam as outras e pareciam querer se vingar, assim, da humilhação de me deverem favores. Montmollin parecia não ver coisa alguma e ainda não se mostrava, mas, como se aproximava a época de comunhão, veio à minha casa para aconselhar-me a que me abstivesse de comparecer à comunhão, assegurando-me que, de resto, não me queria mal e que me deixaria tranqüilo. Achei o cumprimento bizarro; trazia-me à lembrança a carta de Sra. de Boufflers e não podia imaginar o que lhe importava que eu comungasse ou não. Como eu considerava um ato de covardia aquela condescendência de minha parte e como, além disso, eu não queria dar ao povo aquele novo pretexto de apupar o ímpio, recusei redondamente o pastor e ele voltou descontente, dando-me a entender que havia de me arrepender.

Ele não podia interditar-me a comunhão por sua simples autoridade; era preciso a do consistório que me tinha admitido; e enquanto o consistório nada dissesse, eu podia apresentar-me confiadamente, sem medo de uma recusa. Montmollin fez-se nomear pela classe para me citar ante o consistório, obrigando-me a prestar contas de minha fé e excomungar-me em caso de recusa. Tal excomunhão só podia ser feita por intermédio do consistório e ante unanimidade. Mas os camponeses que, sob o nome de anciãos, compunham aquela assembléia, presididos e, como bem se compreende, governados por seu pastor, não deviam naturalmente ter opinião diferente da dele, principalmente acerca de matérias teológicas que entendiam ainda menos do que ele. Eu fui citado, pois, e resolvi comparecer.

Que ocasião feliz e que triunfo para mim se eu tivesse sabido falar e se tivesse tido, por assim dizer, a minha pena na boca! Com que superioridade, com que facilidade teria posto por terra aquele pobre ministro no meio de seus seis camponeses! A ânsia de dominar fizera com que o clero protestante se esquecesse de todos os princípios da reforma e, para lembrá-los e reduzi-los ao silêncio, bastava-me comentar minhas primeiras *Cartas Escritas na Montanha,* sobre a qual tinham cometido a estupidez de criticar-me. O meu texto estava feito e era suficiente desenvolvê-lo para que meu homem ficasse confuso. Não teria sido bastante tolo para ficar na defensiva; fácil me seria transformar-me em agressor até sem que ele percebesse ou pudesse garantir-se. A padrecada, não menos estouvada do que ignorante, me tinha posto na posição mais feliz que se poderia desejar para esmagá-la como bem entendesse. Mas quê! Era preciso falar, e falar imediatamente, encontrar idéias, fazer rodeios, achar palavras apropriadas ao momento, ter sempre o espírito presente, conservar sempre o sangue-frio, nem por um momento me perturbar. Que podia eu esperar de mim, de mim que sentia tão bem a minha inaptidão para fazer improvisos? Tinha ficado reduzido ao mais humilhante silêncio em Genebra, diante de uma assembléia toda a meu favor e já resolvida a aprovar tudo. Aqui, era ao contrário: tinha que me haver com um intrigante, que substituía o saber pela astúcia, que me estendia mil armadilhas antes de eu perceber a primeira e completamente resolvido a pegar-me em falta fosse a que preço fosse. Quanto mais examinei aquela posição, mais me pareceu perigosa; e sentindo a impossibilidade de sair airosamente, imaginei outro expediente. Meditei um discurso para ser pronunciado diante do consistório, para rejeitá-lo e assim dispensar-me de responder. A coisa era fácil; escrevi aquele discurso e pus-me a decorá-lo com um ardor sem igual. Thérèse zombava de mim ao ouvir meus resmungos e vendo-me repetir incessantemente as mesmas frases, para procurar metê-las na cabeça. Esperava por fim saber o meu discurso; não ignorava que o castelão, como representante do príncipe, assistiria ao consistório; sabia que, apesar das manobras e dos segredos de Montmollin, a maioria dos anciãos estava com boas disposições a meu respeito; a meu favor tinha a razão, a verdade, a justiça, a proteção do rei, a autoridade do Conselho do Estado, os votos de todos os bons patriotas que eram contra tal inquisição, tudo contribuía para me dar coragem.

   Na véspera do dia marcado, sabia o meu discurso de cor; recitava-o sem hesitação. A noite toda repassei-o; pela manhã não o sabia mais; hesito diante de cada palavra, julgo-me já no meio da ilustre assembléia, perturbo-me, balbucio, tenho a cabeça tonta; finalmente, quase no momento de ir para lá, falta-me a coragem totalmente; fico em casa, tomo a resolução de escrever ao consistório dizendo as minhas razões às pressas e pretextando meus males, que na verdade, no estado em que então estava, dificilmente me deixariam agüentar uma sessão inteira.

   O ministro, embaraçado com aquela carta, adiou o assunto para outra sessão. No intervalo, tratou de seduzir, pessoalmente e por seus homens, os anciãos que, mais seguindo as inspirações da própria consciência, não davam voto segundo os desejos da classe e do ministro. Por mais poderosos que fossem os seus argumentos sobre aqueles homens, só conseguiu ganhar uns dois ou três que já lhe eram devotados e a quem apelidavam de suas almas infernais. O representante do príncipe e o coronel Pury, que nesse assunto se portou com todo zelo, mantiveram os outros em seu dever; e quando aquele Montmollin quis proceder à excomunhão, o consistório, por unanimidade, recusou-se redondamente. Então, reduzido ao derradeiro expediente – de sublevar a populaça – pôs-se com seus asseclas e comparsas a trabalhar abertamente para isso e com tal sucesso que, apesar dos fortes e, freqüentes rescritos do rei, apesar de todas as ordens do Conselho de Estado, eu me vi, por fim, obrigado a deixar o país a fim de não expor o representante do príncipe a ser assassinado ao me defender.

Guardo uma lembrança tão confusa de toda esta história que me é impossível contá-la com certa ordem, por certa ligação nas idéias que me vêm à mente e só as posso ir dando esparsas e isoladas, como se apresentam a meu espírito. Recordo-me de que houve com a classe qualquer negociação, da qual Montmollin foi o mediador. Disse-me que receavam que eu viesse a perturbar a paz do país com meus escritos e por isso tratava-se de minha liberdade de escrever. Dera-me a entender que, se me comprometesse a abandonar a pena, deixariam passar o que eu já tinha feito. Ora, eu já havia tomado tal compromisso comigo mesmo; não hesitei em tomá-lo para com a classe, mas condicional, e somente quanto às matérias de religião. Descobriu ele meios de ter aquele escrito em dobro, devido a qualquer modificação que exigiu. Tendo sido rejeitada a condição, pedi o meu escrito de volta; devolveu-me um deles e guardou o outro, pretextando que o tinha extraviado. Depois disso, o povo, abertamente incitado pelos ministros, zombou dos rescritos do rei, das ordens do Conselho de Estado e não mais soube o que era freio. Pregaram contra mim do púlpito, chamaram-me de Anticristo e no campo via-me perseguido como um lobisomem. Minha roupa à Armênia servia de reconhecimento para a populaça; sentia aquele inconveniente em toda sua crueldade; mas abandoná-la em tais circunstâncias parecia-me covardia. Não pude resolver-me a fazê-lo e tranqüilamente passeava pelo país com o meu caftan e meu boné forrado, cercado pelas vaias da canalha e algumas vezes por suas pedras. Várias vezes, ao passar diante das casas, ouvia os moradores dizerem: "Traga-me a arma, para dar-lhe um tiro". Nem por isso andava mais depressa: estavam furiosos mas sempre se limitaram às ameaças, pelo menos em matéria de armas de fogo.

Durante aquela fermentação toda não deixei de ter dois grandes prazeres que me sensibilizaram muito. O primeiro foi o de poder dar uma prova de gratidão por intermédio de milorde marechal. Todas as pessoas honradas de Neuchâtel, indignadas diante dos tratamentos que eu sofria e das manobras de que eu estava sendo vítima, odiavam os ministros, sentindo bem que seguiam interesses estrangeiros e que não passavam de satélites de outras pessoas que se escondiam e os faziam agir, e que receavam que meu exemplo terminasse como estabelecimento de uma verdadeira inquisição. Os magistrados, e principalmente o Sr. Meuron, que sucedera ao Sr. d'Ivernois no cargo de procurador geral, faziam todos os esforços para me defenderem. O coronel de Pury, apesar de simples particular, fez outro tanto e obteve mais resultados. Foi ele quem descobriu o meio de obrigar Montmollin a ceder no consistório, e quem apoiou os anciãos em seu dever. Como tinha reputação, empregava-a o quanto podia para impedir a sedição; porém, tinha apenas a autoridade das leis, da justiça e da razão, para opor à do dinheiro e do vinho. A partida não era igual e nesse ponto Montmollin dele triunfou. Entretanto, comovido com seus cuidados e suas atenções, teria querido prestar-lhe bons serviços, pagando o que fizera por mim. Sabia que ele muito ambicionava o lugar de conselheiro de Estado; mas não se tendo conduzido segundo os desejos da corte no caso do ministro Petitpierre, caíra no desagrado do príncipe e do governador. Apesar disso, arrisquei-me a escrever a seu favor a milorde marechal; até ousei falar sobre o emprego que ele desejava com tanta sorte que, contra a expectativa geral, ele foi quase que imediatamente agraciado pelo rei. Era assim que o destino, que sempre me eleva muito alto ou me põe muito em baixo, continuava a me levar de uma ponta a outra; e, enquanto a populaça me cobria de lama, eu fazia um conselheiro de Estado.

O meu outro grande prazer foi a visita de Sra. de Verdelin, que tinha levado sua filha aos banhos de Bourbonne, de onde fora até Motiers, ficando em minha casa dois ou três dias. À força de atenção e de cuidados acabara finalmente por vencer a minha longa aversão por ela; e meu coração, vencido por suas delicadezas, devolvia-lhe toda a amizade que durante tanto tempo me tinha demonstrado. Fiquei comovido com aquela viagem, principalmente nas circunstâncias em que me encontrava e quando tinha grande necessidade, para apoiar minha coragem, de consolos e de amizade. Tinha medo de que ficasse apavorada com os insultos que eu recebia da populaça e preferiria poupar-lhe tal espetáculo para não a entristecer, mas não me foi possível, e apesar de sua presença atenuar um pouco a audácia dos insolentes quando em nossos passeios, ela viu o bastante para julgar o que se passava. Foi mesmo durante sua estadia em minha casa que comecei a ser atacado à noite em meu próprio lar. Sua criada de quarto encontrou, certa manhã, a janela coberta de pedras que ali tinham jogado à noite. Um banco maciço que ficava na rua ao lado de minha porta, fortemente preso, fora arrastado e posto de encontro à porta, de pé; de modo que, se não o tivéssemos visto, o primeiro que, para sair, tivesse aberto a porta de entrada, seria esmagado, naturalmente. A Sra. de Verdelin não ignorava o que se passava; pois, além de ver tudo pessoalmente, seu criado, homem de confiança, era muito conhecido na aldeia, onde conversava com todo o mundo, e até o viram em conferência com Montmollin. Entretanto, ela não pareceu prestar nenhuma atenção ao que se passava, não me falou de Montinollin nem de ninguém e pouca coisa respondeu ao que lhe contei algumas vezes. Estava plenamente convencida de que uma estadia na Inglaterra me seria mais conveniente do que em qualquer outro lugar, falou-me muito do Sr. Hume, que estava naquela ocasião em Paris, de sua amizade por mim, do desejo que ele tinha de me ser útil em seu país. É tempo de dizer-lhes alguma coisa a respeito do Sr. Hume.

Adquirira ele grande reputação em França e principalmente entre os enciclopedistas devido a seus tratados de comércio e de política, e mais recentemente por sua história da casa de Stuart, o único de seus trabalhos do qual eu lera alguma coisa na tradução do abade Prévost. Por não ter lido suas outras obras, estava convencido, pelo que me tinham dito delas, que o Sr. Hume associava uma alma muito republicana aos paradoxos ingleses a favor do luxo. Baseado nessa opinião, eu considerava toda sua apologia de Carlos I como um prodígio de imparcialidade e fazia também uma grande idéia de sua virtude e do seu gênio. O desejo de conhecer aquele homem raro e de obter sua amizade muito aumentara as tentações de ir para a Inglaterra, tentações que me causavam as solicitações da Sra. de Boufflers, amiga íntima do Sr. Hume. Chegado à Suíça, ali recebi dele, por intermédio daquela senhora, uma carta extremamente elogiosa na qual, aos grandes louvores a meu gênio, juntava convite insistente para ir à Inglaterra e o oferecimento de todos os seus préstimos e de todos os seus amigos para que tal estadia me fosse agradável. Encontrei-me com milorde marechal, compatriota e amigo do Sr. Hume, que confirmou todo o bem que dele pensava e que até mesmo me contou a seu respeito uma anedota literária que julgara interessante e que eu também achei. Vallace, que tinha escrito contra Hume a respeito dos antigos, estava ausente enquanto imprimiam a sua obra.

Hume se encarregou de rever as provas e de velar pela edição. Tal conduta dizia bem com o meu estado de espírito. Fora assim que eu tinha vendido cópias, a seis soldos a peça, de uma canção que tinham escrito contra mim. Portanto, eu estava com toda sorte de preconceitos a favor de Hume, quando Sra. de Verdelin veio me falar com ardor da amizade que ele dizia sentir por mim, e de sua ansiedade de me fazer as honras na Inglaterra; pois, era assim que ela se exprimia. Muito tempo insistiu ela para que me aproveitasse daquela atenção e escrevesse ao Sr. Hume. Como não tinha, naturalmente, simpatias pela Inglaterra e como não queria tomar tal resolução senão em caso extremo, recusei-me a escrever e a prometer; dei-lhe porém plena liberdade para fazer tudo o que julgasse oportuno para manter Hume com aquelas boas disposições. Ao sair de Motiers, deixou-me convencido, por tudo o que me havia dito daquele homem ilustre, que ele era um de meus amigos e que ela era acima de tudo uma de suas amigas.

Depois que ela partiu, Montmollin levou mais longe suas manobras e a populaça não mais conheceu freios.[197] Entretanto, eu continuava a passear tranqüilamente no meio das vaias: e o amor à botânica, que começara a nascer com a convivência com o doutor d'Ivernois, dando novo interesse a meus passeios, fazia com que eu percorresse a região à procura de ervas, sem me comover com os clamores de toda aquela canalha, que mais se irritava diante de meu sangue frio. Uma das coisas que mais me afetaram foi ver as famílias de meus amigos[198] ou as pessoas que usavam esse nome entrar muitas vezes abertamente na liga de meus perseguidores; como os d'Ivernois, sem exceção mesmo do pai e do irmão de minha Isabelle,

---

197. Numa longa carta dirigida a Du Peyrou no dia 8 de agosto de 1765, escrita expressamente para ser publicada, e que o foi efetivamente pouco depois, Rousseau descreve detalhadamente suas relações com o pastor de Motiers e dá a conhecer particularmente o caráter desse homem e a Injustiça de seu procedimento para com ele. (Ver a *Correspondência*) (N.E. francês)

198. Essa fatalidade começara quando de minha estadia em Yverdun; pois, tendo morrido o *banneret* Roguin, um ou dois anos após ter eu saído daquela cidade, o velho papai Roguin, com a maior boa-fé e muito sentido, me disse que entre os papéis de seu parente tinham encontrado provas de que ele entrara na intriga para expulsar-me de Yverdun e do Estado de Berna. Isso provava com toda clareza que aquela intriga não se tratava, como tinham querido fazer crer, de um caso de beatismo porque o *banneret* Roguin, longe de ser devoto, era de um materialismo e de uma incredulidade que iam até a intolerância e o fanatismo. De resto, em Yverdun não houve outra pessoa que se ocupasse tanto comigo, que me desse tantas provas de atenção, que me fizesse tantos elogios e me adulasse tanto quanto o citado Roguin. Seguia ele escrupulosamente o plano arquitetado pelos meus perseguidores.

Boy de la Tour, parente da amiga em cuja casa estava morando, e a Sra. Girardier, sua cunhada. Aquele Pierre Boy era tão parvo, tão estúpido e agia de modo tão brutal que, para não me encolerizar, punha-me a ridicularizá-lo; e fiz, ao gosto do pequeno Profeta, um livreto de algumas páginas, intitulado *La Vision de Pierre de la Montagne, dit le Voyant*,[199] no qual encontrei uma forma de zombar dos milagres que eram então o grande pretexto para a minha perseguição. Du Peyrou fez com que fosse impresso em Genebra aquela verrina que no país só teve um sucesso medíocre; pois os habitantes de Neuchâtel, com toda sua inteligência, não compreendem as graças cheias de espírito e delicadeza nem as brincadeiras, principalmente se forem finas.

Trabalhei com mais cuidado um outro trabalho da mesma época, cujo manuscrito encontrarão entre os meus papéis, e cujo motivo devo explicar aqui.

No auge da fúria dos decretos e da perseguição, os genebrinos se haviam particularmente notabilizado ao darem o grito de aqui del'rei! com toda a força; e entre outros o meu amigo Vernes, com uma generosidade verdadeiramente teológica, escolheu precisamente aquela época para publicar contra mim cartas em que ele pretendia provar que eu não era cristão. Tais cartas, escritas com grande suficiência, não eram das melhores, apesar de me terem assegurado que o naturalista Bonnet nelas pusera o dedo; pois o citado Bonnet, apesar de materialista, não deixa de ser de uma ortodoxia muito intolerante, principalmente quando se trata de mim. Certamente, não me senti tentado a responder a tal obra; mas, tendo se apresentado ocasião de dizer alguma coisa a respeito nas *Cartas Escritas na Montanha*, nelas inseri uma notinha bem desdenhosa que fez Vernes delirar de raiva. Ele encheu Genebra com seus gritos, e d'Ivernois me contou que não mais sabia dominar-se. Tempos depois apareceu uma folha anônima, que parecia escrita, em vez de tinta, com água do inferno. Acusavam-me, naquela carta, de ter jogado os meus filhos nas ruas, de trazer comigo uma prostituta do corpo da guarda, de estar arruinado pela devassidão, arrasado pelas doenças venéreas e outras gentilezas do mesmo tipo. Não me foi difícil reconhecer o meu homem. Minha primeira idéia, ao ler aquele libelo, foi a de dar o devido valor a tudo que se chama fama e reputação entre os homens, ao ver tratar de depravado um homem que nunca o fora na vida e cujo maior defeito sempre fora o de ser tímido e envergonhado como uma virgem e

---

199. *A Visão de Pedro da Montanha, dito o Vidente*. (N.T.)

ao ver que me davam como corroído pelas moléstias venéreas, a mim, que nem uma só vez em minha vida sofri o menor ataque de mal de tal espécie, mas que até os médicos julgavam fisicamente incapaz de contraí-lo. Bem pesado tudo, achei que a melhor maneira de refutar aquele libelo seria mandar imprimi-lo na cidade em que eu vivera mais tempo; e enviei-o a Duchesne para que o imprimisse tal como estava, com uma observação em que eu citava o Sr. Vernes acompanhada por outras notas curtas para esclarecimento dos fatos.

Não contente de ter mandado imprimir aquela folha, mandei-a a várias pessoas e entre outras ao senhor príncipe Louis de Wirtmberg, que me cumulara com atenções muito delicadas e com quem eu mantinha correspondência então. Aquele príncipe, Du Peyrou e outros, puseram em dúvida que fosse Vernes o autor do libelo, e censuraram-me por tê-lo citado tão levianamente. Diante de suas observações, fiquei tomado de escrúpulos e escrevi a Duchesne para suprimir aquela folha. Guy escreveu-me dizendo que tinha sido supressa; não sei se a suprimiu mesmo, descobri que mentira em várias ocasiões e que uma mentira a mais não seria para causar admiração; e desde então vivo mergulhado nessas trevas profundas, através das quais não me tem sido possível deixar penetrar o menor raio da verdade.

O Sr. Vernes suportou aquela acusação com a calma mais admirável para um homem que não a merecesse, depois da fúria que tinha demonstrado antes. Escreveu-me duas ou três cartas bem moderadas, cujo objetivo me pareceu ser o de procurar penetrar, por minhas respostas, até que ponto eu estava instruído e se eu tinha alguma prova contra ele. Dei-lhe duas respostas curtas, secas, duras, mas sem termos grosseiros e que não o zangaram. Diante de sua terceira carta, vendo que ele queria manter uma espécie de correspondência, não respondi mais; mandou recado por d'Ivernois. A Sra. Cramer escreveu a Du Peyrou que tinha certeza de que o libelo não partira de Vernes. Tudo aquilo não abalou a minha convicção; mas como, enfim, eu podia estar enganado e como em tal caso eu devia a Vernes uma autêntica reparação, mandei dizer-lhe por d'Ivernois que lha daria de modo a que ficasse contente se ele pudesse me indicar o verdadeiro autor do libelo, ou pelo menos provar que não era ele. Fiz mais: sentindo perfeitamente que depois de tudo, se ele não era o culpado, eu não tinha o direito de exigir que ele me desse provas de nada, tomei a decisão de escrever, num *Memorial* bem grande, as razões que me levaram a julgar aquilo e submetê-las ao julgamento de um árbitro que Vernes não pudesse recusar. Não adivinharão qual foi o árbitro que escolhi: o Conselho de Genebra. Declarei no fim do *Memorial* que se, depois de o ter examinado e feito as investigações que julgasse necessárias e que estava a seu alcance fazer com sucesso, o Conselho pronunciasse que o Sr. Vernes não era o autor do libelo, imediatamente eu deixaria, com toda sinceridade, de julgá-lo assim e partiria para ir lançar-me a seus pés pedindo-lhe perdão até que o tivesse obtido. Ouso dizer, jamais o meu ardente zelo pela eqüidade, jamais a retidão, a generosidade de minha alma, jamais minha confiança no amor à justiça, inato em todos os corações, se mostraram em tal plenitude com tanta sensibilidade do que naquele prudente e comovente *Memorial*, onde, sem hesitar, eu tomava os meus inimigos mais implacáveis para árbitros entre mim e o caluniador. Li o *Memorial* para Du Peyrou: ele achou que eu devia suprimi-lo e eu o suprimi. Aconselhou-me a esperar as provas que Vernes prometia. Esperei-as e até hoje as espero: aconselhou-me a ficar calado enquanto esperava: calei-me e calar-me-ei para o resto da vida, censurado por ter acusado Vernes de uma imputação grave, falsa e sem provas, apesar de ficar intimamente persuadido, convencido, como de minha própria existência, de que é ele o autor do libelo. Meu *Memorial* está nas mãos do Sr. Du Peyrou. Se algum dia ele vier à luz, ali saberão as minhas razões; conhecerão, espero, a alma de Jean-Jacques, alma que meus contemporâneos quiseram conhecer tão pouco.

É tempo de voltar à desgraça de Motiers e à minha partida de Val-de-Travers depois de dois anos e meio de estadia e de oito meses de uma constância inabalável para sofrer os mais indignos tratamentos. É-me impossível recordar nitidamente os detalhes daquela época desagradável; porém, os leitores os encontrarão na relação que Du Peyrou publicou e da qual falarei depois.

Depois da partida de Sra. de Verdelin, a fermentação aumentava; e apesar dos reiterados rescritos do rei, apesar das freqüentes ordens do Conselho de Estado, apesar dos cuidados do castelão e dos magistrados do lugar, o povo considerando-me como o Anticristo e, vendo que eram inúteis todos os seus clamores, pareceu afinal querer chegar às vias de fato; em caminho, já as pedras começavam a visar-me, lançadas no entanto ainda de longe para que pudessem atingir-me. Finalmente na noite da feira de Motier, que cai no começo de setembro, fui atacado em minha casa, de maneira a pôr em perigo a vida daqueles que ali viviam.

À meia-noite, ouvi grande barulho na galeria que dava para a parte de trás da casa. Grande quantidade de pedras, jogadas contra a janela e contra a porta que davam para aquela varanda, caíram ali com tanto ruído que o meu cão, que dormia na varanda e que tinha começado por latir, calou-se apavorado e se refugiou num canto, rosnando e arranhando o chão para procurar fugir. Ao ouvir o barulho, eu me levanto; ia sair de meu quarto para ir para a cozinha, quando uma pedra, lançada por mão vigorosa, atravessou a cozinha depois de ter quebrado a vidraça, veio abrir a porta de meu quarto e caiu junto a meu leito; de modo que se me tivesse adiantado um segundo, receberia a pedrada no estômago. Julguei que o barulho fora feito para me atrair e a pedra jogada para pegar-me quando saísse. Dou um salto para dentro da cozinha. Ali encontro Thérèse que, tendo se levantado também, toda trêmula, abraçou-se comigo. Encostamo-nos à parede, fora da direção da janela, para evitar as pedras e para deliberar o que tínhamos a fazer; pois, sair para buscar socorro seria o meio de fazer com que nos matassem. Felizmente, a criada de um velho que morava em baixo, acordou com o barulho e correu para chamar o senhor castelão que era nosso vizinho. Ele saltou do leito, vestiu o roupão às pressas e imediatamente veio com a guarda que, por causa da feira, estava de ronda naquela noite e achava-se bem ao alcance. O castelão viu o estrago e seu pavor foi tal que empalideceu; ao divisar as pedras que enchiam a varanda, exclamou: "Meu Deus! É uma verdadeira pedreira!". Vistoriando o andar de baixo, descobriram que a porta de um pequeno pátio tinha sido forçada e que tinham tentado penetrar na casa pela galeria. Procurando saber por que a guarda não tinha percebido ou impedido a desordem, descobriu-se que os de Motiers teimavam em querer ver aquela guarda fora de sua fileira, apesar de ser o turno de uma outra aldeia. No dia seguinte, o castelão mandou seu relatório ao Conselho de Estado, que dois dias depois lhe enviou a ordem de obter informações sobre o caso, prometendo uma recompensa e o segredo àqueles que denunciassem os culpados, e enquanto se esperava mandando pôr, às custas do príncipe, guardas em minha casa e na do castelão que lhe ficava perto. No dia seguinte, o coronel de Pury, o procurador geral Meuron, o castelão Maitinet, o recebedor Guyenet, o tesoureiro d'Ivernois e seu pai, numa palavra, tudo o que havia de mais distinto entre as pessoas do país, vieram ver-me e juntaram suas solicitações para me convencerem a ceder diante dos acontecimentos e a sair, pelo menos por algum tempo, de uma paróquia onde eu não mais podia viver em segurança gozando o respeito de todos. Percebi até que o castelão, apavorado com o ódio daqueles loucos, e receando que o estendessem até ele teria ficado bem satisfeito ao ver-me partir o mais depressa possível, para não se ver no embaraço de ter que me proteger ali, e poder ele mesmo sair do lugar, como fez depois de minha partida. Cedi pois e mesmo com pouca pena o espetáculo do ódio do povo me causava um profundo pesar que eu não mais podia suportar.[200]

Tinha eu mais de um lugar para escolher. Depois que a Sra. de Verdelin voltara a Paris, falara-me em várias cartas de um certo Sr. Walpole a quem ela chamava de milorde, que, interessado grandemente em meu favor, oferecia-me, numa de suas terras, um lugar cuja descrição ela me fazia, dizendo ser dos mais agradáveis, entrando, em relação ao alojamento e à subsistência, em detalhes que frisam até que ponto o citado milorde Walpole ocupava-se com ela de tal projeto. Milorde marechal sempre me tinha aconselhado a Inglaterra ou a Escócia e ali me oferecia também um asilo em suas terras, mas oferecia-me outro que me tentava muito mais, em Potsdam, perto dele. Acabara de me comunicar de uma proposta que o rei lhe fizera a meu respeito e que era uma espécie de convite para ir até lá; e a senhora duquesa de Saxe-Gotha contava tanto com aquela viagem que me escreveu instando para que fosse visitá-la ao passar por ali e para ficar algum tempo com ela; porém, eu sentia tal apego pela Suíça que não consegui resolver-me a deixá-la enquanto me fosse possível ali viver, e aproveitei meu tempo para desenvolver um projeto em que já vinha trabalhando há alguns meses e sobre o qual ainda não posso falar, para não cortar o fio da narrativa.

O projeto consistia em ir morar na ilha de Saint-Pierre, patrimônio do hospital de Berna, no meio do lago de Bienne. Numa peregrinação a pé que eu tinha feito no verão precedente, junto com Peyrou, tínhamos visitado aquela ilha e eu ficara de tal modo encantado que não mais deixara, depois disso, de sonhar em viver ali. O maior obstáculo era a ilha pertencer aos berneses que, três anos antes, me tinham expulso de sua cidade com tanta grosseria; e além disso minha altivez sofria ante a idéia de voltar a um lugar onde tinha sido tão mal recebido, depois tinha motivos para crer que não me deixariam em maior repouso naquela cidade do que em Yverdun. Sobre o assunto, consultara milorde marechal que, pensando como eu que os berneses ficariam bem satisfeitos por me verem relegado àquela ilha, mantendo-me como caução das obras que poderia ser tentado a es-

---

200. Esse *apedrejamento* cuja descrição Rousseau faz com tantos detalhes, de modo que não deixa margem a que se pense que tenha inventado os fatos, foi posto em dúvida no entanto, e aqueles que contestam sua veracidade também merecem a confiança do leitor. O Sr. Servan diz ter sabido por um homem *digno de fé* que, no dia seguinte, fez uma visita a Rousseau, que os furos feitos nas vidraças pelas pedras encontradas no quarto eram menores do que as próprias pedras e que, naquilo tudo, só via um artifício da governante de Rousseau para obrigá-lo a sair de uma terra onde ela se aborrecia. (N.E. francês)

crever, mandara sondar suas disposições por um certo Sr. Sturler, seu antigo vizinho de Colombier. O Sr. Sturler dirigiu-se aos chefes de Estado e diante de sua resposta assegurou a milorde marechal que os berneses, envergonhados por sua conduta passada, nada mais pediam do que me verem morar em Saint-Pierre, onde me deixariam tranqüilo. Por um acréscimo de precaução, antes de arriscar-me a ir, mandei que fossem tomadas novas informações pelo coronel Chaillet, que me confirmou as mesmas coisas; e o cobrador da ilha, tendo recebido de seus donos a permissão de eu ir morar ali, julguei não arriscar nada indo para sua casa, com o tácito acordo, tanto do soberano quanto dos proprietários; pois eu não podia esperar que os senhores de Berna reconhecessem a injustiça que me haviam feito e também pecassem contra a mais inviolável das máximas de todos os soberanos.

A ilha de Saint-Pierre, em Neuchâtel chamada a ilha de la Motte, no meio do lago de Bienne, tem mais ou menos meia légua de circunferência, mas naquele pequeno espaço produz as coisas principais para a alimentação. Possui campos, prados, vergéis, bosques, vinhedos; e tudo auxiliado por um terreno variado e montanhoso forma uma distribuição mais agradável ainda porque, não se descobrindo todas as regiões ao mesmo tempo, elas se valorizam mutuamente e chegamos a julgar a ilha maior do que ela é na verdade. Uma colina bem elevada forma a parte ocidental que dá para Gleresse e Bonneville. Plantaram aquela colina com uma aléia comprida que, bem no meio, forma um grande salão onde, durante as vindimas, aos domingos, se reúnem os camponeses de todos os litorais, para dançar e se divertir. Na ilha só existe uma casa, porém vasta e cômoda, onde mora o cobrador e que fica situada num vale que a mantém abrigada dos ventos.

A quinhentos ou seiscentos passos da ilha, existe, ao sul, uma outra ilha muito menor, inculta e deserta, que parece ter sido outrora destacada da grande, pelas tempestades, e que entre seus cascalhos só produz salgueiros e persicárias, porém onde existe, no entanto, um elevado outeiro, coberto de relva e muito agradável. A forma do lago é de um oval quase regular. Seus rios, menos ricos do que os dos lagos de Genebra e de Neuchâtel, nem por isso deixam de formar uma bela decoração, principalmente na parte ocidental, que é muito populosa, e orlada de vinhedos junto a uma cadeia de montanhas, quase como em Côte-Rôtie, mas que não dão vinho tão bom. Ali se encontram, caminhando do sul para o norte, os bailiados de Saint-Jean, Bonneville, Bienne e Nidau na extremidade do lago; tudo isso entremeado por aldeias bem interessantes.

Tal era o asilo que eu arranjara e para onde resolvi ir ao sair de Val-de-Travers.[201] A escolha, devido à calma, estava tão de acordo com o meu gosto, com o meu gênio solitário e preguiçoso que eu conto minha passagem pela ilha entre os doces sonhos pelos quais me apaixonei vivamente. Parecia-me que na Ilha de Saint-Pierre ficaria mais longe dos homens, mais ao abrigo de seus insultos, mais esquecido, numa palavra, mais entregue às doçuras do ócio e da vida contemplativa. Teria desejado ficar de tal modo confinado naquela ilha que não tivesse mais trato com os mortais; e é certo que tomei todas as medidas imagináveis para subtrair-me à necessidade de ter que arranjar conhecimentos.

Tratava-se de ganhar a minha subsistência; e tanto pela falta de víveres como pela dificuldade de transportes, a vida é cara naquela ilha, onde, além disso, se fica à discrição do cobrador. Aquela dificuldade foi afastada com um arranjo que Du Peyrou quis fazer comigo, substituindo a companhia que tinha empreendido e abandonado o projeto de uma edição geral de meus livros. Mandei-lhe todo o material para tal edição. Coordenei-o e fiz a distribuição. Juntei a promessa de enviar-lhe as memórias de minha vida e fi-lo depositário de todos os meus papéis, com a condição expressa de só usá-los depois de minha morte, resolvido firmemente a terminar a minha carreira em paz, sem tornar a fazer o público lembrar-se de mim. Mediante isso, a pensão vitalícia que ele encarregava de me pagar bastava para a minha subsistência. Milorde marechal, tendo recuperado todos os seus bens, oferecera-me uma outra de 1200 francos que só aceitei depois de reduzi-la à metade. Quis enviar-me o capital, que recusei devido ao embaraço que teria para colocá-lo. Milorde marechal entregou aquele capital a Du Peyrou, em mãos de quem ficou, e que me paga a renda vitalícia mediante a base combinada com o constituinte. Portanto, juntando ao que tratara com Du Peyrou a pensão de milorde marechal, da qual dois terços eram reversíveis a Thérèse depois de minha morte, e a renda de 300 francos que eu tinha de Duchesne, podia contar com uma subsistência honrada, e depois de mim, para Thérèse a quem eu deixava 700 francos de renda, tanto da pensão de Rey como da de milorde marechal; deste modo não mais precisava ter medo de que o pão lhe viesse a faltar, nem a mim mesmo. Mas

---

201. Não será inútil talvez advertir que ali deixei um inimigo particular na pessoa de um certo Sr. de Terraux, intendente do Verrières, homem muito pouco estimado em sua terra, mas que tem um irmão, que dizem ser um homem honesto, nos escritórios do Sr. de Saint-Florentin. O prefeito tinha ido visitá-lo tempos antes de minha aventura. Pequenas observações dessa espécie, que em si mesmas nada são, podem levar mais tarde à descoberta de muitas ações subterrâneas.

estava escrito que a honra me obrigaria a recusar todos os recursos que a sorte e meu trabalho punham a meu alcance e que morreria tão pobre como tinha vivido. Julgarão se, a menos que eu fosse o último dos infames, podia manter aqueles ajustes que sempre timbraram em tornar ignominiosos, cuidadosamente afastando de meu alcance qualquer outro recurso, para que eu consentisse em minha desonra. Como teriam suspeitado da decisão que tomaria em tal alternativa? Sempre julgaram o meu coração pelos deles.

Tranqüilizado a respeito do meu pão de cada dia, sentia-me inquieto por outros motivos. Apesar de ter abandonado o campo livre a meus inimigos, eu deixava no nobre entusiasmo que havia ditado os meus escritos e na constante uniformidade de meus princípios um testemunho de minha alma, testemunho que correspondia ao daquele que minha conduta respeitava. Não precisava de outra defesa contra os meus caluniadores. Eles podiam descrever um outro homem sob o meu nome; porém, só podiam enganar aqueles que desejassem ser enganados. Podia entregar-lhes a minha vida para que a examinassem de ponta a ponta; tinha certeza de que em minhas faltas e em minhas fraquezas, em minha inaptidão para suportar jugos, encontrariam sempre um homem justo, bom, sem fel, sem ódio, sem invejas, pronto a reconhecer seus próprios erros, ainda mais pronto a esquecer os de outrem, procurando toda sua felicidade nas paixões doces e delicadas, e em tudo timbrando em ser sincero até a imprudência, até o mais incrível desinteresse.

Portanto, de certo modo eu me despedia de meu século e de meus contemporâneos e dava meu adeus ao mundo ao confinar-me naquela ilha para o resto de minha vida; porque esta era a minha intenção e era lá que eu contava executar por fim o grande projeto de vida ociosa, ao qual até então tinha consagrado inutilmente o pouco de atividade que o céu me concedera. Aquela ilha ia tornar-se para mim a de Papimanie, aquele bem-aventurado país onde se dorme:

"Ali se faz ainda mais, sem nada se fazer."

Aquele *mais* era tudo para mim, pois sempre lamentei pouco o meu sono; basta-me a ociosidade; e contanto que eu nada faça, prefiro mil vezes sonhar acordado a sonhar dormindo. Tendo passado a idade dos sonhos romanescos e como os ares de glóriola me tinham entontecido mais do que orgulhado, só me restava, como última esperança, viver sem constrangimentos, num eterno descanso. É a vida dos bem-aventurados no outro mundo e, dessa hora em diante, nela consistia a minha felicidade suprema.

Aqueles que tantas contradições me censuraram não deixarão de me censurar mais uma aqui. Disse que a ociosidade nos círculos de pessoas era insuportável para mim e eis-me à procura de solidão unicamente para me entregar ao ócio. E no entanto eu sou assim mesmo; se há contradição nisso, ela é devida à natureza e não a mim; porém, neste caso, há tão pouca contradição que é precisamente por isso que continuo o mesmo. O ócio cercado por pessoas é de matar, porque constitui uma necessidade; o da solidão é encantador, porque é livre e espontâneo. Junto a alguém acho cruel ficar sem fazer nada, porque sou obrigado a isso. É preciso que fique preso a uma cadeira, ou em pé, plantado como uma estaca, sem mexer os pés ou as mãos, sem ousar correr, saltar, cantar, gritar, ou gesticular quando tenho vontade, nem mesmo ousando sonhar; sofro ao mesmo tempo todo o tédio da ociosidade e todo o tormento da sujeição; vejo-me obrigado a prestar atenção a todas as tolices que se dizem e a todos os cumprimentos que se fazem, e a fatigar a minha Minerva incessantemente para não deixar de contribuir por minha vez com uma observação e uma mentira. E chamam a isso de ociosidade! É um trabalho de forçado.

O ócio que adoro não é o de um preguiçoso que fica com os braços cruzados numa inação total e que, assim como não age, não pensa. É, ao mesmo tempo, o de uma criança que incessantemente se acha em movimento sem nada fazer, e a de um tonto que tresvaria, enquanto mantém os braços em repouso. Prefiro ocupar-me fazendo pequenas coisas, começando mil para não acabar nenhuma, indo e vindo como me dá na veneta, mudando a todo instante de projeto, seguindo uma mosca em todos os seus vôos, querendo arrancar um rochedo para ver o que está em baixo dele, começar com ardor certo trabalho que exija dez anos e abandoná-lo sem pesar ao fim de dez minutos, perdendo tempo, durante o dia todo, sem ordem e sem seqüência para seguir, em tudo apenas o capricho do momento.

A botânica, tal como sempre a considerei e tal como começava a tornar-se paixão para mim, era precisamente o estudo ocioso mais indicado para encher todas as minhas horas vagas, sem deixar lugar para devaneios, nem para o tédio de uma inação total. Vaguear sem destino pelos bosques e pelos campos, maquinalmente pegando isso e aquilo, ora uma flor, ora um galho, catando as ervinhas quase ao acaso, observando milhares de vezes as mesmas coisas e sempre com o mesmo interesse, porque sempre as esquecia, era ter com que passar a eternidade sem poder aborrecer-me um só momento. Por elegante, por admirável, por mais diversa que seja a estrutura dos vegetais, ela jamais chama a atenção de um olho ignorante o bastante para interessá-lo. Aquela analogia constante, e no entanto aquela prodigiosa variedade que reina em sua organização, somente entusiasma aqueles que já têm noções sobre o sistema vegetal. Os outros apenas sentem, ao verem aqueles tesouros da natureza, uma admiração estúpida e monótona. Não vêem nenhum detalhe, porque nem mesmo sabem o que devem observar; tão pouco vêem o conjunto porque não têm nenhuma idéia daquela cadeia de aproximações e combinações que, com suas maravilhas, causam admiração no espírito do observador. Eu me achava, devido à minha falta de memória, num daqueles pontos felizes de saber pouco para que tudo fosse novidade para mim e o bastante para que notasse tudo. Os diversos terrenos que a ilha possuía, embora pequena, ofereciam-me uma variedade de plantas suficiente para o estudo e para diversão de uma vida inteira. Não queria deixar sem exame uma só haste de planta e já me dispunha a fazer, com uma coleção de observações curiosas, a *Flora Petrinsularis*.[202]

Mandei vir Thérèse com os meus livros e as minhas coisas. Ficamos como pensionistas em casa do recebedor da ilha. Sua esposa tinha irmãs em Nidau que a vinham visitar em turnos e que faziam companhia a Thérèse. Ali experimentei uma vida doce, modo pelo qual desejava passar o resto da minha existência e cujo prazer que me causou só serviu para me fazer sentir ainda mais o amargor daquela que tão depressa devia substituí-la.

Sempre gostei apaixonadamente da água e ao vê-la fico num devaneio delicioso, apesar de ser sempre sem objetivo. Nunca deixei, logo ao despertar, quando o tempo estava bonito, de correr para a colina para aspirar o ar saudável e fresco da manhã e para descansar os olhos nas tranqüilas águas daquele lago que, com seus rios e montanhas, encantavam a minha vista. Não descubro homenagem mais digna à Divindade do que aquela muda admiração excitada pela contemplação de suas obras e que não se exprime por ações. Compreendo por que os que moram em cidades, e só vêem paredes, ruas e crimes, têm pouca fé; porém, não posso compreender por que os camponeses, e principalmente os que vivem solitários, podem deixar de tê-la. Pois suas almas extasiadas não se elevam cem vezes por dia ao Autor das maravilhas que têm debaixo dos olhos? Quanto a mim, é, principalmente ao levantar-me prostrado pelas insônias, que um longo hábito me leva a tais elevações que não impõem a fadiga de pensar. Mas para isso é preciso que meus olhos sejam deslumbrados pelo encantador espetáculo da natureza. Em meu quarto, faço

---

202. Expressão latina criada por Rousseau para se referir à flora da Ilha de Saint-Pierre. (N.E.)

orações com mais raridade e com mais secura; porém, ao ver uma linda paisagem, sinto-me comovido sem poder explicar por quê. Li uma vez que um bispo sábio, em visita à sua diocese, encontrou uma mulher velha que, como única prece, só sabia dizer *Oh!*. Disse-lhe ele: "Boa velha, continue sempre a rezar assim, sua prece vale mais do que as nossas". Essa prece tão valiosa é sempre a minha.

Depois de almoçar, ia depressa escrever, agastado, algumas cartas infelizes, aspirando com ardor ao feliz momento em que não mais precisasse escrever. Durante alguns instantes mexia em meus livros e papéis, para desembrulhá-los e arrumá-los, e não para os ler; e aquela arrumação, que para mim se transformava num trabalho de Penélope,[203] dava-me o prazer de cismar por alguns instantes, depois aborrecia-me e os abandonava para passar as três ou quatro horas, que me restavam da manhã, no estudo da botânica, principalmente no sistema de Lineu, pelo qual me apaixonei de modo a nunca mais ficar completamente curado, mesmo depois de ter sentido o quanto era vazio. Em minha opinião, este grande observador é o único que, com Ludwig, até hoje, encara a botânica como naturalista e como filósofo; porém, ele a estudou demais nos herbários e nos jardins, e não o suficiente na própria natureza. Quanto a mim, que por jardim tinha a ilha inteira, assim que precisava fazer ou verificar alguma observação, corria pelos bosques ou pelos prados, o livro debaixo do braço; lá, deitava-me na relva junto à planta em questão, para examiná-la no pé, bem à minha vontade. Tal método muito me serviu para conhecer os vegetais em seu estado natural, antes de serem cultivados e perderem suas características pela mão do homem. Dizem que Fagon, primeiro médico de Luiz XIV, que dizia os nomes e conhecia perfeitamente todas as plantas do Jardim Real, era de tal ignorância no campo que ali nada mais conhecia. Sou exatamente o contrário, conheço qualquer coisa no estado natural, porém nada quando cultivado.

Para depois do jantar, entregava minhas horas todas ao sabor de meu temperamento ocioso e sem objetivo e seguia, sem ordem, o impulso do momento. Muitas vezes, quando o ar estava calmo, imediatamente depois de sair da mesa, ia lançar-me sozinho dentro de um barco que o cobrador me ensinara a guiar com um remo só; afastava-me das margens. O momento em que o deixava à deriva era aquele em que experimentava uma alegria que ia até a emoção e cuja causa tão difícil de explicar quanto de compreender, a não ser talvez, atribuindo-a a uma secreta felicidade por me achar daquele

---

203. Referência à esposa de Odisseu, na *Odisséia* de Homero, cuja ocupação era tecer uma mortalha durante o dia e destecê-la durante a noite. (N.E.)

modo longe dos ataques dos maus. Depois ficava vagando sozinho por aquele lago, algumas vezes aproximando-me da margem, porém sem abordar. Muitas vezes, deixando o barco ir à mercê da água e do vento, entregava-me a devaneios sem objetivo e que, por serem tolos, nem por isso eram menos doces. Algumas vezes eu exclamava com ternura: "Ó natureza! ó minha mãe! eis-me aqui sob tua guarda; aqui não há nenhum homem astuto e velhaco que se interponha entre nós". Deste modo eu me afastava até meia légua da terra, desejaria que aquele lago fosse o oceano. Entretanto, para dar prazer ao meu pobre cão, que não apreciava como eu as longas horas em cima da água, ordinariamente seguia um determinado passeio; era o de ir desembarcar na ilhota, passear ali uma ou duas horas, ou estender-me no alto de um cômoro, sobre a relva, para me fartar do prazer de admirar aquele lago e seus arredores, para examinar e dissecar todas aquelas ervas que encontrava ao alcance e para construir para mim, como um outro Robinson Crusoé,[204] uma morada imaginária naquela pequena ilha. Afeiçoava-me fortemente àquele sítio. Quando podia levar Thérèse a passear ali junto com a mulher do cobrador e suas irmãs, como me sentia orgulhoso por ser o piloto e o guia! Com todo aparato levamos para ali alguns coelhos para que se multiplicassem, outra diversão para Jean-Jacques. Aqueles novos habitantes tornavam a ilha ainda mais interessante para mim. Ali ia com mais freqüência e com mais prazer depois disso, para procurar traços do aumento dos novos habitantes.

A essas diversões juntava outra que me lembrava a doce vida das Charmettes,[205] e à qual era particularmente convidado pela estação. Tratava-se de um detalhe dos cuidados rústicos para colheita dos legumes e dos frutos e que nos dava prazer, a mim e a Thérèse, partilhar com a mulher do cobrador e sua família. Recordo-me de que um bernês, chamado Sr. Kirchberger, vindo visitar-me, encontrou-me empoleirado numa grande árvore, com um saco amarrado ao redor da cintura e já tão cheio de maçãs que eu não mais podia mover-me. Não fiquei aborrecido com aquele encontro e com outros semelhantes. Esperava que os berneses, testemunhas do emprego de meus ócios, não mais cuidariam de perturbar minha tranqüilidade e me deixariam em paz na minha solidão. Teria preferido muito mais ficar confinado ali por vontade deles do que pela minha; teria mais certeza de que não viriam perturbar o meu repouso.

---

204. Personagem da obra de Daniel Defoe, sobrevivente de um naufrágio, que garante habilmente sua sobrevivência solitária em uma ilha deserta. (N.E.)
205. Pequena fazenda próxima de Annecy. (N.E.)

Eis ainda uma dessas declarações a respeito da qual antecipadamente estou certo da incredulidade dos leitores, obstinados em julgar sempre a minha pessoa por si mesmos, apesar de terem sido forçados a ver em todo o decurso de minha vida mil afeições íntimas que em nada se parecem com as suas. O que há de mais bizarro é que, ao me recusarem todos os sentimentos bons ou indiferentes que eles não possuem, estão sempre prontos a emprestar-me os maus, que nem mesmo saberiam emprestar a um coração humano; então acham muito simples pôr-me em contradição com a natureza, fazendo de mim um monstro que nem mesmo pode existir. Nenhum absurdo lhes parece incrível quando querem lançar sombra sobre mim; nada de extraordinário lhes parece possível desde que possa honrar-me.

Mas seja o que possam dizer ou crer, nem por isso deixarei de expor com a mesma fidelidade o que foi, fez e pensou J.-J. Rousseau, sem explicar nem justificar as singularidades de seus sentimentos e de suas idéias, nem procurar se outros pensaram como ele. Apaixonei-me tanto pela ilha de Saint-Pierre e a estadia ali me convinha tanto que à força de restringir todos os meus desejos a esta ilha, tomei a decisão de jamais sair dali. As visitas que tinha que fazer pelas vizinhanças, as viagens que precisava fazer a Neuchâtel, a Bienne, a Yverdun, a Nidau, já fatigavam a minha imaginação. Um dia que tivesse que passar fora da ilha me parecia diminuir minha felicidade; e sair dos arredores daquele lago era para mim sair de meu elemento. Além disso, a experiência do passado me tornara medroso. Era suficiente que algum bem me afagasse o coração para que ficasse à espera de perdê-lo; e o ardente desejo de terminar meus dias naquela ilha era inseparável do medo de me ver obrigado a deixá-la. Tinha me habituado a ir, às noites, assentar-me na praia, principalmente quando o lago estava agitado. Sentia um estranho prazer em ver as vagas se quebrarem a meus pés. Por elas imaginava o tumulto do mundo e a paz de minha moradia; e algumas vezes me enternecia ante aquela idéia doce até sentir as lágrimas correrem de meus olhos. Aquele repouso, que eu gozava apaixonadamente, só era perturbado pelo medo de perdê-lo; mas tal preocupação era tão intensa a ponto de alterar-lhe a doçura. Compreendia que minha situação era tão precária que não ousava contar com ela. Ah! Como de boa vontade teria trocado, dizia a mim mesmo, a liberdade de sair daqui com a qual pouco me importo, com a certeza de poder ficar sempre neste lugar! Em vez de ser simplesmente tolerado, por que não estou aqui detido à força! Aqueles que se limitam a aturar minha presença podem, de um momento para outro, expulsar-me; e posso esperar que meus perseguidores, vendo-me feliz na ilha, dêem permissão para que continue a sê-lo? Ah! Pouco vale me permitirem ali viver; desejaria que me condenassem a isso e desejaria ser obrigado a nela ficar, para não ter que sair. Lançava olhos invejosos para o feliz Micheli Ducret, que, tranqüilo no castelo d'Alberg, nada mais teria do que desejar ser feliz para que o fosse. Finalmente à força de me entregar a tais meditações e aos pressentimentos inquietantes das novas borrascas sempre prestes a me atingirem, acabei por desejar, mas com inexcedível ardor, que, em vez de me tolerarem simplesmente naquela ilha, a designassem para minha prisão eterna; e posso jurar que, se somente dependesse de mim o ser condenado a tal, teria concorrido com a maior alegria, preferindo mil vezes a necessidade de passar ali o resto de minha vida, ao perigo de ser dali expulso.[206]

Aquele receio não ficou sendo infundado durante muito tempo. No instante em que menos esperava, recebi uma carta do senhor bailio de Nidau, em cuja jurisdição ficava a ilha de Saint-Pierre, por aquela carta, ele me intimava, da parte de suas excelências, a sair da ilha e de seus Estados. Julguei sonhar ao lê-la. Nada de menos natural, de menos racional, de menos previsto do que semelhante ordem; pois mais considerara os meus pressentimentos como preocupações de um homem já apavorado com suas desgraças do que como uma previdência que pudesse ter o menor fundamento. As medidas que eu tinha tomado para assegurar o acordo tácito do soberano, a tranqüilidade com que me tinham deixado estabelecer-me ali, a visita de vários berneses e do próprio bailio, que me cumulara com atenções e obséquios, o rigor da estação, na qual seria bárbaro expulsar um homem doente, tudo me fez crer, como muitos outros, que havia qualquer mal-entendido naquela ordem e que os mal-intencionados tinham expressamente aproveitado os tempos da vindima e da falta de freqüência no senado para me darem aquele golpe bruscamente.

Se tivesse dado ouvido à minha primeira indignação, teria partido imediatamente. Mas, para onde ir? Que fazer, à entrada do inverno, sem uma intenção formada, sem estar preparado sem guia, sem carro? A menos que deixasse tudo ao abandono, meus papéis, minhas coisas, todos os meus negócios, era preciso tempo para pô-los em ordem e na intimação não me diziam se me deixavam ou não tempo para isso. A série de infelicidades começava a esmagar-me. Pela primeira vez senti o orgulho natural curvar-se ante o jugo da necessidade; e, apesar

---

206. Em seus *Rêveries* (quinto passeio) dá-se com mais detalhes a descrição da ilha de Saint-Pierre e estende-se complacentemente sobre a felicidade suficiente, perfeita e plena que gozou ali constantemente durante os dois meses em que esteve na ilha. (N.E. francês)

dos queixumes de meu coração, foi preciso curvar-me e pedir um adiamento de prazo. Foi ao Sr. de Graffenried, que me enviara a ordem, que me dirigi para que a interpretasse. Sua carta trazia uma censura tão viva àquela mesma ordem que era com o maior pesar que ele me intimava; e as provas de dor e de estima de que estava cheia me pareciam convites bem francos para que eu lhe falasse com o coração aberto; foi o que fiz. Nem duvidava até de que minha carta abrisse os olhos daqueles homens perversos a respeito de sua maldade e que, se não os fizesse revogar ordem tão cruel, pelo menos iam conceder-me um adiamento razoável, talvez do inverno todo, para que eu me preparasse para viver, isolado e escolhesse meu retiro.

Esperando a resposta, pus-me a refletir sobre a minha situação e a deliberar sobre o que deveria fazer. Vi tantas dificuldades surgirem de todas as partes, a tristeza me havia feito sofrer tanto e minha saúde naquela ocasião era tão má que deixei abater-me e o efeito de meu desânimo roubou-me o pouco de recursos que podia ficar em meu espírito, para tirar o melhor partido possível de minha triste situação. Em qualquer lugar em que desejasse me refugiar, era claro que não podia subtrair-me a nenhuma das duas maneiras que tinham achado para me expulsar: uma, sublevando contra mim a populaça por meio de manobras subterrâneas; outra, expulsando-me à força e abertamente, sem me dizerem as razões. Portanto, eu não podia contar com nenhum asilo, a menos que o fosse procurar mais longe do que as minhas forças e a estação do ano podiam me permitir. Tudo isso arrastando-me para as idéias que me preocupavam, ousei desejar e propor que preferissem dispor de mim num cativeiro perpétuo a me obrigarem a errar incessantemente na terra, expulsando-me sucessivamente de todos os lugares que pudesse escolher. Dois dias depois de minha primeira carta, escrevi uma segunda ao Sr. de Graffenried, para pedir-lhe que fizesse a proposta a suas excelências. A resposta de Berna a ambas foi uma ordem, concebida nos termos mais formais e mais duros, de sair da ilha e de todo o território mediato e imediato da república no espaço de vinte e quatro horas e de jamais voltar a ele sob as mais severas penas.

Foi um momento pavoroso. Mais tarde vi-me em angústias piores, porém nunca em situação tão embaraçosa. Porém, o que mais me afligiu foi ter que renunciar ao projeto que acalentara de passar o inverno na ilha. É tempo de dar-lhes conta da fatal história que coroou minhas desgraças e que arrastou com minha ruína um povo infeliz, cujas nascentes virtudes prometiam equiparar-se um dia às de Esparta e de Roma. Referira-me aos corsos no *Contrato Social,* como sendo um povo novo, o único da Europa que não tinha sido esgotado pela legislação; e demonstrara a grande esperança que tal povo podia acalentar se tivesse a felicidade de encontrar um preceptor sábio. Minha obra foi lida por alguns corsos que se mostraram sensíveis ao modo honroso com que me referira a eles; e o fato de se acharem, na época, trabalhando para fundar sua república fez com que os chefes pensassem em me pedir conselhos sobre obra tão importante. Certo Sr. Buttafuoco, de uma das primeiras famílias do país, capitão em França no Royal-Italien, escreveu-me a respeito e me forneceu várias peças que eu lhe pedira para pôr-me a par da história da nação e do estado do país. O Sr. Paoli escreveu-me também várias vezes; e apesar de eu achar que tal empreendimento estava acima de minhas forças, julguei que não podia recusar-me a concorrer para uma obra tão grandiosa e bela, quando estivesse a par de todas as instruções de que precisava para isso. Foi nesse sentido que respondi tanto a um como a outro e aquela correspondência continuou até a minha partida.

Precisamente na mesma época, soube que a França enviava tropas para a Córsega e que tinha feito um tratado com os genebrinos. Aquele tratado, aquela remessa de tropas me inquietaram; e, sem imaginar ainda ter alguma ligação com aquilo tudo, achava impossível e ridículo trabalhar numa obra que exige um repouso tão profundo, como a instituição de um povo, no momento em que ele ia ser subjugado, talvez. Não escondi minhas preocupações ao Sr. Buttafuoco que me tranqüilizou dizendo-me que, se naquele tratado houvesse coisas contrárias à liberdade de sua nação, um cidadão tão sincero quanto ele não ficaria mais, como ele o fazia, ao serviço da França. Com efeito, seu zelo pela legislação dos corsos e suas estreitas ligações com o Sr. Paoli não podiam deixar desconfiança alguma a seu respeito; e quando eu soube que ele fazia freqüentes viagens a Versalhes e a Fontainebleau e que mantinha relações com o Sr. de Choiseul, conclui que ele possuía sobre as verdadeiras intenções da corte de França informações que me dava a entender, mas sobre as quais não queria explicar-se abertamente por cartas.

Tudo aquilo tranqüilizou-me até certo ponto. Entretanto, não compreendendo nada sobre o envio das tropas francesas, não podendo razoavelmente compreender que ali estavam para proteger a liberdade dos corsos, pois estes se achavam em perfeitas condições para se defenderem contra os genebrinos; sem auxílio externo, não conseguia tranqüilizar-me de todo nem ia meter-me simplesmente na legislação proposta, senão quando tivesse provas sólidas de que aquilo não era um jogo para escarnecerem de mim. Teria desejado ardentemente uma entrevista com o Sr. Buttafuoco; era o verdadeiro meio para obter os esclarecimentos de que precisava. Tive que esperar e com a maior impaciência. Por ele, não sei se tinha sinceramente o desejo de concedê-la; porém, mesmo que o tivesse, meus desastres me teriam impedido de aproveitá-la.

Quanto mais eu meditava no empreendimento projetado, mais progredia no exame das peças que tinha nas mãos, e mais sentia a necessidade de estudar de perto o povo que devia ficar instituído, o solo que ele habitava e todas as coisas que se relacionavam com o assunto e que era preciso tornar adequadas para aquela instituição. Cada dia que se passava eu compreendia melhor que era impossível adquirir de longe todas as informações necessárias para me guiar. Escrevi isso mesmo a Buttafuoco, ele próprio assim compreendia; e se eu não formava com precisão o projeto de ir a Córsega, muito me ocupava com os meios de fazer tal viagem. Falei sobre ela ao Sr. Dastier que, tendo outrora servido naquela ilha sob ordens do Sr. de Maillebois, devia conhecê-la. Ele não poupou esforços para dissuadir-me daquele desígnio; e confesso que a pavorosa descrição que ele me fez dos corsos e de seu país muito esfriou o desejo que eu tinha de ir viver entre eles.

Mas quando as perseguições de Motiers fizeram com que eu pensasse em deixar a Suíça, reanimou-se aquele desejo ante a esperança de encontrar enfim, no meio daqueles ilhéus, o repouso que não me queriam conceder em nenhuma outra parte. Somente uma coisa me desanimava quanto àquela viagem: era a inaptidão e a aversão que sempre tive pela vida ativa a que ia ser condenado. Feito para meditar calmamente na solidão, não o fora para falar, agir, cuidar de negócios entre os homens. A natureza, que me dera aquele primeiro dom, recusara-me o outro. No entanto eu sentia que, sem tomar diretamente parte nos assuntos públicos, ficaria na obrigação, assim que me achasse na Córsega, de entregar-me às preocupações do povo e conferenciar freqüentemente com os chefes. O objetivo mesmo de minha viagem exigia que, em vez de procurar asilo, eu procurasse, no seio da nação, as luzes de que eu precisava. Claro era que eu não mais poderia dispor de minha pessoa; que arrastado contra a minha vontade num turbilhão para o qual não nascera, levaria ali uma vida completamente contrária a meu gosto e que eu ia mostrar-me somente para desvantagem minha. Previa que, mal sustentando com a minha presença a opinião de capacidade que meus livros podiam ter-me granjeado, iria desacreditar-me na Córsega, e perderia, tanto para prejuízo deles como para o meu, a confiança que me tinham testemunhado e sem a qual não podia fazer com sucesso a obra que de mim esperavam. Estava certo de que ao sair assim de minha esfera tornar-me-ia inútil para eles e sentir-me-ia infeliz.

Atormentado, sofrendo perseguições de toda espécie, fatigado de viagens e acossado há vários anos, sentia vivamente a necessidade de repouso, de que os meus bárbaros inimigos achavam prazer em privar-me; suspirava pela tranqüilidade mais do que nunca, depois daquela amável ociosidade, depois daquela doce quietude da alma e de corpo que tanto ambicionara e à qual, despertando das quimeras de amor e de amizade, meu coração desejava como a suprema felicidade. Só encarava com receio os trabalhos que ia empreender, a vida tumultuosa a que ia entregar-me; e se a grandeza, a beleza, a utilidade do objetivo animavam minha coragem, a impossibilidade de pagar-lhes pessoal e triunfantemente tiravam-na de todo. Vinte anos de profunda meditação, comigo mesmo, ter-me-iam custado menos do que seis meses de vida ativa, no meio de homens e de negócios e certo de não ser bem sucedido.

Pensei num expediente que me pareceu indicado para conciliar tudo. Perseguido em todos os meus refúgios pelas manobras subterrâneas de meus perseguidores secretos e não vendo mais do que a Córsega onde pudesse esperar para os meus dias de velhice o repouso que não me queriam deixar em nenhum outro lugar, resolvi ir para lá, com instruções de Buttafuoco, assim que houvesse possibilidade; porém, para viver tranqüilo na Córsega, para renunciar, pelo menos na aparência, ao trabalho da legislação, e limitar-me, para pagar de certo modo a minha hospitalidade aos corsos, a escrever sua história nos próprios lugares, com a liberdade de tomar, sem alvoroço, as instruções necessárias para ser-lhes útil, se visse ser possível o triunfo. Começando deste modo por não me comprometer a coisa nenhuma, esperava ficar em condições de meditar, secretamente e mais à vontade, num plano que pudesse convir-lhes, e isto sem renunciar muito à minha querida solidão, nem submeter-me a um gênero de vida que me era insuportável e para o qual não tinha inclinação.

Mas aquela viagem, em minha situação, não era coisa fácil de executar. Pela maneira com que o Sr. Dastier me falara da Córsega, não devia encontrar ali as mais simples comodidades da vida a não ser aquelas que eu ia levar: roupa de casa e de baixo, as roupas de vestir, louças, bateria de cozinha, papel, livros, era preciso levar tudo comigo. Para mudar-me para lá com a minha governanta, tinha que atravessar os Alpes e num trajeto de duzentas léguas levar comigo uma bagagem toda; tinha que atravessar os Estados de vários soberanos; e, pelo estado de ânimo de toda a Europa, eu naturalmente devia esperar, depois de minhas desgraças, que encontraria por toda parte obstáculos e que iria ver que considerariam uma honra crivarme com novas desgraças, violando para comigo todos os direitos das gentes e de humanidade. As imensas despesas, as fadigas, os riscos de semelhante viagem obrigavam-me a prever e a pesar bem todas as dificuldades. Finalmente a idéia de me achar só, sem recursos, em minha idade e longe de todos os meus conhecidos, à mercê daquele povo bárbaro e feroz, tal como pintava o Sr. Dastier, era mais própria para me fazer meditar em semelhante resolução antes de executá-la. Apaixonadamente eu desejava a entrevista, que Buttafuoco me fizera esperar tanto, e esperava o seu efeito para tomar a minha resolução.

Enquanto assim hesitava, vieram as perseguições de Motiers que me forçaram a refugiar-me noutra parte. Não estava pronto para uma longa viagem, principalmente essa para a Córsega. Esperava notícias de Buttafuoco; refugiei-me na ilha de Saint-Pierre de onde fui expulso à entrada do inverno, como já lhes disse acima. Os Alpes cobertos de neve tornavam impraticável tal emigração no momento, principalmente com a precipitação que me prescreviam. É verdade que a extravagância de semelhante ordem tornava-a de difícil execução; pois do meio daquela solidão cercada por água, não tendo mais do que vinte e quatro horas, desde a intimação, para me preparar para a partida, para encontrar barcos e carros para sair da ilha e de todo o território; mesmo que eu tivesse asas, teria custado a ver-me em condição de obedecer. Escrevi ao senhor bailio de Nidau, respondendo à sua carta, e tratei de sair daquela terra de iniqüidades. Eis como fui obrigado a renunciar ao projeto querido e como, não mais tendo podido, em meu desânimo, que de mim dispusessem, resolvi, por convite de milorde marechal, fazer a viagem a Berlim, deixando Thérèse passar o inverno na ilha de Saint-Pierre com as minhas coisas e os meus livros e depondo meus papéis nas mãos de Du Peyrou. Fui de tal atividade que já no dia seguinte parti da ilha e cheguei a Bienne antes do meio-dia. Pouco faltou para que eu terminasse ali a minha viagem devido a um incidente cuja narração não deve faltar.

Assim que se espalhou o boato de que eu recebera ordens de abandonar meu asilo, foi grande a afluência de visitas da vizinhança, principalmente de berneses, que vinham, com a mais detestável falsidade, bajular-me, adular-me e protestar que tinham aproveitado o momento de férias e de falta de freqüência no senado para me mandarem aquela ordem contra a qual, diziam eles, todos os duzentos estavam indignados. Entre aquela multidão de consoladores, havia alguns da cidade de Bienne, pequeno Estado livre, encravado no de Berna, e entre outros um rapaz chamado Wildremet, da principal família de lá e a de maior reputação na cidadezinha. Wildremet vivamente insistiu comigo, em nome de seus concidadãos, para escolher asilo no meio deles, assegurando-me que desejavam ardentemente receber-me ali; afirmou que julgariam uma honra e um dever fazerem com que eu me esquecesse das perseguições que tinha sofrido; com eles não deveria recear nenhuma influência dos berneses, pois Bienne era uma cidade livre que não recebia leis de ninguém; e acabou dizendo que todos os cidadãos estavam unanimemente resolvidos a não escutarem nenhuma solicitação que fosse contrária à minha pessoa.

Wildremet, vendo que eu não me deixava convencer, apelou para várias pessoas, tanto de Bienne como das vizinhanças, e até de Berna, entre outras o mesmo Kirchberger, de que falei, e que me fora procurar desde que me retirara para a Suíça, rapaz que, por seus dotes e máximas, eu achava interessante. Porém, as solicitações menos previstas e mais importantes foram as do Sr. Barthès, secretário da embaixada de França, que veio ver-me com Wildremet; exortou-me muito a aceitar seu convite e causou-me admiração devido ao interesse vivo e terno que parecia tomar por mim. Eu não conhecia absolutamente o Sr. Barthès; entretanto, verificava que era caloroso em seu discurso, em que não faltava o zelo da amizade, e via que levara a peito, com sinceridade, convencer-me a estabelecer-me em Bienne. Fez-me um elogio muito pomposo daquela cidade e de seus habitantes, com os quais se mostrava tão intimamente ligado que por várias vezes os chamou diante de mim de seus protetores e pais.

A tentativa de Barthès transtornou todas as minhas conjecturas. Sempre desconfiara ser o Sr. de Choiseul o autor oculto de todas as perseguições que eu experimentara na Suíça. A conduta do residente de França em Genebra e a do embaixador em Soleure confirmavam, e muito, as minhas desconfianças; via a França influir secretamente em tudo o que me acontecera em Berna, em Genebra, em Neuchâtel e não julgava ter na França nenhum inimigo poderoso a não ser unicamente o duque de Choiseul.[207] O que podia eu pensar da visita de Barthès e do terno interesse que ele parecia tomar por minha sorte? Minhas infelicidades ainda não tinham destruído a confiança natural de meu coração e a experiência ainda não me ensinara a ver, sob as atenções, as ciladas. Com surpresa, eu procurava a razão daquela cordialidade de Barthès; não era suficientemente tolo para julgar que tivesse feito tal tentativa por sua própria cabeça, nela via publicidade e até certa afetação que denotavam uma intenção oculta e eu estava bem longe de ter encontrado algum dia naqueles pequenos agentes

---

207. É bem digno de nota que Rousseau atribua somente no duque de Choiseul todas as perseguições que sofreu e que não tenha ao dele juntado o nome de Voltaire, do qual nem mesmo fala no decurso do presente Livro. (N.E. francês)

subalternos tanta intrepidez generosa que, quando eu me vira em semelhante posto, tinha, muitas vezes feito meu coração se entusiasmar.

Outrora conhecera um pouco o cavalheiro de Beauteville na casa do Sr. de Luxembourg, tratara-me com cortesia; depois de sua mensagem ainda me dera alguns sinais de lembrar-se de mim e até mesmo me convidara para ir vê-lo em Soleure; convite que, sem aceitar, me comovera, não estando acostumado a ser tratado com tanta delicadeza por pessoas de sua posição. Presumi, portanto, que o Sr. de Beauteville, forçado a seguir suas instruções no que dizia respeito aos negócios de Genebra, lastimando no entanto as minhas infelicidades, me havia arranjado, por cuidados particulares, aquela acolhida em Bienne, afim de que eu ali vivesse tranqüilo sob seus auspícios. Comovi-me com aquela atenção, porém, sem ter vontade de aceitá-la; e completamente resolvido à viagem a Berlim, aspirava com ardor a que chegasse o momento de juntar-me a milorde marechal, persuadido de que somente junto dele eu encontraria o verdadeiro repouso e uma felicidade durável.

Quando saí da ilha, Kirchberger acompanhou-me até Bienne. Ali encontrei Wildremet e alguns outros de Bienne que me esperavam ao sair do barco. Jantamos todos juntos no albergue e, ao chegarmos, meu primeiro cuidado foi mandar procurar uma carruagem, pois queria partir no dia seguinte de manhã. Durante o jantar, aqueles senhores tornaram a insistir para que eu ficasse com eles, e isso com tanto calor e protestos tão comovedores que, apesar de todas as minhas resoluções, meu coração, que jamais soube resistir às provas de carinho, deixou-se emocionar. Assim que me viram abalado, redobraram seus esforços e por fim deixei-me vencer, consentindo em ficar em Bienne, pelo menos até a primavera seguinte.

Imediatamente Wildremet tratou de me arranjar onde ficar e elogiou, como uma descoberta, um miserável quartinho dos fundos, no terceiro andar, que dava para um pátio onde eu tinha, como regalo, a exibição das mal cheirosas peles de um curtidor. Meu hoteleiro era um homenzinho de cara abjeta e regularmente velhaco que, no dia seguinte, verifiquei ser devasso, jogador e com má reputação no quarteirão; não tinha mulher, nem filhos, nem criados; e, tristemente recluso em meu quarto solitário, no país mais risonho do mundo, eu estava alojado de modo que morreria de melancolia dentro de poucos dias. O que mais me afligiu, apesar de tudo o que me haviam dito sobre a ansiedade dos habitantes em me receberem, foi perceber, ao passar pelas ruas, que nada havia de delicado em seus modos para comigo, nem nada de atencioso em seus olhares. No entanto, estava perfeitamente resolvido a ficar ali quando soube, vi e senti, já no dia seguinte, que na cidade havia uma terrível fermentação a meu respeito. Vários cidadãos solícitos vieram prevenir-me de que, no dia seguinte, viriam me dizer, com a maior grosseria possível, que havia uma ordem para que eu saísse imediatamente do Estado, isto é, da cidade. Não tinha ninguém a quem me confiar, todos aqueles que me tinham ido receber estavam dispersos. Wildremet tinha desaparecido, não mais ouvia falar de Barthès e não tive a impressão de que dispusera a meu favor os protetores e padres dos quais me falara. Certo Sr. Vau-de-Travers, de Berna, que possuía uma linda casa próxima à cidade, ofereceu-me asilo, esperando, disse-me ele, que ali eu podia evitar ser apedrejado. Não me parecia um oferecimento bastante lisonjeiro para tentar-me a prolongar a estadia na terra daquele povo hospitaleiro.

Entretanto, tendo perdido três dias com aquilo, já ultrapassara, e muito, as vinte e quatro horas que os de Berna me haviam concedido para sair de seus domínios, e por isso, conhecendo sua severidade, estava aflito em relação à maneira pela qual me deixariam atravessá-los, quando o senhor bailio de Nidau veio, muito a propósito, tirar-me do embaraço. Como tinha adoçado muito o procedimento violento de suas excelências, julgou ele, em sua generosidade, dever à minha pessoa um testemunho público de que não tomara nenhuma parte em minha expulsão e que não receava perder seu bailiado por vir fazer-me uma visita a Bienne. Chegou na véspera de minha partida e, longe de vir incógnito, ostentou mesmo o cerimonial, veio in fiocchi[208] em seu carro junto com o secretário e trouxe-me um passaporte por ele assinado, para atravessar o Estado de Berna sem ser molestado, sem receio de ser importunado. A visita me comoveu mais do que o passaporte. Não teria ficado menos sensibilizado, mesmo que a visita tivesse objetivo diferente do de minha pessoa. Não sei de nada mais que tenha tanta influência sobre o meu coração do que um ato de coragem feito na ocasião oportuna, a favor do fraco injustamente oprimido.

Finalmente, depois de ter, em vão, procurado um transporte, parti, no dia seguinte de manhã, daquela terra homicida, antes da chegada da deputação com que me iriam honrar, antes mesmo de ter podido rever Thérèse, a quem margeara para vir juntar-se a mim quando julgara poder ficar em Bienne, e a quem mal tive tempo de enviar uma contra-ordem por carta, contando o meu novo fracasso.

---

208. Em traje de gala (figurativo). (N.E.)

Na terceira parte verão, se algum dia tiver forças para escrevê-la, como, julgando partir para Berlim, eu parti na verdade para a Inglaterra e como aquelas duas senhoras, que desejavam dispor de mim, depois de me terem expulsado da Suíça à força de intrigas, porque naquele país não estava suficientemente sob suas garras, conseguiram por fim entregar-me a seu amigo.

Acrescentei o que se segue na leitura que fiz desse manuscrito ao senhor e à senhora condessa d'Egmont, ao senhor príncipe Pignatelli, à senhora marquesa de Mesmes e ao senhor marquês de Juigné.

Disse a verdade, se alguém sabe de coisas contrárias ao que acabo de expor, fossem elas mil vezes provadas, só sabe de mentiras e imposturas; e se essa pessoa se recusa a esclarecê-las e aprofundá-las enquanto eu ainda estou vivo, é porque não aprecia a justiça nem a verdade. Quanto a mim, declaro em alta voz e sem receio: quem quer que, mesmo sem ter lido as minhas obras, examine com os seus próprios olhos o que eu sou naturalmente, examine o meu caráter, meus costumes, minhas inclinações, meus prazeres, meus hábitos, e possa ainda assim julgar-me um homem desonesto, é um homem que deve ser suprimido.

Deste modo, terminei a minha leitura e todos ficaram calados. A Sra. d'Egmont foi a única que me pareceu comovida, estremeceu de modo visível, porém, depressa se refez e guardou silêncio, como todos da companhia. Tal foi o fruto que colhi dessa leitura e de minha declaração.

GRÁFICA PAYM
Tel. (011) 4392-3344
paym@terra.com.br